中共革命根拠地ドキュメント

一九三〇年代、コミンテルン、毛沢東、赤色テロリズム、党内大粛清

小林《Kobayashi》一美《Kazumi》 著

御茶の水書房

まえがき

私は、一九三七（昭和一二）年、長野県諏訪の八ヶ岳南麓に生れた。日中戦争が始まった年である。だから子供の時代八年間は戦争の連続で、戦火は中国大陸から東南アジアへ、さらに太平洋へと広がった。敗戦後は貧困と混乱、飢餓と泥棒、自由と競争、左翼と右翼、こうした相対立、相矛盾するものが渾然一体となっていた、まさに混沌とした時代であった。一九五三（昭和二八）年に諏訪清陵高等学校に入学した。そこで学生達の左翼的な思想から大きな影響を受けた。また、高校在学中、世界史の授業などを通じて、フランス大革命やパリ・コンミューンのパリ、ロシア革命のモスクワ、「中華ソヴィエト共和国」の首都瑞金は、三つの光輝く革命の都となった。東京教育大学東洋史に入学したのは一九五七年であったが、この頃、日本の学生運動はきわめて先鋭化しており、日本の政治は世界政治に直結しているように感じ、毎週のように日比谷公園、代々木公園、清水谷公園などで開催される反戦、反安保、反米軍基地、メーデー集会等に行き、デモ行進に参加していた。当時は、冷戦の時代であり、われわれは新たなる世界戦争が起こる恐怖に慄き、日本が再び世界戦争に巻き込まれないようにと念じ、そのため日本の再軍備やアメリカ帝国主義の世界戦略に大きな危機感を持っていた。そのため第三世界の民族解放運動や欧米の反戦運動に強い関心があった。世界のどこかで、世界革命の予兆が現れていないか、新聞の世界ニュースをむさぼり読み、アジア・アフリカに革命や反乱の兆しを見れば心躍る日常であった。

当時、私は社会主義政権であるソ連、中国、キューバ、北朝鮮、ベトナムに親近感を抱いていた。とりわけ、中国史を研究対象にしていたので、エドガー・スノーの『極東戦線』『中国の赤い星』『アジアの戦争』、ニム・ウエールズの『アリランの歌』、アグネス・スメドレーの『中国の歌声』『偉大なる道』などの著書を読み深く感激した。日本人のものでは竹内好の『現代中国論』、これらの著書がもたらした影響は強烈なものであり、その印象は、以後長く私の心に残った。中国革命を賛美し、毛沢東、朱徳、周恩来などの活躍に大いに胸を躍らせた。こうした気持ちは一九八〇年代初期まで残っていた。その当時の心情は、自伝『わが心の家郷、わが心の旅』（汲古書院）に書いたので、ここでは省略する。

その頃は、偉大な中国共産党が、人民の英雄毛沢東が、一九五七年の反右派闘争で約五五万人（最近、準右派分子、要注意人物まで入れると実際は三百万人以上であったとも言われる）の知識人・学生を弾圧し、また一九五九年から三年間で四千万人以上と言われる恐るべき大量餓死事件を引き起こし、さらに又土地革命の過程で地主分子を数十万人以上も大量処刑しているなどとは夢にも思わなかった。いや、小竹文夫先生（上海にあった東亜同文書院の教授を長く勤め、戦後東京教育大学文学部の東洋史学の教授）という中国情勢に極めて詳しい恩師がおられたが、中国共産党の非人道な行いと知識人の思想弾圧を非難する先生の話を真面目に聞く態度が、私達にはなかった。真実を知らない極楽トンボ、いや社会主義革命を目指す権力がそんなことをするわけがないと信じる私は、勝手な思い入れで文化大革命にも大いに共感するところがあった。当時は、五〇年後に本書のような中国共産党の大粛清運動史を研究し、粛清された人間を発掘して個人記録を作り、その粛清運動の実態、その来たる由縁と経過を叙述する研究書を上梓することになるなどとは夢にも思わなかった。

学生時代から、ナチスドイツの大量虐殺、スターリンの大粛清には関心があって、かなり詳しい知識を蓄えて、教師になってからは高校と大学の教壇でも大いに語ったものである。しかし、私は中国共産党が一九三〇年代に反革命分子粛清運動で大量の同志殺害を行っていたことを全く知らず、史料に基づいて具体的に知り始めたのは、一九九〇年代からであった。中国史研究が専門なのに何という鈍感さであったことか。北朝鮮についても、同じことが言える。韓国は長く軍事独裁政権が圧制を続け、勇敢な学生が実に長期にわたって反独裁の闘争をしていたということもあり、また私の中に社会主義への共感があって、キム・イルスンの朝鮮労働党に対しても好感をもっていた。一九七〇年代の終わりまで、北朝鮮のチョンリマ（千里馬）運動、キューバのカストロの反米闘争、チェ・ゲバラのゲリラ闘争、ペルーのアジュンデ政権、アジア・アフリカの社会主義政権等々を応援する心情は極めて強かった。それらは、当時の日本の学生たちに大なり小なり共通する時代的雰囲気だった。この北朝鮮やソ連・東欧の社会主義政権の実態を知り幻滅したのも、やはり八〇年代から九〇年代にかけてであった。ホーチーミンの時代にも、トロツキスト粛清が行われていたことは、最近知ったばかりである。世界史の教師だったのに、何という間の抜けた話であったろうかと、今にして思う。だからこそ、空白の世界史を取り戻す必要が生れたのだ。この研究は、いわゆる現在日本で盛んな「反中国、反中共の言論」に与するものではない。そうではなくて、戦争と革命の時代であった二〇世紀という時代の意味をより深く考えるためであり、また人間におけるユートピア幻想がもたらす近代の悲劇的本質の深淵をのぞくためである。文明を形成した人間とは如何なる矛盾した世界観に囚われる動物であるのか、その極限を見定めたいからでもある。

青年時代に社会主義陣営の内情を知らなかったといえば、ただ愚かであったと批判されよう。しかし、私達は戦後旧日本軍の驚くべき蛮行や為政者たちの無為無責任を知って打ちのめされていた。一方で共産圏世界の鉄壁の情報統制、欧米帝国主義の植民地支配に対する嫌悪、第三次世界大戦の防止の必要性、日本における天皇制ファッシズムと軍国主義の復活に対する反対の感情、約二〇〇〇回も米ソ英仏中の諸国によって行われた原水爆実験の恐怖、冷戦による人類滅亡への危機感、こうした戦後日本をとりまく内因・外因が、私の意識と位置を決定していたのであって、ただ「普通に愚かだった」からではない。最近、日本の若い評論家や学者が気楽に戦後日本の左翼知識人、マルクス主義思想家や学者・歴史家を嘲笑して、「一面的断定、イデオロギーの囚人、公式史観、自虐史観、無味乾燥、経済史万能、人物論・神話・物語性の欠如」などと非難し、全面否定しているが、当時の人々の人類史の運命に関わらんとする使命倫理、実践倫理、それに勇敢な戦士的エートスの問題を見落としているのではないか。一九四五年から六〇年代にかけて活躍した日本の知識人の現代史、世界史と切り結ぼうとした倫理観、責任感、使命感には、今でも大いに心動かされる。すでに亡くなった諸先輩、諸先生の平和への努力と情熱、戦争を再びするなという教えを、今でも時々思い返し、彼らに対する尊敬の気持ちを新たにするのである。彼らの知りえなかった「共産主義の歴史」を、とりわけ中国共産党の革命根拠地の歴史、同志粛清の歴史を詳細に掘り起こし、今は無き諸先輩、諸先生方のためにも、当時の彼らの歴史認識の欠落部分を補填したいと思うのである。

かくして、今や私の書斎には、二〇世紀に世界の社会主義国が行った同志粛清、人民弾圧、大飢饉による餓死、少数民族への弾圧・強制移住・大虐殺等々を研究し、紹介した本がたくさんある。例えば、目の前の書架を見ると『李鋭文集』(李鋭著、全四巻、南方出版社)、『墓碑』(上、下、楊継縄著、天地図書)、『毛沢東の大飢饉』(フランク・ディケイター著、草思社)、『カチンの森』(V・ザラフスキー著、みすず書房)、『中国〝左〟禍』(文聿著、朝華出版社)、毛沢東の権威と権力を批判することに情念を燃やす張戎とジョン・ハリデイの共著『毛沢東―鮮為人知的故事』(解放出版社、香港)、『ベトナム革命の素顔』(タイン・ティエン著、めこん出版)、『もうひとつのチベット現代史』(阿部治平著、明石書房)、『ホテル・ルックス――ある現代史の舞台』(ルート・フォン・マイエンブルク著、晶文社アルヒーフ)、『共産主義の興亡』(アーチー・ブラウン著、中央公論社)等々数百冊が目に付く。戦後左翼知識人の書物は書架の後方に退き、羽仁五郎、服部之総、石母田正、井上清、林基、藤間生大、それに民衆運動史家や新左翼理論家諸氏の書物はほこりをかぶったままである。又いつかそれらは蘇るだろうが、今は圧倒的に、共産主義、左翼思想の「悲劇的結末」の書物に入れ替わった。

これまでに共産主義の悲劇、スターリンや毛沢東の政治の恐怖の実態、こうした種類の書物を百数十冊は読んだろう。そうしたものの中で、フランスの学者数人が書いた大著『共産主義黒書――犯罪・テロル・抑圧――』の〈ソ連篇〉、〈コミンテルン・アジア編〉(二冊)は多くの世界の社会主義国家の犯罪・テロル・抑圧を暴き、告発した本格的なものである。ステファヌ・クルトワ、ニコラ・ヴェルト、他四人の共著で、外川継男訳、恵雅堂の出版である。この書物は、ソ連崩壊後六年の一九九七年にパリで出版され、内外で大きな反響を巻き起こしたという。訳者によると、第一部がソ連、第二部がコミンテルン、第三部が東欧・中欧、第四部が中国・ヴェトナム・ラオス・カンボジア、第五部がその他の第三世界を扱っている。邦訳の出版は、「ソ連篇」が二〇〇一年、「コミンテルン・アジア編」が二〇〇六年であり、まだ全部が翻訳されているわけではない。邦訳されたものを読むだけで、共産主義政権による犯罪・テロル・抑圧の巨大な悲劇に圧倒される思いである。

「中共革命根拠地」、「中華ソヴィエト共和国」において、「ＡＢ団、社民党、第三党、改組派、トロツキスト、章羅同盟」等々のレッテルを張られて大量の同志・人民・党員が処刑されたことを、私がうすうす知ったのは一九八〇年代であり、一九九〇年代に『中華人民共和国地方志叢書』を読むまで、あまり詳しく知らなかった。粛清の規模の大きさに驚いた私は、その後断続的に一八年の間、反革命粛清事件の文献上での調査を行うことになった。何かが私を突き動かすような気分で、どうしてもやめられなかった。優秀で理想の高い中国の青年たちが、何故に一夜にして反革命分子とされ、全くの冤罪で殺されたのか。その実態を詳しく知りたいという思いが湧き起って、どうにも止まらなくなった。香港の雑誌『七〇年代』、『争鳴』、大陸の雑誌『中共党史研究』、『黄炎春秋』『百年潮』等の雑誌も定期購読し始めた。高校生時代にわが心の聖地となった「瑞金」、この中共が創建した「中華ソヴィエト共和国」の首都「瑞金」が、実は恐るべき粛清の恐怖に慄く都であったと知った時には、誠に驚愕した。

景玉川「富田事変的前前後後」（『百年潮』二〇〇〇年第一期）では、「短い数年の間に、七万余のＡＢ団分子、二万余の改組派分子、六三〇〇余の社会民主党分子を処刑した」とする。実に合計すると一〇万人弱となる。『蕭克将軍回憶録』（香港）には、中央ソヴィエト区では一〇万人もの人が党によって粛清されたとある。また、『中国共産党歴史』（第一巻）には、土地革命戦争時代（一九二七年〜三七年）の時期に、反革命の「ＡＢ団分子」として殺害された人は約七万人、「社会民主党分子」として殺害された人は六三五二人、「改組派分子」として殺された人は二万余人であったと記してある。

上記のような、無実の罪で処刑された人々の名簿、実数、処刑にいたる経緯、責任の所在等々を精しく調査し、総括した書物は、管見によれば中国でも日本でもほとんどない。本書が最も詳しいものと自負している。本書は、全国各地にあった革命根拠地のどこで、いつ、どのくらいの革命陣営内の人間（共産党員、紅軍兵士、ソヴィエト政府諸機関職員、人民等々）が「反革命分子」として粛清されたのか、その詳しい数字、場所、時期、理由等について実態を調べた結果の報告書である。

これまでの日本における研究を見れば、福本勝清の二大力作『中国革命への挽歌』（亜紀書房、一九九二年）、『中国共産党外伝』（蒼蒼社、一九九四年）が、本格的に、この粛清運動に迫った最初の優れた書物である。しかし、その後この粛清運動を更に深く実証的に研究した人はいない。中国共産党が大規模に情報公開すれば、私のこの研究などはすぐ価値がなくなると予想されるが、当分その可能性はない。そこで、今回、私は福本氏が切り開いた道を更に詳しく探索して、この著書を世に問うことにした。

二〇一三年七月一日

小林　一美

中共革命根拠地ドキュメント

――一九三〇年代、コミンテルン、毛沢東、赤色テロリズム、党内大粛清――

目次

目次

全体の附録

中共革命根拠地ドキュメント

――一九三〇年代、コミンテルン、毛沢東、赤色テロリズム、党内大粛清――

第一章　モスクワの中国人革命家・留学生とコミンテルン

第一節　「東方労働者共産主義大学」の中国人革命家・学生たち

中国革命の歴史、中国共産党、中国トロツキズムの歴史にとって、一九一七年のロシア革命、ソ連共産党（ボルシェヴィキ派）の勝利、コミンテルン結成の影響は圧倒的であった。とりわけ、中国の革命家を養成した二つの大学、「東方労働者共産主義大学」と「中国労働者孫中山大学」は、中国人革命家を多く教育、養成し、中国革命に圧倒的な影響を与えた。その過程で、スターリン、トロツキー、ブハーリン、カール・ラデック等々の革命理論、中国論が中国に輸出された。そしてコミンテルン（共産主義インターナショナル）が中国に派遣した共産主義者達が、中国革命を指導し、利用し、管理し、引き回し、そして支配した。本章では、上記した革命家と「ソ連・コミンテルン・中国人革命家」をとりまく時代、関係、状況を主に以下の文献、資料によって紹介する。

A　盛岳『莫斯科中山大学和中国革命』（東方出版社、二〇〇四年、内部発行）
B　唐宝林著『中国托派史』（中国現代史叢書一、東大図書出版公司、台湾、一九九四年）
C　ジェーン・デグラス『コミンテルン・ドキュメント（全三巻）』（現代思潮社、一九七二年）
D　楊尚昆「関于〝二八個半布爾什維克〟問題」（雑誌『百年潮』二〇〇一年第八期）

E　王凡西『双山回憶録』（東方出版社、二〇〇四年、北京、内部発行）
F　周国全他『王明評伝』（安徽人民出版社、一九八九年、合肥）
G　張国燾『我的回憶』（東方出版社、一九九八年、北京、内部発行）
H　唐宝林主編『陳独秀与共産国際』（新苗出版社、二〇〇〇年、香港）
I　路海江『張国燾・伝記和年譜』（中共党史出版社、二〇〇三年、北京）
J　中共中央党史研究室第一研究部主編『共産国際、聯共（布）与中国革命史新論』（中共党史出版社、二〇〇四年、北京）
K　李喜所主編『留学生与中外文化』（南開大学出版社、二〇〇五年、天津）
L　石川禎浩『中国共産党成立史』（岩波書店、二〇〇一年）
M　横山宏章『陳独秀の時代』（慶應義塾大学出版会、二〇〇九年）
N　『共産国際与朱毛紅軍』（中央文献出版社、二〇〇六年）
O　長堀祐造『魯迅とトロツキー』（平凡社、二〇一一年）
P　ボリス・スラヴィンスキー、ドミトリー・スラヴィンスキー共著『中国革命とソ連』（加藤幸広訳、共同通信社、二〇〇二年）
Q　斎藤哲郎『中国革命と知識人』（研文出版、一九九八年）
R　中共中央党史研究室第一研究部編『中国共産党史』第一巻「人物注釈集」（中共党史出版社、二〇〇四年）
S　中国社会科学院近代史研究所翻訳室『近代以来外国人名辞典』（中国社会科学出版社、一九八一年）
T　鍾桂松『沈沢民伝』（中央文献出版社、二〇〇三年、北京）
U　アイザック・ドイッチャー『武器なき予言者トロツキー』（田中正二他訳、新潮社、一九六四年）
V　ルート・フォン・マイエンブルク『ホテル・ルックス』（訳者、大島かおり、晶文社アルヒーフ、一九八五年。原書は一九七八年刊行、ミュンヘン）

W　鄭超麟（一九〇一～一九九八）自伝『初期中国共産党群像Ⅰ、Ⅱ』（邦訳、平凡社、『東洋文庫』七一一。原文は『鄭超麟回憶録（一九一九年～一九三一）』、北京現代史料編刊社、一九八六年一月、内部発行）

X　汪乾明論文「二〇世紀二〇年代初期的留俄学生与中国革命――以莫斯科東方大学中国班為中心的歴史考察――」（李喜所主編『留学生与中外文化』南開大学出版会、二〇〇五年、天津）

Y　程中原『張聞天伝』（当代中国出版社、一九九三年）

Z　『中共人名録』（国立政治大学国際関係研究所篇、台湾、中華民国五六年）

「東方労働者共産主義大学」は、一九二一年四月にレーニンによって設立された。この大学は、ロシア語の頭文字をとって「クートヴェ」と略称された。また俗に「スターリン大学」と呼ばれることもあった。この論考では、「東方大学」、あるいは「クートヴェ」と略記することにする。

この大学設立の目的は、旧ロシアの版図内にあるカフカス、シベリア一帯の遅れた民族の労働者を教育するための大学であったが、後に、中国、日本、朝鮮、モンゴル、ペルシャ、トルコなどの学生も入学した。しかし、最初はこうした民族の学生は少数派であった。五四運動で世界と自国の現状にめざめた中国の学生たちは、中国の未来をロシア革命の成功によって建国したソ連に学んで行おうと考えた。こうして、「倹工勤学運動」等でフランス、ドイツなどヨーロッパに行っていた学生たちの中から、多くの学生がモスクワをめざした。また、中国からシベリア鉄道で直接モスクワに行くものも多かった。

この大学の中国人留学生についての詳しい記述は、有名なトロツキストであった中国の鄭超麟（一九〇一～一九九八）が書いたW書『初期中国共産党群像Ⅰ、Ⅱ』）に詳しい。まず、この書により、東方大学における中国人留学生の実態と主要人物を簡単に紹介する。

著者の鄭超麟など一二人が、一九二三年春、周恩来に連れられてヨーロッパからモスクワに着いた時、「クートヴェ」には、すでに三〇数名の中国人学生がいた。鄭とともにモスクワの東方大学に行ったのは、以下の人々である。

袁慶雲（帰国後、一九二六年、北伐戦争に従軍、コレラで病死）
高風（帰国後、一九二六年保定で逮捕され処刑）
熊雄（帰国後、一九二七年、「四・一二」クーデタに際し、黄埔軍校から逃亡、逮捕され処刑）
陳延年（陳独秀の息子、帰国後の一九二七年、上海で楊虎に逮捕され処刑）
趙世炎（帰国後、一九二七年、上海で楊虎に逮捕され処刑）
余立亜（帰国後、一九二七年、上海で楊虎に逮捕され処刑）
陳喬年（陳独秀の息子、帰国後、一九二八年上海で熊式輝に逮捕され処刑）
王凌漢（帰国後、一九二八年、無錫で工作中逃亡）
陳九鼎（帰国後、消息不明）
王圭（帰国後、消息不明）
王若飛（帰国後、革命運動で大活躍したが、一九四六年、飛行機事故で死亡）

彼等がモスクワに着いた時、東方大学にいた中国人留学生の、一部は湖南人、一部は浙江人であった。その他、シベリアからきた中国人労働者もいた。彼らが到着した一九二三年以前には、その三倍もの中国人学生がいたという。とすれば、最初は数十人程度の中国人が在籍していたのであろうか。「彼らはおそらくは中国を発ったときから、間断なき内部闘争の中に置かれたのだ。共産主義か無政府主義か、当然ながらそれが闘争のテーマであった」が、そうした理論闘争に隠れて、気質や教養の違いが重要な意味をもっていた。

鄭氏の回顧によれば、闘争に勝利し、大学に残っていた「三〇数人の精神には明らかに闘争の痕が残っていた。まず、彼らの内部は指導者と大衆に分れ、指導者は命令し、大衆はそれに従った。指導者は大衆とは違うようで、まるで師団長のようだった。いかににこやかにしていても、近づきがたい雰囲気があった」。この記述を見ると、いわゆる無政府主義者たちが、その束縛を拒否する自由さと個性豊かなロマンチシズムのゆえに敗北し、すでに鉄の規律と容赦なき闘争を好むレーニン・スターリン主義のボルシェヴィキ派が勝利していたのであろう。東方大学の「カリキュラムは、経済学、唯物史観、階級闘争史、労働運動史、ロシア共産党史、自然科学、ロシア語があるだけで、その他の科目はなかったように思う」。とすれば、ここでは、人文社会科学系の基本的学問、古典教養は完全に欠落していたと言わざるをえない。講義は、中国人だけで構成されている数十人のクラスで行われ、四、五人の細胞に分れていた。週に一、二度の会議が開かれ、そこではいつも激烈な相互批判が行われた。理論闘争ではなく、「会議時間の大部分は、個人批判に費やされた。批判されるのは具体的事実ではなく抽象的な心理状態であった。たとえば、個性が強い、傲慢だ、プチブル気質がある、無政府主義の傾向がある、等々である。批判される側も同じようなことを持ち出して、批判者に対して反批判を行った。その結果、皆は怒りに顔を真っ赤にし、心に怨恨の種を播くことになったのである」、「中国人学生の中の、例の命令・服従の関係やこうした個人攻撃は、ロシアに来て体験したうちでも、私が最も奇異に感じたことで、ロシア社会や学校生活よりも驚くべきことであった。――ただこうした主従関係と個人攻撃は私の想像の埒外であった――そして、既成の権威を承認しない、知恵を絞って他人の欠点を批判することを学んでいった」。こうして、フランスでは自由闊達にのびのびしていた学生たちの中に、権威に服従して自分の意見を主張しない流れができあがっていったという。

中国人留学生の生活費について、鄭は「経済的にはまったく心配がなく、私たちの衣食住は、いうまでもなく、すべて学校持ちであった。タバコを吸う者はタバコをもらえた。その他、毎月一元五角の新ルーブルの小遣いがもらえ、後には三元に増額された。散髪、風呂、洗濯はみな学校が面倒を見てくれ、小遣いは使い道がなく、私は全部書籍代に充てた――」という。これによれば、東方大学の留学生の生活は、ソ連共産党がすべての費用を負担し、自己に忠実な外国人党員を、厳しい相互批判によって養成していたことがわかる。ロシアの庶民よりもはるかに贅沢な生活で、抱樸という友人が、学校外の病院で療養していたことがあったが、彼によると、「一般のロシア人は外国人学生をひどく恨み、ソヴィエト政府はロシア人の金とパンを外国人学生に差出し、ロシアに飢饉をもたらしたと言っていた」という。

鄭がモスクワに居たのは、一九二三年の春から翌年の二四年九月までの、わずかに一年半のことである。一九二四年にはレーニンが死んだので、以後党内闘争が激化していった。しかし、まだこの当時は、革命の元勲たちが公然と活動中であり、鄭超麟は、トロツキー、ブハーリン、ルナチャルスキー、ジノヴィエフなどの演説を直接聴いた。「私はこの目で亡くなったレーニンの姿を見、この耳で生きているトロツキーの演説を聴いたのである。この年の四月、クートヴェは創立三周年記念の会を催した。共産党支部はトロツキーに講演の依頼をした。トロツキーは立派な体格で、声は良く響き、壇上に立つとまるで獰猛な獅子のようだった。このときには私は長いトロツキーの演説をほとんど完全に聞き取ることができた」。「ブハーリンもクートヴェに来て講演したことがあった。ヴォロフスキーがスイスで刺殺されたばかりの頃、私は赤の広場でのデモの最中、ルナチャルスキーが演説するのを見かけた。ソ連憲法二周年記念日には郊外のあるところで、ジノヴィエフが演説するのを聞いた。五月一日のメーデーと一一月七日の革命記念日のデモのとき、赤の広場の閲兵台の壇上にスターリンとその他の要人の姿が見えた。日本の老社会主義者の片山潜も、かってクートヴェの中国人クラスに来て講演したことがあった。片山は英語で話し、趙世炎が通訳した」。

鄭やその他の多くの中国人留学生は、一九二四年、モスクワに来た中共代表団の命令によって帰国した。この年、李大釗がモスクワに亡命してきた。帰国した人々の中には、蔣光赤、蕭子暲、尹寛、熊雄、張伯簡、汪沢楷、薛世綸、李仲武、林可彝、于履中、蔡枝華、傅大慶、周兆秋、彭述之、陳延年、趙世炎、任弼時などがいた。この中の任弼時は一九二一年に東方大学に来て二四年秋に帰国した最古参であった。

この年、鄭超麟らが帰国命令によってソ連の地を離れてから、スターリン派とトロツキー派の本格的な抗争が始まり、二六年にトロツキーの除名というかたちで決着がつき、更に二九年にスターリンが合同反対派に最終的な勝利を収めるまで、党内闘争は激烈を極めた。そして、この党派闘争、権力闘争の中にコミンテルン、中国共産党も必然的に巻き込まれていった。

東方大学については、またB書・唐宝林『中国托派史』に次のようにある。

東方大学は「一九二一年四月に開学した。学生は七〇余の民族に分かれていたが、主要なものは中国、朝鮮、インド、エジプトなどアジア・アフリカの被圧迫民族であり、また日本人やアメリカの黒人、それにソ連内の東方諸民族もいた。一九二〇年、陳独秀、李大釗らは、レーニンが派遣してきたコミンテルン代表のヴォイチンスキーの援助のもとで中国共産党を組織した時期に、ソ連に派遣されていた羅亦農、任弼時、劉少奇、蕭勁光、彭述之、汪壽華などの一群の人びとを、この東方大学に入れた。それでこの学校に入れたものは、みな共産党員か共産主義青年団員かであった。中国人学生は、中国共産党モスクワ支部の指導を受けた」（頁一）。

「東方大学」に学んだ中国人青年には、どのような人々がいたのであろうか。王健英『紅軍人物志』（解放軍出版社、一九八八、北京）の人名中、モスクワの「東方大学」へ留学した経歴を持つ人物を拾うと、以下の三一名になる。多くは比較的裕福な家庭の出身者で、高等学校や大学で学生運動を経て、中共に入党した人々だった。これらの人々は、帰国後に共産党の幹部になり、「紅軍・革命根拠地」に入り「武装蜂起」に関係した人々である。湖南出身者は一一名、その他は湖北省、江西省、四川省などの出身者で、華中から華南方面の人が多かった。

蔡暢（一九〇〇～一九九〇）、湖南人、女、フランス留学からモスクワへ、二五年帰国。李富春と結婚、長征に参加、建国後に婦女連合会会長、中央委員。

陳栄久（一九〇四～一九三七）、黒龍江人、三四年に留学し三六年帰国、日本軍と戦い犠牲。

傅烈（一八九九～一九二八）、江西人、二四年に留学し二五年帰国、重慶で逮捕され犠牲。
黄火青（一九〇一～?）、湖北人、二七年入学、帰国後革命根拠地で戦い、建国後天津市委書記、中央委員。
黄志競（?～一九三四）、江蘇人、大革命敗北後にモスクワへ、帰国後、革命根拠地へ、湘鄂贛辺区で粛清された。
孔原（一九〇六～?）、江西人、二九年モスクワに行き入学、三〇年帰国して、中共中央で活動、三五年モスクワのコミンテルン第七回大会に参加、三八年帰国、建国後中央委員。
李得釗（一九〇五～一九三六）、浙江人、女、二五年モスクワに、二七年に帰国後は周恩来の秘書、三四年逮捕され三六年に南京で処刑。
李富春（一九〇〇～一九七五）、湖南人、一九年フランス留学、二五年モスクワへ、同年帰国、上海の党中央で活動、ついで革命根拠地へ、長征に参加、建国後は党・政府の要職を歴任。
梁柏台（一八九九～一九三五）、浙江人、二一年モスクワへ、シベリアで活動し、三一年帰国後に革命根拠地に入り、『紅色中華』の編集局に入る、長征に参加せず残留、国民党系によって逮捕され処刑。
劉伯堅（一八九五～一九三五）、四川人、フランス留学、二三年モスクワへ、二六年帰国、蔣介石の上海クーデタ後、再びモスクワへ、ソ連軍政大学、フルンゼ軍事学院に学ぶ、三〇年帰国、中央革命根拠地に入る、長征以後も江西省に残り戦う。国民党系によって三五年逮捕、処刑。
劉少奇（一八九八～一九六九）、湖南人、二一年モスクワへ、二二年帰国、長征に参加、中共中央で要職を重ね、建国後は国家主席、文革で粛清された。
劉鳴先（?～一九三二）、湖南人、モスクワ留学から三〇年帰国、後に洪湖根拠地に派遣、この根拠地で粛清された。
劉英（一九〇五～?）、湖南人、女、二九年モスクワ留学、三二年帰国、中央革命根拠地に入り、長征に参加、建国後に外交畑で活躍。

陸更夫（一九〇六～一九三二）、四川人、二八年モスクワへ、三〇年帰国、三一年上海省委書記、三二年国民党に逮捕され処刑。
羅世文（一九〇四～一九四六）、四川人、二五年モスクワへ、二八年帰国、四川省で活動、四〇年国民党に逮捕され翌年処刑。
羅亦農（一九〇二～一九二八）、湖南人、二一年モスクワへ、二五年帰国、革命根拠地で活動、国民党に逮捕され処刑。
彭干臣（一八九九～一九三五）、湖北人、二五年モスクワへ、二六年帰国、北伐軍へ、南昌蜂起に参加、革命根拠地で活動、戦死。
任弼時（一九〇四～一九五〇）、湖南人、二一年モスクワへ、二四年帰国、中共中央で活動、中央革命根拠地へ、建国後、中共政治局委員。
唐延傑（一九〇九～?）、湖南人、二七年モスクワへ、二九年帰国、革命根拠地で軍事指揮、長征参加、建国後中将。
王観瀾（一九〇六～一九八二）、浙江人、大革命失敗後に東方大学の軍事訓練班、レーニン学院へ、三一年帰国、中華ソヴィエト共和国で『紅色中華』の編集、長征参加、建国後は政府の高官。
王若飛（一八九六～一九四六）、貴州人、二三年モスクワへ、二五年帰国、二八年モスクワにおける「中共六大・コミンテルン六大」会議に参加、三一年帰国、延安に行き活動、飛行機事故で死去。
蕭勁光（一九〇三～一九八九）、湖南人、二一年モスクワへ、二四年帰国、北伐戦争に参加、二七年再度モスクワへ、レニングラード軍政学院に学ぶ、三〇年帰国、中央革命根拠地で戦争指揮、長征参加、建国後に「大将」。
熊受暄（一九〇三～一九三一）、安徽人、北伐戦争に参加、敗北後にモスクワへ、三〇年帰国、革命根拠地に行き活動、張国燾に粛清された。
薛子正（一九〇五～一九八〇）、四川人、二七年の北伐の失敗によりモスクワへ、東方大学、レニングラード軍政学院で学ぶ、三〇年帰国、中央革命根拠地へ、建国後は北京副市長。
顔昌頤（一八九八～一九二九）、湖南人、二〇年フランス留学、二四年モスクワへ、二五年帰国、南昌蜂起に参加、中共中央で活動、密告で逮捕され処刑。

楊善集（一九〇〇～一九二七）、広東人、二四年よりモスクワへ、東方大学、赤軍学校で学び、二五年帰国、広東で活動、武装蜂起を指導、戦死。

楊幼麟（一八九九～一九三四）、湖南人、二七年モスクワへ、二九年帰国、革命根拠地で活動、長征後も江西省にとどまり病死。

葉剣英（一八九七～一九八六）、広東人、二八年からモスクワ東方大学特別班、三〇年帰国、以後中共軍の最高指導部で要職を歴任、建国後に「元帥」、中央政治局常務委員、江青ら「四人組」を逮捕。

葉挺（一八九六～一九四六）、広東人、二四年モスクワの東方大学と赤軍学校に学び、二五年帰国、北伐戦争、広東蜂起を指導、「新四軍」を率いる、国民党に五年間拘禁、釈放後に飛行機事故で死亡。

張浩（一八九七～一九四二）、湖北人、労働者出身、二四年モスクワへ、二五年帰国、中共労働運動の指導者、三三年コミンテルンへ、三五年帰国、四二年延安で病没。

朱克靖（一八九五～一九四七）、湖南人、北京大学で学生運動、二四年モスクワへ、二五年帰国、南昌蜂起に参加、敗北後北京に隠れる、また復帰し「新四軍」へ。叛徒に捕われ、処刑。

■（W）鄭超麟『初期中国共産党群像Ⅰ』によれば、東方大学第一期生に入学した女性に、陳碧蘭、史静儀、蔡暢、郭隆真がいたと云う（頁三〇六）。

汪乾明の論文（X）「二〇世紀二〇年代初期的留俄学生与中国革命――以莫斯科東方大学中国班為中心的歴史考察――」には次のようにある。「一九二一年七月に前後して二名の学生が東方大学に入学した。八月三日には主に上海外国語学社の二六名の学生が入学したので、一つの中国班がつくられた。――二一年の下半期には人数は五五名に達した。二三年五月から二四年九月までの間に、ヨーロッパに派遣された三グループの〝勤工倹学〟の学生の内、六〇名が東方大学中国班に入り、人数は一一五名に達した（頁四七九）、一九二〇年から二五年の間に、東方大学中国班は中共のために約二〇〇名の党・団幹部を養成した。その中のかなりの人びとが中共早期の主要指導者となった。たとえば、劉少奇、羅亦農、彭述之、任弼時、陳延年、陳喬年、陳為人、王若飛、謝文錦、任作民、尹寛、李富春、蔡暢、汪寿華、庄文恭、黄平などである。彼等の中の十余人が後に中共中央委員になった。その中には五名の政治局員が含まれている」（頁四九三）。

また、同上書には、約六〇名の東方大学で学んだ人々の名簿と略歴が紹介されている。

第二節　モスクワ「中山大学（孫逸仙大学）」の歴史と中国人革命家、留学生たち

(1) 中国学生、モスクワへ

モスクワの「中国労働者中山大学」は、一九二五年の創立である。以後、一九二八年九月、「東方労働者共産主義大学」の中国班の全員を「中山大学」に併合して、「中山大学」を「中国労働者共産主義者大学」と改称したが、以後も「中山大学」が通称であった。

一九二四年、中国国民党と中国共産党の合作が始めて成功した。その後、ソ連政府は孫中山が率いる中国革命に大いに期待し、多くの支援を行った。その中の重要なものの一つは、革命を遂行する人材の育成であった。上に記したように、モスクワの東方大学で若干の中国人留学生の教育を行っていたが、これでは不充分であり、新たに広州に黄埔軍校を、モスクワに孫中山大学を設立して、大規模に職業革命家と革命軍人を養成した。中山大学は、一九二四年に孫中山が死去したので、翌二五年、彼の功績を記念して、その名を冠し「中国労働者孫中山大学」（俗称、中山大学）と命名した。実際に、この大学の創立の任に当たったのは、古参ボルシェヴィキのカール・ラデックであり、邵力子が国民党を代表してモスクワに常駐

した。その経費は大部分、ソ連政府が拠出した。二五年九月の開校祝典を主催したのはトロツキーで、彼は記念演説の中で、「これからは、いかなるソ連人であれ、それが党の同志であれ一市民であれ、もし軽蔑的な態度で中国の留学生に接したり、会った時に両肩をいからせたりするならば、彼はソ連共産党員、あるいはソヴィエト市民としての資格がない」といって、ロシア人の中にかねてからあった中国人蔑視を戒めたという（B頁一）。トロツキーから、初代校長に任命されたカール・ラデックは、「この学校は、ソ連共産党執行委員会と中国国民党執行委員会の管理下に置く」とし、国民党もこの提案に同意して、先に記したように邵力子を一九二六年にモスクワに派遣し常駐させたが、資金拠出と管理運営の両面にわたってソ連政府が主なる責任を負った。しかし、一九二七年の蔣介石の「四・一二」事変以後、邵力子は召還され国民党と共産党は絶縁したので、以後管理運営はソ連共産党の完全な支配下に置かれることとなった。

学生は、厳格な審査と試験によって選抜され、第一期生は三四〇人、一九二七年には学生は五〇〇余名に達した。この中には、多くの国民党政府、軍の領袖の子弟や縁者がいた。たとえば、蔣介石の息子の蔣経国、邵力子の息子の邵志剛、馮玉章の息子の馮洪国と娘の馮弗能、李宗仁の義弟の魏充成、李宗仁の妻の魏淑英、張発奎の兄弟の張発明、鄧演達の兄弟の鄧明秋、陳樹人の息子の陳甫、葉楚傖の息子の葉楠、谷正倫の二人の息子谷正綱、谷正鼎などである（B、頁三）。これらの学生の多くは、二七年の蔣介石のクーデタ以後、続々と帰国した。

楊尚昆の論文（D）によれば、中山大学に来た学生は三種類あり、一つは広東政府から派遣された国民党系の人々で、黄埔軍官学校や湘（湖南）・滇（雲南）の国民党系の軍官学校から来た人が多かった。もう一つは、公開で選抜された共産党系の学生で、鄧小平、傅鐘、任卓宣や黄埔軍官学校卒の左権などがいた。最後は、共産党や共青団が秘密に送り出した人々で、二五年にモスクワに行った王明（陳紹禹）、張聞天、沈沢民などや、二六年にモスクワに行った伍修権、ウランフ（モンゴル人）、兪秀松、孫冶方、于右任の娘の于芝秀、博古（秦邦憲）、李伯釗、楊尚昆などの人々であった。

一九二七年四月一二日の蔣介石の上海クーデタ以後は、共産党系の多くの人々が、モスクワに一時避難するようになり、人数は急激に増えた。中山大学が存在した五年間に、ここで学んだ学生は約千二百余人に達した（D）。

盛岳の著書（A）によると、中山大学の第一期生としてモスクワに行った中国人留学生は三四〇名であった。「学生を選抜してソ連に留学させるという情報がすばやく全国各地に伝わった。わずかに広州の地だけでも、一千余名の青年が手をあげて選抜試験に参加した。広州はその時全国の主要な革命根拠地であったから、委員会によって派遣された三四〇名の学生の内の、一八〇名がこの都市から選抜された人びとであった。広州に設立された黄埔軍官学校と湖南・雲南の軍官学校から各一〇名が派遣された。また五〇名は上海から、五〇名は北京・天津地区から行った。更に、他にボロジンが特別推薦した二〇名がいた。ボロジンの推薦したのは、大多数が国民党要人の子弟であった。この特別推薦された学生は、選抜試験の競争を免除された人びとであった。広州で選抜された一八〇名の学生の九〇％は国民党員であり、上海と北京・天津地区から選抜された学生は、多数が共産党員であった」（頁一七）。彼らは一九二五年の末から二六年の初めにモスクワに到着した（注：邦訳関係書によっては、ボロジンは、ボロディンとも表記される）。

（2）中山大学の三人の校長と教育内容

初代校長は、トロツキー派の闘将であったカール・ラデック（一八八五〜一九三九年。中国名は、卡爾・拉狄克）であった。彼はポーランド生れのユダヤ人で、クラコフ大学を卒業。一九〇八年からドイツ社会民主党の活動家となり、党内左派として活躍した。一九一七年のロシア十月革命後にペテログラードに行き、「左翼共産主義者」に参加。一八年、ドイツとの講和条約を交渉するソヴィエトの外交団に加わり、ブレスト・リトフスク会議に参加。ちなみに、この時のソヴィエト代表団の代表が外務人民委員のトロツキーであった。ドイツに潜入して革命活動を行い逮捕されたが、釈放後ソ連に戻り、一九二〇年から二四年までコミンテルン書記を務めた。二〇年代の党内闘争ではトロツキー派に属し、二五年から二七年に共産党から除名されるまで、中山大学の初代校長を歴任した。彼は、この大学の教員にトロツキー派の人物を多く任命したので、以後、この中山大学の中国留学生に多くのトロツキストが生まれることになった。当時、トロツキーはスターリンよりも国際的には有名で威信も高かったので、中国の優秀な学生に大きな影響を与えた。

ラデックには、『中国革命運動史』の著書があった。教科には唯物史観・哲学（スターリンの『弁証法的唯物論と史的唯物論』などが教本）、中国革命運動史（カール・ラデックなどが講義）、言語（ロシア語と他の第二語学）、政治経済学、レーニン主義（スターリンの『レーニン主義の基礎』などが教本）、軍事学などの講義があった。軍事は重要視され、軍事学、兵器の講義の他に、夏休みには軍事教練も実施された（A書、頁六四～七〇）。圧巻は、カール・ラデックの講義で、圧倒的な人気を博していた。彼の特異な風貌、能力、演説の才、人となりについては王凡西の著書（A書、頁三六～三八）に詳しい。この初代校長は、一九二七年夏、スターリン派との闘争に敗れ、学生に挨拶することもなく大学を去った。

第二代の校長は、アレキサンダー・ミフ（中国名、米夫。生没年一九〇一～一九三八）で、ロシア人、一九一七年、ロシア社会民主党（ボルシェヴィキ派）に参加。以後、植民地問題、中国革命問題に関心を持ち、研究。一九二五年から二七年まで副校長、校長を歴任。二六年、中国に即時にソヴィエトを建設せよと主張し、スターリンから批判を受ける。二八年、コミンテルン東方部中国部主任。同年六月、モスクワで開催された中共第六回大会に参加。以後、中国留学生の中のトロツキー派を攻撃し、スターリン派の多数派工作に励む。二九年以後、中国共産党内の路線闘争に積極的に介入し、三〇年七月、コミンテルン極東局の最高責任者となる。王明や秦邦憲などに帰国を命じ、同年一〇月、自ら上海に来て瞿秋白・李立三路線を批判し、三一年一月、王明、秦邦憲など「二八人のボルシェヴィキ」などと言われる、子飼いの中山大学留学生を党中央に押し上げて、以後の王明路線実現の影の立役者となる。同年八月帰国。以上が、ミフの略歴である。

最後の第三代目校長になったのは、イーゴル（中国名、威格爾）という学者兼教育家であるが、彼は一年ほどで中山大学が廃校になったため、中国留学生や中国革命にほとんど影響を残さなかった。

（3）留学生たちの生活

盛岳が一九二六年末に中山大学に入った時、留学生は五〇〇名くらいが在籍していた。大部分の学生が中国から来たが、しかしアメリカ、ヨーロッパ諸国から来たものもいた。出身、教養、年齢、ロシア語の習熟度、革命の経験の有無、生活態度などは全く多様で、無学文盲の人から大学教授ほどの知識をもつものまでいた。ロシア語で行われる講義が分るものから、中国語の通訳を介して行われるものまであった。集会などは、中国語の通訳付きで行われた。

その中の成績が特別に優秀な人々には、周天陸（後に、重要なトロツキストとなる）、沈沢民（作家沈雁冰の弟、約半年の日本留学を経て帰国し、作家活動の後、モスクワへ）、鄧小平（勤工倹学運動でフランスへ、更にモスクワへ）、傅鐘、李伝則、兪秀松（一九二〇年、コミンテルンのヴォイチンスキー〈ウィッチンスキー〉が中国に派遣され、中国共産党の創建に努めた時、兪が通訳を務めた）、屈武（黄埔軍官学校の教師などをして中山大学へ、更にモスクワ軍事学院へ転学）、左権（黄埔軍校、中山大学、モスクワ科学軍事学院などを経て、三〇年帰国、中央紅軍第十五軍の軍長となる）、王翩（女。山東社会主義青年団の責任者であった）などがいた（A書、頁七一～八〇）。

また、いわゆる留学生の範疇に入らない、革命の知識と経験に富んだ年配の人々が属する特別班もあった。彼らは、一九二八年にモスクワに来て、中山大学の特別班に属した。中山大学の一期、二期にはこのような班はなかった。一九二八年に始めて以下に紹介する重要人物たちが属する特別班が作られた。彼らは一九二七年、蔣介石の反共クーデタが発生したためモスクワに亡命してきた人々である。

呉玉章（一八七八～一九六〇）、四川省の人、中国同盟会に入り辛亥革命に参加し、国民党中央常務委員兼秘書長となる。南昌蜂起の際は革命委員会秘書長であったが、大革命が失敗した後の一九二八年、モスクワに来た。

林祖涵（林伯渠、一八八五～一九六〇）、湖南省の人、東京の高等師範（現、筑波大学）留学生、中国同盟会に参加、辛亥革命に活躍し、ついで中国共産党の創立に参加、国民革命軍党代表となる。南昌蜂起に参加し、失敗の後にモスクワに来た。三一年帰国。

董必武（一八八五～一九七五）、湖南省の人、日本に留学、中共第一回全国大会代表、一九二八年から三二年までモスクワに滞在。帰国後、長征に参加。建国後、国家副主席。

何叔衡（一八七五～一九三五）、湖南省の人、新民学会に参加、中共第一回全国大会の代表。三年間のモスクワ留学、帰国後中央革命根拠地へ。長征に参加せず残留、国民党に包囲され自決。

葉剣英（一八九七～一九八六）、広東省梅県の人、広州蜂起の指導者の一人、二八年から三〇年の間モスクワに留学、帰国後中共の要職を歴任。

徐特立（一八七七～一九六八）、湖南省長沙の人、湖南師範学校の教師として毛沢東を教えた。中国同盟会に参加、フランス留学、二八年から三〇年の間モスクワに留学し滞在、老教育家。

夏曦（一九〇〇～一九三五）、湖南省の人、湖南師範学校、毛沢東の同窓、新民学会に参加、二八年～三〇年の間、モスクワに、二八人のボルシェヴィキの一人、湘鄂西ソヴィエト区で活動、大粛清を実施。

その他に、方維夏、王観瀾、江浩、銭亦石、銭家潭、李文宜など著名な人物がいた。若い王明などは、こうした特別班の人々を「実際派」と呼び、自分たちを「翻訳派」と称していた（A書、頁七二～七五、及びD楊尚昆論文）。

中国人留学生は、中山大学や東方大学以外に、下記のようなソ連の学校に入って学んだ人もいる。この中には、上記の二つの学校を経て更に進学した人もあった。

フルンゼ軍事学院——劉伯承、屈武、左権、李必庭、その他二名

高級歩兵学校——百余人、伍修権はここで通訳をしながら学ぶ
砲兵学校——朱瑞、郭化若、王長礼
飛行学校——常乾坤（馮玉章が派遣した学生）
レニングラード軍政学校（高級将校の養成）——蔣経国、蕭勁光、李卓然、曾涌泉
以上の軍事を学んだ人は、ほとんど大革命が失敗した後に留学した人々であった（以上はD楊尚昆論文）。
当時の中国留学生は、ロシア革命に成功し、始めて地上に社会主義政権を打ち立てたソ連を祖国のように感じ、崇拝し、憧れた。清末から辛亥革命にかけて日本に期待したが、二一カ条要求によって日本は敵となった。帝国主義と封建主義の二つの敵に侵略され抑圧されて、アヘン戦争以来、半植民地状態に陥っている中国を救い、貧しい農民と労働者を解放し救済するには、ソ連に頼り、ソ連に学ぶことが正しいと多くの中国青年は考えた。中国共産党の創立を助け、孫文の「聯ソ容共」宣言を受けてからは、更に革命の祖国モスクワは希望と憧憬の地となった。張聞天と沈沢民は、一九二〇年七月に日本に行き、田漢らと交流したが、社会主義など多くの書籍を購入し二一年一月に帰国した。張聞天は更にアメリカに行ったが、帰国後の二五年また沈と共にモスクワに留学した。

張国燾は、北京大学の学生時代から学生運動で名をあげ、一九二一年と二三年に短期のモスクワ訪問をした。その時の感想を「私の心情は、唐僧の三蔵法師がインドに経典を求めに行った時の感情に似ていたが、当時はそれ以外に、ソ連を無産階級の祖国とし、自分が其の中に属するような気持であった」（張国燾のG書、第二冊、頁四四四）と懐古している。これは革命の宝剣をモスクワに求める、当時の青年たちの偽らざる共通の心境であったろう。

(4) ソ連共産党内の路線・権力闘争と中国留学生

蔣介石が起こした一九二七年四月の上海クーデタ(四・一二事変)は、中国共産党に大打撃を与え、北伐戦争から始まる「大革命」は敗北に終わった。全国各地で共産党員、共青団員、農民協会員、都市の労働者たちは、殺害、投獄等によって弾圧され、中共は建党以来最大の危機に立たされた。これは、ソ連共産党内のスターリン派とトロツキー派の対立をぬきさしならぬものにした。

一九二七年四月一二日、蔣介石の上海クーデタの報が伝わった中山大学の留学生たちの反応を、(T書『沈沢民伝』は、次のように記している。

すぐ多くの革命青年たちの幻想は破れ、革命の偶像は砕けた。それは即座に怒りの海に変わった。ウランフは其の場面を回顧して次のように述べている。「当時、蔣介石の裏切りがモスクワの中山大学に伝わった時、留学生たちはあっけにとられてしまったが、すぐ激怒した。全校の教師、学生は連夜にわたって大講堂に集合し、人びとは次々と立って登壇し、蔣介石の暴乱を糾弾した。私は、四番目に演壇に駆け上ったが、準備がなく、また演説の原稿もなかったので、ただ満腔の怒りに頼って蔣介石の裏切りを糾弾した」と回顧している。当時、ちょうど中山大学で学び、すでに共産主義青年団の団員にもなっていた蔣経国もまた、登壇して悲憤慷慨して演説をし、「私は今、蔣介石の息子としてではなく、共青団の子として話す」と言い、父と親子の関係を断絶すると声明し、父が孫中山に叛いた罪業を一つ一つ数えあげた。蔣経国の行動は、熱烈な拍手を勝ち得た。――ウランフは、また回顧して「あの時から、モスクワ中山大学の上空には暗雲がたちこめた。我われ学生、青年たちはこの突然の襲撃に措くところを知らず、意気沮喪し、悲観と失望が我われの心と頭を蔽った」と語っている。(『沈沢民伝』頁一四六~一四七)

こうした状況の中で、五月一三日、中国留学生の要請を受けて、スターリンが中山大学に来て講演を行った。『沈沢民伝』は、次のように記している。

当時、中山大学の学生たちにとってスターリンは世界革命の領袖であり、彼に対しては好奇心と崇拝の心に満ちていた。スターリンはこの当時、いつも民衆の着る平服で民衆の中に現れたが、この時もそうだったので学生、青年たちに愛顧の気持を引き起こした。――この日、スターリンの演説は、中山大学の学生たちの熱烈な反響を呼び起こした。スターリンは午前九時からずっと午後二時頃まで演説し、中山大学の人びとに熱烈な反響を呼び起こした。沈沢民、張聞天、王家祥、それに女学生の沈聯春の四人がかわるがわるスターリンの演説を通訳した。――スターリンが、この時中山大学に来て講演したのはまた一つの深いわけがあった。というのは、中国に蔣介石の「四・一二」クーデタが発生した後、トロツキー反対派は、この事変を理由にソ連共産党中央とスターリンの中国革命の方針・政策を再び激しく攻撃したからである。それで、スターリンは中山大学に来ると、演説が始まるやいなやその冒頭で、中山大学校長でトロツキー派の重要人物カール・ラデックの主張に真っ向から反駁した。――スターリンの公然たるラデック批判の後、いくばくもなくラデックは学園を去った。（『沈沢民伝』頁一四六～一四九）

スターリン派とトロツキー派の、中国革命に関する路線の違いとはいかなるものであったか。また、それはいつから発生したのか、こうした問題について、唐宝林著『中国托派史』（B書）の説明が、簡にして要を得ている。同書（頁四～一一）の概略を以下に示す。

スターリンとトロツキーの論戦は、レーニンが病で倒れてからすぐ始まった。まず、一九二三年にトロツキーは、スターリンを中心とする党中央の官僚主義化、非民主主義化、腐敗現象などを批判した。スターリンは反論し、それをトロツキーの分派活動であると批判したが、トロツキーはその批判を受け入れなかったので、ここにモスクワ支部を中心とするトロツキー派の「モスクワ反対派」が形成された。両者の対立は、二四年のレーニンの死後にトロツキーの敗北に帰し、スターリンは『レーニン主義の基礎』を発表して、レーニンの後継者であることを示した。トロツキーは、二五年一月、陸海軍人民委員と軍事委員会主席の地位を失った。この年、スターリンは社会主義工業化の政策を発表したが、これは一国社会主義だとして、トロツキー、ジノヴィエフ（一八八三～一九三六）、カーメネフ（一八八三～一九三六）が反対した。当時、ジノヴィエフはコミンテルンの議長、ソ連共産党政治局委員であり、またカーメネフは、ソ連共産党政治局員、人民委員会議長、労働国防委員会議長であった。後者二人の基盤は、モスクワとレニングラードという二大都市の支部であり、都市の知識人や労働者の支持を基盤にしていた。一九二六年、「レニングラード・モスクワ合同反対派」が形成された。この年、中国に「中山艦事件」（一九二六年三月、蔣介石が広州において共産党と労働者を弾圧した事件）、「党務整理案」（同年五月、蔣介石が国民党の要職から共産党員を排除した事件）が発生し、蔣介石は党内での共産党の活動を制限した。スターリンのソ連中央は、それを容認し、中共に譲歩を命令し、蔣介石の要求を承認した。トロツキーとジノヴィエフは合同して反対し、ソ連共産党代表者大会に次の要求文書を突きつけた。（一）党内での民主を要求し、また党内で派閥活動をする自由を要求する。（二）一国社会主義の建設に反対する。（三）レーニン最後の遺嘱（スターリンは工作態度が粗暴であり、党書記長の地位から退けよ、という内容）を公開する。（四）コミンテルンの中国、イギリス、ドイツにおける機械主義路線を批判する。以上の四点を要求する文書に対して、スターリンは、この文書は反党的であるとして大会にかけることを拒否した。（唐宝林『中国托派史』頁四～六の要旨）

こうした、両者の鋭い対立、抗争は、東方大学と中山大学の教師と学生全体を巻き込んだ対立、抗争にまで発展した。中山大学におけるトロツキー派の闘将は、先に記したように初代校長のカール・ラデックであった。スターリンは、ラデックを牽制するために、ミフを副校長に送り込んだ。ラデックが「中国革命運動史」の講義やコミンテルンの雑誌で展開した論点は、次のようなものであった。「中国では、秦・漢以来、土地は自由に売買することができた。十九世紀以後、帝国主義が侵入してから、商業資本と高利貸資本が次第に農村で支配的位置を占め、中国の封建制度を破壊したので、中国は資本主義化した」、「中国にはもはや封建制の残滓は存在しない。仮に有っても実際には機能していない。小作料をとる地主階級は、事実上はブルジョア階級なのだ」、従って「中国革命は、世界資本主義に反対するばかりでなく、中国の資本主義にも反対する闘争にも変化しているのだ」と。

これに反対する、スターリン派のミフは、中国の地主階級は、封建的搾取階級であり、外国資本主義は、国内のこの封建制度の残滓と結合して、植民地制度を維持しているのである。だから「中国革命は、現段階では、その発展の内部の状況から見て、ブルジョア民主主義革命なのだ」と主張した。

スターリン派は、中国には封建制の残存が濃厚であり、ブルジョア的な土地革命を中心とする民主主義革命が当面の課題であるとした。したがって、共産党は国民党と合作して戦わねばならない。といって、国民党は普通の単純なブルジョア政党ではない。中国の抑圧されている農民をはじめとする諸階級の利害を代表しているのである。これに対して、トロツキー派は、中国の封建的残滓はきわめて少なく、国民党は都市を中心とする小ブルジョアの政党である。だから、共産党は国民党と合作してはならず、直ちに独立して都市の労働者を中心とする闘争に邁進しなければならない、とした。トロツキー派は、都市革命・社会主義革命を明確に主張した。（同上書、頁七～八の要旨）

しかし、このように書けば、トロツキーは、レーニンがまだ生存している時代から、激しくスターリンの中国政策を右翼的として攻撃しつづけてきた、と想像するであろう。しかし実際はそうではない。

アイザック・ドイッチャー『武力なき預言者トロツキー』（W書）によれば、実際は主流派のスターリンとブハーリンが中国情報を封印し、中国政策を牛耳っていたこともあるにはあるが、トロツキーは、蔣介石の上海クーデタの前の、ほとんど一年間、中国革命に対する明確な左翼反対派としての論陣を張ることはなかった。ドイッチャーは、次のように書いている。

中国問題はまるでロシアの党内論争の外にあったようなものであった。この事実は、とくに強調する値打ちがある。反対派は最初からスターリンとブハーリンの「中国革命の裏切り」にたえず抵抗したという、卑俗なトロツキズムの伝説の一つがこれで片づくからである。――トロツキーは、一九二四年～二六年にかけて、彼はコミンテルンの執行委員会で、中国問題について演説したことはいちどもなかったようにおもわれる（頁三三九～三四一）。

トロツキーは中国における厳に共産主義的な政策の問題を提起した。――現存の政府と――それどころか、昔からの軍閥とさえ――取引することは外交官の仕事である、だが、彼らを打倒することは、革命家たちの仕事である、とトロツキーは主張した。そして、国民党のコミンテルン加盟を承諾したことに抗議した。孫逸仙主義はあらゆる階級の和合調和をたたえる、だから、それは階級闘争の立場をとるマルクス主義とは両立しない、蔣介石を名誉委員長に選んだ執行委員会は、つまらん冗談を演じたものである、と言った。そして最後に、中国共産党の国民党加入にたいする、彼の昔からの反対意見をくりかえした。いまや合同反対派を結成するばかりになっていたジノヴィエフとカーメネフをふくむ、政治局の全員は、もういちど中国共産党問題の公式な態度を擁護した。この論争もまた偶然であって、政治局の閉ざされたドアの奥でおこっただけで、なんの成果もあげなかった。それから、つまり一九二六年四月から一九二七年三月の終わりまで、まる一年、トロツキーも反対派の指導者たちも、だれひとりこの問題を取りあげはしなかった（ただ一九二五年五月以来、モスクワの孫逸仙大学の学長となって、困惑している中国学生に向って党の政策を説明して聞かせなくてはならなかったラデックだけが、しきりに指導をもとめて政治局を「なやました」。かれはこの指導をえることができなくて、やんわり不安を表明した）。しかし、この一年は、中国革命の歴史上最も決定的で、危機的な年であった。政治局がトロツキーの報告を討論してから四ヶ月後の七月二六日、蔣介石はソヴィエトの「節度を保てという勧告」を無視して、北伐への進軍命令を発した。――蔣介石は革命の潮におどろいて、これを抑制しようとした。そして、ストライキやデモを禁止し、労働組合を弾圧し、農民を弾圧し、食料を徴発するために討伐軍を派遣した。彼の本部と共産党のあいだに、はげしい敵意がもえあがった。陳独秀はこれらの事態をモスクワに報告して、彼の党に、ついに国民党から引きあげる権限をあたえることを要求した。――彼の党が国民党の規律をふり切り、マヌーバーの自由をとりもどし、都市のプロレタリア運動を激励し、農民の土地獲得闘争を支持して、蔣介石との公然たる衝突のために準備することが、絶対に必要であると主張した。しかし、陳独秀がインターナショナルの執行委員会からうけとった回答は、またしても拒絶であった。ブハーリンは彼の要求を危険な「極左的」として排撃した（頁三四一～三四二）。

［一九二七年四月一二日の］上海大虐殺の報告がモスクワにとどいた。スターリンとブハーリンの弁護（蔣介石に対する――小林）は、まだだれの記憶にも新しかった。彼らにとって幸いなことに、反対派の批判は一般的には知られていなかった――ただ党カードルの一部と、コミンテルンの役員たち、それにモスクワにあった中国の学生たちだけが、この論争を知っていた。スターリンとブハーリンは、全力をつくして事件を軽く見せ、中国革命のほんのエピソード的なつまずきにすぎないように見せかけようとした。だが、自分たちの政策を修正しなければならなかった。蔣介石との「同盟」が消滅したので、彼らは「左派国民党」、つまり、汪精衛を首班とする武漢政府にいよいよ密接に所属するように、中国共産党に指令した。――モスクワは、［武漢政府に］陳独秀と彼の同志たちが、いままで通り「挑発的な」革命行動はさしひかえて、汪精衛の規律に服するだろうと誓約した（頁三四八）。

アイザック・ドイッチャーの、上記のような状況説明と分析によって明らかなように、スターリンの国共合作路線に対して、トロツキー派は断固たる批判を継続的に行ってきたのではない。両者の中国革命に対する路線の対立が決定的になるのは、一九二七年七月の蔣介石の上海クーデタ以後であった。スターリンは決定的な誤りを隠蔽するため、今後は極左的路線に切り替えていった。

スターリンは早くも例の大きな政策転換のひとつを実行して、「極左的」方針に切りかえる準備をしていた。この「極左的」方針が、この年の暮れ、革命の退潮期にあたって、中国共産党に無益で血なまぐさい広東蜂起を決行させるのである。六月に、スターリンはボロジーン（一八八四～一九五一。「ボロディン」とも記される。ユダヤ系ロシア人、コミンテルンから派遣されアメリカ、メキシコ、イギリス、ドイツなどで活動、二三年から二七年まで中国に滞在して国民党政治顧問となり、国共合作、黄埔軍官学校の創立、中山大学への留学生派遣等に活躍、二七年の汪精衛の反共政変でその他のソ連人と帰国）とローイ（一八九二～一九五四。ベンガル人、コミンテルンで活躍、二七年コミンテルン中国代表として広州・武漢で活動したが失敗）を中国から引きあげさせた。そしてソヴィエト・コムソモールの書記ロミナージェ（一八九七～一九三五。グルジア人、コミンテルン委員、一九二七年七月にコミンテルンから中国に派遣され、中共の土地革命路線確立のために画策。永続革命論を主張し、後に批判され自殺）とドイツ共産党員のハインツ・ノイマン（一九〇二～一九三七。ドイツ人、コミンテルン委員、二七年八月にスターリンから中国に派遣され、広州蜂起を画策。後にドイツ、スペイン、スウェーデンなどで活動。後に粛清された）の二人――二人とも中国問題についてなにひとつ知らず、どちらも一揆主義的傾向をもっていた――を派遣して、中国共産党内のクーデタをおこなわせた。彼らは、いやいやながらも忠実にスターリンとブハーリンの命令を実行してきた陳独秀に「日和見主義的」悪党という烙印をおして、あらゆる失敗の身代わりにした（頁三五四）。

注：上記のコミンテルン関係者の略歴は、『中国共産党歴史・第一巻「人物注釈集」』（R書）によりつつ、筆者が補充したものである。

ドイッチャーが語るように、中国問題は蒋介石の上海クーデタが起こる一九二七年まで、ソ連共産党政治局で大論争を呼び起こすことはなかった。中国革命は、レーニンが言うように最終目標である「ヨーロッパ革命への橋頭堡」に過ぎなかった。ソ連の革命家は、トロツキー派が完全に敗退するまで、基本的には、皆中国革命を「プロレタリア世界革命」への一関門と考える世界革命論者であった。だから中国問題に関する全くの素人が、中国革命の教祖に成り得たのである。スターリン、トロツキーのどちらも、中国の歴史、文化はもちろん社会状況についての知識は乏しかった。中国の国家と社会経済、歴史と文化についてほとんど専門的な知識がないソ連の革命家、コミンテルンの革命家が中国の現状分析をやり、論争し、革命の戦略・戦術を決定し、実行したのである。今日から見れば実に驚嘆すべき時代であった。コミンテルンが放つ世界共産主義革命のユートピア幻想が植民地、半封建半植民地に住む抑圧された民族とその地域まで、つまり地球大にまで膨張し、モスクワは世界革命の聖地となっていた。

コミンテルンから中国革命を指導するために派遣された革命指導者は多くは外国人であり、しかも中国研究者ではなかった。にもかかわらず、ソ連の指導者、コミンテルンの責任者たちは、社会主義革命・ロシア革命の先達であり、国際的な指導者として圧倒的な権威と権力をもっていた。こうして中国の革命家、留学生は、皆その前に拝跪せざるをえなかった。モスクワは聖都であり、マルクス・レーニンは革命の神であったから、中国の青年にとって総てが神の御宣託の如きものとして受け取られた。

こうした客観的、主観的な情況の中で、実際は、スターリンとトロツキーの中国問題をめぐる大論争もきわめて観念的な、独善的な、場当たり的なものにならざるをえなかった。スターリンは蒋介石の反動性を見抜けず、彼が上海クーデタを起こすや、今度は汪精衛の武漢政権を擁護し、汪精衛はまた共産党を排斥し、その責任を中国共産党の責任に転嫁した。スターリンは、七月二八日の新聞『プラウダ』に時事問題を論評し、「コミンテルンの指導は完全に正確であった」、大革命を失敗に帰せしめた原因は「中国共産党が、この時期の一切の可能性を利用できず、きわめて重大な誤りを犯した」からであると論じた。スターリンも、全く自己批判しないという無責任の態度であった（楊論文Ｄ）。

このような事実によって明らかなように、中国政策を専断し、中国関係の情報を独占していたスターリンと、情報から隔離されていたトロツキーの対立は、本来ならそう権威ある論争になりえないものであった。しかし、革命陣営の中で、圧倒的な権威と権力をもった両者の対立は、中国の革命家・留学生を二つに引き裂き、抗争の坩堝の中に投げ込んだ。この時、スターリンとトロツキーの演説を聞いた楊尚昆は、前掲Ｄ論文の中で、トロツキー等を回顧して次のように記している。

私はカール・ラデックの講演を一度聞いたことがある。そのとき私のロシア語の能力はたいへん低く、まだ講演内容を聴き取れなかった。ただ名を慕って、彼がどのような人であるか見たいとおもったのである。髪の毛を振り乱している様子から見ると、きわめて浪漫派の色彩の濃い人物に見えた。話し振りはきわめて扇動力があった。中山大学の同学たちは情緒がきわめて浮ついており、トロツキーの講演を聞き、またソ連共産党内部の情況について知っていなかったので、トロツキーに道理があると考えた。中山大学の初代校長のカール・ラデックは、カール・リープクネヒト、ローザ・ルクセンブルクにつぐドイツ労働運動の指導者であり、また中国問題の専門家であり、また校内で「中国革命運動史」を講じ、弁舌の才もあったので教室はいつも満員であった。彼はトロツキーを支持していたので、スターリンが（一九二七年五月一三日に）中山大学に来た時には、十個の問題を論じたなかの二つの問題は、ラデックを名指して行なった批判であった。スターリンの講演の後、久からずして、ラデックは大学を去った。（中略）スターリンとトロツキーの闘争が激化した後、中山大学の学生の思想はたいへん混乱し、ひそかにいくつかの集団に分かれ、ある者はスターリンとコミンテルンを支持し、ある者はトロツキーに賛成した。トロツキーに賛成する人の一部は、コミンテルンに対する反対が理由であった。つまり、ソ連共産党内部の闘争に巻き込まれたのだ。一九二七年十月三日、ソ連共産党中央は、トロツキーを中央委員会から除名した。十一月七日、ロシア革命十周年記念に赤の広場でいつものように記念の一大デモンストレーションが挙行された。中山大学のデモ隊が主席台の前に通りかかった時、ある人が公然とトロツキーを擁護する横断幕をかかげた。これはソ連籍の教員の中のトロツキー分子がしたことであった。また、中国留学生が検閲台の前を通った時、トロツキー擁護のスローガンを叫んだ。この事件は、スターリンをたいへん驚かした。この日の後、トロツキーは党から除名されたのだった。十二月、ソ連共産党代表大会の後、トロツキー派は、反ソヴィエト集団とされ、中山大学でも上からの命令によってトロツキー分子に対する徹底的な審査が行なわれた。

注：スターリンが中山大学に来て十項目の問題について、自己の見解を述べたのは、それ以前に中国留学生が十項目の問題をスターリンに質問状として送っていたからである。その冒頭の二つの問題は、ラデックの中国に関する理論のどこがいけないのか、質問したものであった。また赤の広場で中国の学生が掲げたスローガンは、「スターリンを打倒せよ」、「トロツキーを擁護する」というものであったという（Y書、頁一〇二）。

（5）中山大学のトロツキー派とその運命

トロツキーの理論が中国の学生にあたえた影響は、きわめて大きかったが、どこにそのような魅力があったのであろうか。大革命が敗北した後にモスクワに行き東方大学に入学した王文元は、トロツキストになった理由を、後に次のように回顧している（E書『双山回憶録』）。

私が最も早く読んだ文献は、ジノヴィエフの「やむをえざる返答」、その後、トロツキーの「反スターリン要綱」と反対派の「政治綱領」等に進んだ。これらの文献は圧倒的な力で私を虜にした。それらはまったく隙のない論理の威力があったばかりでなく、鋭利で精彩にとんだ文章の美にも富んでいたからである。断言と警句の一つ一つが歴史事実によって証明され、特に中国革命の部分に関しては、じつに明瞭であった。誰でも読んだものに驚嘆と賛同の念を起こさせた。

ジノヴィエフの文章は、トロツキーの文章のように一貫していて力強いものではなかったが、深く私を感動させた。私はこれらの文献を読むと、心が晴れわたるようであった。二、三年来胸に鬱積していたところの、中国の党が革命を指導する上で、理解できないいくつかの政策に関する疑問が、この時、すべてすっきりと氷解した。もともと根本的にも、また重要な方針もみなスターリンの系統から命令されたものであり、決して陳独秀個人の誤りではなかったのだ。これらの誤りは、もともと人に見えなかったものではなく、よってまた防ぐことが不可能なものでもなかった。ソ連共産党中央の反対派、特にトロツキーは、ほとんどすべての問題について、早くから予想し、適時に警告を発してスターリンとは異なった主張をしていた。ただ、スターリンとブハーリンは自己の誤りに固執し、反対派の批判を拒否し、抑圧し、反撃していたのだ。だから、共産党は中国革命の途上で次々と誤りを重ね、ついに完全に革命を失敗させてしまったのだ（頁六七）。

中国留学生の中で、トロツキー派に属したのは、次のような人々であった（B書、頁一九〜二〇による）。

◆中山大学トロツキスト…徐雲作、陸一淵、董汝誠、梁幹喬、朱懐徳、張特、宋逢春、史唐、安福、範金標、卞福林、曾猛、謝英、趙彦卿、耿堅白、李梅五、蕭氷洋、徐正庵、楊華波、陳亦謀など。

◆東方大学のトロツキスト及び同情者…馬員生、孟炳昶、王文元、呉季厳、彭桂生、江尚師、趙済、朱代傑、厳明傑、段子亮、劉胤、羅漢、濮徳志、陸夢衣、王平一、李平、徐乃達など。

一九二六年から二七年にかけての、トロツキー、ジノヴィエフを中心とする合同反対派のスターリンに対する挑戦は、二七年一一月の革命十周年記念日の破局に向けて近づいていった。合同反対派はすでに新聞での宣伝、公式の場での演説からも排除されつつあった。ドイッチャーは『武力なき預言者トロツキー』（W書）の「決定的抗争・一九二六年―二七年」において、次のように書いている。

彼らは、スターリン派に反対する『綱領』を起草し、秘密裏に共産党員の署名を集めた。しかし、「反対派に対して堰を切って放たれた誹謗と脅迫の洪水は、反対派の努力を妨害した。破壊的文書として連日非難されている『綱領』に、あえて署名するものは少なかった。ジノヴィエフが望みをかけていた二万から三万のかわりに、反対派はせいぜい五千から六千しか集めることができなかった。実際に署名したものにたいして、どんな結果になるかが、非常に恐れられたので、反対派の首脳たちは、彼らの支持者を保護するために、数百名の名前しか明らかにしなかった。こうして『綱領』のための闘争は、反対派の弱さを改めて実証することになった。革命の十周年記念の日が近づくにつれて、反対派は「大衆への訴え」を作成する用意をした。反対派は同派の全メンバーにむかって、一一月七日の公式の祝典に参加するように、だが当時ソヴィエトの大小の都市の街路や広場を埋める何百万の市民の目に、反対派の思想と要求をはっきりわからせるようにせよ、という指令を発した。反乱を扇動しているというようなそぶりはもちろん、不服従を扇動しているというようなそぶりさえ見せてはならない。［こうして外面的には当り障りのないスローガンだけになり］政治的意識の高いものでなくては、それを見ても公式のスローガンと区別することができなかった。「クラーク（富農）、新経済政策（ネップ）マン、官僚をたたけ！」、「日和見主義を打倒せよ！」、「レーニンの遺言を実行せよ！」、「党の分裂を警戒せよ！」、「ボルシェヴィキ的統一を維持せよ！」――これが反対派の合言葉であった。「一一月七日、活動家や警官の部隊は、旗をひるがえしたり、トロツキーやジノヴィエフの肖像をかかげたり、公認されていないスローガンを叫ぼうとしたりする反対派の団体には、かたっぱしから襲いかかった。反対派は追い散らされ、罵倒され、打ちのめされた。最初、反対派の群れは、レーニン廟にむかって行進しながら、あっちこっちでいくつか旗をかかげることができた。だが、赤い広場にたっしないうちに、行動隊にとりかこまれた。行動隊は旗をずたずたに切り裂き、反対派を公式の示威行進といっしょにすませた。こうして反対派は敵にとりかこまれ、妙なぐあいに黙りこみ、ほかのものと歩調をあわせながら、赤い広場にあつまった指導者たちや外国からの賓客たちのまえを行進してすぎた。ただモスクワ孫逸仙大学の中国学生たちだけが……くねくねと長くくねった渦巻き行進をした。そして、広場の中央で、トロツキーの宣言を印刷したビラを空中に投げた。広場の後方では、反対派がいっしょの隊列から蹴りだされ、棍棒で殴られ、追い散らされたり、逮捕されたりした」（同上書、頁三八六～三九二）。

上記の如き過激な行動を起こした中国人トロツキスト学生は、その後どうなったのだろうか。王凡西著『双山回憶録』（E書）によると、次のような顛末を迎えたという。

一九二七年冬、区芳など十余名の著名なトロツキスト反対派は、党から除名され、本国に強制送還された。ただ二人の反対派、陳琪と聞岳は除名されたが本国に帰ることは許されなかった（頁七三）。しかし、トロツキスト学生がみな消滅したのではない。東方大学、中山大学には、まだ隠れたトロツキスト反対派がたくさんいた。一九二七年九月か一〇月かの、ある一週間、モスクワ郊外に行って合宿したが、その中の季達才、卞福臨の二人は、後にスターリン監獄に送られた（同上書、頁七六～七七）。（ソ連共産党内の）反対派の指導者達は、中央アジアからシベリアを横断し、さらに北極海にいたる各地の流刑地にばら撒かれた。あの時はまだ、スターリンは彼らの文章活動を禁止してはいなかったので、これら老革命家たちはあたかも革命以前の生活に戻ったようなものであった（同上書、頁七九）。

スターリンによる中国人トロツキスト留学生に対する最終的な一掃は、一九二九年に行われた。それは、趙彦卿という一人のトロツキスト学生が、仲間の名簿を自白し、呵責に耐えかねて自殺するという事件を契機に始まった。

ある夜、多数の警察が中国人留学生宿舎に来て、まだ熟睡中の二〇〇余名の学生をたたき起こし、囚人車に乗せて連れて行った。中にはトロキスト学生ばかりでなく、王明に反対してトロキスト分子、反党分子のレッテルを貼られた人びともいた。これらの人びとは、モスクワのルビシェカ広場のゲーペーウ（秘密警察のＧＰＵ）本部にある地下牢に閉じ込められて、厳しい拷問を加えられた。幾日幾夜となく続く疲労と各種の体罰が極限に達した。訊問を経てトロツキストでない学生は本国に送還され、少数のものはその他の学校に転校されるか、あるいは各機関に配属された。トロツキスト学生は、一〇人ほどが屈服し、徹底的に自白させられた後、党から除名され本国に送還された。しかしなお凡そ二〇〇人、その中には王明に反対して重要反党分子にされた人もいたが、彼らはシベリアに流されて、アルタイ金鉱、あるいは労働改造所で苦役に従事させられた。その中には安福、季達才、范金標、卞福林などがいた（『中国托派史』頁九九）。

私が帰国する時（一九二九年八月）、全ソ連の各学校のトロツキー派の学生は、およそ二〇〇余人であった。それは［私の帰国後］さらに発展があり、全中国留学生の半数（約五〇〇余人）を占めた（『双山回憶録』頁一二八）。

注：中国人留学生の内、トロツキー派の学生はどれほどいたのであろうか。明確な数字は分からない。また、シベリアに流刑になった中国人学生がどのくらいいたか、また彼らがどうなったのか、現在のところ不明である。横山宏章の（Ｍ）書には、「一九二九年末から、モスクワの中山大学を中心に、激しいトロツキスト狩りの嵐が吹きあれ、そのほとんどが行方不明になった。ロシアのトロツキストと同じく、処刑されたのであろう」（頁一九九）とあるだけである。中国人の最近の研究で明らかになっているかもしれない。残された課題である。

一九三〇年、中国留学生の中からかくも多くの反スターリン分子、トロツキー分子が出たことに鑑み、スターリンの命を受けた学校当局は、留学生に対する徹底的な審査を行い、トロツキー派の学生を追放し、ついに最大のトロツキー派勢力を擁した中山大学を閉鎖した。ここに中山大学は一九二五年から五年間続いた歴史を閉じた。このときの状況を、楊尚昆は次のように回顧している。

粛党の第二段階には、学生は授業を停止して一人ひとり審査という関門を通過せねばならなかった。柏烈仁（ロシア人、老ボルシェヴィキ）が鎮座し、中国人学生は逐次大会でフルイにかけられた。個人の歴史から現在の闘争の中の立場に至るまでを語り、ロシア語の出来ない人には通訳がついた。各人が壇上で語り終えると、下にいた二〇〇余名の党員がそれに対して意見を述べ、暴露し、追及することができた。それは文化大革命の時の造反派の闘争とほとんど同じであった。ただ腰を曲げさせられたり、頭を低くさせられたり、ジェット機型にさせられたりすることが無かっただけだ。意見を言う人が居ないと無事通過したことになる。審査の鍵は、その人が学校当局によく従っているかどうかによって決まった。よく従っていれば保護され、半ばの者、あるいは特に従わないものは掴まえられ、いわゆる〝残酷な闘争〟、〝無情な打撃〟にかけられた。私は支部局（学内のスターリン派）を擁護していたので、粛党委員会の私に対する結論は、「出身階級は良くはないが、基本的に立場は正しい、帰国させて実際の工作に当てる」、というものだった。共産主義青年団と共産党の整頓は、同時に型の通り進行したが、その結果、全校の五割か六割の学生がトロツキスト、トロツキスト嫌疑者、階級異分子、右派などの政治的レッテルを張られた。ある者は党籍、団籍（共産主義青年団の籍）を剥奪され、ある者は工場や農村に労働改造に送られた。また三〇余名の主要分子は逮捕された。瞿秋白の妻の楊之華は工場に労働改造のために送られ、陸定一の妻の唐義貞と沈沢民の姪の沈蓮春、私（楊尚昆）の妻の李伯釗などは青年団から除名された。こうした結論は、王明が党の権力を握ってから行なった、宗派主義的な幹部政策の重要な根拠となった（楊尚昆D論文）。

上記の文章を見れば、中山大学でのスターリン派のトロツキー派に対する弾圧は、後に行われた中共内の粛清、更には延安整風運動、文化大革命にまで及ぶ「党内反革命分子粛清（反対派狩り）」の原型であったことが分かる。

第三節　スターリン、コミンテルンによる中国共産党の支配と干渉

(1) スターリン派のミフ、王明等と中国留学生の関係

スターリンが中山大学に来てトロツキー派を攻撃した直後の、一九二七年六、七月の頃、中山大学ではスターリン派の「大学支部派」とトロツキー派の「大学教務派」の間に、激烈な抗争が始まった。スターリンが校長ラデックを公然と非難したので、ラデックは校長の職を罷免され、トロツキー派の教務部長アグル（中国名は阿克爾）が、代理校長となった。そのため、教務部長の下に結集した留学生を教務派と呼んだ。この両派に属して活躍した中核的留学生は以下の人々であった。

支部局派…支部書記シドヌコフ、張聞天、沈沢民、王稼祥、李卓然、傅鐘

教務派…教務部長アグル、兪秀松、周達文、董亦湘

両派が激論を展開していた同年八月、副校長のミフと王明が中国から大学に帰ってきた。ミフと王明は協力して支部派を傘下に収めて勢力を拡大し、教務派を追い落とす算段をめぐらせた。ミフはどうして王明を股肱の臣にしたのか。ミフ（一九〇一～一九三八）は、中山大学の副校長、二七年から二九年までは校長、二八年から三五年まではコミンテルン執行委員会東方局副主任、三〇年から三一年は同東方局書記、三八年粛清された人物である。楊尚昆は次のように言う。

ミフは一九二六年から二八年までにコミンテルン代表として二度中国を訪問し、中国の上海、広州、武漢などを回り、

中共党の重要会議に参加した。この二度の中国訪問の際に、ミフは通訳に王明を選んで同行した。王明は中山大学に入るのが私たちより早く、ロシア語がじょうずで、口もうまく、学生公社の主席でもあったので、ミフからたいへん重宝がられた。――王明はミフに従って中国からモスクワに帰るとミフに建策し、中立的な第三勢力を掌握して支部局派を連合し、教務派に打撃を与えるようにと言った。こうして支部局派が勝利を収めて、ミフは中山大学校長に就任し、またほどなくコミンテルン東方部副部長になったのである。これより、王明はミフの腹心となった（楊尚昆・D論文）。

また、これ以後のミフと王明が権力を確立する過程について、楊尚昆は次のように言っている。

当時、ソ連共産党内でスターリンによる党内反対派に対する攻撃が激化していたが、ミフと王明は、これに真似て自分たちに反対する人々を「右派、労働者反対派、共青団先鋒隊、教務派の残党」などとはげしく攻撃した。さらにソ連共産党内でトロツキー派が「第二戦線」と攻撃されているのに倣って、留学生内にトロツキー派の「第二戦線」が形成されていて、その組織が〝浙江同郷会〟という組織だと、デタラメな事件をでっち上げた。〝浙江同郷会〟は、王明が自分と異なる人を排除するためにでっち上げたものであった。

大学の浙江省出身者は同郷のよしみから、いつも一緒に中国料理を食べていた。ある時、大学で通訳をしていた孫治方が、同郷の董亦湘、兪秀松などの同郷者を招いて家で食事をしていたところ、ある人がふざけて「彼らは浙江同郷会を開いている」と言った。この会には他にも仲間がいた。蔣経国（蔣介石の息子）がレニングラード軍政学院に移ったので、月の費用が増えた。それで兪秀松、董亦湘等の同郷者が仲間に手紙を書いて、蔣経国に少しの寄付をしようと呼びかけ、それをふざけて〝繳会費〟（会費を納める）と言った。

この話が中山大学の支部局に伝わると、王明は、これは秘密の政治派閥組織であり、モスクワにあるばかりでなく、レニングラードにもある。頭目は兪秀松、董亦湘、周達文であり、重要な成員は蔣経国、左権、朱務善などであると言い、労働者反対派は浙江同郷会の命令を受けた人びとである、と冤罪話をでっち上げた。王明は一石三鳥を狙っていたが、このようにしていわゆる〝第二戦線〟連盟（中国人留学生の中のトロツキスト系学生）に打撃を与えた。ミフは、調査に来るようソ連の秘密警察GPU（ゲーペーウ）に派遣方を依頼した（楊尚昆D論文）。

この浙江同郷会事件の本質は、支部局派（スターリンを擁護するミフ・王明グループ）と教務部派（トロツキスト系の学生グループ）の決戦であり、当時モスクワに来ていた中共の最高指導者の向忠発、瞿秋白、周恩来などをも巻き込む大事件となった。

一九二九年六月にモスクワで中国革命の総括工作会議が開かれた。瞿秋白はその冒険主義をコミンテルンから批判されていたので出席を拒み、張国燾が出席して議長を務めた。両派は十日間の激論を展開し、ついに最終日に、支部局派の報告に関する賛否の投票を行った。結果は、支部局派を支持するのはわずか二〇数人に過ぎず、反対票を投じた者が大多数であった。これによって後に有名になる「二八人半のボルシェヴィキ」（二八人に「半」をつけるか否か、付けるとすると「半」とは何か、この問題については、後で論じる）なる呼称が生まれたのである。これは、本来は、多数派が、敗北した少数派のスターリン派に対してつけた軽蔑の呼称であった（『沈沢民伝』頁一六四）。彼らは帰国後、中国共産党の指導部を握ったので、後に「二八人の侍」と言った賛美の意味に変わった。

しかし、こうした説に対して反対する証言もある。たとえば、楊尚昆は、「党員大会の表決で、支部局を支持するものは九〇票あり、その他にソ連人の三〇票があった。しかし、それでも少数派であった」と。つまり彼は二〇数票しかなかったので二八人のボルシェヴィキというのだとする説は誤りだとしているのである（楊尚昆論文）。しかし、どちらにしろ、支部局派が少数派で敗北したのであって、「二八人のボルシェヴィキ」という言い方は、当初は名誉ある呼称でなかったことは明白である。

(2)「二八人半のボルシェヴィキ」とは何か

これまでの中国革命伝説には、コミンテルンの命令によって、一九二〇年代の終わりから三〇年代初期に、モスクワ留学生の中のボルシェヴィキの闘将二八人が帰国し、陳独秀・瞿秋白・李立三等の日和見主義や左傾冒険主義路線を否定し、一九三〇年代の初期の革命根拠地建設の輝かしい歴史を切り開いたといった革命伝説があり、彼等を英雄視して「二八人半のボルシェヴィキ」と称してきた。

逆に、いやそうではない、その中のコミンテルンの権威をカサにきた王明・秦邦憲などという極左冒険主義者の指導の誤りのために、革命根拠地は失敗に帰したのだ。「二八人半のボルシェヴィキ」などという革命留学生集団はなかったのだ。これは逆に本来はトロツキー派の学生が反対派に投げつけた嘲笑の意味であったのだ。「二八人半のボルシェヴィキ」と呼ばれた人びとの思想は誤りに満ちており、彼らの路線に対し、毛沢東の正しい路線が提起されて革命は蘇り成功したのだ、といった文脈で、一九三〇年代の中国革命史が種々様々に語られてきた。その持つ意味が二転三転してきたのである。

こうした混乱を整理するために、トマス・キャンペンは『毛沢東と周恩来』(三和書籍から邦訳、原本はコペンハーゲンから二〇〇〇年刊)の中で、「二八人のボルシェヴィキ」がコミンテルンの命令によって、一斉に二九年から三〇年にかけて帰国し、中国共産党の指導権を握ったのだ、というこれまでの常識は誤りであり、彼等がボルシェヴィキ的な鉄の規律と団結力を持って、党中枢を掌握したというようなことはなかったと主張した。

中国人の間でも、この問題について様々な議論が行われている。「二八人半のボルシェヴィキ」の有力な一人と目される楊尚昆は、「二八人のボルシェヴィキ」などという固い結社の存在を否定し、また「半」については、「共産主義青年団」に属する一人が居たので「半」人とした、というこれまでの有力な説は「想像し難い」と否定する。しかし、積極的に「半」

の意味を説明していない（楊尚昆D論文）。

多くの人は、「二八人半のボルシェヴィキ」なる呼称が生まれたのは、一九二九年六月に中山大学で開催された党員総会の過程であったとしている。そもそも、この総会とは、如何なるものであったか。『張聞天伝』（Y書）によると、次のような状況であったという。

中山大学では、一九二九年春から政治問題（主に富農問題、中国革命の対象問題、革命の推進力問題）と中山大学の工作問題（主に議論は、大学の教育方針には〝中国化〟が必要か否かを討議し、更に大学支部局の工作は正確か否か）の討議に進み、支部局を支持する一派と支部局に反対する一派との論争が次第に先鋭となり、激化していった。これらの問題に対する認識には、コミンテルン東方部（ミフを代表とする）と中共コミンテルン国際代表団（一九二八年七月に成立、瞿秋白を代表とする）の間に、厳重な意見の分裂、対立が生れた。論争はソ連共産党の反トロツキー派闘争を背景に行なわれたので、両者の闘争は非常に複雑化し錯綜していた。抗争は学校内でも公然と行なわれ、互いに自分たちの意見を宣伝し合い、同調者を奪い合った。特に支部局を擁護する（つまりコミンテルンを擁護する）一派は、支部局に反対する者を「右派」とそしり、後にその中にトロツキストが入っていたことがわかると、彼らを反党の「左右同盟」であるとした。――両派の闘争は先鋭となり、一九二九年の夏休み前の工作を総括する会議で爆発した。上に述べた政治問題と学校問題に関する弁論が十日間も続き、両者は互いに譲らなかったので、十日間会議と称された。会議は最後に表決を行なったが、支部局派を支持したのは中国の同志九〇余人、ロシア人同志三〇余人で、反対する者は二〇余人であった。残りの二〇〇人か三〇〇人は支部局案に疑問を表明した。大会の後で、支部局を擁護した一派は自分たちを〝ボルシェヴィキ〟だと傲慢にも誇ったので、反対派は彼らを〝二八人半のボルシェヴィキ〟と誹った。当時、張聞天はこの十日大会には参加していなかった。沈沢民、王稼祥、傅鐘、李卓然もこの場に居なかった。王明はすでにこの年の三月に中国に帰国していた。だから「二八人半のボルシェヴィキ」という名詞は、一部の人がセクト的な感情で言い出したものであり、〝十日大会〟の実相からはかけ離れている。しかし、モスクワの中国留学生の中には、こうしたグループ参加者と目される人々が居たのであった（『張聞天伝』頁一〇五～一〇六）。

当時の情況はかなり明確になったが、「半」の意味が不明である。柳溥慶（二七年、中山大学に留学、反王明派であったため、一九三〇年に党から除名）が書き残した文書によれば、次のような状況であったという。

少数派に転落した支部局派は、反対派に対する吊し上げの大会を開き、先に楊尚昆の回顧録でも紹介したように、反対派を一人ひとり壇上に立たせて吊し上げ、厳しい処分を加えた。粛党委員会は、ミフと王明の支配の下で、彼等に反対した人びとにはそれぞれ審査を行い、集中砲火を加え、自己批判を行わせ、あるべからざる罪名を以って迫害を加えた。党籍を剥奪された人は一〇〇余人、その他の処分を受けた人は二〇〇人から三〇〇人、トロツキー分子、反党分子とされた人びとは監獄に送られ、またある人びとはシベリアに送られた。——「半」とは、徐以新が団員であって党員ではなかったので、半分だと称されたのであった（柳百琪「二十八個半布爾什維克称号的由来」二〇〇四年九月二日、光明網）。

蕭思科「中共党史上〝半個人物〟徐以新」（『党史博覧』二〇〇六年第一期）によれば、「十日会議の最後に採決したところ、二九人が手を上げて支部局が出した〝団支部を解散する決議案〟に賛成した。この中に徐以新なる者が居た。彼は一七、一八歳ほどの共産主義青年団員で、賛成に廻ったり反対に廻ったりしたので、半人前と嘲笑されたのであった、という。

以上を総合して考えると、「二八人半のボルシェヴィキ」とは、二九年六月の〝十日会議〟での、大抗争・大波乱のなかで、最後まで支部局路線を擁護した人びとに対する反対派からの蔑称に始まったものと考えられる。しかし、開き直った支部局派側から言えば自らを誇る自尊の呼称であったようである。後に、この会議に参加していなかった、王明、張聞天、沈沢民、王稼祥なども、一般にこの〝二八人〟に数えられているところから見れば、この会議に出席していたか、居なかったかに特には関係なく、当時この二八人が支部局派（スターリン擁護者）として自他ともに許す中核勢力であったのであろう。「半」と言う文字が入ったのは、おそらく彼らを揶揄する反対派が、中核部隊はたった二八人と半人前の人しか居ないのだと、揶揄して生まれた数字であろう。また、人によって、二八人が誰であるか、かなり出入りがあって確定しにくいのは、この二八人が固く血盟した結社団体を構成していたのでないことによる。

こんにち、盛岳の著書『莫斯科中山大学和中国革命』に確定された「二八人のボルシェヴィキ」が一番実態に近いと考えられている。彼は次のように語っている。

> 二八人のボルシェヴィキはいかなる人々かという件に関して、信憑性の無い諸説がある。幸か不幸か、二八人のボルシェヴィキが出現した時、私は中山大学にまさに在学中であり、その中の一員となっていた。私の知るところによると、以下の名簿の人びとが間違いなく二八人のボルシェヴィキである。しかし、まず指摘しておかなければならないのは、「二八人のボルシェヴィキ」という言い方は、もともと反対派がつけたものである。つまり、この二八人はいかなる人が集まって出来上がったのかという、この問題についてはいくつかの主観性・任意性があり、流動性があるのである。だから、反対派の一人が提供した名簿と、他の反対派が提出した名簿とは食い違いがでてくる可能性がある。とはいえ、以下に列した名簿の人びとが、二八人のボルシェヴィキのメンバーであると、私は信じている。英文の字母の順序に配列すると以下のごとくである。

張琴秋（沈沢民の妻）…一九〇四年浙江省桐郷の学者の家に生まれ、同郷の沈沢民と二四年に結婚。夫婦でモスクワ中山大学に留学。長征に参加。夫の沈沢民はモスクワから帰国後に鄂豫皖根拠地に行き、国民党軍と戦闘中に病死。夫の死後は陳昌浩と再婚した。建国後も女性幹部として一九六八年に死去するまで活躍した。

張聞天（洛甫、思美）…一九〇〇年、江蘇省南郷で生まれる。二〇年から日本、アメリカに留学。田漢、沈沢民とも親しく文学などに関心を持つ知識人であった。二五年入党、同年モスクワの中山大学に留学。秀才として名高く、赤色教授学院でも学んだ。三〇年帰国、三一年党宣伝部長、三三年中央革命根拠地に移動、中央政治局書記処書記、長征に参加。以後も長く中央書記処書記にとどまる。建国後は中央委員でモスクワ大使などを歴任。毛沢東の大躍進政策に反対し、五九年蘆山会議で失脚。七六年死去。

陳昌浩…一九〇六年、湖北省漢陽に生まれる。武昌で学生運動。二七年モスクワ中山大学へ。三〇年帰国後入党。三一年、張国燾と共に鄂豫皖根拠地の建設に派遣され、コミンテルンの支持の下で、張国燾と共に大規模な内部粛清を実行し、根拠地崩壊の原因を作った。三四年長征に参加し、抗日戦争にも参加。三九年再びモスクワに行き、五二年帰国。以後、政界では活躍できず、翻訳局に左遷された。六七年死去。

陳紹禹（王明）…一九〇四年、安徽省六安県（現在の金寨県）に生まれる。二五年入党後、モスクワ中山大学へ。ロシア語が達者で、また理論家でもあり、コミンテルンのスターリン派の幹部ミフの知遇を得て、三一年中共中央の総書記となり、中共中央で最高権力を掌握した。しかし、同年一〇月モスクワに去り、コミンテルンの中国代表となった。三七年延安に帰国したが、毛沢東との権力闘争に敗れ、建国後は閑職に追いやられた。五六年に再びソ連に行き、以後帰らなかった。七四年死去。

陳原道…一九〇一年、安徽省巣県に生まれる。蕪湖で学生運動。二五年入党。

秦邦憲（博古）…一九〇七年、浙江省無錫に生まれる。名門の一族の出。上海大学に入り、入党。二六年モスクワ中山大学に入学。三〇年博古の名（モスクワで使っていたロシア名の一部をペンネームとした）で論陣を張り、スターリン派の論客として有名になる。帰国後、三一年党中央に入り、王明がソ連に去った後、党中央の実権を握ったが身が危険となると上海から中央革命根拠地に移動し、中央書記となり張聞天、周恩来、オトー・ブラウン等と共に最高幹部となり、毛沢東から主導権を奪った。極左的な「王明路線」を三五年まで継続し、粛反運動を煽り、多くの同志と人民を殺す主なる原因を作った。四六年、飛行機事故で死亡。

朱阿根…一九〇四年、上海の労働者の家庭に生まれる。二〇年代の半ばに入党。

朱子純（女）…孟慶樹の友人、入党せず。

何克全（凱豊）…一九〇六年、江西省萍郷県の豊かな地主階級の家に生まれ、武昌の大学で学生運動。二七年モスクワ中山大学へ。三〇年帰国し、入党。三一年、共青団中央宣伝部長となり、秦邦憲を支える。建国後、東北局宣伝部長。五二年病没。

何子述…一九〇一年、湖北省応山に生まれた。父は知識人、武昌の大学で学生運動。逮捕処刑された。

夏曦…湖南省益陽に生まれる。長沙の第一省立師範に入学し、学生運動。二一年入党。二七年中共中央委員に当選、湖南省委書記に就任。大革命失敗後、モスクワ東方大学に入学。三〇年帰国後、党の幹部として活躍し、三一年湘鄂西根拠地に派遣され、張国燾と並ぶ激しい党内粛清を行った。三五年、長征に参加し、その途中、三六年二月、貴州省で川に転落し死亡した。

蕭特甫…一九〇三年、湖南省桃源に生まれる。

李竹声…一九〇四年ごろ安徽省寿県に生まれる。二四年入党。二六年中山大学へ。二九年同大学の副校長。三〇年帰国。中央組織部長。三四年逮捕後、転向。

李元傑…四川省に生まれる。

孟慶樹（陳紹禹の妻）…一九一一年、安徽省寿県の地主の家に生まれる。上海で共青団に入り、二七年モスクワの中山大学に留学、三〇年隣県出身の王明と結婚。王明と共に再びモスクワに行き、三七年延安に帰り、婦人部長として活躍。整風運動で批判され、以後不遇で王明と共に三度モスクワに去り、以後帰国しなかった。

沈沢民…一九〇二年浙江省桐郷に生まれる。一九二〇年、張聞天と一緒に半年間東京に学ぶ。二一年入党。沈雁氷（矛盾）の弟。日本から帰国後、上海大学で教え、また文学活動に従事。張琴秋と結婚。二五年一〇月、妻を連れ、張聞天・伍修権・王稼祥・ウランフ（烏蘭夫）ら百余人と共にモスクワ中山大学に留学。ロシア語に堪能でスターリンや李立三の通訳を行う。帰国後、鄂豫皖ソヴィエト区の幹部として派遣され、張国燾、陳昌浩と共に根拠地の最高幹部となり活動し、また大規模な党内粛清を行う。張国燾が紅四軍の主力部隊を率いて西遷した後、根拠地に残りゲリラ戦を展開。三四年戦闘中重病に罹り病没。

盛忠亮（本書の著者、またの名は盛岳）…一九〇五年頃、湖南省醴陵県に生まれる。二三年から二六年まで中共北京地方委員会宣伝部に属す。二六年モスクワの中山大学に入学。大学では王明派に属す。三四年帰国、逮捕後転向し、国民党特務となり、四九年の解放後アメリカに脱出。初期中共党の歴史に詳しく、『莫斯科中山大学和中国革命』を執筆。

孫済民…一九〇五年、湖北省武漢に生まれる。二六、二七年ごろ入党と思われる。詳しいことは不明。

宋泮民…湖北省、あるいは河南省に生まれる。二七年頃入党かと思われる。三三年処刑された。詳しいことは不明。

杜作祥（陳昌浩の妻）…湖北省出身。モスクワで陳昌浩と結婚、後に離婚して盛忠亮と再婚。中共第六期大会（モスクワで開催）で通訳。

王稼祥…一九〇六年、安徽省涇県に生まれる。蕪湖、上海で学ぶ。二五年モスクワ中山大学へ。赤色教授学院でも学ぶ。三〇年帰国し、三一年中央革命根拠地へ派遣。中央革命根拠地で朱徳に次ぐ紅軍政治部主任として活動。長征に参加。三七年に一時コミンテルン駐在代表。毛沢東、周恩来の信任を得て、中央の要職を歴任。建国後はソ連大使、中央委員となる。文化大革命で迫害され、七四年失意の中で死亡。

王保礼…王宝礼。一九〇五年、南京の労働者の家庭に生まれる。詳しいことは不明。

汪盛荻…一九〇三年頃、湖南省に生まれる。二〇年代にパリに留学し、モスクワに移動し、中山大学に入学。詳しいことは不明。

王盛栄…一九〇七年、湖北省武漢に生まれる。一説では上海人。二七年モスクワへ。三一年帰国、三二年瑞金へ、組織部長となる。また、上海へ帰り、三五年延安へ。建国後、政府の要職に就く。

王雲程…湖北省武漢に生まれる。労働者として肉体労働に従事。二六年、二七年頃入党。二七年後半にモスクワへ。詳しいことは不明。

楊尚昆…一九〇七年、四川省潼南の地主の家庭に生まれる。二六年入党、上海大学に入学、同年モスクワの中山大学へ。三一年帰国後、党中央で活動し、三三年中央革命根拠地に移動。紅軍の政治部主任、中華ソヴィエト共和国の中央委員を歴任。長征に参加、建国後、要職にあったが文化大革命で迫害を受けた。後、復活して国家主席に就任。

殷鑒…一九〇三年かその翌年、湖北省武漢に生まれる。逮捕され、三七年釈放後死去。

袁家庸…一九〇五年、四川省資陽に生まれる。南京の大学で学び、二七年入党。

上記の人々の中で、中国共産党の最高幹部の一人として活躍するのは、王明、秦邦憲、王稼祥、張聞天、楊尚昆であり、三〇年代初期に革命根拠地の幹部として活動し、多くの粛清事件の主謀者の役割を演じたのは、夏曦、沈沢民、陳昌浩の三人である。これらの人々は、モスクワ時代にトロツキー派と闘った「ボルシェヴィキの同志」として、強い親愛感を持っていた。

注：上記の二八人の略伝は、トーマス・キャンペン『毛沢東と周恩来』（頁五四、表六）によりながら、その他の資料、人名辞典、文献によっ

て大幅に追加、補正したものである。

第四節　ソ連共産党スターリン派による中国共産党支配と中共幹部の対応

この節では、中国共産党と中国共産主義者が、ソ連共産党・コミンテルンといかなる関係にあったのか、この重要な問題を、中国共産党を率いてきた重要人物とコミンテルン関係者との人脈を通じて考察することにする。ここで取りあげるのは、（1）陳独秀（2）瞿秋白（3）李立三（4）張国燾、以上の四人である。

（1）陳独秀（一八九七〜一九四二）とコミンテルン

最初に陳独秀の一九二〇年代の活動の略歴を、年表風に概観しておく。

一九二一年、中国共産党の創立に参加し、初代総書記に就任。その後、労働者階級を主体とする革命運動を目指したが、コミンテルンの指導に従い、国共合作を遂行。中国は半植民地、半封建社会であると規定し、反帝国主義・反封建主義の民族民主革命を主張した。まず民主革命を成功させ、次いでプロレタリア革命を行うという、「二段階革命論」であった。

一九二六年以後、国共合作に疑問をもち、共産党は国民党から出て党外合作を行うべきだと主張したが、コミンテルンの反対に遭った。

一九二七年四月一二日、蔣介石の反共クーデタが勃発した。コミンテルンは、その責任を総て陳独秀の「右傾日和見主義」の責任であるとして彼を断罪し、総書記を解任した。一九二九年、モスクワから帰国した中国人トロツキストから、多くの情報を得て、トロツキーの「中国革命論」、「スターリン批判」に賛同し、中国の社会経済は都市中心の資本主義が主要な「社会構成体」になっているので、当面する革命は、プロレタリア革命であるとし、農村革命根拠地建設を目指す中共の路線に反対した。

一九二九年、スターリンが「合同反対派」を粛清した。この年、中共から除名され、以後独自に中国トロツキズム党の建党に励んだが、三二年国民党に逮捕され、五年間獄中にあった。四五年、重慶郊外で死去した。

注：陳独秀の長男の陳延年、その弟の陳喬年は共にフランスに留学し、次いでモスクワの東方大学に学び、帰国後は上海で革命運動に従事した。優秀な中共党員としてそれぞれ広東、上海、北京などで活躍したが、兄は二七年、弟は二八年に逮捕、処刑された。以上は、横山（M書）『陳独秀の時代』、『中国共産党歴史・第一巻「人物注釈集」』（中共党史出版社、二〇〇四年、北京）、『近代中国人名辞典』（霞山会、一九九五年）などによる。

一九八〇年代まで、中共の公式見解では、陳独秀について「第一次国内革命戦争時期の後期に、党内の陳独秀を以って代表とする右傾投降主義は、農民・都市ブルジョア階級及び中規模のブルジョア階級に対する指導権を放棄し、とりわけ武装力に対する指導権を放棄し、蔣介石の反革命攻撃に対して譲歩政策をとり、革命を失敗に陥れた。一九二七年の党の〝八・七会議〟において、総書記の地位を剝奪されたが、しかしなお誤りを堅持した。その後、革命の前途に対して悲観失望し、解党主義者となり、併せてトロツキー分子と結び、反党組織を形成し、一九二九年一一月、党から除名された」（裘之倬編『中共党史人名録』重慶出版社、一九八六年、重慶）などと評されていた。しかし、最近では、かなり批判を抑制した評価がなされるようになった。例えば、陳独秀は「大革命の後期には、右傾機会主義の誤りを犯し、一九二七年七月中旬には、中共中央の指導者の地位を離れた。後にトロツキー派の中国革命の理論と政策を受け入れ、党内に左翼反対派を組織した。一九二九年一一月には党から除名され、同年一二月一〇日に〝全党の同志に告げる書〟を発表した」（『中国共産党歴史・第一巻

『人物注釈集』』中共党史出版社、二〇〇四年、北京）と。最近は陳独秀を始めとする中国トロツキストに対する批判はゆるやかになり、曾憲新「中国托派不是漢奸（中国のトロツキスト派は漢奸ではない）」（『百年潮』二〇〇五年、第二期、北京）などと主張する論文も現れた。

中国では一九八〇年代の対外開放の中で、陳独秀に対する、「陳独秀の右傾投降主義が、大革命失敗を導いたのだ」とする毛沢東時代の党正統史観を再検討する動きが始まった。そうした動きは、一九九一年のいくつかの中共党史学会、陳独秀関係学会において公然となり、以後陳独秀に張られていたさまざまなレッテル、つまり「トロツキスト解党派、反党、反革命、漢奸、叛徒、反コミンテルン、右傾機会主義、右傾投降主義路線」という八つのレッテルが基本的にははずされることになった。こうして、九〇年代になって、陳独秀研究は新しい出発をしたのである。これにはソ連が解体して、ロシアとなり、これまでの秘密とされてきた重要文書が公開されたことも大きな原因である。

ソ連共産党とコミンテルンと中国共産党の三者の関係について、その概略を、姚金果「大革命時期共産国際、聯共（布）与中共之間的組織関係」（『共産国際、聯共（布）秘档与中国革命史新論』頁二七〇～二九一。中央党校出版社、二〇〇四年、北京）、横山M書、唐宝林H書によって紹介する。

コミンテルン（国際共産）は、本来は各国共産党の対等な関係による国際的な共産主義者の連合組織であるはずであったが、実際はソ連共産党（ボルシェヴィキ派）が一元的に指導、支配した組織であった。一九二七年以前、コミンテルンの執行委員会主席は、ソ連共産党中央政治局委員のジノヴィエフ（一八八三～一九三六。スターリンに粛清さる）とブハーリン（一八八八～一九三八。コミンテルンの「綱領」の起草者。スターリンに粛清さる）の二人であった。ジノヴィエフは、コミンテルン初代執行委員であったが、一九二五年以来、トロツキー派に傾いたのでスターリンの不興をかい、二六年一〇月コミンテルンの指導部から追放された。その後を継いだのは、当時スターリンの同調者であったブハーリンである。この重大な人事変更は、まずソ連共産党政治局会議で決定された後、コミンテルンに押し付けられた。ブハーリンもコミンテルンの会議の内容を、いちいちソ連共産党中央政治局会議に報告し、その承認を得た後に、コミンテルンで執行した。一九二七年六月、蒋介石の反共クーデタに対処するコミンテルンの命令を中国にいたボロディン、カーリン、ルイに送ったが、それもソ連共産党中央政治局会議の承認を得た後に発したのである。

姚金果論文は、次のように述べている。唐宝林は、ソ連共産党中央政治局が一九二三年から二七年の間に、中国問題の討議のため開催した一二二回の会議で可決した七三八件の文書を分析した。そして「中国革命についての最高決定機関は、スターリンを首とするソ連共産党政治局である」との結論を得た。たとえば、これまで中共党史の公式評価では、陳独秀は蒋介石の反共クーデタを警戒せず、「四・一二」クーデタの惨劇を招くという、重大な右傾機械主義、右傾投降主義の誤りを犯したとされてきた。しかし、ソ連共産党政治局の資料を検討すると、実はそれ以前に、蒋介石の態度に警戒心を持った陳独秀が、モスクワに対策を求めたところ、ソ連共産党中央は、三月末に「あなた方は、あらゆる手段を通じて上海の国民党軍及びその長官との間に衝突が発生しないように努めなければならない」、「しばらく[独自に]公開の作戦行動をしない」、「武器を[国民党に]差し出す必要はないが、やむをえない場合は武器を隠すように」と陳独秀に命じた。そのため、陳独秀はやむなく蒋介石に反撃する計画を放棄し、蒋介石に反対する準備を緩和したのである（J書『共産国際、聯共（布）秘档与中国革命史新論』頁二〇六～二〇七、唐宝林H書『陳独秀与共産国際』頁四〇）。

蒋介石のクーデタが起こる前年の一九二六年、陳独秀はこれまでの国共合作を止めて、共産党は国民党と分離し、党外連合をやるべきだと主張していた。しかし、これに対してブハーリンは、六月中旬、厳しくその意見を批判する文章を書き、それを新聞『イズゼスチュア』、『プラウダ』に発表した。同時に、ソ連共産党は、コミンテルン執行委員会極東局（中国語では「遠東局」）を上海に設置し、コミンテルン「ソ連代表団」を派遣した。その成員はウイッチンスキー（維経斯基）など数人で、中国共産党に対する指導、干渉を強化した。モスクワは、ここに三つの中国革命に関する指導部門を持つことになった。一つは、カラハン（加拉罕）の北京指導機関で李大釗、趙世炎、陳喬年などがそれに参加し、中国北方の革命運動を指導していた。またその一方、カラハンは中国にいる総てのソ連代表をも管理していた。もう一つはボロデン（鮑羅廷）の広州の指導機関で、これには陳延年、周恩来、張太雷が参加し、主に国民党中央執行委員会、広東国民政府、広東の共産党組織の三つの機関を管轄していた。三つ目は、ウィッチンスキーの上海指導機関で、陳独秀、瞿秋白、張国燾が参加しており、主に中共中央、及び党の全工作を管理、指導していた。一九二六年、中共中央は、コミンテルン極東ソ連代表団の決定に基づいて、陳独秀と瞿秋白を常任代表、副常任代表として極東局に派遣した。陳独秀は「老頭子」（おやかた）、瞿秋白は「文学者」という仮名で呼ばれた。極東局は、ほとんど中共の〝第二中央〟となり、大にしては党の大方針から、小にしては東方大学に送る学生数や科目の決定にまで権限がおよんだ。この二人を通じて中国共産党を完全にコミンテルンの支配下におこうとしたのである。

この一九二六年には、コミンテルンは中国国民党を準会員とし、蔣介石を名誉委員とした。スターリンはコミンテルンで講演した時、蔣介石の〝革命軍隊〟を称賛し、共産党が国民党に服従することを要求し、〝ブルジョア革命〟が高潮の時には、ソヴィエトを打ち立てるいかなる企てもするべきではないと警告した。蔣介石が〝四・一二〟クーデタを発動する直前の四月五日に、スターリンはモスクワのある集会で演説し、「蔣介石は反帝的である」と言った。そして蔣介石がクーデタを発動した直後には、スターリンとブハーリンは、「これは革命の偶然的な挫折である」と責任回避の説明をした。こうした歴史を偽った陳独秀評価が、ごく最近まで中共の公式史観として続いてきたのであり、今も完全には歴史の真実が明らかにされたとは言い難い。また陳独秀に対する名誉回復が完全になされたとも言い難い。陳独秀の右傾日和見主義の誤りと呼ばれているものは、実はスターリンとコミンテルン主席ブハーリンの誤りであったのである。日本の横山は、前掲書において陳独秀評価の根本的な変更を主張している。

（2）瞿秋白（一八九九〜一九三五）とコミンテルン

陳独秀に代わって、一九二七年に瞿秋白（一八九九〜一九三五）が中共総書記となった。瞿秋白は、「一九二七年一一月から二八年四月まで、中共中央の工作を担当している期間、〝左傾〟盲動主義の誤りを犯したが、久からずして誤りを承認し、正した」（『中国共産党歴史・第一巻「人物注釈集」』中共党史出版社、二〇〇四年、北京）と、今日でも誤りの一端を党の正史に記述されている。

瞿秋白とソ連共産党とコミンテルンとの関係については、唐宝林主編『陳独秀与共産国際』（新苗出版社、二〇〇〇年、北京）、張秋実「瞿秋白与大革命時期的共産国際執委会遠東局」（『共産国際、聯共（布）秘档与中国革命史新論』中共党史出版社、二〇〇二年刊、北京）が、最近の瞿秋白研究の新しい動向を紹介し、これまでの瞿秋白批判の問題点について詳しい分析をしているので、ここでは省略し、瞿秋白とコミンテルンの関係についてのみ検討する。

まず、瞿秋白の一九二〇年代後半の政治的略歴を年表風に掲げ、当時の状況における瞿秋白の態度、主張を概観する。

一九二六年、北伐をめぐり陳独秀の見解に反対。つまり、北伐は蔣介石の勢力を増大する危険があるとする見解に対して、北伐の過程で農民、労働者を多く取り込み、共産党の勢力を拡大する可能性を主張。また、同年、陳が農民の革命性を疑い、統一戦線の拡大のため地主階級との直接的対決を避けるよう主張したのに対して、瞿は土地革命の推進、農民の自衛軍の組織化、郷村における農民自衛権の推進、地主階級への対決などを主張した。

一九二七年二、三月

瞿は、陳独秋を批判する論文「中国革命之争論問題」を執筆し、四月の党大会に提出。大会は瞿の論点を承認し、陳の主張を否定し、陳は「右傾機会主義」の誤りを犯したと決議。瞿は第五期中央委員、政治局常務委員となる。

同年八月、中央臨時政治局常務委員会を組織して党の指導権を掌握し、蔣介石の「四・一二」反共クーデタ後の混乱を収拾し、大都市攻撃を命令。しかし、同年末に至る間に、農民武装勢力による都市攻撃は失敗し、広州・上海・武漢・天津・長沙などの労働者のゼネストも失敗に帰した。中共は大きな打撃を受けた。

一九二八年五月、中共第六回全体会議のためモスクワに到着し、六月大会で政治報告を行い、陳独秀の「右傾機会主義」を批判すると共に、自らも「左傾盲動主義」の誤りを犯したとして自己批判した。以後、中共中央から外され、コミンテルン駐在中共代表となってモスクワにとどまった。

一九二九年、中山大学内留学生の政争に関して、ミフ・王明派を批判したのでミフに右傾分子として攻撃された。三〇年には、コミンテルン中共代表の座を失い、同年夏帰国したが、党中枢に復帰することはできなかった。三一年には政治局員からも追われた。三四年に瑞金に入ったが、長征には参加せず、三五年二月、香港に脱出する途中福建省で逮捕されたが転向を拒否し、同年六月処刑された。

以上の記述は、山田辰夫編『近代中国人名辞典』（財団法人「霞山会」一九九五年、東京）の「瞿秋白」の記述による。これでは、瞿秋白の左傾盲動主義とコミンテルンの政策との関係が分からない。

瞿は、コミンテルンの指導と無関係に冒険主義的な大都市攻撃を行ったのだろうか。そうではない。都市攻撃は、一九三〇年秋に李立三路線が大敗北を喫するまで、スターリン・コミンテルンの主要路線であった。本来、マルクス・レーニンの共産主義は、都市の労働者階級（プロレタリアート）を主体にして、資本主義を消滅する理論であるから、都市内の労働者のゼネスト、労働者階級の武装による都市攻撃を正統の道と見なす革命論である。また、一九二〇年代の中期からトロツキー派が都市労働者の役割を重視して、スターリンを攻撃するという状況もあったので、スターリン・コミンテルンもまた、それに負けじと都市攻撃を重視したのであった。ソ連でも、中国でも、共産主義者は本来的に都市での勝利を目指した。しかし、大革命は一九二七年には決定的な敗北を喫したのであるが、共産主義者たちはなかなか革命の敗北と運動の退潮を認めたくなく、しばしば「革命は依然として高潮期にある」と主張し、都市攻撃による形勢逆転、起死回生の冒険に未練を残した。こうした状況の中で、ソ連共産党の指導のもとに、中共内においても瞿秋白の「左傾盲動主義」や李立三の「左傾冒険主義」が誕生したのであった。二十世紀の共産主義者の基本的な革命理念は、武装した労働者の意志から生まれた赤軍による都市革命であり、「ソヴィエト」（労働者・兵士の会）の樹立であったから、主観性がきわめて強く働いた。だから盲動主義と冒険主義にぶれるのは、その本来的な属性であったとさえ言うことができる。

瞿秋白は、一九二七年一一月の中共中央臨時政治局拡大会議において党の主導権を握り、いわゆる「左傾盲動主義」を始めた。瞿の政策は、国民党反動派に反転攻勢に出ること、具体的には都市を攻撃し占拠することであった。しかし、中共にはその実力がなく、また革命情勢も到来することなく、多大な損害を出すことになった。「不完全な統計によれば、一九二七年に国民党反動派に屠殺された共産党員、革命大衆はおよそ三万八〇〇〇人であり、一九二八年上半期、つまり瞿秋白の〝左傾盲動主義〟の支配期間に殺された者は激増して三〇万人の多きに達した」という。また中国駐在のソ連の広州領事館の外交官、通訳など五人も国民党勢力に殺された（張喜徳「論共産国際関于中国革命由〝都市中心〟向〝農村中心〟的策略転変」、J書『国際共産』頁三八二）。

瞿秋白の路線は、一九二七年一一月から翌二八年の四月までであったが、驚異的な犠牲者を出すに至ったのである。この大敗の責任もまた、瞿秋白個人にかぶせられた。瞿秋白は確かに戦術的に大きな誤りを犯したであろうが、戦略的な重大な誤りは、ソ連共産党・コミンテルンが負わねばならないであろう。

（3）李立三（一八九九〜一九六七）とコミンテルン

一九二〇年代から三〇年にかけて、中共の総書記となった李立三（湖南省醴陵人）もまた、大いなる誤りを犯した「左傾ておく。

冒険主義」の指導者として中共公式史観で激しく批判されてきた。彼が、党の最高指導者となった時期の略歴を簡単に掲げ

一九二五年、上海総工会委員長となり、五・三〇運動を指導。

一九二六年、中華全国総工会委員兼組織部長、武漢に行き、労働運動を指導。

一九二七年四、五月、中共第五全大会で党中央委員、中央政治局委員、中央労働部委員長。国共分裂後、八・一南昌暴動に参加、中共広東省書記。

一九二八年、モスクワで開催された中共六全大会に出席、中央委員、政治局員候補、九月帰国。一一月、中央政治局員、宣伝部部長。

一九二八年冬~三〇年秋の間、上海の党中央で活動。中央政治局常任委員兼宣伝部長。

一九三〇年六月一日、中共中央政治局会議を主催し、「新しい革命の高潮と一省、或いは数省での最初の勝利」なる決議案を採択。武漢、長沙などの大都市を攻撃するよう命じ、紅軍に多大な損害を出した。

一九三〇年末、その責任を追及され、中央の指導から外されて、モスクワに召還された。

一九三二年、中共駐コミンテルン代表兼駐プロフィンテルン代表。

一九四六年、帰国。


以上が、李立三の当時の簡単な略歴である。これだけみれば、李立三が勝手に自分で極左的冒険主義を主導し、自滅したとしか思えない。しかし、必ずしもそうではない。一九二九年当時のソ連共産党内の論争、とりわけ「右派ブハーリン」批判の高潮、スターリンやコミンテルンの、世界大恐慌を目前にした「世界革命に向かう革命情勢論」(第三期論)などの強

いインパクトを受けて、いわゆる李立三路線なるものが提起されたのである。

前記の（J書）の『共産国際、聯共（布）秘档』に、李立三に関する以下の四本の論文が収められている。林玉飛「論共産国際〝第三期論〟理論対中国革命的負面影響」、劉宋斌「共産国際、聯共（布）与李立三〝左〟傾冒険主義錯誤」。張喜徳「論共産国際関于中国革命由〝城市中心〟向〝農村中心〟的策略転変」、蓋軍「対待中国富農的〝左〟傾政策淵源于共産国際」である。主にこれらの論文によって、新しい李立三路線研究の状況を紹介する。

一九二九年七月、コミンテルンは第十回拡大会議を開き、ブハーリンを右傾だとして激しく攻撃し、「ブハーリン同志の問題に関する決議案」を採択した。そこでは、ブハーリンは資本主義が益々動揺をきたしていることを否認し、労働運動の新しい高まりが不可避的に起こっていることを否定したとして非難され、「ブハーリンとその一派は、コミンテルン内の右派分子の総結節点である」と総括されていた。当時は、ソ連共産党内、コミンテルン内において、資本主義の「第三期論」という、資本主義体制の全般的危機が叫ばれた。資本主義の危機は最高の段階に入り、帝国主義戦争、植民地解放戦争が迫っているので、革命陣営の側も革命の高揚期に対応しなければならない、という現状分析に基づく「革命高揚期論」であった。

コミンテルンの各国共産党に対する指令、指導も「左傾」の度を強め、一九二九年には四本の指令文書を中国共産党に発した。それらは、右傾に反対せよ、富農に反対せよ、解党派と中間勢力に反対せよと強く命じたものだった。特に、ウオール街の株取引が暴落した一九二九年一〇月には、コミンテルン執行委員会は中共中央に対して書簡を送り、「中国はすでに深刻な民族的危機の時期に入った」とし、中共の中心的任務は軍閥戦争を国内戦争に転換することであり、民族的危機を直接革命情勢に転換することであるとした。国内の軍閥同士の合従連衡、戦争勢力と資産階級と地主階級の三者連合に対抗して、ソヴィエト形式の労働者・農民の専制を以って対抗し、革命闘争を高次の段階に高め、都市ではゼネストを、農村では毛沢東・朱徳型の遊撃戦争を、と声高く叫んだ。劉宋武論文は、コミンテルンがこうした極端な共産党と革命人民の総蜂起論を展開し、要求したのには、上記のような原因ばかりでなく、二九年七月から発生した「中東路事件」による、中ソの衝突、断交という事態が関係した、する。彼は、李立三は一〇月にはソ連軍と張学良の軍隊が激しく衝突するという事件があり、こうした新しい事態に対応する必要があって、中国人民を奮い立たせ全国的に蜂起させ、また総ゼネストを行わせて、ソ連に有利な情勢を作ろうとしたという、別の目的もあったものとする。

こうした国際的諸条件によって、スターリン・モロトフの意を受けたコミンテルンは、一〇月二六日、中共中央に指示書を送った。それを受けて、中共中央は、一二月八日、党員と革命的人民に対して、武装してソヴィエト（ソ連）を防衛しなければならない、また国内では都市の労働者によるゼネストと武装暴動、農民運動の都市への発展、紅軍による大都市占領を実行しなければならないと提起した。また、一九三〇年一月、中共中央は政治局会議を開いて、コミンテルンの一〇月の指示書を専門に討議し、「コミンテルンの十月指示書を受けての決議」を発表し、「完全にこの指示書に同意する」とし、全党員に対して「一切の動揺、猶予、機会主義、解党主義――に対して、情け容赦ない闘争を行い、断固として強力に国際路線を貫徹し、実行しなければならない」と呼びかけた。更に、二月二六日に党中央は、帝国主義に反対し、ソ連を防衛し、土地革命を実行し、資本を攻撃し、人民を武装する等々の総路線のもとに「全国的な勝利の第一歩として、武漢を中心とする一省から数省に及ぶ範囲で革命の勝利を実現せよ」と、党全体に命令した。その実施のために、三〇年四月一五日、中央軍事委員会は軍事工作大綱を作成し、準備を行った。六月一一日、中共中央は政治局会議を開いて李立三が中心になって起草した「新たなる革命の高潮と一省或いは数省での最初の勝利」なる決議を採決した。六月一二日、中共中央はコミンテルン中央執行委員会に、この決議を伝えた。翌日、ソ連の『プラウダ』は、社説を発表して、それに全面的に賛意を表した。しかし、上海にあったコミンテルン極東局は、この決議を下部に通達することに反対した。理由は、コミンテルン中央がまだこの件を審議中であること、現在の中央局は瞿秋白と周恩来を欠いており、弱体であること、という二つの理由からだった。しかし、李立三は自分が責任を負うとして、下部に通達した。

七月五日、コミンテルン主席団のモロトフは、ソ連共産党第一六回代表大会で報告を行い、「国際的に最も重要なのは、中国革命である」、「中国革命は産業の中心地であるか、あるいは農村の区別なく皆大きな発展を遂げている」、「中国のソヴィエト地域においては、大きな産業の中心と連合して、共産党の指導のもとで、ソヴィエト政府を打ち立てることができる」と言った。七月一八日、中共中央は上海からコミンテルン執行委員会に電報をうち、「中国共産党は、断固として軍閥戦争を国内戦争に転換し、南京では兵士の蜂起、上海ではゼネラル・ストライキの準備、武昌での党・人民の蜂起等々を準備し、全国の広範な民衆運動と連携することを決定した」と伝達した。

ところが、七月二三日、コミンテルンは南京、武昌における武装暴動と上海でのゼネラル・ストライキに断固反対の意を伝えてきた。「我われは、現在の条件下で南京、武昌で蜂起すること、また上海でゼネラル・ストライキを行うことに断固として反対する」と。ところが、七月二七日、彭徳懐の率いる紅三軍団が長沙の占領に成功した。長沙は湖南省の省都であり、この事件は内外を震撼させた。ソ連共産党中央も感嘆の声をあげ、七月三一日付の新聞『プラウダ』も「中国革命の重大な成果」として大いに称賛した。紅軍の長沙占領は、李立三の頭脳をいやがうえにも燃え立たせた。彼はモスクワの一時の反対は彼らが中国の情勢を知らないからであり、またモスクワにいる周恩来が間違った情勢と分析をコミンテルンに伝えているからだと考え、武装蜂起やゼネストを継続するよう命じた。しかし、彭徳懐の長沙占領も一瞬で終わり、紅三軍は直ちに撤退した（注、「七月二七日占領、八月五日撤退」）。また武漢、南京、上海における李立三の計画は成功する可能性は全く見えなかった。八月中旬、スターリンは、こうした情況を知って「中国人の傾向はデタラメで危険だ。今のような状況下で、中国で総暴動を起こすなどとはまったくの馬鹿げたことだ。ソヴィエト政府を建設すると言うことは、暴動を実行する方針のことなのだ。ただし、それは全中国での話ではない、成功が可能なところだけなのだ。中国人は長沙の占領を急いだが、馬鹿げたことをしたものだ。現在、彼らはそれを全中国でやろうとしているが、決してそんなことを許すわけにはいかない」（スターリンのモロトフへの書簡）と言った。こうして、八月の終わりには、ソ連共産党中央、コミンテルン執行委員会において、李立三の政策は、「左傾冒険主義」と規定され否定されたのであった。

一九三〇年八月二八日、コミンテルン執行委員会（モロトフ、ピアトニツキー、マヌイルスキー、クーシネン）は、中共中央に通達を送り、「李立三同志は根本的に事実を尊重しようと思わない。ソヴィエト地区にはまだ真正なソヴィエト政府はない、また真正な紅軍もない。そして中国の他の地方には、まだ工業中心都市の人民的な運動もない、農村にも多くの人民が参加する強力な暴動もない。こうしたことの一切はただ共産党の正確な指導によってのみ実現できることなのである。しかし、現在そうしたことは起こっていない。ところが、帝国主義者は、只今漢口だけでも十個師団に相当する軍隊を擁している。上海でも少なくない」と、李立三路線を完全に否定したのである。

これより少し先の八月二〇日頃、周恩来が上海に帰国し、コミンテルンの意を受けて李立三の誤りを指摘し、「現在、中国には革命の高潮はない。これまでの全国的蜂起、ゼネスト、大都市攻撃などの方針は、極左の誤りであった」と、中央委員たちに諄々と説いた。翌九月二七日の三中全会で、李立三の路線が「左傾冒険主義・盲動主義」であることが正式に決議され、翌二八日新しい政治局委員が決定した。李立三もまだ、この中央政治局委員の中に入っていたが、権力を全く失った。これ以後、周恩来の主導によって、毛沢東・朱徳を中心とした、江西省の革命根拠地の動向の方に党の関心が移っていった。

以上、最近の中国人歴史家の論文で見てきたように、李立三の極左冒険主義というものは、初めはソ連共産党内におけるスターリンの右翼ブハーリン弾劾、世界大恐慌から生まれた資本主義の末期段階論、トロツキー派の最終的打倒、こうしたソ連で生まれた政治情勢や路線対決から生まれたものであり、更にまた、スターリンとコミンテルンが、中国革命の指導者としての権威を守るために、中国革命をある時は煽り、しかしまた、情勢が悪くなると冷や水をかけて消し、失敗した時には誤りの責任を総て中共の指導者にかぶせ、自分は永遠に正しいという態度をとりつづけていたことがわかる。ではこうして、発生した李立三の極左冒険主義なるものが招いた損害は、どのようなものであったか。

張喜徳論文は、次のように述べている。「李立三の左傾冒険主義は、中国革命に更に重大な損害を与えた。南京で蜂起した兵士の反乱では、全市で党員約一〇〇余人が逮捕された。また武漢で蜂起を準備中に逮捕された党員は六〇人に達した。

その中には省指導者レベルの幹部五名、党の特殊工作科に属する人一名、農民運動幹部一三名、学生運動幹部三名が入っていた。紅二軍団は根拠地を離れて武漢を攻撃したが、兵士一万六千人が三千余名に減少し、「洪湖根拠地」を失った。そのため、紅二軍の残存部隊はやむなく湖北省西北の山中に撤退した。また、紅七軍は六千余名から二千余名に減少し、「右江根拠地」を喪失した。紅十軍は九江の攻撃に失敗し、二万人が三千人に減少した。回復したばかりの白区（国民党の支配下の地域）内の秘密組織と革命勢力は厳重な破壊をこうむった。わずかに六届八中全会前の二ヶ月余の間に、満州、順直、河南、山西、陝西、山東、湖北、福建、浙江、広東、湖南の十一省の共産党委員会が破壊された。省委員会以下の組織の破壊は、更に多かった。党員は全国で一九万人から一二万人に減少した。李立三の冒険主義の誤りは、党内の強烈な不満とコミンテルンの極めて大きな関心を招いた。コミンテルンは李立三の誤りを正し、経験と教訓を総括する中で、〝都市中心〟から〝農村中心〟に政策を根本的に転換した」（J書、頁三八三～三八四）、と述べている。

（4）張国燾（一八九七～一九七三）とコミンテルン

張国燾（江西省萍郷人）は中国共産党の初期からの指導者であり、五・四運動期、北京大学の学生運動の指導者として名をあげ、北京学生連合会主席となり、二一年には上海での中国共産党創立大会に参加した最古参の党員であった。以後の彼の経歴を簡単に年表風に記しておく。

一九二一年、上海での中国共産党創立大会に参加。

一九二二年、中国共産党の中央委員に選出。同年末、モスクワで挙行された極東労働者民族大会に中共代表団長として出席。

一九二四年、国民党一全大会で中央執行委員会候補委員に選出（国共合作であったから違法ではない）。同年五月に北京の軍閥に逮捕され五ヶ月間投獄。

一九二五年、中共の中央委員会委員に選出され中央労働部長、中央軍事部長などの要職を歴任。また、中共江西省委・湖北省委などの職にも就任した。

一九二七年、武漢で開催された中共四全大会で中央委員となり、中央政治局委員に選出され、政治局常務委員にまで昇格し、中央組織指揮部長を兼任。蔣介石の反共クーデタ後、中共臨時政治局常務委員の最高責任者となったが、革命敗北の責任を問われて、翌月降格となる。

一九二八年、七月モスクワで開催された中共六全大会で中央委員及び中共コミンテルン駐在代表団の副団長（団長は王明）に選出された。

一九三一年、モスクワから帰国すると、同年四月に鄂豫皖革命根拠地に派遣され、ソヴィエト区中央分局書記兼同区軍事委員会主席となり、沈沢民、陳昌浩とともに大規模な党内粛清を実施し、多くの有名な紅軍幹部を殺し、革命根拠地の崩壊の原因を作った。

一九三二年、紅軍主力を率いて四川・陝西の地に転出し、毛沢東とは異なった行動をとった。後に延安に行ったが、毛沢東と対立し、三八年延安から脱出し、党から除名されて脱党声明を発表した。後長く海外にあって反中共路線を推進した。中共最大の裏切り者と評価されている。


張国燾は、五四運動の学生運動の中から頭角を現し、中共党創立に参加し、以後ソ連共産党やコミンテルンの覚えもめでたく、以後長く党の指導部を率いてきた最古参の革命家であった。しかし、毛沢東と対立して脱党し、以後長く国民党側に立ったが、四九年国共内戦が始まり国民党が敗北して台湾に脱出したので彼も香港に逃れた。以後、張国燾は共産党最大の裏切り者として断罪され、人間性も最悪の人物として評されてきた。「鄂豫皖ソヴィエト区」における大粛清も、みな張国燾の劣悪な個人的野心、人を恨み憎む性格に原因があったとされて今に至っている。張国燾は、ロシア語もできず、またマルクス・レーニンの革命理論にもそれほど通じていなかったというが、多くの中共党史が断罪するような悪辣、劣悪の人物であったとは思えない。そんなに品性下劣の人物ならば、共産党創立以来の彼の活躍をどう評価したらよいのか、納得する説明ができないであろう。

まず、張国燾がモスクワから帰国する以前、彼とコミンテルンとの関係、ミフとの関係は如何なるものであったか、見よう。張国燾の『我的回憶』（東方出版社、内部発行）、路海江著『張国燾、伝記和年譜』（中共党史出版社、二〇〇三年、北京）、盛岳『莫斯科中山大学和中国革命』（東方出版社、二〇〇四年、北京）、王凡西『双山回憶録』（東方出版社、二〇〇四年、北京）等によって張国燾とはどのような人物であったか検討する。まず、張国燾はろくにロシア語ができなかったことを指摘しておきたい。

一九二八年八月、モスクワで開催された「中共六全大会」に出席するためにソ連に来た中共代表団の中で、「ただ瞿秋白だけがロシア語の原文を読めた。ということは、ただ彼だけがトロツキー反対派等を含む総ての意見を読む事ことができたということである。その他の主要な団員、例えば周恩来と張国燾などは、陳紹禹などの通訳によって若干を知りえただけだった」（王凡西前掲書、頁八〇）。当時ロシア語がよくでき、また共産主義の理論にも強く、大会や学校でソ連のスターリン、トロツキーなどの演説の通訳やロシア語のわからない中国人に通訳をやっていた学生として有名な者は、王明、張聞天、沈沢民、王稼祥などであった。彼らは皆若く、スターリン派かあるいはその同調者であり、中山大学支部派、つまり直接的にはミフの弟子たちであった。張国燾は、すでに三〇歳を越えており、彼らの通訳がなければ、何もわからず何もできなかった。

張国燾には瞿秋白のような学問的素養がなかったし、また周恩来のような才幹もなかった。だから、陳紹禹（王明）は彼をまったく恐れなかったし、また彼と結ぼうとも思わなかった。人びとは彼を冷遇し、軽蔑した。当時モスクワにいた中共の高級代表者のうち彼だけが独り寂しかった。ある時、私は彼と一日話したことがあった。――彼の慎重な口がちょっとゆるんで、生活上の悩みを語り、最後にこう言った。レーニンは、字を知らない人は政治の外に立つと言ったが、ロシア語がわからない人は政治の外に立つのですよ、と。言外に陳紹禹（王明）たち〝赤色買弁〟集団に対する不満をきわめて露骨に述べたのであった。――彼は失意の状況にあったので、トロツキー反対派の人びとは彼に接近し影響を与えようとしたがまったく成功しなかった。彼は、周恩来に比べても、更に自分の運命を〝失敗するトロツキーの真理〟の側につかせようとは思わない人間だった」（王凡西前掲書、頁八二～八三）。

この証言によるとモスクワにあった張国燾は、ロシア語はわからず、周恩来のような学識才幹もなく、ロシア語や理論が良くできた王明たち若き留学生たちにも相手にされず、実に孤独であったという。北朝鮮の金日成もハバロフスク郊外のソ連赤軍の兵営で保護されていたとき、ロシア語が達者で通訳や交渉の仕事にあたり、ソ連の将軍たちの知遇を得て北朝鮮の首領に祭り上げられたが、王明などもこうしてソ連、コミンテルンの威を借りて、中共の権力者になることができたのであった。当時、王明は二三歳くらいであり、張国燾よりも一回りほど年下だった。最古参の張国燾も、モスクワでは王明など「二八人のボルシェヴィキ」と言われた若い秀才留学生に媚びなければ、権威を保てなかった。

一九二九年夏、中山大学のミフを支持する支部派は、その中核勢力である「二八人のボルシェヴィキ」を中心として、「第二条路線」（スターリン派の二段階革命論）に反対する勢力に対して攻撃を加えるため、いわゆる「十日間会議」を開いた。この時、「二八人のボルシェヴィキ」の一人として論戦に参加した盛忠亮（盛岳）は、『莫斯科中山大学和中国革命』（A書）の中で、次のように書いている。この党員大会には、打倒の目標であった瞿秋白は参加を拒否した。出席した張国燾は、「主席団に選ばれた。二八人のボルシェヴィキも彼に投票した。張を公然と〝ヤッツケル〟のに便利であったからである」（頁二二四）。この大会は大荒れに荒れたので、大会を司会する張国燾は右往左往し、「静かに私の話を聞いてくれ」と何回もただ注意する以外なにもできなかった。張国燾はどちらの勢力についても進退窮まる状況であったので、右顧左眄してウロウロするばかりであった。結局「二段階革命論を支持する同盟グループとその後ろ盾である瞿秋白と張国燾は徹底的に失敗した。ソ連共産党は、中山大学党支部局の政治路線が大会で採択された後、その決議を承認した。その後、コミンテルンの中のソ連代表は、コミンテルンに同様の決議を提出し、コミンテルン中国代表がとった態度を批判した。これはミフと二八人のボルシェヴィキの新しい勝利であり、瞿秋白と張国燾は完全に敗北したのであった」（頁二三二）としている。

こうして、張国燾は、ミフと〝二八人のボルシェヴィキ〟の軍門に下り、一九三一年一月二〇日に帰国すると、直ちに彼らの太鼓もちに変じて党内の雑誌『実話』（第九期、二月七日）に、「四中全会の擁護と二つの路線の闘争（擁護四中全会与両条路線上的闘争）」を発表し、続いてまた同誌に「党の路線の実行と二つの路線の闘争の強化（執行党的路線与加緊両条路線上的争闘）」（第一三期、三月五日）なる論文を発表して誤りを認めた。以後中共は李立三と瞿秋白を徹底的に非難、排斥した。こうして張は、ミフや王明たち帰国留学生組を絶賛し、自己の没落を防ぎ、王明の極左冒険主義の擁護者になった。彼は事実上失脚した瞿秋白のようになりたくはなかったのである。彼はこれまでなんら革命の経験も実績もない王明から、「鄂豫皖局書記兼軍事委員会主席」に任命され、直ちに革命根拠地の一つである「鄂豫皖革命ソヴィエト区」に派遣された。三一年二月、三月頃に、コミンテルンと党中央から、前年の一一月、一二月に毛沢東が起こした内部大粛清、とりわけ「黄陂粛軍」、「富田事変」、「富農分子・ＡＢ団粛清」の話を詳しく聞いたはずである。しかも、コミンテルンと党中央が「毛を高く評価して、反毛派の継続的粛清を支持したこと」も知った。張国燾は一九二一年の中共創立以来、毛と共に最古参の幹部であり、競争相手であった。張は毛に対抗して大別山一帯の革命根拠地を、中央革命根拠地以上の「我が王国」にする決意で鄂豫皖革命根拠地に向かったはずである。その為には、毛以上に内部の敵、反革命分子を粛清する決意であったと思われる。鄂豫皖革命根拠地の最高指導者、帝王となり、彼のやり方に反対し、異論を提起した知識人幹部、それに張などが来る前にソヴィエト区を創建した地元出身の紅軍将兵を大量に粛清する構想ができあがっていたであろう。張国燾と共に派遣された、二八人のボルシェヴィキの中の沈沢民、陳昌浩の二人も同じ決意で鄂豫皖根拠地に行ったのだろう。このソ連帰りの三人組が、落下傘部隊として鄂豫皖根拠地に降臨し、ここの総てを取り仕切った。彼らは、着くや否や同志の大粛清を行うのである。そして一年半で基本的には根拠地は完全に消滅することとなる。張国燾等は紅軍首領をほとんど粛清したので紅軍は弱体化し、民衆ははなれ、戦いには連続して敗北し、一九三二年暮れに鄂豫皖根拠地の主力紅軍を率いてソヴィエト区から四川省北部に脱出、逃亡した。沈沢民は、この根拠地に残って戦ったがやはり内部粛清を続け三三年戦病死した。

第五節　ミフ・王明・秦邦憲らの中共中央の完全支配

李立三の左傾冒険主義の招いた大損害は、本来スターリン・モロトフの中国革命に対する分析の間違いと政策の誤りに責任があった。いやそれだからこそ、彼らはなおさら自己の責任を回避するために李立三に全責任を押し付け、彼を弾劾する必要があった。一九三〇年一〇月、コミンテルン執行委員会は中共中央に対して一通の「十月来信」と呼ばれる書簡、正式には「共産国際執行委員会給中共中央関于立三路線問題的信」なる書簡を送った。この内容は、李立三を弾劾する内容であった。

この正式書簡は、（T書）『沈沢民伝』によれば、沈沢民が懐に入れてヨーロッパを経て船旅で持ち帰ったので、上海の党中央に渡ったのは、三〇年一一月一六日であったという。その最後の部分で「李立三同志の路線は、コミンテルンに反対する政治路線である」、「この政治路線の結果は、マイナスであり、失敗であり、きわめて危険な冒険であった」。したがって、「李立三同志の反マルクス主義的、反レーニン主義的本質」を糾弾しなければならない、とした（T書、頁一七七～一七九。金冲及主編『周恩来伝』上、邦訳頁三一三）。

これまでコミンテルンは李立三の全面蜂起の政策を「路線の誤り」と規定したことはなかった。何故急に「反コミンテルンの路線」であると大声で糾弾するようになったのか。その原因は、重大な損害が発生して責任問題がコミンテルンまで及ぶ危険があったこと、もう一つは、この誤りを糾弾して中共党の中枢を完全にスターリン・ミフのコミンテルン路線の支配下に置こうとしたためであった。というのは、李立三は全面蜂起を命じてからは、コミンテルン極東部などの異論を無視し、ソ連軍が中国革命支援のために、また国際的友誼のために中国に軍事的派遣を行うべきだ、などと公言したからである。スターリンらは、ソ連軍と日本軍の衝突を危惧し、李立三らの中共首脳部がモスクワのコントロールをはずれ始めたことに大いに怒った。

この点に関して、劉宋斌論文は次のように述べている。

一九三〇年八月一日、三日の中共政治局会議の席上、李立三は、次のように満州暴動を起こすことを提起した。満州で暴動が起きれば、日本帝国主義は必ず直ちにソ連に向かって進攻し、必然的に国際戦争が起きる。国際無産階級対帝国主義の決戦が引き起こされるのだ。だから、コミンテルンは迅速に進攻路線をとるべきだし、ソ連も積極的に戦争の準備をしなければならない、と。李立三は更に、ソ連と蒙古が中国に出兵し、蒙古を中国ソヴィエト連邦に加入させるよう提起した。三日の政治会議で、李立三は、コミンテルンに忠実に従い、コミンテルンの規律を遵守することと、中国革命に忠実に仕えることとは別なことであると言い、また、武漢を占領した後で、別の方法でコミンテルンと話し合うことができる、等々と言った。コミンテルンは、こうした李立三の言動に対して怒り心頭に発した（J書、頁四七四）。

李立三が中国革命の前進のために、ソ連軍を巻き込もうとしていたことは、張国燾の『我的回憶』にもはっきりと書かれている。

一九三〇年八月、李立三は全般的な革命方略を策定した。重点は中共中央から号令を発して各地の紅軍を集中させ、再度長沙に進撃し、あわせて勢いにまかせて南昌などの大都市を占領するのだ、と。彼は中国革命の時期はすでに成熟していると推測し、次のようにコミンテルンに要求した。直ちに外蒙古の赤軍に命令して、平津一帯に進攻させ、ソ連赤軍は満州の東三省に進入させるべきだ。こうして中国工農紅軍と呼応させるのだ、と。李立三から見ると、一九二九年下半期には、ソ連赤軍は中東路事件のために東三省の中国人部隊と戦火を交えたが、その時、中国共産党は極力ソ連を支持した。今回は当然ソ連が中国革命を実力で支持すべき時だ、というのであった。李立三のこの計画はコミンテルンの二人のドイツ人代表の反対にあった。李立三はそれに対して、世界革命の大本営のコミンテルンとしては、当然に国際主義の精神にのっとり、中国革命に一致した行動をとるべきだ。もしコミンテルンがそうしないならば、自分は断固として反対する。自分は中国革命に忠実であるが、国際主義を守らないコミンテルンには忠実ではないのだと言った。ここにいたって李立三路線は頂点に達した。これはスターリンに対して、もしあなたが一国社会主義を知っているだけで、国際主義を無視し、中国革命を支持しないなら、あなたは右傾の誤りを犯したことになる、と言うに均しかった。李立三はこれで半トロツキストと見なされた（第二冊、頁四四〇）。

この中共政治局会議の記録がモスクワに伝わると、コミンテルンの首脳たちは、ビックリして色を失った。こんなことをすれば、日本軍がソ連に進入して大戦争になってしまうと心配したのである。モスクワは、李立三路線として徹底的にこれを叩き潰し、中共中央をスターリン・モロトフ・ミフ・王明らで完全に掌握する決意をしたのであろう。コミンテルンは、それで李立三を「左傾冒険主義路線」を実行して、コミンテルンに反対し、大きな誤りを犯したとする糾弾の文書を中共中央に突きつけた。コミンテルン、すなわちスターリンは、李立三のような、反逆的人物が中共中央に出てこないようにソ連留学生の王明、秦邦憲や「二八人のボルシェヴィキ」と呼ばれる、スターリン派のモスクワ留学生たちを操って中共中央部を占領しようとした。その前線司令官がコミンテルン東方支部のミフであり、突撃隊長に選ばれたのが王明であったと、私は推測する。

ミフはロシア人。一九二五年から二七年の間に、モスクワ中山大学の副校長、次いで校長の職にあり、二八年ソ連共産党宣伝工作者代表団を率いて中国に行き、中共第五次全国代表大会に出席。二八年二月、コミンテルン執行委員会東方部中国部主任。同年六月、モスクワで開かれた中共第六回全国代表大会に出席。三〇年七月、コミンテルン執行委員会の責任者となり、一〇月上海に来て活動。三一年一月「中共第六届四中全会」において王明などに中共中央の指導権を奪わせた。以上が、きわめて大雑把なミフの当時の政治的目的と彼の略歴である（『人物注釈集』の米夫の項）。このようなミフの活躍は、スターリンの全面的支持なしには全く不可能であったであろう。

さて、当時の王明の略歴については、前掲『近代中国人名辞典』の「王明」の項目によって簡単に年表風に紹介する。

一九二九年三月帰国。上海地区の委員会で工作担当。次いで党中央宣伝部で『紅旗』の編集。

一九三〇年一月にイギリス租界で逮捕され、翌二月に釈放。党内処分を受け、総工会の機関紙『労働』の編集に左遷。六月、党宣伝部に復帰。帰国後、一年間に凡そ三〇篇の論文を書き、ソ連共産党の「第三期論」（現段階を「資本主義の末期段階＝革命の高潮期」とする理論）を大いに宣伝。七月からは李立三を上回る過激な議論を展開して李を批判し、処分を受けた。九月、李立三路線が停止され、コミンテルンが李を激しく批判しているのを知り、大勢に順応して李立三主宰の第六届三中全会の決定を激しく批判する「二つの路線の闘争」なる書簡を秦邦憲と連名で提出した。

一九三一年、前年の一二月ミフが上海に来ると、三一年一月王明はミフの権力と支持のもとに中央委員、中央政治局委員となり、同時に江蘇省委員会書記を兼任した。ここに極左的な王明路線が始まる。六月からは身の危険を避けて上海郊外に身を隠してほとんど活動しなかった。三一年一〇月中旬、事後を秦邦憲に託して一一月上海を離れコミンテルン駐在中共代表となってモスクワに帰り、以後六年間モスクワに留まった。

沈沢民が携えて帰国したコミンテルンの「十月来信」を受けて、中共中央は一九三一年一月一八日、二二日、二五日と政治局会議を開いて、次のような決議を行った。「(李立三路線が確立した)三中全会は、コミンテルンの国際路線と矛盾した李立三同志の半トロツキー路線を暴露することができず、また李立三同志の路線が優勢を占める時期の、政治局内の工作に対して正確な評価を与えることもできなかった。李立三同志の路線は、〝左傾〟の空談をもって実際の工作上の機械主義を覆い隠し、真正な革命に対して人民を組織し人民の闘争を指導する任務を果たさねばならないのに機会主義の消極的態度をとり、自身のそうした態度を覆い隠した。実際に党を指導する上で盲動冒険主義の道であった」(『沈沢民伝』頁一七九)と決め付け、全面的に否定した。

王明、秦邦憲、張聞天、沈沢民などはロシア語に通じており、その能力はスターリン、ブハーリン、ミフの演説や周恩来、李立三、張国燾など中共幹部の政治報告や演説の通訳をするほどであった。しかも、彼らはロシア語の新聞記事、論文、マルクス・レーニンの文献など自由に読むことができたので、革命の理論方面では、自分たちは中共の古参幹部など問題にならない高度な理論と知識をもっているのだと大いに自負していた。ソ連共産党の指導者やコミンテルンの執行委員たちも、直接ロシア語で話ができる彼らを、なににつけても頼りにし、また利用しようとした。たとえば、一九二七年五月一三日、世界革命の領袖として崇められていたスターリンが、中山大学に来て五時間に及ぶ演説をした時に通訳をしたのは、中山大学の三秀才と謳われた沈沢民、張聞天、王稼祥それに女子学生陳聯春の四人であった。このスターリンの演説を翻訳するにも彼ら留学生がたずさわった(『沈沢民伝』頁一四七～一四八。Y書『張聞天伝』頁九九)。こうした交流を通じて、彼らはスターリンやミフの知遇を得、またスターリン主義を崇拝し、ロシア語のできない中共の古参幹部や国内にとどまった党員を睥睨するグループが生まれたのである。それが「二八人のボルシェヴィキ」と呼ばれる伝説の人々になり、またその中心にあったと言われるのが王明、秦邦憲(博古)であった。

さて、王明、沈沢民、秦邦憲(博古)たちモスクワ帰りのグループは、帰国するや否や、党の指導権を握ろうとした。彼らは最高、最新の理論家をもって自認し、李立三路線を執行してきた党幹部を激しく攻撃した。王明は、一九三〇年一二月末、江蘇省党委員会拡大会議を招集して、自ら政治報告を行った。会場では沈沢民、陳昌浩が主に発言し、李立三路線を執行してきた何孟雄、蔡博真を攻撃し、彼らを右派と決めつけた。ちょうどこの時、彼らの親分であるミフが、秘密裏に上海に到着した。ミフは、愛する中山大学学生であった王明、沈沢民、張聞天などを纏めて、中共中央の指導権を取ることを画策し、翌一九三一年一月七日、突然に「中共中央第六届四中全会」を招集させた。

上海の武定路で開かれたこの秘密の集会は、朝から晩まで十数時間続いた。会議は総書記向忠発が招集したが、彼は単純な人間で、ミフの言うがままに会議を進行した。実際の舞台まわしをしたのはミフであった。ミフは当時圧倒的な威信をもっていたコミンテルンを代表して基調演説を行い、王明、夏曦、博古、沈沢民などモスクワ以来の弟子たちに大いに発言させて、新しい党中央を組織することに成功した。

この会議の特徴は、李立三路線を〝左傾冒険主義〟として断罪したのではない。ミフと王明は、李立三はニセモノの〝左傾〟で、実質は〝右傾〟であり、〝機会主義解党派〟なのだとした。ここから、以後の王明路線という極左的な革命根拠地の建設、富農分子撲滅、党内粛清の嵐を呼び起し中共と革命人民を巻き込む悲劇が始まるのである。スターリンの富農撲滅、党内闘争、党内粛清と呼応して、それは進行した。若きモスクワ帰りの留学生たちは、真のボルシェヴィキの勇敢さ、大胆不敵な態度を、スターリン的徹底性と無慈悲さで示して、自分たちの威信を確立しようとした。ここにいわゆる王明極左冒険主義路線が始まるのである。例えば、一九三一年一月の「四中全会」で決まった人事の特徴は、「二八人のボルシェヴィキ」派が大幅に躍進したことである。概要は次の通り。「瞿秋白、李立三、李維漢の三人が政治局から落選」、中央委員には、「劉少奇、王明（陳紹禹）、徐畏三、韓連会、黄甦が選出」、候補中央委員には、「許畏三、沈先定、黄蘇、曾炳春、夏曦など九名が選出」された。これ以後、王明は、中央政治局の正式委員、中央政治局常務委員会の委員となった、そして各革命根拠地に「ソヴィエト政府」を樹立し、遂には「中華ソヴィエト共和国」建国へと進む、ミフ・王明路線が確定した。

ここに、「階級決戦の時代」が始まり、想像を絶する党内大粛清の幕が切って降ろされた。彼らがまずやったことは、毛沢東の「AB団大粛清、紅軍大粛清、富田急襲」を正しいと断定したこと、そして続く全国各地の革命根拠地での同志粛清の大道を開いたことである。毛沢東が「黄陂粛軍、富田事変」で始めた恐るべき内部粛清、恐怖政治が、この王明等による全面的正当化によって、以後全革命根拠地、全ソヴィエト党機関、全紅軍に堰を切ったように拡大、蔓延して行くのである。

第六節　中国共産党の「土地革命戦争、赤色恐怖」への道

これまで何回となく取りあげてきた研究書『共産国際、聯共（布）秘档与中国革命史新論』は、題名にもあるようにコミンテルン、ソ連共産党（ボルシェヴィキ派）の秘密文書からみた中国革命史研究の「新論文集」である。ここには、「中共正史」にいう「大革命期」（一九二三年六月～二七年七月）の敗北から、「土地革命戦争期」（二七年八月～三七年七月）に至る経緯が詳しく述べられている。特に土地革命にしぼった重要な論文としては、以下の五篇がある。これらにより、中共の土地革命戦争の概略をみたい。

王志剛「大革命時期共産国際関于中国土地問題指導思想的演変」（頁二二六～二四二）、以下「王論文」と省略。
朝沢江「論共産国際対大革命時期統一戦線与土地革命関係的認識」（頁二四三～二五八）、以下「朝論文」と省略。
張喜徳「論共産国際関于中国革命由〝城市中心〟向〝農村中心〟的策略転変」（頁三八一～三九八）、以下「張論文」と省略。
蓋軍「対待中国富農的（左）傾政策淵源于共産国際」（頁四三九～四五〇）、以下「蓋論文」と省略。
劉宋斌「共産国際、聯共（布）与李立三〝左〟傾冒険錯誤」（頁四五一～四八七）、以下「劉論文」と省略。

一九二〇年、コミンテルン第二回大会は「民族と植民地問題に関する決議」を採択し、「後進国における地主・大土地所有制に反対する農民運動を特に支援しなければならない」と明確に提起した。一九二二年のコミンテルン第四回大会では、「東

方問題に関する全体的テーゼ」を採択し、東方各国の革命党は「断固として土地私有制の基礎を変革することを宣言しなければならない。同時にまた、ブルジョア階級の政党にこの革命的土地綱領をできるだけ受け入れるよう迫らなければならない」と宣言した。

一九二三年に、ヨーロッパの革命情勢が弱まり革命成功の可能性がなくなったので、コミンテルンは中国の革命に期待をかけるようになった。二四年から二六年まで、コミンテルンは中国国民党に大いに期待し、中国共産党は国民党の指導下に入って、そこで改良型の土地問題の解決を目指すことを求めた。一九二四年五月、コミンテルン代表ウィッチンスキーは、中共の拡大会議で「国民党が規程額外の過酷な税金をとることを禁止し、また大地主が貧苦の小作人から法外の小作料を収奪することを禁止するよう求める」決議を採択した。しかし、まだコミンテルンも、中共も土地革命を宣言する態勢にはなかった。それが転機を迎えるのは、一九二五年に孫文が死去して国民党が左右に分裂してからである。当時、軍閥は各地に跋扈して覇権を争い、人民は塗炭の苦しみを舐めていたので、コミンテルンのウィッチンスキー、ボロディンなども国民革命は土地革命なしに進行しないと公然と言い始めた。一九二五年一〇月、中共中央拡大執行委員会は「中国共産党は、農民の要求に対して、一つの農民問題綱領を作らなければならない。つまり、その最終目標は大地主・官僚・軍閥・寺廟の土地を没収して農民に与えるということだ。中国共産党は一般の民主派の人々に、土地の没収は免れない政策であることを知らさなければならない。また今は、一般の労働者・農民に、国民政府を建設する時には、土地没収は革命の中の重要な問題であることを知らせなければならない」と決議した。さらに、一九二六年三月に、中共中央は全党員への通告の中で「全国の農民はすでに暴動を準備する段階に到達した。必要なことはそれを我われが準備するということだ」、「とりわけ、広東以外の北伐路線にあり、必ず通過する湖南、湖北、河南、直隷などの地で民衆が奮起するのに対応しなければならない。特に農民を組織することが大切だ」と宣言した。しかし、コミンテルンは国共分裂を避けるため、土地没収などの過激な政策に消極的であった。スターリン、ボロディンは、あくまで共産党は国民党の内に留まるべきだと考えていたからである。

しかし、北伐戦争が始まり革命軍が急速に拡大発展し北上を開始すると、国共両党が予想もしなかった速度で農民暴動が、湖南、湖北から始まった。一九二六年一一月上旬、中共がコミンテルン執行委員会に送った、農民綱領の中に、「大地主・軍閥・土豪劣紳及び宗祠の土地は、没収して農民に与える」という文字が明確に記されていた。これに応じて、コミンテルンは「反動軍閥の土地は没収し、国民革命政府と内戦を行なっている買弁・地主・土豪の寺廟と教会の土地は没収して国有にする」としたが、これは共産党が独自にやるものではなく、国民政府を通じて土地革命、土地国有化を実現するというものであった。

この頃、湖南省では農民協会運動、農民騒擾事件が火のように燃え広がっていた。毛沢東が『湖南農民運動考察報告』の中で書いているように、じつに凄まじいものであった。「湖南省を例にとると、一九二六年一一月、農民協会は四〇万人に達したのに、農民の党員はたったの七〇〇人にすぎなかった。一九二七年一月組織された農民は二〇〇万人に達し、農民協会員は一〇〇〇万人以上に達したのに、農民党員はわずか一七〇〇人にすぎなかった。中共湖南省区の委員が慨嘆して〝たった一〇〇〇人の農民のなかで、中共党員の同志は一人にすぎない、いったいどうして彼等農民を指導したらよいのか〟」と言ったように農民運動は野火のように広がったが、農民党員は本当に微々たる状態であった（以上「張論文」）。

こうして、共産党の指導など全く効かない伝統的な農民暴乱型の平均主義が燎原の火のごとく燃え広がった。「土地をもつ者はみな土豪であり、紳士で劣紳でない者などいない」というスローガンのもとに、盲目的に地主富農を攻撃し、北伐軍の将校の給与米、賃金を奪い、その家族の土地や財産を没収し、商人をゆすり、富裕な家には押しかけて家財を壊し、飯を食い、ひどい場合は私刑、死刑をさえ行った。湖南農民運動は、結果的には第一に、革命の果実を横取りしてきた国民党右派に、「清党」と言う名で共産党狩りを行う口実を与えた。つまり、蒋介石に政治資本を与え、「四・一二反共クーデタ」を行わせる結果となった。第二に、本来連合できる階層を敵側に押しやり、国民党左派の政治結集力を弱め、革命の統一戦線を分裂させた。第三に、武漢の国民政府は帝国主義と蒋介石の反撃を恐れて、土地革命の道から逃走する結果をもたらした。

以上のように、伝来の農民戦争のような平均主義、暴力主義、略奪主義に陥った農民運動は、革命の前進に大きな損害を与える結果を生んだ。

蔣介石の反共クーデタに続いて、武漢政府も反共に転じたので、ソ連共産党中央、コミンテルン、中共の三者ともに確固とした土地革命の路線を提示できなかった。ある時は激しく土地革命、土地没収、土地国有を主張した、またある時はそれにブレーキをかけた。一九二六年から二七年にかけては、ソ連共産党内のスターリン派対トロツキー派の論争、コミンテルン対陳独秀の対立などがからんで、論戦は複雑をきわめた。中国政策で右派だったスターリンが左派になり、左派だったトロツキーが右派に転化するような局面も出てきたのである。以上が「王論文」の要旨である。王論文は、毛沢東の『湖南農民運動考察報告』の見方を、党と社会に対して全く有害な結果をもたらしたと全面的に批判している。

大革命が失敗した後、失敗した責任をすべて陳独秀にかぶせた。陳独秀はコミンテルンの正確な指示に従わず、右傾日和見主義になったというのである。二七年七月一一日、スターリンは「われわれの政策は過去でも現在でも唯一の正しい政策である。我われは今のように私たちの中国革命に対する、また土地革命に対する政策の正当性を深く信じたことは従来なかった」などといった。陳独秀は、「モスクワは中国の実際の状況を知らない」、国民党の指導者も「土地革命に関する何らの意見をも聞こうとしない」と嘆いた。陳独秀は、一九二七年六月一五日にコミンテルンに送った電報の中で「国民革命軍の九〇パーセントは湖南人である。全軍人が農民運動の過激な行動に敵意を抱いている」と言った。「政権と軍隊を掌握できない状況下で、土地革命を成功させることは不可能であったばかりか、尚且つ統一戦線も農民の過激な行動によって完全に分裂したのであった」。以上が「朝論文」の結論である。この論文は、結果として毛沢東の『湖南農民運動考察報告』の主張を完全に否定するものになっている。以後、トロツキーが以前言っていた革命根拠地の理論、革命政府の主張を、一九三〇年以後、スターリン派が実行することになる。中国革命はモスクワの状況と政策が変わるたびに、二転三転するという複雑な道を歩んだ。中国共産党には、三〇年以後は毛沢東・朱徳の中央革命根拠地しか有望な根拠地はなく、土地革命路線しか選択の余地はなくなった。

とすれば、地主・富農の土地をどうするかが決定的な問題になる。この点に関して、前掲「蓋論文」は次のように論じている。コミンテルンから一九二七年七月に派遣されてきたロミナーゼは、中共政治局に対して極左的な土地革命の主張を押しつけ、「土地の根本問題は土地国有である」、「一切の土地を没収して」、「土地の公有を行ない、直ちに実行せよ」と迫った。かれは「中国現状与党的任務議案」とか、「関于土地問題党綱草案的決議」などの党政治局の決議案を起草して、「一切の私有地は完全にソヴィエト国家の労働人民の公有に帰す、一切の没収した土地の使用権は農民に帰す」と規定した。こうした党の方針によって、二七年の一二月、広州に成立したソヴィエト政府は、『民衆に告ぐ』なる告示文の中で、「一切の土地を没収して、地主・富農を殺し尽くす」などと宣言した。

■ロミナーゼ（一八九七～一九三五）は、グルジア人、一九一七年ボルシェヴィキ党に入党。二六年コミンテルン執行委員会主席団委員、二七年中国を訪問し、中共を指導し、土地革命と武装蜂起の路線を確立した。帰国後は中央候補委員、コミンテルン委員として活躍したが、「永久革命」論をとなえたり、スターリンの独裁に批判的であったりしたため反党分子として批判、追及されたため三五年に自殺した（『中国共産党歴史・第一巻、人物注釈集』）。

一九二八年六月から七月にかけて、モスクワで開催された中共第六回全国代表者大会は、スターリン、ブハーリンの指導のもとに開催された。この時、コミンテルンの最高幹部はブハーリンで、その下のミフが率いる東方局が「土地綱領」草案を起草した。大会を通過した『土地問題決議案』、『農民運動決議案』では、ロミナーゼ時代の極左的土地革命綱領は、以下のように修正された。

（1）これまでの「一切の土地を没収する」の部分を、「地主階級の一切の土地を没収する」に変える。

（2）反動的な富農に対しては、反軍閥・反地主豪紳闘争と一緒に敵として戦う。富農が軍閥官僚の圧迫をこうむっているところでは、富農を取り込む。富農が左右にゆれ動揺しているところでは、富農を中立化するよう努める。また、この第六回大会で可決された『関于中国共産党的任務』では、「総ての地主の土地を没収し、それを農民が代表するソヴィエトに与える」のであるが、その戦略方針は「主要の敵は地主、土豪、劣紳である。無産階級の農村での主柱は貧農である。中農は強固な盟友である。現段階で反富農を強化することは正しくない。なぜなら、そうすることは農民と地主階級の間の矛盾を抹殺する結果になるからである」。このような比較的現実的な富農階級に対する政策が、一九二八年には提起されたのであるが、しかし、それも長くは続かなかった。

一九二九年六月、コミンテルンは中共中央に書簡を送り、「中共中央は、第六回大会の決議を〝故意に反富農を強化しない、富農を中立化し、富農と連合する〟などと曲解している」と非難した。一九二九年という年は、世界大恐慌が起こった年であり、スターリンらが世界資本主義の末期段階が来たのだ、世界革命の最高潮期が来ようとしている、ソ連内の最大の敵はクラーク（富農）階級であるとし、富農階級の撲滅戦争に突入した年でもあった。スターリンはこれまで同盟を結んでいたブハーリンとその一派に対して「富農分子、右傾日和見主義者」などと悪罵を投げつけて、彼らを抹殺しようとしていた。こうした国内事情があり、中国共産党に対しても、富農撲滅、土地革命の徹底化を要求したのである。

［一九二九年一一月の］「革命十二周年記念日に、スターリンは、農民の穀物の供出拒否という、トロツキーがちゃんと予見した〝困難〟に直面して、私営農業に対する死の宣告をくだした。〝即時全面的集団化〟が当面の日程となった。それからわずか四か月後に、彼は農場の五〇パーセント、約千三百万の農場がすでに集団化されたと発表した。国と党は、全権力を挙げてクラーク（富農）を土地から追いだし、さらに何百万の農民を強制して、かれらのいっさいの所有物をプールさせ、新しい生産様式をうけいれさせた。ほとんど総ての農村が、いまだかって例を見たこともない階級戦争の戦場と化した。それは農村ロシアのその頑固な個人主義を征服するために、集団主義の国家がスターリンの最高指揮権

のもとにおこなった戦争であった。集団主義の部隊は小部隊であったが、充分に武装され、機動力をもち、単一の意志によって指揮されていた。巨大な力が分散している農村個人主義は、不意をつかれ、その上、絶望の木の棍棒でしか武装されていなかった。——けっきょく勝者は戦利品を獲得し、数えきれないほど大量の捕虜をとらえて、広漠たるシベリアの大平原や、北極の氷原に追いやった」(ドイッチャー『追放された預言者トロツキー』、邦訳、頁一〇五〜一〇六)。

ソ連におけるかかる「クラーク(富農)」撲滅戦争は、ソ連・コミンテルンの官僚を通じて、中国に輸出された。また、中国のソ連留学生、とりわけ「二八人のボルシェヴィキ」に代表されるスターリン派の学生たちなどを通じて、中国革命の中に「農村根拠地の建設、土地集団化、富農階級の絶滅」の三点セットとして持ち込まれた。まだ年若く、理論も経験も十分にない中国共産党は、蒋介石や国民党勢力に裏切られ、討伐され、貧しい山岳地帯にかろうじて革命根拠地を幾つか建設して生き延びていた。陳独秀、瞿秋白、李立三などがコミンテルンの命令に抵抗し、大いにあせり逸って都市暴動中心の一揆主義に打って出たが、損害が増すだけであった。スターリンにもトロツキーにも、東洋の大国、歴史と文明の国中国の、変転常無き革命の状況変化に対処する、確たる理論も見通しもなかった。ましてや、中国の言語も、社会経済も、歴史も知らない多くのソ連人外交官・顧問、コミンテルン官僚たちは、なおさら観念的に「ボルシェヴィズム」の祖国を誇り、中国人を見下し、場当たり的な命令を押しつけた。モスクワの権威にひれ伏し、ソ連を革命の祖国と仰ぎ、コミンテルンを国際的革命本部と崇める中国の多くの革命家は、その権威と権力に追従したが、失敗すると天人ともに許さざる右傾機会主義、右傾日和見主義、極左冒険主義などの罪名をかけられて失脚させられた。

ルート・フォン・マイエンブルク、この旧オーストリアに生まれナチスと戦い、遂にソヴィエト赤軍の情報機関員になり、戦後まで生き残るという数奇な運命をたどった女性は、回顧録『ホテル・ルックス——ある現代史の舞台』を書いて、貴重な歴史的証言をのこした。この中に、コミンテルンの中国政策と中国人革命家について次の記述がある。ドイツ出身の政治家・革命家のフランツ・ノイマンは、グルジア人のロミナーゼと共にスターリンに選ばれて、一九二七年、中国の広東蜂起の指導に行った。しかしこの蜂起は、惨憺たる敗北に終わった。このノイマンは、中国語を全く話せなかったが、ある時急拠、コミンテルンで会議に自ら通訳を買って出た。彼の通訳があまりに上手かったので、皆、彼の中国語の能力の高さに目を見張って、いつそんなに中国語に熟達したのか聞いた。すると、彼は「まあね――あいつらに何か言うことなぞあったかね!?」と言った（Y書、頁一三一）。つまり、ノイマンは中国語を全く知らずに、デタラメな通訳をやっていたのだ。当時、中国の革命家などは、そうした目でヨーロッパ人、ロシア人に見られていたのだ。この文章に続けて、マイエンブルクは、次のように書いている。

中国からやってきたその中央委員会の中国人メンバーは、なにからなにまで中国本土の中国人よりよく心得ている、コミンテルン指導部の拡大会議の席でいったい何が言えたというのだろう？　彼らの背後には、勝利の内に遂行された革命が、勝ちぬいた内戦が、かがやいているではないか！「日和見主義的」あるいは「一揆主義的」過ちが犯されたとしても（国内外の搾取者の軛を断ち切ろうとした苦力と農民の血を、その代償に支払わされたとしても）、それは誰よりもまず弱小な中国共産党が己の胸をたたいて悔むべきことであり、己が未経験で、内部の派閥抗争に引きずられて右往左往したり、兄弟的なモスクワの助言者によって動揺させられたりしたのがいけないのだ。すでに当時、ヨーロッパ人同志たちが極西の故国での敗北した階級闘争の経験にのみ立ち、そして「中国問題」に対する拘束的なＥＫＫＩ（コミンテルン執行委員会）決定のみに立っておこなってきた援助を、極度の留保をもって見ていた一人の中国共産党中央委員がいた。のちの「偉大な主席」、毛沢東である。彼は中国共産党指導部の中でただ一人、あの時代に助言を求めてモスクワ参りをしなかった人だ！（邦訳書、頁一三一）

注：このホテルは、モスクワのゴーリキー通りにあり、デミトロフ、トリアッティ、ティトー、ホーチーミン、ゾルゲ、周恩来、王明等々、

世界各国の革命家が宿泊したコミンテルン専用のホテル。マイエンブルクも一九二一年から二二年、二五年から三一年、三八年から四五年、の三回宿泊した。革命家エルンスト・フィッシャーと結婚。原書は一九七八年刊行、邦訳は一九八五年、訳者は大島かおり、晶文社アルヒーフ。この回顧録は、スターリン時代の恐怖政治、大粛清を生き延び、またコミンテルンの舞台裏をその内部から、長年見続けてきた貴重な歴史的証言である。

アイザック・ドイッチャー等が言うように、レーニンの革命から革命の唯一の作風、つまりボルシェヴィキ党の作風（ボルシェヴィズム）には大いに問題があった。「ボルシェヴィキ」は、自分たちこそ唯一絶対に正しい「党」であると標榜し、論敵に対してありとあらゆる悪罵を投げつけ、王侯貴族は抹殺するのが当然であり、さらに自分の党の党員に対しても、反対派に対して「トロツキスト」、「メンシェヴィキ」、「合同反対派」、あるいは「左傾・右傾主義」、「機会主義」、「冒険主義」、「妄動主義」、「日和見主義」、「敗北主義」、「修正主義」、「社会民主主義」などと、あらゆるレッテルを張って全面的に敵対した。「ボルシェヴィキ」は、昨日までの同志であり、友人であっても、今日の敵に対しては「容赦ない攻撃、無情の打撃」を加えることこそ革命的だと信じた。そしてトロツキーのような功績ある仲間ですら党から追放するばかりか、暗殺したのである。こうした自分たちの党、自分たちの綱領だけが絶対に正しく、「正義であり、絶対であり、唯一であり」、遂には真の敵に対しては「肉体的抹殺」も肯定されるという、異常な狂信的な政治思想が確立された。ロシア革命以後、「革命家を職業とし、鉄の規律を持ち、敵に対しては死を賭して戦う」、この殉教者的人間こそが、真の人間である、階級闘争の真の闘士であるという神話が、世界を覆って行った。こうした革命の作風を「ボルシェヴィズム」と言い、人間を「ボルシェヴィキ」と言う。レーニンは、晩年スターリンの作風を見て「書記長独裁」の危険に気が付いた。しかし、時すでに遅かった。

以後、スターリン主義の下、コミンテルンと「二八人のボルシェヴィキ」に代表される中国人留学生が、大規模にこうした作風、精神を中国革命に持ち込んで行く。こうした敵に対する容赦ない攻撃、あらゆる悪罵の投げつけ、それによる自己の絶対化、神聖化、神格化といった政治思想は、レーニンから、いやすでにフランス大革命の指導者やマルクス、エンゲルスからすでに始まっていたと言ってよかろう。レーニンの論文を見ると、敵に対するあらゆる悪罵と侮辱の言葉に満ちている。レーニンの「背教者カウツキー」等の論文は、異端審判の伝統をひく一神教的な偏狭さに満ちている。こうした一神教的な異端裁判の政治文化が、最も粗野な暴力に満ちた中国社会に持ち込まれた。これが一九二七年以降の中国の国共対立をいやがうえにも激化させた原因となる。「レーニンの『何をなすべきか』以来のエリート主義的・少数精鋭主義的党観念、中央集権的組織原則への過大な期待、同じく党内の「鉄の規律」への誇大とも思える重視（中略）は、大筋においては維持され、根本的検討を加えることはなかった」（上島武『ロシア革命史論』頁二六、窓書房）。スターリンはそれを更に絶対化し、中国人に示した。

王明、秦邦憲、沈沢民、張聞天など血気にはやる若きスターリニストが、一九三〇年に続々と帰国し、秘密裏に上海に来たミフに率いられて、中共中央の指導権を完全に握った時、つまり一九三一年一月、土地革命戦争の最終章を飾る大団円の幕が切って落とされたのである。三〇年末に毛沢東が起こした「黄陂粛軍、富田事変、ＡＢ団富農分子粛清」は、以後中共の全ての革命根拠地で起こった同志大粛清の最初の雷鳴であった。そして、三一年の二、三月に毛の粛軍とＡＢ団粛清をコミンテルンと党中央が承認し、以後連続して「粛反工作」を全革命根拠地に命令した時、総ての革命根拠地が自滅する運命が決っせられたのである。終末の日こそ最終的救済の日であるとする「革命幻想」（神は降臨された）と「内部粛清」（背教者「ユダ」を殺せ）の二重合唱、この「最後の晩餐」のごとき劇場（非日常の世界）の中で祝祭と恐怖、救済と暴力が一対となって地獄に向かって驀進して行く。

第二章　「土地革命戦争」の時代とその全般的情況

第一節　「土地革命戦争」の開始

中国共産党は、一九二七年に武装蜂起をしてから、それに次ぐゲリラ戦から根拠地創建の過程で、貧農を大規模にかつ急速に革命陣営に獲得、吸収する必要があり、そのため「土地革命綱領」を民衆に提示する必要があった。もちろん、そうした必要があろうがなかろうが、ロシア革命以来、共産主義者たるものは、本来「土地の集団所有」、「土地国有」を直接的に、かつ究極的に革命の理想とするものなのである。中国の共産主義者も、党創立以来、土地革命を当然のこととして来た。しかし、中共の土地革命の根本原則を決めたのはソ連・コミンテルンである。ソ連は、ロシア革命、ソヴィエト式革命を全世界に展開する目標を持っており、ロシア革命を中国革命に接続し、更には西ヨーロッパ革命へと継続させようと考えていた。ソ連は、内戦期に貴族・地主・資産家の全財産を「戦時共産主義」によって没収したが、農業生産が激減したので生産量の回復のために一九二一年、「新経済政策」を実施し、以後「ネップマン」（富農）が成長した。スターリンやトロツキーは、「新経済政策」を短期間の一歩後退と考えており、完全に共産主義を放棄したのではなかった。だから、一九二一年から一九二三年まで、コミンテルンは一貫して地主財産の完全没収を孫文・中国国民党に迫り続けた。孫文は、受け入れなかった（高橋久美子の「中国国民党第一回全国代表大会と孫文思想」（『孫文の社会主義思想』汲古書院、所収）。

コミンテルンは、一九二四年の「国共合作」の後、蔣介石が一九二七年の四・一二クーデタを起こすと、中共の損害をコミンテルンの支援で補填しようとして、中国共産党に巨額な資金・武器を提供し、また軍事指導を行った。それればかりでなく、ソ連・コミンテルンは、湖南省を先頭にした全国的な農民組合運動、農民暴動のうねりを利用して華南・華中に共産党政権樹立を試みた。こうして始まった「土地革命戦争」の一〇年間は、ソ連・コミンテルンが主役となり、中共に「地主富農からの土地の完全没収」を行わせ、そのため中共は、「階級敵を殺し尽くし、焼きつくす」政策を敢行した。その責任は、ソ連・コミンテルンとそれに盲従した中共党それ自身にある。中共初期の失敗の全責任は、陳独秀、李立三、瞿秋白、王明等の個人資質と「〇〇主義、××主義」にあるといった、失敗の原因を党書記個人におしつけ責任転嫁することは妥当ではない。

一九二七年以降の、「赤色恐怖」の時代には、南昌蜂起に参加した朱徳さえも、郴州・耒陽両県城を攻撃した時、「濫殺・濫焼」を行った。朱徳軍のこのような「残虐行為」は、長沙・武漢の領事館にいたコミンテルンの駐在員の命令に従ったものであった。こうした残虐な行為を行った共産軍の兵士（大多数は、農民活動家、貧農、遊民、元国民党敗残兵士等の出身）は、敗北すると故郷に戻ることはできず、朱徳・毛沢東・彭徳懐等に従って井崗山にまで付いて行く他なかった。このような「赤色恐怖」とよばれる残虐行為をなぜ中共はとったのか。この点について、張戎とジョン・ハリデーは、『毛澤東——鮮為人知的故事』（開放出版社、香港）において、注目すべき指摘をしている。「これ（共産党が指導して行った「濫殺・濫焼」を指す）は、モスクワの政策であり、武装蜂起して共産軍に参加した兵士達が、豪紳地主・資産階級と妥協する余地をなくし、彼らに迫って梁山泊に追い込む」ためであったとしている（頁四六）。その他の要因を含め、今後詳しく研究すべきテーマである。

中共は、共産主義社会に至るために、如何なる土地革命政策を掲げたのか、彼らの「土地革命綱領」の概要を以下に簡単に列挙してみたい。彼らの土地革命政策は如何なるものであり、また以後如何なる変更を余儀なくされたのか、大まかなことが分かる。

中共の革命戦争と土地国有化は、車の両輪である。これは、本家ソ連の農業集団化を模範にしていた。本来中国共産党にとって、人民の敵である土豪劣紳・地主・富農から土地と財産を没収して、人民の友であり革命の主体である貧農・無産農民に土地を授与して革命隊伍を形成すること、これこそが唯一最大最高の革命への理想の道であった。土地革命こそ総ての始まりであった。それは次のような内容と段階をとって展開した。

▩一九二七年五月、中共五全会議は「農民問題決議」を発表し、「地主の小作に出している部分を無償没収。ただし、小地主の土地は没収しない。共有地、公田、寺院・教会などの所有権を剥奪し、土地委員会の管理に任す」とした。

▩一九二七年八月、中共中央緊急会議は、土地革命を目指す武装蜂起を決定。一一月、中共中央政治局拡大会議は「中国共産党土地問題党綱草案」を発表し、「総ての地主の土地は無償で没収する。総ての私有地は勤労平民の共有にする。総ての豪紳、反革命分子の財産を没収する。寺院、教会、公有地、官有地などは総て農民代表者会議の支配下におく」とした。

▩一九二八年七月、中共六全大会（モスクワで開催）は、「土地問題についての決議」を行い、「豪紳地主階級の財産と土地を無償で直ちに没収し、土地は農民代表者会議（ソヴィエト）の処理に任せる。ソヴィエト政権が誕生すれば、土地の私有権を一掃し、土地は社会の共有財産とする。共産党は、土地の国有こそ国内から最後の封建遺物を一掃する最も徹底した方法である、と認める」と宣言。共産主義者は「土地の国有」をこそ、究極の目的であることを明示。

▩一九二八年一二月、毛沢東は「井崗山土地法」を制定し、「一切の土地を没収して、ソヴィエト政府の所有にし、個別耕作、共同耕作、政府の模範農場の三種類の耕作形態を提示したが土地の売買は禁止する」と定めた。

▩一九二九年四月、毛沢東は「興国県土地法」を制定し、「井崗山土地法」の行き過ぎを若干是正し、「一切の公有の土地と地主階級の土地を没収する」としたが、特に富農の土地に対しては規定はしなかった。

■一九二九年七月、中共閩西第一次代表大会（毛沢東指導、上杭県蛟洋で開催）は「土地問題決議案」（鄧子恢起草、毛沢東改修）を採択し、「総ての地主・土豪及び公田の没収を行う。しかし、地主と富農を区別して、ただ富農に対しては、余った小作に出している土地だけを没収する。土地配分はこれまでの耕作者が優先される。また多い人から出させて少ない人を補い、人数によって分給し、更に肥えた土地と痩せた土地を勘案して土地の分配を行う。また、土豪・反動の家族で郷里に住み、他に生きる道の無いものには土地を分給する」とした。こうした細かな実施上の対策は、「井崗山土地法」や「興国県土地法」の大幅な修正であった。しかし、これは土地革命における極左的な路線に対して、江西省・福建省の在地革命家（特に客家地域の）が、激しく抵抗したためであり、党全体が、これまでの極左路線を根本から反省したわけではなかった。

■一九三〇年二月、紅四軍前委（書記毛沢東）、贛西南特委等の合同会議において決定した「贛西南ソヴィエト土地法」は、「総ての豪紳地主階級の土地及び公田は没収する」とし、更に「自耕農の土地も民衆が真に望めば、没収することができる」とした。これは毛沢東が主導したもので、自作地を持つ富農に対する土地没収をも容認したものであった。

■一九三〇年五月、全国ソヴィエト区代表会議は「土地暫行法」を定め、「地主と反革命富農の土地を没収することができるが、一般の富農に対しては、ただ小作に出している部分だけを没収することができる」とした。

■一九三〇年八月、中国革命軍事委員会（主席毛沢東）が公布した「ソヴィエト土地法」は、「総ての私人或いは団体の財産を没収する」とし、極左的土地革命を宣言した。

《毛沢東の「鉄砲と土地革命」の関係論》

上記した「毛沢東の土地革命」に対するスタンスを見れば、彼が一貫して「土地国有」を目指してきたことがわかる。『毛沢東年譜』（中共中央文献研究室編、上巻、一九二七年八月七日）に、次のような毛沢東の主張が紹介されている。

一九二七年八月七日、長沙市郊外で中共湖南省委員会議が開かれ、ソ連の駐長沙領事、コミンテルン中華代表のロミナーゼ（羅米那茲一八九七～一九三五年、最後は自殺）が出席した。この会議で毛沢東は、「中国では地主は少なく、小地主が多い。もしただ大地主だけの土地を没収しただけでは、農民の土地要求を満足させることはできない。だからすべての地主の土地を没収して農民に分配しなければならない。土地没収の方法については土地政策綱領を制定しなければならない。土地を没収された地主に対しては、出来るだけ彼らを安置させる政策を執る必要がある」（第一巻、頁二〇八～二〇九）と主張した。また、この同じ八月一八日、長沙市郊外で行われた中共湖南省委員会議（この会議にはソ連の長沙領事でコミンテルン代表のマイール（中国名は馬也爾）が出席していた）の席上で、毛は「政権は鉄砲から生まれるのだ、軍事に六割の力を注がねばならない」、と主張していた。この頃、秋収蜂起を指導していたコミンテルンのロミナーゼも、土地革命の最終目標は「土地国有である」とし、また中共は武力によって「工農兵ソヴィエト政権」を打ち立てなければならないと主張していた。これが、コミンテルンの根本的な政策であった。毛沢東の考えは、これと同じであったが、土地革命は「いかに強力な共産主義者による軍事力を樹立できるか」にかかっているが、「土地革命」自体は当面の直接的な目的ではない、それは「軍事力によってソヴィエト政権」を樹立する際の条件・手段として位置づけていた。だから、毛沢東は、ロミナーゼと戦術は同じでも戦略は違っていた。工農紅軍の軍事力を強化するためなら、土地革命の対象を地主に限ることもまた可能なのであった。また、中共の軍事力を強化するのに必要なら、内部の反対派を「富農分子」として打倒することも厭わなかった。彼にとっては、権力が問題で戦術は自由自在、融通無碍の世界のものと位置づけられていた。

本来、コミンテルンと中国共産党は「土地国有」を目指したのであり、最終的な土地政策としては集団所有、共同耕作、土地売買の禁止等々の完全な実現が目標だった。それを当然とする路線の上で、中国共産党の土地革命は出発したのである。特に、一九二九年からコミンテルンが地主の土地没収を当然なこととし、さらに闘争をステップアップさせて、富農との闘争を重大問題として掲げ、それを中共にも求めてきてからは、富農階級撲滅が重大な階級闘争の課題となった。「富農は明らかに階級敵である。富農はもちろん総ての私人、団体の土地を没収してソヴィエト政府の公有にする」ことを主張する、コミンテルンの中共宛書簡は、一九二九年からしばしば出され、富農との対決を強調した。一九三〇年から始まるAB団粛清運動は、その必然の道であった。

本家のソ連では、一九二九年、富農撲滅の一大キャンペーンが開始され、二、三年足らずで数百万人の「クラーク」（富農）が撲滅された。中共でもこれまでの「階級敵を殺し尽くし、焼きつくす」政策が、以前にもまして燃え盛った。湖南省党委員会は、井崗山にいた毛沢東を「焼殺」が少ないと言って非難した。毛沢東の「総ては鉄砲から生まれる」という、革命哲学から見れば、中国に圧倒的に多い貧農をただ救済するためにだけ土地を分けてやるのではない。革命の上では「土地革命」は目標であると共に手段であった。工農紅軍を率いて遊撃戦争を展開し、更に蒋介石の根拠地包囲戦から「中央革命根拠地」を死守する防衛戦争をするために、圧倒的多数の貧農を味方につけねばならない。そのためには土豪劣紳・大小地主、宗族の共有地は勿論「富農階級」まで徹底的に土地没収をし、それを貧農に分給しなければならない。そして遊激戦、防御戦を拡大、増強するためには、貧農から紅軍兵士を徴兵し、多くの輜重を貧農から徴発しなければならない。貧農は土地を分給されることによって、次に党から収奪される運命にあるのだ。毛にとっては、「鉄砲のための土地革命」だった。毛沢東は、この「鉄砲」のための「土地革命」の運命を見越していた唯一の人だった。彼は遊撃戦争と土地革命の絶対矛盾を、その二律背反の関係を、戦いの初発段階から見抜いていたように思う。

> 一九二九年下半期から三〇年の上半期にかけて、党内には若干の左傾思想と左傾政策が生れた。――農村では左傾冒険主義政策が始まり、何でも殺せ、殺せ、殺せ、総ての反動派の頭骸骨を叩き割れ、焼け、焼け、焼け、総ての反動派の家屋敷を焼き尽くせと叫び、土豪劣紳とその家族・子女を同類と見なして一律に闘争し、打倒した。こうした極左思想の影響下に、ある地方では、勝手に放火し、でたらめに殺すと言う現象が起こり、地主には土地は分給せず、富農には

劣等な土地をやるという、極左的な現象が起こった（『中央蘇区史研究文集』三四頁、一九八九）。

毛沢東は、革命根拠地をつくり、それを鉄砲で守る大胆な行動に出た。彼は、一九三〇年一〇月、党中央に書簡を送り、「最近、贛西南党は全般的に極めて厳重な危機的状況を呈している。党全体が完全に富農路線の指導に任されている。党・団の特別委員会の機関、贛西南ソヴィエト政府、紅軍学校で大量のＡＢ団分子を発見した。各級の指導機関は、内外となく多くはＡＢ団富農分子が充満した機関となっている。富農の指導を一掃し、ＡＢ団を粛清して、贛西南党を根本的に改造しなければ、決してこの危機を救うことはできない。いまや、紅第一方面軍総前委は、この工作を実行せんと計画している」と党中央に報告し、直ちに、翌一一月から紅軍の一割に当たる約四四〇〇人以上を粛清し、一部は殺し、一部は拘禁し、残りは追放した。彼は、「富農打倒・土地革命の前進」を掲げて、「江西省における軍事権力の完全奪取を敢行した」。そして、一二月に贛西南党幹部、将兵に対するＡＢ団粛清の攻撃を加え、史上名高い「富田事変」が勃発するのである。「富田事変」の経緯に関する本格的な考察は第二章に譲り、ここでは省略する。

第二節　一九二六年、湖南省を中心に起こった農民協会、農民運動の嵐

中国共産党は、一九二一年にほんの少しの革命家から始まった大変若い党であった。農民協会が全国いたるところに簇生し、共産党党員が爆発的に増大し、農民を中心に県単位で党組織が誕生したのは、一九二七年のことであった。その情況を、毛沢東が書いた著名な論文『湖南農民運動考察報告』（一九二七年二月一八日、長沙報告、日本国際問題研究所中国部会編『中国共産党資料集』第二巻所収）によって紹介する。

毛沢東は、二七年一月四日から二月五日まで、湖南省の五つの県（湘潭、湘郷、衡山、醴陵、長沙）の農村を巡り、聞き

取りをし、資料を集め、また実際に農民運動を視察した。そして「農民運動の勢力は暴風驟雨のように早く、極めて猛烈であり、どんな大きな力も、それを抑えることはできないであろう。彼らは、自分たちをがんじがらめにしてきた、総ての網の目を突き破り、解放への道をまっすぐに進むであろう。総ての帝国主義、軍閥、貪官汚吏、土豪劣紳は総て彼等によって、最終的には墓場に葬られるであろう。総ての革命的な政党、革命的な同志は、皆彼らの前で、その審査を受け、自分がどうするか決めることになるのだ」とした。

毛沢東は、湖南農民運動を次のように分析した。昨年の一九二六年一月から九月までは運動はそれほど表面に現れず、水面下で熟成しつつあった。これが以後の一〇月から今年の一月まで急激に燃え上がり、まさに革命闘争の時期となった。「農民協会の会員は二百万に激増し、その直接指導下に入る大衆は一千万人に増加した。かくて湖南省の全農民のうち、ほとんど半分が組織された」。彼らは農民協会のもと、「土豪劣紳に罰金や寄付金を出させ、彼らの籠を叩き壊し、大勢で押しかけ、彼らに豚を殺させ、米を出させる。御嬢さんや若奥様の豪華な寝台に上がって、寝転がってみることもできる。なにかというと土豪劣紳を捕まえてきて、高い帽子をかぶせて村を引き回し、〈土豪劣紳め、今日こそ思い知ったか〉といい、要するにやりたい放題のことをし、なにもかも常軌を逸しており、ついに農村に一種の恐怖現象を生み出したのだ」。

毛沢東は、こう書き、農民運動が粗暴になり、暴力を帯びるようになり、ムチャクチャをやり、行き過ぎ、一種の恐怖現象を生み出しているが、これは必要なことであり、若干のゴロツキ、盗賊的分子の混入も見られるが、基本的には農民運動のまっとうな道を彼らは驀進しているのだ、と全面的に支持したのであった。

文化大革命の時、紅衛兵が好んで引用し、呪文のように繰り返し唱えた、毛沢東の『湖南農民運動考察報告』中の文章を紹介しておきたい。「革命は、客を招いてご馳走することでもなければ、文章を書いたり、絵を描いたり、刺繍をすることでもない。そんなにお上品で、そんなにおっとりした、雅やかな、おだやかでおとなしく、恭しく、つつましく、控えめなものではない。革命は暴動であり、一つの階級が他の階級の権力を打ち倒す激烈な行動である」、「率直に言えば、どの農村でも、短期間の恐怖現象を作り出さなければならない。そうしなければ、決して農村の反革命分子の活動を弾圧することはできないし、紳士階級の権力を打倒することもできない。誤りを正すには、度を越さねばならない。度を越さなければ、誤りは正せないのである」。毛沢東が一九二七年に語った、この二つの革命力学の要諦は、その直後に起こった土地革命戦争においても、またAB団粛清運動においても貫徹されたと言うべきであろう。

さて、一九二六年から二七年に懸けて、湖南省を中心に野火のごとくに燃え広がった農民運動は、共産党の運動と合体し始める。共産党は、この運動に乗って、あるいはこの農民運動を指導して、一挙に全国的な革命蜂起を行い、土豪劣紳・不法地主を打倒し、国民党政権を転覆して、全国的大勝利を達成しようとした。こうして、土地革命は、毛沢東が『湖南農民運動考察報告』において描いたベクトルを以って、国民党、土豪劣紳、地主階級など反動勢力との、まさに血で血を洗う「土地革命戦争」の方向に発展してゆくのである。

「農民協会」などというと、今の日本人は、自主独立の農民経営者たちが主体的に一定の規約のもとに集まった近代的な農民組合を想像するであろう。また農民運動などというと日本の江戸時代の百姓一揆や大正・昭和期に発生した農民運動、小作争議などを連想するであろう。しかし、中国の農民は、これから紹介するように、日本の農民と全く違った社会、環境、歴史、文化をもつ存在であった。

注：本稿に引用する『〇〇県志』とは、一九八〇年代以降、全中国で編纂された、「新編中国地方志叢書」に属する各県県志である。出版社、出版年は「全体の附録」第三部に記してある。

（1）湖南省「湘潭県」の農民、農村の状況（『湘潭県志』の記述）

この県は、毛沢東、彭徳懐、周小舟（北京師範大学卒、毛沢東の秘書から出世し、湖南省第一書記となるが、廬山会議で毛沢東を批判し、彭徳懐、張聞天、黄克誠などと共に失脚した）などの中国革命の元勲を産んだ県として全国で有名であり、文化大革命の期間には、全国から紅衛兵など青少年が二百万人も聖地として巡礼に訪れた。

この県の『県志』には、元朝以前の人口の記録はないが、その後の凄まじいばかりの動乱、兵乱による人口減少の記録がある。「元代の延佑二年（一三一五）、朝廷はこの県に六万五千戸を分け与えて、土着のものを加えると十万戸を下らなかった。しかし、元末明初に連年兵乱が続き虐殺されるものが甚だ多く、明の洪武二年（一三六九）、全県で幸いに生存できたものは四六五三戸、二万五三人であった。明の政権が固まり、生産の発展に努め、民を招いて県を充実させたので、人口はようやく増加した。しかし又、明末清初に戦乱に見舞われた。清の順治六年（一六四九）正月、清兵が県内に入り、皆殺しの命令を下し、二一日から二九日まで無数の人を殺した。康熙一三年（一六七四）、呉三桂は清に反旗を翻して県を占領したので、康熙一八年、清兵はまたこの県を攻めた。この二度の戦争で県民は大量に死亡し、康熙五〇年（一七一一）、人口名簿を作成した時、全県で丁男（一六歳以上の男子）は三一九六人に過ぎなかった。（中略）後、大いに発展して、光緒一三年（一八八七）に一〇万九一五四戸、八一万七六〇八人になった」（『県志』人口、九六頁）。清代には、社会経済は目覚しい発展を遂げ、進士合格者は実に八〇余人に達したという。しかし、民国時代に入ると、軍閥混戦、洪水飢饉、土豪の搾取が押し寄せ、「老弱は溝壑に転じ、壮者は之を四方に散ず」という有様になった。さらに、一九三〇年代以後には、国共内戦、日本軍の侵略、日本敗戦後の三度目の国共内戦を経験し、一九五九年からの大飢餓では数万人が餓死、あるいはむくみ病に罹り、十万以上の人が他所に流れ出ていったという。この県はこうした過酷な長い歴史を歩んだ。民国時代「土地集中は加速し、全県人口の五・四四％の地主が、土地の四一・四二％を占め、総人口の四六・七％の貧雇農が僅かに耕地の六・〇六％を占めるだけであった——乞食は群れをなし、飢餓と疫病は踵を接し、文盲は総人口の六、七割にも達し、平均寿命はただの三五歳であった」（『県志』頁三）。

かかる歴史を耐えてきた農民は、しばしば暴動を起こし、運良く金持ちになれば地主にもなり、科挙に合格すれば官僚になり、あるいは逆に乱暴者は兵隊や無頼漢等にもなったのである。中国の農民は、日本の江戸時代の百姓身分を与えられ、身分と土地に縛られる農民と全く異なり、農民身分ではない。彼等には職業選択の自由があり、また動乱や飢饉の時に自由に土地を移動し、食うため栄達のため、いかなる職業をもいとわなかった。子孫が金と才能とチャンスに恵まれれば、地主、豪商、郷紳、将軍にもなれたのである。しかし、大多数はそうした幸運には恵まれず、貧農にとどまり、はては土匪にもなり、一貫道、白蓮教、大乗教などの民間宗教結社、武装結社にも入ったのである。二〇世紀に入ると、共産党に入って地主や県城を攻撃したりもしたのである。莚旗を立てて代官所前で少し騒ぎ、また結局は自分の村に帰ってゆくだけの、あのおとなしい日本的農民ではなく、その活動、思想も日本の百姓一揆とは全く異なっていた。

(2) 湖南省「醴陵県」の農民、農村の状況（『醴陵県志』の記載）

この県は、後漢時代に設置された古い県である。「元末、戦乱によって人々は殺戮に会い、また疫病、災害で命を失った。幸いに命ながらえた者は他所に出て生存を図り、県内には僅かに数百戸があるだけであった。これは醴陵県の歴史上最も凄惨で荒涼とした時代であった」。明代になると他所から客家などが大量にこの県に移住して生産力は上がり、人口も増え、人数は二・八万から三・六万人の間を推移した。「しかし、明末清初の大動乱の時代に、醴陵県は再び戦乱に見舞われ、また天災に会って大打撃を受けた」。清代に入ると、生産力はあがり、比較的平和が続いたので人口は民国初年には五〇万人にも達した。「民国七年（一九一八）、北からきた軍閥の北軍が城を焼き払い、民衆二万余を殺し、民家一万四千余棟を焼き、被災民は三〇万人にも達した。第一次大革命時期（一九二四年から二七年）、土地革命戦争時期（二七年から三七年）に、国民党は共産党員と民衆を合わせて五万人ほどの県民を殺した。日本が侵略した時期には、日本軍の焼く、殺す、犯す、奪うといった残酷な行為によって、全県で七千人が死に、五千余の家屋が破壊された」が、県民は反撃して日本兵一千人が死傷するという損害を与えた（『醴陵県志』総述、頁二～三）。県民の歴史は、まさに過酷そのものであった。

醴陵県には、アヘン戦争以前には一〇〇〇畝（日本の約六・七町歩）を所有する地主がいた。一九五一年の土地改革の際には、総人口の四・四五％の地主が、土地の二六・六八％を所有し、祖先を祭るための公産二六・一三％を牛耳っていた。約五〇％の人口を占める貧農・雇農は、一一・八六％の土地しか持たなかった（『県志』「封建的土地所有制」頁一七一）。旧時代の醴陵県の地主制の発展ぶりが理解されよう。

一九二五年、中国共産党は農民運動を支援し、農民運動以外の各種組合、連合体も組織し、民衆運動が大いに盛り上がった。しかし、「一九二六年六月、軍閥の許克祥の部隊が県に来て、農村の活動家を殺して歩いた。土豪劣紳も故郷に帰ってきて農民に復讐を行い、一ヶ月で共産党員、労働者・農民など一〇〇〇余人を殺した。九月十一日の晩、全県の農民は同時に暴動を起こし、復讐にきた土豪劣紳、反動地主を多数殺した」、さらに、「工農革命軍は安源に行って、この県の農民と連合して県城を占領し、敵一〇〇余人を殺し、獄中の三〇〇余人の仲間を救出した。そして塩蔵、穀物蔵を開放して貧民に分配した」（『県志』「反清剿戦争」、頁六八四）。これが醴陵県の有名な「秋収暴動」の状況である。

この記載を見れば、もう農民運動はその初発から地主・土豪劣紳・軍閥との戦争である。中国のような過酷な専制主義体制下に在っては、古来民衆の改良主義的な運動でさえ受け入れられる条件はなく、いったん人民が運動を始めれば、王朝政府・土豪劣紳勢力と生死を争う地点にまで行き着かざるを得なかったのである。権力は簡単に人を殺したので、人民もまたそれを覚悟で蜂起し、官側の人を殺した。これが専制政治下の権力と人民との一般的な、また恒常的な関係であった。中国の農民、民衆は、幕府打倒も、天皇制打倒も、真命天子擁立も、いまだ一度として掲げたことのない日本の農民、民衆とは、歴史的にも社会的にも文化的にも、全く異なる存在であった。

さて話を元にもどす。「秋収暴動」の大きな成果によって、「一九二六年九月、農民・労働者を主とする中国国民党員は一万余人に発展した。一九二七年初め、毛沢東が県に来て農民運動を視察した後、全県の農民協会員は二〇余万に発展した。労働者、農民は武装し、湘東保安司令の羅定を討伐する戦闘に参加した。人民側の特別法廷は土豪劣紳に審判を下し、反革命分子を鎮圧した」（総述、頁三）。そして、二八年一月には、「全県の武装した農民約一万人は、県城を攻撃したが死傷者多く占拠に失敗。翌月の二月にも、農民軍二万余が県城を攻撃したが、同じく死傷者続出して撤退した。この翌年の二八年四月、湖南省の新軍閥は、地主土豪が組織した武装勢力である〈清郷団〉、〈挨戸団〉と合流して、醴陵県の農村ソヴィエト区に血みどろの大包囲殲滅戦を行い、前後して革命幹部と共産党員三千余人、民衆一万余人を殺し、家千二百戸を焼き払った。こうしてソヴィエト政権は打ち砕かれ、労働者・農民の武装勢力はチリジリとなり、全県は白区に変わった」。残った三〇〇余人は、井崗山に登って毛沢東軍に合流し、紅四軍に編入された（『県志』「兵事」頁六八四～六八五）。醴陵県の土地革命を巡る革命と反革命が如何に血まみれな惨劇をくりかえしたか、また如何に多くの党員と農民が惨殺されたか、想像を絶する規模であったことが分かる。

（3）江西省「修水県」の農村、農民の状況（『修水県志』の記載）

修水県は、江西省の西北方面の玄関口であり、昔から兵家が手に入れたいと争う戦略上重要な県であった。明清時代には、明末の李自成や清末の太平天国の石達開、李秀成などに呼応して民衆が旗を高く掲げたこともある。明清時代、人々の生活は大変苦しく、普通はサツマイモなどを主食にしていた。もし災害などに会えば、草の実や観音土（白い粘土）などを食べて飢えを凌いだ。一九五一年の土地改革の時、約四・七％の人口しかない地主が、土地の一二％（族産を含めると二七％）を占め、人口の五四％を占める貧雇農が僅かに、約二六％の土地しか所有していなかったという（『県志』頁一一七）。

一九二六年九月、北伐中の国民革命軍の第六軍が南昌を攻めたとき、修水県城を攻略した。第六軍は、城内に民衆数千人を集めて慶祝大会を開催し、貪官汚吏、土豪劣紳を打倒するよう呼びかけた。二六年には、湖南省の平江県で「工農義勇隊」、瀏陽県では「瀏陽工農義勇隊」が結成され、そうした影響を受けて修水県なども民衆の武装が進んだ。また、彭徳懐が二八年八月、紅軍を率いてここにやってきて、県民と一緒になって再び県城を占領した。そして県署を焼き、牢を破って囚人三〇〇余人を解放し、数家の大商人の財産を没収し、穀物、反物、食塩、衣服、銅元などを民衆に分配した。ここに初めて県ソヴィエト政府を樹立したが、力を温存するために直ぐ撤退した。それから以後二、三年の間、紅軍・人民と軍閥・地主土豪勢力との死闘が延々と続いた（同上）。

一九三〇年、この県には中共鄂豫皖ソヴィエト政府が置かれ、以後三三年にかけて土地改革が進行し、富農・地主・土豪の土地の他、祠堂、廟宇、官地、無主の荒地、沙田などが皆没収され、貧しい五三％もの県民に分配された。没収された土地は約一八万八千畝、耕牛四六一一頭に達したという。三〇年から三三年の間に、蔣介石の〝囲剿〟は五回も行われ、ついに県ソヴィエト区は崩壊し、多くの幹部、兵士、農民、一般民衆が死んだ。中華人民共和国が建国された後、修水県の革命烈士とされた者は、一万二二九人に達したが、土地革命戦争で命を失ったものは数万に達したものと想像される（『県志』「概述」、「兵事」、「土地所有」の項）。さて湖南省・江西省の革命根拠地とソヴィエト政府が崩壊した後は、残存兵力が中央革命根拠地の中心地である瑞金などに逃亡し、更に生き残ったものは、かの有名な「長征」に参加してゆくのである。

以上、中国民衆、農民が旧社会でどのような歴史をたどり、どのような環境に置かれ、またどのような社会的存在であったか、こうした問題を湖南省、江西省で最初に農民協会を結成し、地主・土豪劣紳を襲撃し、土地革命戦争で先頭を切った三つの県を事例として紹介した。

さて、中国共産党は、この血みどろの階級決戦を戦い抜いた烈士たちの信念、勇気、自己犠牲によって、土地革命戦争に勝利し、「北上抗日」、「長征」を敢行して、抗日戦争に勝利したのだ、更に引き続いて「国共内戦」で国民党を打倒し、アヘン戦争以来の屈辱に満ちた植民地的状態から中国人民を解放し、栄光に満ちた中華人民共和国が樹立したのだ、と主張する。しかし、土地革命戦争を、こうした一連の英雄的自己犠牲の物語として語るだけでいいのか。今一度、「輝かしい」土地革命戦争の実態を、内部粛清に収斂し自滅してゆく過程として以下で再検討したい。

第三節　中共革命根拠地、ソヴィエト区の形成と反革命粛清運動の拡大

この節では、一九三〇年代に中共が創ったいくつかの革命根拠地の中で、特に中心となってきた中央革命根拠地（ソヴィエト区）や湘鄂贛革命根拠地（ソヴィエト区）に属し、重要な役割を果たした著名な県をいくつか取り上げて、土地革命戦争の実情、内部粛清に上り詰めていく過程などを簡単に紹介する。この中に、湖南省平江県が入っているが、この県は中央革命根拠地に属していない。しかし、この県の農民軍残党が、彭徳懐に従って井崗山、瑞金にやってきて、紅第一方面軍の将兵となり、しかもこの軍の中から建国後、多くの将軍を輩出し「将兵県別出身者表」では全国第一位を占めており、後に「将軍県」として有名になった県なので特別に取り上げることにした。

（1）江西省「瑞金県」（『瑞金県志』の記載に見る土地革命戦争の過程）

「一九二六年夏、広州、南昌などに勉強に出て進歩思想を学んできた瑞金の知識青年などが帰郷して革命運動を始め、瑞金を震撼させた。この年の一一月、当時は国共合作の時代であったから、興国県の中共地下党員が、国民党特派員の身分でわが県に来て、県の先進分子と秘密に接触して瑞金県に中共の組織を作った。またこの月、瑞金の国民党員たちが、贛州に行って労働運動、農民運動を学び、また中共党員にもなって帰ってきた。二七年には、中共党員も増えた。この年の八月下旬、南昌蜂起を行った部隊が敗れて広東に南下する途中、この部隊の司令部が一、二日間、瑞金県城内に置かれた。この時多くの瑞金の青年たちが中共党員になり、瑞金錦江中学に初めて中共支部をつくり、党県委員会をたちあげた」。しかし、瑞金のような貧しい山村の県、しかも客家が中心の県には、中共党員の活動は限られていた。この県が、俄然革命の渦中に入るのは、一九二九年の国民党勢力による全国的な大弾圧で、瑞金県の共産党指導者が多く投獄されたり、殺されたりしてからである。この年、毛沢東、朱徳の紅軍が県内にきて戦い、集会を開き、革命の宣伝を行った（『県志』頁一五九）。

以上見てきたように、瑞金のような僻遠の山中にある県で、農民運動、革命運動を始めたのは、他所で革命思想に触れて故郷に帰り、共産党に入党したごく少数の人々であり、その彼らに外部から共産党が働きかけ、党を組織して始まったことがわかる。三〇年四月、四路の農民暴動部隊が集合して、県城を占領し、ここに正式に瑞金県共産党代表大会が開催され、県委が誕生し贛西南特委に所属した。しかし、三一年の初めから、反革命粛清運動が外部から持ち込まれ、瑞金県の共産党指導者の一部が殺された。犠牲となったものは楊斗文、鄧希平（彼の老いた母、弟も共に殺された）、楊金山などである。八月、粛清の嵐が巻き起こっていた瑞金に、広西省のゲリラ戦に敗れた鄧小平が来て、瑞金県委書記になり、粛清の拡大化を阻止しようとした。しかし、粛清は翌年まで続いた。三一年の半年だけで県内で四三〇余人が粛清されている。

この三一年の後半、国民党の幾度もの囲剿に追い詰められた毛沢東、朱徳らは瑞金に移動し、九月には中共中央局もここに移転した。以後、瑞金は、「中華ソヴィエト共和国」の臨時の首都となった。以後、瑞金は中国革命の聖地となり、この県だけで延べ五万人ほどの青年が銃を取って革命戦争に参加し、革命の模範県と喧伝された。しかし、一九三四年秋には国民党の攻撃に持ちこたえられず、主力軍は興国県に移り、そこから当てのない長征に出発するのである。以後、瑞金には、国民党系の勢力、土豪劣紳、地主階級が帰ってきて、猛烈な反革命の白色テロを行った。瑞金県における土地革命戦争期の「烈士」と呼ばれる犠牲者は、一万数千人に上るという。また、長征に参加した青少年の中から建国後まで生き残り、将軍になったものは一二人に上る（『県志』「大事記」、「中国共産党」「人物伝」等より要約）。

（2）江西省「興国県」（『興国県志』の記載にみる土地革命戦争の過程）

興国県は、社会・経済・文化ともに古くから発展した県であり、山奥の客家を中心とした貧しい瑞金県とは対照的な県である。一九一九年の「五四運動」の影響を受けた多くの青年が、以後続々と南昌、贛州、吉安、広州、北京、更にはフランス、日本などに出て勉強に励み、新しい思想、学問を故郷に持ち帰った。それ以降、三六人が黄埔軍官学校に入学し、一二人がアメリカ、イギリス、日本、フランスなどに留学した（『県志』頁八一五～八一九）。こうした進取の気性に富んだ青年たちが、一九二六年にマルクス・レーニンの思想を受け入れて民衆に宣伝し、二七年に、中共県支部を結成し、党員は一〇〇余人を数えた。こうした知識青年の組織化の動きによって、一九二六年九月から、農民協会が続々と誕生し、「豪紳地主を打倒せよ、高利貸しを打倒せよ、耕す者に土地を与えよ」をスローガンとして、二七年には県内の農民協会は一二〇箇所、会員は二万人に達した。彼らは、土豪の武装勢力と交戦し、大土豪の家を襲撃し、塀を壊し、穀物や財物を奪い、「二八年一〇月には、余石生、張漢超らが鼎龍農民協会の七〇余人を率いて農民暴動を起こし、三〇余人の土豪劣紳を捕らえてきて、その中の最も悪い人物九人を処決した」。これを契機に、全県に農民協会の暴動が広がり、地主階級は至るところで襲撃されることとなった。

一九二八年、興国県の共産党を指導、強化したのは、贛西南特委から派遣されて来た曾炳春、叢允中であり、謝漢昌が県城内の区委となった。この年、県全体で党員は約二〇〇人になった。上記三人は、三一年にAB団として処刑される運命をたどる。二九年二月、紅二軍の支援の下で、興国県一帯の地方軍が本格的に創建され、江西紅軍独立第四団ができあがった。党代表は金万邦、政治部主任は鄢日新、参謀長は黄志通で、団員四〇〇余人、銃三〇〇余挺であった。この団の指導者のうち黄志通を除いた三人も、富田事変以降、皆AB団として粛清される運命をたどる。こうしたことから見て、興国県の共産党員は、三〇年以降、反毛沢東派となったこと、また贛西南特委、江西省行動委員会（書記は李文林）の中心的メンバーが彼らを指導したこと、等々が考えられる。こうした因縁のため、一九三一年四月以降、コミンテルンの指示により、中共中央が毛沢東のAB団粛清を支持し、更なる粛反運動の拡大を命じると、李文林など反毛沢東派の地盤であった興国県出身の共産党指導者も、以後の、中央ソヴィエト区における第二次粛反運動においてAB団として大量に処刑されることになったのであろう（『県志』頁四八五）。

以下に『興国県志』人物伝に人名が記載されている主なる被粛清者六人と、人物伝に名前はないが烈士人名表の項に名前のある二人を紹介する（彼ら以外に全体で何人が粛反の対象になり、何人が処刑されたか『興国県志』には全く記載がない）。

黄家煌——一八九六年生れ、五四運動以後、反帝愛国に目覚める、南昌第二中学卒、二五年入党、二八年贛県農民協会主席、三〇年、県組織部長、宣伝部長、三一年処刑。

凌甫東——一八九五年生れ、贛州第二師範卒、南昌・上海を見聞、県共産党支部創立者の一人、贛南特委書記、三一年六月、寧都県黄陂で処刑。

蕭以佐——一九〇〇年生れ、贛州第四中学卒、五四運動に大きな影響を受ける、黄埔軍官学校（二五年入学）、紅二〇軍第一縦隊政治委員、三一年六月の黄陂粛反で処刑。

凌崇学——経歴不明、興国県委書記、三一年八月処刑。（県志の人物伝に略伝なし、八月項英が県に来て全面粛反をしたとき殺された『興国県志』頁四八五）。

蕭自崢——経歴不詳、県委工運部長、三一年八月処刑。（県志の人物伝に略伝なし、八月項英が県に来て全面粛反をしたとき殺された『興国県志』頁四八五）。

鄢日新——一八九三年生れ、黄埔軍官学校（二四年入学）、在校中に入党、二六年、県共産党の創立者の一人、二七年、南昌蜂起に参加、県革命委員会委員、贛西南特委軍事部長、中共贛南特委書記などを歴任、三一年冬処刑。

呂徳賢——一八八四年生れ、貧農、小作、日雇い、兵隊等を経て二八年中共入党、興国独立団に入り、ゲリラ戦を展開、三二年三月の粛反で逮捕、逃亡し病死。

胡灿——一八九五生れ、五四運動に影響を受け、革命と救国に目覚める、黄埔軍官学校（二四年入学）、二五年入党、北伐、南昌蜂起に参加、興国県中共支部初代書記、以後県委書記を四期務める、三一年、江西省粛反委員会主任、三二年五月、県城北教場岡で処刑。

一九三一年の同志粛清の波は年末になっても衰えず、いわゆる「東江事件」と言われる、同志粛清に反対する興国県民の運動が起こった。

一九三一年一二月、興国県ソヴィエト政府主席の胡啓榔は、同県委の賀昌と共に東江区で粛清を拡大化し、東江区ソヴィエト政府主席の劉孟春、陳代遠などの幹部を拘束し、民衆を激怒させた。民衆は粛反幹部を取り囲み、千人もの人が劉と陳の二人を連れてゆくのを阻止しようとした。また一方、民衆は胡啓亮を代表として中央に派遣し訴えた。当時これを東江事件といった。中央は、陳正人、曾山を派遣して民衆をなだめて事件を解決し、ＡＢ団とされて拘留されていた幹部を釈放した（『県志』頁四八五）。

この一九三一年まで、李文林ら江西省党の縄張りに属していた興国県の農村調査を毛沢東が行ったのは、一九三〇年の一〇月末のことであった。といって、毛沢東が興国県に行って調査したのではない。毛沢東が新喩県の羅坊にいた時、紅軍の中に多く入っていた興国県出身の八人の兵士を集めて、興国県の第十区である永豊区（人口、八八〇〇人）の農村の諸状況について、一週間ほど聞き取り調査を行った。これが有名な、毛沢東の『興国県調査』である。

この調査によると、人口の一％を占める地主が土地の四〇％を所有し、人口の五％を占める富農が土地の三〇％を所有していた。有力な地主は、もう一九三〇年代初期には、すでに不在地主としてよその大きな町に住んでいたり、村に住む地主は反抗する農民を殺してよそに逃亡したり、農民から襲われて殺されたり、耕地を手放して共産党に服従したり、男はよそに逃亡して女だけが残ったり、あるいは全家族が追放されたりしていた。このような原因で地主階級は土地革命戦争の時期、すでに在地の主要な階級敵ではなくなっていた。地主階級の都市への逃亡については、すでに毛沢東が一九二七年に次のように書いている。「農民は、組織をもつと、すぐに行動し始める。農民の主要な攻撃目標は、土豪・劣紳と不法地主であるが、さらにさまざまな農村の宗法思想制度、都市の貪官・汚吏、農村の悪習慣にまで及んでいる。その攻撃の勢いは、まったく嵐のようで、従うものは生き、逆らうものは滅びるといったふうである。その結果、封建地主の何千年来の特権は、こっぱみじんに打ち砕かれた。――農民協会の威力におされて、土豪劣紳どもの一流どころは上海にのがれ、二流どころは漢口にのがれ、三流どころは長沙にのがれ、四流どころは県城にのがれ、五流以下の小者は田舎で農民協会に降参した」(「湖南農民運動考察報告」、『中国共産党資料集』第二巻、所収、頁四八〇)。すでに主だった土豪劣紳や地主はもう農村にいないのだから、そのため、地主階級の状況分析はないか、あるいは極めて少ない。『毛沢東集』(第二巻、一九七一年、北望社)では、地主に関する記事は一頁強しかない。ところが富農の状況分析は、約三頁にも及んでいる。これは何を意味するか。つまり、毛がこの調査をした時には地主は一掃されておらず、富農だけが粛清の対象になっていたということである。例えば、「第十区の第一郷に属す一二戸の富農のうち九戸が反革命・AB団であり、第二郷の富農九戸のうち七戸が反革命・AB団であり、第三郷の九戸の富農のうち六戸が反革命・AB団であり、第四郷の二戸の富農は、共に反革命にされていた。第十区の全体の富農三二戸の内二四戸が反革命であったということになり、その他の八戸は反革命ではないが、将来はどうなるか不明である」(『毛沢東集』第二巻、頁二一四～二一七)。つまり、毛沢東が本格的なAB団粛清を紅軍内部で行う以前に、すでに江西省革命根拠地における農村ではAB団粛清・富農粛清が行われていたのである。一九三〇年二月に開催された「二七会議(陂頭会議)」で、江西省における主導権を握った毛沢東は、実はこの江西省における「AB団粛清」の影の立役者であった。この解釈については、第三章で詳しく論証しているので、ここでは省略する。

(3) 江西省「吉水県」(『吉水県志』の記載に見る土地革命戦争の経過)

毛沢東は、「興国県調査」をした翌月、三〇年一一月二一日に、吉安城を放棄して贛江を東に渡り、紅軍を率いて吉水県を南下した際、同県の水南区に属する木口村という人口二〇〇人の自然村の調査をした。以下は、『吉水県志』付録資料によって紹介する。

「木口村の労働力を有する男子は四六人で、全員が赤衛隊に編入された。この村は、去年（二九年）から革命を始め、今年の正月から分田（土地改革）をやった。その中で七人が反動派として殺された」。

殺された七人とは、以下の人物である。

彭家光――彼は小地主で、家族三人、三〇余石穀田を所有、水南に布店を持つ。耕地は小作に出して小作料を取る。店の商売は盛らず、毎年赤字であったので、第三八都から集めた捐税（各種の税金）に手をつけ懐に入れアヘンを吸っていた。知識のある人物であるが大劣紳。

彭家善――富農、前記家光の弟、家族五人、四〇余石穀田を所有。金貸しをしていたが革命で債権が廃されたので悔しく河南の土匪と結託して取り返そうとした。去年の七月、兄の家光と一緒に殺された。

彭家俊――ゴロツキ、家族三人、土地なし。債務が払えず革命に参加、東固の共産党遊撃隊の副官となる、司務長や輜重係りもやった。後に脱走し、三丁の銃を手に入れ、土豪を襲い土匪となった。去年捕らえられて殺された。日頃博打を好んだ。

彭培均――富農、家族四人、一二〇石穀田を所有、二人の長工（一年契約の長期雇用人）を使用して自作し、また半分を小作に出す、金貸しも行う。民衆が土地を平均にし、また債権を焼くよう迫ったが、拒否したので殺された。

彭昌隆――小地主、家族四人、六〇石穀田を所有、皆小作に出す。薄油銭・黄麻銭を人に貸す、知識あり、吉水県で教師もした。河南の土匪と一緒のところを捕らえられて殺された。

彭昌禧――小地主、前記の彭昌隆の弟、家族三人、六〇石穀田を所有、薄油銭・黄麻銭を人に貸す、一元を貸して穀物三籮を取る。昨年三月に殺された。

温志貴――富農、家族七人、三〇石穀田を自作し、一〇〇余石穀田を小作に貸す。自己労働力以外に一人の長工と沢山の日雇いを雇う。金貸しはしない。小商売を兼ね、鴨や揚げパンを担いで売った。河南の土匪と通じ、革命の情報を漏らしたので殺された。

■原注：河南の土匪とは、一部の河南人が江西省吉水県に移住して住み、彼らの幾らかが土匪になっていたのである。

以上、殺された七人の反動分子は、「小地主・富農各三人、ゴロツキ一人である。このことは、革命が深化した時、小地主・富農は、その多くが反革命の方向に走ろうとするものであることを証明している。しかし、この七人が皆殺すべきものであったかは、問題がある」。

以上が、木口村調査の地主、富農に関する毛沢東の調査記録である。毛沢東が評すように、このような連中を皆殺してしまうのが正しいか、確かに大いに疑わしいが、要するにこのような連中が、一九三〇年秋までに江西省のソヴィエト区の一部で反革命分子として殺されていたということである。小地主、富農より巨大な大地主、豪紳地主、土豪劣紳はすでに殺されるか、或いは共産党がまだ攻略していない大都市、例えば贛州市、吉安市、南昌市に逃げ込んでいた。この都市のうち吉安市は三〇年一〇月に共産党軍によって攻略された。この時の状況を『吉水県志』は、次のように記している。「三〇年九月三〇日、毛沢東、朱徳は紅一方面軍総部と紅四軍を率いて阜田に到着し、第九回目の吉安攻略の配置を行った。吉水県委、県ソヴィエト政府は、一万一千余人の教導隊、破壊隊、運輸隊、担架隊などを組織して紅軍の命令で吉安県城を攻めた。一〇月四日、紅軍は吉安県城への総攻撃を行い、五日未明一挙にこれを攻略した。同じ日、吉水県城をも攻略した。またこの日、吉水県の各区の人々は、吉安城内に隠れていた土豪劣紳数百人を捕らえ、その内の極悪非道のもの五〇余名を処刑した」（『県志』頁一五）。

以上に見てきたように、三〇年秋には土地革命戦争は頂点に達しており、国民党勢力と共産党勢力は、互いに血で血を洗う闘争を、江西省南西部一帯の至るところで行っていた。農村部では、江西省共産ゲリラによって大地主階級はすでに追放されたり殺されたりして一掃されており、三〇年の後半には、小地主、富農がAB団分子とか反革命分子とかいうレッテルを貼られ弾圧、処刑の対象になっていた。

さて、吉水県の共産党は、どのようにして形成されたのか、過去にさかのぼって見ておきたい。県志によれば、一九二五年、南昌、吉安から共産党員がオルグにやってきた。翌年県の党員三〇人ほどが集まり、支部組織を結成した。二七年には、党員一〇〇余人。この年、二人の県人が広州の農民運動講習所に行っている。しかし、同年、蔣介石の反共クーデタの影響が吉水県にも及び、八月、共産党員に対する弾圧が行われ、組織は壊滅状態になった。以後、再建が図られ、二八年末には党員は一一二人に回復した。この頃から党員を中心にして各地に遊撃隊が作られ、地主反動勢力と武装闘争を始めた。二九年秋には、党員は五五〇人に発展した（『県志』、頁二九一）。

共産党の党員数はたいした勢力ではないが、彼らは、民兵を大量に組織していた。例えば、「赤衛隊」は二四歳から四〇歳までの貧しい階級の青年・壮年を中心に組織した民兵で、一九二七年から二九年夏の赤衛隊員は全県で約一万人もいた。いま一つ別に、「少年先鋒隊」という一八歳から二三歳までの青少年を組織した民兵があり、三〇年八月の第八次吉安城攻撃には、吉水県の「少年先鋒隊」七千余名が参加し、九回目の攻撃の際には一一〇〇名が参加したという（『県志』、頁三八〇～三八一）。

こう見てくると、吉安の共産党勢力は、少数の党員が膨大な量の貧農出身の少年、青年、壮年を民兵として組織、動員できる勢力であったということができる。しかし、紅軍の吉安城からの撤退後の一一月、吉水県の共産党は壊滅状態に陥るのである。「一九三〇年一一月初め、蔣介石は中央ソヴィエト区に対して、第一次〝囲剿〟（包囲殲滅戦）を発動した。それで、県委員会を水南に移した。この時、党内にAB団分子に対する「乱殺」が起こり、少なからぬ指導幹部と数百名の党員が冤罪でデタラメに殺されてしまった。この内憂外患に迫られて、党の基層組織はほとんど破壊され尽くした」（『県志』、「第一章、政党」、頁二九二)。

この一九三〇年一一月の吉水県共産党の同志大粛清は、これまで在地でAB団粛清を実行してきた、江西省の在地指導者が行ったものではない。これは、これまでと異なり、毛沢東を中心とする紅第一方面軍総前敵委員会によって、江西省出身幹部に対して行われたAB団粛清運動の一環であった。吉水県の党活動を中心となって組織し、執行してきた幹部の、郭梅、周作仁、楊金芳、李文林(本名、周郁文)なども逮捕、あるいは殺された。吉水県の党員数百人が粛清され、殺されたというのであるから、県のほとんど全党員が殺されたということになる。おそらく、後に第三章で詳しく検討するように、わたくしは、吉安城撤退後の党内の動揺と分裂、毛沢東派と李文林派の戦略戦術を巡る対立と論争、これを一挙にAB団粛清として解決しようとした毛沢東の粛清路線への大転換が、吉水県共産党の肉体的抹殺、一挙崩壊を招いたものと考える。

(4) 湖南省「平江県」(『平江県志』の記載にみる土地革命戦争の過程)

平江県の共産党は、李六如(初期日本留学生、辛亥革命、中国革命に挺身、毛沢東の友人、文革で迫害死)が一九二一年に入党した時に始まる。その翌年、毛沢東の紹介で陳茀章、余賁民(後、粛反運動で処刑)らが続いて入党し、県党委の基礎を築いた。平江県は、土地革命戦争の重要拠点となり、中国革命で最も大きな犠牲を払った県として有名となった。革命戦争以外にも、軍閥混戦、国共内戦、日本軍の侵入等々の戦争や疫病、蝗害、水害、飢饉などの災難が連綿として続き、一九二一年に県の人口は七五万人あったが、一九四七年には三八万人に減少していた。土地革命戦争期の一九二八年夏には、彭徳懐、滕代遠、黄公略などが指導した「平江起義」が起こり、以後国民党との間で血を血で洗う闘争が続き、二〇万人もの人が命を落としたという。その内、革命に殉難し、烈士という栄誉ある称号を贈呈された者の人数は二万余に及び、湖南省でトップの位置にある。また内戦の激しさのために、家、家族、財産など失った多くの青少年が県内に留まることができず、「長征」に参加したので、中国革命が成功した後、五四人が将軍に叙せられた。ちなみに、中華民国の時代、民国政府から将軍に叙任された者は五七人に上ったという（『県志』、「概略」・「蘇区政治」）。

こうした特異な歴史をもつ平江県の土地革命戦争は、いかなるものであったか、詳しく見てみよう。

「平江県共産党が土地革命をした時、県の第八区を調査した。全郷三七〇〇戸、耕地は一六七〇畝、一人平均〇・四五畝であった。その内、地主は四戸、人口二〇人、耕地四〇〇余畝を所有していた。——一九三〇年、全県の統計では、全人口の六％でしかなかった地主が、土地の総面積の半分を占めていた」（『県志』、頁六八三）。蔣介石の反共クーデタの後、平江県では、一九二八年に土地革命を巡る国共両党の死闘が始まった。湖南省国民政府の下で、二七年から農民蜂起、共産党暴動に対する徹底的な弾圧が始まったので、共産党も「工農義勇軍、平江遊撃隊、平江警衛」などの武装組織を続々とつくり、それらは二九年秋からは、「紅一六軍、中国工農紅軍独立師、紅一八軍」などという、かなり本格的な軍事組織に発展した。それに対して、国民党側は、省の軍隊、警察、地主や土豪劣紳の自警団・暴力団を中心にして、想像を絶する報復を行った。『平江県志』は、県共産党政府が編纂したものであるから、国民党の行った暴虐に関する記載は、当然にも詳細を極める。例えば、国民党反動勢力は、一九三〇年の大攻撃だけでも三万余の革命幹部、民衆を殺し、一二万余の民衆が被害を受けた（『県志』、頁六九四）。殺し方も凄まじく、「全家殺絶」（一家皆殺し）、「殺人祭祖」（祖先の位牌の前で、党員などの仇を嬲り殺しにする）、「殺人剥皮」（全身の皮を剥いで殺す）、「凌遅細剮」（身体の各部を切り、抉りつつ殺す）など、各種殺し方を総動員して、共産党員や、蜂起農民を殺したという（『県志』、頁六九五）。

共産党側も負けてはいず、極左的反撃に出た。と書けば、まず国民党勢力が白色テロをやり、それに共産党が反撃したという話になるが、必ずしもそうではない。両者の競争、対抗、闘争、武装反撃が、革命情勢の到来によって互いにせり上がり、重なり合って、もうどうにもならないというところまで到達し、ついに国民党武漢中央と蔣介石勢力との分裂、二七年四月のいわゆる蔣介石の「上海クーデタ」が起こるのである。第一次国共合作は、国際的・全国的レベルの政治的対応であったが、江西省農村地帯の日常社会においては、地主階級と共産党勢力の間では、当時すでに土地革命を巡って、妥協できないところまで対立、抗争が深まっていたのである。共産党は、一九二七年八月一日、周恩来、賀龍、葉挺、朱徳、劉伯承などが国民革命軍二万余を率い南昌蜂起を行い、反撃に出た。八月三日、中共中央は、「湘（湖南）・鄂（湖北）・粤（広東）・贛（江西）四省における農民の秋収蜂起に関する大綱」を制定し、農民が各地で武装し、地主階級に決戦を挑むことを命じた。こうして、同年秋、毛沢東が『湖南農民運動考察報告』で紹介したような、嵐のごとき農民暴動が燃え広がったのである。

そこで、平江県では、次のような状況が出現した。「［共産党勢力は］一九二七年下半期の秋収暴動において、多数の土豪劣紳が編成した〈挨戸団〉・〈還郷団〉（地方の土豪劣紳・地主階級が編成した武装自警団）の首領たちを鎮圧した。焼き討ちには焼き討ちを以ってし、殺しには殺しを以ってする、極左的な対抗路線が実施された。共産党勢力は、翌年の二八年には地主土豪勢力の反撃をくらったが、次第に勢力を回復し、三〇年三月には全県で武装示威行動を起こし、一〇〇余名の反革命分子を逮捕した。五月には、県城を攻略し、二〇〇余名の土豪劣紳と反動分子を鎮圧した」（『県志』、頁六八三〜六八五）。

この一九三〇年から、県全体で「土地革命」が本格的に始まった。二八年、二九年段階には、共同生産、共同消費、共同耕作をめざすレベルであったが、「三〇年、平江県革命は根拠地を強固にし、発展させる段階に入った。県ソヴィエト政府は土地改革を指導した。その基本原則は、一切の土地を没収し、総てを党に集中して配分する。地主、富農、中農はもちろん、男女老幼を分かたず、それぞれの分け前をもらう。しかし、雇農は一等田を、中農は二等田を、地主・富農には三等田を与える。また一部の土地を保留して学校等の公益事業に当てるが、それは区・郷の土地面積と人口がそれぞれ異なり、格差がかなり大きいからである。三一年七月、ソヴィエト区で改めて土地改革をやり直し、地主・富農の土地を没収し、同時に、地主には土地を分けない、富農には悪い土地をあたえ、中農には利益を保護するという原則を貫徹した」（県志、頁六八四）。そうして、「三一年九月、県ソヴィエト政府は、省ソヴィエト政府の通知を受けて、緊急通告「反革命家族の放逐に付いて、ソヴィエト区の大部分の反革命家族は赤色区域から放逐せよ」なる命令を実行した。不完全な統計ではあるが、南郷では反革命家族六〇〇余人を、龍門では一五〇戸をそれぞれの村から放逐した。平江ソヴィエト区から放逐された家族は、大部分が江西省の万載県、湖南省の長沙にある白色区域に追い出された」(『県志』、頁六八五)。

地主、土豪劣紳は全財産を没収されて肉体的に抹殺されるか、あるいは家族もろともソヴィエト区域から放逐されて居なくなるから問題はない。次に階級の敵として問題になるのは富農である。こうして、赤色ソヴィエト区ではどこでも、反富農闘争が階級闘争の最大の課題となり、富農に対する闘争が激化していった。その状況を次に見る。

三一年下半期には中共湘鄂贛ソヴィエト省委員会は、「反富農闘争に関する決議」を発し、「富農の公民権を剥奪し、富農がソヴィエト政権、各種革命団体に参加することを許さない。富農には選挙権も被選挙権も与えず、会議において発言権、表決権も与えない。富農からよい土地を没収し、悪い土地を与える。富農の余った牛、農具、良い家屋などは没収し、富農出身者は共産党の政府・党・軍等の各級指導機関から追放する。各村で富農の名簿を発表し、富農の子弟は在地の学校で学ぶことのみ許す」と命じた(『県志』、頁六八五)。これが、まさに「土地革命戦争」の実態であった。ここでは階級の敵に対しては情け容赦なく「焼き討ちには焼き討ちで返し、殺しには殺し返す」、という「白色恐怖(テロ)」対「赤色恐怖(テロ)」という暴力の連鎖、暴力の応酬が日常化したのである。一九三〇年代に入り、国民党の数回にわたる〝囲剿〟に追い詰められた共産党の中から多くの脱走者、叛徒、スパイが続出した。そこで党内に潜む「敵の回し者、スパイ、階級敵、裏切り者、変節者、叛徒」に対する、粛清反革命運動が起こったのである。迦葉山に追い詰められた連合赤軍が同志殺しを始めたように、その数千倍の規模の内部粛清が起こったのである。

(5) 湖北省「霍邱県」(『霍邱県志』の記載に見る土地革命戦争の経過)

一九二七年、蔣介石の上海クーデタの後、広州・武昌の農民運動講習所に勉強に行っていた県民二人が故郷に帰ってきて、農民を組織し、また武装を開始した。一年で農民協会の会員は約千人になった。二九年、共産党県委員会の指導のもとに、白塔畈に砦を作って自衛していた大荘園地主の王家を武装攻撃した。こうした共産党・農民協会の動きに対して、国民党・地主土豪勢力は強大な武装勢力で反撃した。そこで、本県では、一九三一年から土地革命を開始した。県委員会と県ソヴィエト政府は、初めは地主・富農の全財産を没収するという極左的な政策をとったが、若干緩やかにして、「地主の財産は総て没収する。富農の余分な土地も没収する。地主には土地を分けない。富農には悪い土地を分配し、強制的に自分で働かせ、人を雇うことを禁じる。貧農・雇農には良い土地、良い家を与える。紅軍や各級ソヴィエト政府の軍人・職員は、同様に土地を与え、村人に共同労働で耕作させる。農民が地主に債務を持っていても、一律に免除する」(『県志』、頁一一〇)。こうして地主は家と土地を没収されたので、生きるすべはなく、事実上、県から追放されることになった。

これは後のことになるが、一九五一年の土地改革のとき、控訴された地主は六三四三人、その内九六〇人の地主、匪賊が闘争にかけられ、人民法廷で死刑の判決を受けたものは一八一人、有期徒刑は一五九人であった(『県志』、頁一一〇)。

(6) 湖北省「麻城県」(『麻城県志』の記載に見る土地革命戦争の経過)

麻城県は、長江中流の北岸に聳える大別山の南麓に位置する。一九二〇年代の中頃には、全県人口の一五%の地主富農が、全耕地の八〇%を所有しており、大部分の農民の生活は窮乏を極めていた。この県に共産党の影響が及んだのは、一九二二年に董必武(中国革命の元勲)の紹介で県内の一青年が入党したのが始まりである。二五年には、中共麻城県特委が成立し、二六年には北伐軍が武漢を占領して、麻城県に代理知県を派遣して改革を呼びかけるということもあり、また党員の働きかけもあって、この年の秋、農民運動が澎湃として沸き起り、半年足らずの間に農民協会員は一二万四〇〇〇人に達した。農民は各地に自衛団を作り、「土豪劣紳を打倒せよ」、「貪官汚吏を打倒せよ」などと叫んで運動は盛り上がった。悪辣な土豪劣紳は捕らえられ、あるいは他県に逃亡した。二七年五月には学生、労働者、女性も加わり、全県に騒然とした情況が発生した。同年五月、蔣介石の上海クーデタに呼応し、麻城県から河南省光山県などに逃亡していた土豪劣紳・大地主たちは、一万にものぼる反動的な武装組織である紅槍会を率いて麻城県城に進入し、多くの党員や農民を殺した。これが名高い「麻城惨案」という大虐殺事件である。これに反撃して、共産党勢力は、「九月に暴動を起こし、また一一月中旬、〝黄麻起義〟を起こしたところ、同年末から翌二八年の五月にかけて、国民党と土豪劣紳の勢力も又、大反撃を行って、農民七〇〇余人を一挙に殺し、また共産党の県委員幹部七人のうち五人を捕らえて殺した。以後、白色テロと赤色テロの応酬が間断なく続くことになった」（『県志』、「概述」、「大事記」、「共産党」の項）。

一九二九年当時、黄安・麻城・光山・商城・黄陂・羅山の諸県は、共産党の勢力下に入り、人口約六〇万、旧式な兵器で武装をした赤衛隊約二〇万人を擁するソヴィエト区が成立した。こうした状況を踏まえ、このソヴィエト区を統括していた党機関は、「これまでは、口では土地革命のスローガンを掲げてはいたが、反動派による殺人放火のため奔走するのに忙しく、実際には実行しなかった。黄麻で革命勢力が一部分勢力を回復し、豪紳地主・反動派は大半が逃亡してしまったので」、これから土地革命を本格的にやると宣言した（「鄂豫辺革命委員会報告」一九二九年、『鄂豫皖蘇区革命歴史文献匯集』一九二九年〜三四年、頁六三）。しかし、共産党は、国民党の五回に及ぶ〝囲剿〟と白色テロへの対抗、及び内部粛清とに明け暮れて、じっくりと土地改革に取り組む余裕はなかった。

さて、土地革命戦争を最も勇敢に戦った麻城県は、また恐るべき共産党内大粛清が荒れ狂う県ともなった。麻城県の粛反運動について概略を記す。

内外の凄まじい殺し合いによって、「乗、順の二つの地区の人口は、一六万余から五万に急減した。同時に、中共内部で、張国燾が極左路線をとって大規模に〝反革命粛清運動〟を実施し、麻城県の中共党員、紅軍幹部、兵士ら数千人を無実の罪を着せて殺した。こうして、一時、順河の可心橋付近は、屍骸が野を蔽い、血は川となり、飢狼野犬が人肉を喰う惨状となった」、「一九三二年九月、紅軍は国民党軍の第四次〝囲剿〟からの防衛に失敗した。これに加えて、張国燾が鄂豫皖ソヴィエト区で大規模に粛反運動をやったため、麻城県委以下の党組織は重大な破壊をこうむった。県委書記の王宏学、陳志祖らが相次いで粛清された。そのため以後数ヶ月の間、県委の書記になるものが無く、党の活動は停止した」（『県志』「概述」頁三、「政党」頁二二四）。以上のように共産党の内部粛清によって、一九三一年九月だけで、ソヴィエト区から集められた党員・将兵ら数千人が処刑されたというのである。内部粛清の規模は、これほど大きく、麻城県の共産党組織は、国民党の攻撃によりというよりも、内部粛清によって自滅したというべきであろう。ところで『麻城県志』が記す、このような大規模な同志殺しが何故に発生したのか。張国燾や王明の個人的責任にするには、あまりにも事件は巨大かつ深刻である。

（7）湖北省「黄安県」（『紅安県志』）の記載に見る土地革命戦争の経過

（注、中華民国時代には「黄安県」が正式な県名、新中国以後、共産党が紅安県と改称して現在に至る。従って、「県志」名以外は当時の地名「黄安県」を用いる）

黄安県は上記した麻城県と同じ大別山の南麓に位置し、「鄂豫皖ソヴィエト区」の中心的位置にあった。共産軍が最も激しく戦った県となり、紅軍の第四方面軍の誕生の地ともなった。彼らの中から、建国後に国家主席になった董必武、李先念の二人、大将になった韓先楚、陳錫聯、秦基偉など三人、それ以下の六一名の将軍が出たので、建国後、この県は「将軍県」と称されるに至った。民国時代、この県は飢饉や疫病が蔓延する貧しい県であったが、ごく少数のものが大地主となり、一〇〇〇畝（約六六六七アール）以上の土地をもつ大地主が二〇人もいたという。

一九二〇年、董必武が武漢に中学を創り、黄安県出身の学生三〇人を招いてマルクス・レーニン主義を教え、これを基礎にして二五年に共産党黄安県委員会が創られた。二七年には党員数は二一八人に達した。県国民党支部は二五年に創られたが、共産党員が多く入り、執行委員七人のうち六人が共産党員でもあった。二六年農民運動が激しくなり、二七年には頂点に達し、学生、労働者、女性なども加わり、蔣介石の上海クーデタを合図に、地主土豪勢力と共産党勢力が激しく戦うようになった。地主は「清郷団、紅槍会、金槍会、民団」などを、共産党は「革命紅学、農民自衛軍、農民義勇隊、赤衛隊」な

ど と称する武装勢力をそれぞれ編成し、ここに土地革命戦争が始まった。二七年一一月、黄安・麻城両県の共産党幹部は、武装した二万余の農民を動員し、突撃隊七〇人をもって県城を攻撃し占領した。これが名高い「黄麻暴動」(当時中共は、起義とは言わず、「暴動」といっていた)である。共産党は、万人集会を開き、黄安県農民政府の樹立を宣言し、農民政府主席曹学楷(後、粛反運動で処刑された)が講演をやり、大会会場で数名の土豪劣紳を打倒した。そして精鋭三〇〇〇名もって中国工農紅軍鄂東軍を編成した。こうして、土豪劣紳を殺し、その家・屋敷、財産、土地を没収した(『県志』、「軍事」頁一八八~二〇〇)。一九三〇年代に入って、土地改革をする時、ほとんどの土豪劣紳、地主は殺されるか他県に逃亡しており、事実上土地改革は暴力的に終わっていた。

この県でも、三〇年代に入ると、落ち着いて土地改革をするどころか、党内粛清の嵐が吹き荒れることになった。その状況を『紅安県志』(大事記、頁二四、二五)は、次のように記す。

一九三一年七月~八月、「黄安では、先後して中共代表大会と工農兵代表大会を開催し、県委員会と県ソヴィエト政府執行委員会を改選した。続いて、役員を改選した区・郷・村の各組織において、地主・富農家庭出身の者はすべて「清洗」した。「清洗」とは除去、一掃という意である。こうして知識分子が指導的地位につくことは、ほとんど廃止された」。

同年一一月、「張国燾は、黄安県委と軍区党委の合同会議の席上、改組派はまだ粛清が終わっていない、と言った。そこで、黄安県の党と政府は、二〇〇余名の〝変質分子〟を探し出してきて、全面的な粛清運動を行った」。一九三二年二月二〇日、「県ソヴィエト政府の保安局の九人が仙居区に来て人を捕らえた。王家沖の数百人の村民は怒って彼らを武装解除し捕縛した。驚いた区ソヴィエト政府幹部の徐徳聡が駆けつけて釈放させた。ところが、三月八日、党保衛局員は上部の命令を持って来て、呂王城で〝粛反大会〟を開き、徐徳聡ら六三名と王家沖の村民を〝改組派、反党分子〟の罪名によって殺害した」。この事件について、もう少し詳しい説明が『紅安県志』(「公安・司法」頁一六八)に記されている。当時、「黄安県の政治保衛局は、七里坪付近の王錫九村に置かれ、局長以下一〇〇人の組織であった。権力はきわめて大きく、総局から支局に至るまで、人を逮捕し処刑するのに県の党・政・軍の同意を必要としなかった。鄂豫皖ソヴィエト区では、たった二ヶ月の間に、張国燾らによって、いわゆる改組派、AB団、第三党などのありえない罪名で紅軍将兵二五〇〇人が殺された。三一年十一月には、張国燾らの督促によって、黄安県では、〝反改組派〟闘争が全面的に展開され、県・区・郷・村の幹部六〇％が捕らえられ、その大部分が殺害された」（『県志』、「大事記」頁二四～二五）。「一九三二年二月二〇日、黄安県政治保衛局の九人が、ピストルと取縄を持って五区に行って人びとを逮捕しようとした。彼らが王家沖に行ったところ、民衆は大いに不満でこの保安局員九人を捕らえて武装解除してしまった。区委書記の徐徳聡は駆けつけて、民衆を説得して保衛局員を解放させ、上級機関に粛反運動を変えて頂くよう依頼してほしいとお願いした。ところが、三月八日、保衛局は呂王城で民衆大会を開き、徐徳聡ら六三名の区幹部と民衆を〝改組派〟の罪名をつけて殺した」（県志、「公安・司法」頁一六八）。

（8）福建省「永定県」（『永定県志』の記載に見る土地革命戦争の経過）

永定県は、福建省の西南の高地辺境にあり、住民は多くが客家で客家語を話していた。この県民が最初に中共党員になったのは、一九二五年のことであり、二六年夏に党員一八人で県党支部を創建した。この県委員会は、二八年六月に記念碑的な「永定暴動」を起こした。この暴動は、数千人の農民を党員の張鼎丞が指揮して県城を攻撃、占領したもので、この一帯を震撼させた大暴動であった。この暴動の際の党員・農民側の死者は約二〇人で、「殺した反動側密偵、地主、土豪劣紳は、全部で六〇人であった」、「永定県の地主の土地文書、資本家の債券は、暴動を起した労働者・農民によって総て焼き捨てられた」（『県志』、付録・重要文献「永定県委関于此次大暴動的報告」）。

二九年には、朱徳、毛沢東らが率いる紅四軍が江西省から永定県に入り、革命情勢が高まり、「去年（二八年）、既に反革命を粛清し、工作は真剣に行われ、男女となく熱狂的に闘争に立ち上がり、土豪を打ち、反動を殺し、地主を罰するのは日常の仕事となった。二九年、紅四軍が永定県に来てから、皆命がけで豪紳地主・反動派の武装を解除し、その財産を没収し、

永定県、土地改革前後の各階級・階層の耕地所有情況一覧表
（土地改革前夜、単位は戸、人、畝。1人平均所有％は小数点2位を4捨5入）

階級	戸数	人口	耕地面積	所有％	1人平均
地主	1725	10431	24897	6.8	2.2
富農	1040	6006	13336	3.6	2.2
中農	13401	63362	81666	22.3	1.3
貧農	28173	97221	65740	17.9	0.7
雇農	932	2021	457	0.1	0.2
その他	1121	2929	3345	0.9	1.1
公田			17077	48.3	
合計	463977	181970	366519	100	2.03

出所：「県志」、158頁、「生産関係変革」より転載。

県の役所、監獄、城楼、それに著名な豪紳地主・反動派の邸宅を焼き、屋敷の塀を打ち壊した」（『県志』、付録・重要文献「中共永定県報告」二九年七月六日）。

以上のように、ここでも激しい土地革命が実施された。この県を含め閩西革命根拠地となった地帯は、純粋客家県特有の公田（共有地）が極めて多く、土地革命の難関となったようである。

上の表を見れば明らかなように、一九五一年当時、公田は全耕地面積の四八％を占めているのである。この表の説明に「公田とは族田、学田、公蒸季会田、橋梁田を指す」とある。公蒸季会田とは恐らく一族がある季節に会うときの飲食費をまかなう田であろうし、橋梁田とは、一族が使う橋の修理費をまかなう田であろう。確かに、公田は、一族の長である地主が小作人や田租徴収を担当、管理していたであろうが、公共の利益を担っており、単純に地主的土地所有とは言えない。

この全耕地の半分近くを占める公田を永定県ソヴィエト政府は、すべて地主的土地所有と見なして没収し、農民に分配した。一九三〇年二月、県政府は「永定県第二次工農兵代表大会決議案、第一土地問題決議案」を採択した。その第一条に「総ての豪紳地主の田地、及び蒸賞季会・庵堂廟観などの田地は、それが質に入っているか、売却されているかに関係なく、すべてソヴィエト政府が没収し、農民に分配して耕させる」とある。これは客家村落のように共同体的生活習慣を強く保持して生きてきた地域に、杓子定規に「階級対立論」を持ち込むことになり、地元の人々の大きな反感、反抗を招いたに違いない。

福建省の閩西革命根拠地を形成した永定県、上杭県、長汀県、武平県は有名な客家県であり、どこも公田の比率が高かった。閩西革命根拠地に起こった極めて複雑な内部粛清は、上記の情況とも深い関係があったと考える。

永定県の内部粛清は、一九三一年一月に起こった。「閩西ソヴィエト区の党・政・軍内部に於いて、左傾路線の誤った影響の下で、社会民主党粛清の運動が展開された。そこで、県内の区以上の幹部三八人が殺された。その中には、ソヴィエト政府と県委の主要な責任者一〇人がいた。また連長以上の軍隊幹部四〇人がいた。こうして、永定で最も早く革命に参加した指導幹部の林梅汀、江圭華、盧肇西、陳正、曾牧村、謝憲球、陳桂祥、陳海賢、張漢栄、劉連甲、頼寿煌などが殺された」(『県志』大事記、頁一二)。ところで、この『県志』には、どこを見ても、全体でこの粛反運動で何人殺されたか明記されていない。恐らくその数倍、あるいは数十倍もの人々が殺されたと想像するが、詳しいことは不明である。

(9) 福建省「上杭県」(『上杭県志』の記載に見る土地革命戦争の経過)

上杭県は、福建省南西部の山岳地帯に位置し、周囲の永定県、長汀県、龍岩県などと同じく、客家が多いことで有名な県である。人口は、一九三五年には約二一万人、解放前夜には約一九万八千人であった。

上杭県共産党の歴史は、一九二六年に厦門、汕頭の各共産党支部からの働きかけによって県の数人が入党し、『資本論』、『共産党宣言』などを読むことから始まった。二七年五月に党員は一八人であったが、蔣介石の上海クーデタの翌月、上杭県の国民党勢力がそれに呼応し、県の共産党書記以下四人を惨殺した。党は壊滅状態になったが、九月、南昌暴動に失敗して広東めざして南下してきた周恩来、朱徳等が残っていた県の党勢力を支援し、銃弾等を支給したので復活した。二八年に中共上杭県党委員会が正式に設立された。党員数は、二八年八月に二二〇人あったものが、二九年に紅四軍の助けを借りて県委員会が指揮し、県内各地で暴動を起こして勢力を拡張したので、三〇年五月には三〇四九人に激増した。恐らく有力指導者が自分の属する宗族ぐるみで入党したのであろう。

土地改革は、二九年六月、県内各地で一斉に農民暴動を起こして始まった。「民衆を立ち上がらせて土豪を打ち、土地を分配し、郷を単位にする。実際に労働をすることを原則にし、多く持つものから取り、少ないものを補い、人口を按じて分配した」。たった一ヶ月で土地改革を完了し、県内一八万の農民に土地を分配し、消費合作社、労働合作社、糧食合作社などを編成した。すでに土豪や特に悪辣な大地主の多くは村から逃亡していたので、彼らの土地を貧農に分配し一ヶ月で土地改革が終わったのである。上杭県委の土地革命の原則は、「郷を単位とし、地主・豪紳と福会嘗季（公田）の土地を没収し、人口にしたがって均分し、今農民が耕作している土地を基礎とし、多いところから取り、少ないところを補い、肥えたところから取り、痩せたところを補う、これを原則とした」。しかし、古田・蛟洋地区は、「この方法のほかに、死んだものから取り、生れたものに補い、三年から五年に一回調整し、土地の全くない者、土地の少ない者にも与え、土豪・地主の家族にも土地を分給するという独自な方法を採った」（『県志』頁一四四、一四五）。

二九年段階で模範的に土地改革が行われた上杭県において、何故に、三一年の春「全県でいわゆる反革命の〝社会民主党分子〟の罪名で、三〇〇〇人ほどのものが処刑される」（『県志』頁四九三、四九七）という残劇が起こったのか。『上杭県志』をいくら見ても、ただ閩西粛反委員会主任の林一株が、この粛反運動を拡大し誤った処刑を大いにやったので、党は彼らを処刑して誤りを正したとしか書かれていない。もちろん、鄧発が王明路線という極左路線の執行者として党中央から閩西地区に派遣されてきて、林一株らに粛清を大いにやるよう命じたこと、またすぐ隣の中央革命根拠地でも、同年の一九三一年春、毛沢東の富田事変前後のＡＢ団大粛清が上海の党中央から全面的に支持されて、第二次ＡＢ団粛清の嵐が吹き荒れていたということもあり、そうした党全体の反革命粛清の大きな波が、閩西革命根拠地に大きな影響を与えていたことは間違いあるまい。

しかし、それでも一挙に党員・紅軍兵士・県民三〇〇〇人が惨殺・処刑されるというのは異常である。次の記事は、その解明に手がかりを与えてくれると思う。「県志・大事記」の一九三一年の三月の項に、「三月一日、閩西ソヴィエト政府は永定県虎崗において〝社会民主党分子〟を審判する大会を召集し、誤って林梅汀など一七人を主犯として死刑に処した。これ以後、上杭県は上から下まで〝社会民主党粛清運動〟を展開し、全県の幹部、兵士、民衆など三千人が誤って殺された」、「閩西ソヴィエト政府及び閩西粛反委員会は、布告を張り出し、傅柏翠（前紅四軍四縦隊司令官、閩西ソヴィエト政府財政経済部長）を社会民主党の首領であると指弾し、蛟洋地区が社会民主党の巣窟であると宣告した。そして粛反委員会主席の林一株は、新紅一二軍及び赤衛隊二千余を率いていくつかの道に分かれて蛟洋に進み〝討伐〟した」。「五月、坑口に駐屯していた中共杭武県委員会の直属の第三大隊は、粛反運動が人をみだりに捕まえては殺すことに抵抗した。これは〝坑口暴動〟といわれた。後に、彼らは新紅一二軍に包囲攻撃され、第三大隊の幹部はほとんど社民党分子とされ皆殺しにされた」（以上の記録は、『県志』頁二〇）。

この事件について文聿著『中国「左」禍』（朝華出版社、一九九三年）は次のように詳しい説明をしている。「杭武県第三区は現在の上杭県の渓口郷、太抜郷を統括する区であり、この区の軍である第三大隊政治委員の陳錦玉など二〇〇人が社民党とされ、県ソヴィエト政府の所在地である白沙に連行された。第三大隊長の李真、副政治委員の張純銘、副大隊長の丘子庭等は大いに憤慨し、デタラメに殺されたり、監禁されたりした戦友や郷里の親友達を救出しようとした。そこで、彼らは、五月二七日、ソヴィエト政府秘書長の羅寿春を捕らえ、彼に監禁中の人々を釈放する手書きの命令書を書かせた。そして李真は第三大隊を率いて区ソヴィエト政府を包囲して、監禁中の人々を釈放させた。また一部の第三大隊の将兵は白沙に行き、監禁されていた人々を釈放させた。これを聞いた中共閩粤贛省委員会は、これは反革命であるとし、紅軍一二軍を第三区に派遣して第三大隊を攻撃し、幹部の大部分と羅寿春等を皆〝社民党〟として処刑した」（文聿『中国「左」禍』頁七六）。上に記したような情況の中で、県内で三千人が粛清されたのである。

まず社民党の巣窟とされた蛟洋地区（蛟洋、古田一帯）は、客家県である上杭県でも、特殊の客家方言を話す地区であった。『上杭県志』（「方言」頁八四四、八四五）に、「上杭県全県民四一・三万人は、均しく客家方言を話すが、古田、蛟洋、歩雲などの郷の四万一千人が話す古田方言は、城関方言（県の中心で話されている多数派の客家方言）とは、大いに異なっており、この両者の通話はかなり困難である」と記されている。つまり、社民党の巣窟とされ粛清の対象になったのは、蛟洋、古田、歩雲等の、他所の土地の人々とは話も通じない特殊の客家方言を話す人々だったのである。第三区に属す渓口郷、太抜郷は、蛟洋に隣接する地域であり、ここにいた第三大隊の将兵にも多くの蛟洋、古田の人々がいたに違いない。

私はこう推理する。彼ら蛟洋・古田地域の人々は、貧しい上杭県の中でも山間の辺鄙なところに住み着き、特殊な客家方言をあやつり、血縁を中心にして共同体的生活をしていた。そして、土着の漢人から差別されていた上杭県の城関語を話す客家の中でも、更にまた差別される被差別少数客家であったものと思う。上杭県で最初に暴動を起こしたのは、この蛟洋地区であったというのは、象徴的である。また先に見たように、古田・蛟洋地区は、独自の土地改革をやり、上杭県委の土地改革の基本路線から逸脱した独特の方式を取り入れていたこと、土豪・地主の家族にも土地を分給しており、こうした独自路線が、修正主義であり、社会民主主義であるというレッテルを貼られ、徹底的な大量虐殺を生んだものと考える。しかしこれは、いまだ私の推論に過ぎない。しかし、考え方としては、閩西地区の土地革命の特殊性と革命根拠地の建設の特殊性、それに反革命粛清の大規模な展開、集団殺戮という三つのものを解く鍵は、経済的な矛盾の構造（特に公田の問題）、社会的文化的な差別の構造（言語を中心にした差別の体系）、それに革命路線の対立（他所からやってきたモスクワ帰りの党中央官僚と土着共産ゲリラ集団の対立）、この三者の関係性の総合的解析によらねばならないと思う。

(10) 福建省「長汀県」（『長汀県志』、『龍岩地区志』の記載に見る土地革命戦争の経過）

長汀県の農民運動と共産党の活動は、一九二六年、ほとんど同時に始まった。二六年夏、広州農民運動講習所から帰ってきた青年が土地改革を目指す農民運動を始めた。実際に農民を組織したのは、王仰顔である。彼は秘密に農会会員を組織し、二七年には一〇〇〇人の貧農を集め、「貪官汚吏を打倒せよ」、「減租減息を実行せよ」などと叫んで、初めてデモンストレーションを行った。ほとんど同時に、上杭県、武平県、永定県、龍岩県にも農民協会が創られ、大規模な運動に発展した。その中心になったのは、生まれたばかりの中共の党員であった。郭滴人（龍岩人、二六年入党）、鄧子恢（龍岩人、二六年入党）、段奮夫（長汀人、二七年入党、三一年粛清さる）、王仰顔（長汀県人、二七年入党、三一年粛清さる）、張鼎丞（永定人、二七年入党）など閩西革命根拠地の有名な指導者になった人々である。彼らは皆ほとんど同時に入党し、農民運動を指導して登場した。最初の頃、国民党に入り、ついで共産党にも入る人々が多く、両方の党籍を持つものが多かった。両者が分かれて殺しあうのは、二七年の蔣介石の上海クーデタ以後である。さて、二七年には、南昌暴動に失敗した周恩来、朱徳、賀龍、葉挺、劉伯承らが、南下の途中この県に入り、土豪劣紳を打倒し、大規模な民衆集会を開き、中共の政策を大いに宣伝し、県支部を立ち上がらせた。これがこの県の土地革命を大きく発展させた。しかし、彼らはすぐ広州を目指して去ったから、本格的な土地改革には至らなかった。革命に恐怖した地主・土豪劣紳は、白色テロの暴力組織を各地で結成していたので、農民運動を前進させるためには武装闘争が必要だった。

長汀県の本格的な土地改革は、一九二九年三月、毛沢東、朱徳が紅四軍を率いて県内に来て、大いに紅軍の威勢を示してからである。二九年には、県党組織が指導した農民暴動、つまり涂坊暴動（参加者数百人）、南陽暴動（参加者三〇〇余人）、塘背暴動（参加者七〇〇余人）、古城暴動（参加者二〇〇余人）などが連続して起こった。この年の七月、県委と県ソヴィエト政府は、地主・富農・土豪劣紳の土地、財産、穀物を没収して貧民に分配し、一切の税金を廃止し、反革命を粛清するという布告を発し、三〇年には県全体の九割の地区に土地革命を実施した。武力で反抗する土豪劣紳は殺し、声威大いに振るったので、党員は四九〇人へと激増し革命政権下の民衆は二〇余万に達した。

しかし、土地革命が始まったと思うまもなく、突如として反革命粛清の嵐が吹き荒れることとなった。一九三一年二月、県委二〇名の内、県ソヴィエト政府主席の段奮夫、組織委員の王仰顔など一七人が、また下部組織の区の書記三〇人も粛清された。その他、県全体で二七四人が党内粛清で殺されたのである。生まれたばかりの、しかも数百人に満たない党員の主だった幹部がほとんど処刑されたので、長汀県の中共組織は壊滅したと言ってよかろう。この党内粛清の詳しい情況、経過は不明である。

一九五一年の土地改革の際の調査によると、改革以前には「地主・工商地主・富農の戸数は一一四八戸、総戸数に占める割合は二・三一パーセント、人口六四六二人、総人口に占める割合は約三パーセント、これら地主・富農の所有する耕地の県全体の耕地に占める割合は七・一パーセント」（『長汀県志』頁一二五）である。地主と富農の所有地は多くない。ところが、「公田は県全体の耕地面積の実に四九・〇六五パーセントを占めている」（同上）のである。大規模な粛清と、この公田が象徴する長汀県農村社会における土地所有の特殊な性格、それに客家語を話し周辺の土着民から差別される、貧しい山間僻地であるという文化的、社会的な情況と党内大粛清とは深い関係がある。

（11）福建省「龍岩県」（『龍岩市志』の記載に見る土地革命戦争の経過）

（注、民国時代には、この県は『龍巌県』と称された）

一九二六年、郭滴人、陳慶隆らによって、この県に初めて共産党組織が誕生した。主に農民運動に取り組み、「減租減息」（小作料を減らし、利息を減らす）政策を掲げ、また労働者、学生、店員、女性などにも呼びかけて党組織を立ち上げ、二八年には「龍岩暴動」を起こした。この暴動は、后田村の地主たちが関帝廟で「関帝福」の祭りの宴会をしているところに、党員の指導で農民協会員が暴れこむという事件から発展し、ついに土豪劣紳を襲い、武器、地券、銀元、穀物、借用証書などを強奪し、地券や借用証書などを焼き払う事件へと発展した。これが龍岩県の土地革命戦争の始まりで、参加者は約一〇〇人であった。しかしこの時は、県城に駐屯していた軍閥の軍隊五〇〇人の反撃に遭い敗退した。以後、朱徳、毛沢東が率いる紅四軍の閩西一帯への進出と党・軍の育成、指導もあり、龍岩県の革命戦争は激化し、二九年には主導権を奪った地元の共産党が全面的な土地革命を行った。六月、県委は拡大会議を開いて、「郷を単位として、多いところから取り、少ないところに補うという原則」に基づいて、「全耕地を人口に比例して分配し、地主・富農にも、貧農・雇農と同じように一定の土地を配分することにした」。しかし、相変わらず地主・富農は肥えた土地を与えられ、貧しい農民はやせた土地を分配された。拡大会議の後、各郷は民衆自身が分田をやり、一ヶ月足らずの間に土地分配は完了し、全県十万の農民が土地を取得した。翌三〇年、農民の要求にしたがって、これまでの土地改革の原則の上に、「肥えたところから取り、瘠せているところに補う」調整をやった。また、「生れたものには再度の土地分配をしない、死んだものから土地を回収しない」という原則も確立した。この経験と配分原則は、広く閩西全体に広がった、という（『龍岩市志』「政党」頁四七〇）。

第四節　土地革命戦争の敗北

これまで中共「革命根拠地」の中心となった典型的な十一県を取り上げて、一九二七年～三四年までの間の農民運動、土地革命闘争、共産党創建、粛清史などを中心にして見てきた。その中で、中国農民の歴史的性格、社会環境、農民運動の実態等々がよく分かるように、『県志』の記述を基にできるだけ具体的に紹介し、分析してきた。彼等を取り巻く政治的、経済的、社会的状況が、日本の農村、農民とどれほど違うか、如何に困難なものであったか、如何に過酷なものであったか、また如何に凄まじいものであったか、よく理解できたものと思う。

当時、国民党軍と各地方軍閥は、土豪劣紳、地主階級を暴力で絶滅せんとする革命根拠地の共産党と農民運動勢力に対して、三一年から三四年にかけて五回にわたる〝囲剿〟作戦を敢行し、革命根拠地をじりじりと包囲し追い詰めていった。各革命根拠地は大きな打撃を受け、あるものは消滅し、あるものは紅軍が移動していなくなり、残った中央革命根拠地などでは共産党によって農民は老いも若きも総動員されて生死の関頭に立たされた。しかし、根拠地も持ちこたえることはできず、三四年中共の残存勢力は「長征」に出発するのである。そして根拠地に残された農民とその家族には恐ろしい国民党、軍閥、地主武装勢力による血の報復がなされたのである。どうしてこのような結果になったたか。これまで見てきた状況を以下に整理してみる。

（1）中国共産党は、スターリン、コミンテルンの指導によって、一九二九年から三一年当時のソ連の地主・富農に対する絶滅作戦をそのまま中国農村革命に輸入した。コミンテルンの権威は圧倒的であった。一九二〇年代、スターリンの「一国社会主義論」の背後には、まだ「プロレタリア世界革命」への熱望と意志が強固に働いていた。そのため、コミンテルンは、中共に対して命令者の立場をとった。陳独秀などは大いに反抗したが、一九二九年の「中共六全大会」（モスクワで開催）以後の中共指導部は、スターリン主義を全面的に受け入れて、「革命根拠地の形成・ソヴィエト政府樹立、粛反運動の展開、党内路線闘争の展開」、遂には「中華ソヴィエト共和国」建国という形で直輸入し、貧しい山岳地帯に新国家を樹立して、国民党・軍閥・地主階級の総反撃を呼び起こした。これが国際的契機であり、社会主義の全般的大状況であった。

（2）「土地革命戦争」として地主富農に「階級決戦」を挑み、暴力が満面開花した。その暴力は「反革命粛清」として自己の陣営内部にも向けられ、歯止めが利かなくなった。特に、中国農民は想像を絶する暴力的文化、暴力的歴史環境の中に生きてきたので、農民運動は始まるや否や直ちに暴力化し、土地を分配してもらうためなら、いかなる暴力をもいとわない、内戦状態を招来した。また、中共側の事情においても貧農を革命戦争に動員するためには、直ちにできるだけ多くの土地を地主・富農から没収、分配する必要があった。紅軍とソヴィエト政府の税収と政策は、地主富農の土地、全財産を没収することを前提にし、また唯一の宣伝にしていたので、それなしには自己の存在理由すら消滅するというものだった。そのため、地主富農階級は、土地を没収されれば生きるに道なく、絶望的な極右的反撃に出た。暴力で雌雄を決する以外に道はなくなった。

（3）国民党の〝囲剿〟が進み、革命根拠地とソヴィエト政府の命脈が風前の灯となると、革命陣営内から逃亡者、叛徒＝

裏切り者が続出した。叛徒の裏切りによって多くの党員、幹部、指導者が殺されたが、こうした状況は革命陣営内に動揺と過剰な警戒心を生み出し、内部粛清の道を驀進する原動力となった。暴力的文化・社会は、あらゆる拷問を正当化し、自供は証拠の最高形態とされ、暴力による自供だけで直ちに叛徒、反革命分子とされ処刑された。

（4）土地革命戦争時代、富農階級に特に粛清の矛先が及んだが、当時の党文献や『県志』をいくら読んでも、富農の実態が不明である。革命根拠地となった、ほとんど資本主義市場のない江西省、福建省の山岳地帯、客家居住地帯における富農階級とは、いった如何なる経済的存在であったか、全く合理的な規定がない。ただ手作り部分が多く若干の土地を小作に出している農民を、ただ量的区分だけで富農階級としているのではないか。富農階級とは、階級闘争理論が生み出した虚構の存在のようにさえ思える。プロレタリア独裁、階級決戦を信奉する世界では、党中央、紅軍中央の路線に反対する地方ゲリラ勢力は、皆「富農分子」と決め付けられて粛清されることになった。現実的な問題としては、すでに土豪劣紳、大地主階級は農村から一掃されて存在せず、共産党ゲリラが生き抜き活動するためには「富農階級」を打倒して、彼らの土地・財産を没収する以外に、土地革命を展開する余地もなく、また食糧と軍資金を獲得する当てもなかったのである。

（5）プロレタリア独裁の理論、階級闘争の理論は、長い中華専制主義の中で構造となっていた農民戦争的暴力を解き放った。とりわけ一九二〇年代から三〇年段階にかけての「軍紳政権（軍閥と土豪劣紳の政権）」下にあっては、農民運動は即土地革命戦争に上り詰めざるを得なかった。民国時代、中国には国民を守る福祉などの社会資本を蓄積する行政、政治というものがなかったのである。共産主義運動、民衆運動は、社会福祉なき故に直接政治に向かったのである。貧農の要求を受け止める社会資本の蓄積と安定した政治体制の基盤がなかったのである。

従って虐げられ、搾取され続けた貧窮のどん底にいる人々の革命根拠地＝ソヴィエト区においてこそ、革命を純粋に運動化し、理想化し、観念化して、理想の王国に飛翔しうるものというユートピア幻想と階級闘争理論が全面勝利する。しかし、神は疑い深い。かくしてこの貧窮革命論の勝利こそ、粛清反革命に無限のエネルギーと正当性を与えることとなった。中国の大多数の貧農階級を暴力革命で一挙に神の位置にまで高めんとする、この〝壮挙〟、いや〝暴挙〟によって、反革命粛清という「同志殺し」という悲惨、悲劇が誕生したのである。

第三章　中央革命根拠地における毛沢東の「革命と粛清」

毛沢東は、一九二七年の秋収蜂起に失敗し、残党を率いて井崗山に上った。そこで袁文才、王佐を手なずけて最初の革命根拠地を作り上げ、朱徳軍や彭徳懐軍と合流して「工農革命軍第四軍」（後、「工農紅軍第四軍」と改称）を率い、「工農武装割拠」論を構築して、ここを根城にして周辺の湖南省、江西省の数県にまたがる強固な根拠地を創った。さらにまた、二九年には江西省の南部、福建省の西部にしばしば遠征し、広大な根拠地の形成に成功した。かくしてここが、コミンテルンと党中央が最も注目する革命根拠地となった。毛は三〇年一月、「星星之火、可以燎原」を書き、農村から都市を包囲する戦略論を深めた。三〇年後半、蔣介石の大規模な根拠地攻撃「第一次囲剿」作戦が始まった。これに耐えるために、毛は、急きょ江西省南部山岳地帯から武夷山脈の東側に連なる福建省西部に紅軍を結集して、大規模な根拠地籠城作戦を展開し、ここに国民党の大軍を引き込み、彼らの疲れを待って反撃する戦略を主張した。この戦略を提起し、決定したのが、三〇年二月の「二七会議」（陂頭会議）である。この会議以降、毛のこの籠城作戦に猛反対したのが、李文林等の江西省の多くの地元幹部たちであった。本章では、三〇年二月の「二七会議」から、同年一一月から一二月にかけて江西省内で展開したAB団粛清運動、紅軍粛清、そして「富田事変」に至る過程を分析する。そして毛沢東の戦略戦術とそれに反対する李文林などの勢力との確執が、AB団粛清運動を生みだしたことを明らかにしようとするものである。さらに、富田事変をきっかけに起こり、一九三四年の中華ソヴィエト共和国崩壊まで続いた反革命粛清運動の構造と、その展開過程を浮き彫りにしようとするものである。

第1部 「富田事変」・「AB団」大粛清への道

第一節 中国共産党史の謎「富田事変」について

毛沢東に反対し「富田事変」を起こし「AB団重要分子」として粛清された人々は、その大部分が、毛沢東が死去するまで真に名誉回復されることはなかった。今でも完全に名誉回復されたとは言えない。建国後、「AB団粛清」、「富田事変」は、中共最大のタブーとなり、民衆はもちろんのこと党員さえ口にすることをはばかった。毛沢東に臣従した多くの党指導者、紅軍幹部、建国の元勲などが、この大粛清の実行者、あるいは黙認者であったから、なおさらタブーにされたのである。この同志粛清事件は、建国後長い間、革命戦争の神話によってかき消され、闇の中に葬られてきたと言っても過言ではない。

こうした情況に風穴をあけたのは、江西省党委員会の下で中共党史を研究していた一介の下級党員に過ぎない戴向青という名の青年であった。彼が如何なる動機で「AB団粛清、富田事変」の研究を始めたのか、如何なる努力によって、また如何なる経過をたどって、その実態を明らかにしていったのか。本書「全体の附録」第一部に翻訳した景玉川の論文が、こうした疑問に答えてくれる。この論文は、中国の権威ある雑誌『百年潮』（二〇〇〇年、第一期、北京）に掲載されたものであり、この問題を内外に公然と紹介した、最初の論文である。

この景玉川論文は、また多くの新しい歴史事実をも明らかにした。例えば、富田事変を起こして毛沢東に反対した紅二〇軍（当時の兵力は約二千名）の将校・下士官約七〇〇名から八〇〇名を騙して一か所に集め、一九三一年七月二三日の早朝、江西省寧都県の一寒村で一網打尽にして皆殺しにしたのは、彭徳懐と林彪の軍隊であったこと、さらに重要なことは、一九三〇年から三五年にかけての中共党内大粛清において、革命根拠地全体では「AB団」として七万余人、「改組派」として二万余人、「社会民主党」として六二〇〇人、合計十万人に近い中共党員、紅軍将兵、ソヴィエト区工作員、革命人民が粛清殺害されたこと、毛沢東死後に、これらの人々の名誉回復に尽力した有力者は、蕭克将軍、総書記の胡耀邦、後に国家主席になった楊尚昆などであったこと、等々の極めて重要な事実を明らかにしたのである。

この景論文が二〇〇〇年に『百年潮』に発表されるまでには、江西省やその他の省の革命根拠地で粛清された人々の遺族、知人や地方党関係者の長い真相究明の努力、名誉回復への努力があった。一九八〇年代後半から続々と刊行されるに至った、『新編中国地方志叢書』に属する『各県志』には、県内で粛清された人々の伝記、名簿、経過などがかなり詳しく記述されている。これによって、処刑された初期の革命家の名誉を回復しようとする動きが、当時ソヴィエト区に属した諸県で、一九八〇年代に大いに高まっていたことを知る。こうした在地の関係者の努力によって、戴向青らの調査研究は支えられ行われたのである。本来は建国英雄、革命烈士として称賛され、称えられ祀られるはずの多くの人々が「AB団・社会民主党・改組派・第三党・トロツキスト」に所属する反革命分子、国民党の特務として粛清されてしまったので、その遺族は、屈辱と差別の中で長い間耐え忍んできた。しかし、ついに対外開放、民主化の波に励まされ、名ばかりでない真の名誉回復を求め始めたのである。

戴向青は多くのAB団、富田事変に関する論文を発表したが、その決定版は羅恵蘭との共著『AB団与富田事変始末』（河南人民出版社、一九九四年）である。また、江西省の多くの党史研究者が、この方面の研究論文を数多く発表しているが、ここでは省略する。景玉川論文は、紅軍内AB団粛清、富田事変の真実を究明してきた戴向青らの努力の歴史と、これらの事件を政治的に解決しようとした胡耀邦などの指導者とそれを阻もうとする勢力の動きも明らかにした。こうした論文が北京で発刊されている雑誌『百年潮』に掲載されたこと自体が、全容解明に向けての大きな一歩であることを記しておきたい。

さて、本章においては、AB団粛清・富田事変が起きた理由を、紅軍の歴史、毛沢東の主張と行動、それに対する李文林ら江西省党主流派の主張と行動などを中心にして、一九二七年から一九三〇年にかけての時間の経過と共に検討し、事件の全貌を明らかにしたい。

最初に、「AB団」とは何か説明しておかねばならない。AB団の発生については、戴向青・羅恵蘭著『AB団与富田事変』が最も詳しいので、それによって簡単に説明する。一九二六年九月、蔣介石は陳果夫を通して国民党右派の段錫朋、鄭異を江西省に派遣して国民党の党組織を検査させ、また同年一一月に洪軌を南昌に派遣し、反共右派の秘密組織を創設させた。それがAB団（Anti-Bolshevik の略称、ボルシェヴィキに対するアンチ〝反対〟の意）である。この組織は南昌を中心にして活発に活動し、江西省国民党支部を乗っ取る勢いであったが、一九二七年四月、南昌の人民三万余人が共産党の指導の下、「蔣介石反対」、「反動的省国民党支部打倒」を叫んで街頭に繰り出し、国民党の諸機関を包囲して反動分子を捕らえた。AB団の首領段錫朋、周利生らは南昌から南京に逃亡し、江西省のAB団はほとんど解体し、再び勢いを盛り返すことはなかった。従って、国民党のAB団が江西省で活動を行ったのは、約四ヶ月に過ぎなかったということになる。

しかし、その後、江西省の人々、とりわけ共産党指導部は、政治的に不可解な事件が起こったり、共産党からの大量逃亡、脱党、幹部の裏切りと転向、紅軍からの兵士の逃亡などが頻発したりすると、その裏に、しばしば反革命陣営のAB団・地主富農分子が背後にいて画策しているのではないか、AB団の陰謀・謀略ではないかとする疑心暗鬼に陥った。一部の共産党員は、国民党の右派と左派への分裂と抗争、軍閥と土豪劣紳との抗争、江西省の地主・土豪劣紳の共産党攻撃など、当時の江西省の困難な諸情況の中に、また諸政治勢力の間の対立・抗争・分裂・虐殺、暗殺などの背後に、国民党の手先である「AB団の謀略」を確信するに至った。こうした「妄想」がトラウマのように共産党人を脅かすに至った。こうした疑心暗鬼、被害妄想の精神は、共産党が最も困難な情況に追い詰められた時、そして共産党中枢の中に分裂と対立が生まれた時、俄然地方の共産党人の中に悪鬼の如く立ち現れてきたのである。

江西省の党機関の文書にAB団について言及がなされるのは、一九二八年からであり、二九年の四月に出された党文書「贛西特委給江西省委報告」（『中央革命根拠地資料選篇』上巻、頁七一～七四）には、江西省の国民党組織はほとんどAB団によって占領されているが、まだ彼らが農民運動を展開するまでには至っていない、と論評している。同年八月、九月に出された「贛西特委給江西省委報告」(『中央革命根拠地資料選篇』上巻、頁九四～九六)、「江西省委工作報告」(同上書、頁一〇二～一一五)、「劉作撫関于贛西形的総合報告」(同上書、頁一一三～一三五)は、AB団、改組派、第三党などが民衆勢力や脱党分子を誘って勢力を伸ばし、わが民衆運動や共産党組織を破壊しようと画策している、と書いて党員に警戒を呼びかけている。AB団は贛南の中心である「吉安市」を中心にした「封建勢力の豪紳資産家階級」の勢力であり、最も危険な勢力である。また、第三党とは「共産党から落伍した知識分子が組織」したものであり、改組派とは「国民党左派分子が組織」したものである、とした。翌年の三〇年春になり、紅軍による吉安市への攻撃が激化し、贛南農村における土豪劣紳・地主階級と共産党・紅軍・農民大衆との決戦が始まると、共産党・紅軍勢力に敵対するもの、農民運動に反対するものはことごとくAB団分子と見なされるようになった。ここまでくれば、党内・紅軍内の反対派もAB団の一味ではないかと疑い、粛清する新たなる段階に入ったと言ってよい。どこでも、また誰でも反対派をAB団(地主富農分子)と見なす大粛清の条件が用意されたのである。

第二節　毛沢東の紅軍粛清、富田急襲の真相——毛沢東はなぜ同志粛清に打って出たのか——

本章では、革命根拠地でAB団粛清を本格的に開始して「紅軍内部での黄陂粛反」、「富田・東固の同志粛清」を実行したのは、毛沢東であったことを明確にし、彼がなぜそれを行ったのか検討したい。黄陂とは、毛沢東が紅第一方面軍の本営を置いた江西省寧都県に属す比較的大きな村の名である。

さて、一九四九年の建国以後、中国では中共最高の指導者であり、一九四九年の革命と建国の父である毛沢東主席の威信を恐れ、また中共党の神聖な歴史と神話に傷がつくのを恐れて、誰も「富田事変」の真相を研究することはできなかった。

しかし、古くからの多くの党幹部は「富田事変」の真相をうすうす知っていた。しかし、中共党史、さらには個人の伝記や年譜に至るまで、ＡＢ団粛清、富田事変の真の実行者が毛沢東であったことを明記しなかった。先の景玉川論文でさえも、例外ではない。富田急襲を行ったものを、「工農紅軍第一方面軍総前委（総前敵委員会の略称）」（一九三〇年八月二三日に成立）は、と書くだけで毛沢東の名は伏せている。「総前委」とは、中央革命根拠地の「中共紅軍第一方面軍」の「総前敵委員会」のことであり、書記は毛沢東、秘書長は古柏、委員は毛沢東、朱徳、周以栗、彭徳懐、滕代遠、黄公略、林彪、譚震林等であった。誰も、毛沢東と書くのをはばかって、「総前委」と書くのである。そして毛沢東の直接の権力機関である総司令部秘書長兼粛反委員会の主任が李韶九であり、彼は毛の直属の部下であるが、そのように明記しない。

毛沢東は、三〇年一一月末に麾下の紅軍に対する「黄陂粛反」を行い、それに連続して、同年一二月前半の「富田急襲」を行った。これらの紅軍内部粛清は、毛沢東が「総前委」の李韶九・古柏、及び江西省ソヴィエト政府（一九三〇年一〇月七日に成立）主席曾山、同副主席陳正人に命じて実行したものである。これらの人々は、毛沢東の側近中の側近であった。毛沢東がこれらの人々に命じて、同志粛清を実行したのである。毛がこれに到る過程には、次のような諸段階があった。

毛は、一九二九年の夏から秋にかけての約四カ月、紅四軍の書記から落選して権力を失っていた。毛沢東が「紅四軍」の中で、書記として復帰したのは、一九二九年の秋から冬にかけてのことだった。毛は井崗山時代から強大な勢力を誇っていたが、まだ朱徳、彭徳懐なども独自の軍隊をもっており、毛の独裁が簡単に成功したわけではない。紅軍主力が福建省で活動していた時、つまり二九年の夏に、書記の毛と軍長の朱徳の間に論争が起こった。当時多くの人が、毛の独裁的なやり方に大きな危惧を持っていた。この会議では、毛の「書記独裁、家長制的支配」が公然と論じられた。それを解決しようとしたのが、二九年の六月に福建省龍岩で行われた紅四軍の「七大大会」である。この会議では、実に自由な発言が活発に行われ、毛・朱とも批判され、陳毅が総前委の書記になった。この会議に出席していて、建国後に将軍になった蕭克は、『訪蕭克――我経歴的紅四軍党的「七大」』（『百年潮』二〇〇一年第四期）において、この会議で行われたような自由な発言が以後の会議でも続けば、以後の党の歴史も変わり、また文革の悲劇も生まれなかっただろうと言っている。それほどこの会議では幹部たちが自由に発言できたのであった。会議での選挙の結果、書記の座から落選した毛は、閩西特委の所在地の蛟洋に去り、福建の有名な党幹部である鄧子恢などと親しく交わって、指導権の奪回を計画した。その頃、国民党の包囲攻撃が激しくなり、福建省において紅四軍の指揮を執る朱徳は苦境に立たされた。自信を失った朱は、毛の復帰を願った。新しい書記に選ばれた陳毅は上海に行って党中央に指示を仰いだ。党中央にいた周恩来の指示によって毛は軍に復帰することになった。復帰した毛は、同年一二月の「古田会議」で書記の座につき権力を恢復した。さらに彼は、翌年の三〇年二月に、江西省全体にわたる党組織を完全に掌握しようとした。そのため、贛南特委、贛西特委、湘贛辺区の代表を集めて、「贛西南特委」に一本化して、その書記に特別な家族関係となった劉士奇を据えて、江西省の革命勢力とその版図を牛耳ろうとしたのである。これが毛の「二七会議」（陂頭で開催された聯席会議）開催の目的である。

「二七会議」（一九三〇年二月六日~九日）は、江西省の吉安県陂頭村において開催された。紅四軍・前敵委員会書記の毛沢東が招集・主宰し、贛西特委代表の劉士奇・曾山、紅六軍の軍委代表の黄公略、江西省委巡視員の江漢波など約五〇余人が参加した。先ず、毛沢東が当面の内外の政治情勢を報告し、直面する課題について報告した。「中国ソヴィエトはソ連ソヴィエトに引き続いて出現し、世界ソヴィエトの有力な支柱になろうとしている。中国の中で真っ先に出現するのは、江西ソヴィエトであろう」[1]とし、江西での土地革命を実行してソヴィエト区を拡大し、党が「江西省を奪取」することを提起し、承認された。

この会議で、毛沢東は自分に反対する江漢波（本名は張懐万、湖南人、当時は地位の高い中央巡視員で、東固革命根拠地等を指導した実力者。李文林ら江西省南部の地方党員たちの主張を代弁し、擁護した人物）を党から除名（「二七会議の決定」）し、さらに江西省吉安県の延福区で地方武装区を指導してきた党幹部で、毛沢東の土地革命に抵抗した郭士俊・羅万・劉秀啓・郭象賢の四名に対して、この会議後「四大党官」（党内を牛耳る四人の大官僚）というレッテルを張り銃殺した。毛沢東が主宰するこの会議は、次のように宣言した。「贛西党・贛南党の中には、厳重な危険が存在している。というのは、地主富農が党の各級の地方指導機関に充満し、党の政策は完全に機会主義の政策になっている。もし、それを徹底的に粛清しなければ、党の偉大な政治任務を果たせないばかりでなく、革命は根本から失敗に帰すであろう。この会議で党内の革命的同志に呼びかける。起ちあがって機会主義の政治を打倒し、地主富農を党内から追い出し、党の迅速なボルシェヴィキ化を推し進めなければならない」[2]と宣言し、党内から地主富農を一掃することを呼びかけ、先に記した著名な地方活動家四人を「四大党官」として銃殺した。[3]これが初めて毛が自分に反対する贛南の有名な党活動家を粛清した事件であった。

処刑された四人は江西省で独自に吉安県延福ソヴィエト地区（永新県や吉水県東固と並ぶ著名な初期根拠地の一つ）を創建した指導者たちで、彼らは毛沢東が主張する土地を人口に応じて分配し、「多い家から取って、少ない家に分ける（抽多補少）」、「肥えた土地を取って、痩せた土地に補う（抽肥補瘦）」と云う方針に反対した。理由は、「労働力が少ない家に土地を平均に分配しても、耕すことができなくて土地が荒れてしまう」という理由だった。彼らの主張に賛成したのは江漢波と李文林であった。激論の末、この会議では毛沢東の意見が決議された。しかし、この四人は、延福地区に帰ると決議どおりの土地改革をしなかった。それで贛西南特委の劉士奇が彼らを「四大党官」として処刑したのである。[4]

二七会議において、毛沢東は、江西省南部の党責任者であった江漢波、李文林らが提出した「豪紳地主の土地を没収する」というスローガンは、富農階級を利し、これを温存するものであり、「完全に農村資産階級の路線をとるものだ」、「労働者階級が農民を取り込む政策を台無しにするものだ」、「土地革命を全面的に取り消すトロツキー・陳独秀たちの解党派の路線である」と激しく批判し、「豪紳地主の土地を没収するにとどまらず、民衆が真にそれを望むなら、自作農の土地も没収して分配すること、すべての耕地、山林、池溏、家屋でさえも、それらを必要としている人々に分け与えるべきである」とした。毛は、井崗山時代からの持論である「すべての土地を没収し、貧農に均等分配する」ことを強く主張し、江西省の根拠地全体に拡大実施しようとした。

また先に記したように、江漢波を党から除名したばかりか、李文林（贛西南特委常務委員兼軍委書記）をもその地位からひきはなし、「贛西南ソヴィエト政府秘書長兼党団書記」なる軍事指揮権のない地位に左遷した。さらにまた、毛は、同じ湖南省出身できわめて親しい劉士奇（前年に毛の義弟となる）を江西省の紅軍軍事委員とし、「中共贛西特委」の書記兼宣伝部長に任命した。この人事は、毛沢東が江西人に顔のきく劉士奇を通じて江西省出身者が多数派を占める党と軍を直接支配することを意味した。李文林など、この年の末に「富田事変」で粛清されことになる人々は、大いに激怒した。

「党内の赤色テロリズムは、党内の〝四大党官〟の解決に銃殺という良くない手段をとったので、民衆や党員は皆な疑惑を生じた。（中略）また多くの同志が出張の仕事に応じなくなった。なぜなら、仕事に出ても誤解されて処罰を受けるのではないかと心配したからである。（中略）また同時に、富農に対する闘争を強化した時、党から除名した富農分子を銃殺した。劉士奇同志などは党員を説得するのではなく、不満な時には〝銃殺するぞ〟などといつも罵っていた」(5)。

以後、毛沢東の「四大党官」銃殺という極左的行為は、江西省の革命活動に多くの禍根を残すことになった。

一九二八年、毛沢東が軍隊を率いて井崗山に上った時、この山一帯に盤踞していたのは、客籍（客家）の土匪袁文才と王佐であり、彼らは、沢山の銃をくれ、軍事知識を与え、軍隊を訓練してくれる毛沢東を大いに歓迎し、更には毛沢東に信服して、その軍門に下った。そして、袁文才は一九二八年に成立した、主席を毛沢東とする「湘贛辺界工農民主政府」の副主席となり、一九二九年に編成された工農紅軍第四軍の参謀長（軍長は朱徳）の地位に就いた。また、王佐は、文字が読めなかったというが、一軍団を率い、井崗山一帯の緑林（土匪）出身の紅軍部隊を率いて戦い、袁に継ぐ権力をもっていた。この二人を三〇年二月二四日に土着の党幹部が彭徳懐の軍の支援を得て謀殺したのである。「四大党官」の銃殺と「袁文才・王佐一党」謀殺がほとんど同時（三〇年二月。二七会議の約一〇日後）に起こっていることに注目したい。

注

（1）「前委通告第1号―聯席会議的結論并宣言前委成立」一九三〇年二月一六日発『中央革命根拠地史料選編』中冊、頁一七二〜

一七四。

（2）同上、中冊、頁一七二〜一七四。

（3）現在の史家は、この毛沢東が主催した会議を論評して、こうした意見の違う党員を銃殺し、また地主富農が党内に充満しているといって、こうした分子を党から一掃せよと叫ぶやり方は、以後、党内闘争を激化させ、「AB団」粛清や党内の革命勢力を乱打濫殺する先例、先鞭となった、として厳しく批判している（余伯流、凌歩機共著『中央蘇区史』頁一六〇〜一六二、江西人民出版社、二〇〇一年）。

（4）曾山「贛西南革命闘争史歴史的回憶」（中国共産党歴史史『湘贛革命根拠地』（中共党史資料出版社、下巻、頁八七四）。

（5）「贛西南劉作撫同志（給中央的総合性）報告」（『中央革命根拠地史料選編』上冊、頁二五六）。

第三節　毛沢東の「南陽会議」（福建省、一九三〇年六月）——ゴロツキ、富農分子への粛清の決意——

この会議は、紅第一方面軍総前委と閩西特委の聯席会議で、毛沢東が主宰し、福建省長汀県南陽で開かれ約六〇名が参加した。この会議は、毛沢東が提起した「流氓（ゴロツキ）問題」、「富農問題」の二つの宣言を可決した。「流氓問題」は、三〇種の良くない職業を具体的に指摘し、一番の「土匪」、二番の「盗賊」、三番の「娼妓」、四番の「兵痞」（兵隊ゴロツキ）、五番の「戯子」（役者）、六番の「差人」（官署の使用人）、七番の「賭棍」（博徒）、八番の「乞丐」、上記八番までを主要八種とし、以下数は少ないながら九番の「訟棍」（裁判沙汰にして強請りタカリをするゴロツキ）一〇番の「地保」（村役人）から「斡旋屋」、「アヘン吸引屋」、「占い師」、「人相見」などから二七番の「和尚」、二八番の「道士」、二九番の「巫女」、最後の三〇番の「教徒」（邪教徒）と規定したのである。彼らは人口の五％、全国で約二千万人おり、「流氓」（ごろつき、不良分子）に属するとし、彼らは生産から離脱し、職業は正当ではなく不安定で詐欺瞞着や強請りたかりを専門にする連中であって、これらを徹底的に党から排除し、彼らが「反革命勢力と結んで攻撃を加えてきた時には、毫も躊躇することなく消滅することが必要であり、その首領を消滅するばかりでなく、必要な時には彼らの一部あるいは全部を消滅しなければならない」とした。彼等ゴロツキの頭目は遠慮なく殺してもよいことになった（「流氓問題」、「一九三〇年六月前委閩西特委聯席会議決議」『中央革命根拠地史料選編』中冊、頁五一一～五一五）。

この決議で「流氓」とされた職種は三〇種ときわめて多く、誰でも言いがかりをつけられれば、三〇種のどれかの経験者か、どれかの所属になる。後の党内粛清を無限大にまで拡大する論拠となったと考えられる。

もう一つの「富農問題」の決議は、富農を三種に規定している。一つは、半地主的な富農で、手作り部分を持ち、余った部分を小作に出している農民。二つ目は、資本主義的な富農で、土地を小作に出さず、時には他人から土地を借り日雇い労働者を雇って耕作している農民。三つ目は、初期の富農で、土地を小作に出さず、また他人から土地を借りず、農具を持ち自分だけで耕作し、余った穀物を売りに出したり、人に貸したりしている農民。これは毛沢東が主宰して行った決議文における「富農定義」である。そして富農は、「商業資本の方面では、いずれも地主の搾取よりも更に残酷である」、「貧農雇農の敵は、地主に止まらない。地主の搾取はもとより激しいが、富農の搾取は更に激しい」、富農は「公田は総て分配すべきではない、残しておくべきだ。山林と余った家屋は完全には分配しない」などと主張し、また左派が表面的に主張する〝公田は社会主義の共同生産〟などと主張する。例えば、江西省の袁文才、福建省の傅柏翠などは、完全に富農路線の主張者である（ここで毛沢東は袁文才の死を悲しんでいないどころか彼を富農分子と規定している。袁・王謀殺を私が毛が指示していたのではないかと疑う所以である――小林）」、だから「党内の富農分子を粛清することが必要である、なぜなら現在も地方組織には、とりわけ指導機関には富農分子が充満しているからである」などと徹底的に非難した（「富農問題」「一九三〇年六月前委閩西特委聯席会議決議」『中央革命根拠地史料選編』下冊、頁三九八～四一四）。

以上を見ると、この時、毛沢東らは党内粛清の主張を富農層にまで拡大強化していることが分る。と言うより、当時紅軍が支配している地帯では、土豪劣紳は殺戮、略奪、追放、あるいは逃亡してすでに絶滅しており、唯一の収奪の対象は「富農階級」しか残っていなかった。富農を敵とする以外に敵は存在せず、また紅軍と党の唯一の収入源は「富農階級」から収奪する以外になかったのである。

第四節　毛沢東と李文林等との対立激化（一九三〇年夏から年末の「黄陂粛反」まで）

一九三〇年の春から、江西省における毛沢東派（紅第一方面軍を中心にする主流派）と李文林派（主に江西省出身者を中心にする反主流派）との矛盾が激化した。毛沢東を指導者とする総前敵委員会が中核になる主流派と、江西省出身の土着の共産主義者との対立は、一九三〇年二月の「二七会議」頃から激化して、江西省革命根拠地におけるＡＢ団粛清運動に発展した。それは九月に頂点に達し、遂に一二月の「富田事変」、「ＡＢ団」粛清という大団円に行きつくのであるが、この両者の対立と抗争の展開過程を見ておきたい。といっても、毛沢東が率いる「紅四軍」は、湖南・江西・福建に跨る大きな軍隊を持ち、贛南の党員と地元軍を中心にした李文林などの政治力、軍事力と比較できないほど巨大であった。毛・朱の率いる紅軍は二万人以上であったが、李文林等の江西省ソヴィエト地区の地方軍は、まだ統一した正規軍をもたず、各地区の軍を合わせても二、三千以下であった。軍事的には、李文林派はきわめて弱く、毛・朱の紅第一方面軍に完全に圧倒されていた。しかし、江西省の贛江以東の地区は彼らの故郷であり、本拠地であったから簡単には譲歩できなかった。

（1）江西省（贛）西南諸県におけるＡＢ団粛清

中国共産党における党内反対派の粛清は、まず一九二九年にソ連のブハーリン派打倒の運動が、コミンテルンを通じて輸入されたことに始まる。コミンテルンは、中共に「改組派」に対する闘争を呼びかけ、中共中央はそれに応えて、一九二九年一一月一三日、「江西省委員会に与える書簡」の中で、「贛西党の指導機関の中には、すでに富農、あるいは小地主の勢力が潜入している。その他、第三党分子の如きも党の指導機関に潜入している。これはきわめて重大な問題である」とした。[1] ＡＢ団、改組派、第三党などという階級敵分子が党内外にひそんで、内部から共産党を破壊する活動をしているという話題は、一九二九年頃にはかなり共産党内に広まっていた。しかし、実際に贛西南党が、今日の研究では存在していなかったことが証明されている「幻のＡＢ団」なるものを発見し、大規模に党員を逮捕し拷問を加えたのは、一九三〇年春（五・六月）からであり、それが最高潮を迎えたのは、贛南における土地革命の高潮、富農撲滅運動と吉安市総攻撃の前夜の、三〇年九月・一〇月であった。

注

（1）『中央蘇区史』（余伯流、凌歩機共著、九五一頁、二〇〇一年、江西人民出版社）。

（2）ＡＢ団粛清運動の高揚

三〇年六月二五日、中共贛南特委に所属する西路行委は、「反改組派ＡＢ団宣伝大綱」（贛西南特委西路行委会、書記は周高潮。吉安、永新、蓮花、茶陵、酃などの諸県を統括。ここは毛沢東・劉士奇の威信が最も高い地区の委員会）を発表した。「改組派・ＡＢ団」と言う、悪辣・獰猛・陰険な敵勢力が内外から我が党を攻撃し始めている。「もし、民衆の中に挙動不審の者が居れば、捕えてソヴィエトに引き渡し、訊問しなければならない。また、およそ見知らぬ者が赤色区域を通った時には厳しく検査し、もし怪しい場合にはソヴィエト政府に直ちに引き渡せ。赤色区域の民衆が往来する場合には、必ず所属するソヴィエト政府の通行手形を所持せよ。（中略）労働者、農民、人民にはただ階級の区分があるだけで、親族、朋友などの関係を顧みてはならない。およそ自分の家に来た者であれ、よそで見た者であれ、行動が正しくない者は、親族朋友であるなしにかかわらず、ソヴィエト政府に通報して処置しなければならない」、「現在、各級のソヴィエトは反革命粛清の工作を厳密に実行しなければならず、豪紳地主・反動富農分子は捕えて殺し、警戒を厳重にしなければならない。しかし、人を殺す場合には、反動である証拠がなければならず、誤って殺してはならない」と命じた。[1]

この文書の最後には、一八カ条のスローガンが掲げられている。例えば「改組派は国民党の私生児である。改組派は帝国主義の中国侵略の新しい道具である。改組派は労働者・農民の革命を破壊する罪人である。AB団は土豪劣紳地主の集団である。AB団は湖南省系軍閥が江西省の労働者と農民を殺すあくどい敵である。ただ改組派・AB団の首領を殺すだけで、抑圧されている階級は殺さない。ただ改組派・AB団を粛清して始めて革命は成功するのだ。ただ共産党こそが真に革命的なのだ。進歩的で勇敢な労働者農民はすぐ革命的な共産党に入ろう。共産党と共産青年団を擁護せよ」等々、こうしたスローガンを叫び、ビラを貼って「白色テロ」の脅威を大いに煽ったのである。

当時、AB団を捕殺する人数が最も多いのは、江西省雩都県であった。江西省西南部の雩都県では、「一九三〇年の五月から九月に至る僅かの間に、いわゆるAB団分子を千余人殺した。また県城内の一区画だけでも二〇〇人近くをAB団として殺した。当時粛反運動の権限を握っていたのは、中共東河行動委員会秘書長兼中共雩都県委書記の黄維漢であった。彼は主観憶測によって総ての疑わしい人を捕え、拷問で自供を迫り、何でも聞いたことを信じ、軽率に人を殺した。（中略）その他の地域でも、六月・七月の間には興国、永豊、吉安の西区、安福の西南区などでもAB団の組織を摘発した。とりわけ、吉安のAB団は二千余人もおり、七〇〇人から八〇〇人もが自首して出てきた」（『中央蘇区史』頁九四五）。

吉安県のAB団分子が二千人も居り、七百人から八百人が自首したというこの話の根拠は、「贛西南劉作撫同志（給中央的総合性）報告」[2]にある。しかし、だからといって、当時、これほど実際にAB団分子がいたという証拠にするわけにはいかない。三〇年の春から秋にかけての期間、「一カ月以内に完了する」といった、急進的な土地革命が実行された。それに抵抗する富農階級、地主階級、反共勢力、国民党関係者などは、皆AB団であるとして共産党員がデタラメに殺す「赤色テロ」が荒れ狂った。命を心配した一般人民は「自首したものは殺さない」と言われたので、自らAB団員だとして自首して殺害を免れたほうが得策だとした可能性が高いからである。最近の研究ではどの研究論文・研究著書でも、この時代にはすでに国民党の「ＡＢ団」組織は全く存在していなかったと証明しているから、殺された者はすべて冤罪であった。

「贛西南特委」（書記は毛沢東派の曾山）は、一九三〇年九月一六日付の文書で、ＡＢ団粛清を大々的に呼びかけた。「革命的人民諸君、東路のＡＢ団分子は大変多い。現在、ＡＢ団の工作を暴き、彼らを逮捕している最中である。しかし、あなた方は恐れる必要はない。われわれはただＡＢ団の責任者を殺すだけである。彼らに騙され脅された貧苦の労働者・農民は、前非を悔い改め革命闘争に積極的に参加しさえすれば、決して殺されることはないのだ」[3]。こう言われれば、反革命として逮捕殺害される心配のある人々は、ＡＢ団に強制的に加入させられていました、といったほうが身の安全ということになろう。当時怪しいと思われる人には、拷問が普通に行われていたので、出鱈目な自供によって、いつなん時、誰がＡＢ団として逮捕・処刑されるか分らなかった。「赤色テロ」によって自ら生み出したＡＢ団という幽霊に、贛西南党幹部自身が怯え、ますますＡＢ団粛清運動が拡大してゆく、そうした「恐怖―粛清―功業」、「逮捕―拷問―自白」の連鎖共振構造が生まれたのであった。しかし、毛や劉士奇たちまでが、ＡＢ団の存在を本当に信じていたか、それは大いに疑わしい。自分たちに反対する党員をＡＢ団として粛清する方が、説得するよりは大いに簡単だからである。

一九三〇年九月二四日付で「贛西南特委」が発した「緊急通告、第二〇号、動員党員群衆徹底粛清ＡＢ団」[4]は、ＡＢ団の「首領は、人民大会で人民自身によって斬殺させる」こととし、以下のようなＡＢ団員処刑の基準を示した。「富農小資産家階級のＡＢ団、ゴロツキのＡＢ団は殺して赦さない」。「労働者農民でＡＢ団に加入し、歴史と地位があり、かなり活動的な者も殺して赦さない」。「ＡＢ団は非常に陰険で狡猾で奸智にたけた強靭な連中なので、残酷に拷打しなければ決して白状しない。だから硬軟両方の方法をもって訊問することが必要である」とした。こうして、拷問自供だけで、現実に有りもしない架空のＡＢ団とその組織・命令系統が幻想の中で生み出され、更にまたいっそう激しく粛清運動が拡大されていった。逮捕者は猛烈な拷問を加えられたので、知っている限りの人の名前をデタラメに「自白」した。それで逮捕訊問をしている人は、自分の名を言われては困るので、自分が着ている制服に張ってある名前入りの襟章を外して拷問を続けたという。

こうした江西省の地方組織を中心として行われていた粛反運動の最中、紅第一方面軍の書記毛沢東麾下の朱徳・彭徳懐・陳毅・林彪が率いる中央紅軍は南昌、長沙を長途攻撃し、あるいは江西省から福建省にかけて戦闘を繰り返し転戦していた。その間、毛沢東は江西省の地方組織に地主富農が沢山入り込んでいる、富農路線が敷かれているなどと江西省の党組織を批判していた。しかし、戦争に忙しく江西省の党組織内や在地村落に入って自らＡＢ団粛清運動を実行することはなかった。ＡＢ団粛清運動は一九三〇年五、六月から本格的に始まるが、これは李文林派が行ったのだ、という研究者もいる。しかし、二七会議の決議である「すべての土地を没収する」、「一カ月以内に、土地革命を完了する」という過激な政策とＡＢ団粛清とは対関係・相互補完関係になっているのであるから、ＡＢ団粛清運動は毛沢東・劉士奇・曾山ラインで実行されたと考えるのが合理的である。実際、ＡＢ団狩りが始まった五月、六月には李文林は出張で上海に居り、この間は劉士奇の独壇場だった。李は八月に李立三路線をもって江西省党に復帰したが、以後も江西省内の土地革命とＡＢ団粛清に積極的ではなかったし、また党の主導権を握ることは不可能だった。この時の最高権力者は、「二七会議」と「南陽会議」の決議で、たとえ党幹部でも「四大党官の銃殺」のように党内でも「赤色恐怖」を実行し、また三〇種の職業を列挙して彼らを「階級異分子」として徹底的に排除せよ、頭目は殺してもよいとした毛沢東である。

次に、毛沢東・劉士奇・曾山ラインの形成について、振り返ってみよう。

一九三〇年三月二二日から三月二九日まで、「贛西南第一次代表大会」が、江西省吉安県富田で開催された。ここには、贛西南の三〇余県の党組織代表七〇人から八〇人ほどが集合し、湖南省出身で毛沢東にきわめて近い劉士奇(5)（毛と劉は、両者の妻が客家の姉妹であるから義兄弟の関係）が主宰し、贛西南特委を創設した劉士奇が特委書記に選任された。李文林は特委常任委員五人の中に入ったが、最高の党書記権力は劉士奇が握ったのである。李文林は、「贛西南ソヴィエト政府秘書長兼中共党団書記」という二番手に追いやられた。「贛西南ソヴィエト政府主席」の座には、毛沢東が信任している曾山が就任した。この富田での会議の二か月前、江西省西南の革命闘争を拡大するために、遂川県で聯席会議が開かれて「中国工農紅軍第六軍」が創建されたが、軍長は黄公略（毛沢東の同郷に近い湖南省湘郷県出身、軍略の才があり毛沢東の信任が厚かった）、軍政治委員は劉士奇、軍政治部主任は毛澤覃（毛沢東の舎弟）、以上のように湖南省出身の毛沢東派が実権を握り、李文林は第二旅団の政治委員に過ぎなかった。つまり、一九三〇年の一月から三月にかけて、中央革命根拠地における党・軍・政の最高の実権を握った毛沢東は、先に紹介したように、一九三〇年二月の「二七陂頭会議」において、四人の贛南の地方活動家を党の決定を守らない「四大党官」として銃殺し、江西省の反対派を威圧した。毛沢東の、こうした有無を言わせぬ反対者への処刑・弾圧は、毛沢東の路線に反対する李文林など軍事力が弱い「江西省土着派」に、大きな脅威となったと思われる。更にまた、一九二九年毛沢東の妻賀子珍の妹の賀怡と再婚して毛と義兄弟になっていた劉士奇は「贛西南特委書記」という最高位に就いた直後の、一九三〇年五月から江西省の全党組織を掌握して大規模にＡＢ団狩りを始めた。先にも記したように、李文林は五月から七月まで出張で上海に派遣されており、この間は江西省を留守にしていた。

劉士奇の独裁者ぶりについては、次のような記述がある。劉士奇が書記から追われた直後の記録である『贛西南特委報告』（一九三〇年一〇月五日）は次のようにいう。劉士奇は「同志が誤りを犯した時、思想の上で同志と闘争するのではなく、初めから先ず銃殺の手段を採った。銃殺された人は大多数がＡＢ団分子であることが発見されたのであり、また人民大会を経て行われたのであるから、誤って殺すと云うことはなかった。しかし、殺すのがあまりにも激しかった」。(6)劉が「富農＝ＡＢ団分子」という単純な「図式」で贛南の土地革命を強行するにはわけがあった。贛南を中核的な革命根拠地として位置づけ、ここに国民党の大軍を誘い込み、敵の疲れを待って急襲し殲滅するのが毛の戦略戦術であった。ところが、贛南はそれまで農民闘争も、また党組織もきわめて弱い地帯であった。三〇年一〇月段階で、中共贛西南特委の勢力は、党員が全体で約三万余であった。その党員数の内訳を見ると贛南（江西省の南部で、しかも贛江の東側の吉水・瑞金・興国・寧都・雩都の諸県一帯）が二〇〇〇余人であり、贛西（井崗山周辺にある永新・寧岡・安福・吉安・上猶等の諸県）が二万八〇〇〇余人であった。

一九三一年十一月、贛南に「中華ソヴィエト共和国」が建国、同時に「中華ソヴィエト共和国臨時政府」が樹立され、毛沢東が臨時政府主席に就任した。その中核地帯となる贛南は、実は三〇年までは農民暴動と共産党勢力の組織化が遅れていた地域であり、党の勢力は微々たるものでしかなかった。しかし、毛は、ここ贛南が地政学的にも戦略的に蔣介石の大軍を引き込み戦う根拠地にすべき最高の場所だと考え、三〇年春から劉士奇・曾山・陳正人を味方にして、贛南における土地革命の急展開を贛南特委に要求してきたのである。毛の要求によって強行される土地革命の急進化は、必然的に江西省地元に多くの反対派を生んだ。毛はこうした反対派を一掃するために、反対派は革命に反対する地主富農分子、国民党分子、党内反対者であるとし、彼らを「AB団」として粛清することにしたのである。

しかし、李文林等の反撃は凄まじく、一九三〇年八月には劉士奇が「贛西南特委書記」から追われた。以後、李文林派は急速に台頭し毛の戦略戦術に反対し、毛は危機をむかえた。この危機が一〇月初旬の「吉安市占領・撤退」を巡る論争によって頂点に達した。しかしまだ、李文林を書記とする「江西省行動委員会」の力は、朱・毛が率いる紅第一方面軍の圧倒的な軍事力に対抗できるものではなかった。実際に「贛西南特委」は、曾山、陳正人、毛沢覃等によって実際は支配されていた。李文林は、五月から七月まで上海に派遣されており、帰郷してからすぐの九月からは吉安市攻撃の準備のため贛南革命根拠地の政治行政から離れていた。李は毛・劉士奇・曾山ラインに対抗する準備ができていなかった。

注

(1) 贛西南特委の下部地区である西路行委が発した「反改組派AB団宣伝大綱」の号令である(『中央革命根拠地史料選編』下冊、六三四〜六三五頁)。しかし、それより早くAB団粛清の第一声は「贛西南特委」の五月一八日付「通告列字第九号」であり、贛西南党の中に沢山のAB団分子が潜んでいるとした。七月二二日付けの「贛西南劉作撫同志〈給中央的綜合性〉報告」に、「興国、永豊、吉安西区、安福西南区には皆AB団の組織がある。とりわけ吉安西区のAB団は二〇〇〇余人もおり、すでに七〇〇〜八〇〇人が自首した」と記されている。この劉作撫同志とは三〇年に上海の党中央から江西省に派遣された巡視員であり、この時彼の任務は中央の資金集めであった。劉作撫は、四川省の出身であり、江西省の党内の詳しい状況が分かるはずはない。彼の報告は、明らかに毛沢東―劉士奇―曾山ラインから得た「ＡＢ団」情報である。この内容は、毛沢東―劉士奇―曾山ラインから出されたものであると断定しても間違いがないであろう。

（２）『中央革命根拠地史料選編』上冊、頁二二七、頁二四八。
（３）「為粛清ＡＢ団告革命群集書」（『中央革命根拠地史料選編』下冊、頁六三七）。
（４）『中央革命根拠地史料選編』下冊、頁六四八〜六四九。
（５）独断専行型の人物であった劉士奇は、きわめて評判が悪く、多くの同志から見放されて後に上海に去った。三一年党中央の命令で張国燾が支配する鄂豫皖ソヴィエト区に派遣され、ここで中央ソ区の「朱徳・毛沢東」式の戦略戦術を伝えて軍人として活躍したが、三三年の大粛清運動の中で反革命分子として処刑されるという数奇なる運命を辿った。ちなみに一九二九年に劉士奇は毛沢東の第二の妻になっていた賀子珍の妹の賀怡と結婚していた。しかし劉が上海に去ると賀怡は三〇年、毛沢東の弟の毛澤覃と恋愛の上再婚した（『毛沢東称賛的〈好人〉』、人民出版社、二〇〇四年）。
（６）『湘贛革命根拠地』（下巻、頁六二）。

（３）吉安城の占領から撤退へ（一〇月四日〜一一月一八日）

三〇年八月五日、贛西南特委は李文林の主宰の下に「第二回全体委員会」（通称「二全会議」と呼ばれる）を開催した。上海に行き李立三路線を承認してきた李文林は大会をリードし、毛沢東の「革命根拠地を強固にし、敵を誘い込んで殲滅する」政策に反対し、毛沢東を「保守観念、農民意識が濃厚」等と批判し、「武漢に結集して、馬に長江（揚子江）の水を飲ます」とか、「武漢を中心に湖南、安徽、江西を奪取しよう」などという左翼冒険主義的な李立三路線を主張し、さらに毛沢東陣営の劉士奇を贛西南特委から追放した。こうして李文林らは毛沢東派を牽制する一方、贛南における党内の地主富農分子、「ＡＢ団分子」を粛清することに歯止めをかけようとした。しかし、五月からの土地革命の嵐のような熱狂と共に始まった粛清にブレーキをかけることはできなかった。この江西省におけるＡＢ団粛清運動は九月に頂点に達した。この間の一〇月五日、毛の率いる紅一方面軍が中心となり、贛南の数万のソヴィエト区の農民を総動員して省西南の重鎮である吉安城を攻略した。

《吉安県城の一時占領と撤退の過程》

国民党軍の包囲攻撃の渦中にあった当時の江西省の状況を、中華人民共和国地方志叢書の『吉水県志』大事記（頁一五）で簡単に見る。

一九三〇年四月初旬、国民党の金漢鼎軍の一部が阜田、金灘、県城、仁寿などの地を侵し、南昌、吉安などの地から密かに帰ってきた吉水県の土豪劣紳と一緒になって「六県清郷剿匪辦事処」なるものを組織し、また村毎に守望隊を組織して阜田、同水、仁寿、金灘等のソヴィエト区に放火、殺戮、略奪を繰り返した。

四月中旬、中共吉水県委書記劉景清は、同水区西洞坑で国民党の軍隊に殺された。また仁寿区の一〇〇〇余の幹部、民衆が虐殺され、数百の家屋が焼かれたり、壊されたりした。

五月初め、中共吉水県委、県革命委員会は、峡江県路口村において吉水県工農革命軍第一八縦隊七〇〇人を組織した。

五月中、水南区工農兵政府が下大屋で成立した。中路行動委員会書記の毛澤覃（毛沢東の三番目の弟）が集会に来て、重要な指示を行った（彼は一〇月、吉水県委書記となる）。

七月、吉水県工農紅軍第一八縦隊及び赤衛隊、少年先鋒隊合計三、四〇〇〇人は、金灘圩鎮の守望隊を包囲攻撃し、敵三〇〇、四〇〇人を殺した。

八月、全県の遊撃隊、赤衛隊一万余人は紅軍に従って、第八回の吉安城の攻撃を行った。

九月三〇日、毛沢東、朱徳は紅一方面軍総部と紅四軍を率いて、第九回目の吉安城攻略の配備を行った。吉水県委、県ソヴィエト政府は一万一〇〇〇余の響導隊、破壊隊、運輸隊、担架隊などを組織して紅軍に従って城攻めに参加した。

一〇月四日、紅軍は吉水県城の総攻撃を開始し、五日未明一挙に占領した。この日、全県各区の人民は吉安城に逃げて隠れていた数百人の土豪劣紳を捕らえ、極悪非道なもの五〇余人を処刑した。

一一月一八日、紅軍は吉安城を守りきれず全面撤退を行い、国民党の復帰を許した。毛沢東の指揮する紅一方面軍総部は、「敵を誘い、深く根拠地に侵入し疲労するのを待って殲滅する」方針を示し、寧都県の黄陂に撤退することを命じた。以上が、吉安市占領と撤退の全経過である。

李文林が中心となっていた主に江西省地元からなる革命家たちは、一〇月四日、攻略した吉安市城内において聯席会議（「二全会議」と称された）を開き、これまでの贛西南特委と共青団贛西南特委を合併して「江西省行動委員会」に統一することを決定し、一〇月一〇日に発足した。「江西省行動委員会」の創設は、七月に上海の党中央が決定したものである。この通知は九月に正式に江西省に届き、実行に移されたのである。委員は一三人で、常務委員は李文林、曾山、陳正人、段良弼、叢允中の五人、書記は李文林、代理秘書長は李白芳、組織部長は叢允中、宣伝部長は陳正人であった。この委員会が統括するのは、四つの下部組織であり、下部組織の各書記は王懐（贛西行委）、劉超清（贛東行委）、郭承禄（贛南行委）、劉其凡（北路行委）の四人であった。ちなみに、以上九人の幹部の内、毛沢東に臣従した曾山と陳正人以外は、皆後にＡＢ団の首領として富田事変以降殺害された。この一〇月、「江西省ソヴィエト政府」（主席は曾山。彼は、毛沢東支持派）の創設も行われ、毛沢東、朱徳、彭徳懐、張国燾、方志敏などの最高幹部から李文林、王懐、金万邦、段良弼、曾炳春、叢允中などの贛西南特委・江西省行動委員会の面々まで五三人が委員として名を連ねていた。これもまた後のことであるが、この五三人中、判明する者だけで一七人がＡＢ団幹部として処刑される非劇的な運命を辿った。

毛沢東は、吉安を占領したものの、国民党の大軍が迫ったので長く持ちこたえることは不可能になり、軍事物資や軍資金の調達、国民党・土豪劣紳・反革命分子の処刑、新兵の募集等々と多忙を極め、吉安市に軍政を敷き長く占領を続ける力はなかった。撤退以外に策はなかったのだ。それでは撤退後はどうするか。以後の戦略戦術を巡って、一時凍結していた対立が吹き出し、大論争を呼び起こした。なかなか意志の統一はできなかった。しかし、同年六月以来李立三路線の党中央からは「南昌、九江に長駆出撃せよ」という命令が来ていたので、やむなく毛沢東と朱徳は、紅軍の主力軍に対して一〇月一三日に南昌に進撃せよと命令を下した。しかし、実は、毛は長江へ出撃する気はなく、逆に江西省南部から福建省一帯の革命根拠地に籠城する計画だった。

（4）毛沢東、「峡江会議で新戦略を表明」

一九三〇年一〇月一七日、吉安を撤退する前日、毛沢東は「峡江会議」（正式には「紅第一方面軍総前委拡大会議」）を開催した。参加者は以下の各軍団代表など約三〇人であった。

紅第一軍団――林彪、羅栄桓、黄公略、蔡会文
紅第三軍団――彭徳懐、滕代遠、鄧萍、張純清、何長工、袁国平
長江局代表――周以栗
江西省行動委員会――李文林、曾山、陳正人

注：以上の出席者名は、『中央蘇区史』（頁二六七）による。

この会議で、毛沢東は敵の情勢を見れば、南昌、九江の攻撃に行くべきではない、贛南に撤退して陣地を固めるべきだと主張したが、李文林は「それは中央の方針に背くものであり、中国革命を断ち切ることになる」と強硬に反対した。しかし、曾山・陳正人等は毛の方針に賛成した。結論は出ず、一応「南昌、九江に向かう」既定方針通りということで終わったが、論争は続いた。一〇月二三日以降、毛沢東は、「太平圩会議、羅坊会議（紅第一方面軍総前委拡大会議）」を連続して開催した。この会議の前に、蒋介石派遣の一〇万に及ぶ国民党軍がすでに江西省に迫っていることが、全軍に伝わった。それで、

どこで防衛戦争を行うかが、避けられない当面の重大問題となった。しかし、最後は、第三軍団の軍団長の彭徳懐の一票で毛沢東の戦略「敵を根拠地に誘い込む」に決定した。

第三軍団には、政治部主任の袁国平を始め、毛沢東の贛南に撤退して籠城する戦略に強硬に反対し、長江方面への出撃論が根強かった。彼らは、紅一方面軍は二手に分かれ毛派は贛江の東側に布陣し、我々紅三軍団は贛江の西側に布陣し、贛江の両岸で国民党軍を迎撃すべしと主張した。贛江とは、江西省の南部山岳地帯を源流とし、江西省の中央を南側から斜め北に貫いて流れる、江西省最大の川である。江西省の主要な都市はみなこの川に沿って在る。この川は、いったん鄱陽湖に流れ込んでから九江市辺りで長江に流れ込む。江西省行動委員会の李文林たちも毛沢東に強硬に反対し、むしろ進撃して江西省の国民党占領地域である白区で決戦を挑むべきであり、敵を西南革命根拠地に誘い込んではならない。なぜなら、敵を誘い込んでソヴィエト区で戦えば、人民の持ち物の総てが破壊され、奪われ、失われて、ソヴィエト区の革命陣地と人民に大変な損害を与えるからである、と主張した。

これに対して、毛沢東は、一〇万の大敵に対して、たった三万か四万の紅軍を贛江の両岸に二分することは不可能である。一つの拳にして戦うのだ。贛江の東には福建省にまで続くソヴィエト区があり、山脈と大平原と人民大衆の支援がある。贛江の東に紅軍を結集し、「敵を深く誘い込んで、敵の疲れを待って、これを殲滅すべきだ」という持論の戦略論を展開し、朱徳、周以栗、羅栄桓、曾山、陳正人などの賛成を得た。曾山の回憶録「贛西南革命闘争歴史的回憶」（『湘贛革命根拠地（下）』頁八七〇以下）に曾や李文林等の主張が紹介されている。毛沢東に断固反対の主張をしたのは、彭徳懐が率いる紅三軍団首脳部であった。

この当時の紅三軍団の詳細な内部情況について、前掲の『彭徳懐伝』（頁九〇～九五）によってより詳しく振り返って見る。

「一九三〇年九月下旬、中共中央は上海で拡大会議〝三届三中全会〟を開催し、中国革命に関する極左的方針を改め、全国総蜂起の準備を行い、全国の紅軍を総結集して中心都市を攻撃するという、これまでの李立三冒険主義的政策を停止した。

しかし、交通が不便でこの会議の精神と決議は、紅第一方面軍（書記、毛沢東）にはまだ届いていなかった。それで、中共中央長江局の軍事部門の責任者である周以栗が紅第一方面軍司令部に着いた時、彼は中共中央の九月以前に出された長沙占領を命じる李立三の命令書を持参し、再び長沙を占領し、更に進んで南昌、九江を占領し、武漢を総攻撃する態勢を作れと命令した。この中央の指示は第一方面軍内に論争を引き起こした。九月二八日、第一方面軍総前敵委員会は、袁州で会議を開き、そこで書記毛沢東は次のように言った。もし軍閥混戦が終わろうとも、蔣介石は必ず兵力を結集して紅軍を攻めにくるだろう。だから、総前敵委員会のこれまでの主張を堅持し、農村根拠地を拡大しなければならない、と。しかし、少数の幹部は南昌市を攻撃すべきだと主張した。（中略）会議は毛沢東の説得によって、先ず吉安を攻撃することに決定した。（中略）周以栗も納得したが、全員の本当の意思統一は得られなかった。彭徳懐は最後に毛沢東の主張に同意した。

こうして、先に見たように紅軍は吉安の攻略に成功し、また新余、峡江、吉水などの県城も占領した。かくして贛西南根拠地を一続きに結ぶことができ、形勢はきわめて良くなった。しかし、この時少数の幹部はまだ北進して南昌、九江を攻撃するよう強く主張した。それで、中共中央の命令に従うかどうか、この問題を最終的に解決することが急務になった。一〇月一七日、峡江で会議を開いたが、決着しなかった。（中略）軍閥混戦に勝利した蔣介石は、すぐさま大軍を江西省に移動し、江西ソヴィエト区に襲いかかってきた。この情勢の急激な変化に対応し、紅第一方面軍総前委と江西省行動委員会は、一〇月下旬、羅坊において聯席会議を開いた」。

（5）「羅坊会議、彭徳懐が毛沢東に賛成の一票」

紅三軍団からは彭徳懐、滕代遠、袁国平が出席した。会議がまさに対策を議論している時、江西省に侵攻した蔣介石軍は、分宜、臨江の線まで迫り、紅軍を攻撃する態勢をとった。毛沢東は、こうした状況を見て戦略の転換を行い、紅軍主力を革命根拠地に向かって後退させ、〝敵を根拠地に誘い込み、その疲れを待って殲滅する〟戦略を主張し、紅軍総てが贛江を東に渡る作戦計画を提起した。しかし、先に見たように彭徳懐の率いる紅三軍団の幹部たちは同意せず、贛江を東に渡ることに反対し、主戦場を峡江一帯に設定し、紅第一方面軍は贛江以東に、紅三軍団は贛江以西に布陣するよう主張した。贛江を挟んで二つに別れて布陣し、敵を迎え討つというのである。この二派の主張は互いに譲らず、論争はきわめて激しかった。

彭徳懐は長沙から撤退した後、兵力不足で大都市攻撃はできないと強く感じたので、会議では毛沢東の戦略を支持したいと思った。この時、彭徳懐の率いる第三軍団に反対意見が多かったので、彭徳懐のもつ一票はきわめて重要であった。まさに彼が『自述』で述べているように、〝私の一票は、この時かなり重要な役割を持っていた。どちらに入れるかで、総てが決まるのだった〟。彭徳懐の一票で、毛沢東の戦略戦術がかろうじて最終的に決定した。

会議が終わると、彭徳懐と滕代遠は直ちに紅三軍団に帰り、幹部会を召集し、贛江を渡る準備を命じたが、一部の幹部は主張を変えず、またあるものは、兵を（中略）三分してゲリラ戦を行うべきだといい、極端な者は紅第一軍団と紅三軍団は別れればよい、とまで言った。紅三軍団の幹部たちは、どうしてこのように贛江を東に渡る問題で強硬に反対を主張したのか。彭徳懐は、紅三軍団の中の五軍、八軍の将兵の多くは、湖南省の平江県、瀏陽県、湖北省の大冶県などの農民であり、郷土意識が強く、故郷から遠く離れて戦いたくないのだ、また贛江を東に渡ってしまえば、自分たちが湘江と贛江の間に打ち立てた革命根拠地を失ってしまうのを恐れているのだ、と考えた。そこで、彭徳懐は、彼らに「今贛江を渡って戦うほうが、最後は根拠地の拡大に有利である、また我々は全中国の解放を考えているのであって、故郷のことだけを考えていてはいけない、と説得した」（前掲『彭徳懐伝』頁九二）。

中国共産党史に詳しい人は、彭徳懐と黄克誠は紅軍で長く苦楽を共にし、建国後の一九五九年夏の盧山会議において毛沢東の大躍進を批判して共に失脚し、彭徳懐は国防部長の職を、黄克誠は副国防部長兼総参謀長の職を失ったこと(1)、また一九六五年九月、毛沢東が失脚中の彭徳懐を中南海の自宅に招いて「西南三線建設委員会第三副総指揮」の職に就くよう話した際に、毛沢東が「李立三路線の時、紅三軍団の幹部が贛江を渡ることに反対した際、貴方が贛江を渡るべきだといった。この一言で、ことが決し贛江を渡ったのだ」と語ったことなどを思い出すに違いない。これは六年間も、反党分子の頭目、ブルジョア階級軍事路線の執行者として自ら断罪した旧友への単なる慈しみ、哀れみとは思えない。もちろん、当時ソ連との軍事対決が避けられないと考えていた毛沢東が、紅軍時代からの英雄であり、朝鮮戦争を戦った中国志願軍の総司令官であり、朱徳に次ぐ軍事的威信を持っていた彭徳懐を再び用いて、人民解放軍の団結を高めようとした一手であるとしても。しかし、一九三〇年一一月中旬の、蔣介石の総力を上げた「第一次包囲攻撃」（原文は〝囲剿〟）を前にした、中共ソヴィエト権力と工農紅軍全体の運命が懸けられた、のるか反るかの天下分け目の決戦の時、彭徳懐の決断が全体の運命を作用したことを、ともに一瞬懐かしく思い出したに違いない。それほど、贛江渡河問題は、毛沢東にとって運命を決する一瞬であったのである。

この時のことを、黄克誠は『黄克誠自述』（人民出版社、一九九四年、北京）で以下のように記している。

一九三〇年末、蔣介石は一〇万の兵を動員して、国民党江西省主席、第九路軍総司令官の魯滌平を、「陸海空軍司令官南昌行営」主任に任命し、中央革命根拠地と紅一方面軍に対する大規模な第一次〝囲剿〟（包囲攻撃）の指揮をとらせた。——張輝瓚が前敵総指揮官であった。紅一方面軍総前委は敵が強くわが兵力が弱いという状況によって、敵を赤色地区に深く誘いこみ、その疲労を待って殲滅する作戦命令を出した。紅一、紅三軍団は一二月初め根拠地の中央部にある寧都県の黄陂、小布、麻田の線まで退き、ここに隠れて集結し敵殲滅の準備をし、同時に徹底的に情報管理を行った。敵はわが根拠地に進入したが耳は聞こえず目も見えずという状態で、わが軍の行動が全くわからず、あちこちデタラメに攻撃するばかりであった」。わが軍は、敵の動静を完全に把握し、福建省の龍岩まで後退し、一二月三〇日、総攻撃の後、侵入軍一万人余を全滅させ、張輝瓚を生け捕りにしたのである（頁八二）。

この黄克誠の『自述』の一節は、一九三〇年一〇月の吉安市からの撤退、一一月から一二月初旬にかけての毛沢東の紅軍大粛清、富田事変、国民党軍の最初の大規模な侵攻へと続く、この時代の紅軍史に具体像を与えてくれる。吉安市撤退後、紅軍内部が分裂状態になり、北上して南昌を攻めろという李文林らの江西省行動委員会の主張、贛江を渡ることを拒否する彭徳懐率いる紅三軍の多くの将兵の反対、それに毛沢東派の「敵を根拠地内に深く誘い込め」という紅一軍の中心的将校たち、まさに国民党軍の第一次〝囲剿〟の最中に、紅軍は分裂、自信を喪失して無規律が蔓延していた。まさに紅軍主力と革命根拠地は消滅するや否やの絶対的危機にあったのである。しかし、毛の戦略は起死回生の大成功を収めたのだ。

注

（1）『彭徳懐伝』、当代中国人物叢書之一冊、当代中国出版社、頁九一～九二、一九九四年。

第五節　毛沢東、「黄陂粛反（粛軍）」で紅軍内ＡＢ団四四〇〇名以上を粛清

中央紅軍は、一〇月末、李文林等の反対を押しのけ、また彭徳懐が率いる第三軍の賛成を取り付けて戦略的後退を決定し、全軍が贛江を東に渡り、革命根拠地の中心に敵を引きつけて決戦を行うことになった。

『毛沢東年譜』（上巻、頁三二六、中共中央文献研究室編、一九九三年）に、当時の毛沢東の行動が次のように記されている。

一九三〇年一一月中旬、毛沢東は朱徳と共に、紅第一方面軍約四万人を指揮配備して戦略的後退を行い、永豊県藤田と楽安県招携一帯に撤退した。また、同年一一月一八日、紅軍は吉安城を放棄した。一九日、毛沢東は総前委秘書長の古柏、秘書の謝維俊とともに吉安から永豊県の藤田に移動し、紅軍主力に合流した。移動の途中、毛沢東らは吉安県の戦闘準

備が良くないこと、この地に駐留している紅二〇軍の少数の幹部が〝敵を深く誘い込む〟作戦に懐疑的であることを知った。そこで、毛沢東は、この吉安県一帯を蔣介石の第一次大侵攻〝第一次囲剿〟に反撃する戦場にすることを中止した。

紅二〇軍は、江西省行動委員会（書記、李文林）の指揮下にあり、富田、東固を中心にする江西人地方ゲリラが主体となって編成した軍隊であるが、朱徳と毛が率いる紅軍主力の一〇分の一以下の兵力であった。しかし、この紅二〇軍の指揮官の多くは、毛沢東の「贛南を主戦場にする」戦略に反対してきたが、この決戦時においても、まだ反抗的であったことが分かる。そこで、毛沢東は、寧都県の黄陂、小布に防衛戦線を移動した。決戦を前に、吉安城を占領して以来、新しく獲得した約一万余人の中から、また従来の紅軍の中からも逃亡者や規律違反の兵士が続出した。毛沢東は、内外のかかる危機的な状況下において、まず紅軍内の大粛清を決意した。この突然の大粛清について、『中央蘇区史』は、次のようにまとめている。

〝黄陂粛反〟は、わずかに一〇日間ほど続いただけで、十一月末に始まり十二月初旬には基本的に終了した。紅軍の中から約四四〇〇人以上のAB団分子を摘発し、約二〇〇〇人を殺したのである（『江西文史資料』第二輯、頁一〇九～一一〇、「関于富田事変及江西蘇区敵粛反問題」）。当時、紅第一方面軍の総数は、僅かに四万余人であった。つまり、紅第一方面軍四万余の将兵の一〇分の一がAB団分子とされたのである。僅かに七〇〇〇余人の紅四軍の中からだけでも一三〇〇から一四〇〇人がAB団分子とされた。紅四軍団総数の五分の一を占める。その内の半分が殺された。〝黄陂粛反〟（軍隊内の第一次粛反）の後、紅第一方面軍は、一九三一年の二、三月に第二次軍内のAB団粛反を実施した。この第二次粛反でどのくらいのAB団が粛清されたか、確かな統計数字はない（頁九六二）。

第一次粛反で逮捕された約四四〇〇名余の紅軍兵士の約半分が殺害されたというが、正確な数字を示す資料はまだ見ていない。この紅軍内のＡＢ団粛清は、この年春から、贛西南特委によって江西省西南ソヴィエト区内で行われてきたＡＢ団粛清のやり方をそっくり真似して行われた。残酷な拷問により「自白」させ、芋づる式に怪しい兵士を捕え、嫌疑、逮捕、拷問、自白、処刑という順序で実行された。当時、紅四軍第一二師の師長であった蕭克は、次のように回想している。

私の部隊が寧都に達した時、軍政治部は、お前たちの中にＡＢ団分子がいると言って、具体的に何人かを指名した。その中に、師団政治部の宣伝隊長と宣伝員がいた。この二人は福建人で、閩西ソヴィエト区の遊撃隊からきた者であった。これだけの話で、全くその他の材料はなかったのに、この二人を捕まえた。そして訊問したが、二人は認めなかった。それで拷問に次ぐ拷問を行ったので、ついに二人は十数人の名前を自白した。この十数人を捕らえてまた拷問に次ぐ拷問をやり、数十人の名前を自白させる。こうして一一月末から一二月初めまでに、一二師団だけで一〇〇人から二〇〇人を捕らえた。そしてその内の六〇人を殺した。その十数日後の、一二月上旬のある晩、師団の党政治委員と兵士代表は、更に六〇余人の一団を殺すと言った。その翌日の早朝、師長の蕭克は政治委員の羅栄桓に報告し、指示を仰いだ。羅は、「殺し過ぎだ。労働者、農民出身者は、自首させることもできるのではないか」と言った。側にいた紅四軍の軍委秘書長の黄益善も、「殺し過ぎだ」と言った。蕭克はそれを聴くと直ぐ走って帰った。しかし、「犯人」達はすでに刑場に集められていた。蕭克は「まだ殺すな。師団の党委が改めて検討して後に決定する」[1]と。検討の結果、三〇余人は釈放したが、二〇余人は殺された。

〝黄陂粛反〟は、紅軍総司令の朱徳の身辺にまで及んだ。一一月下旬のある晩、粛反委員が朱徳の身辺に仕えていた一五歳の少年をＡＢ団として逮捕しにきた。朱徳の妻の康克清は怒り、朱徳に言って抗議してもらったので、やっと少年は釈放された[2]。

こうした、後に建国の元勲になったような党幹部、紅軍幹部さえも、当時、粛清の危険に迫られたという話は、陳毅、黄克誠などを始めとして、かなり沢山ある。圧倒的な武力を持つ国民党軍隊との天下分け目の一大決戦を目前にして、毛沢東は、最初に自らが率いる紅軍を「赤色恐怖（極左的テロリズム）」の坩堝の中に投げ入れ、厳重な粛軍を行ったのである。

この〝黄陂粛反〟の中で、紅軍内のAB団の首領として逮捕された劉店岳、曾昭漢、劉超清、梁鼎元、江克寛、周赤などは、江西省行動委員会の中にAB団の総団があり、段良弼、李伯芳、謝漢昌が首領である、と自供した。この証言があったため、総前委は急遽富田に李韶九を送って彼らを逮捕しようとし、結果的に富田事変が勃発した。以上が、次節で紹介する総前委書記毛沢東が党中央に送った「総前委答弁的一封信」[3]（一二月二〇日付け）なる書簡の弁明である。この時、毛沢東は、彼の戦略に真っ向から反対し続け最大の敵となった江西省行動委員会の書記李文林も逮捕したが、この件については内外に明らかにしなかった。しかし、李文林が毛沢東に一一月末に逮捕されたことは、逮捕されなかった紅二〇軍の幹部には知られていたであろう。だから毛は富田を急襲しなければならなかったのだ。富田事変の翌年、項英は李文林を救出し、万泰県の一地方区の粛反委員にした。しかし、李文林は、再び三一年七月、「粛反機関に混入し共産党員を陥れた」という罪名で逮捕され、国家保衛局によって三二年五月三〇日、万泰県で公開処刑された[4]。

注

（1）「関于富田事変及江西蘇区的粛反問題」（『江西文史資料』第二輯、頁一〇九～一一〇）、『中央蘇区史』頁九六二～九六三）。建国後、蕭克将軍は「贛西南的粛反工作」（『江西党史資料』第二三号「中国工農紅軍第六、第二〇軍」掲載、頁二一四～二一三）なる論考を書いた。蕭克は、この文章の中で李韶九は湖南省の同郷であるとし、「李韶九は品徳に欠けたよくない人物である」、「彼は南昌蜂起の際捕虜になり、その後蜂起軍に参加し、また安源炭鉱でも国民党に逮捕され、自分で三民主義の忠実な信徒であると自称しており、敵軍のための電信文の仕事をしていた」と過去を証言している。

（2）『中央蘇区史』頁九六二。『康克清回憶録』（頁七〇～七一、解放軍出版社、一九九三年）。

（3）前掲『中央蘇区史』頁九六二、九六三。「関于富田事変及江西蘇区的粛反問題」（『江西文史資料』第二輯、内部出版、一九八二年）が出典。

（4）注（3）に同じ。

第六節　毛沢東は「ＡＢ団」の大量存在を本当に信じていたか

毛沢東は、一九三〇年一〇月一四日付けの党中央に宛てた書簡の中で、次のように言っている。

「近来、贛西南党（江西省西南部の党）は全般的に極めて重大な危機的状況に陥っている。全党が完全に富農路線によって指導されている。党と団（紅軍部隊）の二つの特委機関、贛西南ソヴィエト政府、紅軍学校にＡＢ団分子が現れている。各級の指導機関は、内外多数のＡＢ団である富農に占拠されている。指導機関はもちろんのこと総てにわたって（中略）富農の指導を廃絶し、ＡＢ団を粛清しなければならない。贛西南党は、根本的な改造を加えなければ、決してこの危機を救うことはできない。今、総前委はまさにこの問題に取り組んでいる」[1]。

毛沢東が、党中央宛にこの書簡を書いた日付は、一〇月一四日である。この日は、紅第一軍団が吉安城を攻撃し攻略した直後である。この吉安占領中に朱徳の部下が敵総司令部で重要史料を発見した。その文書の中にＡＢ団関係の史料があり、しかも李文林の父親の名前が発見されたというのである。それで、この時から李文林はＡＢ団ではないかと総前委は疑い始めた。しかも、先に述べた如く、吉安占領中に、李文林が中心になって、古くから江西省の革命に尽力してきた「贛西南特委」を改組して「江西省行動委員会」を樹立し、反毛派を結集して江西省独自の権力機関を創設した日の直後であった。毛の李文林と江西省行動委員会に対する猜疑心と警戒心は頂点に達したであろう。こうして毛の党中央宛の「ＡＢ団の活動は、江西省党内で猖獗を極めている」という報告が出されたのであろう。この一〇月四日に発見されたといわれる李文林の父に関する史料は、今日の研究では、全くの同名異人であり、李文林の父はすでに二七年に死亡しており、しかも李文林の家は地主ではなく富裕中農であったことが明らかになっている[2]。

毛沢東は、「江西省行動委員会」とその指揮下にある紅二〇軍が、沢山のAB団に占領された反革命の機関に変質していると本当に信じていたのか。これは、毛沢東自身に聞くより方法がない。しかし、これに関して毛沢東自身が書いたという史料は、いまだ紹介されていない。香港の中文大学の高華は、「答案是似信非信」、つまり「その答えは信じられるようで信じられない」[3]という。私も、高華教授と同じく、毛沢東は敵のスパイや裏切り者は党内にいつもいるのだ、AB団がいないと考えるよりも、いると考え、それに対処し、ある時はそれを弾圧し、ある時はそれを口実として利用し局面の展開を図るのだ、と考えていただろうと思う。二七会議以来、贛西南一帯で土地革命を急速に展開し、それに反対する勢力をAB団分子と決め付ける路線が、すでに三〇年二月以来、毛沢東・劉士奇路線で開始されており、その総仕上げが吉安占領後に実行されたのである。

毛沢東が、直接手を下して、党と軍の内外で本格的なAB団弾圧を開始したのは、国民党の第一次囲剿が開始され、天下分け目の決戦を前にした三〇年一一月下旬であったが、その決意を固め、党と軍に命令したのは、一〇月二六日であったと考えられる。この日、毛が最高権力を握る「総前敵委員会」は、「江西省行動員会」との連名で「目前の政治形勢と紅第一方面軍及び江西党の任務」(『与紅三軍団有関的歴史問題及文献』頁四〇四~四一七、江西現代史学会編、江西人民出版社、一九八〇年、南昌)なる命令書を発した。この命令書は蔣介石軍との決戦に向けての戦略戦術上の指示と党・軍における軍規粛正を命じたものである。およそ九〇〇〇字であるが、その中で、「一切の改良主義、改組派、第三党、AB団取消派、蔣介石の国民会議の欺瞞等に対して反対を強化し、彼等の一切の罪悪を暴露しなければならない」、「ソヴィエトの赤衛隊の中に富農分子が侵入しないように厳重に注意しなければならない」、「土地革命を実行することは、根本から富農階級の反革命陰謀を防止するもっとも実際的な政策である」、「貧農・雇農の中から指導者を選ぶことは、富農反革命分子(AB団)をどの地方、どのソヴィエト機関にも潜入させないためである。なぜなら贛西南の各級ソヴィエト政府機関には富農反革命分子が充満しているからである」、「政治的にAB団の各種の欺瞞と陰謀を指摘し、民衆の中の彼等の影響を正し、激しくAB

団を鎮圧し、ＡＢ団の総ての活動分子を粛清することが必要である」、「軍隊内でＡＢ団・改組派に反対し、新兵に対して一般政治教育を行うように注意し、兵士委員会の党組織を打ち立てなければならない」等々と、このような命令を繰り返しているのである。これこそ「黄陂粛軍」、「富田急襲」に向けた宣伝であり宣言であった。しかも、この命令書に毛の「紅第一方面軍総前敵委員会」と並んで署名した「江西省行動委員会」の書記李文林と有力メンバー数人（いや実は李文林派は蚊帳の外に置かれていたのであろう）が、一一月には一斉に秘密裏に逮捕されて拷問を受け、また一二月には富田・東固にいた江西省行動委員会の幹部、紅二〇軍幹部が一斉に襲撃されたり、銃殺されたりしたのである。

では、「黄陂粛軍」のような紅軍兵士に対する軍内粛清が、どうして決戦を前に必要であったのか。それを知るためには、当時の紅軍兵士の実態、毛が置かれていた状況を知らねばならない。

一九二九年、楊克敏が党中央に送った「楊克敏の湘贛辺（湖南省・江西省の境一帯にある）ソヴィエト区の情況に関する総合報告」(4)と陳毅が党中央に送った「朱徳・毛沢東軍の歴史及びその状況に関する報告」(5)という二つの文書は、その紅軍の実態に関する重要な証言である。

毛沢東軍と朱徳軍が井崗山で合流し、井崗山を根拠地にしてその周辺を遊撃して暮らしていたのは、一九二七年末から翌年の二八年春までで兵士は寄せ集めの軍隊であった。それらを統一して「紅第四軍」（これまでの「工農革命軍」を改編）を結成し、朱徳が軍長、毛が政治委員となった。「その時の兵力は、全軍一万余人、内訳は朱徳部隊が二千余名、湖南から来ている農民軍八千余名、毛沢東部隊千余名、袁文才・王佐の部隊各三百余名であった。彼らの所持する銃は、僅かに二千挺にすぎなかった」（前掲「陳毅報告」）。「紅軍の生活と経済は、きわめて困難であり、数千人の人々を擁しているので、食事代は毎月少なくとも一万五千元が必要である。米も当地で準備するが、こうした経済の財源は、みな土豪から奪取して賄っている。井崗山付近の寧岡県、永新県、茶陵県、酃県、遂川県などの県の土豪は、紅軍や土着ゲリラによってすでにみな打倒されていた。土豪劣紳・大地主階級は殺されるか、他所に逃げてもういないのである。新しい土豪劣紳を襲撃して彼らの田地田畑・穀物・御金などを奪おうとすると、紅軍は更に遠くに遠征しなければならず、遠くに行くためには敵と死ぬ気で戦って始めて行くことができる。それで土豪を討ちに行くにも、大部隊が必要になるのである。紅軍の兵隊への給料支給は、財源がなくなり早くに廃止されてしまっていた。ただ御飯を食べるだけで、銭が有る時には、二円ほどの小遣いをやるが、最近数ヶ月間は小遣いがないのは勿論、草履代もなく、食費さえ減少してしまった。（中略）それで人々は不安を感じて、当時〝資本家を打倒して、ただ毎日毎日カボチャを食う〟などと嘆き叫ぶ者もいた。紅軍兵士を取り巻く悲惨な情況が想像される。こうして兵士は動揺し、ただ身一つで脱走する者、また銃を持って脱走する者もおり、下級幹部も深刻に不安を感じていた。（中略）経済問題は、紅軍の最も困難な問題であり、辺境に根拠地を維持できるかどうか、これが致命傷になっているということができる」[6]。「紅軍第四軍が、二九年一月一三日に井崗山を離れて、江西省南部に出発したが、皆食も金もなくなると云う、その経済問題の解決にあった」[7]。井崗山周辺の諸県では、過去一年以上紅軍が襲撃して地主・土豪・金持ちを掠奪し尽くしたため、資産階級は消滅していた。そのため紅軍には食料も金銭も全く欠乏して、飢え死にするしかなくなった。そこで井崗山を離れて贛南（江西省南部）まで遠征したのである。

一九二九年一月一四日に井崗山を離れた時、毛沢東・朱徳が率いる紅四軍団は、三六〇〇余名であった。彼らは、上猶、崇義、大余、信豊、定南、安遠、尋鄔、会昌、瑞金と転戦しながら急行軍で通過し、最後に李文林等がすでに強固に固めていた、江西省で最も強固な革命根拠地である吉安県富田に二月一七日にかろうじて到着した。後を追ってきた「彭徳懐の部隊が江西省南部に来て、三月初めに毛・朱の紅四軍と雩都県で合流した。この行軍を終えた直後の朱徳・毛沢東が率いる紅四軍の人数は二〇〇〇余人に激減しており、また彭徳懐の部隊も、僅かに八〇〇余人しか残っていなかった。両者合わせて銃は二〇〇〇余挺に過ぎなかった」[8]。井崗山を出発して、江西省の富田に着くまでの遠征は実に困難の連続であり、大損害を出しつつ命からがら逃げ延びたというのが実情であった。最初、袁文才は毛沢東に従ってこの遠征軍に加わったが、途中で井崗山に逃げ帰ってしまった。袁文才が赦されざる敵前逃亡を行ったことが、一年後の袁文才の殺害の決定的な原因になったとも想像される。さて、二〇〇〇余人にまで兵力が激減していた毛沢東・朱徳部隊は、やっとたどり着いた東固根拠地で数日間休養した。東固根拠地は、李文林、謝漢昌、曾炳春、段起鳳、金万邦等が独自に創建した革命根拠地である。後に彼らは毛沢東が起こした「富田事変」でＡＢ団分子の頭目とされ粛清される運命に遭うが、この時には李文林、謝漢昌、曾炳春、段起鳳、金万邦などが、命からがら逃げ込んできた朱・毛紅軍を大歓迎した。毛沢東は東固根拠地を「李文林式革命」（国民党や土豪劣紳勢力と武力で公然とは争わず、平穏裡に根拠地を建設する革命方法）の勝利の実例だと絶賛した。ここでやっとのことで毛沢東たちは休養し、食べ物に有りつき、負傷兵の治療にあたることができた。この後、毛沢東、朱徳は、すでに井崗山が陥落したのを聞き、ここから二九年三月、江西省西部から福建省に進出することになる。

この一九二九年四月、朱徳・毛沢東は党中央に書簡を送り、その中で「紅軍は多くが地元の人間ではない。地方の武装勢力である赤衛隊とは、全く異なっている。湖南省と江西省の境にある寧岡県などの農民は、赤衛隊に入って兵隊になるのは願うが、紅軍に入るのを願わない。だから、我々は何人かの農民兵士すらずっと見つけられないでいる」[9]、と嘆いている。こうしたきわめて困難な状態が一九二九年いっぱい続いた。毛沢東、朱徳、彭徳懐の軍隊全部合わせても数千を超えることはなかった。このような状況の中で、福建省西部山岳地帯の諸県を転戦中に、朱徳と多くの将兵は毛沢東の独裁的なやり方に反感を持ち、「書記独裁」だと批判した。かくして紅四軍の武官会議で毛は書記に再選されず、陳毅が書記に選ばれた。こうして毛沢東は一時戦列から離れた。毛の不遇は二九年六月から一一月まで半年間続いた。しかし、愚直で人柄がよすぎる朱徳は冷厳な軍事指揮がとれず、紅軍の軍事規律もゆるみ、仕方なく毛沢東に復帰を願い出、以後毛の権威に屈服した。毛は、この事件を終生忘れなかった。これが後の文化大革命時代に紅衛兵から「毛に反逆した朱徳の罪状」として攻撃されることになる。

毛沢東・朱徳の中央紅軍が、にわか作りの農民兵を集めて一万以上の兵力を擁するに至ったのは、一九三〇年に入ってからであり、江西省南部と福建省西部を一続きの革命根拠地に統一し、国民党軍や地方軍閥の大軍としばしば戦えるようになってから後のことである。三〇年八月、紅軍は総力をあげて長沙攻撃をしたが失敗した。しかし、撤退する途中、追撃してきた湖南国民党の何鍵の大軍を殲滅した。紅軍は紅第一軍団成立以来の大勝利を収めたのである。そして「この勝利に乗じて民衆を大いに立ち上がらせて紅軍を拡大し、一万人の兵力を一万八千人にまで拡大したのである」[10]。この勢いに乗って、八月二三日、約二万の朱毛軍と約一万の彭徳懐軍が合流合体して、「中国工農紅軍第一方面軍」を結成した。強大になったこの新しい第一方面軍は、同年一〇月四日の夜、吉安城を攻略、占領した。そしてここでもまた、一万以上の民衆を紅軍新兵として補充した。恐らく、江西省南部の重鎮である吉安市を攻略したため、紅軍は一挙に民衆から英雄視され、共青団員、赤衛隊、その他の共産党系の予備兵力の農民が、こぞって紅軍に押しかけ入隊したのである。中央紅軍は、一年足らずの間に、数千人の規模から四万余人に急増したのである。紅軍が吉安を占領した時、周辺の農村から掠奪目的で人々が吉安市になだれ込んでいた。彼ら無産者の中からも、食うために多くの紅軍参加者が出たであろう。

その補充された新兵の大部分は、学歴がないのは勿論、文字さえ読めず、ましてやマルクスもレーニンも共産主義理論の何たるかも全く知らない貧農、雇農、無職の青年たちだったことは間違いがない。当時は土地革命戦争の最中で、共産党が指導する紅軍や農民蜂起軍が土豪劣紳や役人及び地主富農分子を至るところで打倒していた。そのため、多くの無産者が紅軍に雪崩れ込んだ。貧しい無学文盲の青年たちしか、他に紅軍に入る者はいなかった。吉安市陥落の際には、ここに逃げ込んでいた「土豪劣紳、地主、大金持ち、国民党関係者、反革命勢力関係者」などが、恐らく数百人処刑されたと思われる。そうしたことに快哉を叫び、暴力行為や掠奪行為を英雄視する貧しい人々しか紅軍に入らなかった。地主・富農など資産のあるもの、学歴のあるものは、「赤色恐怖」（赤のテロ）に怯えて吉安市に、更に豊かなものは武漢へ、大金持ちは上海に逃げて行った。

一九二七年から三〇年初めにかけての、あの困難な戦いの日々に、大学などで共産主義の学問を学び、革命のために生涯をかける人間など、実は同志の中に微々たるものであった。あのいつも醒めた冷酷な目で人の世を見てきた毛沢東は、簡単に人を信じる人間ではなかった。「最近の二、三ヶ月の間に、紅軍になだれ込んできた新兵などどれほど信頼できるのか。氏も素性も知れない連中である。国民党のスパイかもしれない」と思って当然である。しかも、今や、敵は全国の軍閥混戦を制覇した蔣介石の近代的な軍隊一〇万であり、彼らとの決戦が目前に迫っているのだ。紅軍内の古参幹部の間にも、毛の戦略戦術に猛反対する李文林ら江西省行動委員会の面々がいる。また、彼らが指導、指揮している約二〇〇〇人から三〇〇〇人の兵力を擁する紅二〇軍がいる。しかも、彭徳懐の第三軍にも自分に猛反対した古参幹部や一般兵士が沢山いた。彭徳懐の説得でやっとのことで贛南の革命根拠地内に「敵を深く誘い込み、その疲れを待って、殲滅する」戦略戦術が支持されたのだ。この乗るか反るかの決戦を目前にして、どうして手間暇かけて兵士たちの審査、教育などをしておられようか。むしろＡＢ団の一掃に名を借りて、ただ食うために紛れ込んだ者、自分に反対する者を一掃し、水脹れの軍隊の贅肉を削ぎ落とし、徹底的な粛党、粛軍をしなければ、国民党の大軍と決戦などできないことは明白である。ＡＢ団討伐の名を借りて、この二つの課題を実現するのだ。毛沢東に代って彼の心境を計れば、こういうことになろう。

我われのような戦後の世界大戦中の社会主義者、共産主義者の反ファッシズム闘争に感激し、更にまた戦後左翼文化人の主張に共感を受けてきた世代は、敗戦から一九六〇年代まで、中共の「紅軍兵士」、「共産党員」などと聞けば、崇高な共産主義の理想を持ち、革命の大義に自己の生死をかける高貴な精神を持った戦士たちというイメージを持ってきた。そして彼ら国際主義の戦士、プロレタリアートの戦士を支援し、彼らを生み出す中国革命を聖なる革命だと想像した。しかし、当時、私たちが想像し、理想化した世界革命を目指す革命的戦士、革命的人民などはきわめて少なかったのである。そんな人は、当時、中央革命根拠地に数百人いるかどうかさえ疑わしかった。国民党との階級決戦を叫ぶ、毛沢東指揮下の「紅第一方面軍」四万余の紅軍兵士の大半は、江西省や福建省を転戦している最中に、しかも一年以内に加入した人々であり、おそらく大部分は文字、文書さえ充分に読めず書けず、ましてや、マルクスの『共産党宣言』さえ読んだことがなかった人々であったろう。

国民党との一大決戦をするのに、紅軍四万余の一割前後を一気に粛清して殺し、あるいは厳重な懲罰を加えて追放し、軍内を徹底的に引き締め、研ぎ澄まされた神経をもつ戦闘集団に鋳なおすことが絶対に必要である。毛沢東の冷徹な眼力は、紅軍兵士の「負の側面」を見逃さなかった、と言うべきであろう。しかし、ここにおいて、毛沢東の愛したのは、個々の貧しい農民の戦士ではなく、革命の主体となって戦うはずの「貧農、雇農階級出身」という幻想の革命的階級であり、専門的赤軍兵士だったことは明白である。この革命的階級範疇に属さない者、しかも赤軍兵士に似合わない者は、たとえ貧農・労働者出身であろうとも紅軍から剥ぎ取り叩き出さねばならない。毛沢東の真意を忖度すると、以上のようになる。これは単なる憶測ではなく、マックス・ヴェーバーの言う「客観的可能性」の問題である。

次にもう一つの問題。毛沢東は党内反対派、つまり江西省革命陣営の主流派である李文林派をいかに評価し、どう対処したかという問題に移ろう。彼らに対して、毛沢東は次のように考えたに違いない。

李文林を書記とする江西省行動委員会と、その傘下にある紅二〇軍は、富田と東固を根拠地とし、駐屯地としている。これが江西省の共産党の最強の防御陣地であるが、この贛南一帯に「敵を誘い込んで、殲滅する」ことに、こともあろうに李文林派と紅二〇軍の将兵の多くは反対している。彼らは自分たちの故郷が血の海になり、革命の資産が無に帰すことを恐れて、革命の大義を忘れ、紅第一方面軍総前委の決定にあくまで敵対的である。[11] しかし、紅二〇軍などは、兵士の数はせいぜい地方ゲリラ出身の三〇〇〇人あるかなきかの勢力であり、しかも近代的な会戦など戦ったことがない連中である。吉安市城の攻略も我われ紅第一方面軍の勢力があってこそ成功したのだ。彼らは「南昌、九江、武漢へ進撃せよ」などと勇ましいことを口で言ってきたが、自分たちだけでは全く実行する戦力と能力はない。彼らも、実は富農など資産家の出身者が多いため、富農階級に甘く土地革命を真剣に実行してこなかった。もし地元の贛南出身者の多くが裏切ったなら、国民党の総攻撃に堪えられない。蒋介石の軍一〇万に包囲攻撃されれば、我われ全革命勢力が消滅するのだ。李文林派と紅二〇軍の一部の将校は、ＡＢ団反革命分子と見なすべきである。この決戦を前にして、吉安市内で朱徳の部下が「李文林の父は地主でＡ

B団である」という確かな証拠を見つけたという情報もある。その息子の李文林もAB団であろう。仮にそうでなくても、たいした問題ではない。直ちに、紅軍内の大粛清をやり、李文林一派をAB団として逮捕し、彼らこそが反革命のAB団であることを白状させる。自白こそ最高の証拠である。次に富田を急襲して一挙に彼ら全体を殲滅し、また反対派の軍隊である紅二〇軍の将校を一掃すること、「拷問」を含む如何なる手段を用いても彼らをAB団分子として殲滅するのだ。ことは一挙に遂行されねばならない、と。これもまたマックス・ヴェーバーの「客観的可能性」の範略で理解できる事柄である。

毛沢東は、こうした決意を、恐らく八月の「二全会議」における李文林等の強硬な反対と一〇月の吉安城占領中に李文林等らが組織した「江西省行動委員会」の発足を契機にして最終的に固めたものであろう。毛沢東は、粛反委員会主任の李韶九に、次のように命令したであろう。「江西省行動委員会の書記李文林がAB団であることは証拠により明白になった。如何なる手段をとっても彼らAB団全員を暴き出して粛清せよ。今捕えたAB団分子が白状した仲間は皆名簿に記載してある。彼らを捕えて、決して赦してはならない。もう戦争は始まっているのだ、ぐずぐずするわけにはいかない。ことは一刻を争うのだ。誤逮捕、誤審、誤判を恐れてはならない。拷問など手段の如何を問わない。断固として一気に決せよ。かれら反革命の裏切り者を殲滅しなければ、国民党との決戦に勝利できない。君の果断な処置に党と紅軍の全運命、革命の総体がかかっているのだ」と。

毛沢東は、李韶九が過去において贛西南特委、江西省行動委員会、紅二〇軍の将兵と行動を共にし、彼等と面識があることを当然知っていた。李韶九は湖南省嘉禾県人（『紅軍人物志』では江西省人としているが誤り）で北伐戦争、南昌蜂起に参加し、その敗北後早くから江西省に入り李文林、王懐、曾炳春など江西人と共にゲリラ戦を戦った経歴がある。彼らを富田で粛清する際、彼らの顔を見間違えるはずがない。『中国工農紅軍第一方面軍人物志』（解放軍出版社、一九九五年、北京）によると、李韶九は南昌蜂起に参加し、敗北後は江西省南部に派遣され、地元の革命家と共に農民暴動を指導、一九二八年以来、地元の共産ゲリラ軍の指導者の一人として活躍していた。二九年頃から毛沢東の紅軍に入り、毛から厚い信任を得て出世した。彼は、三〇年八月には紅一方面軍総司令部秘書長、総政治部政務処長兼粛反委員会主席という地位に上り、また秘書兼粛反委員会の最高責任者でもあった。李韶九と同郷人であり、少年時代からの詳しい経歴をよく知っている蕭克将軍によれば、先にも記したように、李韶九は国民党官憲に二度逮捕され、三民主義を宣伝して国民党関係の仕事もしていた「いかがわしい人物」で、「阿諛追従が上手く、品性きわめて下劣な人間であった」という。毛沢東は、李は無慈悲で下劣な人間だからこそ、大いに役に立つ時と場合というものがあることをよく知っていたのだ。李は、贛南革命家たちと二八年以来共に戦ってきた人物であり、毛の贛南支配にうってつけの人物だった。以上の私の推論は、根も葉もない空想ではない。次節の第七章に紹介した毛の「AB団討伐の命令書」を見られたい。ちなみに、李韶九、蕭克将軍、それに富田事変でAB団とされ、後に処刑された劉敵は、みな湖南省嘉禾県出身者で、青年時代からお互いによく知っている仲であった。従って、蕭克将軍の李についての人物評は信用できる。

毛沢東の建国後の政治運動のやり口をみても、例えば、騙まし討ちで始めた反右派闘争の開始、鳴り物入りで始めた大躍進、人民公社創設の号令、彭徳懐・張聞天・黄克誠などを一挙に打倒した廬山会議での政変、数千万人が餓死した大災害の隠蔽、更に奇想天外な文化大革命の発動、劉少奇の打倒の仕方の冷酷さ、その他多くの政治運動をみても、人民代表大会にかけず、党中央の政治局会議にもかけず、さらに党首脳にさえも相談せず、突如として奇襲戦法で実行している。しかも、文革時代に毎日のように見られたごとく、旧友・親友でも冷酷非情に打倒している。こうした毛沢東の情け容赦のない独裁主義者としての性格は、革命根拠地時代からのものだったと考えるのが当然であろう。この「独裁主義」の傾向は、一九二九年の朱徳との争いにおける「書記落選」事件を引き起こしたように、当時から大いに憂慮されてきた。この毛沢東の非情な独裁主義は、「黄陂粛反」、「富田急襲」でも大いに発揮されたと考えるのが自然の理というものであろう。廬山会議の時、党首脳部の中の一部の人々は、毛沢東をスターリンや朱元璋に似ていると陰で言いながら恐れたという。しかし、歴史の女神クリオは、かかる非情の人を「中国近代史」の軌道を変える最高の転轍手に選んだのである。

注

（1）『毛沢東年譜』上巻、中共中央文献研究室編、一九九三年、頁三一九。
（2）『中央蘇区史』（九六五頁）。
（3）『紅太陽是怎様昇起的』（高華著、中文大学出版社、二〇〇〇年、頁一六）。
（4）楊克敏総合報告、一九二九年二月二五日付文書。『中共革命根拠地史資料選編』上冊、頁一二～五三。
（5）陳毅報告、一九二九年九月一日付文書。『中共革命根拠地史資料選編』中冊、頁四四四～四六三。
（6）注4の「楊克敏総合報告」、上冊、頁三六～三七。
（7）注5の「陳毅報告」。
（8）注5の「陳毅報告」。
（9）『中央蘇区史』頁九〇、『中共中央文献選集』頁六七四～六七五。
（10）『中央蘇区史』頁二一四。
（11）『毛沢東年譜』上巻、頁三二六。

第七節　「富田事変の真相」、毛沢東の闘争哲学

毛沢東を最高指揮官とする「紅第一方面軍総前敵委員会」は、一九三〇年一二月三日一二時、李韶九に対して「総前委」の名による命令書を手渡した。宛先は、「江西省行動委員会」である。原題は「総前委致省行信」（内部档案資料、『中央蘇区史』頁九六六～九六七）である。

党内にいる地主富農階級は、現在大規模な反乱を起こした。これは、贛西南地区における極めて厳重な事態である。必ず迅速な手段を以て直ちに鎮圧すべきである。紅軍内部の危機はすでに救助された。地方の危機も必ず迅速に救助されねばならない。最近捕えたAB団の劉天岳、周赤、……曾昭漢は、次のように自白した。江西省党委員会と省ソヴィエ

ト政府で活動している李白芳、江克寛、小袁老曾（金万邦のあだ名―小林）、それに紅軍学校の曾国輝、遂川県の劉万清等は皆ＡＢ団の頭目である、と。また周赤は次のように自白した。段良弼はＡＢ団であり、龍超清もＡＢ団である、と。龍超清はこの間我々が直接訊問したが、その他のものは、特にこの度、李韶九を総前委と工農革命委員会の代表として兵一中隊と共に派遣する。貴機関（江西省行動委員会）は、江西省ソヴェト政府が李白芳らを逮捕し、江西省西南の反革命分子の一味を厳しく捜索し、その総てを撲滅するための支援を行うべし。ここに命令する。省行動委員会は、この命令書を受け取るや、直ちに李同志と共に反革命鎮圧の任務を実行しなければならず、いささかの猶予もあってはならない。――贛西行動委員会及び紅軍学校でも、またＡＢ団がニュースを知って暴動を起こすかも知れず、それを防ぐために迅速に対処しなければならない。――およそ彼らを逮捕せず、又殺さない区域があれば、その区域の党と政府は必ずＡＢ団である。だから、その地区の責任者を迅速に捕え訊問しなければならない。

これは普通の書簡ではない。この命令書は毛の近臣の曾山・陳正人にも発せられた。李韶九は、十二月三日、この上記命令書を携えて、江西省ソヴィエト政府の所在地である富田に急行した。毛沢東は、その前月の十一月の末、江西省の有名な革命家であった反対派の首領李文林をすでに「ＡＢ団」として寧都県黄陂で捕らえていた。しかし、そのことは秘して記していない。毛は李韶九を派遣した後、すぐ総前委秘書長の古柏、江西省行動委員会の委員で宣伝部長の陳正人も富田に派遣して、李を手伝わせた。一二月五日一一時、「総前委」は新たに「総前委から李韶九同志に与え江西省行動委員会に送付する書簡」を発し、その中で次のように記した。

極めて重大な党内の地主富農による反乱の陰謀が、すでに普遍的な局面に達した。貴殿らは彼らを撲滅する決心をする必要がある。彼らを捕える糸口を得るために、わが総前委が既にしたように主要な頭目は早く殺さねばならない。本日、龍超清の自供により、段良弼は省委機関にいるＡＢ団の総団長であり、袁肇鴻はその宣伝科長、組織科長は江克寛であることが分かった。貴殿等は彼らを既に捕えたと思う。（中略）しかし、李白芳は段・袁より更に重要な人物である。この筋からさらに重要な人物を探し出さねばならない。

この「総前委」（書記毛沢東）が出した二つの命令（書簡）は、『中央蘇区史』（頁九六六～九六七）に紹介された。また曾憲新の論文「項英、周恩来糺正中央蘇区粛反錯誤」（『百年潮』二〇〇三年、第一〇期、掲載）にも一部紹介されたものである。この毛が発した命令書は、これまで公的な党史には、ほとんど紹介されなかった「極秘」資料である。

さて、この「富田事変」なる悲劇の舞台回しの役を、毛沢東から命じられた李は、敵占領地帯を避けながら丸三日を要し七日に富田に到着した。彼は毛沢東からの命令書を江西省ソヴィエト政府に示し、即座に江西省行動委員会の主要幹部を逮捕した。この時、李韶九が率いて行ったのは、黄陂にいた紅十二軍（軍長は羅炳輝、政治委員は譚震林、参謀長は林野、政治部主任は譚政。しかし以上の三名が直接兵を率いたか否かは不明）傘下の一中隊であった。李韶九は、七日午後三時に富田に着くと江西省行動委員会の諸機関を包囲し、以下の人々を逮捕し、残酷きわまりない拷問を開始した。

段良弼（江西省西南団特委書記、江西省行動委員会常務委員）
李白芳（江西省西南特委秘書長、省行委代理秘書長）
金万邦（江西省ソヴィエト政府軍事部長、東路行委書記）
周冕（周勉）（江西省ソヴィエト政府財政部長）
謝漢昌（紅二〇軍政治部主任）
劉萬清（紅四軍政治部主任）、その他**任心達**、**馬銘**など。

注：上記の人々は、李韶九が皆一九二八年以来、贛南（江西省南部の客家が多い地帯）で共に戦ってきた地元の指導者であり、戦友であり、同志たちであった。「東固革命根拠地概述」（『江西省党史資料』第一〇輯、頁六、二一に彼が、李文林や金万邦たちと一緒に戦ったという資料がある）。つまり、上記のAB団の幹部とされた人々は李韶九の同志・友人たちであったが、李は毛と同じ湖南省の出身であり、江西省の革命家から見れば、いわば他所者であったのであり、節操が疑わしい陰気な性格を持っていた。それ故に、毛もまた李を自分に対して猛反対する人々を粛清する上で利用しうる価値があると考えたのであろう。

逮捕された李白芳、馬銘、周冕の妻たちが良人に会いに来ると、彼女等もAB団とされて逮捕され凄まじい拷問を受けた。段良弼が凄まじい拷問に耐えかねて、上記の人々のほか叢允中、段起鳳などもAB団の幹部であり、紅軍学校にも多数のAB団がいる、とウソの自供をした。李韶九は、拷問によって得た自供により芋づる式に「AB団分子」として一二〇余人を逮捕した。李韶九は、後から来た陳正人に富田を任せ、九日、紅二〇軍本部の所在地である東固に急行したが、その直前に逮捕者の中から二四人を選んで、あわただしく処刑した。東固に到着した李韶九は、紅二〇軍一七四団政治委員の劉敵もAB団と認定し、彼を呼んで尋問したが、二人は湖南省の同郷の関係であり、また劉敵が李に同調するふりをしたので逮捕しなかった。難を逃れた劉敵は、軍内に帰ると、一二月一二日、独立営の営長の張興、政治委員の梁学貽と相談した。すると彼らもこのたびの李韶九の行動は、実は毛沢東の「中共贛（江西省）西南党」の幹部に打撃を与えるための陰謀であるとの意見で一致した。彼等はすぐさま独立営の兵士を連れて軍長劉鉄超を逮捕し、謝漢昌を解放した。そのため危険を感じた李韶九は東固から逃亡した。謝漢昌、劉敵は兵を率いて富田に急行し、拘留されていた段良弼、李白芳など七〇余人を解放した。その後、謝漢昌、劉敵は毛沢東軍の追撃を警戒し、紅二〇軍を率いて贛江以西のソヴィエト区であった永新、蓮花、安福一帯に移動し、新たに吉安県永陽に「江西省行動委員会」、「江西省ソヴィェト政府」を置いて、この一帯で国民党軍や土豪劣紳の勢力と戦い続けた。以上の、一九三〇年一二月七日から一二日にかけての事件を「富田事変」と呼ぶ。

李韶九に対抗して謝漢昌、劉敵は直ちに次の四項目の処置をとった。

一つは、段良弼を上海の党中央に派遣してこの暴挙を訴えると同時に、党中央の窮状を救うため金二〇〇斤を拠出すること（後の結果を言えば、上海に来た段良弼の訴えを党中央は拒否した。党中央は毛のＡＢ団粛清を支持し、逆に謝漢昌、劉敵などを反革命と断定した。そのため絶望した段は、江西省に帰らず、以後行方不明になった）。

二つ目は、曾山、陳正人、古柏、李韶九を反革命として指名・糾弾する（結果的にこれも成功しなかった）。

三つ目は、富田にいなかった湘贛ソヴィエト区西路行動委員会書記の王懐の支持を取り付ける（この後、王懐は劉敵らを支持した。そのため、毛の信用が厚かった王懐も、三一年にＡＢ団として逮捕され三二年に処刑された）。

四つ目は、反毛沢東の旗色を鮮明にし、朱徳、彭徳懐、黄公略、滕代遠を支持して、彼等と毛沢東の間に楔を打ち込もうとした。謝漢昌、劉敵たちは「同志と民衆に告げる書」を発し、「党内に大難至る」、「毛沢東を打倒し、朱徳・彭徳懐・黄公略を擁護する」などと宣伝した。さらに謝漢昌、李白芳、叢允中などは、一二月二〇日、永陽で「朱徳、彭徳懐、黄公略、滕代遠に致す手紙」を書き、その中へ「毛沢東が古柏宛てに書いた手紙」（朱徳、彭徳懐、黄公略、滕代遠はＡＢ団の主犯であり、国民党ともつながっている人間であるから、早いうちに捕らえて殺せ、という内容）なるものを、毛沢東の筆跡に似せて偽造して入れ、両者の離間を謀った。しかし、当時、紅三軍団の司令官として一万の兵を指揮していた彭徳懐は、この手紙が偽造されたものであることを見破り、毛沢東に知らせると共に、富田事変は反革命分子の反乱であり、朱徳らと共に毛沢東同志を支持するとその立場を明確にした。

毛を書記とする総前敵委員会は、直ちに反撃、反論の文書を発表した。それが「総前委の一つの答弁書」（「総前委答弁的一封信」一九三〇年一二月。『毛沢東集補巻』第三巻、頁一八三〜一九一、監修・竹内実、毛沢東文献資料研究会編、蒼蒼社、一九八四年。この文書は、富田事変の直後に書かれたものである）である。ちなみに、この毛沢東の反論文書には署名がないが、「総前委の答弁書」であるから明らかに毛が書いた公文書である。この文書には以下の重要な点が記してある。一九三〇年一一月末からの黄陂粛軍では「四四〇〇人以上のＡＢ団分子を摘発した」、「この時、劉天岳、曾昭漢、龍超清、梁鼎元、江克寛、周章等を逮捕し、彼らの自供からＡＢ団の全貌が判明した」、「首領は李文林、段良弼、謝漢昌、李伯芳である」、「ＡＢ団は、土地平均配分に反対し、雇農・貧農を中核にして中農を同盟者にすることに反対し、労働力に応じて土地を分けることを主張し、富農階級路線を推進してきたのであり」、「三〇年八月の二全会議が彼らが結集した会議であった」等々と反論し、毛は自己の正当性を主張した。この時、朱徳、彭徳懐、黄公略、滕代遠などの党幹部と歴戦の将兵は皆毛を擁護した。毛は彼らの支持を得たので、富田にいた段良弼、謝漢昌、李伯芳ら江西省の革命家たちの「謀略」は、たちまち失敗した。毛に襲撃された側が逆に加害者にされたのである。

以上のように、謝漢昌、李白芳、叢允中らが行った四つの対策はすべて失敗し、毛沢東が先制攻撃した「富田事変」が、逆に李文林側の人々の反毛沢東・反革命による「毛沢東に反対して起こした信義なき武装反乱」と見なされたのである。特に、謝漢昌、李白芳、叢允中等が偽造手紙を書いたこと及び紅二〇軍を命令なしに移動したこと、等が、李文林を指導者とする江西省行動委員会のメンバーと紅二〇軍の幹部こそが陰謀をたくらんだ反革命分子である証拠とされ、ＡＢ団粛清が正当化されてゆくのである。

今日までの研究によって、当時、党内にＡＢ団なる反革命組織はなかったことが明らかになっている。富田事変は、毛沢東—李韶九のラインで実行された大粛清の「一大謀略」ということである。本来、謝漢昌、李白芳、叢允中ラインで偽造された手紙なるものも正当防衛の範囲と見なされないこともない。彼等が掲げた「毛沢東を打倒し、朱徳、彭徳懐、黄公略を擁護する」というスローガンは、大規模なＡＢ団粛清、富田での虐殺の張本人は毛沢東であり、彼を他の指導者たちから孤立させようとしたものである。

何はともあれ、毛沢東—李韶九ラインで行われた富田での粛清事件は、劉敵など多く江西省出身の将兵で結成されている紅二〇軍の反旗、移動によって、そしてまた富田で逮捕されていた多くの指導者の脱出によって半ば失敗したのであるが、上海の党中央の毛派支持と毛の宣伝、朱徳・彭徳懐の毛支持によって「成功」したのである。しかし、毛は、いざ決戦という段階では、味方の陣営をまず大規模にして且つ予想外の「恐慌状態」＝「赤色恐怖」に陥れ、恐怖をバネにする吶喊の中で「真の敵」に向かって決戦を挑ませる戦術を採った。以後の、延安整風運動（恐怖）、百家争鳴・百花斉放（開放）、反右派闘争（恐怖）、人民公社・大躍進（開放）、文化大革命（恐怖）等にもよくつかわれた手を使った。皆初めは誰が敵で、誰が味方か分からない状態にして、すべてを「混沌」（暴力による恐怖＝解放感を同時に解き放つ）状態にする。そして突如として「味方の中の敵」を奇襲攻撃するのである。かくして「決定的瞬間」を自家薬籠中に置くことができた。「富田事変」と「文化大革命」は、同じ闘争哲学、戦争哲学によるものであり、かかる戦略戦術思想において、まさに毛は、『三国志演義』、『水滸伝』の優秀な学徒であったということもできる。

◆附記（1）上記の富田事変の概要は主に以下の研究書に基づいて記した。

毛沢東「総前委の一つの答弁書」（「総前委答弁的一封信」一九三〇年一二月。『毛沢東集補巻』第三巻、頁一八三～一九一、監修・竹内実、毛沢東文献資料研究会編、蒼蒼社、一九八四年）。『中央革命根拠地史料選編』（上、中、下、江西省档案館他選編、江西人民出版社）、『湘贛革命根拠地』（上、下、中共党史資料出版社、一九九一年）。余伯流・凌歩械『中央蘇区史』（江西人民出版社、二〇〇一年）、戴向青・羅恵蘭著『AB団与富田事変始末』（河南人民出版社、一九九四年六月）。景玉川「富田事変平反的前前后后」（『百年潮』二〇〇一年一月号、所収）。高華『紅太陽是怎様昇起的』（香港中文出版社、二〇〇〇年）。高華「〝粛AB団〟事件的歴史考察」（『二〇世紀中国』一九九九年八月号、第五四期、所収）。文耀奎「関于AB団幾個問題的探討」（『江西社会科学』一九八三年、第二期）。戴向青「論AB団和富田事変」（『中共党史研究』一九八九年、第二期）。

◆附記（2）馬銘と王懐は、三一年以降にAB団として処刑されたが、毛沢東との関係を記しておく。王懐は井崗山時代以来、毛の友人であった。毛沢東は、三〇年一〇月、李文林等「江西省行動委員会」の主要メンバーがAB団だと確信、あるいはその証拠を得ようとした。毛が書いた「分田后的富農問題」（一九三〇年一〇月記、前掲『毛沢東集』第二巻、頁一四三～一四四）に、王懐と陳正人が「富農階級が穀物や日用必需品を買い占めたり、売り惜しみをしたりして、多くの貧民が飢餓線上にある」という報告を毛に送り、それを材料にして毛は富農問題が分田後も大問題だと書いている。また、毛の「江西土地闘争中的錯誤」（一九三〇年一一月記、前掲『毛沢東集』第二巻、頁一六一～一六四）には、陳毅・陳正人が三一年一一月一四日に江西省党委員会で報告を行い、儒林・永新・瑞金・信豊等の革命根拠地には、地主富農が絶大なる勢力を持っており、瑞金では党員の八〇％が地主富農である、李文林や謝漢昌は「地主富農から土地没収することに反対している」といった情報を得た。また、この毛のメモには馬銘が報告の中で「永新県委は富農路線ではない、私はそうした意見に反対である」と言ったと書いている。この時の発言で、後に馬銘は反毛派であるとされたのであろう。

第2部　中央革命根拠地における「第二次大粛清」（一九三一年五月〜三二年一月）

第一節　「富田事変」に対する項英の妥協的対策

毛沢東の富田急襲・AB団粛清は、上記したように失敗した。しかし、その後、毛は脱走した紅二〇軍とAB団容疑者を追及する余裕はなかった。蒋介石の「包囲攻撃」はまだ続いており、防戦で多忙をきわめていたからである。この富田事変をどう処理するか、これは大変困難な問題であったが、責任者となったのは項英である。彼は、一八九八年、湖北省武昌に生まれ、二二年に共産党に入党した。もともと紡織工場の労働者で、二〇年代には各地で労働者を指導してストライキを決行し、二八年には中共代表としてモスクワに行き第三インターナショナル第六回大会に参加した。三〇年八月、中共中央長江局書記となり、その年の一二月、富田事変の直後に中央革命根拠地に入った。

項英は、一九三一年一月、党中央から「中共ソヴィエト区中央局」委員、代理書記、軍事委員会主席に任命されて毛・朱をしのぐ最高地位に就いた。彼は、三一年一月一六日、「ソヴィエト区中央局通告第二号——富田事変に対する決議」を発して、解決の基本的立場を表明した。これは、総前委書記の毛沢東が富田事変に対してとった処置を、基本的に「敵か、味方か」の敵対関係の中でとった正しい処理であると擁護した。そして李文林ら贛西南特委が一九三〇年八月に開催した「二全会議」は、AB団の会議であると毛の主張を承認したが、しかし一方で毛沢東の徹底的な粛清を行き過ぎとたしなめ、紅軍内部の宥和を図ろうとした。そして贛江以東に分離移動していた紅二〇軍を中央ソヴィエト区に呼び戻そうと図った。項英は、これまでのAB団に対する毛の方針は大衆路線でなかったこと、AB団分子と判定する基準がなく無制限に粛清を拡大したこと、今後は拷問による自供に基づいて「乱打乱殺」してはならず、再教育して立ち直らせること、等々の基本方針を示した。また、一九三一年二月一九日、項英は、中共ソヴィエト区中央局の「第十一号通達」を発して、李韶九と段良弼の二人を党から除名して喧嘩両成敗とし、その他の人は、心から反省して党に絶対の服従を誓えば、党の指導下に帰順することを赦すとの通達を出した。項英が指揮をとるソヴィエト区中央局は、直ちに朱昌偕、袁徳生を富田事変で独自に移動した紅二〇軍のいる永陽県に派遣し、彼らの組織である「江西省行動委員会」を解散させ、帰順するように説得した。その結果、富田事変の首謀者とされた謝漢昌、劉敵、金万邦、叢允中、李白芳等は、項英の中央局に従うことを約束し、これまでと同じく紅二〇軍を率いて国民党軍隊と戦った。さらに中央局は、新しく陳毅を書記とする「贛西南特委委員会」を創設した。明らかに項英は毛の専横を抑止しようとしたのである。しかし、項英の融和路線は次節に記す事情によって再度逆転する。

第二節　コミンテルンと中共中央、毛沢東の「富田急襲、AB団粛清」を全面的に支持

中共中央は、一九三一年一月七日、上海で六届四中全会拡大会議を開いた。コミンテルン代表アレキサンドロビッチ・ミフ、中国名、米夫、は、その前の一九三〇年一二月、コミンテルン代表として上海に派遣されていたので、この大会を指揮・指導して諸分派を統一し、新指導部を選出した。この大会で李立三路線は徹底的に批判され、王明（本名は陳紹禹、一九〇四～七四年）が新たに中央委員、中央政治局員となった。中央常務委員は周恩来、向忠発、張国燾となったが、党の実権はミフの指導下に王明・秦邦憲などソ連留学生組が握った。ここに所謂「王明左傾路線」と呼ばれる極左路線が始まるのである。中共中央は二月に政治局会議を開催し、富田事変に対しては周恩来が指導権をとり、一定の方向を打ち出し、常務委員となった任弼時が、次のような文書を作成して紅一方面軍、江西省委員会等にその最終的決定を伝えた。

「不幸な富田事変は、ちょうど敵が激しく我々に向かって侵攻し、紅軍と人民が困難な戦いをしている最中に起こったものであり、理由の如何を問わず、完全に利敵行為であり、自らの力を弱体化させるものである。中央は特に次の決定、つまり直ぐ代表団をソヴィエト区に派遣し中央局を再組織する、併せて代表団に全権を与えて富田事変を調査し、この問題を解決することを委任する。中央代表団が到着するまで、総前委、江西省委、各特委、各紅軍党部から各地方支部に至るまで、即座にこの論争を停止し、無条件に『総前委』（総前敵委員会の略称、書記は毛沢東）の統一指導に服従し、一致して敵に向かって激しい戦闘を展開しなければならない」（『周恩来年譜（一八九八～一九四九）』頁二〇五）。

次いで中共中央局は、三月二八日、次の最終「決議」を発した。

「富田事変は実質上、毫も疑いなく階級敵およびその闘争機関であるＡＢ団が準備し実行した反革命行動である」、「毛沢東同志が指導する総前敵委員会が断固として階級敵と戦った路線は、実質上正確なものである。この種の断固として階級敵と戦う路線は、いつの時にも執行されなければならない」、「同時に、反革命組織の力を過大に評価し、また彼らの人民の中における欺瞞的影響を過大に評価し、人民の中における我々の正確な路線が階級の敵に打ち勝つことができるという固い信念を衰弱させるのは、これは危険である」（『周恩来年譜』頁二〇八）。

上海の党中央は、項英の処理とは異なって富田事変を反革命ＡＢ団分子が指揮した「紅二〇軍」による完全反乱であるとした。この中共中央の「富田事変に関する最終決定」は、上部組織であるコミンテルンの承認を受けたものであり、以後項英の妥協案を完全に否定するものになった。この最終決定は、毛沢東が一九三〇年一〇月から始めたＡＢ団粛清、紅軍粛清を正当化するものであり、三一年三月以後の各革命根拠地における「狂気のごとき同志粛清」の嵐を呼び起こしたのである。

以下に、三一年の二月、三月前後のコミンテルン文書『共産国際与朱毛紅軍（一九二七〜一九三四）』（文献史料選編、姚金果・陳勝華編著、中央文献出版社、二〇〇六年）によって、「富田事変に関する最終決定」が行われた過程を見る。ここに登場するコミンテルン関係者の氏名は、みな漢字名で表記されており、元名は記されていない。今のところ詳しい個人情報は不詳である。

A「蓋利斯の別尓津宛の通信」（「蓋利斯給別尓津的信」、一九三〇年一二月三日于上海）。蓋利斯（一八九五〜一九三七、コミンテルン遠東局委員、中共中央軍事顧問）、別尓津（一八八九〜一九三八。ソ連赤軍参謀部第四局局長）。この中に、毛沢東が一九三〇年一〇月一四日付けで、党中央に宛てた報告書の内容が引用されている。つまり、江西省の共産党組織の一般組織はもとより、幹部の中にまで、実に沢山のAB団分子が紛れ込んでおり、指導機関が地主富農分子の影響下にあるという部分である。この毛の報告書を深く信じたらしく、彼は、当然上海から調査のために人を派遣するべきだ、としている。この書簡によって、AB団粛清、社会民主党粛清、改組派粛清などの中共内部の粛清運動は、コミンテルンの主導で起ったものではなく、毛沢東から始まったものであることが分かる。

B「蓋利斯の周恩来宛の通信」（「蓋利斯給周恩来的信」、一九三一年二月四日于上海）。内容は、毛沢東、賀龍のソヴィエト区の動向を重視し、ここに連絡員を早く派遣せよと要求する内容。彼らが、ソヴィエト区における毛沢東、賀龍の軍事的な活動に大いに注目していたことが分かる。

C「蓋利斯の別尓津宛の通信」（「蓋利斯給別尓津的信」（二月一〇日于上海）。内容は、毛沢東、朱徳の紅軍の重要性を高く評価しており、毛沢東が李文林を逮捕し、大混乱が起こっている状況を紹介している（しかし、まだこの時点で二人は、「富田事変」に関する詳しい状況を把握していない）。

D「別斯帕洛夫と温裕成、秦邦憲との談話記録」（「別斯帕洛夫同温裕成和秦邦憲談話記録」、二月一一日于上海。別斯帕

洛夫、一九〇四～一九六七、コミンテルン共青部東方部長、同駐華代表)。内容は、毛と江西省党機関との決定的矛盾が爆発したことを記し、江西省組織の五〇%がAB団富農分子によって占められている、という毛側の情報を得て憂慮している。

E「雷利斯基の向忠発、周恩来との談話記録」(「雷利斯基同向忠発和周恩来談話記録」、二月一九日于上海、雷利斯基、一八九三～一九三七、コミンテルン遠東局委員)。毛の報告によって、紅軍将兵約四〇〇〇人を粛清し、ある者は銃殺、ある者は逮捕したこと、それによって軍内が厳粛になったことを高く評価している。上海のコミンテルン駐在員は、かなり詳しい情報を得て、基本的には毛を支持しつつも、過剰な富農弾圧と同志粛清を憂慮している。コミンテルンの駐在員たちは、毛沢東を始めとする中央革命根拠地の戦いに大いに期待していたことが分かる。

F「盖利斯、ミフと馬雷舎夫の任弼時との談話記録」(「盖利斯、米夫和馬雷舎夫同任弼時談話記録」、二月一九日于上海、上海駐在のコミンテルン代表三人が任弼時と会談し、富田事変や紅軍粛清における毛沢東の断固たる態度をほぼ承認した。任弼時は、上海にあった中共党中央における常務委員であり、この問題を担当した党中央最高幹部である。中共党中央にとって、朱徳・毛沢東のゲリラ基地以外に頼るべき根拠地はなかった。だから、毛の路線・戦略戦術を追認する以外に道はなかったことを示している。

G「コミンテルン国際執行委員会極東部の富田事変に関する決定」(「共産国際執行委員会遠東局関于富田事変的決定」、三月一八日于上海)。これは富田事変に対するコミンテルン遠東局の最終決定であり、以後のAB団、社民党、第三党等というレッテルの下で行われた大粛清への道を開いた。この最終決定を持って任弼時が中央革命根拠地に自ら行ったのである。このコミンテルンの決定に基づき、三月二八日の中共中央の最終決定がなされた。

このGに記された「最終決定」の重要点を五点にまとめ、以下に箇条書きにする。

1、富田事変は、毛沢東同志の指導下にある前敵委員会が、階級敵にとった断固たる闘争であり、正確なものである。
2、現在、ソヴィエト区における反革命勢力（地主、豪紳、大商人、旧官吏職員等々）は強大であり、党内にも多数侵入している。総ての反革命、反ボルシェヴィキ連盟、企業家階級、搾取階級を一掃し、あらゆる機関から追い出さねばならない。
3、蔣介石の特務が紅軍に入って画策し、内部から分裂作戦、破壊活動を企てている。これが蔣介石の公然たる戦争を補助する、裏からのソヴィエト区と紅軍に対する新戦術である。この新戦術には厳重注意が必要である。
4、紅軍内には、トロツキスト、陳独秀分子が多数入り込んでいる。彼らは蔣介石とその代理人であるＡＢ団、改組派と同じく、紅軍を内部から解体、破壊しようとしている。断固としてこの陰謀、謀略に対処しなければならない。
5、富田事変における紅二〇軍のような分裂行動には、断固たる懲罰を加えるべきである。
この決定は、党・軍内の融和をはかる項英のソヴィエト区における権力を弱体化し、富田事変を起こした毛沢東を明確に擁護するものであった。「富田事変」を起こした毛沢東が反革命ＡＢ団の被害者にされた。毛沢東から「弾圧、粛清、処刑」された江西省出身の革命家と紅二〇軍将兵の多くが「反革命ＡＢ団分子」であると最終的に認定され断罪されたのである。かくして、白と黒が逆転された。以後「富田事変」は、一九八〇年代まで、偉大にして正確なる毛主席に対する一部党員、紅軍の恥ずべき叛逆、謀反である、ということになった。コミンテルンと党中央が毛を擁護して、総ての根拠地の党内に大量の「地主富農分子＝ＡＢ団・改組派・社民党・第三党」等々の反革命分子が潜んでおり、各根拠地の党は「粛反工作」を最大の工作の一つにしなければならないとした時、「大粛清による党自滅の道」が敷かれたのであった。

以上の経過を見ると、毛沢東が一九三〇年秋に「紅軍兵士粛清」（黄陂粛軍）と「富田事変」を起こして、沢山の同志を粛清したこと、またそれをコミンテルンと党中央が承認し、「粛反工作」を煽動したこと、これによって結果的に総ての革命根拠地における「大粛清運動」の口火が切られたことを知るのである。さらにまたこの毛の一九三〇年の「紅軍大粛清」が、スターリンが一九二九年に起こした「ソ連のクラーク撲滅運動」や「コミンテルンの命令」によって直接的に始まったものでないことは明白である。コミンテルンの極東局員でさえ、全く予想しなかった事態であることは、上記した記録の時間的検討によって明らかであろう。李維民「従共産国際档案看反〝AB団〟闘争」（『黄炎春秋』二〇〇九年第七期）も同じ結論を展開している。「これら中国工農紅軍の高級将領は、みなソ連赤軍のトハチェフスキー元帥等の高級領将が殺害される四、五年前に殺害されたのである。従って、ソ連の粛清拡大化の影響によって起ったものではない。これはわれわれ自身が作りだした誤りであった」と。しかし、この論文もやはり、毛沢東が起こした誤りとは書かない。「われわれ自身の誤り」とするだけである。

一九三一年四月中旬、任弼時、王稼祥、顧作霖は、この党中央の決議を持って閩南の秘密の通路を通って贛南の中央ソヴィエト区に到着すると、直ちに四月一七日、任弼時の主宰の下に江西省寧都において拡大会議を開いた。そこで「富田事変に関する決議」を採択し、「富田事変はＡＢ団が領導したものであり、李立三路線を旗印にした反革命暴動である。更にはっきり言えば、富田事変はＡＢ団が領導し、それに李立三路線の一部の擁護者が参加した反革命暴動である」とし、これまでの項英の処理方針を完全に否定し、毛沢東を全面的に擁護した。かかる状況の急転直化の変化を全く知らなかった紅二〇軍の幹部は、代表団の呼びかけに答えて曾炳春を団長にして寧都にやってきた。

この間の事情は曾山の回顧録に精しい。当時の様子を、曾山「贛西南ソヴィエト時期革命闘争の歴史的回憶」（一九五九年六月一二日の回顧、戴向青前掲書、頁一四九から転引）から以下に一部を紹介する。

注：ちなみに、曾山「贛西南革命闘争歴史的回憶」（『湘贛革命根拠地』巻下、頁八七〇～八八一以下）にはこの記述はない。

項英同志はまた、曾炳春同志に、責任を持って贛江の西の永新ソヴィエト区に行って紅二〇軍を贛江の東につれてくるように命じ、また同時に中央局の指示によって、贛西特委の責任者と富田事変の指導者に贛江を渡ってソヴィエト中央局の会議に来るように通知させた。彼ら［劉敵、曾炳春等］は、富田事変は党内闘争に過ぎず、また自分たちは（毛沢東等に）勝てるかもしれないと考えた。同時にまた、項英同志が彼らを支持してくれるものと誤って考えた。それで中央ソヴィエト区に来たのである。王懐同志も来た。この時、江西省ソヴィエト政府は、まさにソヴィエト中央局の指導下に各県ソヴィエト聯席会議を挙行しており、また周以栗同志（長江局が総前委に派遣している代表）が主となる富田事変主要分子審判委員会も開かれていた。この聯席会議でまず富田事変を起こした頭目として劉敵の銃殺が決定された。

会議に参加するためソヴィエト区の中央に来ていた富田事変の関係者は残らず逮捕され、ＡＢ団指導部の反革命性が決定され、以下のように審判が下った。郭化若の回憶録によると、劉敵等の審判部長になったのは朱徳と董必武であった（『回憶中央蘇区』頁一五六、江西人民出版社、一九八一年）。判決の結果を戴向青等『ＡＢ団与富田事変始末』（頁一三五、頁一五三～一五九）により、「判決書」の重要部分のみ転載しておきたい。彼らは全員が死刑の判決だった。

段良弼――贛西南団特委書記、省行動委員会常任委員は、ＡＢ団江西省総団長である。

金万邦――東路行動委員会書記、省ソヴィエト常任委員兼軍事部長は、ＡＢ団の贛東総団長、総団部軍事部長、代理総団長である。

李白芳――贛西南特委秘書長、省行動委員会代理秘書長は、ＡＢ団江西省総団組織部長兼秘書長である。

叢允中――贛南行動委員会書記、省行動委員会常任委員は、ＡＢ団の団長である。

劉経化――贛西行動委員会常任委員、省ソヴィエト贛西弁事処常任委員は、ＡＢ団中路の総団長である。

周勉（周冕）――省ソヴィエト財政部長は、ＡＢ団江西省総団部秘書長である。

胡家駒――万安県委員会書記は、ＡＢ団中路の総団部組織科長である。

曾覚非―紅軍学校総隊政治委員は、紅軍学校ＡＢ団の総団長である。
謝漢昌―紅二〇軍政治部主任は、二〇軍ＡＢ団の総団長である。
劉敵―紅二〇軍一七二団政治委員兼書記は、一七二団ＡＢ団団長、ＡＢ団地方軍の総団長である。

第三節　「富田事変」以後のＡＢ団に対する第二次大粛清――粛反運動の全面的・全根拠地への拡大――

この一切の弁明、弁護も赦されない裁判を経て、富田事変の指導者たちは逮捕され、多くが三一年四月から八月頃にかけてそれぞれ処刑された。この頃が、第二次ＡＢ団粛清運動がピークとなった時期である。項英が主導した富田事変の分析と解決方針は逆転され完全に取り消された。党中央の命令を持ってきた中央代表団は、毛沢東が行った「富田事変」を全面擁護したのである。かくして、毛沢東は責任を全く問われなかった。コミンテルンも、中共党中央も、毛沢東の「謀略」、「やり過ぎ」を知っていたが、彼の巨大な勢力、軍事指揮権を無視することはできなかった。彼なしに蒋介石と戦うことは不可能だったからである。モスクワも上海も、それを知っていた。毛沢東の軍事的活躍なしに中国革命の将来は考えられなかったのである。

任弼時が率いる代表団は、一九三一年五月、改めて「紅一方面軍総前委」の編成を回復し、同年八月、毛沢東は「ソヴィエト区中央局書記」となった。同年一〇月一一日、ソヴィエト区中央局は、項英に代って毛沢東がソヴィエト区書記になったことを上海の党中央に通知した。毛沢東は富田事変の指導者等に勝利して、紅軍総前委に返り咲いた。この三〇年五月から「第二次ＡＢ団粛清」は公然化されきわめて激烈化し、謝漢昌、李白芳、金万邦、周冕、叢允中など、江西省党幹部、紅二〇軍の幹部は大部分が、先の決定に基づいて「ＡＢ団取消派」とされて銃殺された。

附記。富田事変以降の粛清運動については、以下の史料、研究論文がある。「中央蘇維埃区域報告」（革命歴史叢書『中央革命根拠地史料選篇』上、頁三六三〜三九一、欧陽欽、三一年九月三日付け、江西省档案館・中共江西省委党校党史教研室選篇、江西人民出版社、一九八二年、南昌)、「贛西南的(綜合)工作報告」(同上書、頁四〇二〜四二四、贛西南特委、一九三一年九月二〇日(?)付)、「江西省蘇区中央省委工作総結報告(一、二、三、四月総報告、続一、二、三)」(同上書、頁四二五〜四九八、一九三二年五月付)。『江西党史資料』(中共江西省委党史資料徴集委員会・中共江西省委党史研究室編、一九八四年第二期)には、中共吉水県委党史辨「関于李文林被錯殺的情況調査」がある。この研究論文では、李文林は全くの冤罪で「総前委」(つまり毛沢東)によってAB団にされたとする。『江西文史資料』(第二輯、一九八二年、内部発行)には、以下の重要な文章が収められている。汪安国「略談〝富田事変〟的経過」、文宏「関于富田事変及江西蘇区的粛反問題」、梅成章「紅三軍反AB団的見聞」、顧玉平「瑞金蘇区的時期反〝社会民主党〟的一些情況」、陳貽琛「AB団与改組派在江西活動的見聞」である。汪安国、梅成章、顧玉平など三人の文章は、粛清運動を体験した者の生々しい貴重な証言である。

今日公刊されている史料は、一九三一年春以後に党中央から江西省に派遣された代表団による、富田事変に対する毛沢東のAB団粛清を全面的に承認し、AB団関係者の粛清を続行した側の党中央に対する報告文書である。したがって、一九三一年以後の中央革命根拠地におけるAB団粛清運動を承認し、指導し、厳正に実行した党の立場に立っていることは言うまでもない。

『中央革命根拠地史料選篇』に収録された党文書は、皆次のように記す。李文林・王懐ら「二七会議」に参加した江西省行動委員会の主要分子は、皆富農分子であり、AB団であり、江西省の党機関はほとんどAB団分子によって占領されていた(頁三六四)。江西省では流氓(ごろつき)が党内、軍内に大量に流入した。彼らは地主の残党と富農分子に操られており、人民大衆の利益に反対している(同上、頁三七七)。江西省の党、団、政権、民衆組織の指導部は過去ほとんどが地主残党・富農の知識分子であり、今も贛西南の知識分子出身の地方幹部の九五%以上がAB団分子である。彼らの党員としての水準はきわめて低い(同上、頁三八三、三八四、三八九、四〇五、四〇六)。彼らは土地革命をさぼり、地主富農に有利に土地を配分し、貧農にはきわめて不利な土地政策を主張していた（同上、頁四一四）。これまで江西省の党幹部であった段良弼はＡＢ団団長、叢允中、李白芳、彭呻元、賀可展は団員である（同上、頁四二〇）。贛西南特委自体がＡＢ団分子であった。例えば、李白芳、謝漢昌、郭承禄、段良弼である（同上、頁四二一）。紅二〇軍の幹部もＡＢ団である（同上、頁四二一）。

かくして、富田事変以前に江西省で活動していた地方指導者たちの大部分が容疑者となり、多くが粛清の対象になった。もちろん曾山・陳正人のような毛沢東についた人もいるが、地元で活動してきた地主・富農・学生出身の多くの党員は粛清される運命となった。この「粛反運動」の状況は次のように展開された。

一九三一年三月～同年一二月末までの「粛反工作時期」（以下、主なる内容を紹介する）は、最も粛清が大量に行われた時期である。

江西省委と各県委員会に始めて「粛反委員会」ができたのは、三〇年一〇月以降、紅軍が吉安市を占領した後であり、主に土豪を捕らえて罰金を科すくらいのことであった。一九三一年七月に粛反委員会が「省保衛処」と改められ、公略県・永豊県・万泰県の粛反委員会は「政治保衛処」となり、興国県・贛県・雩都県の粛反委員会はそのままであり、その他の県には粛反機関はなかった。第三次囲剿戦（三一年七月～九月）の後に「省保衛処」は興国・贛・雩都の三つの県に一週間ごとに移動して活動し、ついで瑞金に中心を置くことになった。ＡＢ団粛清は富田事変以前に始まっていたが、農村部まで全面的に拡大したのは、蒋介石の第三次囲剿戦の時からである。この頃のこととして、賀昌（当時、毛沢東が率いる紅第一方面軍の軍官。三五年戦死）の年譜に、李韶九と項英が粛反工作をしていた事件が書いてある。『賀昌年譜』（中共党史出版社、二〇〇六年刊行、頁二二一、三一年九月下旬の項）に、「ある日の午後、賀昌は興国県で県クラスの各党機関の幹部会を開催した。この会場に、紅第一方面軍の粛反委員会主任の李韶九が数人の紅軍兵士を伴って入ってきた。李は、集会にいた人の中から、新しく移動してきた幹部と炊事夫を除いた他の全幹部を縛って連れて行った。賀昌が中庭に入ると項英も来ているのが見えたので、項英に報告した。（李は）一四名の幹部を連れて行ったが、これらの人々は皆殺害された。この事件は、賀昌が自分の仕事をする上で大きな影響を与えた」と。この当時、項英も又粛清工作の監督をしていたのであろう。
「粛反運動」は、もっぱら犯人の自供に頼り、証拠による実証はしなかった。そのため、疑わしいものを捕えてありとあらゆる拷問を行い、拷問の種類は一二〇余種にも及んだ。容疑者は苦しみに耐えられず、知っている人の名を誰でも供述した。名が出たものは誰でも逮捕し、それにまた拷問を行った。そのため雩北区では逮捕者が一〇〇〇人を下らなかった。囲剿戦の最中であり時間がないので自供しない人はすぐ処刑した。一部のものは公開で、その他は夜間にこっそりと処刑した。省保衛処には一晩に六〇人も処刑したところもあった。興国県でも一晩に三〇から四〇人を処刑したこともある。AB団に占領されている粛反組織を訊問する時には腹を裂いて心臓を取り出すといったことさら残酷な対処をしたり、処刑した後死体を放置したりした例もある。各保衛処が独断で処刑し、政府や上級の承認を経なかった。第三次囲剿戦の前後が特に激しかった。最も激しい時には、富農はすべてAB団とされて捕えられ、また不注意な行動をとった者、ひそひそと話をしただけでもAB団と疑われた。「むしろ一〇〇人を誤って殺しても、一人のAB団を逃がさない方がましだ」、「AB団を打たない者は、皆AB団だ」とさえ言われたので、上級の人が参加しなければ会議も開けなかった（またAB団を使ってAB団鎮圧をやらせた）。毛沢東に反対した有名な王懐や李文林をも地方の県の粛清機関で働かせたので、王懐は自分がAB団でないことを証明するためにAB団狩りに熱中した。各県の粛反機関にもぐりこんだ「極悪人とされた」湯育仁、呂継賓（興国県）、李文林（万泰県）、羅煥南（永豊県）などは、内部から種々の悪辣な策を弄した、とされた。そして結局は赤色恐怖によって人民や紅軍兵士の気分を盛りあげかつ引き締めるために、三二年五月三〇日に有名な者――□□中を雩都県で、羅煥南を贛県で、曾炳春・李□安を公略県で、王懐・李文林を万泰県で、それ公開で処刑した（前掲『中央革命根拠地史料選篇』上、頁四七九～四八一、四八五。□内は、史料のまま）。

李文林は江西省の俊英であり、毛沢東に真っ向から反対し、そのため富田事変の直前の三〇年一一月末にこっそり逮捕され、以後三二年五月まで蛇の生殺しのような状態に置かれ、最後は上記のような末路を辿ったのである。李文林の略歴を記しておきたい。

「李文林（一九〇〇〜三二年）、吉水県石鼓村の人。本名周金堂、後に周郁文と改名、南昌蜂起に参加の後にまた李文林と改名した。江西省立法政専門学校で学び、二三年、江西マルクス学説研究会、江西民権運動大同盟に参加し、学生運動の積極分子となる。二五年秋、黄埔軍官学校に学ぶ。二六年、江西で革命活動に参加し、同年共産党に入党。二七年、国民革命教導団で教官に成り、南昌蜂起に参加。以後、江西省南部を中心に革命運動を展開し、江西省革命根拠地創設の中心人物の一人となる。党活動、軍事活動に邁進し、江西省紅軍独立第二、四団行動委員会書記兼政治委員となった。――李文林は部隊指揮官の政治思想工作を大変重視したので、兵士たちの階級意識は高まり、戦闘精神も高まった。紅二、四団は、李文林の指揮により、吉水、峡江、楽安、雩都、南豊、広昌等の県城を攻略し、併せて東固、延福を中心とする贛西南革命根拠地を創建し、毛沢東、朱徳と協力して中国工農紅軍第四軍を率いて中央革命根拠地を創建した。一九三〇年二月以後、李文林は前敵委員会、中共贛西南特委常委兼軍委書記、贛西南ソヴィエト政府常委兼党団書記・秘書長、紅軍学校校委兼校長、中国革命軍事委員会委員、江西省行動委員会（省委）書記、江西省ソヴィエト政府委員などを歴任。この間、上海に行き李立三路線の会議に参加した。初め毛沢東らとの関係は親密で、江西省西南部の根拠地は、毛沢東から〝李文林式〟の革命根拠地と称賛された。李文林は三〇年初め頃から、李立三の極左路線、大都市攻撃主義を擁護し、敵を根拠地内に深く誘い込んで殲滅すると主張する毛沢東と路線対立が起こり、特に蔣介石の第一次囲剿を前にして抗争は激化した。李文林が中心となって同年八月に開催した贛西南特委による〝二全会議〟は、毛沢東らによってAB団の総会と見なされ、出席者は富田事変とその後の粛清によって殆んど処刑された。しかし、李文林は富田事変の前月一一月に逮捕されていたので、長く生かされた。彼は三一年二月に釈放され、一時江西省の地方で粛反工作などをやらされていたが、七月再び逮捕され、翌年の三二年五月三〇日、万泰県古坪村（現在の江西省泰和県内）で処刑された。一九四五年中共七大会議により革命烈士に追認された」（『吉水県志』頁五七六、人物伝の項、王健英『紅軍人物志』頁二四九〜二五〇による）。

中共吉水県委党史辦「関于李文林被錯殺的情況調査」（『江西党史資料（1）』頁三二一～三二三）によると、項英の妥協路線によって李文林は、処刑されなかった。李文林は罪を許されたが、こともあろうに「新江西省行動委員会」・「贛西南特委」（毛の番頭になって富田急襲を行った陳正人、曾山などが実権を持つ）から「万太河東委員会の粛反員として派遣され、粛反工作に従事させられた」。しかし、党中央から富田事変での毛沢東の同志粛清が正当なものであると評価されてから、一挙にAB団・社会民主党・改組派・取消派・右傾機会主義との闘争が激化するに至ったので、三一年夏、李文林はふたたび「粛反機関に紛れ込んだAB団」というレッテルを張られて逮捕された。李文林は自分がAB団であることを認めなかった。しかし、「一九三二年五月、国家政治保衛局から重要なAB団分子であり、ソヴィエト紅軍を破壊した」という罪状によって、三二年五月三〇日万太県古坪村の処刑場で銃殺された。銃殺される時「共産党万歳」と叫んだという。

一九三二年五月までに江西省全体でどの位の人が処刑されたのか、正確な数字はない。これまでの古くからの党員でAB団として処刑された人数は省全体で約六〇〇人から八〇〇人ほどであったという（『江西省蘇区中央省委工作総結報告（続三）』『中央革命根拠地史料選篇』上、頁四八九）。この数字を挙げた工作員が「正確な統計がない」と書いている。

しかし、前掲の文宏「関于富田事変及江西蘇区的粛反問題」は、「この時期（三一年春から周恩来が三一年一二月に中央ソヴィエト区に来るまでの期間）、この地方のAB団逮捕はきわめて激しかった。二〇万余の人口を持つ雩都県は一六〇〇余人を殺した。雩都県の人々は粛反工作をやった黄という姓の人物を大いに憎み恨んで、彼を〈黄老虎〉と呼んだ。彼は多くの人を殺したので、後に人々は彼を殺し、民衆の恨みを晴らした。人口一〇万人の万泰県では八〇〇余人が殺された。人口一〇万人足らずの吉安県では九〇〇余人が殺された」と書いている。これら粛清された人は、内部の敵であり、外部に属す国民党員、土豪劣紳、地主富農など反革命階級に属す人は、この中に入っていない。しかし、今日の研究、調査によって、本来AB団という組織は存在していなかったのだから、基準も規則もなく、党や保衛局に反抗的なもの、疑わしいものは皆即決で誰かまわず処刑したのである。

一九三一年春から、上記以外の多くの県でもデタラメに粛清が行われた。しかし、誰も正確な数字を把握していなかった。実際は上記の数をはるかに超えた人数であったと思われる。

第四節　一九三一年以後の紅軍将兵に対する大粛清

(1)「紅第一方面軍」内の第一次大粛清

紅第一方面軍は三〇年夏に結成されて以来、総政治委員は毛沢東、総司令は朱徳であり、この体制は党中央から周恩来が来た三一年一二月まで変化しなかった。ということは、中央ソヴィエト区においては、この間毛沢東が最高の軍事力を保持していたということである。毛の権力が大きく揺らぐのは、周恩来が三一年一二月に中央ソヴィエト区に来てからである。文宏「関于富田事変及江西蘇区的粛反問題」(『江西文史資料集』第二輯、頁一〇九〜一一九、一九八二年八月)は、軍内粛反について次のように記している。「第一、第二軍内でAB団粛反が開始されたのは一九三〇年上旬で、贛江の西岸から東岸に移動を開始した時からである。先ず政治部で始まり、ついで各軍団、各師団に及んだ。紅四軍の軍長は林彪、政治委員は羅栄桓で、四軍の師長は蕭克であった。蕭克将軍の証言によると、第一次反囲剿戦の後、一九三一年二月以降、また第二次AB団粛清運動が始まった。蕭克が属する紅四軍は広昌県、長橋県一帯に分散していた。三月、四月の粛清で第四軍の第十師で二〇〇人、一一師で五〇〇人以上、一二師で三五〇人、軍特務営で一二〇人、軍部の政治部・供給部・衛生部でも少なからず殺された。合計一三〇〇人〜一四〇〇人である。この数字は、第四軍総員七〇〇〇余の二〇パーセントを占める。この逮捕された人の約半数が殺された。その他の軍団でどのくらいの人数が殺されたかは不明である」。前年の一一月から一二月にかけての黄陂粛軍で約四四〇〇余人を粛清し、このうち約半数の二〇〇〇人殺して、またここで紅第一方面軍内の第四軍だけで数百人を殺したのである。この数字は、第四軍の羅栄桓が第一回の総括会議で伝達した数字である。この時、羅は「総前委の主要責任者が、われわれは四四〇〇余のＡＢ団を粛清して紅第一方面軍を救った、と述べた」とも報告した。この「総前委の主要責任者」とは、「毛沢東」以外にない。再度言うが、毛が革命根拠地の「ＡＢ団大粛清」を始めた人であり、「始めて俑を作りし人」なのである。

（２）紅二〇軍の粛清と解体（一九三一年八月）

富田事変で毛沢東に攻撃された紅二〇軍（主に贛南の地元の活動家によって結成された紅軍）将兵は、一九三〇年一二月、富田事変を起こした劉敵、謝漢昌等に率いられて根拠地の東固、富田を離れ、贛江を西に渡り、永陽を根拠地として、国民党や土豪劣紳の勢力と戦っていた。三一年四月、この地に紅七軍が移動してきた。紅二〇軍は、この紅七軍に吸収、合併されることになった。しかし、三一年五月、項英に代って、中央革命根拠地の総前敵委員会と紅第一方面軍の実権を完全に回復した毛沢東は、紅二〇軍の将兵を赦すつもりはなかった。

紅二〇軍は項英の呼びかけに応じて、政治委員曾炳春に率いられて、党中央の命令のままに戦いつつ中央ソヴィエト区に移動を開始し、興国県を経て雩都県の平頭寨に着いた。ある朝、彼らは別の紅軍から包囲された。そして平頭寨の謝家祠堂に紅二〇軍の小隊長以上の将校が召集され、軍政治委員曾炳春、軍長蕭大鵬以下副小隊長に至るまでの将校が拘束され、武装解除された。間もなく、ＡＢ団とは何であるかも知らない小隊長以上の幹部が先後して処刑された。残りの一般兵士は、紅七軍に編入された。以上は、主に戴向青等『ＡＢ団与富田事変始末』（頁一五二）に依って記した。この書には、ここで何人が処刑されたのか、処刑した紅軍の指揮官は誰か、記されていない。

郝景泉編著『党史風雲実録』（上）には、「軍長蕭大鵬、政治委員曾炳春など七〇〇余名の幹部が、それぞれの場所、時間ごとに分けられて銃殺された。続いて紅二〇軍の各団の〝ＡＢ団〟分子が粛清され、あっという間に三〇〇〇余名の紅二〇軍は解体されてしまった」（頁五四）とある。その他の関係史書にはこれ以上詳しい記述はない。ところが、景玉川「富田事変平反前前后后」（『百年潮（二〇〇〇年、第一期）』（頁三九〜四四）に初めて、処刑実数と処刑執行者の名が載っていることを発見した。富田事変を起こした江西省党幹部に率いられて、贛江を西に渡って永陽一帯で転戦していた紅二〇軍は、次のような最後を迎えることになった。

「紅二〇軍は命令によって戦いつつ移動し、興国、雩都一帯を転々とした。七月、ひたすら戦乱に明け暮れながら転戦しつつ雩都県平頭寨に至った。この平頭寨が紅二〇軍将兵の最終駅になるとは知る由もなかった。山里の朝は特別爽やかで、朝食を終えると、二〇軍の副小隊長以上の将校は命令によって謝家祠堂の集会にでたところ、彭徳懐と林彪の部隊が直ぐに祠堂を包囲した。まず紅二〇軍将兵の武装を解除し、次いで七〇〇人から八〇〇人の将校・下士官をいくつかの集団ごとに縛りあげた。その中に、軍長の蕭大鵬、政治委員の曾炳春も含まれていた。続いて紅二〇軍の名称・番号が今や消滅したと宣告された。しばらくして、この血戦に明け暮れしてきた歴戦のつわもの達は皆殺しにされた。わずかに二人だけが難を逃れた。一人は、一七二団の副官の謝象晃である。彼は紅一方面軍の軍副官長楊至誠によって救われた。もう一人は、小隊長の劉守英である。彼は当直日に当たり、情報を知っていち早く逃げ去った。劉守英は後に八路軍の軍団長になり、百団大戦の中で勇敢に戦い犠牲になった。謝象晃は建国後先後して江西省民政庁の庁長と江西省人民大会の副主任となった」「富田事変に対する総括がなされ、紅二〇軍に対する処理が終ると左傾化した指導層は、全国各ソヴィエト区に於いて、大規模な粛清反革命運動の高まりを生みだし、革命に対して真心から忠誠を尽くした優秀な男女が数千数万となく殺された。非常に少ない数年間の間に、七万余のAB団、二万余の改組派、六〇〇〇余の社会民主党が殺害されたのであるが、これはただ名前のわかった犠牲者に過ぎない。――この殺戮の後に、歴史がAB団、改組派、社会民主党のような組織はなかったことを証明した」、「一九四九年以後、党中央はソヴィエト区で冤罪をこうむった人々に対して名誉を回復した。一九五六年、中央代表団はソヴィエト区を訪問している間に、八四二七名の誤って殺された人の冤罪を晴らし名誉回復した。しかし遺憾なことは、規定に照らし、彼らは反動分子には属さないが、しかし烈士とは称されないのである。富田事変の指導者に至っては、中央代表団の判定が最終的な不動の結審となった」。

この『百年潮』の論文によって、初めて紅二〇軍の数百人の下士官以上を大量虐殺した実行者が、彭徳懐と林彪であることが公にされた。雑誌『百年潮』は、主管単位が中共中央党史研究室、主弁単位が中国中共党史学会であり、宋任窮、蕭克、胡縄などという政・軍・学の各界の最高権威が顧問になっている、権威ある雑誌である。この雑誌に今までごく一部の党指導者、AB団調査者・研究者しか知り得なかった忌まわしい大粛清実行者の名が公にされたのである。紅二〇軍の総兵力は約三〇〇〇人であり、その抵抗を抑えつつ、中の数百人の将校・下士官を一度に武装解除し、逮捕殺害するには数千人の軍隊が必要であろう。この時の紅第一方面軍の組織と彭徳懐・林彪麾下の軍をもう少し詳しく見ておきたい。

『中国人民解放軍組織沿革和各級領導成員名禄』(軍事科学院軍事図書館編、軍事科学出版社、一九九〇年、北京、序言は徐向前。頁四九~五一)によると、一九三一年六月から九月の間の、紅第一方面軍の総司令は朱徳、政治委員は毛沢東であり、第四軍の軍長は林彪、政治委員は羅栄桓である。第三軍団の総指揮は彭徳懐、政治委員は滕代遠、参謀長は鄧萍、政治部主任は何長工である。これらの人々の合意なくして、これほどの紅軍同志に対する大殺戮を一挙に、一瞬に実行することは不可能であろう。これを命令し実行する権力と権威を持っている絶対者は、毛沢東以外にありえないと推定するのは自然のことであろう。中国革命の元勲たちの若き日の同志殺しは、長い間タブーとなってきたのである。

さて、中央革命根拠地(ソヴィエト区)における第二次粛清運動は、紅二〇軍と富田事変の首謀者に対してだけ行われたのではない。三一年五月頃から政・軍・官の至るところで実行されたのである。第一次粛反運動は項英の努力で約四ヶ月停頓していたが、三一年四月後に、全面的に再開され七月頃最高潮に達したのである。その後徐々に静まっていったが、一九三二年以後も続き、先に記したように李文林、王懐らの処刑は三二年五月であり、その後もなくなったわけではない。

さて、次に黄克誠の回顧録を紹介するが、「粛反委員会」（粛清反革命委員会の略）の権力が恐るべきものであったことが分かる。例えば、彭徳懐は、毛沢東、朱徳に次ぐ紅軍内での権力、権威をもっていた人物であり、第三軍団の領将であったが、李韶九指揮下の粛反委員会の横暴を抑えることがやっとであり、師団の政治委員である黄克誠さえも、もう少しで命を落す瀬戸際にあった。李韶九が品質の悪い人間であったことは、多くの証言があるが、また彼が「富田事変」等で恐るべき残虐な拷問を加えていたことは、この事変の時から知られていた。しかし、それを知っていて彼の残忍さを承認し、利用し、かれに欽差大臣のごとく振舞わせていた人物、それは毛沢東であったことは言わずもがなである。黄克誠は、先に記したように、一九五九年の盧山会議において彭徳懐の徒党、反党反革命分子として失脚した人物であり、個人的には毛沢東に恨みを持っていても不思議はないが、といって上に紹介した彼の回顧録がウソだとは思われない。いや、むしろ毛沢東によって参謀総長に任じられたこともある人物であるから、大いに遠慮して書いているとも推測されるのである。

附録1

「黄克誠将軍の粛清に関する回顧録」（『黄克誠自述』人民出版社、一九九四年）

黄克誠（一九〇二～一九八六）湖南省永興県に生まれ、一九二五年入党、師範学校、広州の政治講習班で学び、北伐軍に参加、湖南で武装蜂起、朱徳と共に井崗山に上り、三〇年以降、紅八軍、紅五軍、紅第一方面軍で将校となり、蔣介石の包囲軍と戦い、後に長征に参加。建国後大将となり、解放軍総参謀長。一九五七年の盧山会議で毛沢東により、彭徳懐の徒党と決め付けられて失脚した。以下は「自述」の中から抜粋したものである。

■［毛沢東は、一九三〇年末の蔣介石軍の第一次囲剿攻撃の時、総前敵委員会書記として総指揮をとり］階級決戦を政治スローガンにした。このスローガンは、当時大いに人心を奮い立たせ、士気を鼓舞する作用を果たした。しかし、ＡＢ団粛清の問題に対しては、拡大化という大きな誤りを生み出し、党内に有るべからざる重大な損害を与えることになった。富田事変は、紅第一方面軍総前委を震撼させたが、それればかりでなく全党を震撼させたのだった。党中央は、富田事変はＡＢ団が内外呼応して公然と謀反を起こしたものだと規定した。中央ソヴィエト区では、階級決戦のスローガンの下、ＡＢ団粛清運動が徐々に高まり、拡大化を招き、党と紅軍に多大な損害を与えた（頁八四、八五）。

（引用者注。黄克誠の『自述』は、富田事変は最初に毛沢東が仕組んだ陰謀であることを知らず、李文林・劉敵・謝漢昌などが、毛沢東と党に反旗を翻した反革命事変だと信じていたような書きぶりである。その理由は、事変直後に反毛派が毛沢東の書体をまねた偽手紙を書いて指導部を分裂させようとしたこと、又紅二〇軍の兵士を連れて戦線を離脱したこと、による。黄克誠は、この『自述』を書いているときにも、富田事変は毛が起こした陰謀であったことを認識していないか、あるいは知っているが敢えて書かなかったか不明である。おそらく、後者であろう。毛を断罪すれば、自分の建国の功業もまた否定されるからである）

■（一九三一年一月以後の）ＡＢ団粛清を拡大化するという誤った行動の中で、私は「ＡＢ団」の存在とその危険性、「階級決戦」という政治スローガン、及び所謂「地主富農階級の党内への侵入とその内部撹乱」という事実を終始深く信じて疑わなかった。上部からの［処刑の］指示と任務に対しては、自ら信じて自覚的に行った。それで生涯悔いても悔い足りない大きな誤りを犯したのだ。今になって当時を回想すると、痛恨やみがたいものがある。もし誤りの歴史的な最終決算をしようとしても、このペンだけであり、この首を差し出しても償うに十分ではない。あのときの誤りの教訓があまりにも悲惨であり、骨身に染みて終生忘れ難かったので、以後およそ反革命粛清とか、人を弾劾すると云った政治運動の時には、私は盲従できなかったのである（頁八六）。

（引用者注。粛反運動時に自分が行った処刑をこれほどまで赤裸々に書き後悔の言葉を語った「自述」は珍しい）

▩（一九三二年一月以後、贛城を攻撃していた時）私は、本来紅三軍団第一師政治委員の任にあり、第一師長は侯中英であった。私は元々第三師の政治委員であったから、第二次のAB団粛清の時、私は粛反委員会が軽々しく人を捕らえ、人を殺すことに抵抗した。それで第三師政治委員の職を解任されたのだった。第二次のAB団粛清運動は、およそ第三次「反囲剿」の前（一九三一年七月――引用者注）に始まった。第一次粛反運動の痛恨の思いによって、粛清には疑いを持ち、上級のAB団分子を捕らえよと云う命令を執行しなかった。しかし、当時粛反委員会は極めて大きな権力をもっていたので、私の属する第三師でも幾らかの幹部を失った。その中には少なからぬ優秀な幹部がいた。組織科長の周鑒、政務科長の盛農、宣伝科長の何篤才（引用者注。何篤才は、一九三〇年一一月から三一年一月の間、紅第一方面軍総司令部に属する総務処処長であった。ちなみに同じ政治部秘書処処長にいたのが李韶九であった）等々は、皆この時に粛清された。この中で何篤才同志は、私の記憶の中で極めて深刻な印象を留めている。平時、彼とは接触がかなり多く、あれこれよく話をし、彼は非常に優秀な幹部だと感じた。彼は相当高い政治水準と工作経験があるばかりでなく、重大な問題に対する分析にも高い見識を持っていた。彼は元々紅一軍の幹部であり、この軍団の情況に対して深く知っていた。私達はいつも一緒に何でも話し合った。彼と仕事をする時、学ぶことが多かった。

何篤才は湖北省黄岡の人で、大革命の時期、南昌師範学校時代に共産党に入り、南昌蜂起に参加した。井崗山で毛沢東と朱徳の軍が合流した後、彼は紅二八団追撃砲部隊の党代表に任ぜられた。（中略）古田会議の前、朱徳と毛沢東が論争した時（引用者注、一九二九年一二月福建省上杭県の古田で開かれた「古田会議」の時）、何篤才は朱徳の側に立ち、毛沢東の正確な意見に反対した。これによって彼は毛の書記復帰以後、毛に重用されなくなり、後に紅一軍団から外に出され、私が所属している紅三軍団の宣伝科長になった。彼の資格、職歴と能力の水準から見て、彼を宣伝科長などにするのは不適当であった。しかし、当時上級は誤りを犯した幹部として処遇したが、彼は全くそれにこだわらず、仕事も極めて真面目に責任を持ってやった。

彼はかって私に次のように言ったことがある。「毛沢東、この人は本当に凄い人だ。才能を論ずれば、この人に敵う人はいない。政治主張を論ずれば、毛沢東のそれは毫も疑問なく最も正確である」、と。それで私は彼に訊ねた。「だとするなら、どうして君は毛沢東に反対する側に付いたのか」、と。彼は答えた。「毛沢東の政治路線に反対したのではない、組織路線に反対したのだ」。私は言った。「政治路線が正確なら、組織路線にいくらか違いが有ってもたいした事ではないのではないか」、と。彼は言った。「そうではない。政治路線と組織路線はズレが有ってはいけないのだ。左でもいけないし、右でもいけないのだ」。私は訊いた。「毛沢東の組織路線のどこに問題があるのか」。彼は答えた。「毛沢東は自分に従順な人間を信用しすぎる、異なった意見を持つものに対しては平等に見ない。朱徳総司令の寛容の心と率直な精神には及ばない」。何篤才はまた例をあげて言った。「李韶九のようなあんな品性の悪い人間でも、従順によって信用を得て重用され、大変大きな権力を与えられ、失敗しても責任を追及されない。このような組織路線がどうして人を服従させることができるか」、と。

何篤才のこの話については、私は一年後に、いささかの道理を味わうことになる。元々、毛沢東同志は中央革命根拠地の軍人と民衆の間ですでに甚だ高い威信と信望を持っていた。人々は、かれの政治路線、軍事路線の正確さを公認していた。しかし、［一九三一年春以降］臨時の党中央が上海から中央ソヴィエト区に入ってから、簡単に毛沢東の権限を奪い、誤った政治・軍事路線をもって、正確な政治・軍事路線に転換することができたのか。もちろん人々が党中央を信じたことが重要な原因であるが、しかしそれだけではない。毛沢東の組織路線が一部の人々の心を失ったからであり、もしそうでなかったなら、中央がソヴィエト区から毛沢東を排斥しようと思っても、たやすくはできなかったはずだ。

何篤才など何人かの幹部が粛清された後、私は、この粛反路線はデタラメであると益々感じた。それから間もなく、粛反委員会は、また第三師団に「ＡＢ団分子」の名簿を送ってよこし、名簿どおりに人を逮捕して審査し処理せよといってきた。私は、面の皮を厚くして断固として従わなかった。私は、粛反委員会の人に言った。あなた方は、以前地主富農が革命陣営内部に侵入して革命を破壊しているといったが、しかしあなた方が逮捕しなければならないと言った人の中に、一人の地主富農もいなかったではないか、全部、われわれ自身が育ててきた幹部ではなかったか。すると粛反委員会の人は、名簿を指差してこれらは既に人が自供した人間であり、必ず捕まえて訊問しなければならない、と言った。

粛反委員会が今回出してきた、所謂〝ＡＢ団〟分子の名簿に記載されている人々は、大部分が中隊の基層幹部であった。現在も未だ記憶しているものの中に、二人の中隊政治委員がいた。一人は、石元祥といい、元井崗山根拠地にいた少年兵であり、ラッパ手であった。彼は非常に機敏な人物だった。もう一人は、曾彬農といい、農民出身の同志であった。この二人の同志は、私が第三師団に来てから抜擢した基層幹部であり、日頃態度も大変よく、戦いも非常に勇敢であった。私は彼らが間違いなく反革命分子であるなどとは全く信ずることができなかったので、彼らを保護することに決めた。しかし、粛反委員会が必ず彼らを捕まえようとしているからには、抵抗しても無駄なことを知っていたから、私の護衛兵をやって密かに彼らに山に登ってよい場所を見つけてしばらく隠れるように伝えた。粛反委員会は、何回も人を送ってきては捕らえようとしたが、いつも失敗しどうすることもできなかった。（中略）しかし、ついに二人は粛反委員会に捕らえられた。私は痛惜の念止みがたく、自分が彼らを十分に保護できなかったことを責めた。私は悲憤のあまり粛反委員会に、なぜこんなにも無罪の人間をみだりに殺すのかと訊ね、彼らをひとしきり怒鳴りつけた。私はこれによって問題ありとされ、また〝ＡＢ団〟分子ではないか、或いは〝トロツキー・陳独秀解党派〟ではないかと疑われた。それで粛反委員会は私を捕らえて〝審査〟することに決定した。誠に幸いなことに、彭徳懐同志が事情を知り、関与してくれた。彼は粛反委員会に、どうしてこの師団の政治委員を捕まえに来たのかと言った。粛反委員会は、私がＡＢ団、あるいはトロツキストであるという証拠を出すことができなかったので、やむなく私が右傾機会主義分子である、と言った。すると彭徳懐は、右傾機会主義分子に対しては批判してよいが、どうして逮捕という方法を用いることができるのか、と言った。粛反委員会は返答につまり、やむなく私を釈放した。こうして私は、やっとのことで逮捕を免れることができた。しかし、私は兵を率いることは許されず、第三師団政治委員の職を罷免された。

私にはやる仕事がなかったが、暇でいるのも嫌だったので、彭徳懐同志に適当に仕事を配分してくれるようにお願いした。（中略）一九三一年一一月末頃、尋烏県にＡＢ団粛清の情況調査に派遣された。私は軍団に帰ってから見てきた状況を有りのままに報告し、もう私は更に仲間を殺す愚かなことはできない。そうでなければ、我々は独りぼっちになってしまうと述べた。（中略）一九三一年一二月、周恩来同志が中央ソヴィエト区に来て、中心となって「ソヴィエト区の粛反工作に関する決議案」を作り、その中で「自己批判の精神をもって、過去の粛反工作に対する路線上の誤りを犯した指導部に責任を自ら認める」ように求め、粛反工作者に「規律上の制裁」を与えることにした。この後、ソヴィエト中央局は、また別に李韶九同志の処罰に関する決議を行い、彼を「党に留め、六ヶ月の観察処分」とした。粛清反革命運動が糺され始めてから、私はやっと再び起用され、第一師団の政治委員に派遣された。（頁九九～一〇三）。

注：ちなみに、李韶九が、この決議によって正式に処分されたのは、一九三二年一月二五日であったが、しかし彼はこの処分に服さず、党籍と一切の職務を失った。長征には参加を認められず、一人の工作員としてソヴィエト区に留まり、第五次「反囲剿」の戦いで戦死したという（『党史風雲実録』頁六四）。あるいは行方不明になった（『中国蘇区辞典』頁一七六）とも、福建省で三五年に処刑された（『中央蘇区史』頁一〇四一）とも言われる。

附録２

「陳毅将軍の粛清に関する資料」

『陳毅年譜』（上下、人民出版社、一九九五年）、文聿著『中国〝左〟禍』（朝華出版社、一九九三年）等によって、粛清運動の実態の一端を見ることにする。

陳毅（一九〇一～一九七二年）は、四川省楽至県に生まれ、一九年フランスに留学し、マルクス主義を学び社会主義運動に参加、二一年強制退去処分を受けて帰国。二三年北京中法大学に入学し、同年中国共産党に入党。二七年、故郷の四川省に帰り、朱徳と知り合い、万県の農民蜂起を指導。二八年、朱徳と共に湘南蜂起を指導し、工農革命軍第一師団党代表となる。同年、井崗山に登り、毛沢東、朱徳に近い最高指導者の一人となる。二九年、毛沢東と朱徳の軍事・政治関係をめぐる論争の際には両者を批判したが、この問題の解決に努め、毛沢東の信頼を高める。富田事変の直後の一九三〇年一二月、新たに再建された贛西南特委書記となり、第六四師団師長となる。建国後、元帥、上海市長、外交部長などを歴任。

以上のような、終始毛沢東の信頼を得て中央革命ソヴィエト区、紅第一方面軍の領将となった陳毅でさえ、粛反委員会主任の李韶九からＡＢ団と疑われ、もう少しで処刑される瀬戸際に立たされた。

一九六八年一〇月、陳毅は中共八届十二中全会の小グループの会議で、中央ソヴィエト時代の粛反運動拡大化の中での体験を話した。「中央ソヴィエト区の時代に、私は〝ＡＢ団団長だ〟と三年余も非難された。李韶九は私に、〝お前はＡＢ団だ、ただ自首してこそ出口がある〟と言った。私は毛沢東主席に手紙を書いて報告した。二日目に、毛主席の返信を受けとった。彼は私を支持する、併せてＡＢ団とされた同志達にそれぞれを勘案して釈放して良い、とのことであった。当時、もし毛主席が私を支持してくれなければ、彼らは私を銃殺した。ある時、毛主席は戦いに出るとき、紅軍の戦費と彼の何篇かの謄写版刷ずりの著作を私に預けた。彼は私に言った。紅軍の戦費が全部ここにある、また私の何篇かの著作もあるが、皆あなたに託すと。私は主席に大変感激した」（文聿著『中国〝左〟禍』頁六七、朝華出版社、一九九三年）。

陳毅は、毛沢東の、配慮によって、粛清から逃れたと言って感謝しているのである。一九六八年一〇月、陳毅がこのようなソヴィエト時代の、毛沢東との親密な関係を示すエピソードを持ち出した理由は明らかである。当時は、文化大革命が始まって三年目にあたり、陳毅も失脚するかどうかの瀬戸際に立たされていた。中共第八届十二中全会は、江青、康生、謝富治らが中心となって、陳毅など老将軍たちを「二月逆流」の首謀者として批判し、同時に劉少奇を「叛徒、内奸、工賊」と断罪し、「劉少奇を永遠に党から除名する決議」を採択した会議であった。陳毅が述べたエピソードは、この会議での発言である。

では、毛沢東が戦費と著作原稿を陳毅に預けたのは、いったいいつのことか。劉樹発主編『陳毅年譜』（上巻、頁一六一）を見ると、一九三一年七月下旬の項に、次のように記されている。「毛沢東は、紅一方面軍の主力を率いて、福建省建寧から贛南に帰った。毛は、建寧で集めた二十万元の金と彼の何本かの謄写版刷りの著作を二つの鉄の箱に入れて、陳毅に預けた。陳毅は、それを一一月瑞金の会議に行くまで保管し、瑞金で毛沢東に返した」。

これで見ると、陳毅が、AB団として粛清されそうになったのは、一九三一年の初夏であったことが分かる。陳毅は、毛沢東に助けられたが、妻の蕭菊英は、夫の陳毅がAB団として粛清され家に帰ってこないのではないかと心配していた。が、とうとう自分がAB団として逮捕され、徐向前の妻と同じように拷問を受け殺された。『中央蘇区史』（頁一二一）に拠ると、陳毅は、一九二九年六月、福建省龍岩県で開催された紅第四軍の会議（主要な幹部四〇～五〇人が参加）で毛沢東を破って書記に当選した。陳は、この席上、朱徳と毛の対立に挟まれて苦悩し、党中央の指示を仰ぎに上海に行き毛の復起を訴えた。この事件以来、毛は陳に信頼感と共に一抹の警戒心を持ったものと想像される。

以上の陳毅の例を見ると、スターリンは長年スターリンの右腕として世界に名をはせたビャスェスラフ・モロトフの妻が秘密警察に逮捕されているのを知りながら、何事もないようにモロトフと内外の重要事項を話していたという話を思い出す。モロトフも、恐怖にさいなまれつつも、何事もないように装っていた。独裁者にとって、今、同志として楽しげに話していても、この相手をいつでも粛清することができる、その圧倒的な力を誇示すること、これに勝る政治的快感はないのであろう。独裁者の政治心理学として、興味ある問題である。モロトフの妻は釈放されたが、陳毅の妻は殺された。

注：アーチー・ブラウン『共産主義の興亡』（邦訳、頁二二七、中央公論新社）によると、モロトフの妻は一九四九年初めに逮捕投獄され、釈放されたのはスターリン死後だった。また政治局員ミハエル・カリーニン（最高幹部会議長、国家元首の地位にあった）の妻は一九三

八年に逮捕投獄され、やっと一九四五年に釈放された。カリーニンはこの時末期がんに侵されており、妻の顔を見てすぐ死んだ。毛沢東と陳毅、その他の指導者たちの関係を考える際にヒントになる話である。文化大革命期には、妻子ともども一挙に打倒されるのが普通だった。

附録3

「曾金山の回顧〈陳毅同志が私を救った〉」（『回憶中央蘇区』江西人民出版社、一九八一年、頁二二四〜二二五）

一九三一年一一月、中共贛西南特委書記の陳毅同志が雩都に工作の状況視察に来て、県城の双池李屋に住んだ。彼の調査目的は、この県で起きたＡＢ団濫殺事件の厳重な情況を調べることだった。速やかにこの誤りを正すために、陳毅同志は雩都県の全党員、全地区の積極分子を招集した。約二〇〇人が集まった。二日目の午前中、陳毅同志は報告を行い、ＡＢ団問題に対する認識を高め、この問題に正確に対処するように求めた。そして以下のような疑問を出した。この県にＡＢ団はいるのか？　それは本当のＡＢ団なのか？　以前に捕まえた者の中には間違って捕えた者は無いか？　間違って殺した者は無いか？　会場にいた人々は、最初は何も言わなかった。何回も促されてやっと口を開いた。「以前少なからずＡＢ団を捕まえたが、その中の大部分は必ずしもＡＢ団ではなかった。例えば、前県委の秘書の黄維漢は、常に人が字を書くところを見て、字が上手いとすぐＡＢ団だとして殺した。常に他人の話を聞いて、それが理路整然としていればＡＢ団だとして殺した。彼の手で多くの人が誤って殺された」。こうして会場は沸き立った。この時、陳毅は再び人々に聞いた。「あなた方は、本当にＡＢ団がいたと思うのかどうか？　今同席している人の中にＡＢ団はいるのか？」。人々はまた考えた。「昼食を食べてから、それぞれが述べよ。君たちが言うことが正しいか、正しくないか、私にはよく分かる自信がある」。

昼食後も双池李屋で会を続けた。会議は、やはり陳毅同志がまず話した。「過去にはＡＢ団を捕まえれば、各種の刑罰を加えて、無理やり自供させ、お前はＡＢ団だと認めたと言って殺した。しかし、現在の党の政策は良くなった。仮にＡＢ団分子だとしても、進んで自首することを許し、殺すことはできなくなった。」。陳毅同志は再び自分から、自分自身がＡＢ団かどうか申告するように働きかけた。会場は沈黙し、寂として声がなかった。一時間ばかり話す人はなかった。こうした状況下で、陳毅同志は筆記帳をとりだして名を呼ぶと、その人は立って牢に行き、武装人員が従った。こうして全部で数十人の名前が呼ばれた、皆、ＡＢ団分子としてだった。当時、私は財政部で仕事をしていたが、遥坑村の党支部書記の高廷貴が私をＡＢ団として誣告していた。それで陳毅同志が私の名を呼んだ時には、緊張して汗びっしょりになった。陳毅同志は、その場で一人一人審査して皆放免した。いくばくもなく拘留されていた人も全部釈放された。総ての自供書もその場で焼きすてられた。この時、陳毅同志は言った。「これはＡＢ団、あれもＡＢ団だと云うが、本当のＡＢ団は極めて少ない。我々は教訓を得なければならない。今後は慎重にやって、再び乱殺をしてはいけない」と。散会した後も議論が続いた。皆が言った。「陳毅同志が来るのが間に合って、皆助かったのだ」と。この後、前に監獄に閉じ込められていた〝ＡＢ団分子〟も陳毅同志の調査と審問を経て、少なからず放免された。その中には、わが県の前任の県ソヴィエト政府主席の温煌均同志もいた（訳者注、この回憶録には書いてないが、他の史料によると陳毅の調査後、この前県委の秘書黄維漢は無実の人を数多く殺したかどで死刑にされた、という）。

附録４

「汪安国、顧玉平の回顧」

（前掲『江西文史資料選輯』一九八二年第二期、中国人民政治協商会議江西省委員会、文史資料研究委員会編）

▩汪安国の回顧

私は一九二六年以来地元の革命家たちと「東固根拠地」を形成した古参の革命家であった。［一九三〇年一二月の］富田事変の時、安福県書記となっていた。ある日、「ＡＢ団分子」なる人物が送られてきたが、この犯罪が何であるか全く分からなかった。それで「贛西南特委」に聞くために東固根拠地に行った。すると段起鳳が「有る人が君をＡＢ団分子だと言っている」と告げただけで、私に後一切を語らなかった。そして私を逮捕して忠義祠に押し込め、その晩に富田の匡家に移した。中に入ると、「大量の所謂ＡＢ団分子がおよそ八〇人か九〇人いた。中には李白芳、謝漢昌、金万邦、周冕等がいた。私は心の中で、こんな地位の高い人たちが沢山いるのだから、自分のような県委書記程度はたいしたことになるまいと密かに思い自分を慰めた。人々は三つの部屋に分かれて軟禁され、手を後ろ手に縛られ、足に錠が付けられており、厳しく監視されていた。話や咳をすることさえ禁じられた。私は自分がいったい何の罪を犯したのかも分からなかったが、極めて残酷に扱われた。私が監禁された翌日に二〇余人が殺され、又その翌日に二五人が殺された。殺される時には一人一人呼び出され、上着を脱ぎ肌着になって、足枷は緩められた。手は後ろ手に縛られたまま、一〇数丁の銃に囲まれて匡家の下橋に連行されて頭を切られた。（中略）三日目になると四〇余人が残った。彭錫山と私はその中の一人だった。その晩、われわれは外でシュシュと刀を研ぐ音を聞いた。そして彼らは仕事に取り掛かる準備をし、残りの殆ど全部の人を殺した。私たち生き残ったものは、東固から救助に駆け付けてきた劉敵の部隊に救助された」。以後、私は家に隠れて外に出なかった。ところが、富田事変後に紅二〇軍を率いていた曾炳春が、人を寄こしてもう富田事変のことは解決したので出てきて活動してくれと言ってよこした。それに従って党に戻ると、一カ月足らずで再度、東固黄沙の李家に監禁された。最初に訊問に出てきたのは李韶九で、彼は私にありとあらゆる残酷な拷問を加えた。時には焼き鏝を肩や腿に当てられ、親指を縄で縛って梁につるされた。私は耐えられなくなって、ＡＢ団であることを認めても認めなくてもどうせ殺されるのだ。認めて早く殺される方が楽だと考えて、ＡＢ団であると認めた。李韶九は自ら私に「お前はよく認めた。見たところお前は後悔の心が深いようだ。

自由にしてやるから、われわれの粛反工作を手伝え。よく務めて罪を償え」と言った。出て見ると、各地方の粛反機関が普段にAB団として人を殺していることが分かった。これでは将来自分もきっと殺されると思いまた逃げて隠れた。この時、曾炳春も負傷して家に帰って療養していた。彼は私が隠れていた所に来て一緒に一〇数日を過ごした。曾炳春は部隊に帰る時に私に言った。「よく休め。きっと真実はわかるだろう。政策が好くなってから又党のため、革命のために尽くそう」と。しかし、後に曾炳春は［三二年五月］吉水県水南で、段起鳳は［三二年六月］富田の陂下で処刑された。「彼等は、火攻めの拷問を受けて全身を黒こげに焼かれ、縛って連れ出された後、頭を切られた」。わたくしは逃げざるを得なかった。今でも、拷問のために両指が麻痺している。富田事変はまったくの冤罪であった。解放後も、本格的に名誉は回復せず、曾炳春の本家は組織に加わろうとしても、彼の罪のために許されなかった（「略談〝富田事変〟的経過」、『江西省文史資料選輯』頁一〇二～一〇八）。

■顧玉平の回顧

一九三一年春から夏にかけて「社会民主党」に対する粛清運動が起こった。私は瑞金県の人顧玉平と言い、当時一五歳か一六歳であったが、「紅色警衛営」に入った。ここは普通の警備隊であり、砦の見張り役をしていた。ある時、隊にいた人が社会民主党員として逮捕された。彼は厳しい拷問を受けて、デタラメに知り合いを同じ党員だと自白した。こうして人々が芋づる式に社民党員とされ、逮捕拷問にあった。七月、八月頃がピークであった。私の赤色警衛隊では、およそ百人余、全体の四分の一が逮捕された。四、五日すると彼等は皆集められ、まず二八人が縛られて社会民主党員として県城の南門あたりに連行されて銃殺された。その数日後に、営長から呼び出されて「お前は社会民主党に参加していた」と言われた。数人に取り囲まれて私は怖くなり、社会民主党が何物であるかも知らなかったが、その会を開いたことがあると言った。しかし、営長はよく言ったと誉め、私は釈放され家に帰った。その頃、地方では粛反運動が激しく、釈放されて家に帰った頃は、私にどうしたのかと問う人もいなかった。人々はご飯を食べ終わると門に鍵をかけて寝てしまい、相互に話をすることを避けていた。皆戦々恐々としていた。家のものは、私にこの区郷では党幹部はほとんど殺されてしまったと言った。最近（建国後のずっと後に――訳者）二人の元同志、一人は当時県長だった人物、もう一人は区委の書記だった人物に聞いたところ、おそらく七、八百人は殺されたであろうと言った。最も激しかったのは陶陽区で一二〇人から一三〇人ほどが殺された。次が武陽区、黄沙区と黄柏区で、少なからざる人が殺された。区委の書記だったこの老同志は、粛反の時郷長であったが、社会民主党として逮捕され県内で監禁され、両手を縛られて爛れてしまった。歩哨の兵（武陽の人だった）がこっそりと「明日、貴方を殺す予定である。今晩逃げなければ命はない」と告げたので、その夜に隙を見計らって、暗闇の中で綱を使って逃げた。その夜、逃げなければ命はなかった、と彼は言った。党中央は、この乱殺事件を知ると工作組を送ってきた。七月、来たのは鄧小平同志で、冤罪で殺される者がきわめて多いことを知り、来て是正したのである。幹部や民衆は、この社会民主党事件を起こした責任者の処罰を求めたので、何人かの粛反責任者が逮捕され、李天富と劉志平が処刑された（「瑞金蘇区時期反〝社会民主党〟的一些情況」、『江西文史資料選輯』頁一二四～一二六）。

注：以上数人の生々しい証言を見れば、ＡＢ団と言い、社会民主党と言っても、何の根拠もなく多数の人が逮捕され拷問され簡単に処刑されていたことが分かる。革命の聖都である瑞金県も、「乱打濫殺」の恐怖の都だった。毛沢東や中共宣伝が宣伝する階級闘争史観による土地革命の宣伝、地主富農分子粛清の宣伝は、多くの〝無知〟なる貧民大衆の中で知識人粛清運動を生み出し、遂には字をたくさん知っていること、口が達者であることも反革命分子の証拠にされるという、党中央の予想外の結果が生んだのだった。このような粛反運動によって、大量の無差別殺人が、中華ソヴィエト共和国の聖なる中心で公然と行われていたのである。一九三〇年春以降に毛が、三一年末からは党中央が地主富農分子の粛清、ＡＢ団・社会民主党分子の粛清を公然と行い、党はこれを絶対的正義の行使として讃え、またこの粛反運動をもって人民に対して「恐怖による支配」を貫徹してきたからである。鄧小平同志による「悪人」の処罰、自分もＡＢ団と見なされた陳毅による無実の人の救出などの、この程度のエピソードで済ます粛清運動ではなかった。同志、仲間、友人知人を告発し、断罪

しなければ自分が殺されるという、「赤色恐怖」のデフレ・スパイラル現象が党内と赤色地区全体に起こっていたのである。

第四章　湘贛革命根拠地の大粛清

この章では、「湘贛革命根拠地」における粛清運動の大略を、『湘贛革命根拠地』（湘贛革命根拠地党史資料徴集協作小組編、中国共産党歴史資料叢書、上・下、中共党史資料出版社、一九九〇年、北京）、『湘贛革命根拠地史研究』（江西省委党史資料徴集委員会・吉安地委党史工作小組・永新県委党史工作組共編、一九九一年）に収められている論文、劉仁生「富田事変与湘贛革命根拠地的粛反運動」、桂玉麟「湘贛蘇区粛反闘争剖析」、陳鋼・黄恵運・欧陽小華共著『湘贛革命根拠地全史』（第五節「贛蘇区的粛反運動」、江西出版集団、二〇〇七年）、『中国革命老区』（中国革命老区建設促進委員会、中共党史出版社、一九九七年）、『中国蘇区辞典』（江西人民出版社、一九九七年）等に基づいて紹介する。

第一節　根拠地の概略と粛反運動の開始

この根拠地は、井崗山辺区、湘贛辺区、贛西蘇区の三つの革命根拠地が、一九三一年八月に統一されて「湘贛革命根拠地」となったものである。党と紅軍の中核が一九三四年夏に江西省の中央革命根拠地から逃亡するまでの約三年間存続した革命根拠地である。この根拠地は、江西省の贛江以西から湖南省の東部山岳地帯にかけて存在した。中核となる県は江西省の永新県、寧岡県、蓮花県、安福県、遂川県、吉安県、湖南省側の茶陵、攸県、酃県であった。井崗山はこれらの県のちょうど真ん中に位置していた。最盛期は一〇〇〇平方メートルの面積を持ち、一〇数県を支配し、人口約百万を擁した。党員も約二万にも達した。この革命根拠地は、一九三〇年の二月に行われた毛沢東主宰の「二七会議」（陂頭聯席会議）において、革命根拠地の中心を贛南から福建西部に置くことが決定されてから、中央ソヴィエト区に従属する位置に落ち、「朱毛紅軍」が守備する中核的根拠地の位置を失った。党と紅軍の中核的勢力を担ってきた湖南省と江西省西北出身の党員・紅軍将兵は、贛江以東の地域に渡ったからである。

富田事変以降、党中央は一九三一年七月の紅二〇軍の解体の後を受けて、残存勢力を糾合して湘贛革命根拠地を三一年七月に樹立した。この比較的狭い地域が粛反運動の特に激化した地域となったのは、「富田事変」と大きな関係がある。富田事変の後、毛沢東に反抗した紅二〇軍は、贛江を西にわたって、この古い革命根拠地に入り、ここで独自の活動をした。その指導者たちと富田事変関係者が、中央革命根拠地に呼び戻され、三一年三月以降に反革命ＡＢ団分子としてほとんどが殺害された。そのため、ＡＢ団の幹部とされた多くの人々の出身地が井崗山方面の贛西地域だったので、この地がＡＢ団の古巣であり、多くの党員がＡＢ団の縁者とか関係者と疑われた。党中央と江西省を根城にした党中央区の粛清機関本部から、この湘贛革命根拠地の共産党員とその組織、機関、ソヴィエト政府の職員や地元の将兵は皆ＡＢ団だと疑われ、三一年夏から「粛清命令」が次々と送られてきた。容疑者としては、「江西省行動委員会」（書記、李文林）、その前身である「贛西南特委」（書記は劉士奇、三〇年八月以降は曾山となったが反毛派が多かった）のＡＢ団とされた人々の縁者、友人、知人が対象になり、彼等はみな地主富農分子＝ＡＢ団分子であるとされた。「特に贛西南特委の下にある西路分委は完全にＡＢ団の支配下にある」とされ、証拠がなくてもそれらの組織、機関にいた人は見境なく殺された。しばしば中央区の粛反責任者が「ＡＢ団容疑者名簿」を持ったまま派遣されてきたのである。彼等は、名簿のままに逮捕、拷問、自供させ、それに基づいて更に逮捕、拷問を繰り返し、際限なく多くの幹部、党員、民衆を殺した。全体でどのくらいの共産党内、ソヴィエト政府、紅軍兵士が殺害されたか。

上掲の『湘贛革命根拠地全史』（頁一八一）は、次のように記している。「不完全な統計によると、永新県で一八九〇人、蓮花県で八〇〇人以上、吉安県で一一〇〇人、寧岡県で二〇〇余人、安福県で三〇〇余人、酃県で二九一人、茶陵県で数十人が粛清、殺害された」、「その中の大多数は、士卒に率先して第一線で活躍した指導者クラスの幹部であった」。「茶陵県の劉秀姑と龍黄英などは、皆普通の女子であったのに誣告されて〝改組派〟とされたが、その罪状は〝意識が不正確で、組織の派遣移動の命令に服従しない〟と云う理由に過ぎなかった」。この根拠地では、中心的な数県だけで四千数百人がほぼ一九三一年から三二年の短期間に反革命として処刑されたのである。革命根拠地の恒常的に繰り返されていた粛反運動によって、民衆は絶えずビクビクし互いに警戒しあい、〈大火が身を焼く〉ことを恐れて逃げ出した。一九三二年五月、紅三軍団は中央に対して「営前一区では三〇〇〇人の住民が国民党支配下の白区に逃亡して、今に至るも大多数が帰ってこない」と報告している。「粛反運動中に、湘贛省の紅軍と地方武装組織と省直属の軍事機関の、合わせて数百名の幹部・兵士が殺された。これらの幹部の多くは久しい戦争の経験、豊富な軍事経験があったので、軍事的にも大きな損失であった」としている。

第二節　粛清の時期区分

中国の研究者によると、粛反の時期は、次の四段階に分けられるという。

第一段階（三一年八月～三二年一月）

湘贛省政府が設立された理由は、三〇年一二月の「富田事変の勃発」と「紅二〇軍の贛西への移動」に関係がある。先に何度も述べたように、この事変を契機に、毛沢東は江西省南部（贛江の東側から福建省西部山岳地帯にかけての地域）に立て篭もり、蔣介石の第一次、第二次包囲攻撃を迎え撃った。一方、富田事変で毛沢東に襲撃された江西省出身幹部、紅二〇軍の将兵の大多数は、贛江を西にわたって独自に勢力を築いて国民党勢力と戦った。つまり分派活動をしたのである。そのため、この分派活動をした党員と兵士は、三一年春以降、党中央と中央ソヴィエト政府から、「反革命勢力AB団の大本営」の所在地と見なされるに至った。そのため、この地域を新しい党支配下に置くために湘贛省政府が創建された。新しい執行部は王首道（湖南省瀏陽人）が書記、林瑞笙（江西省萍郷人、モスクワ帰り）、張啓龍（湖南省瀏陽人）、甘泗淇（江西省寧郷人）、譚牛山（湖南省長沙人）であった。以上の五人が、まさに富田事変と紅二〇軍の関係者を粛清し、新しい省を創建するために派遣されたのである。すでに富田事変のAB団の頭領とされた人は、三一年の四月以降ほとんど処刑されるか逮捕されており、また紅二〇軍の将校クラスは同年七月に全員処刑されていた。かくしてその月の末に、上記の五人組が贛西に乗り込んだのである。五人の内、三人は湖南省人である。二人は江西省人であるが、井崗山根拠地の中核県の出身者ではない。つまり、毛沢東に反旗を翻した旧贛西南特委の中の「贛西路」の関係者、出身者ではない人間を選んで派遣し、情け無用に「同志粛清」をやらせたのである。新省政府は永新県城に置かれた。彼等は贛西根拠地をAB団の巣窟であると考えていたので、直ちに各県、各区、各村々に到るまで粛反組織を張りめぐらし、AB団狩りを開始した。しかし、反革命分子、AB団、改組派等々に厳格な基準、規則、司法制度がなかったので、至るところで拡大化、単純化が行われた。しかも、ただ拷問による自白だけが罪証として採用されたので、県・区・郷・村の幹部がいもづる式に大量処刑された。譚牛山の報告によれば、永新県政治保衛部だけで、「三一年九月〜一一月二日に到る間に三〇〇余のAB団を捕まえ、二区の粛反委員会がやはり三〇〇余のAB団を捕まえ、湘贛省保衛処でも四〇〇余のAB団を捕まえた」。その中の党員幹部は、ほとんどが厳罰に処せられた。蓮花県升坊郷の粛反委員の賀連文はAB団だと誣告された。厳刑拷打に耐えきれず、でたらめに一〇〇余人の名を言ったので、そのため三〇余人が殺害された。三一年末までに蓮花県で誤って殺された幹部は県ソヴィエト主席朱映華、土地部長劉秉常及び李樹生、尹学敏など一六〇人にのぼった。その中でも蓮花県の浯瑭で殺された三〇人、蓮渓村の四〇余人が一番多い。寧岡県では、ここが紅二〇軍の政治主任の謝漢昌の故郷であったために、この県で以前県委書記をやった龍超清、謝希安、汪建平、団委書記蕭子菊、区幹部の胡白帆、謝灼華、謝伏生、県委宣伝部長李桂堂、組織部長李福堂など数十人の重要幹部が皆殺された。茶陵県では、大革命時代の党員袁肇鴻、譚慕融、県委書記で紅八軍政治部主任の陳韶等が殺された。一九三一年〜三二年にかけて茶陵県委書記だった曾毅之も改組派として殺された。酃県ソヴィエト政府主席の黄邦信、共青団県委書記郭烈、県赤衛隊長鄺光前、県婦人部長周暁春、県粛反部長張旭初、黄挪潭区委書記龍承烈など数十人の指導者が殺された。安福県では、県ソヴィエト主席蕭義婚、県委書記だった李国達や県・区・郷の幹部がAB団として殺された。吉安県の贛西南党の重要な幹部である李文林、楊成芙、県ソヴィエト主席周鑑清などの重要な幹部達も殺された。有名な永新県籍の王懐、劉天干、朱昌偕、馬銘、李白芳、曾静池、陳琬如等の同志が皆殺しされるか、自殺を迫られた。湘東南特委書記の胡波は投獄され、永新県委書記の彭富山などの大量の同志が殺された。以上は、『湘贛革命根拠地全史』(頁一七八〜一七九の要旨)である。

第二段階（三二年二月〜同年七月、あるいは一〇月）

一九三二年二月、中華中央ソヴィエト第一次全国代表大会に出席していた袁徳生、王震が中央ソヴィエト区から湘贛根拠地に帰ってきた。そして粛反運動の拡大化、単純化の誤りを正すことになり「粛反工作決議」が行われた。これまでは、容疑者の階級区分、出身階級を考慮せず、主犯と従犯の区別をせず、一律に拷問、脅迫、自供によって乱打乱殺した。これは誤りである、とされた。しかし、「AB団は大衆の中で影響力を失ったとはいえ、その組織は徹底的には粛清されてはおらず、まだ彼らの活動は完全には消滅していない。現在の我がソヴィエト区内のAB団、改組派等の反動派閥は最後の悪あがきをしている。党内では二つの路線の間の闘争を続けなければならない。とりわけ火力を集中して右傾機会主義、李立三路線の残余に反対し、富農路線と落伍的な農民意識及び一切の不正確な傾向に反対しなければならない」。こうして、粛反運動は依然として重要な任務として継続されたのである。しかし、この間の粛清運動は比較的沈静化されていた。以上は、『湘贛

革命根拠地史研究』(頁四一六～四一七)。

第三段階（三二年八月～三三年五月、あるいは六月）

三三年二月、党中央は粛反運動を激しく展開せよとする、「湘贛省委に関する決議」を行い、四月に劉士傑、陳洪時が新執行部となった。そのため、前任の王首道、張啓龍等は逮捕され、またも粛反運動は高潮期を迎え、あらゆる組織、機関で多数の人が逮捕、拷問、処刑された。ソヴィエト区内務部長の劉任武、省秘書長の曾道一、張槐蘇、省保衛局長の譚牛山等多数の人が殺された。さらにこの後、博古、本名、秦邦憲が三三年一月、党中央を率いて上海から江西省瑞金に移動し、改めて党中央総書記となり、張聞天、周恩來、オットーブラウン等々と最高指導部を形成し、前以上の極左路線（王明路線）を行った。一一月、ソヴィエト中央局は、湘贛革命根拠地の粛反運動は、「右傾消極主義である」と厳しく批判した。三四年四月には、張士傑が保衛局長となり大規模な「粛反運動」を展開し、省主席の袁徳生、張啓龍、李孟弼、劉其凡、陳韶、尹兆龍等のこれまでの最高幹部たちを逮捕、あるいは殺害した。これまで粛清する側であった多くの幹部が、今度は粛清されるという運命の逆転劇が展開された。

第四段階（三三年六月～三四年七月）

一九三三年六月、党中央から任弼時が湘贛省の新書記として着任した。任は、これまでの「乱打乱殺」の方法を少し改善した。区や郷にあった「AB団の処刑の権利」を省と県の「裁判部」に吸収し、また拷問による自白だけで殺すことにブレーキをかけた。しかし、三四年一月、党中央は中央革命根拠地が国民党の攻撃によって滅亡する危機に見舞われた。そのため、恐怖を感じた党中央は、党内外の、またソヴィエト区内のあらゆる階層の中の容疑者を徹底的に粛清する組織的決定をした。そのため、ソヴィエト区内の裁判中のもの、投獄中のもの、執行猶予されていたもの等々が皆殺害された。

党中央の粛反命令が如何に激烈なものであったかは、次の毛沢東、項英、張国燾連名による命令がその一端を示している。湘贛根拠地において粛反運動が延々四年間近く続いた根本的な原因は、党全体が党内粛清、紅軍内粛清を権力維持に絶対に必要としていたからである。中共は、地主富農階級という悪が存在していることを前提にする、というよりこの階級敵を最終的に死滅させる運動によって自己の正統性、生存理由を証明し、また確保できる党だからである。階級敵が消滅すれば、自己の存在理由もまた消滅するのである。「階級決戦」の時にこそ内外の敵が公然と姿を現し、その反革命ぶりを露わにして党と民衆を攻撃しなければ、困るのである。そうした資料として、以下に毛沢東と項英の「訓令」を紹介する。

「中華蘇維埃共和国臨時中央政府中央執行委員会訓令」第二一号「関于鎮圧内部反革命問題」。（署名）主席毛沢東、副主席項英・張国燾

公歴一九三三年三月一五日発

「帝国主義国民党軍閥の全国ソヴィエト区に対する四回にわたる包囲攻撃が行われてきた。今また中央ソヴィエト区に対する大挙侵攻が行われている時に当たって、また革命と反革命の戦争が既に生死を決する段階に来た時に当たって、敵は軍事力以外にソヴィエト区内部で組織的に反革命活動を組織し、ソヴィエト区内の地主・富農及び各種反革命団体（AB団、社会民主党、トロツキスト、それに封建迷信団体、例えば一心会、懶子会など）を組織している。こうして彼等は、少数の落伍的な民衆を騙し、機に乗じて乱を起こし、同時にスパイをソヴィエト区内に侵入させ、わが軍の情報を探っている」「これに対して我がソヴィエト各地の政府は、十分な警戒が足りず、こうした厳重な反革命の活動にたいして、こともあろうに無視し、甚だしくは容認さえしてきた。（中略）我が中央政府は、一刻も容赦できない。ソヴィエト政府及び一切の革命機関は厳しく反革命を鎮圧し、重要な反革命分子に対しては一刻も猶予せずに迅速に逮捕ある

いは処刑しなければならない。（中略）辺区各県の裁判部は、既に逮捕した犯人に対して迅速に処理しなければならない。およそ罪状が明らかで証拠が明確な分子、とりわけある種の階級異端分子は直ちに処刑すべきである。必ずしも裁判部が暫定的な組織を作り、裁判条例第二六条によって上級裁判所の批准を得ることなく、まず死刑を執行し、後に上級に報告してもよい。中央区においては、同様に積案を迅速に解決するべきで、これまでのように堆積して粛反処理を引き延ばしてはならない。中心区域では、緊急の事態に立ち至った時には、まず死刑を先にし、後に上級に報告すればよい。これは敵が大挙して侵攻してきた時には、我々が当然とるべき態度である。一概に平時と同じように論じてはならない」「我々は豊富な過去の粛反運動の貴重な経験を持っている。我々はこれらの経験を用いてソヴィエト内部の反革命分子を厳しく鎮圧し、彼等を徹底的に消滅させなければならない」（革命歴史資料叢書『中央革命根拠地史料選編』下巻、頁六七一～六七三）。

こうした緊急命令が党中央から来れば、中央革命根拠地は勿論、総ての辺区で、粛反運動が無条件、無制限に拡大することは必然である。こうした命令は、その他にも多く発せられたことは中国共産党機関紙『紅色中華』（本書第八章）を見れば、一目瞭然である。

前掲の『湘贛省革命根拠地』は、この革命ソヴィエト区における後期粛反運動の政治的な誤りについて、以下のように「綜述」で述べる。

一九三三年一月、中共臨時中央政治局は、上海から中央革命根拠地に入った。この時「左傾路線」が全ソヴィエト区で全面的に行われていた。党中央は、次のように宣言した。湘贛省委は厳重な「右傾機会主義の誤りを犯した、と。そして三三年二月に新しい省委に改組され、王首道等の職務を取り上げる誤った決定がなされ、劉士傑を新書記（劉がまだ到着しなかったので、陳洪時が臨時書記）に就き、これまでソヴィエト政府主席であった袁徳生を反革命分子として監禁した。（中略）同年六月、中央は任弼時を派遣して省委書記兼軍区政委とした。（中略）［新執行部体制によって］湘贛省政治保衛処（林瑞笙が処長、譚牛山が副処長）が設置され、全省で粛反運動が展開された。三三年一一月二一日、永新県で第三次の省委代表大会が開かれ、省委委員は任弼時、劉士傑、張子意、尹仁桂、譚余保、陳洪時、鄒徳虎、眊金媛、曾武山が選ばれ、王首道、李撲、甘泗淇、方維夏等の人が非難された。（中略）各県・区・郷が何処にも作られ、小さな村にも小組が出来た。省委は「徹底的に反革命を粛清し、各級指導機関を改造し、各機関内の階級異分子と反動分子の粛清を一段と強めよ」と命じた。かくして、厳重な調査を実施せず、主観と憶測で判決を出し、およそ「形跡に疑いのあるもの」、「不安を感じ、敵に通じる恐れのあるもの」はＡＢ団分子として逮捕、拷問、自供させ、それを証拠にして党内外の多くの人を殺した（巻上、頁一七）。

次節で、粛反運動の詳しい実態を見ることにする。

第三節　粛反運動の実態（史料の紹介と分析）

最も重要な資料は、『湘贛革命根拠地』に収められている決議、命令、報告等の文書史料である。この史料の中から粛清の実態に迫るいくつかを訳し、コメントを付す。

（一）中共湘贛蘇区省委員会が発した「湘贛ソヴィエト政府の目前の政治状勢に対する評価と我々の闘争任務に関する決議」一九三二年一月七日。

階級闘争を深く行い、断固として富農に反対し、ＡＢ団改組派の反動政治派閥を粛清せよ。我々は湘贛ソ区のＡＢ団改組派の、ただ上層組織を破壊しただけであり、まだ彼等を徹底的に粛清し終わったわけではない。国民党の侵攻の中で、ＡＢ団は敵のために我々を偵察し、敵を助けて糧食を補給し、永新県の黄球では銃を持って敵に寝返った。萍郷の警衛兵士も銃を持って寝返り、敵を引きいれ、労働者農民の物資を略奪し、革命大衆を虐殺した。こうして各地にＡＢ団改組派がなお一部存在していることを示した。しかし、この二か月来、粛反運動の動きが、蓮花県以外では沈滞に向かっている。こうした消極的な態度は、ＡＢ反革命派がより一層発展して行くのに便利である。これは根本的に容認できない現象である。我々は広大な大衆を発動して、粛反運動に参加させねばならない。そして、腐敗し、仕事をサボる官僚分子をソヴィエト、紅軍、人民団体から一掃し、断固として富農階級に攻撃を加えなければならない。ソヴィエト区内の豪紳地主、反動派の家族を我が区内から完全に追い出さなければならない。労働者農民大衆の面前で、ＡＢ団改組派の陰謀罪悪を出来るだけ暴露すべきである。反動派に脅迫されて加入させられた貧苦の労働者農民には自首して立ち直るように呼びかけ、自首したものの生命財産を保証し、自主工作への信頼と公開裁判の制度を打ち立てよう。政治保衛処と粛反委員会が断固としてＡＢ団改組派を処断することを支援し、ソヴィエト区の一切の反動政治派閥の組織活動を消滅し、ソヴィエト政権を強固にしよう（上巻、頁一六三〜一六四）。

(二)「中共湘贛蘇区省委報告」、於永新県城、一九三二年一月一二日。

豪紳地主の反動家族を放逐する闘争は、既に発動された。各県では広大な民衆を起ちあがらせ、階級的立場に起ち、断固としてこれら豪紳地主の反動家族を駆逐せよ。しかし、反抗する能力を持つものは、各県の大衆の同意を得る条件付きで、大部分を殺してもよい。（中略）しかし、ある地区の豪紳地主の子女は区域から放逐されなかった。これは豪紳地主の右傾機会主義に妥協したものである。こうした誤りは、現在では是正された。放逐された豪紳地主の反動家族は、十分な統計はないが、およそ五〇〇〇人である（上巻、頁二六九）。

コメント。省の書記の王首道の政権下で、一九三二年一月「湘贛省の徹底的に土地を平均分配する条例」が制定され、「地主には土地を分けない、また富農には悪い田を分ける」とした。また次のような事例もあった。「豪紳、地主、反革命家族は茶陵県のいくらかの土地に放逐した。その中には少なからぬ地主・富農の子弟がおり、またいくらかの子供も、お婆ちゃんもいた。彼等が放逐される時には金品を没収した。そのため彼等は大いにわれわれを恨んで、国民党の軍隊や地主武装集団に参加して、われわれを攻撃した。彼等は、地形や道路をよく知っていたので、特に青年は報復がすごかった。反動家族を放逐するのは、我々に大きな災いを呼び起こすものであり、一つの教訓であった」（下巻、頁八六二、張啓龍「湘贛蘇区的革命闘争」）という証言もある。

(三)「湘贛省ソヴィエト区の反革命分子を処罰する暫定条例」一九三二年四月八日。

以下、この条例の内、「死刑に該当する犯罪」に関する部分を紹介する。

1、階級の異端分子で、反革命の首領となり、反革命工作が顕著なる者

2、豪紳地主の子弟で反革命組織に加入した者

3、富農・ゴロツキ・資本家及びその他の搾取分子で、反革命組織に加入して、反革命活動に参加した者

4、敵と常に秘密な情報を通じ合い、或いは反革命のスパイや反動家族を匿い、反革命の犯人と共謀した者

5、一度許された者が、再び反革命活動に参加した者□□（上巻、頁二六五）

コメント。このような規定では、どのような人の行為にも、「死刑判決」を与えることができる。実際、「査田運動」（中

華ソヴィエト共和国人民委員会が一九三三年九月に布告した政治運動で土地所有の状態を精査し、階級区分をやり直し、新たに富農を摘発し階級隊伍を固める運動）が「湘贛ソヴィエト区」に導入された時には、審査の名簿を掲げ、「人民大衆を集めて集会を開き、誰それは地主・富農か、またAB団分子か」と民衆に挙手を求めた。もし民衆が挙手をしないと、その人間が「反革命分子、地主富農分子」に妥協していると言われたので、民衆は怖くなり、已むなく皆が挙手した。これによって民衆はわれわれを恐れて離れて行った（下巻、頁一一六二、劉斌武「蘇区〈新花辺〉的制造」）という状態だった。また省の粛反責任者の劉士傑は「白色恐怖には赤色恐怖で対抗する、というスローガンを掲げ、一升の米を持って永新県城に入ったものは死刑にする」などと言ったが、この意見には人々が反対した（下巻、頁八二八、任弼時「在湘贛工作座談会上的発言」）という。詳しい内容は不明であるが、当時はヤミ米一升でも死刑にしろ、と粛反最高幹部が言っていたのである。

（四）「中共湘贛ソヴィエト区省委員会の報告」一九三二年四月一一日

我々は、豪紳地主の反動家族に対する処置で大衆の追随者となり、極左の誤りを犯した。蓮花県では湘鄂贛辺区（湖南、湖北、江西の三省にまたがる中共の革命根拠地）から来た同志が「すべての豪紳家族を放逐すべきだ」だというのを聞いて、大衆が豪紳の家族を自分たちで放逐した。その他の各地でも大衆がそれに倣った。わが湘贛省の党委員会も通達を発し、それに同意した。会議でこの問題について詳細な討議を行わなかったので、各執行機関は、執行の際に更にデタラメなことを行った。甚だしい場合には、一六歳以上、三〇歳以下の豪紳家族の壮丁は、男女の区別なく皆殺しに処した（例えば、酃県）。これは民衆の懐疑と恐怖を引き起こさざるを得なかった。我々は、地主の消滅が、簡単に彼等の肉体を消滅させることでないことを理解していなかった。それは普段の階級闘争の継続の中で行わねばならぬものであった（上巻、頁二七〇）。

コメント。「赤色恐怖」の政策が、いかに恐ろしい結果を招いたかを示した記録である。階級闘争、階級区分がいかに非人間的な行為を生み出したかを典型的に示している。

(五)「湘贛省ソヴィエト政府の自首、自新（自首し、悔い改める）に関する条例」一九三二年四月一五日。第七項のみ紹介。

およそ貧苦の労働者農民の兵士貧民で、脅迫され、或いは騙されて反革命の御用を務める反革命団体、例えば「甲子園」、「□談会」、「吃煙会」、「好吃会」、「春風社」、「恋愛会」、「忠善堂」、「新共産党」、「新共産青年団」（これらは皆、反動派が各種の新しい名義を利用して大衆を欺き、陰謀と破壊活動を行う秘密組織である）等の組織に入っても、一律に自首することを許し、一律に罪を免じ、或いは処分を軽くする（上巻、頁二七五）。

コメント。永新県の書記の経歴を持つ自分の兄が「姐妹団」なる反革命分子とされ、殺される場面に出会った湯蓮の回憶録「我在湘贛蘇区的工作和経歴」（下巻、頁一二〇三〜一二〇六）に生々しい証言がある。この時、彼女を胡耀邦が慰めてくれたという。若き日の胡耀邦もこのソヴィエト区にいて、粛清の現場にいたことがわかる。

(六)「湘贛省ソヴィエト執行委員会の大会決定」（主席袁徳生、副主席張啓龍、譚余保の署名）一九三三年一月四日。

過去の粛清反革命の工作の誤り、特にその右傾機会主義と徹底的に闘わなければならない。（中略）大衆の要求の下、激しく迅速に、死刑の宣告に到るまでの処置を取らなければならない。国民党支配下の白区で捕えた土豪には、もし顕著な反動事実があり、大衆が激しく彼を憎んでいる場合には、死刑に処せねばならない。ただいくらかの罰金を科しただけで放免することに反対する。放免すれば、彼はまた反革命を行うのだ（上巻、頁五四六）。

（七）湘贛省委員会「湘贛省ソヴィエト党・団の報告」一九三三年二月一日。中央局受理は一九三三年二月五日。中共湘贛省委翻印四月一九日。

第七項。敵の四度の〝包囲攻撃〟の中で、ソヴィエト区内における地主富農の残余であるＡＢ団等反革命分子はさらに活発に活動を起こし、動員体制を破壊し、堅壁清野のわが体勢を破壊している。永新県三区のＡＢ団と白軍は消息を通じ合い、ＡＢ団組織を恢復している（以下省略するが、具体的なＡＢ団等の破壊活動の事例を掲げ、粛反運動を激しくやれと命じている）（上巻、頁六二〇）。

（六）（七）へのコメント。革命根拠地の粛反運動には、「富田事変」以来、敵の仲間が常時党内にいて反革命の策謀を行っている、「富田事変」のようなことがいつ内部から発生しても不思議ではない、という疑心暗鬼と、革命がうまく行かないのは内部の敵が妨害しているからではないか、という疑心暗鬼が重なっていた。

以上に紹介した史料の断片を見ても、粛反運動という「同志殺し」がいかにデタラメな党中央、党幹部の恣意的な命令によって行われていたか明らかである。党の方針、命令、計画が上手く行かない原因を、総て「内部の敵」なるものをやり玉に挙げて彼等に責任転嫁するのである。党中央、あるいはソヴィエト区の幹部は絶対に責任を取らない。前執行部、前責任者に「右傾機会主義、李立三路線、左翼日和見主義」等々とレッテルを張って打倒し、責任を転嫁するのである。「国家保衛局、粛反委員会」などは、共産党が全体として責任を取らないで済む「安全装置」として設置され、また機能したのである。我々は、一見すると、「国家保衛局、粛反委員会」が、他の諸機関から独立して大きな権限を持ち、その故にその「責任者」となった「悪辣な、性格の悪い個人」、例えば李韶九、張士傑が、その性格の「悪さ」によって、誠に残酷な人殺しをしてしまった、というように解釈する。また建国後にまで生き残った革命の元勲たちは、例えば任弼時は劉士傑について

「この品質の悪い人間」（下巻、頁八二五）と言い、王首道は「労働者出身とはいえ、この品質の悪い人間」（下巻、頁八四〇）と言い、また王恩茂（建国後、新疆省の第一書記となって土皇帝の如き強権を振るった人物）は「この人物は品質が悪く、最後には敵に投降した」といって非難している。

当時の史料を見れば、中国共産党が、如何に旧日本軍のような絶対的な命令服従関係にあったかも分かる。反革命ＡＢ団、改組派などとレッテルを張られれば、たちまち殺されるのであるから、党員兵士・ソヴィエト区の諸機関職員などは、絶えざる恐怖の中でくらしていたのである。更にまた、人の善悪の基準が機械的な「階級区分主義」によっていたことも問題であった。地主・土豪・劣紳などの階級に属しているとされた者は、有無を言わせず反革命分子と認定され、彼等に対するどんなひどい仕打ちでも許された。「白色恐怖には赤色恐怖を持って対抗せよ」というのが終始変わらぬ、党の基本的な姿勢であり、湘贛ソヴィエト区の三年間に「粛反運動」の強弱を区分してみても、また「右傾、左傾」の区別をしてみても無意味であろう。簡単に同志や敵階級を殺すやり方は、どんな些細なことでも反革命と見なす精神の堕落を生み出した。

約三年半の「湘贛省ソヴィエト区」の歴史をみると、建国後に作られた党の歴史が如何に神話化されたものであったか、が分かろう。国民党や土豪劣紳勢力との戦いよりは、「内部の敵捜し、同志殺し」が中心であったとさえ思えてくる。粛反運動の恐怖と地主・富農からの土地没収、貧農への土地分配は、深く絡まり合って、三年半のこの地区のソヴィエトを持続させ、そしてまた逆にソヴィエトを滅亡させた真の原因だった、と言ってよい。以上のような、白色恐怖に対する赤色恐怖の歴史の中から、生き残り、建国後に革命の元老として高い地位に就き、有名になった人物は、王震、王首道、胡耀邦、王恩茂、蕭克、譚余甫らである。任弼時は当時有名な党中央の最高幹部の一人であったが、一九五〇年に死去したので建国後大出世はできなかった。

附録1

「関係者の建国後の回顧録」

以下に、「粛清運動」に関する重要人物の証言を紹介する。

（1）「袁任遠の粛清に関する回憶」

この根拠地の粛反運動はかなり激しかった。一九三一年、王首道が党中央局から派遣されて来た時、一握りのAB団関係の資料を携えてきた。その指令書に基づいて何人かの同志をAB団として打撃を与え、拡大化の誤りを犯した。しかし、三三年に派遣されてきた劉士傑はまだこれまでの省委は右傾であると言い、AB団狩りがより激しくなった。ある地方では連続して何回もやり、地方党組織の創始者、遊撃隊の指導者、また根拠地の民衆指導者がみな打倒された。例えば、省ソヴィエト主席の袁徳生、省政治部主任の于兆龍、贛南特委書記の李夢弼、独立一政委の周龍韶等の同志が皆殺された。私と一緒に大汾から永新にいった遂川県委書記の曹工農、婦女連合会主席の顔転姫も誤ってAB団として殺された（袁任遠「戦闘在湘贛」、上掲『湘贛革命根拠地』（下巻）、頁九九七〜一〇一一）。

（2）「王首道の粛清に関する回憶」

我々一行五人は三一年七月に永新県に来た。すぐ湘東南特委と西路北路分委の連合会議を開いた。（中略）西路分委の主要な責任者である朱昌偕、左娜、馬銘、龍貽奎、劉天干等も皆来た（引用者注。これらの富田事変関係者等に親しい人々は、この時皆殺されるか、自殺を迫られたりした）。［粛反機関の保衛局は］犯人を審査する際、拷問し、自供を取り、それを信じると云う誤った方法によって「乱捕乱殺」を行い、簡単化・拡大化の誤りを犯し、少なからざる優秀な幹部を粛清し、誤った処置を為した。やり方にいろいろ意見が出たが、遂に根本的な改善はできなかった。わが省に政治保衛処ができ、また各県の粛反委員会も独自に出来、それらは皆ＡＢ団・改組派に対する所謂「粛反運動」による断固たる闘争を展開した。永新、蓮花、吉安、攸県、寧岡、安福などの諸県では公開審査の大会を開き、少数ながら出た敵に降参した大衆や個々の兵士の敵への投降等を審査した。これらは皆「ＡＢ団分子」の叛乱と見なされた。こうして各県の粛反委員、甚だしくは粛反委員会の主任までが処刑された。（中略）一九三二年二、三月に、王震が中央ソヴィエト大会から帰ってきて、粛反運動の拡大化、簡単化に反対する命令を伝達するまでこの第一次粛反運動は続いた（王首道「回憶湘贛蘇区」『湘贛革命根拠地』、下巻、頁八五一）。

引用者注：この三一年七月から三二年三月までの第一次粛反は、「乱打乱殺」の時期で、大衆大会で民衆の挙手で死刑が決まり、きわめて多くの指導者や人民が虐殺された。この第一次粛反の時には「第一次の時には、反革命の基準がなかったので、保衛処や各県粛反機関が勝手に人を捕えて処刑した。しかし、ここでは最高幹部が沢山処刑されることは少なかった。三三年二月からの第二次粛反では、多くの幹部が捕えられたが、大衆への打撃は比較的少なかった」（任弼時「在湘贛工作座談会上的発言」下巻、頁八二七）。任弼時が来てから「粛反の拡大化が是正された」という意見もあるが、袁徳生などの多くの有名な幹部が処刑されている。

附録２

「湘贛革命根拠地」で粛清された幹部名（『湘贛革命根拠地』下巻、頁一四八五～一五二六、人物簡介）

（１）袁徳生、三三年逮捕、三四年七月殺、湖南省瀏陽人、省ソ区主席　（２）于兆龍、三三年逮捕、三四年殺、湖南省慈利人、省軍区政治部主任　（３）馬銘、三一年、富田事変関係者として自殺、江西省永新人、永新県ソヴィエト政府主席

（4）王懐、三一年逮捕、三二年殺、江西省永新人、贛西行委書記　（5）甘歩衢、三四年殺、江西省蓮花人、県委書記　（6）劉任武、三三年二月殺、江西省永新人、省ソヴィエト内務部長　（7）劉其凡、三三年初殺、江西省吉安人、省常務委員兼省職工部書記　（8）劉炎松、三三年殺、江西省蓮花人、蓮花県書記、湘贛省委員　（9）劉秉常、三一年殺、江西省蓮花人、県のソヴィエト政府主席　（10）朱昌偕、三一年一月、富田事変関係者として迫害自殺、江西省永新人、県ソヴィエト政府主席、贛西南特区常任委員　（11）朱映華、三一年末、殺、江西省蓮花人、省ソヴィエト政府土地部長　（12）朱裕農、三一年一〇月殺、江西省崇義県人、県ソヴィエト政府主席　（13）李春香、女、三三年一〇月殺、江西省分宜県人、県婦人部主任　（14）李孟弼、三四年殺、湖南省瀏陽人、省政府委員、河西特委書記　（15）李端娥、女、三三年一一月、劉士傑に陥れられ殺、江西省永新人、省ソヴィエト政府常委県・政府副主席　（16）杜亜文、三二年殺、江西省永新人、攸県委書記　（17）蕭伍仔、三三年一一月殺、江西省泰和人、吉安県委書記、省常務委員　（18）陳韶、三三年夏殺、湖南省茶陵人、紅八軍政治部主任　（19）陳介福、三三年殺、江西省蓮花人、県赤色郵局局長　（20）羅日光、三一年冬殺、江西省新余人、県ソヴィエト政府書記、文宜県委書記　（21）胡波、三一年末に逮捕、三四年七月殺、江西省永新人、省委巡視員　（22）胡竹清、三四年殺、江西省吉安人、分宜県委書記、湘贛省委常委　（23）曾道一、三四年殺、湖南省醴陵県人、湘贛省委秘書・書記、吉安県ソヴィエト政府主席　（24）曾毅之、三四年八月殺、湖南省醴陵県人、茶陵県委書記、独立第三師政治委員　（25）彭桂峰、三一年一一月殺、江西省新余県委書記　（26）謝月高、三三年殺、江西省寧岡人、県ソヴィエト政府主席　（27）謝露生、三三年殺、江西省寧岡人、県委書記　（28）譚牛山、三三年春殺、湖南省望城人、湘贛省保衛局長　以上二八人。「人物簡介」に出てくる総人数は一〇五人であるから、粛清された者は約二五％である。上記二八人が殺害された年数を示すと、一九三〇年は零、三一年は七人、三二年は二人、三三年は一一人、三四年は八人となっている。長征直前まで粛清が続いていたことがわかる。

注：劉士傑、ＡＢ団粛清の最大の責任者、一九三四年長征途中で処刑された。湖南省醴陵県人、彼は保衛処長として沢山の無実の人を殺

した。彼がいかに品性下劣な人間であったかは、湯蓮「我在湘贛蘇区的工作和経歴」（『湘贛革命根拠地』下、頁一二〇三〜一二〇六）に精しい証言がある。彼は、省の最高幹部になるために同志であり、かつきわめて有名な袁徳生等多数を誣告し処刑した。

第五章　閩西革命根拠地の「社民党」大粛清

第1部　「福建省西部革命根拠地」における「社会民主党」大粛清

一九三一年春から一九三二年冬に至る時期に、福建省西部の中国共産党革命根拠地（以下、一般にこの地区は「閩西ソヴィエト区」と略称されるので、この略称を用いる）に、大規模な内部粛清運動が展開された。この地域は、現在の福建省「龍岩（民国時代は、「龍巌」が地名）地区」に属し、龍岩市、永定県、上杭県、武平県、長汀県、連城県等の諸県からなっている。この一帯は、客家居住地帯であり、毛沢東、朱徳、陳毅などが、一九二九年以降に江西省の革命根拠地から度々紅軍を率いて入り、それに地元の鄧子恢、傅柏翠などの革命家たちが呼応し、農民蜂起を指導して形成された根拠地である。両者が合作して創建した江西省革命根拠地に地続きの有名な革命根拠地であった。

このソヴィエト区の党中央を代表する指導者は、鄧発である。鄧発は、一九〇二年生れの広東省雲渓人、労働者出身、一九三一年四月に中共ソヴィエト区中央局委員、同七月中華ソヴィエト中央革命軍事委員会政治保衛処処長、次いで一一月中華ソヴィエト共和国中央執行委員となり、最初から社民党粛清運動を発動し拡大した。

以下の紹介は、主に次の論文、著書による。

Ａ「中華人民共和国地方志叢書」の中の『龍岩地区志』（上、下）、『龍岩市志』、『永定県志』、『上杭県志』、『長汀県志』等の県志。『閩西人民革命史』（中共福建省龍岩市委党史研究室著、中央文献出版社）、『上杭人民革命史』（中共上杭県党史工作委員会編、厦門大学出版会）、『才渓人民革命史』（中共才渓鎮委員会他編、北京広播学院出版社）、『永定人民革命史』（中共永定県委党史耕作委員会編、厦門大学出版社）、『連城人民革命史』（中共連城県委党史耕作委員会編）、『龍岩人民革命史』（中共龍岩市委党史資料徴集研究委員会、厦門大学出版社）、『長汀人民革命史』（中共長汀県委党史工作委員会編、厦門大学出版会）。

Ｂ蔣伯英「閩西蘇区的〝粛清社会民主党〟冤案」（『中共党史研究』一九八九年第四期、所収）。

Ｃ邱松慶・孔永松「閩西蘇区〝粛清社会民主党事件〟浅析」（『厦門大学学報』一九八三年第四期、所収）。

Ｄ郝景泉編著『党史風雲実録（上巻、第一章）』紅旗出版社、一九九六年、北京。

Ｅ文聿『中国「左」禍』（第四章）（朝華出版社、一九九三年、北京）

Ｆ高華著『紅太陽是怎様升起的――延安整風運動的来龍去脈――』（香港中文大学中国研究所、当代中国文化研究中心専刊（六）、中文大学出版社出版、第一章、二〇〇〇年、香港）

Ｇ戴向青・羅恵蘭著『ＡＢ団与富田事変始末（第一三章）』（河南人民出版社、一九九四年）

Ｈ閩粤贛辺区党史編審領導小組著『中共閩粤贛辺区史』（中共党史出版社、一九九九年、北京）

第一節　反革命の諸組織の説明

大粛清の発端は、一九三一年一月初旬、中共工農紅軍新第十二軍（軍長は羅炳輝、政治委員は譚震林）は、一部の将兵を集めて、国際共産主義運動の指導者であった「カール・リープクネヒト、ローザ・ルクセンブルク、レーニン」の三人を記念する集会を開いた。この集会で十数人の将兵が「第二インターを擁護する」、「社会民主党万歳」等と叫んだ。このスローガンの音頭をとったのは呉拙哉であったが、彼自身、聞き覚えで叫んだだけで、「第二インター」が何であるのか、「社会民主党」が如何なる政党であるのか、よく知らなかった。会場にいたほとんど何も分からない将兵が腕を上げてそれに呼応して、鸚鵡返しにこのスローガンを叫んだ。この時、ある人が第百団政治委員の林梅汀に、これは反動的なスローガンであると言ったが、林は大した問題ではないと思った。しかし、その人は閩西ソヴィエト区政府にも駆け込んで反革命粛清委員会の主席林一株に報告した。林一株は直ちに委員たちを連れて呉拙哉、林梅汀など十数人を逮捕し、拷問を加えて尋問した。しかし、彼らは実はルクセンブルクもリープクネヒトも、第二インターも第三インターもよく知らなかったので自白しなかった。しかし拷問に耐えかねて偽の自白を行い、更にすでに反党分子として除籍処分にされていた傅柏翠に罪を被せて、彼が閩西社会民主党の「特委書記」であると認めさせた。

こうして、「閩西社会民主党」という反革命組織の架空政党が、林一株を中心とする粛反委員会によって捏造された。それによると、傅柏翠が特委書記、林梅汀が宣伝部長、黄洪が組織部長、江桂華・張徳宗が委員であるとされた。この名簿によって次々と逮捕され、以下、拷問、自白、更なる逮捕、拷問……という悪夢の如き循環が自動的に進んでいった。

一九三一年二月二一日、閩西（福建省西部）ソヴィエト政府は、『通告』第二〇号を発し、閩西各級のソヴィエト政府及び粛反委員会に次のように指示を与えた。「全面的反動政党である国際社会民主党が完全に壊滅されない以上、各級ソヴィエト政府は全力を上げて反革命粛清の工作を進行しなければならない」と命じ、また二月二七日、鄧発の主宰の下で「中共閩粤贛特委常委・第一次拡大会議決議」が行われ、「反動的政治諸党派、つまり社会民主党、改組派、第三党、国際社会党、トロツキー・陳独秀派に反対する闘争は、わが党の政治要綱と政治主張を提起して、彼等の一切の改良主義的欺瞞を暴き出し、彼等による一切の反革命の罪状を暴露しなければならない。……人民の力を用いて反動的政治派閥の組織と活動を消滅させ、社会民主党に反対する大規模な宣伝を行い、人民の政治意識を高めなければならない」と決議した。では、いったいこれら反革命組織とは、いかなるものであったのか、「ＡＢ団」以外を簡単に説明しておこう。

「社会民主党」（「社民党」と略称）

一八八九年、西ヨーロッパの社会民主主義者が連合して、第二インターナショナル（中国語では「第二国際」）を結成した。

これは暴力革命に反対し、議会主義的な政治運動、労働運動を中心にして社会改良を推し進める中で社会主義を実現しようとするもので、レーニン、リープクネヒト、ローザたちから激しく非難された。ロシア革命成功後、レーニン主義が正統となると、社会民主党は革命の裏切り者であり、ブルジョア階級の政党として断罪された。ロシア革命を絶対化する中共においても敵の回し者、裏切り者の代名詞となっていった。

「第三党」

一九二七年四月一二日、北伐の最中における蔣介石のこの日の上海クーデタによって、国民革命は失敗し、以後国民党と共産党は血みどろの争いを展開した。その中で、譚平山、章伯鈞は共産党を離脱した。またこの時、国民党からも鄧演達、陳友仁など左派が離脱した。そこで両者は接近し、一つの党派を結成した。それでこれを「第三党」という。つまり共産党から言えば、脱党分子、裏切り者の代名詞となった。

「改組派」

国民党内の汪精衛派の陳公博、顧孟余などは蔣介石から排斥され、一九二八年、上海において分派である「中国国民党改組派同志会」を結成した。中共党内においても、この「改組派」の仲間、裏切り者がいるとされた。彼等を「改組派」と命名した。

「トロツキー・陳独秀派」（中国語では「托・陳取消派」）

レーニン死後、世界革命論を唱えるトロツキーと一国社会主義論を唱えるスターリンは激しく対立した。トロツキーは、一九二六年、ジノヴィエフらと合同反対派を結成したがスターリン派に敗れて二七年党を除名され、二九年国外に追放された。以後、トロツキストという名称は、ソ連を中心とする共産主義世界で「革命の裏切者」に対する悪罵となった。中国共産党の創立者の一人で、以後同党の委員長を長くやっていた陳独秀は、第三インターの主流のスターリン派からトロツキストというレッテルを貼られ、一九二九年、中国共産党から除名された。以後、「トロツキー・陳独秀」は、中国共産党内で革命の裏切り者、党解体（中国語では「取消」）主義者という最大の侮蔑、悪罵の代名詞となった。

しかし、今日の研究では、以上のレッテルを張られた党内反対派組織、反革命分子は、当時党内には全く存在しなかったこと、処刑された者はみな冤罪であったことが分かっている。上記の各種レッテルは、みな粛反機関、粛反委員会が単なる思い付きで命名したに過ぎなかったということになる。

第二節　粛反の開始、第一回の粛反裁判

三月一、二日の両日、閩西ソヴィエト政府は永定県虎崗で「閩西工農兵代表による反革命社会民主党分子の審判大会」を開催し、併せて林一株を主審とする「革命法廷」を設置した。林一株は大会で、社会民主党に対する三ヶ条を宣言した。

〈1〉すでに逮捕した社民党分子に対しては、およそ出身が悪いものは死刑に処す。

〈2〉社民党内で重大な責任を担っている者は死刑に処す。

〈3〉党・政・軍の内部に潜入しているものは死刑に処す。

（『中国左禍』、七一頁）の三ヵ条である。

革命法廷は、林梅汀、黄洪、江桂華、張徳宗など三四名を社会民主党の首魁とする審判、判決を行い、直ちに翌日の午後、林梅汀など一七名に死刑を執行した。彼等は死刑に臨んで「社会民主党を打倒せよ」、「中国共産党を擁護せよ」などと高ら

かに叫んだという（前掲の邱松慶・孔永松論文）。時に、林は二四歳であった。

この年、一月から二月にかけて上杭県、永定県では反革命諸党派として六〇余名が逮捕されていたが、この三月二日の林梅汀以下一七名の処刑によって、以後閩西ソヴィエト全体で総数六千数百名に及ぶ同志大粛清の幕が切って落とされた。

ちなみに、閩西の社会民主党の首魁とされた傅柏翠の人物と行方について紹介しておきたい。

傅柏翠は一八九六年、福建省上杭県に生まれ、中国同盟会、中華革命党に参加し、日本東京の政治大学（現在の法政大学の前身？）を卒業。帰国後一九二七年に中国共産党に入党。以後、上杭県蛟洋の農民運動を指導、閩西特委軍事委員、その他ソヴィエト区の要職を歴任。一九三〇年には閩西ソヴィエト政府政治経済部長、同年一二月、鄧発等の指導部と対立して党を除名された。彼は閩西ソヴィエトの創始者の一人で、張鼎丞（一八九八年、福建永定県に生まれる。福建共産党の最古参）とも親しく除名時は閩西ソヴィエト主席、建国後に名誉回復され、福建政治協商会議副主席、中共中央委員、人民代表大会常務委員会副委員長などを歴任した。彼は三〇年の党除名後も国民党に同調せず、譚震林（湖南省攸県に生まれる。井崗山以来の古参革命家。当時、紅新十二軍の軍長。建国後も活躍し、中央委員、国務院副総理、農林大臣などを歴任した）等々と共に戦った最古参党員で、閩西ソヴィエトでは有名な人物であった。彼は、鄧発や林一株に「社民党」の首魁にされるや、彼に同調する党員や農民運動者と共に山に土塁を築いて抵抗した。紅軍の攻撃にも陥落せず、国共両党からかなり自立した立場を貫き、一九四九年には閩西で四千人（三千人という説もある）の部下と共に蜂起し、国民党から中共側に復帰した。建国後、福建政治協商会議副主席となり、一九八五年にやっと名誉回復を果たした。

傅柏翠については、山本真が「革命と福建地域社会――上杭県蛟洋地区の地域エリート傅柏翠に着目して（一九二六～一九三三）――」（『史学』二〇〇七年三月、三田史学会）なるきわめて実証的な優れた論文を書いている。が、中共党の粛清事件のことには言及していない。

第三節　「閩西ソヴィエト区」の粛清の経過と実態

（1）全般的状況

大規模な粛清は、一九三一年三月から始まり、閩西ソヴィエト区のあらゆるところに拡大し、凄まじい殺戮の嵐が吹き荒れた。『中共閩粤贛辺区史』は、次のように記している。「閩西党組織と農村革命根拠地の早期の創始者であった、陳品三、陳錦輝、盧肇西、陳正、張滌心、藍維仁、藍維農、段奮夫などは皆、先後して社会民主党分子として殺された。広東省に属す東江ソヴィエト区では、わずかに潮普恵、陸恵、海陸恵紫の三つの区域だけで、九〇〇余人が〝AB団〟の罪名で殺害されたが、その中には顔漢章など八人の特委一級の党・団の指導幹部がいた。最も凄まじいのは梅埔豊（福建省に属する）の赤色辺区で、中下層幹部は殆んど皆〝AB団〟として殺害された。この粛清運動は、紅一一軍、紅新一二軍と地方武装勢力の戦力を極めて弱体化させ、閩西革命根拠地を防衛し、強固にする武装闘争に厳重な打撃を与えた。閩西紅軍の新一二軍第三〇四師第一〇一団・連以上の幹部は、その大部分が殺害された。新一二軍は反革命粛清の後、戦闘力は大規模に減少し、指揮官は大いに不足し、士気も大幅に低下した。東江ソヴィエト区の紅一一軍の小隊長以上の幹部の半分以上が反革命の罪状で審査され、その中で軍政委員の呉炳泰など六名の連隊・大隊以上の幹部が〝AB団〟として殺害された。紅二団に三〇〇余名の指揮官がいたが、その内の一一〇人が殺害された。元紅一一軍軍長の古大存も冤罪で監禁され、後に免職と留党観察三ヶ月の処分を受けた」、「こうして閩西の党員は八千人から五千人に減少した」（以上、頁一〇九～一一〇）。

「一九三一年五月二七日、杭武県三区第三大隊長の李真と副政治委員の張純銘は、上級機関の者がデタラメに人を殺すのに反対した。彼は組織防衛のために、更にまた〝社会民主党〟として訴えられて区ソヴィエトの尋問室に押し込められていた区ソヴィエト委員の何登南など二〇〇余名の幹部と民衆を救出しようとして、第三大隊を率いてソヴィエト政府を包囲し、激しい戦闘の後、逮捕されている人々を救出した。この事件は直ちに〝反革命暴動〟と宣告されて紅新一二軍の包囲攻撃を受けた。李真、何登南、張純銘など第三大隊の将兵と釈放された人々は、紅新一二軍の大軍に追われ攻められて射殺されたり、新たに逮捕されて処刑されたりして殺された。数百の死体は民衆に曝された後に埋められた。杭武県第二区、虎崗、濱南などの地域にも反抗が起ったが皆、新紅一二軍に鎮圧された」(同上書、頁一〇九、注(2)「坑口事件」)、「閩西ソヴィエト政府執行委員三五名中半数が粛清され、閩西全体では六千三百人ほどが殺害された。共産主義青年団が受けた損害は更に厳重で、全ソヴィエト区の三〇の区委員会が麻痺状態になった。最後には、粛反委員の林一株と楊全康等は、こともあろうに〝社会民主党〟の罪名を閩西ソヴィエト主席張鼎丞に被せ、また組織部長羅明も嫌疑をかけられるに至った」(同上書、頁一〇九)。

『党史風雲実録』(D書)は次のように記している。「鄧発は紅十二軍を率いて汀洲を攻めに戻ったとき、閩西ソヴィエト区全体が粛清運動によって沈みきっており、いたるところ怨嗟と罵声が満ち溢れていることを知り、粛清運動が法外に拡大していることを認めざるを得なかった。閩西の正常な革命運動を回復するためにこの厳重な局面を転換する必要があった。そこで、林一株を主席とする粛反委員会の部門が民衆の恨みを買っているのでこの機関を解体し、別に郭滴人を署長とし、林一株を副署長とする政治保衛所を設立することにした。しかし、これは問題を根底から解決できなかった。……そこで、張鼎丞、羅明、郭滴人等は、上杭県を留守した時、民衆の訴えを根拠に、林一株と楊全康などは粛反の大権を利用して無実の人間を乱殺し、悪の限りを尽くしたと認定し、彼等に〝社会民主党特委書記〟の罪名を被せて、一九三一年九月銃殺に処した」(頁六六〜七六)。閩西が解放されたとき被処刑者三七二八名が名誉回復され、一九八三年、八四年の調査で更に二六二四名が名誉回復されたので、明らかになった犠牲者の総数は六三五二名に及んだ(同上書、頁六六)。「閩西粛社党事件」については、文聿の(E書)『中国〝左〟禍』(頁六七〜七九)にも詳細な記述がある。

処刑者が処刑される。それも自分たちが粛清の対象にした社民党の首魁として今度は自分が粛清される。ソ連の粛清の歴史にも同じ例が沢山あるが、この閩西ソヴィエト区でも同じであった。銃殺されたのは林と楊だけではない。羅樹春（閩西政府秘書）、張丹川（閩西政府文化部長）、熊炳華（閩西政府労働観察部長）等八人も、実は閩西社会民主党の首魁であったとして処刑された（『太陽是怎様昇起的』頁四七）。

（2）福建省の永定県、上杭県、長汀県、龍岩県地区

『永定県志』

この県志の「概述」に、「民族の独立と人民の解放に、永定県人民は重大な貢献をした。全県に二六三の基点村があり、そこに住む一〇余万の人民が積極的に革命を支持し、七〇〇〇余人が人民の軍隊に参加し、二〇〇〇余人が長征に参加した。革命戦争の時代に永定人民は巨大な代価を支払った。一九二八年の暴動の時、県の人口は四万九五一四戸、人口は二〇万一四八六人であったが、一九四九年の解放時には、四万六五〇三戸、一七万二〇〇〇人に減少していた。国民党の〝囲剿〟（包囲攻撃）と〝経済封鎖〟に因って餓死した民衆は一万六九九一人、誘拐され売られた女性児童は七八九二人、国民党に捕まった成人男子は二四〇〇人、故郷を棄てざるを得なかった者五九一五人、壊され焼かれた村一五三村、潰れた家九四六七戸、……」（以上、県志頁二）。次に「大事記」（県の年表）に次のようにある。

一九三〇年一二月初め永定県に粛反委員会が創設され鄭醒亜が主席となった。これより前、中共永定県委員会は第二四号文献で「反革命政治闘争問題に関する通達」を出し、闘争目標は社会民主党であることを明確にした。

一二月一五日、閩西ソヴィエト政府の所在地であった龍岩県が、閩南軍閥の張貞に占領されたので、閩西ソヴィエト区の党・政・軍の四〇余の機関が龍岩県より、永定県の虎崗に移った。

三一年一月一日、永定赤衛隊と人民は武装し、紅軍の指揮のもとに県城を攻撃占領し、国民党保安隊長の羅介人と湖

雷の民団団長の孔月皆を撃殺した。この月、閩西ソヴィエト区の党・政・軍の中で極左路線が強まり、「社会民主党粛清」運動が展開された。この粛清運動の中で誤って殺された区以上の地方幹部は三八人（その中にはソヴィエト政府と県委の主要責任者一〇人もいた）、中隊以上の軍幹部は四〇人であった。永定県で最も早く革命に参加した指導幹部林梅汀、江桂華、盧肇西、盧其中、陳正、曾牧村、謝憲球、陳兆祥、頼桂祥、陳海賢、張漢栄、劉連甲、頼寿煌などが相次いで殺された。

七月末、閩西ソヴィエト政府と中共閩粤贛辺区特委などの機関が、永定県虎崗から上杭県白沙に撤退移動した。

八月二九日、中共中央は、「閩粤贛辺区特委に与える書簡」を出し、粛反問題の誤りを指摘した。

九月二九日、閩西ソヴィエト政府は、「粛清社会民主党」運動の中で厳重な害悪をもたらし、民衆を大いに憤激させた鄭醒亜、林一株らを逮捕し、処刑した、永定県の粛清は終りを告げた。

一一月七日から二〇日にかけて、第一次全国工農兵代表大会が江西省瑞金で開催され、永定県代表張鼎丞、範楽春が中華ソヴィエト共和国中央執行委員に選ばれた。

一一月下旬、周恩来が上海から香港、汕頭、潮州、大埔を経て永定に至り、合溪で永定団代表会に参加し、江西省の瑞金に去った（以上、『永定県志』頁一二、大事記）。国民党の攻撃と党内の粛清によって、党員の増減は、一九二九年七月の五一二人、三〇年七月の一四二五人、一九三一年中に五一〇人へと推移した（以上『永定県志』頁五四七、巻二一、「中共永定地方組織」）。

この閩西ソヴィエト区の大粛清の時代に、ソヴィエト政府が置かれ粛清の中心地にもなった虎崗とはどんなところか。虎崗は永定県の北端の山中にあり、県城から約三五キロ離れている。四〇の自然村が散在しており、ソヴィエト政府諸機関は四つの自然村に集中していた。現在、戸数は約二八〇〇戸、人口約一万三五五〇人というから、当時はこれよりはるかに少なかったものと想像される。雨が多く、特産品は竹、材木、茶、しいたけ等である。そしてこれは特に重要なことであるが、住民は客家方言を話す「客家」だという点にある（『永定県志』巻一、建置、頁六六）。閩西ソヴィエト区は客家の多い県に集中しており、このことについては第九章で改めて考察する。

『永定県志』巻三八、「人物伝」には、粛清された著名な人物として、頼秋実（一八九五～一九三一年）、謝憲球（一八八九～一九三一年）、曾牧村（一九〇一～三一年）、盧肇西（一九〇四～三一年）、盧其中（一九〇四～三一年）、陳正（一九〇五～三一年）、林梅汀（一九〇六～三一年）、江桂華（一九〇七～三一年）、王奎福（一九〇七～三一年）、以上九人の略伝がある。皆な二〇歳代から三〇歳代初めの青年であり、一九二五年から二八年にかけて入党した人々であった。

『上杭県志』

『上杭県志』（第巻一八、頁四九七「中国共産党上杭県地方組織」）に次のような記載がある。

「一九三一年三月六日、閩西ソヴィエト政府は、傅伯翠を閩西の〝社民党分子〟の首領であり、蛟洋はその巣窟であると宣告した。粛反委員会主席の林一株は、新紅十二軍及び赤衛隊二〇〇〇余を率いて、幾路かに分かれて蛟洋地区に〝討伐〟に行き、上杭県で最も早く革命に蜂起した蛟洋地区をソヴィエト政府から離脱させた。次いで、およそこの区の幹部、蛟洋地区と関係あるもの、出身の悪いものなどを総て〝社民党分子〟とした。またこの極左路線に懐疑的態度を取ったもの、地主富農家庭に生まれたものなども〝粛清反革命〟の列に入れ、そして激しい拷問を加えて〝自供〟を迫り、デタラメに捕らえほしいままに殺し、革命隊伍の中に恐怖に戦慄する状況を生み出した。一年足らずの間に、全県で〝社民党分子〟として殺害されたものは三〇〇〇人に近い。上杭県党委書記、県ソヴィエト政府主席一〇人の内、仕事で移動していて粛清を免れたものが一人、残酷な傷害を受けたが幸いに生き残ったものが一人、後の八人は皆殺害された」。

「上杭県全体の人口は四一万三〇〇〇人ほどで、等しく客家語を話している。しかし、古田、蛟洋、歩雲の三郷計四万一〇〇〇人ほどの人人が話す客家語は、古田語といい、県の大部分で話されている城関語（長汀話）といわれる客家語とは大いに異なり、通話はかなり困難である」（頁八四五）。

蛟洋郷が反革命の巣窟とされ、ここの革命家、紅軍兵士、人民が大量に殺された理由には、同じ客家語を話す人々の中にある、社会的・経済的・文化的な差別と対立が、大いに作用していたと想像される。

県志人物伝に社民党として粛清された丘伯琴（一九〇八～三一年、紅十二軍一〇五団政治委員、杭・武県ソヴィエト政府主席）の伝がある。

『長汀県志』

『長汀県志』巻二一、頁五〇三、「政治保衛」に次の記載がある。

「一九三一年〝粛反〟運動中、王明の誤った極左路線によって粛清が拡大化し、長汀県の早期の革命指導者であった段奮夫、王仰顔、黄継烈及び長汀特支の二四名の党員は、紅軍の部隊に入った張赤男、羅化成の二人を除いて皆〝社会民主党分子〟として殺害され、一人も生き残れなかった。時に汀・連県の九つの区の内、わずかに長汀涂坊、南陽、河田、水口、濯田、四都、古城の七つの区だけで、三〇余名の区・郷主席が粛清された。この粛清運動で殺されたものは、党員、幹部二七四人に達した。」

県志人物の項に、粛清された王仰顔（一八九三～一九三一年）、段奮夫（一九〇五～三一年）、李国玉（一九〇五～三一年）、廖履冰（女、一九〇九～三一年）の略伝がある。王仰顔の略伝（県志の九七〇頁）中に「一九三一年春、長汀県東部でゲリラ戦を戦い抜いていた部隊長の王維柱が不幸にも陣没し、部隊は散りちりとなった。王仰顔はそこに行って隊伍を再建するように命じられた。彼は、この年の夏、粛清運動の中で黄継烈が殺され、段奮夫、曾炎らも拘留されたことを知り、涂坊にいって真相を明らかにしようと決めた。ある人が行けば凶多く危険だと止めたが、彼は断固として「これは党の存亡、革命の成功失敗にかかわる大事である、同志達が冤罪で死ぬのを見て見ない振りをすることはできない」と言った。彼は平然として虎崗にいったが、同じく社会民主党分子とされて殺害された。享年三八歳であった。建国後、一九五二年、陳毅は上海で関係部署に命じて王仰顔の行方を調査させ王の遭難を確認した。陳毅は上海市人民政府に命じて王仰顔の寡婦に革命烈士の証書を発給させた」とある。

長汀県共産党で最も有名な初期活動家は、段奮夫である。彼の略伝（県志、頁九八三）を簡単に紹介する。本名は段浩。城関に生まれ一八歳で中学を卒業した。父が死んだので父の職業である汀江の波止場で塩の量り手となり、そこで民衆の貧苦を知った。一九二七年、南昌起義軍がこの県を通過した時、中国共産党に加入し、以後、共産主義のために一生奮闘することを誓い、奮夫（奮闘する男の意）と名乗った。そして民衆の怨嗟の的になっている土豪劣紳四人を府学の前で殺した。起義軍の援助の元に県の共産党支部が成立すると、その書記になった。一九二九年三月、毛沢東、朱徳が紅四軍を率いて福建に来ると、段は情報を提供して支援し、中共県委が成立すると初代書記となった。それから連日暴動、蜂起を各地で起こし、一方で土豪劣紳や国民党勢力と戦った。三一年七月、社民党の首魁とされ永定県虎崗で殺された。享年二六歳であった。

この段奮夫と社民党粛清について、著名な歴史家李時岳が次のように述べている。

一九二八年一〇月七日、私は福建省長汀県河田郷鎮に生まれた。父は李雨林といい、震東と号した、学歴は中学卒業であった。私が生まれる一年前に、父は農民蜂起を組織して捕らわれ殺された。年はわずか二九歳であった。父が犠牲になってから郷鎮に居住しにくくなり、県城に移った。長汀県城の人口は五万人足らずで、四面が山に囲まれていたが、閉塞状態というわけではなかった。清朝時代は汀州府に属し、民国時代には派出官署があり、福建省西部の政治、文化の中心であった。土地革命時期には、ここに福建省ソヴィエト政府が置かれ、中央ソヴィエト区の構成部分であった。私が県城に移って間もなく、長汀県ソヴィエト政権が成立宣言をし、わが母段氏の兄段浩（号、奮夫）が中共長汀県主任県委書記となった。しかし、一九三一年、極左の〝社会民主党粛清〟運動のなかで、歳わずかに二六才の段浩は〝社民党分子〟として、〝身内〟に依って殺害された。

その時から二〇年後、私が故郷に肉親を訪ねに行った時、一人の農民に会った。彼は私に次のように語った。粛反運動の時に、社民党分子に認定され、夜半連れ出されて頭を切られた。何人もの人が、首を切られ足を取られて穴の中に倒れこんだ。幸いに首の傷は深くなく、目が醒めてから穴からこっそり這い出して友人の家に隠れて暮らした。この数十年、自分はどんな罪を犯したのか、はっきりさせようとしてきたが分からない。この時も、私（李時岳）に向かって、いったい〝社会民主党分子〟とは何なのか、と問うた。この例を見れば、〝左〟傾機会主義者が革命的同志を誤殺、乱殺した情景を想像することができる。国民党政権下で父が〝政治問題〟で殺され、ソヴィエト政権下で母方の伯父（段奮夫）も同じく〝政治問題〟で殺された。

注：編集委員会『李時岳先生紀念文集』「附録二、〈風雨如晦、鶏鳴不已〉」三五二頁、遼寧古籍出版社、一九九八年、沈陽。この史料は、久保田文次氏から教示された。

『龍岩地区志』（上、下）

「龍岩地区」とは、旧中国では永汀府に所属する地域である。現在は、福建省西南部にある七つの市・県、つまり龍岩市、永定県、上杭県、長汀県、武平県、連城県、漳平県を束ねた一行政区であり、閩西革命根拠地が存在した地域である。

一九二〇年代の終りから一九三〇年代、この地域は江西省で毛沢東、朱徳たちが建設した中央革命根拠地の地続きにあり、また毛沢東、朱徳などが紅軍を率いて革命活動を繰り返し、彼等の主導によって閩西革命根拠地が建設された地域である。「この区には長期に闘争を堅持し革命基点となった村が六一〇か村あり、革命のために命を犠牲にした烈士が二万三六〇〇人おり、福建全体の革命烈士の半分を占めている。当時、国民党反動派の迫害や貧窮によって病死し、或いは餓死した人は一六万七〇〇〇人、滅んだ家は三万七七〇〇戸、また破壊された村は五三九か村にも達した」（『地区志』「概述」頁三）。この革命と反革命の戦争状態の中で、一九三〇年代、多くの閩西人が、とりわけ永定県、龍岩県の人々が多く海外に脱出し、華僑・華人となった。一九八七年の不完全の統計によってもその数は約一六万三七〇〇人にも達する（同上書、頁三）。

　この地区志の粛清の記事は少ない。例えば、県の歴史年表である「大事記」を見ると、「一九三一年一月、王明による極左冒険主義の路線の下、閩西には一年三か月に及ぶ〝粛清社会民主党〟事件が起こった。閩西ソヴィエト政府は、粛反委員会を創設し、林一株を主任に任命した」とあり、それ以後、粛清関係の具体的な記述はなく、突然に「九月三日に上杭県白沙で粛反委員会主任の林一株」などを処刑し、粛反工作の誤りを是正したと記す。しかし、その間に、興味深い記事がないわけではない。例えば、三月一八日、新一二軍は連城県城内で「パリ・コンミューン六〇周年記念」の集会を開き政治委員譚震林はソヴィエト政府を強固にし、拡大するために奮闘しようと呼びかけ、会後に体育競技会を行ったとある。しかし、ここに参集した人々の大多数は、実は社民党も、パリ・コンミューンもほとんど何であるか知らない人々であった。粛反委員も社会民主党が何であるかをよく知らずに、多くの同志を拷問し処刑しながら、一方で誰も知らない「パリ・コンミューン」の創立の祝典を挙行しているのである。ふざけているのではない。どちらも本気で行っていたのである。

　また、三一年七月には、「上杭県才渓郷で夏の収穫をした時、耕作隊の基礎の上にソヴィエト区で最初の労働合作社が作られた」のである。共産主義への熱意と幻想を伺わせる。一方で、同月「福建省委の鄧発が閩西を仕事で離れたので、盧徳光が後任となったが、彼は二ヵ月後党の公金を持って逃亡し、党を裏切った。そこで省委書記は羅明が責任を負うこととなった」とあり、閩西ソヴィエト区で最高の指導者が公金を横領して脱党・逃亡するといった事態も起こっているのである。裏切り者、スパイ、敵の回し者が多数党内に、しかも幹部の間に潜入していると疑心暗鬼に陥り、党員が互いに疑いあう。そして多くのきまじめな党員は、本当に反革命の社民党やＡＢ団がいると思っていたのであり、「党内粛清」は絶対に必要だと考えていた。そうした精神状況に追い込まれていたのである。

さて、『龍岩地区志』には社民党粛清の記事は少ないが、しかし「巻三九、人物」の中に「英名禄」の項があり、第二次革命戦争時代に死んだ烈士の名簿がある。その中に多数の社民党分子として粛清された人物の名が含まれている。まず、「第二次国内革命戦争時期の革命烈士統計表」（一九八六年、『龍岩地区志』頁一六〇五）を見ると、龍岩県二七四〇人、長汀県四一六八人、永定県四〇三六人、上杭県五六三二人、武平県九四五人、漳平県二三八人、連城県一四八〇人となっている。犠牲となった人の多さが分かる。この中から、県ソヴィエト政府、紅軍の団級の幹部、あるいはそれ以上の地位に相当する高級幹部二六二人を選び、その姓名、性別、出生年、原籍、入隊時期、党員非党員の区別、単位・職務、死亡状況が一一頁にわたって記載されている。社民党分子として粛清された人数を各県ごとに見ると、龍岩三八名中一〇人（二六％）、長汀県四一名中七人（一七％）、永定県七〇名中三〇人（四三％）、上杭県八六名中一六人（一九％）、武平県一二名中四人（三三％）、連城県一四名中四人（二九％）、全体では革命烈士として認定された、党・軍幹部二六二名中七一人が「社会民主党員」という、全くの冤罪で同志によって処刑されたのである。

『龍岩市志』

この市志には、この粛清の記述はほとんどないが、第三七章「人物」に三五八五名の「建国前革命烈士英名禄」（頁八九一～一〇一三）なる名簿がある。この中から社会民主党として粛清された人物を拾うと、実に八二九名に達する。龍岩県城内外（東城、西城、南城、中城）は全烈士二三一名中六四人、西陂郷は二三九名中三九人、曹渓郷は二八三名中二六人、東蕭陳は四二一名中八二人、紅坊郷は三六四名中一〇二人、龍門鎮は三七七名中一三二名、小池郷は三五七名中一五〇名、大池郷は二四六名中一二〇人、江山郷は一七三名中三四人、適中郷は二〇五名中一一人、鉄山郷は二一四名二四人、岩山郷は二三名中零、雁石鎮は二〇六名中三七人、蘇坂郷は七一名中一人、白沙郷は五七名中六人、万安郷は一〇八名中一人、以上である。

粛清されたものが多い順に出身郷を見ると、第一位は小池郷の一五〇人、第二位は龍門鎮の一三二人、第三位は大池郷の一二〇人、第四位は紅坊郷の一〇二人、第五位は東蕭鎮の八二人、第六位は龍門県城六四人、第七位は西陂郷の三九人、第八位は雁石鎮の三七人、第九位は江山郷の三四人、第十位は曹溪郷の二六名となる。更に細かく見ると、小池郷内では汪洋三五人、南山二八人、興貴二四人、龍門鎮内では龍門三〇人、湖一、湖二が各二五人、大池郷内では紅斜二一人、秀東、南燕各一七人等となっている。どうしてこうした郷・区に社会民主党として粛清されたものが多いのか、今のところ不明である。おそらく、客家地域でも部落ごとに宗族が異なり、互いに争ってきた歴史があるので、過去のこうした「械闘」のような社会関係もからんだ結果であったろう。

なお『龍岩市志』巻三七「人物」には、社民党として粛清された三人の略伝が載っている。陳錦輝（一九〇〇～三一年）、張双銘（一八九三～一九三一年）、張廷竹（一九〇二～三一年）である。

第2部　閩西ソヴィエト区『革命法廷』の記録（福建省永定県虎崗、一九三一年三月一日）

訳者小林のコメント。以下の紹介は、『革命法廷』（閩西蘇維埃政府文化部編、一九三一年三月一八日発行）をほぼ全文翻訳したものである。この資料は『閩西党史参考資料――一九三一～一九三四年――（合訂本）』（頁一～二一、中共龍岩地委党史弁公室印、一九五八年三月）に収録されている。この大衆公開裁判を行った閩粤贛ソヴィエト政府が、粛反運動の正当性を宣伝するために制作した記録であり、党の断固たる姿勢を示し公布した官報に等しい記事である。しかし、今日、これは全くの大冤罪を創った裁判であったことが判明している。さて、この資料は福建省某市立図書館に収蔵されている記録の写真版であり、鮮明さを欠く部分も多く、判読不可能な個所もあり、それは□で示した。不十分さもあるが、基本的な内容を損なうものではない。粛反運動の際の、革命法廷が如何なるものであったかを、実況放送記録のように正確に記録し、紹介した第一級の資料である。

一九三一年三月一日、閩西蘇維埃政府（「蘇維埃」とは、ソヴィエトの中国訳。閩西蘇維埃政府は、「閩西ソヴィエト政府」と訳す）は、福建省永定県虎崗において、所謂「反革命社会民主党分子」を審判する大会を開催した。会場には審判席が設けられ、「革命法廷」と書いた横幕が高く掲げられ、壇上には主審、正審、陪審の席が設けられていた。会場の前列には党組織の代表一〇〇余人ほどが座り、その後方には労働者、雇農、貧農の階級に属する大衆二〇〇〇人以上が取り巻いていた。午後一時、厳粛な雰囲気の中で、開会と同時に全員が一斉に起立し、インターナショナルが斉唱された。最初に、共産党閩粤贛ソヴィエト区特委代表の葉剣英、次いで閩西政府代表の張鼎丞が演説した。次いで、以下の審判員が紹介された。閩西政府審判部長の林一株を主審に、閩粤贛ソ区の軍委会代表の鄧広仁、閩西政府代表の張鼎丞の二人を正審にし、閩西総工会代表の熊炳年、永定県ソヴィエト政府裁判科長の鄭醒亜、□□□ソヴィエト主席の頼学恒、龍岩赤衛団代表の陳三品の三人を陪審にすると紹介があり、それぞれが歓声の中で席に着いた。まず林一株が、以下のように挨拶した。

「われわれ閩西省委の最も不幸なことは、国民党との死闘の最中に、われわれ革命陣営内部に反動分子が発見されたことである。ソヴィエト政府、紅軍、革命団体の中に、社会民主党の陰謀を発見したのである」。これを聞くと、民衆は大いに憤激した。

この日の午後、二三名の審問が行われ、彼らは皆酒を奢られ銭を貰って買収され、騙されて民主党員になったことを承認した。中の一人は愛人を紹介され入党したことを自供した。聴衆はそれを聞くと大笑いした。軍閥が閩西に侵攻して来る、このような時期に恫喝されて入党したものもあり、もとより中には本当に社会民主党に騙されて入党した者、あるいは恐ろしさに耐えきれずに自首してきた者もいた。しかし彼らは、社民党の特委宣伝部長の林梅汀、組織部長等々に従ってソヴィエトを破壊し、紅軍を瓦解させる陰謀に加わり、国民会議を開催して労使協調を行い、二五減租を実行する、等々の反動理論を民衆に向かって縷々述べた。社会民主党の黒幕はこうした自供によって正体を暴かれたので、聴衆は徹底的に批判した。訊問が行われた時に会場には大雨が襲ったが、会場にいた代表たちは雨に打たれるに任せ、誰一人抜け出す者もいなかった。

代表たちは食事もとらず、暗くなったがおなかがすくのも忘れていた。会場の空気が緊迫したものであったことが分かる。二三名の中の五名は年が若かったり、労働者階級に属する者であったり、騙されて入党し、現在は深く反省しているものもおり、それらは寛大に扱われ、その場で身体の拘束を解かれ選挙権剥奪に処せられた。その他の一七名は明日に全体審査を行い革命法廷と各組織の代表たちにより判決を下すことになった。この時すでに夜に入り真っ暗になっていた。

一　革命法廷主審判、林一株の審判開始の辞

林一株は、三月二日、第二日目の審判会の冒頭、次のように演説した。

「各位代表、各革命人民諸君、審判が行われる前に、いくつか話したいことがある。われわれ閩西革命根拠地における労働者・農民大衆は、共産党の指導のもと、この二、三年来、豪紳地主・国民党軍閥と勇敢に戦った結果、土地革命を実現し、ソヴィエト政権を樹立した。ごく小さなグループから始まりソヴィエト政府が樹立するまでの間に、前後してどれくらいの同志が犠牲になったか知れないが、(彼らの犠牲によって）初めて相当な成功を収めたのである。今や帝国主義・国民党軍閥・匪賊民団等々の、一切の反動勢力がソヴィエトに向かって侵攻し、ソヴィエトの消滅、革命の消滅をたくらんでいる。しかし、ソヴィエト政権は広大な革命人民の擁護の下で、却って日に日に強固になり、一切の軍閥・民団匪賊は□□（二字不明）、ただ人民の革命情緒を□□（二字不明）となった。不幸なことは、このように階級闘争が非常に高まった状況の中で、われわれ革命隊伍の中に、こともあろうに反革命の社会民主党が発見されたことである。彼らは専門に紅軍を瓦解させ、ソヴィエトを破壊し、人民を騙す工作をしていた。この反革命組織は、すでに活動が半年や一年ではなくもっと昔からあったのだ。しかし、われわれはこれまで彼らの活動に注意を払わなかったので、発見できなかった。しかし、今回、紅軍の第一二軍の中の社会民主党分子が公然と共産党打倒を叫び、社会民主党を擁護するスローガンを叫び、兵士からその場で取り押さえら

れ、初めて彼ら反革命の陰謀を発見したのである。

ここにおいて社会民主党の軍隊から各地方組織に至るまで、彼らの仲間が多くいることが発覚したのである。これら逮捕された社会民主党党員は、皆彼らの組織路線が暴かれて逮捕されたものであり、一人として誤認逮捕の例はない。且つまた、彼らは皆自分から罪を認めているのである。罪証がきわめてはっきりしており、そのため自供せざるを得なかったのであり、それによって閩西の社会民主党は支部から区県委・閩西特委に至るまですべてが明らかになったのである。

最初は、まず社会民主党の頭目である呉拙哉など七名を捕えた。彼らは紅軍の第一二軍の中で紅軍解体の工作をし、併せて代表を派遣して軍閥の楊逢年と結びつき、極めて厳重な状況になっていた。政府は、再三にわたる尋問と自供に基づいて彼らを銃殺刑に処した。彼らは刑場でまだ故意に「共産党を擁護する、ソヴィエトを擁護する」などと叫んで、大衆が疑問を持つことをたくらんだ。これは彼らが最後の五分間に行ったペテンである。

引き続いて該党の頭目の社会民主党閩西特委宣伝部長、組織部長、候補特委である林梅汀、江桂華、張徳宗等を逮捕したが、彼らは罪の逃れられないことを知って拘留所から脱走し、すぐにも軍閥と結んでソヴィエトを破壊しようとした。しかし、革命的民衆が察知してすぐ総動員を行い四方を捜索して捕まえてきた。これは民衆の偉大なる力を証明している。われわれのソヴィエトは、労働者、農民、兵士大衆が自ら立ち上がって擁護してこそ強固になるのである。林梅汀は脱走する時に一通の手紙を残していた。その手紙は、自分が社会民主党ではないとあり、彼の以前の自供を翻していた。しかし、何はともあれ、われわれの反革命粛清の気持ちを揺るがすことはできない。今日のこの審判においてある者は自供を翻すかもしれないが、しかしこの革命法廷において、それぞれの代表が、それぞれの革命的民衆が、皆彼らからごまかされないものと信じる。私の話はこれにて終わりである。」（以上、林一株の開会の辞の全文）。

二　中国共産党閩粤贛特委代表の葉剣英の挨拶

次に葉剣英同志が演説した。「今日、われわれ閩粤贛政府は、各地民衆の要求によって、公開裁判で反革命社会民主党分子の審判を行うためにこの大会を招集した。そして、この大会にわれわれを代表として派遣した。中国共産党特委は、私に対して各位代表とここにおられる皆さんにいくつかの話をするように求めた。

中国共産党は、中国革命を指導する唯一の政党である。中国革命をさらに発展させるために、いかなる反動的政治派閥も革命を破壊することを決して許すことはない。中国共産党閩粤贛特委は、中央と国際共産の指導のもとで労働者・農民大衆の利益の上に立って、広範な労働者・農民大衆を指導し、一切の反革命派閥と□□（「断固」か?）闘うものである。これが第一点である。

第二点。反革命の国民党軍閥は、帝国主義の指示のもとに、最も野蛮、最も残酷な刑罰を以って、われわれ革命的労働者・農民の兄弟たち、及び革命的□□（「群衆」?か）をどのくらいたくさん惨殺したか分からない。中国革命で最も勇敢にたたかった指導者、中国共産党員□□□□等々は、反革命の国民党から極めて残酷な、古来なかった拷問を受け、手足を皆切り落とされ（原文は「都打□了」）、ゆっくりゆっくりと殺されたのだ。われわれ紅軍の指導者である――朱徳の妻は、作戦時に国民党軍閥に捕えられ、野蛮極まる残酷な□□、用□刀刺□下部、つまり所謂「凌遅処死」（なぶりころし）にあったのだ。上杭県北四区の反革命首領である傅柏翠は、われわれ雇農と労働者の会の主任を謀殺した。しかし、われわれは反革命分子に対処するに、決して報復的手段を用いない。小資産階級のような報復主義的手段を取らない。われわれは完全に革命の根本的利益の立場、労働者・農民の連合の□□な立場に立って、いかなる人的関係にもとらわれず、たとえ自分の兄弟・姉妹・親友でも、更に言えばたとえ父親であろうと関係なく、それらが革命的利益に違反すれば、当然革命の法律で処決するべきである。われわれが反革命分子を処決するのは、故意に残酷にするわけではない。これは革命の利益と労働者・農民大衆の総意を以って行うことを前提にしているのである。

第三点。われわれ閩西ソヴィエト政府は、もとより各地の労働者・農民・兵士の代表によって選出されたものであるから、完全に反革命分子を処刑する権利があるのだ。しかし、われわれは各地から代表を選出して公審を行う理由は以下のいくつかの理由によるのである。一つは、労働者・農民大衆に対して、社会民主党の実態、つまり軍閥の楊逢年などと結んでソヴィエト区内で反革命暴動を組織し、ソヴィエトを転覆させ革命を破壊する陰謀をたくらんでいたことを知らしめること。二つめは、広大な労働者・農民大衆に通知して粛清反革命運動に参加してもらうことである。粛反運動はただソヴィエト政府の任務であるばかりでなく、労働者・農民大衆の責任でもある。ソヴィエト政府自身の力量には限りがある。必ず大衆を動員して一緒に一切の反革命派閥を消滅しなければならない。三つ目は、今日の大会において、皆さんに強く了解してほしいことがある。いかなる革命者であろうと、反革命に対する時には、過去に一緒に仕事をしたとか、人柄が大変良いとか、そうした理由で寛大にしてやろうなどとは考えてはならない。もしわれわれが反革命に対して仁慈を施すなら、それは革命に対して残忍なことをしているということだ。例えば、猟師が人を喰った虎に慈悲をもってすれば、それは人に対して残酷なことをしているのと同じだ。

第四点。社会民主党の一切の反党宣伝、デマ、誘惑等の謀略を打ち破らなければならないということである。例えば、上杭県と汀州の社会民主党は故意に何人かの少年先鋒隊員を挑発して女性に戯れさせた。社会民主党は、上手に反党活動をやりながら、一方で共産党、或いは共産主義青年団はでたらめで卑猥なことをしているなどとデマを飛ばした。その他にも社会民主党の反党宣伝の事実はあり、われわれはそれらを暴露して是非を明らかにする必要がある。

次に第五点であるが、騙されて社会民主党に加入した者、とりわけ労働者・農民に属している者は、彼らに自ら戒心し再起できる道を与えるべきである。同時にソヴィエトはよく注意して彼ら（例えば、先にふれた少年先鋒隊員）とりわけ労働者・農民階級に属し、救いだすことのできる青年を再教育することである。これは、われわれが特に代表を選出して社会民主党分子を公に審査する政治的理由である。(以下一行文判読不明のため省略——訳者) 最後に各位に希望する。社会民主党分子の審判に当たっては彼らの陰謀がいかなるものか、よく注意してほしいということである。われわれは罪悪が明らかな社会民主党の頭目に対しては決して寛大に取り扱ってはならないということである。彼らに対しては、最も重い極刑を与えるべきである。同時に、われわれは一時的に騙されて社会民主党に加入した労働者・農民階級に属する分子には寛大でなければならない。」(以上、葉剣英の演説の全文)

三　閩西ソヴィエト政府代表の張鼎丞の演説

「革命的人民諸君。今日は、労働者・人民が自らわれわれ労働者・農民の利益を妨害する反革命派、つまり社会民主党を審判する日である。われわれ労働者・農民のための政府、つまりソヴィエト政府は、反動的な国民党政府と全く異なっている。われわれが反革命派を審判するのは、広大な労働者・農民・兵士大衆の力をもって公開で審判するのであり、労働者・農民・兵士が代表を選出して審判するのである。それとは逆に、国民党政府がわれわれ革命家を審判する時には、何人かの意見によって審査し、ひどい時には完全に何らの審判を行わず、野蛮で残酷な手段によって処刑に処するのである。だから過去の豪紳地主政権の下では、殺された労働者・農民の多くは冤罪で処刑される者が多かった。われわれは大衆の意見によって反革命派を処理し、反革命派を処刑するのである。われわれは当然にも自己の政権により、労働者・農民の利益の上に立って、労働者・農民の意見によって今日の審判を挙行するのである。」(以上、張鼎丞の演説の全文)

四　「反革命社会民主党の首領たち」の壇上での自供

（訳者注。一問一答の形式で行われたが、煩雑なので以下「自供内容」を纏めて記す）

（1）林梅汀　二四歳、永定県太平区孔夫人

中学卒業、一九二八年に陳祖康の紹介で共産党に加入した。共産党永定県常委、太平区ソヴィエト主席、紅軍一二軍一〇〇団政治委員をやった。私が誤って社会民主党に加入したのは、一九二八年に暴動が失敗した後、陳祖康の紹介で参加した。陳祖康は、初めは革命的であったが、以後反革命になった。私は社会民主党閩西特委宣伝部長となった。特委は九人で書記は傅徳華、組織部長は黄洪（仮名は高挙赤）であり、江桂華、葉貞、張徳宗、呉友良が委員である。傅仰新は特委青委書記、呉拙哉は特委兵運委員である。社会民主党の主張は、「二五減租」、「労使協調」、「国民会議の開催」である。社会民主党の陰謀は、ソヴィエト紅軍の弱点をつかまえて将兵を脱走させるか、国民党に降伏させ、紅軍を崩壊させ、ソヴィエトを転覆させることである。第一回の審査に自供せず、（以下二行判読不可能）。本犯は最後に代表たちに向かって、「社会民主党に加入したので、ソヴィエト政府の裁判に服従するが、各代表に訴える、私は悔い改めて無産階級の革命のために奮闘し、死を誓って反革命をやらないことを誓う」と訴えた。

（2）江桂華　二三歳、永定県金豊高頭人

区の主席をやり、二〇軍第三縦隊の政治委員、共産党永定県委宣伝科などになった。先に秘密工作につき共産党区委書記、県委常任書記、県委常任委員もやった。地主家庭に生まれたが家は十数年前に破産した。漳州第二師範学校を卒業した。今回は、政府は私の反革命の道を調査した。［あなたは社会民主党なのか］、という問いに、その通りです、と答えた。これには一九三〇年一月に呉拙哉の紹介で加入した。社会民主党の特委は九人で、すでに捕まった者は林梅汀、張徳宗、呉友良、高挙赤、傅仰新である。最初の会は龍岩県で開かれ、会にいた者は林梅汀、呉拙哉など九人だった。主席は林梅汀だった。

会議では紅軍を解体すること、社会民主党を発展させることで、料理を食べ、兎の血を飲み、また酒を飲んだ。費用は大洋二塊銭だった。張徳宗が支払った。捕まってから、林梅汀にそそのかされて漳州厦門に逃げようと相談した。［体の傷を見て、「政府の役人がお前を叩いたか」という審判員の問いに］、自分で転んで負傷したのだ、といった。

（3）黄洪　二二歳、仮名は高挙赤、長汀県城里人

高等小学校卒。家は貧しく商売をしたことも金を貸したこともない。共産党であったが去年社会民主党に入党した。今回政府から逮捕されたのは、政治水準が低く、林梅汀から騙されて、去年の正月蘇家坡の家で加入した。特委組織部長であった。特委には一〇人の委員がいた。今は知らない。すでに逮捕された者は呉友良、阮生栄、石初峯……。二二団で二人の党員を入れた。私は長汀県委書記であった、県委は六人であった。この内の胡洪濤、陳育民の二人が逮捕された。紅軍を破壊するつもりであった。

（4）張徳宗　二五歳、永定県第一区の人

広東中学卒、以前は民団にいたが、総暴動の時共産党に加入し、二七年県に党組織を創り、区委書記、ソヴィエト政府財務科長、赤衛団秘書をやったが、反富農路線で誤りを犯し共産党から除名された。一九三〇年に呉友良の紹介で社会民主党に加入、社会民主党の閩西特委候補委員をやった。最初の会は龍岩の安楽園でやり、九人、つまり林梅汀、江桂華、呉友良、呉拙哉、黄洪、傅仰新、龍岩の一人、それに私である（これでは八人で、一人足りない――小林注）。私は牢から脱走した時、足に負傷した。脱走したのは林梅汀が主張したからだ。彼は、今回きっと殺されると言った。（林は、自ら罪の深さ、悪の重大さを知っていたのだ――記者）それで江桂華と共に逃げることを決めた。しかし、通行証をもっていなかったので捕まったのだ。閩西政府で活動している社会民主党員には林江秋、□少華、鄭溶瀾がいる［主審が、「本当か、デタラメヲ言うな」と口をはさんだ］、「本当だ、私は知っている。デタラメを言っているのではない」（まだ尋問が終わっていないのに、この犯人は観衆を騙そうとして次のように言った）。共産党の処分を受けるのは、社会民主党が私を騙して加入させたためだ。

皆さんに私が生まれ変わって再度革命をやることを許してほしい。

（5）鄭溶瀾　永定県太平区文□人、三一歳。

閩西政府で秘書主任をしていた。一九二七年共産党に加入。最近は特委で工作をしていた。私は政治水準が大変低くマルクス・レーニン主義をほとんど知らない。工作にも消極的で態度は動揺していた。それで社会民主党に騙されて加入したのだ。社会民主党の理論についてはよく知らない。

（6）饒南照　二二歳、龍岩県黄坊区船巷人

私の家は以前地主であった。私は高小卒である。（以下一行判読不明）。騙されて社会民主党に入り、県宣伝科長をやった。郁高介の紹介によって赤衛団において、ソヴィエト政府が人を脅迫して紅軍に入れると宣伝した。社会民主党の目的は、ソヴィエトを転覆し、紅軍を破壊することにあった。（ソヴィエト報道記者の言。該犯は最後に各代表と観衆に向かって最後の嘘を言った。「私は人に騙されて社会民主党に加入させられた。私は皆さんが社会民主党の欺瞞と陰謀を知って断固として社会民主党を打倒されるように希望します」と）。

（8）呉一援　二四歳、永定県平彩坊人

私はソヴィエトで郷ソヴィエト委員をし、また紅軍二一軍団で副官をしたことがある。最近では赤衛団で工作した。社会民主党に騙されて、頼宝華の紹介で入党した。小池で一度会を開いて誓いを立て、絶対に秘密を守り、他人にしゃべらず、もし人が言ったらピストルで対処する等々と話し合った。（審判員が訊く。「本当か」）本当だ。本当のことを話している。会議では何も討論はなく、仕事の分担も話さなかった。それ以後、赤衛団で会を開いたが、頼宝華、葉貞、朱特輝、陸椿如がおり、彼らは皆富農出身の流氓（ゴロツキ）だった（ソヴィエト報道記者の言。該犯は最後に民衆を騙して言った。「私は皆さんに話しをしたい。私は赤旗の下でやった仕事は革命の工作です。社会民主党の頼宝華に騙されて小池で食事を奢られ、兎の血を飲まされて仲間に入らされたのです」と）。

(9) **黄潮**　二四歳、龍岩県城第二郷人

私は厦門報館で以前仕事をしていた。後に龍岩で総工会の仕事をし、最近は龍岩県ソヴィエトで建設科の主任をしていた。私は政治水準が低かったので陳質文から現在の白色恐怖の凄さを宣伝され、社会民主党に加入させられて社会民主党の龍岩県委宣伝科長となった。最初の会合には羅超、連紹唐、謝抑唐、張子民、陳質文がいた。陳質文が当面の白色恐怖の凄さを報告した。また社会民主党は軍閥と結んでいること、白色恐怖が恐ろしいこと、又目前の帝国主義政治はすでに□□等について話した（ソヴィエト報道記者の言。該犯は最後に代表たちと観衆に向かって最後のお願いを言った。「私は社会民主党に騙されて加入させられた。私を今一度、一切の過去を矯正して無産階級のために奮闘させて下さい」と）。

(10) **連紹昌**　二四歳、龍岩県湖邦人

私は以前、福州で国民党の教育を受けたことがある。後に南安で教師をし、帝国主義反対の仕事をし、最近は龍岩県党委員会で宣伝課の仕事をしていた。家は過去には小地主であったが現在は破産している。社会民主党には去年謝仰唐の紹介で入った。私の責任は紅軍の林梅汀と関係を取ることであった。外で会議を開いた時、羅超、張允□、謝仰唐、それに私の四人が会議を開き、帝国主義の政治協定を報告し、紅軍の弱点を探して民衆に宣伝することなどを話した。社会民主党の主張は、ソヴィエトを消滅し、紅軍を解体することである。私の言っていることは真実で責任をもっている。［審判員が聞く。「昨日はどうして自供しなかったのか」］怖かったからだ。政府が自首すれば許してくれるかどうかわからなかったからだ（ソヴィエト報道記者の言。彼は、実際は社会民主党に忠実だったのだ）。

(11) **陳悲民**　二四歳、龍岩県大池人

私は、長汀県の少年先鋒隊で工作し、永定県で共産主義青年団に入っていたが、林梅汀に脅されて社会民主党に参加した。社会民主党の主張は、改良主義の「二・五減租」、「土地革命は必要でない」、「労使協調」、「国民会議の開催」等々であり、ソヴィエトは主張しない。社会民主党は、流氓（ゴロツキ）や富農と結んでデマを飛ばしソヴィエトを撹乱し共産党から離

脱しようとした。これには組織があり、小組、支部、区委、特委があり、工作の連絡は手紙で行う。県委員会は少ししか開かれないが、小組の会議はかなり頻繁に行われる。この組織の発展は、政治水準の低い知識分子、流氓、富農、(以下、最後の一行の文字不鮮明で解読不可能)。

(12) 傳仰新 二四歳、上杭白砂人

私は、赤衛団、共産主義青年団、少年先鋒隊等の書記や主任をやった。高等小学校を卒業し、初級中学二年級まで行った。二八年に共産党に参加し、地主ではなく商家で土地は多くない。前年の三〇年一二月に陳悲民の紹介で社会民主党に入った。陳は言った。閩西の状況は極めて厳重であり、軍閥が侵攻し、紅軍は少ないので将来は出口がない。社会民主党は仲間を銭で買収しており、私は社会民主党に加入してから区の宣伝係をやり、三、四回会議を開いた。その宣伝と目的は「紅軍を解体する」、「分田制を廃止する」、「ソヴィエトを解消する」、「紅軍の拡大に反対する」、「労使協調をする」、「二五減租をやる」などであった。党の工作で処分を受けた人、それに失意の知識分子、流氓、富農等を取りこもうと考え彼らを対象とした。組織はあり、区委の書記になってから、県委の傳偉勛の指図を受けた。

(13) 傳偉勛 二八歳、上杭県北二区白砂郷人

私は小学卒、教員。家は貧しかったので暴動に参加し、区主席となり、共産党に入党した。昨年八月に党が出した富農に反対する路線に私が反対したので党から除名された。傳仰新は私に閩西の情勢は極めて厳しい、新しい共産党に加入するのがよいと言った。もし彼が社会民主党なら、私もそう言うことになる。一度会議に行ったことがある。開会の際に傳仰新が私を社会民主党の県委員であると言った。我が家は貧しく三〇〇余元の借金があった。暴動以後、土地の分配にあずかった上、借金を返し耕牛一頭を貰った。暴動の時、弟は革命の犠牲になった。わが故郷では革命で犠牲になった者が百人余もいる。[審問者……弟や郷里で犠牲になった人々に申し訳ないと思わないか?」傳仰新は自分は反革命ではないと言った。[傳仰新が反対尋問を行った。」傳仰新は、「傅偉勛は社会民主党員である。証拠は彼が私によこした手紙であり、その中で県委

宣伝課にいることを書いている」と言った。（ソヴィエト機関紙の記者の言。傅偉勛と傅仰新の二人は、政府を攪乱し欺こうとした。秘密の手段で手紙をやり取りして、互いに秘密を守り、仲間を守ろうとしたのだ）。

（14）呉志群　龍岩県大池人　二〇歳

一九二九年に共産主義青年団に入党、そして林梅汀の紹介で社会民主党に入った。二回会議を開き、紅軍の拡大に反対し、大衆をソヴィエトから離反させ、少年先鋒隊には怠業を進めた。私は党を除名され銃殺に処せられるべきものだ。

（15）張子民　二八歳、龍岩県大池人

私は騙されて呉志瓊の紹介で社会民主党青年団に入党した。龍岩公園で開かれた会議に六人が参加した。黄潮が主席で、悲民、質文、志群、根元がいた。社会民主党が反革命であることは知っていた。もし私が裏切れば暗殺すると脅かされた。ソヴィエト政府の責任者を暗殺すると言っていたが、私は詳しくは知らない。

（16）陳質文　二三歳、龍岩県外山前区人

私は知識分子、一九二九年の九月に共産党に入党したが、後に林梅汀の紹介で社会民主党に入った。龍岩公園で会議を開き、京漢、子民、紹昌、黄潮、根元、それに私が参加した。主席は黄潮で悲民が革命に悲観的な話と党に反対する報告をした（以下の詳しい自供内容は省略――訳者－小林）。出身は小地主。林梅汀に騙されて加入したのである。

（17）頼宝華　二九歳、龍岩城区二郷人

私は、商売や博打をしてきた。ソヴィエトの中では紅軍二一軍団部副官、後故郷に帰り赤衛団に入り、第四科科長となる。私は呉一援に騙されて兎の血を飲んで社会民主党に入った。社会民主党は手当てをくれると言った。［お前の話は誰かに脅迫されているのか？］共産党は私を殴ったことはない。私は本当のことを自分で忠実に話した。

（18）許康堯　一九歳、永定県人

私は、紅軍一二軍で文書係りをしていた。去年一二月に志新の紹介で騙されて社会民主党に入った。彼は、白色恐怖の凄

さを語り、また金銭、食事で誘惑し、「紅軍瓦解、土地革命の破壊、二五減租」等々の話をした。私は、これからは断固として社会民主党を打倒する。

(19) 丘□大　○○歳永定県金沙人

私は、紅軍第一二軍で看護士をしていた。一九三一年一月、林生煌の紹介で社会民主党に入った。軍閥の攻撃が激しくなり、紅軍の生活がますます苦しくなる。藁草履さえなく革命はロシア革命のように成功が難しい、と社会民主党の会議で聞いた。

(20) 黄祥喜　一七歳、永定県第五区中石□（一字不明）人

紅軍第一二軍で看護士をしていた。林生煌の紹介で社会民主党に入った。一度会議を開き、七人が出席した。

(21) 徐明華　二四歳、永定二区□□人

郷ソヴィエトで執行委員をした。最近は紅軍第一二軍で司務長をしていた。小学校を卒業してから仕事をし、郷ソヴィエトで仕事をしていた時、共産党に紹介すると偽って、実は社会民主党に紹介した。

(22) 呉承徳　二〇歳、龍岩県大池人

去年一二月に呉志群に騙されて社会民主党に加入した。一度会議を開き、六人が出席した。私の家は貧しく以前郷ソヴィエトで執行委員をしていたことがある。

(23) 呉哲波　二三歳、永定湖雷人

去年の八月に頼紹笏の紹介で社会民主党に加入し、宣伝課にいた。県委の組織には五人がいた。張維華、頼紹笏、呉如宜、張其英、それに私である。ソヴィエトを破壊し、紅軍を瓦解し、地主階級の側に立つ、これが目的だ。

(24) 陳育民　二二歳、長汀県人

家庭は中農で、高等小学校の卒業である。黄洪の紹介で社会民主党に入った。ある会に行ったところ四人であった。黄洪、

胡洪涛、李大雲と私である。胡洪涛が主席で、革命や紅軍の困難や危険、それに社会民主党の活動を語った。

以上が、二四名の訊問に対する自供の概要である。

三月二日午前八時、第二日の審問会が始まり、午後四時まで続行された。昨日から今日まで社会民主党党員三四人全員を訊問したことになる。これらの分子の成分は、ほとんどすべてが地主、富農、流氓、動揺する知識分子である。これらの分子は、昨日と同じように、社会民主党の反動理論、陰謀と組織をできるだけ大衆に陳述し、また大衆に媚びへつらって憐みを乞い、命乞いをした。今回は社会民主党の嫌疑で六〇名余を検挙したが、この審問大会に出席した代表たちは、ここに久しく留まることができなかったために先ず二四人に判決を下し、六人を釈放した。残りの犯人は閩西ソヴィエト政府審判部の継続審判が終わった後に判決を全ソヴィエト大衆に通知することになった。

今回の最終的判決は、主審・正審・陪審が行った。先ず、判決を代表たちに提出し、その通過を待って、主審の林一株が、代表と観衆に向かって、以下の一七名の主要分子を銃殺に処すと宣告した。

林梅汀（社会民主党特委宣伝部長）、張徳宗（同党特務委員）、江桂華（同党特務委員）、黄洪（仮名、高挙赤、同党組織部長）、傅仰新（同党特委青委書記）、陳悲民（同党特委特派員）、連紹昌（同党龍岩県委委員）、饒南照（同党龍岩県委特派委員）、黄潮（同党龍岩県委委員）、以下、呉一援、陳質文、林江秋、鄭溶瀾、呉志群、張子民、呉作華、頼宝華（以上一七名）。

この主要分子を処刑する時、観衆は彼ら社会民主党員が紅軍を解体し、土地革命を破壊し、ソヴィエトを転覆する等々の悪逆非道の陰謀をめぐらせていたことを知ったので、ある者は反動機関に加担していた区以上の分子を皆銃殺せよと要求した。しかし、主席（張鼎丞）は次のように釈明した。われわれはその他の分子に対しては、軽いものは自由を回復してやり、若干の期間だけ選挙権と被選挙権を剥奪するだけであるが、罪の重いものは監禁する。しかし、これで終わったわけではない。われわれはこれらの分子に対しては、一方で教育宣伝し、一方で行動を観察し、もしわれわれの宣伝・教育を受け入れなく、もし反革命的行動があれば、われわれは再び彼らを厳罰に処すのだ、と。これを聞くとすぐさま会場の大衆は挙手して判決（上記一七名を即時銃殺し、その他のものは釈放ないし監禁にする判決）を通過した。

これら反動分子が刑場に引かれて行くときに、観衆は彼ら罪人が処刑されるのを見て快哉を叫ぶために争って詰めかけたので、しばし集会を中止した。これら反革命分子は、身の潔白を証明するために、処刑に臨んで「社会民主党を打倒するぞ」、「中国共産党を擁護する」等々とスローガンを叫んだ。こうして最後の欺瞞を行ったのである。しかし、こうした行為も大衆の社会民主党粛清のかたい決心を変えることはできなかった。いやそれどころかこの恬として恥じなき姿を嘲笑しただけであった。銃声がしばし鳴り響いて、これら悪逆非道の叛徒は早くも血生臭い死骸に変じたのである。群衆は歓呼の声をあげて会場に返り、集会を続行した。

林一株、張鼎丞、鄧広仁の三人が引き続いて挨拶した。主な内容は、「われわれはこのたびの反革命粛清に勝利したが、しかし代表諸君、これからも引き続いて隠れている社会民主党分子・機関を摘発するように努力すること、又人民大衆に向かって社会民主党の反動的罪悪をよく宣伝すること、そして自らの工作の弱点を点検し、それを徹底的に克服し、反動分子に付け入る隙を与えないこと」等々であった。

最後にインターナショナルを斉唱し、スローガンを叫んだ。全体の代表たちと観衆は狂喜乱舞し、叫び声は天まで達した。閉幕を宣言した時、すでに午後六時ほどだった。

◆審判原則は以下の通り

1、反革命の社会民主党分子の階級的背景――地主、富農、流氓、動揺する小資産階級、社会的地位の高いもの（民団幹部など）を重視する。

2、彼らの社会民主党内部における責任の大小を見て罪の軽重を判断する。もし、社会民主党の重要な役割を演じていれば死刑に処する。

3、彼らがわが革命の指導機関内に隠れていたか否かを観る。例えば、中国共産党の閩粤贛特委、中国共産党青年団特委、閩西ソヴィエト政府、あるいは紅軍内にいる者は死刑に処する。

◆閩西ソヴィエト政府主席の張鼎丞同志の演説

代表諸君、代表諸君!!

現在、三四名の社会民主党分子の審査を終え、彼らの自供によって、皆さま全員が、社会民主党が「紅軍を瓦解させ」、「ソヴィエトを転覆し」、「土地革命を破壊する」等の犯罪を計画していたことを十分に知ったことと思う。しかし、彼らの自供の多くが、ソヴィエトの弱点を探し出し、その弱点を利用して大衆にソヴィエトに反対の宣伝材料にするものであった。だから、われわれは現在、一方面では継続的に努力して、大衆に深くかつ広く社会民主党の罪悪を宣伝し、引き続いて閩西の社会民主党を粛清するが、また一方では過去のわれわれの工作を徹底的に見直し、われわれの弱点を探し出し、それを徹底的に矯正しなければならない。

われわれは今や勇敢に過去の工作に多くの弱点があったことを認め、社会民主党に反ソヴィエトの宣伝材料を与えていたことを認めなければならない。例えば、各級のソヴィエトになお多くの不健全な点があること、腐敗し官僚化した分子が潜伏していること、それによって社会民主党にソヴィエトを攻撃し、大衆を扇動してソヴィエトから離脱させる材料を提供しているのである。われわれは紅軍を拡大する際に脅迫、命令、抽選の方法も用いてきた、また紅軍の生活は苦しい。それで、社会民主党に紅軍脱走の扇動を許し、紅軍を瓦解させる材料を提供してきた。またわれわれは、これまで機械的に反富農の政策を取ってきたが、反富農政策はソヴィエト機関が富農を打倒するばかりか、甚だしい場合には中農まで打倒するものとなった。これを社会民主党は農民を扇動して農民がソヴィエトを恐れる材料とした。以上によって、われわれは第一に、ソヴィエトを改革し、ソヴィエトの中の全ての腐敗、投機、動揺する分子を粛清し、労働者、雇農、貧農、積極分子をソヴィエト内に吸収しなければならない。第二に、われわれは紅軍を拡大し、政治で奮い立たせる方法を用いて大衆が自発的に紅軍の兵士になるようにしなければならない。同時にソヴィエトは紅軍の生活に責任をもってできるだけ紅軍の生活を改善しなければならない。第三に、われわれの今後の反富農の政策は、雇農工会、貧農団を組織し、雇農・貧農大衆が闘争によって彼らに反対するようにすること、こうして初めて社会民主党が介入することができなくなり、彼らに大衆を惑わす材料を与えないようにすることができるのである。まさにこのような対策こそが、社会民主党を粛清する根本的かつ積極的な方法なのである。

◆閩西工農兵代表の反革命粛清公審大会の布告——社会民主党重要首領の罪状を宣告する——

反革命の社会民主党、甘んじて帝国主義の爪牙となり、また国民党軍閥のスパイとなり、革命がますます進行する中で、また軍閥・団匪がソヴィエト区域に侵入し、紅軍を攻撃する緊迫した状況の下で、社会民主党はこともあろうに、ソヴィエト区域内で暗殺隊、暴動隊を組織し、土地革命を崩壊させ、紅軍を瓦解させ、豪紳地主・資産階級の統治を復活させようとたくらんだのである。彼らは事実上、傅柏翠を頭目とする労働者・農民階級の革命的指導者たちを暗殺し、羅介人と結んで大厚郷ソヴィエト機関を放火破壊し、紅軍第一二軍が白軍と交戦した時にはデマを飛ばして紅軍兵士を動揺させ、白軍に投降して武器を差し出すように扇動した。また彼等のやり方の主要なものは、ソヴィエト、紅軍の欠点と物質上の困難を利用して大衆を扇動し、ソヴィエトから離脱させ、紅軍を瓦解させること、そして落伍的な大衆を社会民主党に加入させることである。また別に、富農、流氓、反動的知識人を抱き込んで、社会民主党の基礎幹部とすることである。こうした事実は、この公判大会の審判の中で完全に証明された。大会は革命の利益を保証し、大衆の意思を尊重するために、騙されて社会民主党に加入した労働者、農民の階級に属する分子は釈放した。その他の、自ら進んで反革命を行った林梅汀等一七名は、反革命粛清条例に照らして死刑に処すことにする。これら林梅汀等一七名は犯罪者自身であることを確かめ、刑場に連行して銃殺に処し、その罪状を宣布して大衆に知らしめるものとする。凡そ、この反動派に騙されて誤って道に迷った者は、すべからく早く自首し、懺悔すべきである。以下、処刑者の名簿を発表する。

（訳者注。死刑に処する者一七名の姓名、出身地、社会民主党における役職・地位、年齢、学歴、家庭状況、成分等々が原資料には記載されているが、これは上記した訊問記録で判明しているので、ここでは省略した）

主審　林一株
正審　張鼎丞、鄧広仁
陪審　陳品三、頼学恒、鄭醒亜、熊炳華
伍尹東

一九三一年三月二日

（訳者小林のコメント。上記裁判官八人の内、少なくとも林一株、鄭醒亜、熊炳華の三人は、党中央によって、この年の夏、粛反運動を拡大化し、むやみに無実の罪で多くの人を殺害した、彼らこそ社会民主党党員であると断罪され処刑された）

◆［ソヴィエト区報道機関の］編集記者後記

閩西工農兵代表が組織した革命法廷は、上記のように公開で反革命の政治犯——社会民主党分子の裁判を行った。三月一日午後一時に開会し、翌三月二日の午後六時まで、合計三四名の社会民主党の首魁と一般党員の裁判を行った。我々編集者は時間の関係上、審判した三四名の供述書を完全には集めることはできなかった。ただ比較的重要な林梅汀等の被告人二三名の口述書を集めて、読者に事実を明らかにするものである。

この一日半の公判中、三四人を審判したが、この中には社会民主党分子でない者は一人としていなかった。広大な工農兵大衆の威圧の下で、各被告は皆自白し、かつまた社会民主党の全ての反革命の陰謀を全面的に暴露した。彼らの自供をまとめると、社会民主党の陰謀の全ては、次のようにまとめることができる。

（1）社会民主党の政治綱領は、農民に対して「二五減租」を主張している。つまり、七割五分を小作料として地主に納めるとする。また土地の分配に対しては反対している。労働者に対しては、「労使協調」を主張し、ストライキを許さない。労働者が資本家の圧迫に反抗することを許さない。また彼らの政権の組織は、国民会議を開いて地主豪紳の統治を恢復し、工農兵会議—ソヴィエトを不要とする。こうしたことから、われわれは社会民主党が地主豪紳の道具であり、工農兵貧民階級の敵であることを知るのである。

（2）社会民主党の策略は、ソヴィエト政権を転覆し工農兵の政治組織の革命的力を解消し、紅軍を瓦解させ、工農兵ソヴィエト、及び工農兵貧民階級の利益を無にすることである。こうして帝国主義・国民党軍閥・地主豪紳が革命を鎮圧するに便ならしめることである。これは共産党に反対し、広大な工農兵、及び貧苦の人民大衆から無産階級先鋒隊の革命的作用を奪い取ることである。ここにわれわれは、社会民主党は工農兵貧民階級の利益を破壊するものであることを見出すことができる。そして彼らは帝国主義・軍閥・地主豪紳及び資産階級のために革命を圧迫する走狗であることが分かるのである。

（3）社会民主党の革命を破壊する手段は、大衆を惑わしソヴィエトから離脱させることである。つまりソヴィエトの少しばかりの欠点を利用し、大衆を扇動してソヴィエトを解消させること、またソヴィエトの工作員にサボらせるよう扇動して大衆の利益を損なわせること、青年たちが紅軍に入らないようにし、紅軍の拡大に反対し、紅軍の生活の苦労を利用して兵士を脱走させ、紅軍兵士に戦線から逃亡して武器を差し出させることである。また、彼らは、ソヴィエト区域内で富農・流氓を組織し、革命の指導者と雇農・貧農・労働者を暗殺する組織を作り、富農・流氓による暴動を組織し、更に帝国主義・軍閥・団匪を組織してソヴィエト区・紅軍に攻撃を加え、共同して外から攻め内から応じているのである。今回の軍閥楊逢年のソヴィエト区に対する攻撃は、常にその手下である社会民主党を派遣して連絡を取らせたものである。ここにわれわれは、社会民主党の反革命の陰謀の猛烈さを見るのであり、彼らが工農兵ソヴィエト革命の最も危険な敵であることを知るのである。

（4）社会民主党の組織は、地主・富農・流氓と、ソヴィエト区共産党から打撃を受けた分子の集団であり、敵がソヴィエトに侵攻することに対する恐怖を利用し、脅迫と欺瞞と金と食べ物で人を買収し、人を誘惑して入党させたものである。更に恥知らずにも兎の血を飲んで誓いを立てて加入させたのである。現在の新しい革命情勢の高まりの中で、社会民主党は、日毎にますます没落して行く主人——帝国主義、地主資産階級の延命を図り、救助しようと悪あがきをし、その他一切の反動派と連絡し、第三党・改組派との連合組織である「国際社会党」と一致する反革命の政党なのである。

以上の紹介によって、われわれは更にはっきりと社会民主党の特質は帝国主義資産階級・地主豪紳の忠実な走狗であり、革命を破壊するものであり［以下一行、原文の文字不明］。革命的読者同志たち！　われわれはこの小冊子から社会革命党の悪辣な顔つきを十分に認識することができるのである。全ての革命的同志は、社会民主党に反対し、一切の反革命の政治組織に反対する責任がある。この小冊子はわれわれに極めて多くの材料、経験、教訓を与えてくれる。われわれは広く深く宣伝を行い社会民主党の工作に反対しなければならない。

一九三一年三月一〇日

五　訳者小林の解説

この「革命法廷」の記事は、閩西革命根拠地を支配する閩西ソヴィエト政府が統括する龍岩地区党委員会が、一九三一年三月に発行した文書である。これは社会民主党なる反革命組織が中国共産党の内部で活動しており、その勢力は侮ることができないものになっており、彼らの恐るべき実態と陰謀を暴いて、ソヴィエト全区に警戒警報を発した党内宣伝文書である。この大会、この文書は、以後、閩西革命根拠地で実行された数千人にものぼる党内粛清の開始を宣言し、さらに党内粛清を大いに煽った重要な大会であり、またその一大宣伝文書でもあった。

そもそも、ことの起こりは次のようにして始まった。一九三一年一月八日、閩西ソヴィエト政府主席の張鼎丞は、カール・リープクネヒト、ローザ・ルクセンブルク、レーニンの三人の世界的な革命英雄を記念する集会を閩西各地で開くことを呼びかけた。この呼びかけに応えて紅軍のある集会で呉拙哉など十数人の兵士が「第二インターナショナルを擁護するぞ、社会民主党万歳」と叫んだ。このスローガンを聞いた兵士が、すぐ百団政治委員の林梅汀に告げたが、林は取り上げなかった。後にこの事件が、ソヴィエト政府と粛清反革命委員会に知られた。そこで内部の敵としてスローガンを叫んだ兵士と林らが逮捕され、まず呉拙哉など数人が処刑され、更に上記の三月一日、二日の公開裁判と公開処刑へと発展したのである。ここに思いがけない事件から林一株の「粛清反革命委員会」の出番がやってきたのである。

閩西ソヴィエト区の粛反機関は、ソ連のスターリンの反対派粛清・クラーク撲滅、およびコミンテルンの極左主義の中国へのおしつけ、それに江西省における毛沢東が発動した黄陂粛軍、富田事変等々に煽られ、閩西の共産党粛反機関もそれに続けとばかり、大いに焦り、かつ大手柄を立てようとして、彼らを社会民主党の反革命分子として逮捕したのである。これを契機に、閩西革命根拠地粛清事件が始まった（研究論文に邱松慶、孔永松共著「閩西蘇区〝粛清社会民主党事件〟浅析」、厦門大学学報、一九八三年第三期がある）。

さて、一九三一年三月一日、二日の両日、三四人に対して行われた公開裁判の経過と訊問内容を詳しく見ておこう。まず、粛清裁判の代表であり、またこの審判の主任でもある林一株が、各被告の名前、年齢、所属、住所、学歴などを簡単に舞台の上で紹介して審問を開始した。

公開訊問にかけられた容疑者三四人に対する審問は、おそらく舞台の上に一人ずつ引き出して、三人の審判員の内主審が中心になって一問一答の形式で質問し、被告がそれに答えるという形で進行したようである。その時、壇上に三四人が一緒に並んでいたのか、それとも一人ずつ引き出されてきたのか不明である。恐らく、他の容疑者の証言内容が聞こえないように、拘禁場所から別々に引き出されてきたのであろう。訊問は、この資料にあるように正確に行われたものか、改竄されたものか不明である。審判団や記録者、あるいはこの冊子を編集した宣伝部員が省略したり改竄をしたりしている可能性もある。野外で二〇〇〇人を超える観衆の中で行われたというが、マイクも録音設備もない状態であったであろうから、正確さは保証できないはずだ。いったい百人余の審判代表と二〇〇〇人を超える観衆にどのようにして訊問と自供の言葉が伝えられたのか、一切不明である。ヤジ、私語、怒号、歓声の中で、どのくらい正確に質疑応答がなされ、またどのくらい正確に記録が取られたのか、代表たちの質問や意見はどのように行われ、また「犯人」の言論はどのように保証されたのか、壇上の質疑応答が二〇〇〇人の観衆にいったい聞こえたのか、意味が分かったのかどうか、全く記されていない。

この報道文をまとめて簡単な経過を追ってみると以下のようになる。

場所　永定県虎崗郷のソヴィエト　野外で公開裁判

ソヴィエト各区、各級の代表一〇〇人余が出席、観衆二〇〇〇〇人以上。

第一日　午後一時開会、主審の林一株（粛反委員会主任）は開会の辞、中国共産党閩粤贛特委代表の葉剣英の挨拶、閩西ソヴィエト政府代表の張鼎丞の演説と続き、二三人を訊問。午後六時すぎ閉会

第二日　午前八時開会、午後四時までに一一人の訊問を終了、午後四時以後、林一株がすでに訊問を終了している三四人中一七人に対する死刑案を代表たちに提出して賛成の結論を得る。又その結果を観衆に報告し、観衆は挙手で応えた。直ちに一七人を刑場に連行し銃殺に処す。張鼎丞が最後の演説と大会宣言を発表した。全て終わったのが午後の六時過ぎで真っ暗であった。午後四時の公開訊問の終了から処刑までたった二時間余である。

第一日の開会時には、大雨が降ってきて代表たちと観衆はずぶ濡れになったが誰一人会場を出るものがなく、しかも誰も夜食を取らず午後六時までの訊問を続けたということである。そうすると五時間で二三人に対する審問が行われたことになる。計算すると、一人が平均一三分という計算になる。一三分で一人の訊問ができないことは明白である。被訊問者を入れ替えるにも数分時間がかかるであろう。こう考えると、当日の裁判における訊問は全く形式であり、この文書に記載されている一問一答は、当日の数分間の訊問を参考にして、実はおもにそれ以前の粛反委員会の訊問記録をもとに作成され発表されたと考えるのが妥当である。この公開裁判が開かれる前に、実は一七名を銃殺する判決はすでに決定していたのであろう。容疑者は、舞台の上に引き出されて、裁判官の三人に訊問を受けたというが、ここではただ「自白」と称されるヤリトリが行われただけで、証拠となる手紙、指令書、物品等は全く示されていない。ただ「自白」があるだけであり、しかもこの「自白」はじつに内容のない、不確かなものばかりである。もちろん今日、社会民主党なるものは存在せず、容疑者たちは「冤罪」であったことが判明し、建国後、中国共産党から「名誉回復」をされているのである。したがって、この公開裁判と自白と処刑が、閩西ソヴィエト政府の決定によって計画され、粛反委員の最高責任者である林一株等々が先頭に立ってでっちあげたものであることはすでに判明している。

であれば、問題は、どうして、またどのようにして「社会民主党・反革命事件」などという一大冤罪事件で、これ以降数千人が処刑されるようなことになったのか、ということである。林一株の最初の開会の辞を見れば、粛反委員会が、この公開裁判の前に呉拙哉など七名の社会民主党の党員を摘発して、公開裁判もなしに処刑していたことが述べられている。また葉剣英の演説を見れば、内部の敵には容赦するな、たとえ親、兄弟姉妹、親友知人でも敵は徹底的に暴きだし、革命規律に照らして断固として処置せよ、いささかの同情心も棄てなければならない。敵に対する慈悲の心、同情の心は人民に対して損害を与えることと同じだ、としている。これでは、犯人にされた人が公開の場で自白したならば、決して許されることはなくなることは明白である。

こうした「社会民主党狩り」を行っていた、粛反委員や閩西ソヴィエト政府、それにその上部組織であり、当該革命根拠地では最高の権力機関である「閩粤贛特委」（書記は鄧発）及び、ここから派遣されてきた葉剣英たちは、「社会民主党」という反革命組織が、実際に共産党内に存在していると信じていただろうか、また公開裁判にかける時、彼らを本当に裏切者、敵のまわし者と考えていたのだろうか、こうした問題に行き着く。

この公開裁判の後、大量粛清が始まったのであるが、同年八月に粛反運動は、意外な展開をした。閩西ソヴィエト政府『通知』（一九三一年八月四日付け、第八三号）は、閩西ソヴィエト政府の執行委員約三〇余名の内、約半数が社会民主党として処刑されたと報じた。例えば、鄧潮海、魏吾、陳松照、鍾武元、藺為仁、張如瑤、阮耻生、熊炳華、盧兆西、段奮夫等々が社会民主党党員の嫌疑で保衛所に送られ、処刑されたと報じている（E書『中国「左」禍』、頁二〇〇）。一九三一年八月二九日、中共中央はこのような無制約な粛清の拡大に驚いたので、閩西ソヴィエト政府の粛清を批判した。それで今度は行き過ぎた粛清の反動から、今度は粛清の実行機関である林一株など粛清機関と粛清実行者が、今度は逆転されて実は彼らこそ真の「社会民主党閩西特委」の首魁として処刑されるに至ったのである。閩西ソヴィエト政府が九月二九日発行した九七号『通知』によれば、林一株は主席、羅壽春は組織、張丹川、袁泮丹、藍為農、戴樹興、陳夏威、熊炳華、鄭醒亜等が皆反革命とされて処刑された（同上E書、頁二〇一）、とある。閩西の粛反運動の拡大化を阻止したのは、周恩来であった。周の批判を受けて閩西ソヴィエト政府は「厳重な誤りを犯した」と自己批判を行った。三二年三月のことだった（同上E書、頁七七～七八）。スターリンの粛清の中でも粛清機関の最高責任者が多数粛清されたが、各国共産党の粛清運動には共通の状況となっていた。粛清責任者と粛清機関員もまた粛清されるということは、他の中共革命根拠地でも見られ、各国の共産主義運動の歴史の中でも一般的にみられた現象である。

もう一つ、社民党最高責任者とされた、傅柏翠（一八九六～一九九三）は、なぜ社会革命党の首魁とされたのかという問題である。この公開裁判委では、首魁とされた人物に関する何らの証拠も提出されずに、またこの首魁との関係が何ら証明されずに、一七人もの人物がたちまち処刑されたのには、理由がなければならない。この理由について、山本真「革命と福建地域社会――上杭県蛟洋地区の地域エリート傅柏翠に着目して――」（『史学』七五巻四号、二〇〇七年）を参考にして説明しておきたい。傅柏翠は上杭県蛟洋地区のかなり豊かな商人の家に生まれ、少年時代に福州で学び、一九一四年に日本の法政大学に留学し、日本で孫文の中華革命党に入党した。帰郷後一九一九年の五四運動の際には北京に行き、新しい思想にふれた。故郷に帰ると積極的に政治改革運動をやり、革新的な知識人運動家として在郷の指導者として頭角を現した。国民党の新しい村運動にも共鳴し、軍閥や土豪劣紳と戦う独自な郷村再建・改革運動を指導した。彼の農民運動は、共産党の組織や土地革命運動よりもずっと早くから始まっていたので、上杭県蛟洋・古田地区では絶対の権威をもっていた。そのため共産党に一時入党したが、共産党の土豪劣紳ばかりか富農まで打倒して、極左的土地革命を命令する共産党と敵対し、ついに一九三〇年末に共産党を除名された。しかし、彼は故郷で根拠地を守り抜き、国民党時代に県長になったが、国民党にも完全には屈服せず、独自路線を守りぬいた。一九四九年には中共につき、建国後福建省の最高幹部の一人となって、名声を博した。

しかし、一九三〇年末から三一年初めの時期には、閩西ソヴィエト政府に敵対する傅柏翠は、閩西のソヴィエト政府にとって最大の敵となったのである。だから証拠の有る無しにかかわらず、傅柏翠は社会民主党の首魁であるはずであり、また首魁でなければ閩西ソヴィエト区の内部粛清の大義もまた立たなかったのである。内部に敵がいるとすれば、傅柏翠以外に首魁は考えられなかった、というのが閩西ソヴィエト区首脳部の心情であったろう。更にまた、閩西ソヴィエトは、李立三の極左路線による失敗と国民党の包囲攻撃の激化によって、惨憺たる状況に追い込まれ、苦境に立たされていた。このような苦境の原因を内部の裏切り者の責任に転嫁することによって切り抜ける必要が生じた。こうして傅柏翠が社会民主党の首魁という筋書がソヴィエト首脳部に取り憑いたのである。

第六章　鄂豫皖革命根拠地の大粛清

第一節　根拠地の概略

この革命根拠地は、鄂（湖北）・豫（河南）・皖（安徽）の三省にまたがる大別山周辺の山岳地帯にあった革命根拠地で、一九三一年秋から張国燾・沈沢民・陳昌浩による大粛清が起こった地区である。まず、この根拠地の歴史を『中国革命老区』（中共党史出版社、一九九七、北京）によって紹介する。

一九二一年以降、中国共産党の地方組織がこの地方に設立された。最初は武漢で董必武等に影響されて共産党に入った学生が故郷で活動を開始したことに始まる。それから共産党の支部が、湖北北部の黄安（今の紅安）・麻城・黄陂・新洲・孝感・黄岡など一二県、河南省東南部の商城・固始・信陽・羅山・光山など七県、安徽省西部の六安・霍山・霍丘・潜山・太湖・宿松・英山など九県に生れ、三省にまたがる根拠地に発展した。

一九二七年から上記の三省交界一帯の各県に共産党主導の農民暴動が起こった。これに対して蔣介石の国民党軍は、党員や暴動農民に対する弾圧を行い、至るところで大虐殺を行った。共産党と農民組織も反撃して県城を占領し、地主階級、土豪劣紳や資産階級の金持ちを打倒して県に新政権を樹立した。著名な暴動は、「黄麻起義」、「商城起義」、「六霍（六安県・霍山・霍丘）起義」である。これから一九三〇年にかけて、県単位の共産党組織が団結・連合し、三〇年には、それらが統一されて「鄂豫皖辺区」が創建され、「中国工農紅軍第一軍」なる統一軍隊が生まれた。全盛時代には、六つの県城、二六の県政府、総面積約四万平方キロ、人口三五〇万人、紅軍四・五万人、地方武装二〇余万人を擁した。一九三一年に「鄂豫皖辺区」は「鄂豫皖ソヴィエト区」に発展し、党中央が直接支配する「党中央鄂豫皖分局」が創設され、軍も「紅第四方面軍」に統一された。これは党中央が全中国的規模で統制する共産軍「工農紅軍」の三大主力軍の一つとなった。

一九二七年の蔣介石の反共クーデタ以降、全国至るところ闘争、戦争が起こった。大小の軍閥、土豪劣紳、清郷団（地主系民団）、国民党系・共産党系の農民協会、更には大小無数の会道門（民間宗教結社、一貫道、紅槍会、大刀会）や土匪、これら多種多様の党派、結社、団体が一斉に湧き起り、それぞれが暴力機関に転化し、至るところで殺し合いを始めた。

共産党は、「土地革命の実施」・「土豪劣紳の打倒」・「貧農への無償土地配分」・「帝国主義と資本家階級の打倒」を叫んだ。社会の諸勢力は国民党側と共産党側という二大勢力に分裂した。当時の共産党側の情況を「中国共産党歴史史料叢書」の中の『鄂豫皖革命根拠地』（第一冊～第三冊、「鄂豫皖革命根拠地編集委員会」河南人民出版社、一九八九年）に収められた、中共中央と革命根拠地委員会の命令・報告文書から引用、紹介する。以下の引用の末尾に、上記書の頁数を示す。

「一九二七年、大別山一帯の鄂豫皖の三省交界地帯では、共産党は「三殺四抗主義」を掲げ、有無を言わせず悪徳地主・土豪劣紳・貪官汚吏を殺害し（三殺）、土豪劣紳と地主階級の土地財産を完全没収し、同時に抗租・抗債・抗捐・抗税（四抗）を行った」、「農村暴動は、去年（一九二七年）の秋の暴動以来、湖北省の五〇余県で〈抗租・抗税〉と〈豪紳地主〉を殺す遊撃戦争を行い、……各地で豪紳地主とその手下四、五千人を殺した」（頁四五、四六）。「我々は、土地革命をするために豪紳地主を殺し尽くし、屋敷を焼きつくさなければならない。農民の革命情緒を鼓舞するためには焼き殺ろすことは問題ではない」（頁五二）。「これまで豪紳、地主、軍閥は、農村で大量の焼殺と淫掠を行ってきた。遊撃戦争が始まれば、被害を受けてきた民衆が、復讐のために恐るべき報復を行うであろう。しかし、党は彼らの復讐を阻止しようとは思わない。土地革命をするためには、放火殺人を行ってもその行動を制止すべきではない」、「今年は、一切小作料は納めるな」、「地主がもっている一切の穀物を没収して、貧苦の農民に分配せよ」、「豪紳大地主貪官汚吏を殺せ」、「地主階級の土地を没収して農民に分配せよ」（頁六一）。上に引用した記述は、一九二八年五月一日付けの「中共中央有関鄂豫皖根拠地的文献」の内容である。かくして、党主導の農民暴動によって、一九二七年から二八年にかけて、湖北省の七五県の内五〇県で豪紳地主とその手下四千人から五千人を殺された。共産党の各県指導者は、県毎に殺した土豪劣紳の数を競った。土豪劣紳は皆殺しにされ、地主階級とされたものは全財産を没収された。穀物も取り上げられたので、家に食うものはなく、生き残った地主の家族は地方都市や国民党支配地域に流出して行った。「土豪劣紳」や「大地主」と認定された者は、ほとんど生き残れなかった。こうした土豪・地主階級に対する有無を言わせぬ殺戮は、後に「極左妄動主義」といってしばしば党内で批判されたが、根本的に是正されることはなかった。党が樹立した革命政権（ソヴィエト政権）は、土豪劣紳・地主階級・貪官汚吏からの財産没収、徴税こそが主要な収入源であったからである。地主・土豪・官吏からの没収財産なくして、無産者や貧農に土地を分配し、食料配分をすることは不可能だった。ソヴィエト政府は極左政治なくして一日も立ち行かなかったのである。

地主階級が絶滅されてしまうと、次の「資源」が必要である。かくして第二の階級敵に属するとされた「富農階級」への攻撃が問題になった。

「富農に対しては、闘争と抑制の両法を用いるべきだ。富農に対して情けをかけ譲歩する政策には反対するべきである。しかし、冒険主義的に一切の富農を殺し尽くすやり方は、正さねばならない」（頁一〇五、「中共中央給鄂豫皖特委的指示信」、一九三〇年一〇月一八日）。一般に富農は全財産没収の対象になったが、多くの場合、希望すれば余った悪い土地を分配して自活する道を残した。しかし、こうした富農階級下層に対する融和政策は、「赤色妄動主義」が猛威を振るった二七年、二八年以後の各革命根拠地では撤廃されつつあった。

「濫捕乱殺」の対象になった土豪劣紳・大地主・富農階層は、当然のごとく共産党に激しい復讐戦に出た。彼らは、反共自衛軍（多くは「清郷団」などと名乗った）をつくり、紅軍が国民党系の軍隊に敗れると赤区である革命根拠地になだれ込み、大規模な報復戦を行った。かくして国民党軍と白色勢力に包囲攻撃された赤区では、「現在、五千人から六千人の食べ物がなく皆飢えている。その内、紅軍の家族が三千人、残疾者が一千人いる」、「羅山県では毎日約一万人が共産党の補給に頼って生きている」、「黄安県では、城区・二程区一帯の民衆の中には、甚だしくはこぬかさえ食えない人が多い」（頁二五三「中央鄂豫皖中央分局通知・第七号」、一九三一年六月一〇日）。赤区に進攻してくる国民党の軍隊と民団は、「穀物を刈り尽くし、耕牛を殺し尽くし、淫略をほしいままにし、一〇室の内九屋は空になった。……この戦争の中で白区・赤区の交界地帯で敵から踏みにじられ殺された人は、何と数十万人を下らないのである」（頁二五七、同上）。「黄安県では、昨年の一一月に農民政権ができてから、わかる範囲でいえば、農民の死者は合計で八〇〇余人、他所に流亡したのは二〇〇〇余人に達した。拉致されて行ったものは約百人で、多くは身代金を出して受け出した」（第三冊、頁二八「中共鄂東北委何球琳給中央的報告」一九二九年五月七日）。

こうした紅色・白色両テロリズムのもの凄さは、多くの党文書に出てくる。共産党指導の農民暴動の残虐さに対して、やられた土豪劣紳と地主階級は、土匪、ならず者、あるいは反動的紅槍会や浮浪者など、ありとあらゆる反社会的勢力をかき集めて、赤区に攻撃を加えた。その報復のための拷問と処刑の仕方の残酷さは信じられないほどの凄惨さであった。

このような殺し殺される悲惨な状況は、中央革命根拠地でも、また他のどの根拠地でも共通に見られた現象であった。毛沢東、朱徳、或いは又張国燾の率いる軍でも、紅軍と党機関の必需品や生活資金の主なる出所は、皆同じく土豪劣紳と地主・富農階級からの没収物であった。軍と党機関が強大になればなるほど、山岳地帯から豊かな平地にある白区（国民党や地主勢力が支配している地区）に出撃して「階級敵」である地主階級を襲撃し、土地・生活物資・金品・穀物の没収をし、新しい国民党の政治的軍事的情報を取らなければ、党と軍は生き残ることもできず、また根拠地を守ることもできなかった。共産党にとって、階級闘争は理論的に「正しい」ばかりでなく、彼らの生存に必要な収入源創出の唯一絶対の、「現実政策」でもあった。毛沢東軍が井崗山に逃げ込み、ここから周辺の諸県を襲撃し、遂には贛南、更に福建省西部まで遠征したのは、貧しい人々を解放しようという崇高な精神というよりは、次々と土豪劣紳や大小の地主階級や富農まで襲撃の対象とし、生活物資と資金調達をし続けなければ、必要な物資や金品や情報が入手できず、自分自身と紅軍将兵の生存が保障できなかったからである。土豪劣紳と大小の地主から全財産を没収し、貧農に分配しなければ、大多数の貧農階層を見方にすることはできない。しかし、土豪劣紳と地主階級を絶滅すれば、今度は残った「富農」を収奪する以外に道はない。かくして、一九二七年から三〇年までは「地主階級」からの収奪・徴発を行い、赤色区域の地主階級が絶滅すると、次に一九三一年から以降は「富農階級」をどうするかが総ての革命根拠地に共通する大問題になったのである。

こうして三一年以降、「富農階級」とその手先である「反革命分子」粛清運動が始まった。鄂豫皖根拠地でも、他の多くの根拠地でも皆同じことが起こった。共産党から人民の神聖なる権利に基づく「正義の起義・暴動」と謳われたものが、きわめて残酷な大量殺戮を伴っていたことは「湘鄂西根拠地」でも確認できる。沔陽県、江陵県、公安県、監利県、螺山県、棗陽県、天門県、石首県等では一九二七年の秋収暴動から二八年にかけて、武装蜂起した民衆が、県内の多くの土豪劣紳、大地主、彼らと結びついていた手下や土匪を多数殺し、全財産を没収し、彼らの家族を追放し、国民党系の県長や悪徳官吏を殺し、監獄の囚人を解き放ち、土地の権利証と借金の証文を総て焼き払った。天門県と漢川県の合同暴動では、「土豪劣紳二〇余人、国民党の官吏兵士七〇余人を処刑し」、石首県の暴動では、「土豪劣紳七〇余人を殺し」、華容県では、「土豪劣紳七〇余人」を殺した（『中国蘇区辞典』頁二五五〜二六〇）。

このような革命情勢の中で、中共中央は、「鄂豫皖分局」を、この三省交界一帯に設置した。この「鄂豫皖分局」の歴史は、党史には次のように描かれている。中共中央は、一九三一年以来、「王明主義」と呼ばれる左傾機械主義の政策をとった。党中央は、一九三一年春、ソ連から帰国した「二八人のボルシェヴィキ」と呼ばれた留学生組を各根拠地に派遣した。この時、筆頭株であった張国燾・沈沢民・陳昌浩の三人を鄂豫皖ソヴィエト区に派遣した。コミンテルン・中共党は、この地区に「中央分局」を設立し、党中央が鄂豫皖ソヴィエト区を直接かつ強力に支配し統制することにしたのである。かくして張国燾は、鄂豫皖ソヴィエト区で「中央分局書記」兼「軍事委員会主席」という絶対権力を握った。そして三一年秋に自分の指揮に従わない者を極左的・機会主義的かつ軍閥主義的に、「改組派・AB団・第三党」などのレッテルを張って大量に粛清し、以後連続して同志粛清を実行した。このために、党・軍共に弱体化し、蔣介石の包囲攻撃を受け、一九三二年には完全に敗北してこの根拠地を放棄し、いくばくかの紅軍を残しただけで、自分は主力軍をひきいて四川省に逃亡した。張国燾の鄂豫皖ソヴィエト区の支配は、三一年五月から三二年一〇月までのたったの一年半弱の短い期間に過ぎなかった。

一九三一年五月に鄂豫皖ソヴィエト区に来た、外来最高幹部の略歴を紹介しておこう。

張国燾、一八九九年生、江西省萍郷県人の富豪に生れる。北京大学時代には学生運動の指導者、中共創立者の一人、一九二八年六月から約二年半モスクワに滞在、コミンテルンの国際委員、三一年帰国後に鄂豫皖ソ区に派遣され中央分局の書記・軍事委員会主席、最高幹部となった。

陳昌浩、一九〇六年生、湖北省漢陽県人、一九二七年モスクワ中山大学に行き、三〇年冬に帰国、三一年四月に鄂豫皖ソヴィエト区に派遣され、張に次ぐ中央分局の最高幹部となった。粛反運動の最高責任者となった。

沈沢民、一九〇二年生、浙江省桐郷県人、豊かな家に生れる、短期に日本へ、二六年にモスクワ中山大学に留学、三〇年一〇月帰国し、三一年五月に鄂豫皖ソヴィエト区に派遣される、張に次ぐ中央分局の最高幹部となった。知識人として有名であった。

方英、一九〇六年生、安徽省寿県人、上海大学に学び、二六年モスクワの中山大学へ、二九年帰国、三一年に安徽省党委員会書記となった。

以上の四人が、三一年春から鄂豫皖ソヴィエト区に設置された、王明の極左路線を執行する中央分局の最高執行委員となったのである。要するに彼らは、一九二一年以来、大別山一帯の鄂豫皖辺区で戦ってきた地元の活動家・党員ではなく「落下傘幹部」であった。彼らは皆モスクワで長く学んだ革命家であり、共産主義の理論と世界革命の状況もよく知っていた大知識人・大国際人であった。このような人物が突然農民蜂起軍を指揮して闘ってきた地元の「精英・菁英（エリート）」の前に、天からヘリコプターで降りて来るように「降臨」したのである。こうした外来司令官たちから見れば、大別山一帯の党員たちや兵士たちの態度は悪く知識は劣り規律は乱れ決して許せるものではなかった。何というダラケタ、いい加減な革命家、規律なき将兵、無知蒙昧な田舎者だ、ということになった。

しかし、張国燾、陳昌浩、沈沢民らが地元のたたき上げの幹部だけを狙って粛清したというのは正しくない。それ以外に、モスクワから帰国した留学生組も数多く粛清されているからである。一旦同志粛清が始まると、それを途中でやめることはできず、モスクワ帰りであろうが誰であろうが最高幹部に反対したり、疑われたりした者は、次々と粛清の歯車に呑み込まれて行ったのである。

第二節　根拠地における粛清に至る道（『安徽省志・公安志』の記載）

張国燾から一九三一年秋以降に粛清された有名な幹部は、以下の人々である。皆、地元の英雄として仰がれた人物たちであった。以下は、主に『安徽省志・公安志』、『中国蘇区辞典』の記載による。

これら党幹部は、皆地元で活動してきた有名な党幹部たちである。

許継慎（一九〇一～一九三一）、安徽省六安人

二四年入党、省立師範・上海大学・黄埔軍官学校に学ぶ。二七年の北伐参加の後、鄂豫皖ソヴィエト区に派遣された。一九三〇年、党中央は、大別山一帯に三つに分かれていた紅軍を統一することにして、紅一軍を創建した。許は、三〇

年三月にこの軍団の軍長になった。兵員は、約二三〇〇人、六月には約五〇〇〇人に急増した。これ以後、三一年五月に張国燾が最高権力を握るまで、許は各地に転戦し、このソヴィエト区最大の民衆英雄であった。三一年一〇月、河南省光山県白雀園で殺害された。

周維炯（一九〇八〜一九三一）、安徽省金寨県人
商城の農業学校に入学、二四年入党、武漢の中央軍事政治学校・中央農民講習所で学ぶ。紅四軍の司令官となり、英山、光山等の地で戦う。このソヴィエト区では有名な軍事英雄であった。三一年一〇月河南省光山県信集で殺害された。

姜鏡堂（一九〇二〜一九三一）、湖北省英山人
二五年入党、黄埔軍官学校で学び、二六年北伐に参加、二七年上海で労働運動を指導し、党の糾殺隊を指揮した。大革命失敗後に故郷の英山に帰り、二九年英山県委書記、三〇年以降軍事活動を展開した。三一年一〇月、河南省光山県白雀園で殺害された。

李栄桂（一九〇三〜一九三二）、安徽省寿県人
一九年蕪湖、上海で学ぶ、二四年入党、武漢中央政治学校（分校）、南昌蜂起に参加した後、二九年徐向前と共に鄂豫皖辺区に派遣され、紅一軍、紅四軍を率いてソヴィエト区の創建に尽力したが、許継慎らと共に殺害された。

毛正初（一九〇一〜一九三一）、安徽省六安人
二六年入党、黄埔軍官学校で学ぶ。二六年以降、二八年以降は故郷を中心に農民蜂起を指導し、党の軍事建設に励んだ。三一年には地元の軍を率いて紅軍の中心勢力を形成した。改組派とされ六安県麻埠で殺害された。

戴克敏（一九〇六〜一九三二）、湖北省黄安人
武昌第一師範に学ぶ、二五年入党、二六年農民運動を指導、二七年黄麻蜂起を指導し、武昌農民運動講習所で学ぶ。紅四軍幹部となり、ゲリラ戦を展開し、二八年工農紅軍第七軍代表。鄂豫皖ソヴィエト区の創建に尽力した。河南光山県

新集で殺害された。

戴季倫（一九〇四～一九三一）、湖北省黄安人
武漢第一師範で董必武に学ぶ。二一年、入党。黄麻蜂起を指導、県委書記。鄂豫皖ソヴィエト区の創建に尽力した。三一年、河南省光山県新集で殺害された。

徐百川（一九〇一～一九三一）、安徽省合肥人
黄埔軍官学校・広州農民運動講習所で学ぶ、二八年入党、南昌蜂起の後、海陸豊ソヴィエトに参加、帰郷して農民蜂起を指導、紅軍幹部となる。三一年一〇月、湖北省黄安県檀樹崗で殺害された。

舒伝賢（一八九九～一九三一）、安徽省霍山人
愛国学生運動に参加、二二年日本の東京工業高校に留学、二六年に帰国して入党、労働運動を指導、二七年以後に党活動、農民蜂起を指導、二九年以後霍山県委書記、六安県委書記、三〇年武装勢力を糾合して工農紅軍を創建。三一年鄂豫皖ソヴィエト区の組織部長。三一年冬、湖北黄安県で殺害された。

曹学楷（一八九八～一九三一）、湖北黄安人
二五年入党、二七年以降に武装闘争を開始し、県に民主政権を樹立、二八年工農紅軍の一部隊を創建、三〇年中共鄂豫皖辺区の党・軍の幹部、三一年一月、河南省光山県白雀園で殺害された。

蕭芳（一九〇五～一九三一）湖北羅田人
武昌武漢中学の時、董必武の薫陶を受け愛国運動に参加、二五年入党、黄埔軍官学校で学ぶ、二六年帰郷して農民運動・暴動を指導、南昌蜂起・広州蜂起に参加、二八年以降、河南省の農民蜂起を指導し、河南省西部の根拠地を創建、工農紅軍を率いて「反囲剿」に活躍。三一年一〇月、河南省光山県白雀園で殺害された。

徐朋人（一九〇三～一九三一）、湖北省黄安人

二六年入党、二七年以降、黄麻蜂起を指導、鄂豫皖辺区の創建に活躍、三〇年上海で挙行された全国ソヴィエト区代表大会に参加、王明等の路線を批判、三二年四月河南省光山県で殺害された。

王效亭（一九〇一～一九三二）、安徽省岳西人

二四年入党、潜山県の農民蜂起を指導、二八年県書記、潜山・英山・霍山県などの諸蜂起軍を率いて工農紅軍の創建に参加、三一年に殺害された。

以下の党幹部は、湖北・安徽出身の党員で皆モスクワ帰りの留学生組である。

熊受暄（一九〇三～一九三一）、湖北省英山人

二五年入党、黄埔軍官学校に学び、北伐戦争に参加、党からの推薦でモスクワ東方大学に学ぶ。三〇年帰国し、鄂豫皖ソヴィエト区の紅四軍に配属され幹部となる。三一年一〇月、河南省光山県白雀園で殺害された。

方英（一九〇二～一九三二）、安徽省寿県人

五四運動に参加、上海大学入学、二三年入党、二六年モスクワの中山大学に留学、二九年帰国、三一年安徽省委書記、三二年張国燾に逮捕され、病没。

胡明政（一九〇四～一九三二）、湖北人

二七年頃入党、北伐戦争後、モスクワ中山大学に学び、三〇年帰国。三一年鄂豫皖区に派遣され紅四軍幹部となる。

王培吾（一九〇六～一九三一）安徽省寿県人

二七年モスクワ大学に留学、モスクワで開催された中共第六回大会に参加、二九年帰国、三〇年鄂豫皖区に派遣された。英山・霍山など各地で戦闘を指導し、三一年ソヴィエト区軍事委員会政治部主任、三一年九月に河南省光山県白雀園で

殺害された。

皆、錚々たる功績があり、また高い経験と当時としては最高の学歴を持った人々であり、新参者の張・陳・沈などの高圧的な決め付けに大いに反感を持ったはずである。

一九三一年五月、中共中央鄂豫皖中央分局の政治軍事の最高権力者として来た張国燾は、河南省光山県新集に来たすぐ翌月の六月には早くも「許継慎は軍閥土匪の気分がある」、「周維炯、李梯雲らは国民党左派と関係がある」、「紅軍の階級構成を改造するべきであり、軍内の反革命粛清を実行するべきである」などと演説し、また「土地改革、土地分配が全くできていない」とし、これまでこの根拠地を建設してきた党員たちの功績を全面的に否定した。引き続いて、紅四軍の南下遠征計画を巡って大いに怒り狂って、紅軍大粛清に至るのである。こうした経過をみると、張国燾等は、ここに来た時から、紅軍内の大粛清を決意してきたとしか思えない。しかし、毛沢東時代の党史は、この大粛清事件を張国燾の「王明極左路線の実行」、「家父長的権威主義、覇権主義」、「左傾機会主義」などの責任にしているのである。張がやったことは、明らかに毛沢東が発動した「富田事変」を契機にして、コミンテルンと中共中央が「AB団粛清」を正当化し、毛を擁護し、粛清運動路線を煽動した「経過」と深い関係がある。しかし、建国後の党中央の解釈は多くの責任を、毛が三〇年に始めた「AB団粛清、富田事変」の誤りを不問に付して、ただ張国燾の個人資質と王明路線の責任に転嫁しているのである。この点の検討は、既に第三章「中央革命根拠地」に精しく説明した。

中共の鄂豫皖ソヴィエトにおける粛清事件の実態についての最も詳しく、その過程を正確に描写した史料は『安徽省志・公安志』（第三章、「社会治安、皖西粛反」、頁一三九～一六〇）である。これに勝る記録は今のところない。この書は、「鄂豫皖ソヴィエト区」における内部粛清の実態に関する、最も詳しい具体的な記述である。以下これによって粛反運動の経過、実態を詳しく紹介する。

（1）「反革命分子、粛清の経過」（『安徽省志・公安志』の概要紹介）

国民党が政権をとっていた時代には、中共ソヴィエト地区では、自らの存在と発展のために反革命粛清を行うことが必要であった。ソヴィエト政権の前期には、土豪劣紳などの公然たる敵に対する鎮圧もあれば、革命陣営内部に隠れているスパイに対する粛清もあった。しかし、一九三一年、張国燾が鄂豫皖ソヴィエトの工作をするようになってから、反革命粛清に重大なる変化が発生した。

一九二九年の「立夏節の蜂起」、「六霍の蜂起」から、一九三一年四月に至るまで、安徽省西部ソヴィエト区は、霍山、英山、潜山、六安、霍邱の五県に工農（労働者・農民）革命政権を擁するまでになった。革命勢力は、蔣介石国民党の第一、二次の包囲攻撃戦に勝利し、東西約一五〇キロ、南北約二〇〇キロにわたる革命根拠地を形成していた。一九三一年四月、張国燾は中共中央から派遣されて鄂豫皖ソヴィエト区に到り、五月一二日、中央鄂豫皖分局の書記に就任した。彼は、ソヴィエト区に至るや否やそれまでの成果を全面否定し、過去の路線を右よりだとし、これは敵に対する妥協であり、投降である等々と非難した。六月二八日に開催された、中共中央鄂豫皖分局の第一次拡大会議において、張国燾は、特委委員の徐朋人を攻撃した。徐は富農に悪い土地を分け与えることに反対し、春の繁忙期に土地を繰り返し分配するのは生産に影響するなどと主張したが、これは「救い難い右派分子である」と決め付けて党を除名した。また陳定侯に対しては、労働者の賃金を特別高く引き上げることに反対し、週五日制に反対し、労働者の生活を改善することに反対し、労農同盟を破壊したなどと非難して彼を免職にした。また、許継慎には「軍閥・土匪の気風がある」と激しく非難した。中央分局委員の曽中生、舒伝賢及び余篤三も激しい批判を受けた。併せて、「一種の中央分局に反対する暗流が金家寨に起こっている。これは許継慎が齎したものである」等と断定した。

（2）「岳維峻〝AB団〟事件」

一九三一年八月、新県箭廠河にあった紅四軍の後方医院に閉じ込められていた国民党側の戦争捕虜に食中毒が発生するという事件が起こった。張国燾は、政治保衛局を派遣して調査、処理を行わせ、捕虜になっていた国民党の師団長岳維峻が組織した所謂「AB団」事件なるものをでっち上げた。張国燾は、中央政治局への報告書の中で「八月初め、岳維峻が組織したAB団という名の反革命団体を摘発した。それは一つの体制で約一二〇名の名簿を擁しているが、その大多数は彼の旧部下で……彼は常にこの反革命団体に計画を与え財政を保証し、ソヴィエト区内外に交通網と偵察網を張り巡らし、ソヴィエト区内のすべての反革命分子の組織と連係し」、「病院の薬房を壊して、岳維峻を救出する」等々を計画していた、と述べた。張国燾は、捕虜に拷問を加えてウソの自供をさせ、意図的に自分に不満を持つ党内の人々に点火して、誤った反革命粛清という禍の種を蒔いたのである。

（3）「紅四軍内の粛清」（「白雀園の粛反」事件）

一九三〇年九月、軍長の許継慎が率いる紅四軍は浠水、羅田、広済の三県城を連続して攻略した後、すぐ張国燾の北に帰れという命令を受けた。北に帰る途中、紅四軍が英山県鶏鳴河で集会を行っていた時、国民党特務の曾拡情は、許継慎と黄埔軍官学校一期の同期生であったという縁で、特務の鍾梅橋、任廉潔を派遣して、この当時紅四軍の軍長であった許継慎に離間目的の手紙をよこした。その謀略の手紙に蒋校長（黄埔軍官学校の校長であった蒋介石）は貴殿の手紙を受け取って「涙を流して同情し」、「また帰順すれば、千里の遠方に離れているが真に嬉しいことだ」、「君がもし自己のために欲しい防禦地域があるなら、その土地を当然授与してやる」等とあった。許継慎は曾拡情からの手紙を見ると、この手紙を持ってきた二人の特務を逮捕し、直ちに手紙と共に軍の本部に送った。軍長の徐向前と政治委員の曾中生は、直ちにこれは敵の陰謀であると見抜き、特務と手紙を中央分局に送った。張国燾は、それらを見ると、直ちに臨時法廷を組織することを決定し、特務のウソの自供を利用して、「許継慎らは紅軍を連れて国民党に投降しようとしていた」と断罪し、誤った粛清反革命の導火線に点火したのである。

三一年九月一三日、張国燾は陳昌浩を麻埠に急行させ、紅四軍政治委員の曾中生の地位にとって代らせた。徐向前の回憶によると「陳昌浩が指揮して先ず十師参謀主任の柯柏元、二八団団長の潘皈仏、同団副団長の丁超など数人を逮捕した。そしてその夜、彼等に激しく拷問を加えたが何らの自供と証拠を得ることは出来なかった。その後、陳昌浩は武廟集に移駐するとそこでも大量の人を逮捕し、激しく拷問を加えた。……更に斑竹園に移駐してそこで三〇団団長の高建斗、政治委員の封俊、三五団団長の王明、三六団団長の魏孟賢などを逮捕し、……更にまた余子店を経て許継慎、周維炯、熊受暄、姜鏡堂などを逮捕した。……このときは、われわれは一方で紅軍の仲間を逮捕し、一方で国民党と戦い、また一方で行軍を行ったのである」という。

その後、張国燾は新集光山県の白雀園に進んで、そこで紅四軍の反革命粛清を主宰した。部隊の不服従と反抗を防ぐために、部隊編成をすべてごちゃ混ぜにして改めて編成し直した。紅四軍の反革命粛清は一一月下旬まで続いた。陳昌浩は一一月二二日の報告で次のようにいっている。「改組派の粛清の中で、四軍十師、一一師、一二師の三師団の中から、〝改組派、AB団、第三党〟が摘発され、そこには、二人の師団長（許継慎、周維炯）、師団の政治委員一人（龐永駿）、八つの団の各団長八人（潘皈仏、呉雲山、高建斗、王則先、蕭方、王明、魏孟賢、曹光南）、五つの団の各政治委員五人（封俊、江子英、猿皋甫、呉精赤、劉性成）、一二つの師団の各政治部主任二人、一二の団の政治部主任及び各級の経理部・参謀部副官の多く、それに小隊長の一部などが反革命分子として発見された」。……今回の粛清では改組派の叛逆者一千人、それに富農分子及び一切の不良分子など加えて約一千五、六百人を粛清し、二ヶ月足らずの間に、紅四軍の内部で二五〇〇余人を無実の罪で殺した。

一一月二五日、張国燾は中共中央政治局に報告して、「安徽省西部の反革命分子は特別多く、反革命がどのような指導機関にも充満している」。「安徽省西部の反革命分子粛清はこれまで殆んどなく、保衛局にも少なからず反革命が入り込んでいる」などと述べている。

（4）「安徽省西部ソヴィエトにおける粛清」

そのすぐ後、張国燾は中央分局の名で紅四軍の反革命粛清の状況と所謂その経験などを各級の党組織に知らせると同時に、「反革命粛清のために各県に与える手紙」を発して、ソヴィエト区内の各県に「直ちにすべてを準備し、党内で反対分子を淘汰し、一〇倍も百倍も気を引き締めて反革命粛清を実行せよ」と要求し、「もし、迅速な対処が為されなければ、一二師団、つまり全部の安徽省西部のソヴィエト区がすぐにも我々のものではなくなる」等と宣告した。こうして反革命粛清が紅四軍から安徽省西部の全ソヴィエト区に拡大したのである。張国燾は続いて粛清後の軍隊をソヴィエト区下の全県に派遣して粛清を行わせた。

一一月下旬、張国燾は呉煥先に師団政治部と二一九団を率いて霍邱県に行って粛清を行わせた。呉は、この県で最も早く党を創設した人で、県遊撃司令であった寥傑吾、県ソヴィエト区主席の杜紅光、革命法廷主任の蕭主任、秘書の呉庭西、独立団団長の朱図振、政治委員の陳老五、それに県委組織部長、工会委員長、婦女委員会書記、共青団委書記、県機関の職員など二〇〇余名の幹部を皆殺しにした。休暇で家に帰っていた人、公務で農村部に入っていた人、この二人だけが免れた。炊事夫さえも免れなかった。ついで区・郷など県の下部組織の幹部にまで粛清、殺害は拡大し、二区と四区の幹部には、二、三回も逮捕、殺害が行われた。その後、幸いに生き残った幹部に対しては「漏れた者を始末する」として更に逮捕と殺害が実行された。

金寨県は鄂豫皖ソヴィエト区の中心地域であり、三二師団、紅三三師団、それに紅二五軍の誕生の地であった。当時、紅軍に参加し、革命に参加するものは一〇万人にも達した。安徽省西北と河南省東南の特委、特区ソヴィエト等の諸機関は、皆この金寨県内にあり、多くの中共の党、政府の優秀な幹部は皆ここに集中していた。その為反革命粛清で殺されたものも、また最も多かったのである。中共金寨県委員会が一九八三年に発した、一二〇号文献には次のようにある。「一九三一年冬、一時に各地から一三〇〇余名のものが湯家匯の保衛局に送られてきた。党上級は三日間内に殺せと期限を切ってきた」。また、ある生き残りの元紅軍指導者は、「当時、金寨県で殺された者は四〇〇〇余人にも達し、その数は戦場で戦死した兵士を遥かに超えていた」、「立夏節蜂起の指導者の一人毛月波は、その主要な家族も連座させられ、六人もが殺された」と証言している。

霍山県の反革命粛清は、独立団から開始された。紅四軍から千人ほどの兵士を移動して、独立団の幹部に集まるように通知し、一度に班以上の幹部二〇〇余人を全部逮捕した。後、またソヴィエトの機関の幹部たちに開会を通知し、紅軍兵士が会場を包囲し、外側に機関銃を据えて、曠継勛が名簿に照らして逮捕した。県委員会書記の呉仲孚、県ソヴィエト主席の曹品三及び県機関幹部一九〇余人が捕らえられた。その晩、彼らは八本の大刀で切られた。あるものは未だ死なないうちに坑に落とされて埋められた。夜が明けると蔽った土に皆裂け目ができていた。県機関幹部の粛清もほぼ同じであり、また区、郷の幹部も捕われて殺された。五区の区委書記、区ソヴィエト主席、委員らは道士沖で一度に一一人が殺された。石家河郷大嶺村の児童団張士其は改組派だと誣告され、兄弟姉妹一〇人中七人が巻き添えを食って殺された。最も年齢の上は三〇歳、最も下は一六歳だった。

六安県の独立団の班以上の幹部は、団長、政治委員まで二〇〇人が殺された。県委員会とソヴィエト機関は、二人の炊事夫を除いて、書記、県ソヴィエト主席、県委常任委員……例えば龔家禎、龔家祥、駱恵蘭、王少州、竇克難、江承新、施先明、趙啓清、劉志良から一般幹部に至るまですべてが殺された。区・郷の幹部さえもまた免れ得なかった。三、六、七、九の各区の基層幹部などは、くりかえし数回にもわたって殺された。

英山県委書記の王效と総ての県委委員、区委書記、区委委員、支部書記、中心県委以下各級ソヴィエトの主要な責任者は皆、改組派、第三党などのレッテルを貼られて殺された。北中区区委書記の劉漢清、区ソヴィエト主席の呉浩元、区遊撃隊長の何子元、区委委員の占詩久、交通員の張明貴、秘書の呉達清なども皆、殺された。ある夜に玉珠坂の蛤蟆石で一度に三六人が殺された。その中で李作黄一人がこの土地の人で、他の大多数は姓名、貫籍も分からない。一九三一年一〇月から三二年六月に至るまで、僅かに英山県北中区ソヴィエト所在地の玉珠坂一帯だけで先後して幹部、兵士、民衆が約三〇〇人殺された。大部分は姓名、貫籍さえ分からない。

粛清の中で殺害されたのは、大部分が安徽省西部の人で、党組織に属していた人の被害が最も多かった。この西部で戦っていた紅一二師団の兵士が最も残酷に殺されたので、これは「皖西（安徽省西部）事件」と呼ばれている。

（5）粛清の中の「政治保衛局」（注、保衛局は公安局、防衛局のことで最高の諜報特務機関である）

張国燾らは、極左日和見主義路線を実行するために、鄂豫皖ソヴィエト区に来た後に各級の政治保衛局に「徹底的な改造」を行った。第一は、鄂豫皖特区保衛局の名称を保衛総局と改め、機構を拡充して人員を増加したことである。彼等はまた皖西北特委に命じて保衛機構を強化させた。保衛局は初め数人の幹部、二、三〇人の保衛員であったが、三五〇人に増強された。第二は、各県の保衛局にも増員を命令し、霍山県、六安県、霍邱県でも等しく各一五〇余人に増員させ、赤南県は一三〇余人に、英山県保衛局は一〇〇余人、赤城県、五星県、六安県六区は等しく一〇〇人近くに増員された。各区の保衛分局も程度の差はあれ強化された。第三は、保衛系統を不断に粛清し、反対分子を淘汰したことである。工作に少しでも過失があったり、張国燾一派の命令を聞かなかったり、あるいは反革命粛清に力を入れない幹部や兵士がいると総て粛清されてしまった。

張国燾らは、また保衛局の権力を拡大した。一九三一年一〇月、特区保衛局の最初の局長曾沢民は、粛清に熱心でなかったという理由で免職となった。その月の終りに、改組派のレッテルを貼られて麻埠河のほとりに連行され、生きたまま石で殴り殺され、その家は封鎖されてしまった。

霍邱県保衛局では八〇余人が惨殺された。局長王俊逸、秘書汪光権、特務隊長汪仰棋、それに六つの区の代弁処主任（三区以外）、これらは皆殺された。五区の代弁処では殺されずに残ったのは二、三人であった。中華人民共和国の建国後、無実の罪で殺された科長、主任、隊長を調査したところ、その名簿は二〇余人に上った。一般の幹部、兵士の中で粛清に熱心でない者、仏心を出した者、粛清に手ぬるい者なども、免れることはできなかった。当時、二区代弁処の女幹部であった劉林芝はあの頃を回顧して「当時、粛清に対して正しくないとわかっていても、やらざるを得なかった。やってもやらなくても、どの道殺された。私も改組派であると誣告されたが、幸いにある人が保証してくれた。そうでなければ死んでいた」と語った。

霍山県保衛局の主任局長王盛凱（県ソヴィエト常任委員）、後任局長の李連、秘書の陳尚栄、便衣隊長の秦立根、保衛隊長の秦立基、三区代弁処主任の沈全蔭・戴光良、五区代弁処主任劉時茂・湯業恒、秘書の高新和、六区保衛局主任局長の田天成、後任局長の汪来徳、司務長の龔本楽、流波礑市郊区保衛局長の岳栄喜・周慶昌、秘書の汪岳静など、多数の保衛局幹部及び一部の兵士が皆、改組派分子とか粛清に抵抗する反対分子として殺された。

六安県保衛局と六安六区保衛局の幹部兵士で殺された者は、わずかに調査されたものだけで五〇余人に達した。六安県六区の保衛局長の呉遵会、県保衛局の二人の秘書郭仲西・蒋紹炎、四区（南岳廟）代弁処の二人の主任周建民・徐耀球、秘書の趙華山、九区（丁集）代弁処主任の羅福海・黄宝山及び三区（独山）、八区（商家廟）代弁処主任などは皆、この粛清の中で殺された。

赤南県保衛局局長の陶登明は、反革命粛清に熱心でなかったという理由で殺された後、後任局長の羅維仁は徹底的な粛清を開始した。彼は、自分の妻が改組派であると誣告されると、妻を騙して湯家匯に連れて行って手ずから殺した。しかし後、彼自身が改組派であると誣告されて殺された。保衛局秘書の洪言生、二区代弁処主任の汪錫柱、県保衛局の幹部李大芝なども等しく殺された。

赤城県保衛局秘書の田念波、湯家匯の弁事処主任の呉善儒、保衛局幹部の漆成化、五星県保衛局の班長夏雲恒なども殺された。

「改革」後の政治局保衛局は、粛清事件を処理する中で、常に拷問を用いて自供を迫った。一に打ち、二に自供を採り、三に信じる、こういうように、捕まえては叩き、叩いては自供を採り、自供すれば信じ、信じれば新しく捕らえ、こうして延々と雪だるま式に巻き添えになるという、悪性循環に陥った。「鄂豫皖区ソビィエト政府革命法廷の組織と政治保衛局の関係及び区別」に次のように規定する。「革命法廷における案件審問には絶対に拷問を用いない。もし拷問が必要の案件があれば、政治保衛局に送るべきである」と。しかし、この規定が、政治保衛局に拷問を加える合法的権力を与えたのである。

元安徽省西北政治局の工作者陳明義（建国後、成都軍区副司令員となった）は、当時を回顧して「私は保衛局で審問に参加し、親しく胡椒水を鼻や口に注いだり、猿が杭を抱くという拷問をしたりしたのを見た。いわゆる改組派、AB団、第三党分子等には何らの証拠もなく、また間接的な証拠となる材料もなかった」といっている。また元安徽省保衛局の保衛隊長干炎林は、当時を回顧して「自供だけを迫り何らの証拠も重んじなかった。一に捕まえては打ち、打てば自供し、自供すれば殺した。いつも晩に、一、二〇人或いは四、五〇人が刀で切られては生き埋めにされた」と語った。五星県の保衛局長、同区保衛局調査課長などを歴任した李沢純は当時を回顧して「一九三一年冬のある日、鄂豫皖中央分局委員の郭述申が保衛局に来て、王建南局長が上級の命令で蕭方を殺さねばならないと言っていると伝えた。その時、郭述申の顔はゆがんでいたが、しばらくして彼はやっと言った。貴方は中共の特派員でもあり局長でもあるから、特に見逃してやるのだ、と。郭述申が蕭方を尋問した時、彼は大いに罵って、俺は反革命ではない、反革命に逮捕されたのだと言い、継いで中国革命成功万歳、中国共産党万歳の二つのスローガンを叫んだ。保衛局の人間が銃に詰める綿花を彼の口に押し込んで塞ぎ、麻埠の文昌宮の北にある谷間に連れて行き刀で切り殺した」と語った。

上記文中に出てきた郭述申（後、彼は中共中央顧問委員会の委員となった）は、当時を回顧して「粛清の仕事は主観唯心主義にしたがって、具体的な調査研究はしなかった。ある現象を指して反革命だとし、各種の刑具を用いて自供を迫る。耐え切れずにデタラメナ自供をすれば、それを信じ、更にまた人を捕らえる。これが繰り返されて、おおくの革命根拠地を創建した人や勇敢に戦う軍事指導者が殺された」と語った。張国燾自身も、それを認めて「審問を受けるものは、人々の憤激の中にあって、殆んど自分を弁護することができず、また甚だしいときには拷問も発生した」と語っている。一九三一年末、霍邱県五区郷の少年隊員であった阮本至は改組派と誣告され、逮捕後吊るされて拷問を受けた。打たれてあせり、何人かの人の名をデタラメに自供した。その中に蕭克礼という名があったが、審問者は馬克礼と書き間違えて書き、白も黒も問わず馬克礼を逮捕し殺してしまった。県工会秘書長の王新民は改組派と誣告されて大顧店に連行され大会で自白させられた。彼は闘争にかけられて如何とすることもできず、床屋をやっていた李某、劉某等三人を「改組派」であるといった。彼がそういうや否や、会議主宰者は台の下にいた群衆に向かって「王新民を殺すべきか否か」と尋ねた。すると群衆は「殺せ」と叫んだので、王は会場から押し出され刀で切り殺された。

こうした粛清運動が正しいのか誤りなのか検討する中で、政治保衛局の幹部、兵士たちも次第に目覚めて、張国燾の反革命粛清の展開に対して抵抗を始めた。霍山県ソヴィエト幹部の柳炳文は、改組派として捕まえられてから、縛られて吊るされて打たれる拷問を受け、今までの監房から死刑囚の監房に入れられた。そこをたまたま王建南局長が視察にきたのに出あった。王は、この状況を見て様子を知ると、柳炳文ともう一人の名も知らぬ死刑囚とを麻埠に連れて行って治療し、労働改造隊で数ヶ月働かせた後釈放した。

赤南県保衛局長の陶登明と審問課長の沈仲華（女）は、デタラメに人を捕らえデタラメに殺すのに不満を表明して粛清に消極的となり、任務を執行する時故意に引き延ばし、甚だしい時には改組派、第三党と誣告された者を他所に移転させた。

更にまた、この反革命粛清に対処して故意にいくらかの地主、悪覇、ゴロツキ等の家族を捕まえては尋問し、攻撃目標をそらした。ある時、案件が保衛局の徐其才にまで及び、上級機関が彼を殺すように命じてきた。彼女は自分が殺される覚悟で、徐は革命戦士であり悪事を行ったことはないといい、三日間監禁して終りにした。

保衛局審問科長の傅紹堂は、改組派分子の陳啓葉の案件を受理し、金華寨に行って調査した時、この人物は貧しい階層の出身であり、仕事は熱心、改組派の活動歴もない、さらに区代弁処主任の李正田も同情していることを知った。傅と李は、証拠の材料が見つからないという理由で陳啓明を釈放した。赤城県政治保衛局の湯家匯代弁処主任の呉善儒は、こっそりと何人かの冤罪を科せられた幹部兵士を釈放し、その為、改組派のレッテルを貼られて殺された（以上『安徽省志』「皖西粛反」）。

以上は『安徽省志』の記述であるが、これにもない沢山の事実が、『大別山風雲録』（頁二三八～二五五、中共河南省党史工作委員会編、河南人民出版社、一九九九年）に記録されている。重要な点のみを摘録しておく。

■商城県

この県の出身の指導者は、ほとんど殺されて逃れたものはなかった。県委書記の李梯雲、委員の廖炳国などが皆殺され、商城南部の赤南県の党機関の四八人のうち四五人が逮捕された。一九五一年の党中央政府の調査団の調べによると、当時の商城県の九区の中の七区の幹部と一〇一の郷の幹部四〇九人が殺された。商城県南部の各区の村以上のソヴィエト政府幹部は全部殺された。ある一家は数人が同時に殺された。商城三区の赤衛隊総指揮者呉伝頌は二人の子供も同時に殺された。

■固始県

この県では幹部と民衆が前後して一〇〇〇余人殺された。県の保衛局は粛反大会を開き、真っ先に県委の組織部長、県委秘書等の人を逮捕した。（中略）僅かに一区だけで七五人が殺された。県委書記の陳初陽も殺された。更に人をぞっとさせた事件が起こった。それは河南省西部で一つの宣伝隊が組織され、固始県に宣伝に来た。一八人で組織され、皆一六歳以下の子供であった。彼らはいろいろの出し物を演じた。紅軍に扮する者、土豪に扮する者いろいろあった。するとある粛反委員が保衛局にこれは組織的な「間諜隊」だと密告した。保衛局は、遂にこの宣伝隊を「反革命集団」だとして一二人を生き埋めにした。

■潢川県

早期に革命に参加し、ソヴィエト区の創建に功績のあった幹部が殺された。ある時、張国燾は県に来て県ソヴィエト主席唐友志を不愉快に思った。そして彼は「改組派」だといって労働改造所に送った（後略）。

■黄山県

この県の仙居区では第一代、第二代のソヴィエト主席が殺された。一九三二年一月、県の保衛局員がまた区に来て、幹部一〇余人を逮捕した。仙居区の民衆は我慢できずに反抗した。彼らが一〇〇余人の逮捕予定者名簿をもっていることを発見したので、区委は彼らを隠した。旧暦の正月一五日、保衛局がまた逮捕に来た。それで彼らを包囲して銃を取りあげ、「殺し屋の張国燾を打倒せよ」、「保衛局のデタラメな逮捕を許さないぞ」とスローガンを叫んだ。するとこれを聞いた張国燾は「反革命暴動だ」として、部隊を集めて鎮圧した。仙居区では六〇〇余人が逮捕され、その半分以上の人が殺された。

■六安県

この県ソヴィエト幹部はほとんど全部が殺された。県委機関では、二人の炊事係りが生き延びただけであった。

■霍邱県

この県委機関の二〇〇余人が殺された。

■霍山県
この県委機関の幹部一九〇余人が殺された。

■英山県
この県ソヴィエト政府の一一人の委員の内一〇人が殺された。

■黄麻起義・商城起義・皖北六霍起義
指導者たちはほとんど殺され、残すところはいくばくもなかった。特に知識のある者、経験のある者、勇敢に誤った路線に抵抗する者は殺された。張国燾はデタラメに左傾路線を実行し、殺された党と紅軍の幹部は一〇〇〇人を超えた。一般の兵士や民衆で巻き添えを食って殺された人はどのくらいあるか統計を取ることもできない。紅四軍の幹部はごく少数が生き残った他、ほとんど一網打尽になった。地域部隊の三〇団で惨殺された班以上の幹部は五〇〇人を下らない。その他の地方部隊の団でもこれより少なくはなかった（後略）。

■紅軍学校
新集にあった彭楊軍事学校では、一度に四九人が逮捕された。

以上は、張国燾・陳昌浩・沈沢民の三人が中央分局を牛耳っていた一九三一年、三二年の粛清の実態を示したものである。三二年一〇月に国民党軍に大敗して張国燾・陳昌浩がこの根拠地から逃亡した後、残留して戦ったのは沈沢民、徐宝珊、呉煥先、王平章、鄭位三、成仿吾、戴季英、高敬亭である。沈沢民らも、張国燾時代と同じく同志粛清を続けた。その最大のものが一九三三年の四、五月の「大粛清」である。『大別山風雲録』（頁四二九～四三五）の記載が詳しいので抄録する。沈沢民らは、張国燾と共に大粛清を行った仲間であり、張のやり方に異論をもっていたが、党と軍内に「改組派、第三党、取消派」等反革命分子が多数潜入していると固く信じていた。その為「粛反工作」は必ずしなければならない「重要任務」だと信じていた。こうした観点から党員や軍内を見れば、命令に反抗し、任務を遂行しなかった人を見れば、皆「反革命分子」に見えてきたのである。しかも、党中央は「粛反工作」を重大任務とし、大いに宣伝しかつ評価したのである。かくして以下のような事態が再び起こった。

■羅山県委書記の徐述鳳、紅安県委書記の高方甫、元紅一〇師政治委員で県軍事指導者の康永順、麻城県委書記の陳志祖、紅二七軍政治委員の劉士奇（毛沢東の義弟で、三〇年一〇月まで中央革命根拠地にいた有名な人物）、温玉城、張克斌、曾郁、陳嘯秋、廖仁先、朱郝、朱叔乎、梅光栄、孫永康、湯猷壽、焦復興、聶継文など一連の幹部が殺された。更に、県クラス、区クラスから末端の支部幹部までが一組、一組と逮捕され殺されたり、首になったりした。更に商南根拠地にいた紅二八軍の軍長の廖栄坤、皖西北遊撃司令官の呉宝才、紅八二師政治委員の江求順等の一組が粛清された。五月に入ると、紅七三師の政治主任の程啓波、二一七団政治委員の王正進、二一九団の胡芙栄等の多数の幹部と兵士が殺された（『大別山風雲録』「継続錯誤的〝粛反〟政策」頁四二九〜四三七。この事件については『中国蘇区辞典』頁三七八に「鄂豫皖蘇区粛反拡大化」の項にも詳しい記録がある）。

■張国燾の「四川・陝西省革命根拠地での粛清事件」（一九三三年二月から六月までの粛清）について。

張は、鄂豫皖根拠地で大敗して紅軍主力を率いてここを逃げ出し、四川省奥地に一時居を定めた。張の独裁的なやり方に大いに不満をもっていた曾中生、余篤三、曠継勛らは激しく張を批判した。それで張はここでも「右派、トロツキスト」として同志粛清を行った。同年二月、張は「川陝第一次代表大会」で、反革命、改組派が内部にいるとして、中共四川省委書記の羅世文、中央から同区に派遣された廖承志を監禁し、陝南特委書記の楊珊、四川省地下党が派遣してきた二

○○余名の党・団員を殺した。更に粛清を拡大して自分に批判的な昔からの歴戦の勇士であった曾中生、余篤三、曠継勛、趙箴吾、楊伯、李春林、王振華、王占金、呉展、聞盛世、陳少卿など重要な地位にいる幹部を殺した（『中国蘇区辞典』頁七〇八、七〇九）。

曾中生に関しては、『党中央与張国燾闘争紀実』（劉統著、広西人民出版社、二〇〇四年）に詳しい記述がある。曾中生は湖南省の出身であり、黄埔軍官学校卒、モスクワに留学し、二八年の「六全大会」に出席。帰国後には南京市委書記、鄂豫皖辺区の書記、軍事委員会書記を歴任。張国燾が来てからも大きな威信を保持していた。張は鄂豫皖ソヴィエト区に来てからも簡単に曾を粛清することはできなかった。張と共に鄂豫皖を脱出して以降も、曾中生等は張の戦略に反対した。その為、遂に三三年六月、張は秘密裏に曾を逮捕して投獄し、自分で脱獄して川で不慮の事故にあったように見せかけて殺した（らしい）。この時、余篤三、曠継勛等も殺された。彼らは鄂豫皖根拠地の創建時代からの民衆が期待した革命ヒーローであり、張はその影響を恐れて、公にすることなく一纏めにして秘密裏に処刑したのである。

張国燾につぎつぎに粛清された鄂豫皖ソヴィエト区の地元幹部たちについて深い分析を加えたのは台湾の研究者の陳耀煌である。

陳耀煌『共産党・地方菁英・農民―鄂豫皖蘇区的共産革命（一九二二～一九三二）』（二〇〇二年、国立政治大学歴史系、台北）は、中共の党正史が粛反犠牲者をただ聖人君子のように描くことに疑問を投げかけている。当時の革命根拠地における革命ヒーローと民衆の関係について、この研究書はより深い理解をわれわれに与えてくれると思われるので、以下に要旨を紹介しておく。陳は、以下のように主張する。

許継慎・周維炯などは、多くの国民党、県議会、紅槍会、民団等地方の有力者たちとも知り合いであった。国共分裂後も、共産党員の中で国民党の党籍を捨てない人もいた。地方に暮らす人々が急に過去に築いてきた人脈・人間関係をすぐ捨てることができるはずがない。また、地元で活動してきた指導者たちは、必ずしも優等生上がりのモスクワ帰りの共産主義者が考えたがるような倫理道徳家ではなかった。女性問題、金銭問題もあり、またこれまで紅槍会、民団、軍閥兵士、農民運動家でしかなかった紅軍兵士たち、また大多数はろくに小学校も出ていない紅軍兵士たちが略奪や強姦のような事件も起こしていた。許継慎・周維炯たちは清濁併せ呑むような豪傑であり、それゆえにまた地方の多くの民衆からヒーローとして絶大な人気を得ていたのである。彼らは、単なる謹厳実直な人間ではない、当時中国の青少年たちと同じように、『水滸伝』、『三国志』の中に出てくる英雄豪傑、游侠のヒーローに憧れ、そうした伝統的な民衆英雄を気取っていたに相違ない。張国燾、陳昌浩、沈沢民など、党中央の命令を背負って落下傘で降りてきた、機械的にマルクス・レーニン主義理論やモスクワの権威を振りかざす「外国かぶれ」を、田舎の党員や人民が、愉快に思うはずがなかった。

この陳耀煌の研究は、以上のようにソヴィエト区の人々の状況を書いている。たしかに、許継慎・周維炯たちは、梁山泊的なヒロイズムを発揮して、鄂豫皖根拠地は自分たちが築き上げてきたのだ、たった今、天から降りてきた外国かぶれのお前たちに何が分かるか、そうした態度をとったに違いない。張国燾、陳昌浩、沈沢民等は、義賊のような態度をとる許継慎・周維炯など古参地元党員に「ボルシェヴィズム」の何たるか、「コミンテルン」の権威の何たるかをたたき込み、国際共産主義のメッカであるモスクワで学んだマルクス・レーニン主義、階級闘争に関する最高の理論の真髄を注入し、モスクワと党中央の絶対的威信を確立しようとしたのである。

一九三〇年から三一年にかけて続々とモスクワから帰国した、張国燾、陳昌浩、沈沢民を含む「二八人のボルシェヴィキ」たちが信奉したレーニン・スターリン主義とは、鉄の規律を持つ職業革命家だけの党、裏切り者に死を与え、党の命令を絶対的なものとして服従し、無慈悲に階級敵を絶滅することを至上としていた。実際、張国燾、陳昌浩、沈沢民らはモスクワで、スターリン派がトロツキー派、ブハーリン派、合同反対派を攻撃し、凄まじい党内闘争をするのを実際に目撃してきた人たちであった。いや実際に中国共産党員もその中に巻き込まれ、陳独秀、瞿秋白、李立三など党の最高指導者を批判し、蹴落とす国際的運動に参加し、党内闘争に明け暮れてきた経験を持っていた。

しかも、張国燾、陳昌浩、沈沢民が党中央の命令で鄂豫皖ソヴィエト区に入る直前に、党中央の王明（陳紹禹）・博古（秦邦憲）などモスクワ帰りの留学生組がコミンテルンの代表ミフの指導のもとで党中央の権力を握った。そして彼らは、AB団粛清の大事件であった「富田事変」を起こした毛沢東を支持し、中共党や紅軍内に紛れ込んでいる「AB団・改組派・第三党・社民党」など反革命分子の粛清運動を推進するように全ソヴィエト区に命じたのである。張国燾、陳昌浩、沈沢民等は、極左路線をとる党中央の政策と毛沢東の「富田事変」を擁護する意識を初めから持って、鄂豫皖ソヴィエト区に来たのである。毛沢東に負けない一大革命根拠地をつくって見せよう、これが彼らの決意であった。

王明路線の党中央は、三月二八日に「中央政治局の富田事変に関する決議（中央政治局関于富田事変的決議）」を発表して、毛沢東のAB団粛清を断固として支持し、他の革命根拠地でも内部に潜む敵の粛清を命じた。張国燾らが、この決議を信奉して赴任地で大いに党内の人民の敵に対する粛清を行って功業となそうと考えたとしてもおかしくない。党中央の命令は、階級敵に対しては「残酷な闘争、無情な打撃」を指示したものであり、これによって全ソヴィエト区に、大粛清が一斉に始まったのである。一旦、最高司令部から唯一絶対の命令が発せられれば、それが間違いであっても、各根拠地の間で粛反運動の成果を競う一大粛清競争を停止することはできなかったのである。

では、当時大別山一帯の鄂豫皖ソヴィエト区の状況は、いかなるものだったのか。軍閥間の戦争、至るところに横行する潰兵や土匪の掠奪、土豪劣紳の搾取、官庁のでたらめな課税、度重なる飢民の続出、こうした状況に対処する民団・紅槍会・大刀会の乱立、横行等々、軍閥政権下における「掠奪と暴力」がまかり通り、まさにそれらが極限にまで達していたのである。共産党主導の暴動もまた、きわめて粗暴であり、かつ無慈悲なものだった。土地革命戦争の時代には、全国のどの革命根拠地でも、党と軍は、工農紅軍が最大の階級敵である「土豪劣紳・大地主」の家を襲撃して、金・穀物・土地・武器・家財等々何でも奪取し、それを最大の収入源にしていたのである。次いで多いのは、富農階級と商工業階級から徴発する税金である。もうひとつが、国民党や軍閥との戦争で鹵獲した武器・物資や金品であった。要するに、一九二七年から三〇年代の革命根拠地では、貧農・雇農階級に地主や富農から奪った土地を分配しても、彼らから税をとることはほとんど期待できなかったし、また実際にできもしなかったのである。以上は、多くの文献と論文が認めている（例えば、唐滔默「土地革命戦争時期革命根拠地財政概述」『中央財政金融学院学報』一九八六年四月号）。

先に詳しく述べたように、共産党の土地革命、土地分配は税収方面においてすぐ効果を発揮するようなものではなかった。党には、貧農階級、無産農民に土地を分配して、彼らに安定的な農業生産を保証する余裕などなかった。逆に貧しい農民から兵士を出させ、党員と兵士が消費する穀物、物資を収奪せざるをえなかったのである。自らも「革命戦争」の時代といっているように、安定的な社会主義経済や集団農業経営など望むべくもなかった。共産党のソヴィエトに関する宣伝も政策も、全くの絵にかいた餅にすぎなかったといってよい。

また鄂豫皖地区における初期の農民暴動は、きわめて無慈悲な暴力行為に満ち満ちていた。例えば、一九二七年以来の「三殺四抗闘争」政策である。この内容は「一九二七年中共の八七会議後、中国共産党は湖北省北部の蘄春・黄梅・広済地区で行った民衆武装蜂起の形態であり、〈三殺〉とは悪覇地主を殺し、土豪劣紳を殺し、貪官汚吏を殺す、の三者を殺すことであり、〈四抗〉とは抗租・抗債・抗捐・抗税の四つであった。この闘争形式を通じて反革命の気焔を大きく削ぎ、人民大衆の闘争の熱情を大いに盛り上げ、地域の武装組織と遊撃隊を建設することができた」（『中国蘇区辞典』「鄂豫皖地区」頁三七七）というものであった。

このように大別山一帯の紅軍の下で暴動を起こした貧農階級の中には、悪覇地主、土豪劣紳ならば殺すことを当然とする殺伐な赤色テロリズムが蔓延していた。ましてや共産党組織内において、「内部の裏切り者、敵のまわし者、党内軍内に紛れ込んだスパイ」とされた人々に拷問を加え、もっとも残酷な処刑を加えても、当然のことと見なされていたのである。

貧しい人民大衆もまた、張国燾、陳昌浩、沈沢民等が実行した、公開の反革命分子の粛清裁判、死刑執行には熱狂した。あまりにも参加者が興奮するので、真夜中にこっそりと処刑することもまれではなかった。拷問を加えて有ること無いことデタラメな自供を引き出し、彼らを大衆の前に連れ出し、侮辱と暴力のかぎりをつくす、あの文化大革命でおなじみのやり方が、一九三一年以降総ての革命根拠地の至るところで例外なく行われていた。反革命分子の犯人にされた人物に同情の涙など流そうものなら、その場で同じく摘発されて反革命分子にされるのである。人間の妬み嫉みといった心理、復讐の快感、卑怯未練な心、しかし当然の自己防衛、自己保存の心理、こうした共通の人間心理をテコにして、多くの同志を「改組派・AB団・第三党」として犠牲に供する恐怖の祭典が用意されたのである。粛清の責任部署である政治保衛部の職員も、「工作」に消極的だと、すぐ「反革命」だとして殺されるので、如何に自分が「粛反運動」に誠実であるか積極的であるか、実績を示さなければ生きられないのである。

当時の「鄂豫皖中央分局」が発した反革命粛清命令文を、『鄂豫皖蘇区革命歴史文献匯集』（一九三一年～一九三二年、甲1、中央档案館他編、湖北人民出版社、一九八七年）から紹介しておこう。張国燾が鄂豫皖ソヴィエト区中央分局の初代書記として陳昌浩と共に赴任したのは、三一年四月であった。彼らと前後して到着した沈沢民と共に早速「粛反運動」を展開した。

■「沈沢民発、中央政治局宛の皖西北の情況に関する総合的報告」（「沈沢民関于皖西北情況給中央政治局的綜合報告」一九三一年五月二三日）。これには、これまでソヴィエト区には革命法廷がなかった。「改組派」等を粛清するために革命法廷を設置したと述べている。

■「張国燾発、中央政治局宛の鄂豫皖ソヴィエト区の情況に関する総合的報告」（「張国燾関于鄂豫皖区情況給中央政治局的綜合報告」一九三一年五月二四日）。この中に、紅軍の中に富農分子と改組派が潜入して破壊活動をしていること、これまで最高幹部であった夏斗寅、岳維峻、曾中生、舒伝賢に批判すべき点があること、ソヴィエト政府と紅軍の関係が明確でないこと、等が記されている。

■「鄂豫皖中央分局通知、第一二号〈富農、反動家族の武器を没収し、紅軍部隊の中の富農分子を粛清せよ〉」（一九三一年六月一八日）。ここの中で以下の三点を命令した。（1）一切の富農・反動家族の新旧の武器を一律に没収せよ。（2）一切の守備隊・警護営・襲撃隊等の中の富農分子を一律に排除せよ。（3）紅軍部隊に潜入している富農及びその嫌疑分子を即日調査して軍事委員会に報告せよ。大至急、大至急。

■「階級変質分子を淘汰せよ」（「淘汰異己分子」沈沢民、一九三一年一〇月）。この命令書によると、異己分子とは、地主・富農などの資産階級の出身の知識人分子が変質してなるものであり、彼らの多くは、地主・富農の出身で、彼らの大多数は知識人である、としている。

■「鄂豫皖中央分局から粛反のために各県に送る指示」（「鄂豫皖中央分局為粛反致各県一封指示信」一九三一年一〇月）「改組派の反動宣言を暴露せよ」（「掲露改組派的反動宣言」一九三一年一一月）

■「鄂豫皖中央分局発、粛反のために各県に送る命令書」（「鄂豫皖中央分局為粛反致各県一封指示信」一九三一年一〇月）。これには、我がソヴィエト区の反動派の陰謀は、富田事変よりもさらに重大である。富田事変では、反動派五〇〇人を逮捕したが、我が区では総てのソヴィエト区と総ての紅軍中にもっと多くの反革命分子が入り込んでいたのだ、といっている。

■「改組派の黒幕は誰か」（「改組派的黒幕」嗣昌、一九三一年一一月）

■「周維炯に対して涙を流すのは誰か」（誰個対周維炯流泪）射言、一九三一年一一月）。許継慎・周維炯等の粛清に対して涙を流す人は、党と人民を裏切り、敵に慈悲をかける人である。敵に対して無情な打撃を加えることが革命的であることを、人民大衆に教育しなければならない。敵に涙を流すもの、まさに共産主義青年団にいる張一甫がそれである。

▩「改組派・第三党・AB団を粛清せよ」(「粛清改組派・第三党・AB団」一九三一年一一月)。この文章の中で、反革命分子八〇〇人を逮捕し、約二〇〇〇人の富農分子を淘汰した、記している。

以上は、前掲の『鄂豫皖蘇区革命歴史文献匯集』(頁三九〇~四七九)に収められている文献資料である。その他連日のように反革命粛清のための宣伝、命令文書を発している。

上記したいくつかの命令書を見ても、張国燾、陳昌浩、沈沢民たちモスクワ留学生組がスターリンの「トロツキスト攻撃」、「クラーク(富農)撲滅運動」に影響され、帰国後に「コミンテルン・王明の粛清反革命の指示」を受けて鄂豫皖ソヴィエト区に入ったことは明らかである。しかも、彼らは毛沢東の富田事変、紅軍大粛清を目標にしていたのである、とさえいうことができる。もし、そうでないとしたら、初めて入った鄂豫皖根拠地で直ちに大粛清を開始できるわけはない。

(6) 根拠地における被粛清者の総人数

張国燾、陳昌浩、沈沢民によって、「鄂豫皖ソヴィエト区」の河南省光山県白雀園において、一九三一年九月から同年一一月二二日の、たった三か月の間に、いったいどの程度の人が粛清されたのか。

一九三二年一月に紅四方面軍の政治委員であった陳昌浩は、「鄂豫皖蘇区粛反的偉大勝利」と題する演説において、次のように述べている。「紅四軍の排長(小隊長)以上の幹部と革命戦士二五〇〇余人を逮捕し、殺害した」といい、さらに各階層別に合計すると、改組派の逆賊一二〇〇人、富農及び一切の不良分子一五〇〇から一六〇〇人を粛清した。この一〇〇〇人の「改組派・AB団・第三党分子」の中の大半が、地主・富農・流氓地痞(ゴロツキ)・青帮紅帮系国民党のスパイ・黄埔軍官学校の学生・元国民党軍兵士の捕虜・共産党から除名された党員か共産主義青年団員であった」(『鄂豫皖蘇区革命歴史文献匯集』頁五三二〜五三四)。

実際はこれよりは遥に多かった。徐向前は、「後に調査した結果では、当時紅軍の殺害された幹部、兵士はこの数を遥に超えていた」としている。郭煜中は、上記のような数字を紹介した後、紅軍の粛清が終わった後に、紅軍の地方組織や地方の革命団体にまで粛清は広がり、初歩的な統計だけでも「鄂豫皖ソヴィエト区で張国燾などに粛清、殺害された革命幹部と民衆は一万余人である」としている(蔡康志・趙清渠「鄂豫皖蘇区工農武装割拠問題初探」(『中州学刊』、一八九一年第二期)、郭煜中「張国燾在鄂豫皖根拠地的所謂粛反経験及其悪果」『安徽史学』一九八七年第三期、所収)。

郭煜中は、上記論文の中で、「一九八三年に、過去に遡って誤って粛清された党員や民衆の名誉回復を大規模におこなった。安徽省党委員会は、土地革命戦争の間に誤って殺された幹部と人民、計二七二九人の名誉回復を行ったが、これには中共からそれ以前にすでに名誉回復された人々、あるいは粛反で殺されたことが分かっていても、その子孫や代理の人が名誉回復を申し立てない人々、また失踪処理されている人々などは、計算に入っていなかった。さらにまた、他所の地域から河南省北部に工作に来て粛清された人も入っていなかった。だからこれらを勘案すると、土地革命戦争中に河南省西部で粛清された人は、全部で七、八〇〇〇人になる。鄂豫皖ソヴィエト区全体では、粛清殺害された同志は一万人を越えていた。紅二五軍と紅二八軍のこの期間で粛清殺害された人数を差し引いても、鄂豫皖分局が設置されていた時期に誤って殺害された人は一万余人と言っても、完全に正確ではないとは言え、そう事実から離れているとは言えまい」と述べている(「対〝鄂豫皖革命根拠地研究総述〟一文中有関問題商討」『安徽史学』一九八六年四月)。このように、「鄂豫皖ソヴィエト区」において、誤って粛清された党員・兵士・民衆の人数は約一万人以上というところが、中国の研究者の推定値といってよかろう。

第三節　根拠地の主要な諸県における粛清の実態と状況

本節では、鄂豫皖根拠地の中心的な六県を選んで『中華人民共和国地方志叢書』の中の各『県志』に見る粛清の状況を県ごとに詳しく紹介する。

▩湖北省『紅安（旧・黄安県）県志』（一九九二年刊）

この県からは、人民中国になってから国家主席になった董必武・李先念や一九五五年に叙任された六一人の将軍が生まれた。建国後「将軍県」として全国に名を轟かした有名な県である。土地革命戦争時代に、この県から多くの紅軍兵士が生まれ、幸運にも生き残った人々が功なり名遂げたのである。

一九二〇年代、董必武が教鞭をとっていた武漢中学に、多くの県出身の学生が入学し、彼らが中共党員となって農民運動を始め、共産党に入党した。一九二七年の蔣介石の反共クーデタ以後、共産党員が多かったこの県は蔣介石国民党軍の包囲攻撃の矢面に立たされた。『県志』によると、国民党軍の外郭団体に、「清郷団・紅槍会・金槍会・大道会・鏟除義勇隊・民団」などの地主武装勢力が形成された。これに対して共産党系の団体には「革命紅学・農民義勇隊・赤衛隊・遊撃隊・独立団・守備隊」などがあり、両者は死闘を繰り返して数年間も戦った。その為、県民約十万人が犠牲になった（「軍事」の項）。

一九三一年にこのソヴィエト区に来た張国燾は、同年一一月、同県の党組織と軍機関に属する二〇〇余名を「階級異己分子」として粛清した。また三二年二月には、県保衛局員は粛清に反抗的な地方の党員六三人を「改組派、反党分子」として処刑した（「大事記」の項）。

黄安県の民国時代の荒廃と人口減少は驚異的なものであり、人口は、一八八四年約四九万人、一九三四年約二七万人、一九四九年約三四万人と、民国時代は清朝時代よりも大幅に減少し、一九八八年に約五九万人になった（「概述」の項）。

■湖北省『麻城県志』（一九九三年）

この県は、一九二七年九月、黄安・麻城での共産党主導の、いわゆる「黄麻起義」によって有名になり、一躍国共両党による死闘の中心舞台になった。その後、蔣介石の鄂豫皖根拠地に対する包囲攻撃と、中共党内の粛清事件等の混乱によって、多大な犠牲者を出すことになった。一九三二年には、国民党の凄まじい殺戮、放火、略奪の上に、「張国燾の極左路線による反革命粛清事件が起こり、麻城の中共党員と幹部数千人が誣殺された。一瞬の間に、順河の可心橋付近は屍が野に満ち、血は流れて河となり、飢狼野犬が人肉を喰った」（「概述」の項）。「土地革命の時期に、麻城県では六万の子弟が紅軍に参加し、その内六二〇〇人が二五〇〇〇華里の長征に参加した」（「政党・社団・政協」の項）とある。人物伝には、粛清された一九人の県出身者の略伝がある。この県からは、解放後に多くの将軍が生まれなかったのは、県内の中共党員と幹部が数千人も粛清されたことと関係があるように思う。

■安徽省『霍邱県志』（一九九二年）

一九二七年以来、この県は国民党系の軍閥及び土豪劣紳の私的武装勢力と共産党勢力・農民蜂起軍との血なまぐさい戦争状態に入った。共産党員は、一九二七年には四七人、二八年三月には五九人、同年一〇月には一〇七人、二九年一二月には一八九人、三〇年の七月には二〇〇余人、三一年には千余人に増えたが、内部粛清によってその大多数が殺された（「政党・軍団」の項）。こうした党員の数の増減は、他の中核的県でも同じようなものである。三一年の粛清について、「張国燾は、紅四軍と鄂豫皖ソヴィエト区で反革命分子粛清を行い、二五軍七三師の政治委員呉煥先に師団政治部と二一九団を率いさせて霍邱県に派遣した。呉煥先は前後して遊撃師団の師団長廖傑吾、県委書記廖中傑、県ソヴィエト主席杜洪光など一三〇〇人余を殺し捕えた。民国二一年（一九三二年）七月、県城は敵に占領され同志粛清はやっと停止した」（「大事記」の項）。

この記事によると、霍邱県では六八九人が粛清で殺されたとあるが、この県志には詳しい自然村落ごとの統計一覧表があ

霍邱県革命烈士一覧表

	A	B
葉集鎮と所属六郷	280	165
姚李鎮と所属三郷	170	143
長集鎮と所属八郷	304	236
河口鎮と一郷	90	38
扈胡鎮と所属五郷	145	77
石店区の九郷	71	15
周集区と所属五郷	48	0
城郊区の所属八郷	74	15
城関鎮と所属一郷	35	0
孟集鎮と所属八郷	75	0
その他	15	0
合計	1307	689
上記の内の女性数	8	30

A「革命烈士人数」（国民党軍との戦いで戦士した人の数）
B「第二次国内革命戦争時期」（一九二七年～三七年）における「党によって誤って反革命分子として粛清された同志の数」（粛反中被錯殺的革命同志人数）

る。この表を簡略化して、上に示しておく。その粛清の凄まじさが分かる。

▩安徽省『霍山県志』（二〇〇四年）

この県には、一九二八年共産党が組織され、ソヴィエト政権が誕生した。人口は一三万人ほどで、大別山の山中にあり、人煙希な地方であった。三一年春に鄂豫皖ソヴィエト区中央分局が設立されると、ここに「洪球が県書記として派遣されて来た。彼は、反革命粛清の工作を主宰し、舒伝賢、盧舒、饒会龍、薛英、張滔等の党員・幹部一九〇人と独立団二〇〇余人を等しく〝改組派〟と誣告して殺害した。また県以下の単位の党幹部も多数が殺された」（「大事記」の項）。新中国建国後に、この県の出身者五九人に「将軍」の階級が授与されている。

粛清された同県随一の著名な党員は、舒伝賢である。彼の一生はこの時代、この地方で目覚めた知識人革命家の栄光と悲劇の典型であるから、詳しく紹介する。彼は一八九九年に塾を開き薬剤店を営む家に生まれた。小さい時からすぐれていたので一族が援助して勉学に励み、安徽省安慶にあった工業高校に進学した。ここで「五・四運動」の全国的な波に乗って学生運動のリーダーになった。一九二二年には、日本に留学して東京工業高校（現在の東京工業大学の前身か。不明——筆者）に入った。当時日本の中国侵略に抗議する学生運動が盛り上がっており、彼も東京で抗日のリーダーの一人となり、一九二六年に日本に抗議のため帰国した。すぐ北京に行き李大釗の指導の下で抗日学生運動を指導した。二七年北伐軍に参加して故郷に辿りつき、安徽省の労働運動を指導し、一躍有名になった。当時は、蔣介石・王精衛やその他大小の軍閥、群盗が入り乱れて戦っており、人民は塗炭の苦しみに喘いでいた。彼は、霍山県では最も著名な人物となって、一九二九年には共産党霍山県委員会書記となった。さらに霍山・霍邱・英山・寿・合肥・六安の六県の統一会議で最高幹部の一人に選ばれ、中共六安中心県委の書記に当選した。彼は、中共の紅軍・ソヴィエト機関・組織を創り、革命根拠地建設に尽力しつつも、蔣介石の包囲攻撃と戦った。しかし、敵の侵攻は激しく、生まれたてのソヴィエト区は多大な損害を被り、四〇〇〇余人の党幹部は戦死し、あるいは殺された。殺された村民は一万二〇〇〇人にも達した。彼らは残った皖西紅軍・赤衛隊と数千の民衆を連れて故郷を離れ、河南省のソヴィエト区に移動した。三一年、張国燾が来て中央分局ができると、彼は分局委員兼組織部長となったが、間もなく張国燾から「改組派」とされ、秘密裏に妻の陳清如と共に粛清された（以上、同県志「人物」の項）。

舒伝賢の伝記を見れば、彼は日本を知り、日本でマルクス主義とロシア革命、日本帝国主義の中国侵略を知り、帰国後は北京・広州・安徽省とまわりながら、救国と共産主義のために職業革命家として活動したことが分かる。安徽省でも有数の活動家であり、かつ知識人であった彼も、実にあっけなく反革命とされて党と同志から粛清されたのである。

■安徽省『六安県志』（一九九二年）

この県は、省の西部、大別山の北麓に位置し、省都の合肥にも近く、大きく豊かな県であった。一九二五年ころから党員が増え、二九年に各地で武装暴動を起こし、中共六安県委員会が成立した。この県出身の著名な党員は、先に紹介した許継慎である。彼以外にも、多くの党員が反革命粛清で殺された。そのため、建国後、土地革命戦争時期に犠牲になった一万余名の革命烈士の家族が名誉回復と補償を要求した。中でも一九三一年にソヴィエト区で誤って粛清された大量の建党・建軍の指導者たちの家族が特別の名誉回復と補償の要求をした。一九五一年、国家は、人民が公認したかつて誤って殺された烈士三〇一九人を名誉回復し、補償金を与えた」（「民政」の項、以上は要旨）。これによると、六安県で一九三一年の粛清で殺された党公認の人は、三〇〇〇人余となる。一九五七年、県内に「皖西革命烈士紀念館」が建てられ、許継慎、呉保才、周狷之、毛正初等一七名の事績を公開陳列した」（「民政」の項）。

一九三二年一〇月に張国燾が紅軍の主力を率いて西方に脱出した際に、県内の多くの青年が紅軍兵士として参加した。建国後の一九五五年に県出身者三四人が将軍位を授与され、全国の「九大将軍県」の一つになった。

以上、五個の県志の記述の中から、反革命粛清事件を中心にして紹介した。

建国後に、この根拠地の歴史を書いた『鄂豫皖革命根拠地闘争史簡編』（解放軍出版社、一九八七）が発刊された。これには粛清の全般的状況について次のように叙述されている。「中共六安県委員会では二人の炊事委、県書記から一般党員まで全員が殺された。霍丘県党委員会政府機関の幹部は全部が殺された、赤南県ソヴィエト政府の幹部四八人中の四五人が殺された。英山県ソヴィエト政府幹部一一人中、一〇人が殺された。紅安県独立団では、一晩で二〇〇余人が殺された。六安県独立団では二〇〇余人が反革命罪の罪で一時に逮捕された。紅山警衛団第八連隊では兵士から連長に至るまで一〇〇余人が一時に殺された。白雀園区赤衛軍団長の彭開尭は殺され、三つの営長の内二人が殺され、九つの連長の内七人が張国燾の手によって殺された」（頁二二四）。

実に多くの紅軍将兵・党機関の党員・人民大衆が同志によって殺害されたかその数の膨大さに驚くばかりである。しかし、今日まだ中共から公文書が全面的に公開されていないので、正確な犠牲者数は不明である。いや、正確な数字は永遠に分からない可能性もある。

張国燾は、一九三二年には、党内粛清と蔣介石の包囲攻撃に耐えられずに、西方に遠征してくるといって、鄂豫皖ソヴィエト区から紅軍主力を率いて事実上「逃亡」し二度と返ることはなかった。彼は四川省まで脱出してソヴィエトを創ったが、そこでも多くの幹部を粛清した。

第四節　粛清者「張国燾」と「地元の革命英雄」たち

建国後の中共党史は、鄂豫皖ソヴィエト区崩壊の責任を王明路線と張国燾の個人的資質、個人的責任にしてきた。その後、張国燾は、長征の途中で毛沢東に対立して延安に行かず、後に脱党して国外に去ったので、中国共産党の最大の裏切り者とされ、以後、鄂豫皖ソヴィエト区の崩壊の全責任を、張個人の責任にしてきたのである。

しかし、このような説明は現実の歴史過程に合っていない。共産党の政策に目覚め、土地革命戦争の意義を知った貧しい労働者と農民大衆が、一九二七年以降起ちあがって、正しい共産主義者の意識を以て活動し、大別山一帯を革命の聖地に変えた、といった史論はあまりにも単純である。こうした、失敗の責任を王明路線と張国燾の残虐性に帰している中共史観を批判して、独自の説明を行っている研究者は陳耀煌であり、彼の論文『共産党・地方菁英・農民――鄂豫皖蘇区的共産革命（一九二二～一九三二）』（台湾の国立政治大学史学叢書、二〇〇二年）は、史料を博捜して中国共産党の正統史観を批判した、「鄂豫皖蘇区」に関するきわめて優れた研究書である。

この研究書が実証した新しい点は以下のようなものである。共産党が一九二七年以降の農民蜂起、民衆蜂起を指導し、多くの県を占領して共産党政権を創ったという主張は誤りであり、モスクワに留学した経験のある張国燾・沈沢民・陳昌浩等が鄂豫皖ソヴィエト区に来る前に、大別山一帯を強力に支配し、遊激戦を展開していた地元の農民活動家、国共両党の党員がいたのである。彼ら地元の俊英たち、そして彼らが育成した紅軍将兵は、三一年になって突如として党中央から天下ってきた張・沈・陳の権威を簡単には認めなかった。なぜなら、一九二〇年代の初頭から活躍していた地元出身の有名な俊英は、一九二四年の「第一次国共合作」の前から活動をしてきた人々であった。彼等のほとんどは武漢などで学んだ地主富農、あるいは上層階級に属す知識人学生であった。国民党と共産党の二つの党籍を持つものも多く、比較的恵まれた階層から出た「地方菁英」が、地元に帰り活動していたのである。共産党員になったのも彼らが中心で、その他一般の共産党員の大多数は一九二七年以降地元から入党した人々で占められていた。

共産党員といっても、初めは地主富農を総て階級敵にして打倒し、土地革命によって共産主義社会をすぐ実現するといった、マルクス・レーニン主義の理論ではなく、紅槍会・大刀会や緑林の徒を組織し、「義賊」的に民衆の保護と救済のために戦うヒーロー的存在だった。彼らは、マルクス・レーニン主義のボルシェヴィキが党員に鉄の規律を要求し、決して党内反対派を許さない教条主義者であり、暴力革命一本やりの革命理論の信奉者であることを理解していなかった。紅軍幹部の大多数は、この一帯の地方俊英であり、共産主義者である前に、大別山一帯に生まれ育ち、地元を愛し、また地元の指導者になることに憧れる地元の有力者・指導者であった。地元の大地主や土豪劣紳と呼ばれた家から出た指導者でも、貧しい大衆から仰がれる地元の伝統的なヒーローになることを夢見ていた。

中国民衆は、古来王朝滅亡の動乱期、群盗蜂起の時には、伝統的に「身家防衛、替天行道、打富済民」をモットーとする自衛行動をとった。一九二〇年代、三〇年代の地方俊英もこうした伝統世界から生まれた人々であった。彼らは、紅槍会・大刀会・民団幹部・農民協会や県の官界の幹部と共通する世界を持っており、彼らの一部は在地の土豪劣紳や土匪、大小の軍閥などとも通じていた。共産党が主張する一九二七年前後の農民運動の高揚、土地革命戦争の激化といわれるものの実態は、紅槍会・大刀会・民団・土匪など在地のあらゆる勢力、集団、組織を結集して行われたものであり、中国共産党だけが一党だけで目標を定め、民衆を組織し動員し、計画的に実行したという解釈は、現実から大いに外れた謬論である。

大別山一帯には清朝末期、民国初めから国家的レベルの行政権力はすでに崩壊して存在していなかった。この地方では、一九世紀末から大小の軍閥、兵隊崩れの集団、土豪劣紳、県政府を牛耳るボス、土匪ゴロツキ集団、大小の紅槍会や大刀会、民団等々が、在地の「税卡（関税署）、禁煙局、団練局、捐税」などの官署の収入源を巡って争っていた。地方の利権を争う諸勢力、諸組織はどれもが是非善悪の区別がなく、悪事でも平気で行うのが普通であった。紅槍会や大刀会の組織は、ある時には土豪劣紳、軍閥の走狗になり、ある時には軍閥匪賊の侵入に対抗して戦った。だから、初期の地元の共産党の指導者とか、農民運動の指導者とかは、こうした民衆世界のレーダーでもあったのであり、われわれ日本人が大正・昭和の日本共産党員のような青白きインテリゲンチャの群れを想像して論じても、大いに実態は異なるのである。

農民蜂起、民衆蜂起に参加した人々は、指導者となった一部の知識分子を除いて、マルクス主義や共産主義の何たるか、レーニン・スターリン・トロツキー・ブハーリンの何者なるか、階級闘争理論の何たるかを知らないものが大多数であった。多くの貧農出身の党員、活動家、兵士は文字さえ読めないのが普通だった。彼らから見れば、「国際共産」（コミンテルン）、「中国共産党」、「党中央」、あるいは「モスクワ」、「ソヴィエト」、「マルクス、レーニン」がどれほど偉いものであるか分からなかった。陳耀煌がいうように、将兵の多くは、梁山泊や農民叛乱、秘密結社、紅槍会の英雄の延長線上に党活動・農民運動を想像していたのだ。実際、安徽省・湖北省・河南省の三省にまたがる太別山脈周辺に展開した「鄂豫皖根拠地」は、清朝末期から動乱と飢饉が盛んになり、更に辛亥革命以後は特に、紅槍会・大刀会・土匪・軍閥が流入跋扈して、人民は塗炭の苦しみにあえいでいた。この貧しい地帯の一般民衆・貧農・下層労働者・無産遊民は、地主土豪富農による搾取と圧迫だけに苦しんでいただけではない。

彼らは三つの矛盾に苦しんでいた。矛盾の第一は「土豪劣紳・大地主―貧農・雇農」の間にある階級矛盾である。矛盾の第二は「都督や地方軍閥―人民大衆」の間にある様々な矛盾である。第三は「大小の軍閥・流賊・秘密結社・土匪―人民大衆」の間にある社会矛盾である。この三つの矛盾は互いに交差し、互いに入れ替わり、互いに離合集散し、また変容する関係性にあった。このような諸矛盾の変化、錯綜によって、地主富農の出身の高等教育を受けた共産党員が、紅槍会・大刀会員の大衆と手を結んだり、軍閥や土匪と戦ったり、取引したりするのは決して稀ではなかったのである。かくして貧しく虐げられていた人民大衆は、巨大な悪と戦う正義の人民の義賊的ヒーローを待望していた。一九二七年以降、土豪劣紳・軍閥・国民党軍隊や土匪・山賊と戦う地元出身の紅軍首領は、人民大衆の憧れの英雄となり、民衆の期待を背負う豪傑となったのである。

国民党や共産党に入るものは一九二〇年代後半に多くなった。大多数の共産党員は、一九二七年以降に入党したものであり、正式な党員は、一九三〇年前後でも一万人に遙かに及ばず、大多数は都会や地方の小学校、中学校の教師を中心にする地方出身の知識人の地域エリートであった。彼らは大都市・地方都市の中学・高校・師範学校・専門学校で学び、軍閥や土豪劣紳、あるいは日本帝国主義に反対する学生運動の中で目覚め、政治運動に関係した人々であった。その中のごく少数のものが大学を出て東京、パリ、モスクワに出て外国で学んだ。共産党員で大学卒業のものなど一九三〇年前後には数えるほどのきわめてまれな存在だった。張国燾が「鄂豫皖ソヴィエト区に入った時、すでに土地のヒーローになっていた有名な人物は、許継慎・曹大駿・曹学楷等々に代表されるゲリラ軍の司令官たちであった。このゲリラは、共産党員といっても入党してまだ長いもので三・四年の党歴しかなく、強い郷土意識と農民的英雄主義の持ち主だった。彼らは地方指導層である比較的豊かな地主富農資産家の子弟であると同時に、紅槍会・大刀会・緑林の指導者や国民党などの勢力にも友人知人を多数持っていた。そうした地方の諸勢力と関係がなくては地域エリートとして民衆を率いるヒーローにはなれなかった。

以上が、陳耀煌著『共産党・地方菁英・農民――鄂豫皖蘇区的共産革命』の大要である。

附録

関係者の建国後の回顧録による証言

(1)「徐向前将軍の粛清に関する回顧録」(徐は建国後一九五五年に元帥。軍事委員会副主席を歴任)

徐向前(当時、中国工農紅四軍軍長)の口述証言「白雀園の大粛反」、魯林・陳徳金主編『紅色記憶、一九二一年〜一九四九年』済南出版社、二〇〇二年、頁一四八〜一五四。

「白雀園の大粛清は鄂豫皖ソヴィエト区の歴史上、最も心を痛める一頁である。三ヶ月近くの粛清で二五〇〇名以上の将兵を失い、六、七割の団以上の幹部が逮捕、殺害されて紅軍の戦闘力を大いに弱めたのである」、「張国燾は自ら尋問を行った。初めはまだ私を会議に参加させた。しかし、私が違う意見をいろいろ言って人を保護したので、例えば、私が鄂豫皖区に来たばかりの頃、廖栄坤等の同志は営長、連長でよく戦ったとかばったりした。それで、以後はまったく私を遠ざけて会議にさえ参加させなかった。それよりも密かに私を審査さえもしたのである。反革命粛清の対象は、主に三種類の人であった。第一は、白軍(国民党軍を一般に白軍と略称した)から来た人である。これらは国民党に反旗を翻して来たか、投降してきたか、それとも捕虜になって来たかに関係なく、また反革命の活動が有ったか無かったかに関係なく審査された。第二は、地主富農の家庭の出身者は、行動がどうかに関係なく審査された。第三は、知識分子、青年学生でおよそ数年間勉強した者も審査された。重い者は頭を斬られ、軽い者は労働改造にまわされた。軍隊に異常事態が発生するのを防ぐために、張国燾等の分局指導者は、営を単位に部隊をごちゃ混ぜにして編成しなおした。こうして中央分局と鄂豫皖ソヴィエト委員会とで巡視団を組織し、各師団に派遣して粛清を監視させた。そのため、人々は知り合いに会っても話をしないようになった。秘密組織、反革命活動と言われるのを恐れたからである。王樹声、倪志亮といった同志さえ、私に会っても何も言わなかった。まったく白色恐怖の雰囲気そのものであった」(小林評。以上のように、徐向前は、最も早く革命を始めた団以上の幹部、将校等三〇人の名前を上げて、多くの同志を野蛮に殺した張国燾を非難し、この悲劇の第一の原因を、人格劣悪で家父長制支配を好んだ張国燾のような人物、自供も証拠もなくて同志を簡単に殺した陳昌浩のような悪人が鄂豫皖ソヴィエトの最高幹部になったことに求めている)。

悲劇の第二の原因は、「幾らかの指導的立場にある同志達が左翼小児病に罹ったことにある。沈沢民同志のような善人でも大変〝左〟であった。彼は積極的に粛清をやったばかりでなく、粛清の理論を持っており、思想意識の良くない者と無産階級の思想の無いものの中から反革命の糸口を探さなければならないと言った。主観的に必ず反革命があると認定しても、実際は提灯をつけて捜さなければ見つからないなどと言い、きわめて幼稚であった。実際、どんな人の思想でも一〇〇％正しく、何らの欠点も無いなどという事がありえようか」。

第三の原因は、「拷問を行い、自供させ、其れを信じ、確実に証拠が無く人を殺したことにある。……一般の人々はAB団、改組派、第三党などといってもどんな組織なのか知らず、ましてやそれで頭を落すとは予想もしなかった」。

「最後の原因は、鄂豫皖根拠地の〝大粛清〟が孤立したものではなかったことにある。あの時は教条主義者が党中央を支配していた時であった。教条主義、主観主義、宗派主義が一緒になって、党全体に於いて、また各地に於いて粛清をやり、またその拡大化を行ったのである。彼等は中央革命根拠地で〝AB団〟を掘り出した経験を広く鄂豫皖根拠地にまで押し広げ、また鄂豫皖根拠地、湘鄂西根拠地の粛清の経験を他の根拠地に押し及ぼし、いろいろ無駄をやり、大いに意気込み、これ以上なく人の心を悲しませる損害を生みだしたのである」。

張麟『徐向前的非常之路』（人民出版社、二〇〇四年）の「白雀園千古冤」（頁八六～九六）には、徐向前が紅軍行動中に許継慎、周維炯が陳昌浩によって逮捕され、担架で運ばれた姿を見たこと、更に愛する妻程訓宣が逮捕され行方不明になったこと、などが記されている。しかし、この書には、徐は妻がどうなったかを誰にも訊ねなかった。妻が殺されたことを知ったのは、はるか後、延安に着いた以後だったという、誠に驚くべきことが書かれている。徐のような高級軍人でも恐怖によって妻の生死を聞くことさえできなかったのだ。同書には、粛反の時には、地主富農階級の出身者は捕まえられて審査され、文化水準の高い人は監禁されて自白文を書かせられ、銃や玉を失くした兵士は監禁され、上級幹部に不満をいったものは反革命の言動と組織関係を追及された、と記されている。徐は、鄂豫皖ソヴィエト区の地元の人ではなく、山西省五台県の生まれである。貧農の家に生まれ、師範学校速成科を出て小学校教師、黄埔軍官学校一期生、国民党の将校、北伐戦争参加、二七年の蔣介石の反共クーデタ後に広州に行き、共産党に入党、二九年に鄂豫皖根拠地に派遣された。以上の経歴を見ると、許継慎、周維炯のような地元の人間ではなく、またモスクワ帰りのような毛並みの良さもなく、またあまりマルクス・レーニン・スターリンの理論にも通じていなかった。きわめて真面目で、山西の方言を話し、一人黙々と軍の将校としての任務だけを忠実に果たす人であったことが分かる。だから、彼は張国燾や陳昌浩から殺されなかったのであろう。

（2）「李先念国家主席の伝記にみる粛清に関する記録」（李は、建国後に国家主席を歴任）

『李先念伝（一九〇九〜一九四九）』（朱玉主編、中央文献出版社、一九九九年、北京）の記述

「李先念は鄂豫皖ソヴィエト区で紅軍に参加し、紅四軍第十一師三三団に編入され政治委員に任命された。団長は呉雲山であった。……この頃、部隊は白雀園に集合して〝大粛反〟をやっている最中で、周維炯は改組派の冤罪をかけられて捕えられて間もなく殺害された。李先念は彼の勇敢な奮戦振りを聴いたことがあるだけで一度も会ったことはなかった。……一九三一年九月、張国燾は、蘄黄広に南下して作戦中の紅四軍を呼び返し、総てを白雀園地区に集めて拷問によって自供させ、二ヵ月間に〝改逆〟（改組派の逆賊）として一〇〇〇人、富農及び一切の不良分子一五〇〇人から一六〇〇人ほどを粛清した。その後粛反の重点を地方に移し、軍と地方の最も早期に民衆を率いて革命に立ち上がった中核幹部を多数逮捕し殺害し、想像することも出来ない損害をもたらしたのである。わずかに紅四軍の団（連隊）以上の幹部だけでも、周維炯、許継慎、寵永俊、蕭方、熊受暄、関叔衣、柯伯元、潘皈仏、羅炳剛、高建斗、封俊、江子英、黄剛、王長先、袁皋甫、呉荊赤、

王明、魏孟賢、任難、王培吾、姜鏡堂、寥業祺など多数が殺された。これら久しく戦場で紅軍を創建した中心人物達が、敵からの雨あられと降る銃弾によって斃れるのではなく、無惨にも同志達に依って斬首刑に遭うとは、何という悲しむべき悲劇であろうか」（頁五五～五六）。「李先念の二番目の兄陳有元は、高橋区九龍沖郷の農民協会の発起人であり、組織者の一人であった。この兄は李先念と長期に肩を並べて戦ってきた長い経験をもった共産党員であり、革命幹部であった。何人かの兄弟の中で、彼が李先念から最も尊敬と信頼を受けていた。後に陳有元は紅安県保衛局の責任者となったが、〝粛反〟のなかで誣告にあって逮捕され、新集に護送され尋問された。李先念の部隊が新集を通過した時、監禁されている犯人たちの中に兄がいるのを見て大いに驚いたが口を出しにくかった。兄も同時に李先念に気が付いて激しく叫んだ。「先念よ、私は間違いを犯した、お前達にすまない。お前は部隊で頑張らなくちゃあならない、革命をやり抜かなくちゃあならない」と。李先念は、兄が頷くのを深い同情の気持ちで眺めた後、部隊を率いてそそくさとその場を去った。李先念はこれらの犯人達は〝粛反〟の対象であると聞き、兄が言った〝誤りを犯した〟という言葉は、自分は反革命ではない、これは冤罪なのだという意味であることを知った。間もなく地方保衛局が新集を離れる時、これら粛反の対象を皆殺しにした。徐向前の妻、王樹声の妹、李先念の兄などを含めて一〇〇〇余人が等しく無実の罪で殺害された」（頁八六～八七）。一九三三年六月末、徐向前と陳昌浩は軍事会議を開き、指導幹部一〇〇余人が出席し、李先念も出席した。「この会議では〝粛反〟問題も討議した。李先念を含む多くの師と団の幹部が、激しい反対意見を述べた。戦争の最中に、張国燾は部隊の〝不純〟を口実にして陳昌浩と保衛局に反革命の名簿を作らせ、部隊の中で〝粛反〟を実行した。ある幹部は前線で戦闘の最中に、わけがわからないまま、〝改組派〟、〝反革命〟とされて捕らわれ、殺された。紅七三師二一八団第三営（営は大隊）は、戦闘中一つの山を失った。張国燾は理由の如何を問わずに団長（団は連隊）徐深吉、政治委員陳少卿、それに全部隊の排長（小隊長）以上の幹部を、皆〝AB団〟、〝改組派〟として捕まえたり、殺したりした。九軍七三団政治委員陳梅松は歳わずかに二〇歳であったが、これら反革命の名簿に入れられた。徐向前はそれを知ると彼を保証して捕まえることを許さなかった。そして怒って陳昌浩に電話し、『同志、貴方がたは何を考えているのか、今兵士たちは不安に怯えている。戦いをやるのかやらないのか、命はいるのかいらないのか』と言った。李先念は保衛局から送られてきた反革命分子の名簿を受け取ってチラと見ると、多くが鄂豫皖区から転戦してきた老紅軍であり、彼の元からの警護兵の張明喜の名前もその中に入っていた。李先念はその名簿を袋にしまうと、「いったい何処にそんなに多くの反革命がいるのか、かまわない、戦いが終わった後にしよう」と言って同志達を保護した。……紅一二師団の粛清は激しく、ここの政治部主任の韓継祖は名簿に照らして人を捕らえるばかりか、大いに拷問を行って次々と人を巻き添えにし、少なからず人を殺した。韓は紅三三団に手紙をよこして二人の大隊長、三人の指導員を捕まえるように言ってきたが、李先念は断固として逮捕を阻止した。人々は集会で韓を激しく批判した。後に、彼もまた災難から逃れられず、〝改組派〟にされて殺された。陳昌浩は人々の粛反に対する批判が激しいのを見て、ついに部隊における粛反を停止し、捕まえられていた人々を解放した」(頁一二八〜一二九)。

徐向前(三一年初め、紅四軍参謀長、三一年一一月、紅四方面軍総指揮兼紅四軍の軍長を歴任)、王樹声(三一年一一月、紅四軍第一一師の師長などを歴任)らは、当時は李先念(三一年、紅四軍一一師三三団政治委員、三二年同師の師長、三三年七月、紅三〇軍政治委員)より紅軍での地位が高かった。一九三三年五月に結成された「中国工農紅軍(総部)」(総司令朱徳、総政治委員周恩来)では、共に第四方面軍に属し、総指揮は徐向前、政治委員は陳昌浩、副総指揮は王樹声、参謀長は曾中生という具合であり、これを見ても徐向前、王樹声、曾中生は陳昌浩とほとんど同格の最高幹部であった。しかし、張国燾と陳昌浩によって徐向前は妻を、王樹声は妹を、曾中生は彼自身がそれぞれ粛清されたのである。李先念などはかなり高い地位にいたが、それでも実の兄が誣告によって捕らわれの身になっていても声もかけられない状況であった。こうした事例を見ると、粛反運動が人々に有無を言わせぬほどの命令主義と全面恐怖の中で進行していたことが分かる。

（3）「白雀園」における大粛清を見た人々の回顧

『大別山風雲録』（頁二四五～二四六）に粛清運動時代の証言が紹介されている。以下の三人の証言は、実に具体的であり、こうした方法を取らなければ、二、三カ月で二五〇〇余の将兵を処刑することはできなかったであろう、と納得される。反革命粛清は、個々の反革命分子を逮捕するというよりは、これまで土豪劣紳・地主・旧官僚・資産階級に向けていた「赤色恐怖」を「党・紅軍」内部に向けて発動し革命内部を統制しようとしたものである、ということができる。

■ある人は次のように語った。粛反運動の拡大化は、皆に危険を感じさせ震えおののかせた。朝から晩まで心配でドキドキしどうしだった。もしかすると罪を着せられて連れて行かれるかもしれない、と心配した。どうして捕まる人がどんどん多くなってゆくのか？　これは互いに〝摘発〟し合い、〝告発〟し合ったためである。摘発、告発には主に二つの理由があった。一つは、誘導である。人を捕まえてきた後、騙して利益をもって他人を告発するようにそそのかす。そして言う。「もしお前が誰が改組派、ＡＢ団、第三党であるかを言えば、放してやる」と。人は自分には寛大にしてくれるのだ、早く出られるのだと思い、口から出まかせにデタラメを言い、いいかげんに他人の名を言う。もしＡが捕えられ彼がＢは改組派だと云えばＢを捕まえる。ＢがＣを改組派だと云えばＣを捕まえる。何らの証拠も考慮しない。ただ人が名指せばよいのである。聞くところによると、ある連隊では更にひどかった。互いに全く知らないのに、あの人は改組派だ、あの背の高いの、あの背の低いのは改組派だと云えば、すぐ捕まった。もっとひどいのは、整列させて名指しで改組派にした。或る連隊では数十人が、或る連隊では全部が改組派にされ、一人も免れなかった。もう一つは、拷問で自供させる方法である。聞くところによると、或る連隊では各種の拷問を加えた。例えば、「虎の背の椅子」に座らせたり、「胡椒水」を鼻に注いだりした。（中略）連隊と連隊の間で、反革命分子を如何に多く捉えるかの競争になった（以上は「董洪国の回顧」より）。

■ある所では、全連隊を集合整列させて「点呼」の方法によって粛清した。連隊の政治委員がブラックリストの書いてある手帳をもって言った。「誰が改組派であるか、AB団であるか、第三党であるか分かっている。自分から起立せよ。起立しなければ、私が名を呼ぶ」と。半日間喋ったが誰も自首しなかった。私のことを誰が知っていると云うのだろうか。人々は疑心暗鬼にかられて恐慌状態になった。皆が、自分が呼ばれるのを恐れ戦いたが、……最後に一人一人呼ばれて縛られ、連隊全部で将校、兵士五〇人余が逮捕された（以上は「常毅の回顧」より）。

■張国燾が粛清をした時、私は工農紅軍第四方面軍の政務科で科長をしており、専門に粛反をやり、いくらかの人を殺した。拷問もきわめて残酷なものであった。……ひどく打ち自供させた。反革命であると自供し認めなければ、自分が話していた人が反革命であると認めなければならなかった。もし私たちが一緒に話していたとすれば、私が捕まって拷問によって反革命と認めただけでは十分ではない。話していた相手もまた反革命であると認めなければならない。こうしてマニュアル通りにやって一蓮托生で人々を捕えて殺したのである（「楊国武の回顧」より）。

第七章　「湘鄂西根拠地」（湖南・湖北西部一帯）、「湘鄂贛根拠地」（湖南・湖北・江西の交界一帯）及びその他の根拠地の大粛清

第一節　「湘鄂西」根拠地の大粛清

（1）根拠地の概観

「湘鄂西根拠地」は、湖北省、湖南省交界一帯にある八つの革命根拠地からなっていた。中心地区は、洞庭湖・洪湖の北側に広がる洪湖革命根拠地であり、一九三一年三月、監利県瞿家湾に「湘鄂西ソヴィエト中央分局」が置かれた。このソヴィエトの全盛期の一九三二年には、七〇余県、約三七〇万人を擁した。一九二七年の蔣介石の上海クーデタ以後、国民党、軍閥、土豪劣紳の「白色恐怖」がこの一帯にも拡大した。それに対抗して、中共の湖北・湖南省委員会は、同年八月、農民暴動を各地で組織した。例えば、湖北省沔陽県では、共産党員の指導のもとで数百人の農民が県城を攻撃して残忍な県長を殺し、八〇余人の逮捕されていた党員、農民活動家などを牢獄から救出した。また公安県、当陽県では、九月一四日、党員の指導のもと農民協会員、自警団員など二〇〇〇余人が地主反動派の団防局を攻撃し、悪覇地主、土豪劣紳など八〇余人を逮捕し、その内の罪悪の特に甚だしい三〇余人を殺した。当時の農民運動では土豪劣紳、貪官汚吏を殺して全財産を奪い、地主に小作料を支払わず、役場に税金を納めない、そして地主階級から没収した土地を貧農に分配した。これがどこでも見慣れた農民暴動の姿であった。

中国農村の土豪劣紳といわれる人々や大地主は、日本の大正、昭和の北陸、東北の大地主などと比較にならない権力、勢威をもつものが多かった。彼らは広大な屋敷を土塀で囲み、自警団、武装勢力を自前で持ち、警察や県の役人を自分の手足の如く使い、地方の軍閥と深くつながり、小作料に反対する農民や共産党員を勝手に殺したり、処罰したりするものも多かった。国家と地方政府の行政が全く機能しない当時の中国農村では、地主階級は日本の地主などと比較にならない強力な暴力的存在だったのである。特に一九二〇年代から三〇年代は、経済の疲弊、農民の窮乏、大災害の頻発、地主の横暴、軍閥割拠などによって地方農村は、混乱の極みに達し、治安は乱れ、農民暴動も燎原の火のように燃え始めていた。そして遂に一九二七年の、蔣介石の反共政策への転換を契機に、「白色恐怖」と「赤色恐怖」が入り乱れて農村に荒れ狂った。

「湘鄂西ソヴィエト区」の歴史は、『中国革命老区』(中国老区建設促進委員会、中共党史出版社、第三章「湘鄂西革命根拠地」、頁五一～七二)によると、次の三段階に分けられるという。

第一段階は、「創建、統一段階」(一九二七年～一九三〇年九月)で、二七年には、農民暴動が野火のように燃え広がり、およそ一〇万人の民衆が参加し、三〇余県にソヴィエト区が拡大した。二八年二月には賀龍、周逸群が中心になって工農革命軍を創建し各地で地主武装勢力や土匪と戦いを演じ、革命軍は約千人に達した。

第二段階は、「堅持、発展段階」(一九三〇年九月～三二年一月)で、中心となった紅三軍(軍長賀龍、政治委員鄧中夏)の活躍で勢力を堅持していた。三一年三月、党中央は夏曦を「湘鄂西中央分局」の書記として派遣し、その下に賀龍ら四人を委員として配置し、「湘鄂西ソヴィエト区」の最高責任機関とした。五月、優秀な指導者であった周逸群が戦死し、同年七月国民党の大兵力が湘鄂西ソヴィエト区に第三次「囲剿」攻撃を開始した。ちょうどこの時、長江中下流域に百年来の大洪水が発生し、ソヴィエト区の多くが水没するという大災害が起こった。百万人にのぼる被災民が発生したこの時期に、国民党軍によって、一万人にのぼる共産党幹部・民衆が殺された。しかし、共産勢力は秋から反撃に転じ、三二年には、紅軍は一万五〇〇〇人、地方部隊一万余、赤衛隊・少年隊三〇万人にまで発展し、八つの各ソヴィエト区に支部が形成された。

第三段階は、「失敗、移動段階」（一九三二年一月〜三三年一二月）で、党中央の極左路線によって「改組派」、「第三党分子」に対する粛清の波が押し寄せ、多くの党員、幹部、紅軍兵士、民衆が処刑され、革命勢力は多大な損害をこうむった。すでにこの年の三月から、国民党軍の攻撃が始まっており、紅軍は、戦闘のたびに一〇〇〇人単位で兵士を失うという損害を度々出すに至った。紅三軍は、賀龍、関向応、夏曦に率いられて各地を迅速に転戦移動せざるをえず、その距離は延べ三五〇〇キロにも及んだ。この困難な時代に、粛清は第二波、第三波と続き、紅三軍は五〇〇〇人から三〇〇〇人にまで激減した。一九三三年一二月、湘鄂西中央分局は会議を開き、湘鄂西ソヴィエト区を放棄し、四川、貴州方面に新根拠地を求めて移動、いや逃亡したのである。以下の粛清の歴史は、主に次の書籍、論文の記述による。

匡鏡秋「湘鄂西革命根拠地粛反的一些情況」（『常徳師専学報』一九八二年第二期、所収）
郝景泉『党史風雲実録』（上、頁二三一〜二五二）
文聿『中国〝左〟禍』（第四章「左傾屠刀下的万千冤魂」──「整粛〝AB団〟大冤案」、「富田事変」、「閩西蘇区粛〝社党〟大冤案」、「湘鄂西粛〝改組派〟大冤案」等）
蔣伯英「閩西蘇区粛清社会民主党冤案」（『中共党史研究』一九八九年第四期）
中国老区建設促進会編『中国革命老区』（第三章「湘鄂西革命根拠地」頁五一〜七二）
李烈主編『賀龍年譜』（人民出版社、一九九六年）
顧永忠『賀龍的非常之道』（人民出版社、二〇〇四年）
『回憶紅二方面軍』（賀龍的証言、近代史研究、一九八一年第一期、所収）
陳立明・邵天柱、羅恵蘭主編『中国蘇区辞典』（一九九八年、江西人民出版社）
中央档案館他『湘鄂西蘇区革命歴史文件彙集』（1、甲1、甲Ⅱ、一九八六年）
『中華人民共和国地方志叢書』の湖南省・湖北省の諸県志
魯林・陳徳金主編『紅色記憶──中国共産党歴史口述実録』（済南出版社、二〇〇二年。［徐向前］白雀園〝大粛清〟）。
舒龍・淩歩機『中華ソヴィエト共和国史』（江蘇人民出版社、一九九九年）

(2) 粛反運動の中心人物「夏曦」

「湘鄂西」の粛清は、中央政治局から派遣された夏曦によって始められた。彼は、「改組派」を粛清するという名目で、一九三二年一月から三四年夏まで、実に四波にわたって粛清を実行した。この夏曦という人物は、いかなる経歴を持つ人物なのか、またいかなる目的で湘鄂西ソヴィエト区に来たのか、そのいきさつについて見ておきたい。

夏曦は、一九〇一年、湖南省益陽県に生まれた。二一年、中国共産党に入党。長沙第一師範学校を卒業、新民学会に参加し、愛国学生運動に活躍。二四年、中共湘区委員となり、統一戦線工作に従事。二七年、党中央委員に選ばれ、中共湖南省委書記となる。大革命失敗後、南昌蜂起に参加。その後、ソ連に行き、モスクワ中山大学で学ぶ。一九三〇年、「二八人のボルシェヴィキ」の一人として帰国し江蘇省委宣伝部長となる。三一年一月、中共の六届四中全会で中央政治局委員に選出され、王明の極左路線を支持。三一年三月、湘鄂西ソヴィエト区に派遣され、湘鄂西分局書記でかつ湘鄂西革命軍事委員会の主席団員となった。翌年多くの同志を粛清して絶対権力を握り、三三年の二月以降はただ一人の主席となって独裁をやり、三四年一〇月まで彼の独裁は続いた。彼が主導して行った粛清の凄さは、三二年前半期に軍事委員会主席団にいた彼を含む全部で一一名の最高幹部の内、六人(段徳昌、万涛、唐赤英、周容光、段玉林、孫徳清)を処刑したことでも分かる。彼は、国民党の「囲剿」と戦いながら、一方で大粛清を実行して紅軍主力を内部から崩壊させた。最高幹部で生き残ったのは、彼と賀龍の二人だけと言ってよい。賀龍も危なかったと云うのは本当であろう。彼は、三五年、長征に出発し、三六年貴州省での戦いの最中、渡河に失敗して溺死した。

(王健英編『紅軍人物史』、軍事科学出版社『中国人民解放軍組織沿革和各級領導成員名録』を参考)

以上の略伝でも分かるように、夏曦は、一九三一年から三五年までの長期にわたって、「湘鄂西ソヴィエト区」で最高幹部として数回にわたる大粛清を実行し、あたかも粛清の魔王の如く君臨した人物である。

一九三二年一月、湘鄂西ソヴィエト区の第四次代表大会が開催され、王明路線を実行するための会議が開かれた。この席上、それまでの夏曦の戦略指導に対する批判が、多くの参加者から出た。しかし、この年、党中央から夏曦に対して、党・軍内に潜入している反革命諸派に対する粛清を徹底的に行うよう矢継ぎ早に命令が発せられた。

夏曦は、ソヴィエト区における華々しい戦果が上げられず、また一方湘鄂西ソヴィエト区の内部から多くの批判が自分に向けられるのは、党中央がいうように、内部に国民党、改組派、社会民主党、トロツキスト、第三党などの反革命分子がいるからだと考えた。同時にまた、反革命分子の粛清を梃子にして、党中央と夏曦自身の湘鄂西ソヴィエト区における権威と地位を守ろうとした。一方、すでに二年前の一九三〇年末から中央ソヴィエト区において劉士奇、毛沢東らによる「ＡＢ団」粛清運動が始まり、富田事変が起こっていた。さらにまた、三一年春には、他のソヴィエト区である「鄂豫皖・閩西ソヴィエト区」においても、党中央の命令と承認の下に、「ＡＢ団、改組派、第三党」などとレッテルが貼られて多くの同志が粛清されていた。こうした粛清の嵐が次第に湘鄂西ソヴィエト区にも及び、夏曦が大規模な粛清を始めるのに大きな圧力になっていた。彼もまた、コミンテルンと党中央に評価される「粛反運動競争」に参加し、「大手柄」を立てる誘惑にかられたのであろう。三二年初春、「粛反委員会」（粛清反革命の略称）が成立し、夏曦が主任となり、楊光華（省委書記）、楊成林（省委組織部長）らが参加し、粛清開始の準備が整った。

（3）大粛清の開始と実態

以下の四回にわたる粛清運動の概略は、主に前掲の『湘鄂西蘇区革命歴史文件彙集』、『中国蘇区辞典』、『中国〝左〟禍』によって記す。管見の限りでは、粛清の実態に関する最も詳しい叙述は、文聿著『中国〝左〟禍』（「湘贛西粛〝改組派〟大冤案」頁七九～一〇四）である。

第一次「改組派」粛清闘争は、三二年五月から始まった。その前月、夏曦は湘鄂西軍事委員会主席の名で「紅三軍の改変に関する訓令」を発表し、その中で「中央ソヴィエト区の富田事変と紅四軍の粛清の教訓は、我々に深刻な教訓を与えた。各種の反動的派閥——例えば、改組派、AB団、第三党、取消派（党解体派）、トロツキスト、羅章龍派、彼らはいつも紅軍の中に潜入し、紅軍を破壊しようと考えている。このように我が紅三軍の中にも反革命の活動がないということはできない。我々は皆、反革命分子が部隊の中で攪乱していると考えねばならない」と、速やかな粛清の必要性を述べた。

一九三二年五月、紅軍は一人の国民党の張錫候という一将校を捕らえた。あるものが、彼は故意に捕虜となって我が紅軍の中に潜入し、わが紅軍をスパイしようとしているのだ、といった。そこでこの将校に徹底的に拷問を加えたところ、紅軍内の中共天漢県の軍事部長張国茂を知っているといった。そこで張国茂を捕らえてまた拷問した。こうして「いもづる式」に人を捕らえて反革命分子と決め付けて処刑した。これがこのソヴィエト区内の「粛反」（粛清反革命）の第一号となった。これ以後、約一六〇〇人以上の人々が逮捕され、湘鄂西ソヴィエト政府主席団、政府工作部門の責任者など、総数の八〇％から九〇％の人々が「改組派」として処刑された。夏曦が党中央に報告した「粛反成果」なるものは、次のようなものであった。省委委員、省ソヴィエト執行委員、部長以上の幹部など二三人、工作委員約四、五〇人、党学校の半数以上の学生、その他各県・地方の党組織の反革命分子、改組派分子、及び紅三軍の連隊以上の幹部二八人が重要反革命分子、省軍事機関の二三人が反革命分子等々である。夏曦は三二年七月、党中央に対して粛反は一応終了したと報告した。しかし、党中央は、粛反運動の続行を指令したので、続いて第二次の粛反運動が開始された。

第二次の粛反運動（一九三二年一〇月～一二月）は、紅軍が国民党の第四次「囲剿」にソヴィエトが反撃できず、各地を転々と約七千キロも移動せざるを得なくなった時、この最中に軍隊内で実施された。それで「戦場粛反」と呼ばれる。この粛反は、紅三軍七師の師長王一鳴、政治委員朱勉之などが、紅軍の敗退は上級の指揮や粛反のやり方に問題があるといって、夏曦など上部を批判したことに始まった。夏曦は、戦闘の最中に紅軍内で改組派の残党に対する粛清を実行した。全体で将兵二四一人を処刑したというが、これは夏曦が党中央に報告した数字であり、実際はこれをはるかに超えていた。紅軍は大打撃を受け、将兵は戦意を失い、総兵力一万五〇〇〇余が九〇〇〇人に減少した。紅軍が秦嶺山脈を越える時、夏曦は改組派として逮捕した一〇〇人ほどを縄で縛り、それぞれに二挺の小銃と輜重を背負わして、部隊について行軍させた。彼らは一日に二本の生の芋を与えられただけだったので、皆よろよろしていた。ある夜、一〇〇余人の内、二人を除いて全部が銃殺された。

第三次粛反運動（三三年二月から二ヶ月間）は、「清党」と称して、党を解体、整理し、再編し、一時的に党の一切の活動を停止したので、その間、幹部党員は夏曦、賀龍、関向応、盧冬生の四人だけになった。まさに粛清によって紅軍は解体の危機に陥った。湘鄂西ソヴィエト区の創設に大きな役割を演じた紅三軍第七師の師長である段徳昌は、紅軍の敗退の原因を、夏曦などの戦略戦術に求め公然と批判したため、改組派として処刑された。その他、全部で二三六人が逮捕され、紅軍の幹部の王炳南、陳協平などの幹部が処刑された。この時には、二八六人が逮捕され、一五六人が処刑されたともいう。この数字は、前掲の「匡鏡秋論文」にもある。なお、この論文の筆者匡鏡秋は、この論文を書く時、現地調査をし処刑場所に住む古老から約五〇〇人を殺して二〇ヶ所に埋めたと聞いたと記している。

第四次粛反運動（一九三三年六月～三四年夏）は、それまでの粛清よりも更に大規模であり、与えた結果もより厳重であった。夏曦は、湘鄂西ソヴィエト区の中央から地方に及ぶ党、政府、軍のあらゆる階層がすべて改組派に占領されていると考え、一七二名の同志を逮捕し、その内の四一人を殺した。夏曦は、自分に仕えて粛反の責任者をしていたもの、あるいは自分の護衛をしていたものまで殺すという、凄まじい粛清を行った。そのため、一九三四年四月には、紅三軍は九〇〇〇人（三三年春の兵員数）から三〇〇〇人に減少し、銃よりも兵士の方が少ないという状況に陥った。

第三、四回の粛反運動で、逮捕されたものは一〇〇〇人を超え、革命運動の創始者、有名な幹部、例えば段徳昌、王炳南、宋盤銘、葉光吉、盛聯鈞なども皆殺された。以上の四回の粛反運動で殺されたものは三〇〇〇人に達するといわれるが、しかし、賀龍は、『回憶紅二方面軍』（前掲の賀龍の証言記録）で、湘鄂西ソヴィエト区では、第一次粛反だけでも、一万余人が殺されたと書いている。

「洪湖のソヴィエト区内の県幹部は〝粛反〟の中で殺し尽くされた。紅三軍の中で、或る連隊では一〇余人の連長が殺された。夏曦は洪湖で数カ月も殺し、この第一回の粛反だけでも一万余人を殺した。現在数人の女同志が生きているのは、最初男を殺し、次いで女を殺し始めたが、敵が来たので女を殺し尽くせなかったからである。夏曦は紅三軍と大洪山で会い、そこで敵を避け、紅軍を率いて山中をぐるぐるまわった時、やはり白昼でも人を逮捕し、夜殺していた。逮捕と処刑には全く具体的な根拠はなく、皆供述だけであった。例えば樊哲祥、譚友林等が逮捕された理由は、彼らが段徳昌（反革命罪）の指導機関でガリ版を刷っていたと云うだけのことだった」（賀龍の証言）、「（湘鄂西ソヴィエト区を敗退した後）紅二軍団は更に惨めであった。党員はただ夏曦、関向応、盧冬生、それに私の四人だけが残った。根拠地は覆り、党は解散し、幹部は一団、一団と次々に殺された。洪湖は今に至るも、穴を掘る度に何処からも白骨が出る。幹部の損失が最大だった」（賀龍の証言）。

夏曦は何を基準にして、同志を粛清したのであろうか。彼の考えと基本的な戦略は、「中共湘鄂西中央分局夏曦関于粛清等問題給中央的報告」（一九三二年七月八日、『湘鄂西蘇区革命歴史文件彙集』頁二二六～二四七、中央档案館他編、湖北人民出版社、一九九七年）に精しい。これによって、粛清の基準を見る。夏曦は、第一次粛反の時、対象となる反革命分子を次のように規定した。

1、湘鄂西ソヴィエト区中央分局の路線を疑い、その指導に反対し、党内に隠れ潜む輩であり、彼らは厳重な打撃を受けるべきである。

2、右傾機会主義に陥り、革命情勢に対する認識が足りず、人民を立ち上らせて革命を前進させることをせず、軍事投機に走る輩であり、彼らは無常な打撃を受けるべきである。

3、調和派で、彼らは機会主義の弁護の道具となり、党内の平和だけを考え、人を断罪する勇気がなく、いいかげんにことを済まそうとする輩であり、激しい打撃を受けるべきである。

4、紅軍内で、厳格な規律、上級の命令を守らず、またそれを怠けるものであり、彼らは無情な制裁を受けるべきである。

これらは皆抽象的な内容であり、夏曦などの粛反組織が恣意的に犯罪者と決め付けることができる規定である。要するに、夏曦などに対して反対するものは誰でも、上記のどれかの規定を持ち出して、処刑することができたのである。夏曦は、この報告書の中で「紅軍内重要反革命分子」一覧表を掲げているが、「改組派」一一名、「第三党」一五名、「国民党」一名、計二七名を数える。しかし、これらの反革命組織の違いには言及していない。拷問による「自白」に基づいて粛反機関が作り上げたストーリー以外に「証拠」はなかった。総てが、拷問に次ぐ拷問で得た「自白」に拠るだけであるから、如何なる反革命分子をも拷問者が勝手に創り出すことができた。

夏曦のこの中央に対する報告書を読む限り、彼は、党、紅軍、ソヴィエト区諸機関、紅軍内には必ず敵のまわし者、裏切り者が多数存在していることを固く信じていたようである。彼は、階級闘争理論を固く信じていた。この理論では階級区分と敵味方の区別は永遠に一致しないのである。なぜなら、党の最高幹部の多くは、地主富農など上流階級出身者であり、一方、革命の闘争主体である貧農階級は無学文盲だからである。だから必然的かつ永遠に党内に敵がいるということになる。したがって、階級闘争が激化し、外部の敵との戦争が激化すればするほど、内部に潜んでいる地主富農分子が正体を現すことになり、彼らが暴れ出すと考えていた。党内に敵がいることが必然的かつ理論的に正しいならば、党内の敵を殺せば殺すほど、外部の敵に対する戦争も有利になり、敵への反撃の心、ボルシェヴィキの精神も高揚するということになる。階級闘争が激化して「階級決戦」が始まれば、敵も必死になって共産党・紅軍内に多数の「スパイ」を送り込んでくる。また共産党・紅軍内に潜む「反革命分子」もまた、「最後の悪あがき」を激化させるというのが、スターリン主義の「ボルシェヴィキ」の理論であるから、中国共産党内に「粛反運動」が絶えないのは当然であった。しかも、聖なるわれらの「祖国」であるソ連において、一九二七年以来党内闘争は激化し、また二九年からは「クラーク撲滅」運動が燃え盛っていた。中共モスクワ留学組が影響を受けないはずはなかった。

知識人は、大多数が夏曦も含めて小資産家階級の出身であり、階級敵としての自己の存在を否定する必要があった。これが、階級闘争の理論を信奉する知識人の「自己否定」という「心情的罠」である。また一方、階級敵を粛清することによって、自己を「浄化」する。これも「階級闘争」を信奉する知識人の陥る「心情的罠」である。革命の大義のためなら、小さな誤りがでるのは仕方がない、と自分を弁護する。そしてまた、この「罠」の胡散臭さから逃れるために、さらにまた「同志」を殺すことによって自己を正当化するという、負の心情的罠から逃れることができなくなった。彼は多くの党員、兵士、民衆大会を開催して、この大会会場に著名な「反革命分子」を引き出して糾弾し、公然と彼らを処刑する。かくして、党内粛清は、大いに会場に参集している人々の階級敵に対する憤激の情を煽り、党と粛反指導者の神聖化を図り、階級闘争の理論を可視化し、劇場化したのである。公開裁判と公開処刑は、恐怖と復讐と歓喜の祝宴であり、その劇場であった。しかし、夏曦もまた、一旦同志を多数処刑したからには、自分もまた同志たちに粛清される恐怖から逃れることはできない。恐怖と復讐にとらえられた自己欺瞞、自己弁護の連鎖から、誰も逃れることはできない。夏曦は同志殺害の無限連鎖を断ち切ることができなくなり、その純粋結晶体となった。彼は「敵との戦火の中でこそ、粛清が必要だ」、この論理の中に逃げ込んで延々と粛清を実行したのである。

当時、紅三軍の兵士であり、粛清の中を生き延びた張徳は、当時を回顧して次のように証言している。上掲の「匡鏡秋論文」は、この張徳の証言をまとめたものである。張は、当時、保衛処に逮捕され改組派として処刑されるところを、軍長賀龍の抗議によって助かった人物である。

王明左傾冒険主義による反革命粛清政策の影響下で、湘鄂西ソヴィエト区の夏曦同志は、粛清を大いに拡大化し、人に自供を迫り、自らは何らの調査もしなかった。ただ尋問に頼り、自供を軽軽しく信じ、ささいな事でも無限に大問題にした。例えば、紅八師団の特務連長は、規律に違反して鶏や牛を殺して食べた。保衛局は、彼を捕えて来て大いに叩いたので、彼は改組派であることを認め、すぐ処刑された。湘鄂西省委委員、宣伝部長、省軍事委員会主席団の萬涛同志は、夏曦同志の系統的な誤り（土地改革において中農の利益を侵し、地主の家は全家族を殺し、富農はソヴィエト区から追い出した）を批判し、彼に抵抗した。夏曦同志は、李立三路線を糾し、真の国際路線に転換するのだ、などという看板を掲げ、無理やり、「萬涛同志は中央分局に反対する党派闘争を展開した、これは国際路線に反対する組織活動である」などと決め付け、彼を右傾機会主義者、李立三主義者、階級の敵として無残にも殺害してしまった。また夏曦同志は、「残酷な闘争」、「情け容赦ない打撃」を標榜し、一連の人を捕えて来る毎に、先ずいつものように不当な拷問を加えて自供を迫った。更に悪辣にも、常に名指しの自供を迫り、従わない人には反復して各種の拷問を行い、火で足を焼き、竹片を指に刺したり、女には竹片を乳首に刺したりしたので、どうにもならず、人はでたらめな自供を行った。湘鄂西ソヴィエト政治保衛局局長の彭国材同志は「改組派」とされて捕らわれてから、幾度となく拷問を加えられたが、決して自供しなかった。最後には生きたまま麻袋に入れられて洪湖に放り込まれて溺死させられた。夏曦同志は、粛反運動中、「草木、皆兵」と感じ、一切を疑い、どんな人でも全く信じず、どんな人でも信用できないと考えていた。彼にはいつも四人の護衛兵がいたが、この人々も反革命分子ではないかと疑い、自ら三人を殺してしまった。甚だしい場合は、粛清担当者まで改組派と疑われて逮捕殺害された。例えば、紅二軍団二軍政治委員で湘鄂西軍事委員会委員でもあった、保衛局局長の朱勉之同志などが改組派とされて処刑されている。一九三二年四月末の粛反の開始から、三二年一〇月に紅軍主力が洪湖ソヴィエト区から追われて退去するまで、夏曦同志は、粛反運動の中でいたるところに監獄を設け、わずかに瞿家湾の周囲だけでも祠堂廟宇を利用して八、九ヶ所の牢獄を設けた。そして多数の「改組派、反革命分子」を捕らえて投獄した。先後して千余人が捕らわれ、一場の地獄絵図と化したのである。このなかで多くの革命指導者が殺されたのであるが、主要なのは次の三種類の幹部であった。一つは、最初に湘鄂西革命根拠地を創建した幹部。二つ目は、ソ連に留学した幹部や黄埔軍官学校を卒業した幹部。三つ目は、国民党の軍隊に参加したことのあるもの、この中には、党から国民党軍隊に派遣され工作に従事したことがあるものも含まれた。

（以上は張徳の証言）

夏曦が行った粛清運動が、如何に凄まじいものであったか、生き残ったこの張徳の証言によっても分かろう。湘鄂西ソヴィエト区の解体消滅の主要な原因は、蔣介石の何回かの「囲剿」と呼ばれる包囲攻撃とともに、いやそれ以上に、連続して行われた反革命粛清という名の恐るべき大量の、「同志殺し」にあったとさえいえよう。しかし、建国後の中共公認の歴史書は、湘鄂西ソヴィエト区の粛清拡大化の誤りは、みな王明路線と夏曦の個人的な疑い深い性格、また家父長的な態度の責任にしている。これは富田事変の責任を李韶九の責任にし、鄂豫皖ソヴィエト区の粛清の責任を張国燾と陳昌浩の性格や態度に帰しているのと同じである。問題の本質は、夏曦が党中央の極左的なモスクワで学んだスターリン主義的な「階級闘争の理論」と「ボルシェヴィキの精神」を信奉し、またモスクワ留学生である「二八人のボルシェヴィキ」として大いに自負していたこと、そしてコミンテルンの反革命分子に対する断固たる粛清命令と上海の党中央（王明路線）の権威主義的命令を鄂豫皖ソヴィエト区で即時に且に完璧に実行しようと狂奔したことにある。

一九三一年、夏曦は党中央から「欽差大臣」としてこのソヴィエトに派遣されるまで、四年間もモスクワにいた。三〇年に帰国した時、彼は湘鄂西ソヴィエト区の土地の状況を全く知らず、またソヴィエト区建設に何等の戦功もなかった。そこで、夏の威圧的な指導に対して地元の幹部、戦ってきた地元の戦士たちが猛烈に反発した。窮地に立った彼は、反対派を「反革命分子」として粛清する以外になすすべがなかった。賀龍は、「夏曦は地方幹部に打撃を与え、地方幹部との溝を大いに深めた」といっている。ちょうど、毛沢東が江西省南部出身の地方指導者を「富田事変」で粛清し、張国燾、陳昌浩、沈沢民がコミンテルンと王明派が牛耳る党中央の命令をもって鄂豫皖ソヴィエト区に「中央分局書記」（欽差大臣）として派遣され、地元革命家、地元の革命ヒロー・菁英と対立して、遂に大粛清を敢行したのと全く同じパターンになったのである。

附録

「賀龍将軍の粛清に関する証言」（賀龍『回憶紅二方面軍』（近代史研究、一九八一年第一期、所収）

賀龍（一八九六〜一九六九）は、「湘鄂西ソヴィエト区」を創建した最大の功労者であり、粛清されることもなく軍長として生き抜き、建国後は元帥にまで上り詰めた。しかし、文化大革命で「国民党の土匪」だとされ非業の死をとげた。湖南省桑植人、国民党軍閥に参加し、二七年共産党に入党。二九年紅軍第四軍軍長、三〇年紅二軍軍長、三一年紅三軍軍長、湘鄂西ソヴィエト区の最高軍首脳であった。彼の証言の中で重要な部分は本論の中で紹介したが、その他の部分を以下に紹介する。党中央から派遣された夏曦、関向応等が地方のソヴィエト区に天下って最高権力を握り、連続的に粛清を行い、そのために湘鄂西ソヴィエト区が内部崩壊をとげるさまが、よく示されている。

■湘鄂西ソヴィエト区の第四次代表大会（一九三二年一月開催、参加者一二七名）では、大会に来た代表たちはほぼ一致して夏曦同志を批判した。七〇余人が夏に対して一連の問題を提起したが、皆大問題だった。夏曦はどうすることもできなかった。地方党員たちは下でテーブルを敲き、夏は前で死人のようであった。この大会に書籍をもちこんできた二組の夫婦がいた。一組は夏曦夫妻、一組は［地方党員の意見を代表する］潘家詢夫妻であり、彼らは書物を根拠にして激論を展開した。私はその時これらの問題がわからなかった。下部の若干の幹部と同じように、先には鄧中夏同志が来て紅軍に重大な損失を与え、現在は夏曦がきて紅軍をやっつけているので、一種の偶像を信じられない気持をもっていた

（頁二〇）（引用者小林注。この賀龍の証言から、中央から天下ってきた夏曦が多くの文書をかざして賀龍たちに分からない高等なマルクス主義理論を展開していたこと、そして彼の指揮によって紅軍が多大な損害を被っていたこと、そのため多くの地元の将兵たちは彼に大いに不満をもち、公然と夏曦を非難していたことがわかる）。

■潘家詢夫婦は、地方幹部の正確な意見を代表していた。［中央巡察員の尉士均は夏曦に妥協して］この会議できわめて悪影響を与えた。彼は正確な意見を全面的に否定し、夏曦を助けて地方幹部に打撃を与え、地方幹部との間に大きな溝を作った。関向応（引用者注。関向応は一九〇二年、遼寧省に満州族として生れる。モスクワ留学生であり、三一年に党中央からこのソヴィエトに派遣されてきた天下り幹部）同志は、中央を代表して演説し、地方幹部と潘家詢の意見を圧殺した（頁二一）（引用者注。党中央から派遣されてきた天下りの党官僚が、地元の功績ある党員幹部を抑圧し、彼らからの猛然たる反抗を鎮圧したという、粛清に至る背景が読み取れる）。

■洪湖地区の県と区の幹部たちは、「粛反」で殺されてしまった。紅三軍の或る連隊では前後して十数人の連長が殺された。夏曦は洪湖で数カ月も殺し続けた（引用者注。一九三二年五月からの第一次粛反）。ただこの粛反だけで、一万余も人を殺した。現在生きている女の同志たちは、あの時はまず男を殺し、後で女同志を殺したが、途中で敵が来たので女同志を殺し尽くせなかった。そのため、彼女たちは今生きているのである。洪湖ソヴィエト区が失敗したので、夏曦と紅三軍は大洪山で会った。そこではわが軍はグルグルまわりをしていたが、この戦いの最中でも、昼間に人を捕え、夜間に殺していた。殺す証拠はなかった。皆、名指しで自供させたものだった。……紅軍が洪湖に帰って来た時の論争が、四大大会と「粛反」で人を殺す根本的な原因だった（頁二四）。

■この時の部隊は、草木が皆兵に見え、内部では粛反が行われ、人心は戦々恐々となり、戦闘力は空前にまで弱体化していた。内部にそんなに反革命分子がいたならば、彼らは何故に夏曦や関向応、それに私を殺さないのか、と思った。……行軍中は、部隊は大変な苦しみだった。食べるものはなく、柿・クルミ・高粱の茎を食べた。しかし、その中でも夏曦は普段どうりに殺し続けた（頁二四）。

■夏曦は、私にも二度手を下そうとしたことがある。一度は、王店でのことだった。彼は、私を殺そうとして、声明書を書けと云い「お前は国民党の中で声望があり、国民党の旅長・鎮守使等の大官になったことがある。だから改組派がお前の声望と活動を利用できるのだ」と。それで私は言い返した「声明書を書けと云うが、民国一二年、私が常徳で第九混成旅団の旅長をしていた時、おまえは国民党湖南支部委員の名刺を持って、私の所に来て十万块銭を要求した。……私はお前に五万块銭を与えた。領収書はないが事実だ。おまえはこんなにも多くの党員を殺した。それでも党員か、と」（頁二五）。

■わが二軍団、六軍団が合流する以前にも多事多難だった。六軍団の反革命粛清は多くのよい幹部を殺した。さらに組織として王震に張平化（湘贛軍区総指揮）を殺すように命令した。王震は行って彼を見ると、ＡＢ団には見えなかったので殺さなかった。この事件で、王震もブラックリストに載った。王震は部隊を指揮して九渡沖で戦い戦果を収めたので、やっとブラックリストから外された。あの時は張啓龍も党籍を外されたのではないか？　二軍団も惨憺たるもので、党員はただ夏曦、関向応、盧冬生、それに私の四人だけになった。根拠地は崩壊し、党も解散し、幹部も一団一団と粛清された。洪湖では現在でも穴を掘ればどこからも白骨が掘りだせる。とりわけ幹部の損失は最大だった。だから、残ったものは二軍団と三軍団の合流を希望したのだ（頁三〇）。

第二節　「湘鄂贛（湖南・湖北・江西の交界一帯）根拠地」の粛清

（1）根拠地概観

この根拠地については、『中国革命老区』（中国老区建設促進会編、中共党史出版社、一九九七年、頁一二〇～一二八、『中国蘇区辞典』陳立明・邵天柱・羅恵蘭共編、江西人民出版社、一九九八年、頁五八二～五八五）の記述による。

この根拠地は、湖南省、湖北省、江西省の三省交界に広がった革命根拠地であり、湖南省の平江、瀏陽、湘陰、湖北省の陽新、通山、大冶、江西省の修水、銅鼓、万載等の諸県を中心にして、一九三一年の全盛期には約二〇県ほど、人口は三〇〇万人を擁した根拠地であった。この地域は共産党と地元の農民活動家が、農民暴動で一緒に戦い、その中から各地に武装勢力が誕生したのである。しかし、この地域は革命根拠地として長期安定的に支配を持続することはできず、たちまち四分五裂し、共産党、国民党、地主土豪の反革命武装勢力、民間の反動的宗教結社等が入り乱れて抗争を繰り返し、そのため共産党組織も絶えず孤立し、分散化するのが常態だった。従って、中央革命根拠地のような広大な土地を安定的に保持することはできなかった。

この革命根拠地の歴史を振り返れば、次のようなものである。一九二七年の蔣介石の反共クーデタ以後、白色テロ、赤色テロが入り乱れ、人民は塗炭の苦しみに陥った。この地域で活動した工農紅軍は、湘軍独立第五軍の団長だった彭徳懐、黄公略等であり、彼らは「湘鄂贛辺特委」書記の滕代遠の指導のもとでゲリラ活動を展開した。二八年には有名な平江蜂起で県城を占領し、勢力は大いに振るったが、二九年には彭徳懐軍が敗退して南下し、一時勢力は低下した。しかし一九二九年から三〇年にかけては共産党が総力をかけて行った長沙攻撃等があり、勢力を挽回して一時は活動参加者が三〇万から四〇何人にも達する全盛時代を迎えた。しかし、すぐ李立三路線の冒険主義による失敗と反革命勢力の反撃によって衰退し始めた。特に朱・毛紅軍が井崗山から贛南へ、更に閩南へと移動するに従って、この一帯は共産ゲリラの中心舞台ではなくなって行った。著名な共産党の指導者の多くは、井崗山へ、江西省南部、それから福建省西部へと去っていった。以後この根拠地は、四分五裂する状態となり、各県の党機関が勝手な行動をとることが多くなり、きわめて安定性を欠く状態になった。

一九三一年七月、正式に「中共湘鄂贛省委」が平江県で成立し、李宗白が書記、頼汝樵がソヴィエト政府主席、劉建中が副主席に選ばれた。三一年後半になると、党中央から「富田事変」を契機とする粛反運動路線が伝えられ、ここに大規模な「粛清運動」が始まった。一九三二年三月の中共湘鄂贛省委の第三次執行委員会の報告によると、このソヴィエト区では、それまでに「国民党、改組派、ＡＢ団、恋愛研究社、白軍団、姐妹団、打狗委員会、王八委員会」等の二〇種類以上の反革命組織を摘発し、反革命分子を六〇〇〇人から七〇〇〇人ほど逮捕し、五〇〇〇余人を処決した。反革命分子粛清運動は、革命機関の改造、富農反対運動、地主富農の家族の居住地からの追い出し運動と結びつき、デタラメに罪なき民衆を殺すことになった。党の史料によると、地主富農の家族の追い出し運動では、一か月足らずの間に一万二〇〇〇人以上も追放した。その中には、中農や貧農の家族で追放された者もいた。追放と大量の濫殺によって、民衆は極端な恐怖の中に投げ込まれた。修水県の大半のソヴィエト区が失われた。この大粛清運動でいったいいくらの犠牲者を出したか不明であるが、おそらく万人以上に上ったであろう。以下に粛清された著名な人物を紹介する。記載は、『中国蘇区辞典』（頁五八五）による。

頼汝樵（中共・湘鄂贛省ソヴィエト政府主席）
劉建中（同上、ソヴィエト政府副主席）
張警吾（同上、省反帝大同盟主席）
胡筠（同上、省互助会籌委会主任）
呉天驥（紅一六軍政治部主任）
劉英傑（紅一六軍政治部組織部長）
葉金波（紅一七軍副政委兼参謀長）
陳秋光（中共湘鄂贛辺区特委常委）
何岑一、**楊琦**（共に中共修水県委書記）
王楚来（中共銅鼓県委書記）

王直（中共平江県委書記）
左之前（中共瀏陽県委書記）
羅荷英・石林卿（共に中共瑞昌県委書記）
その他、県以下の区、郷の党組織の幹部など多数。

（2）「恋愛研究社事件」で五〇〇人以上を粛清

先に記したように、二〇種以上の反革命団体が摘発されたというが、中でも冤罪事件として有名なのは、「恋愛研究社事件」である。恋愛研究社とは、一九三〇年に進歩的な思想によってつくられた、親が決める結婚に反対して、お互いの愛情によって婚姻はなされるべきだとする組織である。この組織は、共産党の承認を受けたが、一部の成員に国民党員との関係もあった。当時は国民党も青年たちに人気があったので、人脈は国共両党に及ぶことは珍しくなかった。しかし、一九三一年一月、修水県の一部の組織が「反恋愛社宣伝大綱」、「告紅八師全体官兵書」を発表するや大きな関心を呼んだ。さらに同年四月、これが「粛反工作」の対象になった。恋愛社は、国民党の隠れたる反動組織であるとされるや、修水県政治保衛部が乗り出して、恋愛社の活動家を一斉に逮捕し、反革命組織員だと自供させると、次々に処刑した。修水県の党機関、ソヴィエト機関、兵士集団にまで粛清は及び、たちまち三〇〇名が処刑された。さらに四月に入ると、修水独立師団の排長以上の幹部七〇余人が逮捕され、一週間以内に処刑された。五月になって、初めてこの「濫拿、濫殺」が拡大化の誤り、単純化の誤りとして禁止された。しかし、「不完全な統計によっても、修水県の地方幹部と民衆、それに紅一六軍将兵などで殺された者は五〇〇名を下らなかった。また殺された者の多くの家族はソヴィエト区から放逐された」（『中央蘇区辞典』頁五八六）。

こうした、「濫拿、濫殺」がどうしてこれほどの規模とデタラメな拡大をしたのか。もちろん、毛沢東主導の「黄陂粛軍、富田事変」をコミンテルンと中共中央が「承認」し、党中央の命令として「反革命粛清運動」を全革命根拠地で実行する命令を出したことに直接的な原因がある。しかし、ことはそれほど単純ではなかった。すでに、「濫拿、濫殺」事件は、中共の活動の最初に起こっていた。党は、それを「〝左傾〟妄動主義」と呼んでいた。「中共湘鄂贛省」における「〝左傾〟妄動主義」の実態を、『中国蘇区辞典』の記述によって見たい。

(3)「湘鄂贛根拠地」の「左傾妄動主義」の実態

当時、つまり一九二七年から三〇年まで、共産党のゲリラ地帯では、「左傾妄動主義」と呼ばれた、極端な殺人が至る所で蔓延していた。湘鄂贛根拠地も例外ではなかった。一九二九年、この根拠地の最高責任者であった滕代遠は「湖南省委」へ向けた報告「平（平江県）・瀏（瀏陽県）・銅（銅鼓県）の党の工作は、均しく〝大焼・大殺・大劫〟の誤りを犯した」（一九二九年一月一二日付け）において、次のように記している。党員、民衆は、多くの住民を殺し、家に放火し、強奪を行った。農村地帯のあらゆる市場を徹底的に破壊し、焼き払ったので、人々は必要な油、塩、その他の日用品を全く買うことができなくなった。特に平江県で激しかった。敵と我との勢力の差を顧みず、ほしいままに暴動をやった。暴動は日ごとに城外に発展し、土豪を打つばかりで民衆の中に深く入らず、組織を強化することを無視した。革命隊伍には批判と教育の姿勢が乏しく、たまたま小さな誤りを起こすと党から除名するのではなく、すぐ銃殺したので人々は恐れ戦いた。一九二八年九月の平江県、銅鼓県からの報告によれば、「個々の党には一二カ条の鉄の殺人規則」があり、その中には「家族全員を処刑する」規定もあった。同志でも、ほんの些細な金をねこばばしただけで数十人が処刑された。一九二九年一二月の湖南省党巡察員の報告によれば、平江県、銅鼓県では妄動主義を正す試みをしたがなくならず、些細なことで同志殺しが絶えなかった。こうした左傾妄動主義は、党内外の民衆の不満と恐怖を呼び起こし、党の活動に大きな損害を与えた（以上は『中国蘇区辞典』「湘鄂贛辺〝左〟傾妄動主義」の要約、頁五八二〜五八三）。

こうした報告、証言を見れば、党が命じた「階級敵の消滅」の理論は、現地の貧農の中に入ると、「日常の生活、習慣や道徳面」にまで拡大され、「抽象論」が具体的な人間に「特定化」されたこと、そして「階級敵の消滅」が、あらゆる人間の粛清にまで及んでいく「慣性の法則」のようなものがあったことが見えてくる。総てのものを「善悪二元論」で把握し、解釈者は敵を玉ねぎのように外側から剥き、最後には「自分の味方、最高の友まで粛清する回路」＝「最大最高の敵は我が信者、我が同志の中に潜んでいる」（キリストが指摘した「最後の晩餐の際のユダ」、文革時代の毛沢東が警戒を呼び掛けた「党内に潜む実権派、フルシチョフ的人物」を想起せよ）という際限のない恐怖心によって苛まれるに至ることが分かる。粛清の拡大化、妄動主義の発生は、総ての革命根拠地で普遍的に起こり、最後まで止むことはなかった。では、革命根拠地における、「善悪」を決める最高にして唯一の基準とは何であろうか。それは、表むきは「土地革命」に対する階級敵の確定の理論である。しかし、個別的には敵とは国民党員、地主土豪、富農など小資産階級、役所吏員やゴロツキ兵士や無頼漢などである。しかし又、こうした悪人たちを生み出すのが「地主・富農」階級である。いつまでも堂堂巡りの論理である。

かくして、中共が提起した「土地革命戦争」の中で敵は無限に拡大化していった。それは他の各革命根拠地にも共通する一大原因だった。「湘鄂贛根拠地」の土地革命は、次の四段階で進行したという。

第一段階、一九二八年～二九年の冬まで。この時期は「土地法」が制定されず、ソヴィエトの戦時農業共同体がモデルとなって、没収された土地は、「共耕制」とか「分耕制」といわれる共同耕作が試みられた。

第二段階、一九二九年～三〇年冬まで。各根拠地にソヴィエト政権が樹立され、「地主階級の土地と公田が没収され、人口に比例して分配され、地主・富農階級でも一定の土地を授与された」。

第三段階、一九三一年～三二年。中共中央は左傾的な「土地法」を全ソヴィエトに施行した。「地主豪紳の全土地及びその家族の土地、全財産を没収する。そして地主には土地を分給せず、また富農には土地を没収して悪田のみを支給する」。また「反富農闘争を強化して、土地をソヴィエトに帰属させる」政策を実行した。「反富農闘争」が激化し、彼らの財産と選挙権、被選挙権も奪われ、地主富農階級の出身者は、党機関、党組織から排除され、様々な弾圧を受けるに至った。

第四段階、一九三二年冬〜三三年冬まで。地主階級は絶滅されたので、次に富農階級に対して、いわゆる「査田闘争」を実行し厳しく富農の土地を再検査してより多くの土地を没収した。これは中農層の利益までも侵害した（以上は『中国蘇区辞典』の「湘鄂贛蘇区土地革命」、「湘鄂贛蘇区共同耕制」「湘鄂贛蘇区反富農闘争」、頁五八三〜五八四）。

中共の階級理論は、人間を所有する土地・財産の多少によって、敵か味方かを決め、敵に対しては「無慈悲に、徹底的に」やればやるほど革命的であるという、きわめて単純かつ粗暴で暴力的な政策をとった点にある。そのため、旧中国の底辺社会、無産大衆社会に受けつがれ蓄積されていた暴力文化、いわばマックス・ヴェーバーがいう「農民的光棍ボルシェヴィズム」を白昼の世界に呼び出し、満面開花させることになったのである。

第三節　「閩浙贛（福建・逝江・江西の交界一帯）根拠地」の粛清

（1）根拠地、粛清の概観

このソヴィエト区は、福建省、浙江省、江西省の三省の省境――その多くは山岳地帯であるが――を根拠地とし、弋陽県・横峰県・上饒県・鉛山県・浦城県・崇安県などを中心地区とした革命根拠地であった。土地革命時代に、方志敏、邵式平などが中心となって創建したもので、一九三〇年に全盛期を迎え、紅軍の遊撃区域の人口は一〇〇〇万に達したという。もともとこの地区の中共党員や農民暴動の指導者が創建した革命根拠地であったが、一九三一年四月に初めて上海の党中央から特使が派遣されるようになった。

初めて派遣された二人は無能であったから罷免され、改めて七月に曾洪易が党中央代表として派遣されてきた。彼は、党中央の極左冒険路線をストレートに持ち込み、それまでの革命家たちの苦労と革命路線をナマヌルイ富農路線である、保守主義である、李立三路線である、などとして全面的に否定し、呉先民、黄道など革命根拠地の創建者である幹部を批判、排除しようとした。一九三一年一一月、呉先民などは会議の席上、曾洪易の戦略戦術、政策、独断専行を激しく批判した。以後、両者の対立はますます激化した。翌三二年三月、曾洪易は、同志粛清を開始し、まず上海からきた知識人党員を「健康会の案（事件）」なる冤罪事件をでっち上げて逮捕した。五月、横峰県葛源で一万人集会を開き、中央から派遣されて来た潘務行等を「党内に忍び込んでいた反革命分子である」として大集会の席上死刑を言い渡し、処刑した。上海からきた何人かの知識人党員たちが、農民に健康、清潔、身体鍛錬などの大切さを説いたのを、口で健康をいいながら実は反革命の組織を作っていたという事件に仕立てたのである。凄まじい拷問を行ったので、彼らは耐え切れず反革命であることを自供した。自供は決定的な証拠とされた。こうして党内に反革命に対する恐怖心と互いに疑いあう疑心暗鬼の心が湧きあがり、粛反運動の波がソヴィエト区全体に広がった。有名な革命家であった方志敏、邵式平等の反対派を完全に排除した。三二年九月、曾洪易は、呉先民など多数の党員、将兵、民衆を「改組派」として逮捕し、汪明、陳耿、徐福元、黄鎮中など幹部も芋づる式に逮捕し、皆処刑した。一九三三年一月七日、贛東北省委員会が党中央に送った報告の中で、「今回の反革命摘発運動の中で、党の幹部は大々的に取り替えられた。上饒県・鉛山県の幹部は十分の九、弋陽県の幹部は凡そ十分の八、楽平県の幹部は十分の九点八、萬年県の幹部は十分の六、その他の横峰県、徳興県、余江県、貴渓県などは皆十分の三から十分の五、こうした割合で粛清された。全省の党員の中の知識分子は、すでに一〇分の九は去ったが、もっと多くし排除しなければならない」と述べている（以上、『中国蘇区辞典』、『中国革命老区』の記載による）。『中国蘇区辞典』にある当該ソヴィエト区の著名人物一覧表には、粛清された二一名の氏名、略伝がある。

方志純（著名な革命家方志敏の弟で、兄と一緒に活動し、建国後まで生きて江西省の書記、省長、人民代表大会常務委員を歴任した）は、建国後に「贛東北革命闘争的回憶」（『中共横峰党史資料』、中共上饒地委党史工作弁公室、一九九一年に掲載）を書いた。それによると、曾洪易に粛清された著名な人物は、紅一〇軍政治部主任の呉先民、地方暴動を指導した黄鎮中、団省委宣伝部長の汪明、閩北党の創始者である陳耿、徐福元、舒翼、蘭広平、徐躍などである。また方志純は「弋陽、徳興、楽平の県の総ての区・郷・村の幹部もほとんどが粛清された。甚だしい場合には、国民党の支配する白区から来た幹部や交通員も仕事で赤区に来た時殺された。国民党から寝返って赤区に来た人も、反革命陣営から派遣されてきたとして殺された。民衆の中にまで粛反運動は及び、僅かに弋陽県だけでも監獄が一七か所もあり、ＡＢ団として監禁された者が一一〇〇人、殺された者は三〇〇余人、九つの区の書記で生き残ったものはただ一人であった」と証言している（頁一一五～一一六）。

では、「中共党史」において、粛清の魔王のように描かれる曾洪易とはいかなる人物であったか。『中国蘇区辞典』の記載で紹介しておきたい。「一九〇五年、江西省万安県に生れる。知識分子出身。一九二三年、中国社会主義青年団に加入し、同団の幹部を歴任。二五年、ソ連に留学し、そこで中国共産党に加入。帰国後、三一年七月、中共中央代表の身分で閩皖浙贛ソヴィエト区に派遣され、同ソヴィエト区省委書記、軍区総政治委員を歴任し、大規模な粛反運動を展開し、ソヴィエト区と軍に計るべからざる損害を与えた。三四年二月、中華ソヴィエト第二次全国代表大会において中華ソヴィエト共和国中央執行委員に選出された。同年一一月、その路線の誤りを批判され、三五年初め、南京に逃亡脱党した。その後は生死不明」（頁五二七）。曾洪易をただ王明路線の忠実な実行者で、品性下劣、人非人として断罪し、粛清の全責任をかぶせる正統史観には大いに問題がある。時と場合と理論によっては、人は誰でも曾洪易になるであろう。

第四節　「東江根拠地」（広東省北東部一帯）の粛清

この根拠地は、彭湃が広東省東部の沿岸地帯に、中国で最も早く創建した革命根拠地である「海陸豊ソヴィエト」（一九二七年四月～二八年四月）の強い影響下に生まれた。二七年、東江一帯に農民協会が設立され、高まった農民運動を基にして一四の県で農民暴動が発生した。彭湃などによる「海陸豊ソヴィエト」が国民党・地主反動によって消滅されてから、一時運動が衰えたが、二九年に再度高まりを迎えた。この年の一〇月下旬には、朱徳が六千余の紅軍を率いて、閩西から東江地区に進出して戦ったことなども影響して、三〇年には、東江地区の紅軍は二三〇〇余人、赤衛隊員一万六千余人に発展した。しかし、このソヴィエトでも三一年初めから粛反運動が展開され、多数の党幹部、兵士、民衆が「AB団分子」、「社会民主党分子」として殺された。その総数は一六〇〇余人とされている（『中国革命老区』頁一五八）。この犠牲者の中には、元紅十一軍政治委員の呉炳泰、参謀長の龔楷、中共東江特委組織部長の顔漢章等がいた。粛清は三二年には基本的には停止されたが、しかし一部では三五年まで断続的に続けられた。この粛反運動に批判的な党幹部、紅軍兵士の抵抗がかなり見られた（『中国蘇区辞典』頁三三〇～三三二）。

「東江ソヴィエト区では、僅かに潮普恵、陸恵、海陸恵紫の三つの赤色区域内だけでも、九〇〇余名がAB団の罪名で殺された」、その中にはこの区内の最高の幹部、それ以下の赤色区内の下部組織の幹部が多く混じっていた（『中共閩粤贛辺区史』頁一一〇、中共党史出版社）。

このソヴィエト区全体では、AB団等の罪名によって粛反運動で処刑された人は、全体で一六〇〇余人とされているが、次の諸県での犠牲者が最も多い。

『梅県志』（広東省）

「一九三一年五月、黄炎が西北分委（中共閩粤贛特委西北分委）から梅県県委の書記となり、それまで梅県県委書記であった黎果が組織部長に降格となった。黄炎は、「反AB団運動」を展開し、数百名の党・団員、幹部・民衆を無実の罪で殺した。中共梅県地方組織は厳重な損害をこうむった。この時期、この地区は国民党政府の軍隊の「囲剿」もあり、革命内部からの粛反運動も加わって中共の組織と活動はますます困難な情況に陥った。この年の冬、新たに成立した東江特委は、楊雪如を梅県に巡察のため派遣した。しかし、黄炎は、査問を拒んで会議に参加しなかったので、共産主義青年団の県書記の李豪に殺された。李豪は黄炎を殺害した後に国民党に投降した。ここに県団委員会は消滅した」（県志、頁六四六）。

『普寧県志』（**広東省**）

「一九三一年八月、東江軍委主席の袁策夷は、中心となって大南山ＡＢ団粛清運動を実行した。総てを疑い、残酷に闘争するという政策をとり、誤って五〇〇人を下らない党員、幹部、民衆を殺害した。三三年一月一〇日、中共東江特委は袁策夷の粛反拡大化の罪を問い、その職を罷免した。一九八五年、県人民政府は、ＡＢ団粛清運動において大南山・南陽山一帯の紅一軍、紅二軍の将兵と、革命根拠地で殺された指揮員、党幹部、民衆計一三八人に対して、その名誉を回復し、その直系親族である四八人の家族に、一戸あたり一時的な生活補助金として二百元を贈った。これは一九八三年の国務院発一九八三「九一号」文献に基づく処置である」（県志、頁四六四）。

『豊順県志』（**広東省**）

「一九三一年六月、七月の間に、豊順県委の黄炎は、粛反運動を拡大し、ＡＢ団分子として党幹部、革命民衆一〇〇余人を殺した。そのため、県の革命組織は消滅した」（県志、「大事記」民国二〇年の項）。

以上の三県を中心にして、この革命根拠地では、党・団・政府・軍など全部あわせて数千人ほどの共産党勢力の内、一六〇〇人を処刑したのであるから、組織も運動も、ほとんど壊滅状態になったのは当然であろう。

なお、梅県は宋代頃から北方から移住してきた「客家」が急増し、客家の戸数が在地の主戸をうわまわった。さらに明・清両代には福建省西部、江西省南部の客家が続々と梅県に移住してきた。こうして梅県は純然たる客家県となったのである（県志、人口の部、頁一七〇～一七一）。この客家県であるということ、共産党勢力が盛んであったが粛反運動が激烈で多くの同志が処刑されたこととは、大いに関係があったのではないか。例えば、土地革命戦争の際、共産党は地主の誰、郷紳の誰、反革命勢力の誰に打撃を与えるかを決めた。この時、党員に客家が多ければ、客家以外のものが主な攻撃対象となるだろう。移住民の子孫である客家と在地漢族とは、貧富の対立、社会的な差別があった。また客家地域でも宗族が異なる部落共同体の間には対立抗争があり、粛反運動もこの宗族対立の構図から自由ではなかったと想像される。このことは、福建省西部の革命根拠地が、客家がきわめて多かった県を中心にしていたので、そこでも当てはまる問題である。この問題はまた第九章に論じたい。

第五節　海南島の「瓊崖根拠地」（広東省）の粛清

一九二六年以後、この島にも農民運動が高まり、地主勢力、国民党勢力との戦いが激化した。一九三一年には、全根拠地の紅軍は二千人に達し、党組織に三万三〇〇〇人が参加し、支配人口は一〇〇万に達した。ソヴィエト区の全盛時代であった。ところが、一三二年、中共中央は「現在、瓊崖ソヴィエト区にはすでにＡＢ団、改組派の活動が見られる。これは貴ソヴィエト区の厳重な危機である。……一切の反革命の組織と党内のスパイに対して無情な粛清を実行しなければならない」という命令を出した。それによって粛反運動が展開され、ソヴィエト区の党、政、軍の半数以上が失われた。特に、楽会県、万寧県の党員、幹部、将兵の損害が厳重であり、革命運動は再起できないほどの打撃をこうむった（『中国蘇区辞典』頁四三二）。

第六節　「川陝根拠地」の粛清――四川省東北部から陝西省南部山地――

一九三二年一〇月、張国燾は、曾中生、曠継勛、余篤三、劉杞、王振華、朱光、李春霖、張琴秋等を率いて四川省奥地に逃亡して新しい根拠地をつくろうとした。彼らが率いていた中国工農紅軍第四方面軍（四個師団、約二万余人）は、国民党軍の度重なる包囲攻撃に耐えかねて鄂豫皖根拠地を脱出し、陝西省西部の秦嶺山地から四川省東北部にかけて新しい革命根拠地を創建した。第四方面軍は、この根拠地で一九三五年春までの約二年三ヶ月、戦闘を持続したが、ついに戦いに行きづまり、再びこの根拠地を放棄した。この根拠地でも、鄂豫皖ソヴィエト区と同じように、粛反運動が繰り広げられ、紅軍の敗退の大きな原因となった。

一九三三年二月～四月の間に、西北革命軍事委員会主席となった張国燾は、「反右派闘争」を発動し、「小グループ活動者、国民党改組派、右傾機会主義者、トロツキー・陳独秀派」などのレッテルを貼って、多くの同志を粛清した。四、五月には、四川省委書記の羅世文、党中央が派遣して来た廖承志を監禁し、陝南特委書記の楊柵と四川地下党が工作に派遣してきた地元の二〇〇余人の党団員を処刑し、さらに張国燾の指揮に会議で反対したり、不満をもったりした幹部、将校のほとんど総て、例えば、西北革命軍事委員会参謀長の曾中生、紅四方面軍総経理部主任の余篤三、川陝省臨時革命委員会主席の曠継勛、紅七三師政治部主任の趙箴吾、参謀主任の楊柏、総政治部秘書長の李春霖、総部幹部の王振華、王占金、紅一〇師参謀主任の呉展、紅七三師二一七団政委の聞盛世、二一八団政委の陳少卿等々をこっそり処刑した。それ以降も多くの将校を反革命分子として処刑した。曾中生は紅軍の中で絶大な信望があったので、張国燾はすぐには殺さず長く監禁していたが、三五年八月、長征の途中、密かに暗殺して曾は逃亡したとウソを宣伝した（『中国蘇区辞典』頁七〇八～七〇九、『中国革命老区』頁二三二、『北上・党中央与張国燾闘争紀実』頁三一～四〇、九六～一〇一、広西人民出版社、二〇〇四年）。

論　評――中共革命ソヴィエト区における「解放の歓喜」と「粛清の恐怖」の同居

賀龍や他の証言者の記録を読むと、皆同じ疑問がわく。これほどの同志殺しに賀龍や徐向前、その他建国後まで生き残った元勲たちは、なぜ革命根拠地時代に張国燾、夏曦、曾洪易の粛清を容認してきたのか。粛清された紅軍の英雄的幹部たちは、なぜ夏曦のこのような同志殺害に武装抵抗しなかったのか。武装抵抗した有名な人物は福建省の傅連暲ただ一人である。また、処刑される紅軍幹部の部下たちは、どうして仲間の将兵を率いて抵抗しなかったのか。誰にも張国燾、夏曦に抵抗する術がなかったとしたら、その原因は何であったのか。コミンテルン、党中央の権威が、なぜそれほど恐るべき威力を党内やソヴィエト区内で発揮したのだろうか。それとも、紅軍将兵は粛反運動の正統性を信じていたのだろうか。それとも拷問と処刑の凄さに恐怖してただ夏曦の前で怯えていたのだろうか。それとも、これほど同志や指導者が殺される場面を見ても、心驚かぬほどの無感動な人間が多数存在していたのだろうか。一九三〇年代の中共革命根拠地に共通の「大粛清運動」の歴史を読んで、いつも以上のような同じ疑問を感じるのである。

こうした根本問題は、史料、実録書、研究書をいくら読んでも分からない。私は次のように想像する。この時期の中共党の一般党員・紅軍兵士は大多数が貧しい貧農出身者であり、ほとんどが教育を受けたこともなく、また北京も上海もモスクワも行ったことのない人々であった。彼らは、ましてマルクスもレーニンも知らなかったであろう。ただ、純朴な彼らは、党を貧しい人々を全面的に助け、官吏・土豪劣紳・土匪・地主階級を一掃して、土地を分配して救助してくれる絶対的救世主だと信じた。こうして「革命ソヴィエト区」に、中華三〇〇〇年の農民の怨念をはらしてくれる救世主信仰によって結集したいわばカルト集団が形成されたのであろう。現代の「アルカイーダ」や「タリバン」に似た人々が、革命の原理主義を掲げて貧農、無産者の心をつかんだ。「暴力による革命」は、自分たちは無力だと長い間信じてきた無産大衆に、初めて肉体的かつ精神的な飛躍の支点を与えた。「我に支点を与えよ、そうすれば世界を変えることが出来る」と。こうしたカルト化した武装信仰集団にとっては、内部の敵、裏切り者には最も無残な「死」を与えることは絶対の正義なのであり自己浄化の証明である。敵を無慈悲に処刑することこそ義務であり、聖なる祝祭なのである。夏曦などがいわば「オサマ・ビンラデン」の如き絶対の威信をもって根拠地に君臨できたのは、現世秩序を破壊することを約束する救世主＝厳罰者の位置に立っためであろう。人民の敵に対して、限りなく無情になりえて始めて「神の御手」になりえるのだと。こうした精神現象は、危機の時代、破局の時代の革命思想や宗教思想に共通に現れる、「カルト」集団の心理現象である。モスクワから来たボルシェヴィキは、無産大衆に対する慈悲の神であると同時に階級敵に対しては敵となり、これを容赦なく倒す神という二重性をもっていた。「二八人のボルシェヴィキ」は、そうした絶対神の御使いとなって革命の聖なる都モスクワから中国奥地の各革命根拠地に下ったのである。清末に拡大した「地下社会・遊民社会」は、ついに「アッラー」に出合ったのだ。

「革命ソヴィエト」が、どのような世界であったかは想像が難しい。が、日中戦争中に中国人留学生と結婚し、昭和一九年に夫の大富豪の家に嫁した日本女性の書いた韓瑞穂が書いた自伝『異境―私が生き抜いた中国』（新潮社、二〇〇〇年）に大きなヒントがあるように思う。彼女が嫁した夫の家は、想像を絶する大富豪の家であったが、義父（共産党員）も夫も共産党に加担していた。その関係で、彼女は、日本の敗戦後に国共内戦が始まると一家をあげて北京から解放区に脱出し、以後文革が終わるまで党と共に生きた。その彼女が見た最初の遵化県は、共産党に占領されたばかりの県城であった。「県城の城壁に登ると、そこは幅五メートルもある広い道になっていた。北の彼方にはかすかに長城が見えた。四方は延々と田畑が続き、瑞々しい緑に覆われていた。そこでは老若男女の農民たちが、嬉々として作業をしている。あちらこちらに赤旗がひらめき、精いっぱい張り上げた歌声が聞こえてくる。こんなに農民たちが生き生きとしている光景に、私はショックを受けた。有史以来、農民は常に地主に搾取され、悲惨な生活を強いられてきた。どんなに懸命に働いても、農民は一片の土地も持つことはできず、過酷な年貢に苦しめられて、娘や息子を借金のカタに取られて、身の不幸を嘆くほかなかった。それがここでは何が起ったのか。この平和ではつらつとした農民たちの表情は、何によって可能になったのか。理由はすぐ分かった。四六年五月末、この解放区に私たちが入る前までに、地主はすべて追放され、農民隊に家族数に応じて土地が分け与えられた。農民たちは搾取される奴隷ではなくなっていた」（頁六九～七〇）。しかし、この地区の地主階級は、この直前に皆追い出され、土地と家と全財産を没収されていたのである。その悲惨な情景を後から来た彼女は全く知らなかった。「農民の楽園」を見た彼女は、これ以後党を信じ、献身的に党に尽くすのである。総ての党員、農民が感動して同志となり、誠心誠意、党と人民に尽くす、まさに幻想的な戦士と信者の共同体が、つかの間の陽炎のように現出したのであった。そうした証言がこの回顧録には満ち溢れている。おそらくこうした情景にアグネス・スメドレーは感激し、『中国の歌声』を書いたのであろう。また、韓瑞穂が見た一九三〇年代の中共革命根拠地のソヴィエト区にも、同じ光景が満ち満ちていたであろう。彼女は、紅軍と共に従軍医者となって一九四九年の中華人民共和国の建国まで各地を転々とした。しかし、建国直後から幹部や民衆に「日常性」がたちまち復活してくるのである。彼女は建国直後、南昌市、天津市への勤務地を変えることになるが、そこでは賄賂の横行、縁故の利用、陰口告口、特権と汚職の日常的世界がたちまち復活してくるのを見る。彼女が、本書の後半で詳しく語るように、中国には「三反五反運動、反右傾闘争、反右派闘争、社会主義教育運動、文化大革命」などが連続して起こり、伝統的帝国官僚制の復活と地下社会の蘇生と、さらに一党独裁が普遍的にもたらす暴力文化という落とし穴が大きな口を開いて待っていた。

暴力革命によるユートピア世界を約束した独裁国家、独裁政党は、すべての人間を権力の上下、地位の高下、権威の貴賤で唯一序列化する社会を生み出すものであるから、下は上に対してへつらい、上は下に賞罰を与える関係がたちまち誕生する。そして唯一の頂点に立つ独裁者個人の恣意が総てを決するに至る。最高権力者は、自分の誤りの責任をとることはできない。反抗するものは粛清される運命を逃れることはできない。祭が一転すると聖なる恐怖がたちまち日常化した。

第八章 『紅色中華』（中華ソヴィエト共和国機関紙）に見る「粛清反革命運動」

『紅色中華』、この中国共産党中央ソヴィエト政府の機関誌について、『中央革命根拠地史稿』（戴向青他著、上海人民出版社、一九八六、頁五六三～五六五）、『中華ソヴィエト共和国辞典』（主編王国本、学苑出版社、一九九三）は、次のように紹介している。

一九三一年一一月、瑞金において「中華ソヴィエト第一次全国代表大会」が開催され、「中華ソヴィエト共和国」の建国宣言がなされた。それで政府の公式な機関誌「中華ソヴィエト共和国臨時中央政府機関報」が創られ、創刊号が一九三一年一二月一一日に瑞金県葉坪の紅色中華報社から発刊された。この機関誌は、一九三四年二月から「中華ソヴィエト共和国中央政府機関報」と改称された。この機関誌の目的は、中華ソヴィエト共和国政府の最高の宣伝媒体として、党中央とソヴィエト政府の政策を伝達し、宣伝・情報活動を展開することであった。主要記事は、社説、国内外の重要ニュース、党重要機関の命令、法律の公告、党の宣伝、革命戦争や土地革命や粛反運動の実態と党の方針の報道である。基本的にはソヴィエト政権と党中央の命令や運動方針を党員と革命的人民に周知徹底させることであり、党中央の最高意思を表明する官報の役割を担った。最初はほぼ一週刊毎であったが、第五〇期からは三日おきに、更に一四八期からは週に三回発行された。多い時には四万部～五万部が発行され、鉛印で頁数は四頁から六頁、多い時には一〇頁ほどになることもあった。一九三二年二月一〇日の第五〇期からは、中華ソヴィエト区中央局、中華ソヴィエト共和国臨時中央政府、中華全国総工会ソヴィエト区執行局、中国共産青年団ソヴィエト区中央局の連合機関報となった。一九三四年一〇月に党中央と紅軍主力がこの根拠地を捨て大脱出してからしばらく停刊となり、以後残存勢力によって復活したがもはや昔日の面影はなかった。

『紅色中華』は、党中央の政策と宣伝の最も重要な機関報であり、党の意思を伝える最も権威ある報道であった。最初、主筆は周以栗、編集者は王観瀾、李一氓、楊尚昆、沙可夫、李伯釗であった。主な寄稿者は、毛沢東、項英、周恩来、博古、張聞天、任弼時、陳潭秋、李富春、謝覚哉、蔡暢、陸定一、鄧穎超などであった。『中華ソヴィエト共和国辞典』は、編集工作者として、周以栗、王観瀾、沙可夫、任質斌、謝然之、瞿秋白等の人々の名を記している。毛沢東は中華ソヴィエト共和国臨時政府の主席であったから、彼の署名で多くの政令や布告が出され、この機関誌に多数掲載されている。ソヴィエト区には、多くの報道誌があったが、この『紅色中華』の発行部数が最も多く、これに次ぐものは、『青年実話』（共産青年団ソ区中央局の発行、二万八〇〇〇部）であった。しかし、三三年二月に『青年実話』と『党的建設』が合併されて、『闘争』（中共ソ区中央局発行、二万七一〇〇部）に改称された。『闘争』は、政府機関誌である『紅色中華』より格上の、中共中央局（党の最高機関）の機関誌であり、洛甫（本名、張聞天）、博古（本名、秦邦憲）などが、きわめて難解な高踏的なマルクス主義理論と激烈な革命政治論を展開していた。しかし、全体的な影響力は、『紅色中華』の方が大きかった。

本章は、『紅色中華』（全三巻、日本の不二出版の影印版）に掲載された反革命粛清の多数の記事を紹介し、必要な論評を加えたものである。全体を通じて粛反運動とはいかなるものであり、どのように推移したかを明らかにしたい。粛反機関による裁判でAB団、社会民主党、改組派、第三党、トロツキストなどというレッテルを貼られて処罰、処刑され、本紙に掲載された者は、今日、その大多数が冤罪であることが判明しており、しかも抗日戦争中から建国後の一九八〇年代にかけて、中国共産党から正式に名誉回復がなされている（たとえそれが形式的なものでも）ので、判決文にある罪名や反革命の活動歴などについては、詳細にわたる紹介は必要ないと考えてできるだけ省略した。原文の「蘇維埃」は皆「ソヴィエト」と訳した。

（注）以下の文中の「筆者」とは、著者小林である。各記事の後に付けた「筆者の論評」とは、著者小林のコメントである。また「中共」

とは「中国共産党」の略称である。

◆【第三期】一九三一年一二月二八日、「中華ソヴィエト共和国中央執行委員会訓令、第六号」（三一年一二月一三日付け）。これまで、ＡＢ団、社会民主党、改組派及び一切の反革命分子を多数摘発し処罰してきた。この方向は全く正確であり、大きな成功を収めてきたが、しかし濫りに体罰を加え、また証拠を重視せず、拷問を加えて自白を強要することがあった。これは是正すべきである。勝手に各組織が処刑を行うべきではない。判決権は各級の司法機関、国家政治保衛局にある。死刑判決を受けた者は、一四日以内に中央司法機関に上訴することができる。反革命のＡＢ団、社会民主党、改組派分子に対しては、死刑を含め厳重に処罰を行う。反革命に加入した者は、必ず出身階級（豪紳地主、資本家、富農など）と主犯か従犯かを勘案し処罰を行う。しかし、労働者貧農階級に所属する者で従犯である者は寛大に扱うべきである。

［筆者の論評］

この第六号訓令は、粛反運動の中できわめて重大な意味を持っていた。一九三〇年一二月の富田事変以来、江西省と福建省の省境一帯の中央革命根拠地に粛清の嵐が吹き荒れた。それは一九三一年に入ると急激に拡大激化し、至るところでＡＢ団、社会民主党、第三党、改組派、トロツキー派等々のレッテルをはられた人々が、大量処刑された。閩西では、一九三一年三月一日、二日に大規模な反革命に対する裁判が行われ、粛清の嵐が始まった。この時の法廷の様子、訊問、判決、死刑の実行等々に関する詳細な記録・記事は、『革命法廷』（『閩西党史研究参考資料、一九三一～一九三四』中共龍岩地区党史弁公室、一九五八年三月）に収録されている。本書に全文訳して収録したので参照されたい。その粛清のあまりの凄さに驚いた周恩来などが、極左的路線を糾すために中央革命根拠地に入り、軌道修正を図ったのが、この第六号文書なのである。これによって、むやみやたらと人を捕え殺す「乱捕乱殺」現象を修正しようとしたのであった。以後、法手続きに従って粛反運動は軌道修正されたが、国民党の総攻撃が激化したり、ソヴィエト機関にたるみ、腐敗、怠惰等の現象が起こるたびに、この第六号訓令は、以後の『紅色中華』の記事で分かるように、大幅に元に戻されたり、修正されたり、部分的に撤廃されたりした。ところによっては、粛反機関が第六号訓令によって粛反運動をさぼったり、いい加減にしたりする傾向も生れたとされる。しかし、ソヴィエト政府は、国民党軍の総攻撃が激化すると第六号訓令を否定して、逆に粛反運動の強化を呼びかけるようになった。一九三四年に入り、国民党の第五次「囲剿」によって、中央革命根拠地のソヴィエト政権が滅亡の淵に立たされると、特に第六号訓令は無視され、ついには反革命行為が歴然としている者は現地で即決死刑にすることを認めるなど、ほとんど空文に等しいものとなった。

◆**[第一〇期]** 一九三二年二月一七日、「閩西政府の法廷、反革命に対する裁判開始の経過」。三二年二月九日～一三日の間、毎日午前九時から一二時まで、午後は一時から四時まで開催。観衆は四〇〇人から五〇〇人、判決の日には民衆の厳罰を求める請願があり、裁判長である張鼎丞が民衆の意向を汲むと発言した。この刑事裁判では二四名の容疑者（トロツキー派一三人、社会民主党八人、ＡＢ団二人、改組派一人）に対して公開訊問を行い、以下のような判決をくだした。

劉端生—トロツキー派の閩西特委の責任者、死刑

張耕陶—同上、死刑

宋鉄英—トロツキー派の杭武県委書記、監禁五年（『紅軍人物志』によれば、三三年閩西で処刑された）

施簡—トロツキー派のソヴィエト区中央局の委員、監禁五年（『紅軍人物志』によれば、三四年瑞金で処刑された）

その他、トロツキー派とされて、高静山（『紅軍人物志』によると三三年閩西で処刑）、トロツキストとして蔡徳、趙忠赤、李仲奎、劉耀文、曹心怡、頼可可、汪銘が判決を受けた（以上七名は、監禁三年から一年）。社会民主党分子にされた者は、廖増徳（監禁五年）、李錦添。改組派は劉蕃生（監禁五年）である。

[筆者の論評] トロツキー派として集団的に粛清された大事件である。何故トロツキー派にされたのか、この背後に如何な

る状況があったのかは紙面に出ていない。

◆**［第一二期］**　一九三二年三月二日、「臨時中央政府、臨時最高法廷紀実」。中華ソヴィエト中央政府臨時最高法廷は、中央執行委員会の命令により、二月二五日、二六の両日にわたって法廷を開き、反革命ＡＢ団、改組派、および軍事犯の裁判を行った。各機関の一〇〇人ほどが傍聴。会場は中央政府の大会場であり、多くの標語が張られ厳粛な雰囲気であった。

第一日は、紅軍医院のＡＢ団や改組派などに対する裁判で、三人が裁かれた。この裁判には軍事委員会の項英（当時、中央ソヴィエト政府の副主席という地位にあり、多くの党員大衆を処刑する役割を演じた――筆者）が出席していた。

被告人は、曹舒翔、孔繁樹、陳宗俊、譚希林、熊惕辛、郭先達、彭若愚、黎心誠、魏伯岡等。

同［第一二期］「ソヴィエト法廷布告」

『紅色中華』編集者の解説。この裁判の判決は、一九三一年一二月二八日付「中央委員会訓令、第六号」の反革命裁判に対する命令に基づいて厳正に行われた。これにより閩西トロツキー派の施簡と宋鉄英は労働者出身であるから監禁一〇年を五年に減刑する。ＡＢ団分子の陳宗俊は地主出身のため三年の徒刑と重罪に処した。この後、中央委員会（主席は毛沢東、副主席は項英、張国燾）は、最終的検討を行い、ある者は軽く、ある者は重く、ある者は釈放した。

この決定に基づいて裁判が行われ、「臨時最高法廷判決書」第一号布告が出された。主審は何叔衡、委員は梁柏台、萬家林（以下の臨時最高法廷の判決は皆上記の三人の名により公布された。判決は以下のとおり）。紅軍医院事件の主役である曹舒翔、孔繁樹、陳宗俊に関する判決は以下に全文紹介する。（他の被告に関しては、簡単な紹介にとどめる――筆者）。

曹舒翔――二二歳、女性、未婚、河南省臨穎県人

家庭背景は中農、師範教育を受けソ連に三年間留学、元共産党員、除名された後に第四分医院で教委として勤務、一九三一年五月に逮捕、三一年八月に興国県石窩で戴済民の紹介でＡＢ団に加入、ＡＢ団に加入した縁で第四分医院の

ＡＢ団を指揮しＡＢ団の発展を謀った。曹は、この分院の政治委員として党とソヴィエト政府の委託を受けていたが、自己に与えられている任務を果たさなかったばかりか、逆に反革命の保塁に逃げ込み、反革命派がソヴィエト区に侵入する道具となり下がった。これは反革命であると同時に職務を冒涜する犯罪でもある。被告は病院内で積極的にＡＢ団反革命の工作を行い、他の人を調査に派遣してＡＢ団分子が逃亡する逃げ道を探させた。また他方で、白軍と結んで彼らに内応し、ＡＢ団分子の患者には良薬を処方し、非ＡＢ団分子にはでたらめな医療を施し、その早い回復を妨害し、或いは彼らを害そうとし、彼らを再び紅軍に復帰させないように謀った。これは紅軍にたいする破壊工作である。また公金を横領してＡＢ団の活動費とした。ＡＢ団に入った動揺分子は即座に処刑を執行すべきである。曹舒翔は直接に革命を破壊し、紅軍を破壊し、ソヴィエト区を破壊し、恐怖現象をつくりだした反革命分子である。［判決、禁錮二年］。（『紅色中華』第六一期によると、三三年三月に死刑）

孔繁樹――二七歳、男性、湖南省瀏源県人

家庭背景は中農、中等教育を受ける、元共産党員、後除名され紅軍医院の書記となる、三一年八月にＡＢ団に加入し医院のＡＢ団の代理秘書、院内のＡＢ団首領の李用之が逮捕されると、以後代理として同組織を指揮し、一〇月に逮捕された。紅軍を破壊し、革命を破壊する重要な反革命分子である。［判決、禁錮三年］

陳宗俊――二二歳、男性、湖南省桃源県人

家庭背景は地主、師範学生、非共産党員、既婚、紅軍第六病院の総務科長、三一年一一月八日にＡＢ団に加入、紅軍総病院分院のＡＢ団の組織を指導。自供によると炊事洗濯の雑務を担当する中でＡＢ団員を増やし、紅軍病院の破壊を行った。ＡＢ団の活動分子。出身は地主階級であり、反革命組織に入ったのも地主階級意識による。［禁錮三年］

以上の三名の判決に上訴権はない。（『紅色中華』第六一期によると、上記三名は三三年三月に死刑）

「臨時最高法廷―判決書」第二号布告。この第二号布告は、簡単に内容をまとめて要旨のみ紹介する。

譚希林—二二歳、男性、湖南省長沙人
家庭背景は商人、高小教育、未婚、共産党員、革命軍事委員会警衛団団長、紅軍内で指揮を乱し、軍令に違反し、紅軍に多くの損害を与えた。［判決。譚は井崗山の闘争では英雄的に戦い、以後の革命戦争にも相当の功績があったので減刑し、禁錮一年とする］。（『紅軍人物志』、譚は以後ソヴィエトで活躍し、長征に参加、五五年には中将、北京軍区副司令員に出世、一九七〇年死去）

熊惕辛—二一歳、男性、九江市人
家庭背景は貧農兼小商人、高小教育、ソ連砲兵学校に二年学ぶ、共産党員、未婚、革命軍事委員会警衛団副団長、譚希林とともに軍律違反、紅軍に損害を与えた。［判決。熊は、言い逃れを行い態度がよくない。それで加算して禁錮一年に処す］。

「臨時最高法廷—判決書」第三号布告。一九三二年二月二六日。以下、簡単に要旨のみ紹介する。

郭先達—二四歳、男性、広東省南寧県人
家庭背景は小商人、師範教育を受ける、未婚、元共産党員、三一年一〇月三日逮捕、反革命の証拠は（1）三〇年、南寧県で改組派に参加（2）紅軍第七軍に参加、改組派組織を発展（3）紅軍にいた時、地方観念にとらわれ、金銭にルーズで軍規を乱した。改組派の反革命の積極分子。［判決。反省度を勘案して原判決禁錮二年を禁錮一年六カ月に減刑］

彭若愚—二四歳、男性、湖南省宜章県人
家庭背景は中農、学生出身、師範教育を受ける、三一年に郭先達の紹介で改組派に加入。前後四回の会を開き紅軍破壊の計画を練る。法廷では自供を翻して自白を否定し、種々言い逃れをした。革命に対する叛徒である。［自供を覆すなど反省が足りず、原判決である監禁一年を一年六カ月に延長］

黎心誠—二八歳、男性、湖南省慈利県人

家庭背景は小商人、学生、中等教育を受ける、元共産党員、三一年九月に余恵の紹介で瑞金にて改組派に加入、翌一〇月に逮捕、改組派の会議に出世して紅軍消滅を画策、法廷では反革命の事実を隠すため多くの弁明を行う、反革命の積極分子である。[判決。反省を認められず、原判決の監禁一年六カ月を監禁二年に延長]

魏柏岡—二九歳、男性、広西省桂林人

家庭背景は訟師、学生、甲種工業礦科卒、元共産党員、除名、妻と娘あり、二七年共産党を逃亡して改組派に加入、故郷に帰り、紅軍に投じて第七軍の軍委秘書、政治部宣伝科長を歴任、三一年一〇月逮捕。李明瑞らとともに改組派の重要分子となる。法廷では種々言い逃れを行った。一貫して反革命の重要分子である。[種々強弁して自供せず、従って監禁四年六カ月を監禁五年に延長]

以上、最終判決であり、各被告の上告権は認めない。

「筆者の論評」

以上が『紅色中華』第一二期に掲載された「臨時最高法廷—判決書」第一号布告から第三号布告の判決文のほぼ正確な内容である。この裁判は、三一年一二月二六日付けで出された「中央執行委員会訓令第六号」に基づいて厳正に裁判を行った結果であるというが、確かに反革命分子に対する処罰は、この訓令が出される以前に比べると軽くなっている。それ以前なら、上記の被告人などはたちまち処刑されたであろう。それに比べて、大部分の者は禁錮である。恐らく、実は皆冤罪であったことを知っている現在から見れば、この裁判でも自白が主要な証拠とされ、物証は全くなかったのである。取り調べ段階で自白したものが公開法廷で否認すれば、著しく裁判官の心証が悪くなり、禁錮の期間はたちまち延長されたのである。そしてソヴィエト区内のある地方が国民党の総攻撃で緊急事態に陥った時、またソヴィエト区において一九三四年夏に中央革命根拠地を放棄して主力軍が「長征」に出発する時、こうした緊急事態時には、重要な禁錮中のＡＢ団、トロツキー派、改組派などの分子は、ほとんど緊急処分された。上記の人々もおそらく皆処刑されたと想像されるが、管見の限り以後の行方

は不明である。

◆［第一四期］一九三二年三月一六日、「工農通訊―江西省信豊県ソヴィエト区概況（耀山、三月八日、於信豊城）」の記事。（1）「信豊県ソヴィエト区の民衆闘争は、すでに三年を経過したが正しい指導がなく、とりわけ李立三路線以来、ソヴィエト区の武力は弱体化し範囲は縮小した。国民党反動派の攻撃が強化されてきたが、しかし闘争の熱気はきわめて高い。（中略）多くの誤りがあるが、主なる原因は正確な指導がないということである。そのため多くの妄動主義が生まれた」。以下の（2）、（3）、（4）は要点だけを紹介する。（2）「正確な指導がないので、この信豊県の革命運動は、妄動主義と報復主義が濃厚である。独立営の営長はデタラメナことを行い、国民党系の白区を攻撃した時には貧富を区別せず誰でも殺した。またわが九師がある土塀で囲まれた村を襲撃した時、民衆と赤衛隊はこの中に進入し、貧富の区別なく皆土豪だとして略奪し、家の戸まで奪い去った」。（3）「土地問題に対する正確な認識がなく、雇農には良田を、貧農には中田を、中農には悪い田を、富農には全く田を分配しない。また中農から選挙権も被選挙権も没収した。この極左路線によって階級戦線は崩壊し、土地革命は全く失敗に帰した」。（4）「過去、彼らの粛清反革命工作は、江西省・福建省の多くのソヴィエト区と同じように、多くの人を誤って攻撃した。ＡＢ団分子として一〇〇〇余の人を誤って殺した。これは当然正確な指導がないからである」。

「筆者の論評」

この信豊県のソヴィエト区に関する記事はきわめて重要である。中共の土地革命戦争の内部実態が実に生き生きとかつ粉飾されずにリアルに報告されている。中共の土地革命が実に実行困難なものであり、理想と現実の乖離がいかに凄まじいものであったか、よく示されている。また、革命戦争の中で雇農・貧農等大衆の報復主義、略奪主義、暴力主義が満面開花して、三年間にこの県だけでも一〇〇〇余の人がＡＢ団分子というレッテルを貼られて殺害されたこと、しかもこうしたことが「江西省、福建省などの多くのソヴィエト区で行われていたこと」が、公然と『紅色中華』の中で報道されているのである。

◆【第一五期】一九三二年四月六日、「中央ソヴィエト区消息」―江西省革命法廷が四月三日午後開かれ、AB団犯人に対する裁判が行われた。「傍聴に来た大衆は約四〇〇人、関心は高く熱気に溢れていたが会場は厳粛そのものであった。先ず、主審の蔡会文同志が開会を宣し、AB団の罪状を述べた。次に、国家政治保衛局江西分局の呉徳峯（江西省保衛局長）、李克農（国家政治保衛局の最高指導者）の二人の同志が、蕭自崢など五人を告発した。先ず彼らがどのように革命とソヴィエトを破壊したか等々の反革命の罪悪と陰謀の経過を述べた。主審と陪審による訊問を経て、群衆は五人の犯人の訊問は終わったとした。しかし、その中のAB団主犯の朱曦東の審査には大いにてこずった。彼はずる賢く証拠があるのに聴衆を最後まで欺こうとした。しかし、人証・物証があってどうにも隠しようがなくなった。傍聴に来ていた聴衆は、朱の刑罰を重くするように要求した。判決書は、まだ出されていない」。

◆【第一八期】一九三二年四月二一日、「ソヴィエト建設―江西省寧都ソヴィエト工作の一断面」。この記事の中の（6）のみ紹介する。

（6）「中央執行委員会第六号訓令が出された後、反革命粛清路線は大幅な転換を行った。しかし、この転換の中で別の極端な方向が出てきた。それは反革命粛清に対する放任の危険性である」（以下数行文字不鮮明で解読不可能――筆者）、「反革命粛清は正確な路線に基づいて、更に一層厳格に行わなければならない」。

「筆者の論評」

中央執行委員会の三一年一二月付「第六号」訓令以後、反革命粛清運動が大きく転換し、摘発と処罰が緩やかなものになったことが分かる。そして今度は極端に粛反運動をやらないという現象が起こったので、党内に粛反運動を厳正に行えという意見が増大したことがこの記事から読み取れる。

★同［第一八期］「ソヴィエト法廷、臨時最高法廷訓令」第二号の要旨。

江西省裁判部の前回の第一号、第二号判決に誤りがあった。以下に補足する。被告人には、この判決の後一四日以内に上訴する権利があること、選挙権剥奪の期間には拘留期間は入れないこと、蕭自崢と顔達に対する執行猶予とは監禁を猶予するということではなく、処刑を猶予するということである、「革命法廷」という呼称は以後「江西省ソヴィエト政府裁判部」と改称する。

「江西省ソヴィエト裁判部判決書」第一号、一九三二年四月三日付（以下、原告の簡単な履歴を記すに止め、犯罪を縷々説明した部分はすべて省略する――筆者）。

朱曦東――二二歳、男性、贛県白鷺洲区人

家庭背景は富農、中等教育を受ける、小学校長、元共産党員、ＡＢ団に加入、法廷で罪状を否認。［判決。死刑］

呂継賓――二八歳、男性、興国県城区人

労働者、ＡＢ団に加入。［判決。禁錮三年］

楊人瑞――二五歳、男性、興国県崇賢人

中農、中等教育。［判決。禁錮三年］

以上の三人には、上訴権はない。三一年八月二七日から監禁の期間に入る。

「江西省ソヴィエト裁判部判決書」第二号、一九三二年四月三日付。

蕭自崢――三三歳、男性、興国県城区人

波止場労働者、元共産党員、興国県県委書記、叢允中の紹介でＡＢ団に加入、［判決。死刑］

顔達―三三歳、吉安県純化人

商人、二九年にAB団に加入。［判決。死刑］

以上の内、死刑判決を受けた者には上訴権はない。

◆**［第二〇期］** 一九三二年四月二八日、「臨時中央政府文告、中華ソヴィエト共和国臨時中央政府執行委員会、訓令第十一号―反革命粛清に怠慢である誤りを糾せ」。（要旨を以下に記す）

1、中央執行委員会第六号訓令（一九三一年一二月二八日付）が布告されて以来、それ以前の反革命粛清運動における、デタラメニ捕まえてデタラメに叩き、ただ自白だけを信じ、また出身階級の如何を問わず処罰する、こうした誤りは是正された。また裁判部と政治保衛局の組織も立て直された。しかしながら、誤って反革命事件を処理せず、より有効な反革命を徹底的に粛清するという重要な任務が忘れ去られるという逆な現象が出現した。

2、こうした反革命粛清運動のたるみは、各地で見られる。各地で反革命事件に対する処理が停滞し、これを不問におき、甚だしい場合には裁判組織も作られていない。こうした状況に乗じて反革命分子はいたるところで活動を激化している（例えば、龍岡、石城の新しく作られた共産党、寧都、雩都の反革命分子は都市で反動的なデマを流し、迷信を利用して宗教組織を始めている、等々）。各級政府は反革命を積極的に鎮圧し粛清しないばかりか、逆に不問に付している。そのため反革命の重要分子が逃げるのに任せている（例えば、瑞金）。豪紳地主等の反動勢力が民衆の中で活発に運動を進め、ソヴィエト政権に危害を加えている（例えば、雩都、寧都、石城、会昌など）。またある反革命分子は政府の中に紛れ込み、政権を横取りしようと企てている（例えば、石城、雩都など）。これらはきわめて厳重な現象であり、もしこれを厳重に処置しなければ、ソヴィエト政権にとってきわめて危険である。

3、革命戦争の真最中の時期に、後方を強固にする政策はきわめて重要である。それは、とりわけ反革命の活動を鎮圧し、反革命勢力を粛清する革命戦争の後方を守る必要条件である。もしこの問題を無視するならば、革命戦争の発展を妨害するに等しい。

4、第六号訓令をすばやく厳しく執行するのは当然としても、それ以外に、現在各地に出現している多数の反革命勢力の活動を激しく鎮圧しなければならない。同時にまた過去の反革命の処置にあたっては、第六号訓令を厳正に守りながらも、故意に自供を拒み反革命の行動を弁明し、粉飾しようとするものがあるならば、彼らに厳重に打撃を与え、刑を厳しくしなければならない。

5、裁判機構と政治保衛部が確立していない地区は、すばやく組織を立て直し、それを整備し強化して各種反革命を摘発処罰すること、また民衆がこの運動により多く参加し協力できるようにすること、以上のことが必要である。

6、新しくソヴィエト政権の区域に入った地域では、第六号訓令を順守しつつ、過去の豪紳地主階級等の反動勢力を徹底的に粛清しなければならない。この場合、民衆の動員、参加が最も大切である。また、ソヴィエト区域に入ってすでに六ヶ月たった地域で、過去の反動勢力がまだ残っていて徹底的に粛清がなされていない地域例えば雩都、会昌等の県では、訓令六号ではなく、それ以前の訓令五号の「当該地域の民衆が処刑を要求し、又当該政府がこれを迅速に処刑しなければならない時には、省政府の許可を得る必要はない」によって処理すること、ただし事後に省ソヴィエト政府に報告すること。以上の各項を迅速に執行し、目前の誤りを迅速に正すこと。そして第六号訓令の一切の原則を厳守するとともに、古いソヴィエト区で行われていたほしいままに人を捕まえ、規定の手続きによらずに勝手に処罰する、こうした粛清反革命の誤った行為を正すことが必要である。以上命令する。一九三二年四月二二日付。

[筆者の論評]

この中央政府の布告文は、粛清工作を第六号訓令以前に戻す結果を生み、これ以後、粛清を極度に激化させたと思われる。というのは、一九三〇年一二月に毛沢東によって発動された「富田事変」でＡＢ団の首魁とされた李文林と王懐の二人は、永く拘禁された後、こともあろうに粛反運動に加担させられたりしていたのに、この訓令第十一号が出た翌月、つまり三二年五月に処刑されたことによって分かる。しかもこの二人の処刑は『紅色中華』に全く報道されなかった。李文林は江西省の共産党の最高指導者で毛沢東に最も反対した人物であったが、『紅軍人物志』（王健英、解放軍出版社、一九八八年出版）によれば、この三二年五月三〇日という同じ日に、李文林は江西省万泰県で、王懐は江西省万載県でそれぞれ処刑されている。この二人は富田事変の首魁とされた人物であり、しかも江西省の革命家で誰一人知らぬものがない有名人であり、一九三〇年夏には路線を巡って毛沢東と真っ向から対立した人物であった。この二人の処刑は『紅色中華』に全く報道されなかった。それに反して、全く名の知られていない党員が、AB団だとか、トロツキー派だとか、改組派だとかいう理由で逮捕され判決を言い渡されて『紅色中華』の紙面をにぎわしてゆくことになる。ところが他方でこっそりと富田事変の最高指導者二名が処刑されたのである。この二人に続く多くの富田事変の関係者や江西省行動委員会の重要メンバーも、『紅色中華』の宣伝・報道から隠されたところで処刑されるという事態が起こり、各地で再び粛反工作の嵐が吹き荒れることになったものと想像される。

◆**【第二二期】**　一九三二年六月九日、「中央政府の湘（湖南省）、贛（江西省）工農兵代表大会へ送る電報」（筆者、これは中華ソヴィエト臨時中央政府主席の毛沢東と二人の副主席の名で出されている。全一三項目の内の第八のみ紹介する）。

（八）「反革命粛清の問題は、正確に六号訓令を順守する以外に、同時に粛清を放棄するという別の誤りを防止しなければならない。しかしながら誘惑され騙されて各種組織（喫煙会、恋愛社など）に、自覚のないまま引き込まれた労働者・農民分子と、十分承知したうえでAB団に加入した分子とは、同当に論じるべきではなく、区別されるべきである。前者を正式に反革命組織に加入したということはできない。このようにしてこそ、騙されて反革命組織に加入した人々を、わが陣営に取り返し、反革命を孤立させ、その脅威と陰謀を失敗させることができるのである」。

［筆者の論評］

喫煙会、恋愛社などの同好会を作っても、これらが反革命の組織的勧誘だとか、あるいは重要会議だとかにされた。党の許可なしに組織を作ったり、集会を開いたりすることはきわめて危険なことだった。

★同［第二二期］「ソヴィエト法廷」、臨時最高法廷批示―閩西省政府裁判部判決書、第一号、一九三二年四月二四日。刑事法廷主審は梁柏台。

トロツキー派の以下の一三名、劉端生、張耕陶、宋鉄英、施簡、高静山、饒化龍、蔡徳、趙忠赤、李仲奎、劉耀文、曹心怡、頼可可、汪銘の判決文。

（判決文に次のようにいう）

今回の裁判の結果、トロツキー派の反革命の主張とその命令違反の行動が暴露された。トロツキーとその徒党は、もともとソ連共産党に反対し、ソ連の社会主義建設を破壊し、併せて公然と反革命の行動をとり、秘密裏に反革命の暴動をたくらみ、ソヴィエト政府を転覆させる計画であった。しかし、トロツキー派のかかるたくらみは、すでにソ連の無産階級によって致命的な打撃を受けた。トロツキー派は駆逐されて外国に逃げ出したが、そこで団結し帝国主義と結んでソ連を攻撃し、またドイツ、フランス、アメリカ、イギリス等の国では労働者農民の闘争を破壊し、世界革命を破壊するのに全力を挙げている。

トロツキー派は、中国においても同様に革命を破壊し、中国にはすでに封建勢力はない、資本主義はすでに発達している、などとデタラメを言っている。そして国民党の統治はすでに安定しているなどと賛美し、又革命には高潮はない、ソヴィエト運動は早すぎる、国民党と国民会議を開催すべきだ、土地革命は必要がない等々と主張し、ただむなしく社会革命だとか叫んでいる。さらにトロツキー派は、紅軍は流氓土匪であり、必ず国民党から消滅されるなどと罵っている。トロツキー派の主張と中国共産党の主張は完全に相反している。現在の革命の発展とソヴィエト紅軍の勝利は、トロツキー派のデタラメナ話を完全に爆破した。

トロツキー派は中国で反革命の主張をしているが、同時に反革命の行動をも積極的にしているのである。トロツキー派は上海の各地で公然とストライキを破壊し、国民党と結んで共産党員を捕まえ、多くの労働者と共産党員がトロツキー派と国民党の手で殺された。トロツキー派はソヴィエト区においてはソヴィエトと紅軍を破壊する行動をした。起訴された三人のトロツキー派は、閩西ソヴィエトを破壊する運動を行った事実と罪悪の内容を明白に自供した。

第一は、トロツキー派は社会民主党、AB団と一緒に行動を取り、軍閥や団匪と結び付いて反革命の暴動を計画した。第二に、共産党の指導機関に入り込み、国際的連合の実現を妨害し、共産党の労働者農民に対する指導を破壊した。第三に、ソヴィエト政府と紅軍の中に紛れ込み、それを破壊しようとした。第四に、地主富農と妥協し、土地の分配に反対し、ただ労働者だけを頼んで労働者と農民の同盟を破壊した。第五に、反革命粛清のソヴィエト機関に入り込み、粛清工作を混乱させ、労働者、農民を陥れて恐慌状態にさせた。またこれらトロツキー派は逮捕されると、デタラメな自供を行い、共産党の誠実な同志や労働者農民の幹部を陥れた。社会民主党と彼らは異なった点もあるが、ソヴィエト・紅軍を破壊し、土地革命に反対し、労働者・農民の同盟に反対する点では区別がない。共にソヴィエトと農民大衆の仇敵である。

ソヴィエト法廷は、ソヴィエト政権と労働者農民の利益を守るために、トロツキー派の反革命の行動に対しては、必ず厳しい処罰を行うべきである。しかしながら、ソヴィエトの彼らに対する制裁は、階級路線に基づき、階級的成分を勘案し、主犯と従犯を区別して、判決に軽重の差をつけなければならない。

以下、トロツキー派一三名の各判決文の要旨は以下の通り。(今日、彼らの罪状はねつ造されたものであり、冤罪が判明しているので判決文にある詳しい罪状の記録は省略する――筆者小林の注)

(1) **劉端生**、二六歳、広東省大埔県人

家庭は貧農、学生、師範教育。[判決。銃殺]

（2）**張耕陶**、二三歳、湖南省長沙人
家庭小地主、中等教育。［銃殺］
（3）**宋鉄英**、二七歳、四川省江北県人
家庭貧農、初等教育。［判決。禁錮一〇年。ただし出身が貧農のため監禁五年に減刑］
（4）**施簡**、二五歳、江蘇省上海人
家庭は貧農、ソ連留学中にトロツキー派の賀沈洋、李中佛に接近し影響を受ける。［判決。禁錮一〇年、ただし出身が貧農のため監禁五年に減刑］（『紅軍人物志』によれば、瑞金で三四年処刑）
（5）**劉耀文**、二一歳、湖南省長沙人
家庭は労働者、本人は機械工、初等教育。［判決。禁錮七年、ただし労働者であるため監禁三年］
（6）**高静山**、二四歳、湖南省宜章人
家庭は貧農、学生、師範教育。［判決。禁錮五年］（『紅軍人物志』によれば、閩西で三三年処刑）
（7）**饒化龍**、二五歳、上杭峯人
家庭は貧農、小学教員、中等教員。［判決。禁錮三カ月］
（8）**蔡徳**、二二歳、湖南省宜昌人
家庭は小商人、学生、中等教育、ソ連留学中の一九二九年にトロツキー派に加入。［判決。禁錮三年］
（9）**趙忠赤**、（年齢記載なし）、湖南省義州人
家庭は破産した小資産階級、学生、中等教育。［判決。禁錮一年］
（10）**曹心怡**、二八歳、湖南省永興県人
家庭は小資産階級、小学教員。［判決。禁錮二年］

(11) **李仲奎**、二六歳、四川省氷川人
家庭は中農、学生。［判決。禁錮三年］
(12) **頼可可**、二二歳、広東省大埔人
家庭は中農、学生、農林専門学校。［判決。禁錮六ヶ月］
(13) **汪銘**、二五歳、雲南省保山県人
家庭は破産小資産階級、教員、新聞記者。［判決。禁錮一年］

以上一三名。

◆**【第二三期】**一九三二年六月一六日、「臨時中央政府文告、中華ソヴィエト共和国臨時中央政府執行委員会訓令、第一二号、一九三二年六月九日付」にいう。「一九三二年三月二三日に発令した中央執行委員会の第六号訓令の第二項に『県の一級司法機関は死刑を判決する権利はない』としているが、革命戦争を展開している現時点では、事実上、県裁判部が死刑を判決しなければ、省の裁判部の工作に多大の困難が発生することが予想され、この第二項を順守することはきわめて困難である。従って執行委員会は、県一級裁判部が死刑判決を行うことを認める。がしかし、死刑を執行する権限は認めない。死刑判決後に、必ず省裁判部の批准を経て死刑を執行することができるものとする。もし県と省の間に白色区があり両者が隔たっている場合には、県の一級裁判部が死刑の判決と執行を行う権限を有する」。

［筆者の論評］

これは県の裁判部が反革命分子として死刑判決を行い、死刑を執行する権利を公式に認めたということである。当時、ソヴィエト区内には赤区と白区がまだら模様に入り組んでおり、また日毎のように赤区と白区は互いに入れ違っていた。だから最後の付帯条件によって、事実上、省党執行委員会と中央政府が知らない内に県の粛反裁判による死刑判決とそこでの執行が公然と行われることを可能にした。この訓令は、事実上、三一年一二月二八日の共和国中央委員会の訓令第六号の規定

をなし崩しにするものであった。

★同［第二三期］一九三二年六月一六日、「改組派のソヴィエト区における反革命分子の陰謀」の記事。「改組派は国民党中の一派であり、蔣介石の一派である。……広州暴動の時、改組派は□（判読できず）日の間に、五〇〇〇余人の労働者農民大衆を虐殺した。（以下改組派に対する非難攻撃が続くが省略する――筆者）」。「現在改組派がソヴィエト区で行っている陰謀計画は以下の通り。1、紅軍が来れば偽の赤となり白軍が来れば真の白になる。2、ソヴィエト区内で民衆の闘争を鎮め、民衆を欺き、民衆を抑圧する。3、革命機関に混入し、政権を奪い、武装組織を操り、赤と白を入れ替える。4、反動組織や白匪と結び、紅軍の情報を白軍に漏らす。5、政府を作り、土地を分配せず、土豪を討たず、もっぱら貧農中農を搾取する。6、ゴロツキを紅軍に仕立て、赤と白の境界地帯で暴れまわり、紅軍の名誉を汚し、反革命のための宣伝を行い、大衆に紅軍は土匪だと思わせる」。（われわれのスローガンは）「改組派を非難打倒せよ」だ。

中共安遠県委員会

［筆者の論評］

改組派の特徴として挙げられた以上の六項目を適用すれば、あらゆる失敗、挫折、間違い、遅延等々は、すべて改組派による反革命の証拠となり、公安機関は内部から改組派を摘発し、厳罰に処さなければならなくなる。それをしなければ、自分もまた改組派にされてしまう。粛清者が粛清されることにもなる。実際、多くの革命根拠地で大量の保衛部、粛反委員会、裁判部の委員が粛清された。

★同［第二三号］一九三二年六月一六日、「兵士を指導して改組派首領の李明瑞を捕えて殺した李雄光同志を強く追悼し記念する」の記事。張雲逸の署名による「雄光同志が犠牲になった。雄光同志が犠牲になった」と始まるこの弔慰文によると、李雄光同志は広西省桂林人、三〇歳、雇工、次いで軍閥の兵士、目覚めて共産党に加入、紅軍に参加した。

「去年七月、改組派の首領李明瑞は、わが軍が粛反で多忙な隙に乗じて、部隊を扇動して反乱を起こそうとした。李雄光が連隊に来た時、県の自警団の政治委員が『李連長！　今、李明瑞がわれわれを扇動して広東に行って改組派に投降し、白軍に入ろうと言っています。どう思いますか？』と言った。彼は聞くや否や大いに怒って『あの馬鹿野郎』、あいつは十数年も軍閥をやっていたので人肉を喰うのに慣れていたのだ！　われわれは何年もあいつに騙されていたのだ。今またもわが紅軍の中で悪だくみをしているのだ。俺がこの革命の敵を捕まえてくるから待っていろ、と言うや否や実行したので、李明瑞の反革命は革命の烈火の中ですぐ消滅した。雄光同志よ！　彼は本来長年にわたって李明瑞の旧部下だった。彼はただ階級闘争だけを知り、革命だけを思っていたのであり、上司への個人的な情にとらわれなかった。このような階級に忠実な、革命に忠実な精神を持った人、この人のことを永久に心にとどめておく必要がある」。

［筆者の論評］

この記事では、なぜ李明瑞が改組派の首領なのか、紅軍内で謀反を起こし、敵軍に投降するという話は、どれほど正確なことか、具体的な犯罪事実は全く記されていない。また李雄光がどのようにこの改組派を追いつめて殺し、自分も死んだのか分からない。ただたとえ上司であっても告発せよ、逃亡したなら殺してもよい、とする宣伝文であろう。李明瑞について、『中国工農紅軍第一方面軍人物志』（頁二九〇）は次のように記す。一八九六年生れ、広西省北流人、雲南陸軍講武堂の分校を卒業、国民党軍の将校になるも、蔣介石に反対して離脱し、三〇年共産党に加入し、湘贛ソヴィエト区で紅軍の将校として戦う。しかし、三一年反革命分子として江西省雩都で処刑された。中共は、一九四五年に彼の名誉回復を行った、と。つまり、李明瑞は全くの冤罪で殺されたのである。

◆**［第二四期］**　一九三二年六月二三日、「ソヴィエト法廷」、「閩西ソヴィエト政府裁判部判決書」第二号の記事。

一九三二年二月一二日、一三日の両日、反革命の改組派、AB団及び社会民主党の刑事裁判が行われた。判決は以下の通り（前文と各犯人に対する罪状の記載は全部省略する――筆者）。なお、被告は（9）陳正仁を除いて総て福建省人である。

ほぼ全員が共産党であり、政府や紅軍内にいる内部の敵とされた。

（1）**廖増徳**、三一歳、福建省永定県太平区人
家庭は貧農、元セメント工員、初等教育、社民党。［判決。禁錮五年］

（2）**張錦添**、二七歳、龍岩県白土人
家庭は貧農、本人は教員、中等教育、社民党。［判決。禁錮三年］

（3）**蘆清漢**、二八歳、永定県太平区人
家庭は貧農、本人は店員、初等教育、社民党。［判決。禁錮四カ月］

（4）**梁小琴**、二八歳、武平県人
家庭は貧農、本人は打銀工、文盲、社民党。［判決。禁錮四カ月］

（5）**蘆清州**、三六歳、永定県太平区人
家庭は貧農、文盲、本人は漁師、社民党。［判決。禁錮三カ月］

（6）**包寧**、二四歳、杭武一区人
家庭は貧農、本人は石工、初等教育、社民党。［判決。禁錮三カ月］

（7）**廖志徳**、三一歳、永定県太平区人
家庭は貧農、本人は雇農、文盲、社民党。［判決。禁錮三カ月］

（8）**劉番章**、二三歳、杭武県第二区人
家庭は富農、非共産党員、初中等教育、社民党。［判決。禁錮五年］

（9）**陳正仁**、二六歳、湖南省平江人
家庭は貧農、本人は農民、文盲、社民党、知識程度はきわめて低い。［判決。禁錮二年］

（10）**徐歩完**、三二歳、武平県人

家庭は貧農、本人は教員、中等教育、ＡＢ団。［判決。禁錮六ヶ月］

（11）**李英**、三一歳、武平県高梧人

家庭は貧農、本人は農民、文盲、知識程度きわめて低い、ＡＢ団。［判決。禁錮四カ月］

［筆者の論評］

上記の一一人の内九人は社会民主党、二人がＡＢ団である。八番の劉番章だけが富農で地主階級と結んでいたとされ、監禁五年という重罪に処せられている。階級成分がきわめて悪いとされたのであろう。全体に、貧農出身が多く、教育程度が低く、文盲とされる者が五人もいる。このような人々が、社会民主党とか、ＡＢ団などという高度な反革命の党派に入って重要な働きができるわけがない。このことから見ても冤罪は彼らの無学文盲に付け込んで作られたことが推測される。規律違反、命令不履行、上部への反抗等を皆社会民主党、ＡＢ団員の故とでっち上げられたものと想像される。

◆**【第二五期】**一九三二年六月三〇日、「ソヴィエト法廷」、「臨時最高法廷批示」第五〇号。これは、以下の「江西省裁判部判決書」第二号に対する批准の布告である。江西省裁判部の裁判は、一九三二年六月一四日に主審古柏（江西省裁判部部長兼内務部部長、一九三〇年以来の毛沢東の部下で粛反機関の創立者）と陪審二名によって行われた。以下は判決文であるが、罪名の内容は省略する。

（1）**温良**、三八歳、流氓（ゴロツキ）出身、江西省雩都県人

ＡＢ団の撲滅隊長、罪状は「該犯はＡＢ団に加入しながら、粛反機関に入り込み、ＡＢ団の撲滅隊長となり、訊問をせずにほしいままに多くの人を撲殺した。またＡＢ団の多数の主犯をかくまったり、逃がしたりした。さらに土地分配、階級区分をデタラメにやり、地主や富農をかばって反革命をやり、ソヴィエトの威信を大いに傷つけた」。［判決。死刑］

（2）**余遠深**、二二歳、興国県人
仕立て職人、ＡＢ団。［判決。死刑］
（3）**刁詩周**、三五歳、江西省雩都県人
貧農、ＡＢ団、反動組織を編成し革命に打撃を与え、民衆を恐怖現象の中に陥れた。また種々の封建思想を持ち、結婚の自由に反対した。［判決。苦役一年］
（4）**刁秀山**、二八歳、雩都県人
中農、ＡＢ団。［判決。苦役六ヶ月］
（5）**邱衍洪**、四九歳、雩都県人
貧農、ＡＢ団。［判決。苦役六ヶ月］
（6）**邱詳孜**、四九歳、雩都県人
貧農、ＡＢ団。［判決。苦役二ヶ月］
以上の判決に不服であれば、一日の内に臨時最高法廷に上訴することができる。

◆**［第二九期］**一九三二年七月二八日、「ソヴィエト法廷、臨時最高法廷批示、第五一号」。裁判部主席の何叔衡（当時、ソヴィエト政府の内務部部長、ソヴィエト政権の司法、検察の最高責任者。この後のことであるが、三三年に粛反運動を極左的にやったとして批判さる）の名において、一九三二年七月七日付けの主審古柏による「江西省裁判部判決書」第三号の判決文を掲載した。ここでは江西省のＡＢ団員四名に対する判決が記されている。
（1）**杜子章**、二四歳、泰和県人
富農の子弟、知識分子。［判決。死刑］

（2）**傅振中**、二四歳、汀州県人

知識分子。［判決。監禁三年］

（3）**劉祖珧**、三三歳、雩都県人

小商人。［判決。監禁二年］

（4）**何壽生**、二七歳、雩都県人

店員。［判決。苦役一年］

以上の判決に不服の場合には、三日以内に臨時最高法廷に上訴することができる。

◆**［第三二期］**一九三二年九月六日、「臨時中央政府文告」。「福建省ソヴィエト区・軍区における反革命の首領丘弼琴の処置に関する決議」の要旨は次の通り。

人民委員会は国家政治保衛局の報告に基づき、丘弼琴に関して以下の決議を行う。上杭県ソヴィエト政府主席の丘弼琴（他に「邱弼琴」としている史料もあるが同一人物）は、反革命の社会民主党の主要分子である。彼は民衆を煽動して反乱を起こし、共産党の責任ある同志を殺し、敵軍閥の下に逃亡した。昨年、わが党はこれまでの粛反運動の誤りを正したので、丘弼琴にそそのかされ彼とともに敵陣営に逃亡していた多くの民衆が、ソヴィエト区に帰ってきた。また上杭県ソヴィエト政府は、丘弼琴と公然と交渉して彼の現職復帰を許可し、彼の反革命の活動の継続を許した。かくして粛反運動は放棄され、かなり前に反革命の重要な犯人一〇余名が逃亡するという事件も発生した。従って、県ソヴィエト区と軍区の幹部は、速やかに丘弼琴を逮捕し厳罰に処すること、また彼の犯罪を大衆に暴露し宣伝することを命じる。

［筆者の論評］

丘（邱）弼琴（杭武県第二区軍事部長）は邱伯琴（杭武県ソヴィエト主席）の兄であり、県ソヴィエト政権の主席であった。弟が逮捕されたと聞いて白砂に救出に向かった。しかし途中で、弟がすでに「社民党員」として処刑されたと聞き、多くの人を連れて、敵陣営に逃亡した。この「社民党事件」の関係者という冤罪で、上杭県全体で三一〇〇余人が反革命分子として殺害された。党は困り果て、粛反運動の責任者である林一株を逮捕し、三一年九月に処刑した（『上杭人民革命史』頁一一九～一二五）。丘（邱）伯琴の処刑の時期について、『中国工農紅軍第一方面軍人物志』（頁一二二）は、一九三一年四月、上杭県白沙に於いてとしている。

◆**［第三三期］**　一九三二年九月一三日、「ソヴィエト法廷、臨時最高法廷判決書、第七号」。一九三二年八月三〇日、主審梁柏台と二人の陪審は二人の被告人に対して以下の判決を下した。（以下要旨）

（1）**李中沸**、二八歳、奉天錦州人

知識分子、家庭は小商人、中等教育、ソ連に留学して六年間の長期訓練を受けたが、好くない傾向があった。共産党員となり、前の紅軍第一二軍代理軍長、及び中央軍事革命委員会参謀をつとめた。トロツキー派。紅軍学校、紅軍第一二軍内でトロツキー派を結成し、施簡とも結んで反革命の陰謀を企てた。［判決。監禁七年］（筆者注。李は、『中国工農紅軍第一方面軍人物志』によると、中共主力軍が長征に出発する前夜に処刑された、という。頁二七三）

（2）**関潮**、二七歳、東江梅県人

家庭は中農、高小教育、共産党員、前の閩西杭武国家政治保衛処の署長、トロツキー派、反革命の破壊活動を行った。［判決。監禁四年］

★同［第三三期］、「江西省ソヴィエト裁判部判決書」第五号。一九三二年六月二四日、江西省ソヴィエト政府裁判部、主審古柏他陪審二名は以下のＡＢ団に対する判決を行った。

（1）**陳運波**、二八歳、干県人

知識分子、ＡＢ団。［判決。死刑］

（２）**周雲山**、二六歳、興国人

貧農、ＡＢ団。［判決。苦役二年半］

（３）**謝毓泉**、二六歳、興国人

貧農、ＡＢ団。［判決。禁錮二年］

この江西省ソヴィエト裁判部の判決に不服な者は、三日以内に上訴することができる。

（筆者。この判決を不服として控訴したが、次の最高法廷の判決となった）

同上［第三三期］、「臨時最高法廷批示」第五二号。

江西省ソヴィエト裁判部判決書第五号により、反革命ＡＢ団分子の陳運波は死刑に処し、周雲山は監禁二年半、謝毓泉は監禁二年に処す。一九三二年七月七日付。

◆**［第三四期］**　一九三二年九月二七日、「国家政治保衛局福建省分局、新泉県・長汀県両局局長を罷免し、処分する件」の記事。要旨は以下の通り。この両局の局長は、粛反運動に疑問を感じて動揺し、仕事をせずにどこかに出かけたり、家に帰ったりした。そのため、死刑を含む社民党の重要犯人たちが逃亡することとなった。また、富農の子女と結婚し、命令に従わず、反革命と妥協するなど重大な結果を招いた。故に彼らを罷免する。

［筆者の論評］

粛反運動が、それを担当する保衛局分局の責任者までが粛反運動に疑問を持ち、思想的に動揺してまじめに摘発や監視をしなくなっていたことが分かる。これはかなり一般的な現象であったのだろう。そうでなければ、こうした規律の乱れを示す一般記事を掲載するはずがない。今日からみて、全くの冤罪事件をでっちあげていた粛反運動は、冤罪をつくりだしている公安機関の責任者の反抗、動揺と怠業を大いに招いていたのであろう。

◆**【第四一期】** 一九三二年一一月二一日、「ソヴィエト法廷、臨時最高法廷批示、第一六三号」。江西省ソヴィエト裁判部刑事法廷第二九号の判決、反革命のAB団の重要犯人である李振萍、夏鳳生は死刑判決。周能文は監禁五年。匡吉志は一八歳であるが悪質なため監禁三年。（筆者、以下罪状の記録は省略する）最高裁判所の主席何叔衡。一一月一六日付け。

◆**【第六一期】** 一九三三年三月一五日、「六名の反革命分子を処刑」の記事。最近、瑞汀衛戍司令部は六名の反革命分子を処刑した。それは、陳宗俊、曹舒翔、李中沸、魏柏岡、張少宜、朱冠甫である。最初の四人は官僚地主階級出身の知識分子であり、ソヴィエトに反対する首謀者兼AB団分子であり、これらは最高法廷ですでに死刑の判決が出ていた。しかし、彼らは監獄に入った後にも、公然と反ソヴィエトの宣伝を行い、密かに書信を白区におくり、またソヴィエトと紅軍を侮辱した。また感化院で仕事をする時にも材料を無駄にし、与えられた仕事をさぼり、故意に反抗し、警備兵と争い、監獄の待遇に文句を言い、大いに不満を表し、ソヴィエトの法律を破壊しようとした。後の二人は、白軍の将校であり、地主富農家庭の出身である。（後は省略）

［筆者の論評］

上記六名の内、張少宜（日本の陸師卒、国民党軍の高級将校、反乱を起こして紅軍に入り軍長、反革命として三二年逮捕）と朱冠甫（保定軍官学校卒、国民党軍の高級将校、反乱を起こし紅軍に入り軍長、反革命として三二年逮捕）の二人は元国民党の将校で、国民党を脱走してソヴィエト区に来たものである。国民党の高級将校が紅軍に寝返って来ることを、初め共産党は大歓迎した。しかし、彼らは必ずしも共産党に心服しなかった。おそらく、共産党と紅軍の独裁的で強圧的な態度に反感を持ったのであろう。それで、今度は彼等を反革命として逮捕し処刑した。国民党軍の高級将校であった季振同、黄中岳は、蔣介石の政策に反対して、一九三一年一二月一四日のいわゆる「寧都蜂起」の際、中共紅軍に寝返った。しかし、共産党に同調できなかったためか疑われ、中共に逆に「季黄反革命事件」なるものをでっちあげられて摘発された。季と黄は三四年夏、瑞金で共に処刑された。

◆【第六二期】一九三三年三月一八日、「中華ソヴィエト共和国臨時中央政府、中央執行委員会訓令、第二一号、内部反革命の粛清に関する訓令」主席毛沢東と二人の副主席の署名。(要旨は以下の通り)

現在、帝国主義国民党が全ソヴィエト区に対して第四次包囲攻撃を行い、革命と反革命の生死をかけた決戦が行われている。敵は、わが陣営内の各種反革命団体(AB団、社会民主党、トロツキー派、封建迷信団体等)を使って少数の落後した民衆をそそのかし、反革命の陰謀をたくらんでいる。こうした事件が汀州、瑞金、河田等で起こった。現在、ソヴィエト区の各種政府機関は反革命に対する警戒心が欠落している。「ソヴィエト政府と全ての革命機関は、武装して民衆の防衛を行わねばならない。反革命分子を断固として鎮圧するために、重要な反革命分子に対しては、躊躇せず迅速に逮捕し処刑し、彼らの罪状を地域の民衆に全面的に知らしめねばならない」、「総ての革命的民衆を動員し、商人・富農・地主分子に対して厳しい監督と監視を行い、全ソヴィエト組織・機関、全民衆を総動員して初めて反革命を徹底的に消滅することができるのである」。

「ソヴィエト区の各種裁判部は、すでに逮捕した犯人は迅速に処理し、およそ罪悪が明白で証拠が明らかな重要分子に対しては、第一に彼らが階級異分子であるならば、直ちに処刑すべきであり、必ずしも裁判の規則やすでに発令した条例第二六号——[上級の批准を得て始めて死刑を執行することができる]に従う必要はない。先に死刑を執行して、後に上部機関に報告してもよい。中心地区では、同様にこれまでの積案を迅速に処理し、粛反の速度を緩めておくことは許されない。もし特別に緊急の場合には、まず死刑を執行し、後に上部に報告すること。これは敵が大挙して攻めてきた時に採るべき必要な手段である。平時と同等に論じることはできない」。

「敵が侵攻してくる区域及び辺区の地主富農分子に対しては、当然別の処理を行うべきである。反動的な事実がある場合は、直ちに逮捕して厳罰に処理し、彼らが活動する余地を全く残してはならない。その他、まだ反革命の事実が発覚していない一般地主・富農分子に対しては、当地の県政府が大衆を総動員して彼らの行動を監視すること。彼らを一律に逮捕すれば、好くない影響を生み、以後の処置に困難を生むことであろう。そうすべきではない」。

中央政府は、今回の敵の総攻撃を断固として粉砕する決意と自信がある。千百万の人民大衆と紅軍の総力を挙げて敵の攻撃を徹底的に粉砕しなければならない。「われわれは過去に粛反の豊富な貴重な経験を持っている。われわれはこの経験を用いて、ソヴィエト区内の反革命分子に対し、決定的で徹底的な鎮圧を行い、これを消滅すべきである。各級政府は本訓令が届いた後、直ちにその土地の具体的な状況に照らして、実際の執行方針を決め、併せて実行状況を報告せよ。ここに命令する。」

主席毛沢東、副主席項英・張国燾　一九三三年三月一五日

★同［第六二期］社論「ソヴィエト区内外の敵を消滅せよ―一人の反革命のスパイもソヴィエト区に入れるな！　一切の反革命の派閥を粛清せよ！」

（以下の記事内容は省略する）

★同［第六二期］「粛反工作を強化―四都医院社会民主党の陰謀暴露さる」（この病院の医官の張上階は、社会民主党の活動を通じて多くの仲間を獲得し、陰謀工作を行っていた。全貌が明らかなので保衛部が死刑に処した、という内容）、「汀州市で国民党秘密組織の活動を摘発した」（福建省保衛局は、汀州で国民党の秘密組織を摘発し、首魁の厳友江をすでに死刑に処した、という内容）。

★同［第六二期］「土地革命の進行の中で、会昌県で反革命派を逮捕」（中央土地人民委員会は、工作団を派遣し、地主・富農・反革命等多数を摘発逮捕した、という内容）

「筆者の論評」

この［第六二期］は、反革命粛清の命令や摘発の記事でいっぱいである。実に全四頁の内、半分近くがこうした記事で埋められている。三三年春は、国民党の「第四次囲剿」戦争の最中であり、中央革命根拠地は最大の危機を迎えていた。そのためソヴィエト区内の多くの各級政府、紅軍、武装集団、人民の間に動揺が起こったことは、『紅色中華』の他の記載から分かる。例えば、紅軍、赤衛隊、少年赤衛団などから大量の逃亡者が出たり、途中で行方不明になったりする多くの事例が掲載されている。例えば、［第六六期］（三三年四月二日付）の記事「恥知らずの現象──大量の赤色少年隊員が逃亡」によれば、今回、永豊、公略の両県で動員した□□（文字判読できず─筆者）の少赤隊一三〇〇余名と勝利、博生の両県の少赤隊一四〇〇名は、前方に送られてから九日以内に大半が逃亡した。甚だしい者は前方に到着する途中で逃走した。今回動員された者の内、ただ七〇〇名が残っているだけである。これはなんという恥ずべき現象であるか！」と嘆き、その責任は「団衛の政治委員と幹部にある。彼らが意識的にかつ計画的にやったのだ」と決めつけている。そして「無産階級の最も厳しい鉄槌を彼らに加えよ！」と絶叫している。

◆**［第六八期］**（三三年四月一一日付）には「武平県金思区の模範営で大量の脱走が起こった」という記事を載せ、さらに「どのように脱走に反対すべきか」という対策まで提起している始末である。中共党はもはや恐怖で人民を支配する以外にない状態になっていた。そこで、これまでの粛清裁判に関する法律を、自ら投げ捨てて、状況に応じて地方政府、地方機関が自由な判断で首魁と見なした人物を死刑に処しても可ということにした。つまり恐怖政治である。赤色恐怖の再現であった。中央執行委員会命令第二一号（第六二期）を中華ソヴィエト共和国臨時中央政府主席毛沢東の名で発した理由は、ここにある。この命令によって、以後一九三一年と同じく、地方保衛機関が、人を「勝手に捕え、自由に処刑できる」無法状況が生まれたと思われる。以後、詳しい裁判記録、判決文は『紅色中華』に掲載されなくなった。超法規的死刑が許されたのであるから、裁判の途中経過など報道し、刑法遵守を宣伝する必要はなくなったのである。共産党に反対したり、悪事を働いたり、紅軍から脱走したりする人間は、皆「地主豪紳の残余、規律を乱すゴロツキ、階級異分子、階級の敵、汚職腐敗分子」等のレッテルを貼られて処刑、処罰されてゆく。例えば、［第七四期］（三三年四月二九日付）には反革命分子、汚職腐敗分子、反革命組織の摘発と処刑の記事があり、［第七六期］（三三年五月五日付）には「（江西省南部各地で大量に起こった）逃亡事件を指導した罪人を裁判し、二人を死刑にし、もう二人を苦役に処した」記事と「福建省軍区で革命陣営を離脱した二名を死刑にした」記事、更にまた［第九四期］（三三年七月一〇日付）には、こうした事件が同じ面に四件掲載されている。こうした報道は毎号為されている。

◆**［第八五期］**　一九三三年六月一四日、「粛反工作の偉大な勝利―AB団首魁の段起鳳を逮捕」なる記事。

「読者は皆知っていることであるが、段起鳳は江西省AB団の首領であり、秘密裏に反革命の富田事変を指導した人間である。彼は、この富田事変（一九三〇年一二月）の時、AB団組織の江西省ソヴィエトの主席であったが、もとは土匪であり、一九二七年に革命に利益を求めてわが陣営に身を投じた。しかし、以後も土匪の気風は治まらず、多くの金を隠しもち、更にAB団に加入してからAB団の贛西団部、贛西南総団部、江西省団部の軍事部長を歴任し、積極的に反党反革命の工作を行った。国民党との第二次戦争の際に、党が粛反工作を深めたとき、江西省AB団の上層組織にいた首魁李文林・王懐等を前後して逮捕したが、段起鳳は永豊、公略両県境辺りの山中に逃れ、土匪の残存分子と結んでAB団を組織し大いに活動を行い、再度の反革命暴動を準備していた」。しかし、保衛局が大衆の支援を得て、この二月に逮捕し、今回挙行された「五・三〇」大会の席上、「公開裁判を行い、反革命の陰謀を広大な大衆の前に暴き立て、広大な大衆の要求に従って死刑の判決を下し、公略県に連行して処刑した。以上の事実は、粛反工作は、労働者・農民大衆の援助によって初めて成功するものであることを示した。段起鳳の処刑は、われわれ粛反工作の勝利であり、かつまた労働者農民大衆の勝利であることを証明している。この勝利は、われわれが帝国主義国民党の第四次包囲攻撃を粉砕する力をさらに強固にした」。

［筆者の論評］

段起鳳は、緑林の親分として徒党を率いて共産党に参加し、贛南の党幹部として活躍した。彼は民衆に義賊として慕われた有名なヒーロー的人物であったが、最後は上記の記事のように共産党から粛清された。彼が富田事変から三年六ヶ月もの間、山野に隠れて逃亡生活を送れたのは、彼が緑林の徒として、党とは異なる広大な独自の民衆世界を持っていたからであろう。

◆**［第一〇二期］** 一九三三年八月一六日、「南豊県で粛反運動を展開し、大勝利を獲得」の記事。南豊県は、最近国民党支配下の白区からソヴィエト区に編入した県であるが、ここの地主やゴロツキがソヴィエト区内で反革命の活動をしていた。三人の反革命がわれわれの組織内で発見された。「同志たちよ。南豊県のこの例を参考にして粛反工作を強化し、ソヴィエト政権を強化するために奮闘せよ」。

「雩都県段屋区の粛反工作」の記事。雩都県のこれまでの土地改革では、地主と富農にも土地を配分したので、階級区分が明確ではなく、民衆の革命の熱気が盛り上がらなかった。しかし、最近地主分子と富農分子をそれぞれ十数家摘発し捕えた（以上、要旨）。

「瑞金県の反革命である地主・豪紳の陰謀」の記事。（内容は省略）

「勝利県でＡＢ団分子を逮捕」の記事。「共産党の中に紛れ込み、不法行為を行い、ＡＢ団に加入していた者を、逮捕し処刑。

「万太地方の武装勢力の中に反革命活動を発見」（内容省略）

［筆者の付記］

「第一〇二期」には、上記の記事の他に「三人の逃げ隠れていた反革命分子がいた」、「一人の反革命分子も国家企業に紛れ込ませるな」、「労働者階級に背いた賊徒」等の記事があり、こうした反革命分子摘発や「階級敵を警戒せよ」という記事で全八頁の内の一頁が完全に埋め尽くされている。

◆**〔第一一二期〕**一九三三年九月二四日、「査田運動中の粛反勝利」、「地主富農の反動陰謀を粉砕」、「瑞金県の社会民主党の残余を逮捕」、「上杭県の粛反工作の偉大な勝利」、「反動派の陰謀を粉砕」、「辺区新区における粛反工作の展開」、「地主富農分子が病院に紛れ込む」などの見出しの記事によって、全六頁の内の一頁全面が埋め尽くされている。

◆**〔第一三六期〕**一九三三年一二月二〇日、「中央執行委員会命令、紅軍内の逃亡分子問題について」の記事。要旨は以下の通り。1、銃を持って軍から逃亡したものは、その場で銃殺する。2、組織的に逃亡したものは、その主導者を逮捕し、裁判の後銃殺する（以下3～8は省略する）。中華ソヴィエト共和国中央執行委員会主席毛沢東、副主席項英・張国燾の署名、一九三三年一二月一五日発。

［筆者の論評］

『紅色中華』の記事から、紅軍内から多くの逃亡者、脱走者が連日のように出ていたことが分かる。そのため、こうした軍規の崩壊を防ぐために刑罰を厳重にして、多くの場合に直ちに銃殺することができるとした。

◆**〔第二次全ソヴィエト大会特集号、第三期〕**一九三四年一月二六日、「中華ソヴィエト共和国中央執行委員会並びに人民委員会の第二次全国ソヴィエト代表大会の報告」。この報告は、中央政府主席の毛沢東によって、一月二四日午後と二五日午前にかけて長時間行われた。この大会で毛沢東は、中国と世界革命の発展の状況について報告し、中央政府成立以後、ソヴィエト運動が各方面で輝かしい成果を上げたという総括をなし、以下のように国内外の情勢分析を行い、具体的な戦闘方針を提起した。1、目前の形勢とソヴィエト運動の発展　2、帝国主義の侵攻とソヴィエト政府の反帝国主義運動に対する指導　3、帝国主義国民党の第五次「囲剿」とそれに対するソヴィエト政府の反撃　4、この二年間のソヴィエト政府の各方面における政策　5、第五次「囲剿」に対する勝利のための戦闘任務。（以下の各項目は省略する……筆者小林）。

◆**［第一五二期］**　一九三四年二月二〇日、「国家政治保衛局、また四人の反革命を逮捕」の記事。これは瑞金県において、ソヴィエト政府の発行した紙幣を不法に使用した人、および昔の債権を取り立てた元地主の二人を逮捕して、街区をひきまわし、裁判で自白させたうえ銃殺したという内容である。「中央政府総務庁において反革命分子一人を摘発」の記事。これはAB団分子であり、現在裁判中という記事。「情け深い連城県の保衛局長」の記事。「死刑判決の重罪人の処刑を行わず、粛反命令を守らない、この保衛局長のような奴は監獄に送るべし」という内容である。こうした記事が集中的に掲載されている。

◆**［第一五四期］**　一九三四年二月二四日、「中央工農検察委員会公布、西江県で一握りの反革命を検挙」の記事。県の工作人員の中から四人の反革命分子と脱走者を摘発、処罰した。革命の敵に警戒し、彼らを根絶せよ、という記事である。

◆**［第一五七期］**　一九三四年三月三日、「穀物収集運動の最中、福建省長汀県の粛反の怠慢」の記事。ある地主が共産党の公債を買わないように住民にいい、またその他各種の反革命の行為をした。こうした輩は処刑すべきなのに、たった二〇余日の拘留をしただけであった。またある者は「公債は税糧だ」といい、また公金二〇余元をくすねた。こうした輩に対して長く拘禁しただけで迅速な処置がとられていない。またある反革命分子は、「赤になっても死、白になっても死、つまりは死ぬということだ」などとデマをいって、民衆の中に反動的宣伝を行った。こうした者には最大の警戒心を持って断固たる処置をすべきである。ところが責任ある機関が全く処置をしていない、という内容である。

［筆者の論評］

これらの記事は、一九三四年の中央革命根拠地は、もはや人民のソヴィエトではなくなっていたということを証明している。このころの『紅色中華』の記事は、紅軍からの逃亡者の続出、反革命活動や党・政府機関内の腐敗、堕落、怠慢、官僚主義などの非難記事でいっぱいである。一方で、突撃週間だとか、今月の目標達成だとか、徹底的に公債目標を達成とか、紅軍への志願者が殺到だとか、威勢のよい記事を満載している。

◆**［第一六三期］**一九三四年三月一七日、「中央工農検察委員会公布―わが陣営に隠れていた多数の反革命脱走分子を検挙」の記事。江西省信豊県で県ソヴィエト政府機関内に多くの反革命分子が潜んでおり、彼らの行為によって多大な損害を受けてきた。今回、そうした輩を多く逮捕したとして、具体例として裁判部長、国民経済部長、財政部長、保衛局長、区主席などのソヴィエト政府のかなり地位の高い人々をAB団分子、機会主義者、動揺分子、脱走分子等として逮捕したと、詳しく紹介している。

◆**［第一六八期］**一九三四年三月二九日、「雩都県で反革命分子を検挙した状況について―項英（署名者）」の記事。項英はいう。「今回、わが中央党務委員会と中央工農検察委員会の代表は、雩都県に行って十数日間の工作を行い、党と政府の機関の指導者、工作者の内から多くの隠れていた反革命分子や腐敗分子、機会主義者、投機商人等を発見し検挙した」とし、（1）反革命活動（2）大量の汚職（3）党とソヴィエト関係者の投機的商売（4）食糧の調達運動（人民から穀物をソヴィエト政府に供出させる運動）における驚くべき落後状況などの項目を立て詳しく紹介し、全ソヴィエト機関でこうした反革命分子を摘発し懲罰せよと命令している。この項英署名の大論文は、実にこの号の全一〇頁分の四、五頁を占めている。

★同上［第一六八期］には、「中央執行委員会命令」が主席毛沢東の署名によって、三月二〇日付けで公布されている。その内容は、「雩都県ソヴィエト政府主席の熊仙璧による汚職・横領事件に対する、解職と告発と判決文」である。この公布記事に続いて「中華ソヴィエト共和国最高特別法廷判決書」の全文が掲載されている。内容は、熊仙璧の罪状として（1）反革命分子の活動を野放しにしていたこと（2）上級の命令を執行しなかったこと（3）汚職・横領・腐敗行為があったこと、以上三点が罪状として認定され、監禁一年の判決である。この時の主審は董必武である。この以上の記事が全一〇頁の内約一・五頁を占めている。

［評者の論評］

雩都県は、興国県や寧都県と並んで中華ソヴィエト政府の重要拠点であり、この県のソヴィエト主席さえも、汚職、横領や犯罪者をかばった罪で罷免、告発される事態になっていたことが分かる。ソヴィエト政府機関が内部から崩壊している状況が窺える。この時期以後、党と政府から下部組織と人民に対して、穀物、兵士、物資の半ば強制的な調達命令が発せられ、連日のように達成率が報道されている。

◆**［第一七六期］**一九三四年四月一七日、「中華ソヴィエト共和国中央執行委員会命令、ここに共和国の司法規則を制定し公布する」（一九三四年四月八日付け文書）。主席毛沢東、副主席項英・張国燾の名前で公布。この序文にいう。「国内革命戦争の状況下において、ソヴィエト法廷と粛反委員会等の機関は断固として迅速かつ正確な対応をして、反革命分子を鎮圧し、革命陣営の民衆の利益を守らなければならない」と。同時に、以下の文書を掲載した。「中華ソヴィエト共和国中央執行委員会命令。ここに反革命を処罰する条例を定め、公布する」とし、主席毛沢東、副主席項英・張国燾の名前で、「中華ソヴィエト共和国懲治反革命条例」（一九三四年四月八日付け文書）が掲載された。内容は両命令文書とも、反革命分子をすばやく、徹底的に逮捕し、厳重に処罰することができるような法改正をした、というものである。これによって、下級の保安機関、裁判機関が略式で逮捕と処罰を行うことができ、しかも、即決で死刑にできるように基準を緩和し、範囲を拡大したのである。この命令は、全六頁の内、二頁全面ぶち抜きで掲載された。

◆**［第一八〇期］**一九三四年四月二六日、「広昌県でファシスト組織を摘発―匪賊首領の周洪昌等数名を銃殺す―」の記事（内容省略）。「閩贛省で反革命の首領二名を銃殺」の記事（以下は要旨）。「鍾光來は古くからのＡＢ団であり、革命戦争が激化したのに乗じて、ソヴィエト機関に入り込み反革命活動を展開し徒党を増やした。そして革命裁判所の中に入り込み、大量の人を軽重なくでたらめに殺した。また、裁判部が石城県に移動した時、その途中で多くの民衆を殺した。もう一人の彭皋は改組派であり、鍾光來とグルになって紅軍と赤少隊を破壊し、査田運動を破壊し、ソヴィエト紙幣を嫌がり、反革命のデマを飛ばして革命を破壊しようとした。その為、裁判を行い銃殺した。同志諸君、警戒心を高め、一切の反革命の活動を激しく鎮圧せよ！」。

◆**［第一八一期］**一九三四年四月二八日、「死ぬか、或いは勝つか―張聞天」（巻頭に一頁分を使って掲載された）。張聞天は、この時党中央委員会主席であり、地位からすれば中共の最高位にあった。

［筆者の論評］

張聞天がかかる絶叫調の論文を書くことは、ソヴィエトが瀕死の境にあったことを示している。またこの張聞天の巻頭論文は、党中央が中央革命根拠地のソヴィエト区を放棄して、大脱出を決定せざるを得ない状況にあったことを示しており、実際この頃、党中央において秘密裏に中華ソヴィエト共和国を守り抜くことができないので、主力機関と紅軍主力の大脱出が決定されたのであろうと考えられる。この「大脱走」に対するコミンテルンの承認は五月ころであろう。

◆【第一九二期】一九三四年五月二三日、「公略県富田区でＡＢ団を摘発」の記事。地主と富農がＡＢ団分子と共謀して三〇余人となり、反革命活動を展開した。彼らは、「油や塩がないのに、どこに公債を買う金があるのか」といって、共産党の戦時国債をののしり、「結婚の自由などはよろしくない。自分でよい妻を選んでも、直ぐに離婚だ。今日別れ、明日また結婚。牛馬のようだ」といって、自由結婚制度に反対し、あるいは革命のスローガンを反革命のスローガンに茶化して「兵士はもっぱら赤匪を討つ」、「白軍の兄弟が来て赤匪を討つことを歓迎する」、「国軍の作戦を救援する」などとまぜっかえした。これを重視した県保衛局は内偵を重ね、ついに彼らの反革命の事実をつかみ、反革命の地主富農と過去にＡＢ団の首領であった者はその場で処刑した。

［筆者の論評］

言葉で党の政策を罵ることがすなわち反革命の証拠とされて、有無をいわさず「銃殺」になったことが分かる。この五月頃は国民党軍の「第五次囲剿」によって中華ソヴィエト共和国は追いつめられて絶体絶命の窮境に立たされていた。まさに張聞天がいう「死ぬか、或いは勝つか」という状況下（いや、実は「死ぬか、或いは逃るか」だったが）にあった。共産党は、民衆の規律が乱れ、内部崩壊を恐れて、流言蜚語を飛ばす人まで反革命として直ちに処刑したのである。こうした事例を『紅色中華』は毎号のように載せて、赤色恐怖によって窮境を乗り越えようとした。この時期には、ＡＢ団、改組派、反革命分子、機会主義者、ゴロツキ、逃亡分子、腐敗分子等々のレッテルが多くの民衆や党政府機関内の人々に張られて極刑に処せられたが、これらのレッテルは皆どれも恣意的に張り付けられたものであった。要するにレッテルは、党が誰にでも自由に張り付けることができる「赤色恐怖」の護符であったということである。

◆【第二〇八期】一九三四年六月二八日、「断固として反革命を鎮圧するか、それとも反革命の前で狂乱するか―張聞天」の記事。張聞天は、革命戦争が日に日に緊迫する今日、地主富農に対して如何なる態度をとるかと問う。この問題に対して張聞天の答えは、「われわれは赤色恐怖をもって地主富農の積極的な反革命の行動に対処すべきである。特に戦区・辺区においては迅速な処置をとる必要がある。なぜならばただ赤色恐怖のみが彼らの反革命の活動を停止、あるいは麻痺させることができるからである」とした。張聞天は、最後に小資産階級の極左主義的な熱狂や自己陶酔、その反対の右傾機会主義の大慌てや投降主義にも反対する、真のボルシェヴィキの道を歩まねばならないとまとめている。

［筆者の論評］

この一面全部を占める大論文は、明らかに「地主富農」に対して徹底的な弾圧を加え、赤色恐怖によってソヴィエトの秩序を死守せよという命令である。党の最高幹部の一人がこのような「赤色恐怖」を全面に掲げ宣伝する危機的状況が読み取れる。赤色恐怖で内部を固め、この中央革命根拠地から全党をあげて脱出・逃亡する計画は、党の最高幹部たちによって、この三四年五月には最終的決定を終えていたはずである。この最終決定がいつ誰によって、いかなる会議で、いかなる階級の人まで含んで決定されたのか、まだ真相は明らかだとはいえない。この時期からは、大脱出への準備、つまり紅軍兵士の大募集、食料や衣服の準備、国民党や内外の敵に情報が漏れないようにする厳戒体勢の強化等が最大の課題になった。そのため細かな反革命の活動やその処理に関する報道はなくなる。恐らく反革命とされた人やこれまでに処刑判決が出ていてまだ実行されず監禁されていた人、大脱走以後、おそらく危険になると判断された人などは、大量に処刑されたものと考える。「寧都蜂起」でソヴィエトに来た国民党高級将校の季振同、黄仲岳もこの三四年夏に瑞金で処刑された。

◆**［第二〇九期］から［第二三一期］**　大脱出の前月である三四年九月までの『紅色中華』の主だった記事は、以下のとおり。「中央組織局、人民委員会、食料動員の緊急指示」（六月三〇日）、「国民党は、公然と中国の半分を売り出した」（七月五日）、「糧食徴収の突撃月間が期限どおりに行われない怠慢がわれわれに脅威を与えている」（七月五日）、「紅軍には必ず衣服と寝具がなければならない」（七月五日）、「瑞金における糧食の調達と人員動員の総括」（七月七日）、「紅軍の総数、六万余名を突破」（七月七日）、「瑞金全県における反日デモンストレーションの意義」（七月一〇日）、「紅軍は二十四万担の糧食を待っている」（七月一二日）等々。このように、『赤色中華』は、紅軍拡大、少年赤衛隊の武装動員、食料の緊急動員、秋の収穫を確保する紅軍の動員、資金の徴収、日本帝国主義が華北を横行、等々の記事で溢れている。そして「中国工農紅軍、北上抗日宣言」（『第二二一期』八月一日）の記事が出る。この二二一期には、毛沢東同志の談「目前の時局と紅軍抗日先遣隊」の記事を掲載。「武装して秋の収穫を保護し、迅速に穀物六〇万担を借用する戦闘任務を完成せよ」（八月八日）、「九月二七日以前に三万名の新戦士を武装の上前線に送れ」（羅邁、九月四日）等々の記事もある。またこの頃、紅軍拡大の緊急通達が連日出されている。「粛反工作と赤色戒厳を強化し、一切の反革命活動を鎮圧せよ」（九月一三日）、「瑞金は紅軍動員の突撃県である」（九月一八日）、「中国人民の対日作戦の基本綱領」（九月二一日）、「中国民族武装自衛委員会、対日作戦宣言」（九月二一日）、「一切はソヴィエトを防衛するためである！」（張聞天、九月二九日）。

これが、「長征」と俗にいわれる大脱走前夜の、中央委員会総書記である張聞天の中華ソヴィエト共和国放棄の最後の演説であった。絶体絶命の淵に立たされた中共は、ソヴィエト区を放棄する、大義名分を必要としていた。それが「北上抗日、その先遣隊の派遣」というスローガンであった。食料も衣服もなく、国民党の度重なる包囲と攻撃によって、一九三四年春以降は、ソヴィエト区は全盛期の半分にも減少していた。『紅色中華』の記事を見ると、三四年の春以降戦線は混乱し、紅軍兵士の逃亡は続き、党員や大衆の戦線放棄、任務放棄が至るところで起こっていた。大脱出のためには、紅軍新兵の募集と動員、食料や衣類の大量確保、草履などの大量準備、資金の徴収が必要だった。しかしこれだけでは、民衆や軍隊に動揺が起こり、また国民党も総攻撃を強化するであろう。敵に悟られないように、大脱出の準備を行い、強制動員を成功させる必要があった。敵を欺き、味方を欺くことができなければ、自滅を待つことになる。ここで「北上抗日・先遣隊派遣」という、偽のスローガンが提起された。大規模な目くらまし宣伝、偽装戦術だった。

評者の『紅色中華』に関する論評

一、「国際的共産主義運動」と「救国救人民精神」の間

『紅色中華』の創刊号である第一期には、「日本帝国主義の中国に対する侵略の強化」、「帝国主義がソ連に侵攻し、中国を爪分することに反対する」の記事。次号の第二期には、「中華ソヴィエト共和国臨時中央政府の対外宣言」（この宣言の冒頭に言う。「全世界の労苦の中にある民衆と各国政府へ。中華ソヴィエト共和国臨時中央政府は、一九三一年一一月七日、つまりロシア革命記念日に、江西省で正式に成立した。これは中国の工農兵およびすべての労働者民衆の政権である。これは帝国主義と中国地主資産階級の国民党政権の統治に取って代わり、かつまた中国の労苦の中にある全ての民衆に呼びかけて、この国民党の統治を転覆させる政権である。この政府は次のように正式に宣言する。この政府は世界で唯一つの無産階級の祖国であるソ連邦の最も良き友であり又同盟者である。この政府の目的は、全世界の被圧迫民衆と連合して起ちあがり、世界帝国主義の支配を転覆することである。これは帝国主義の植民地・半植民地に対する如何なる略奪にも反対し、徹底的に民族自決を主張するものである」と。また次のような記事もある。「日本帝国主義は、またも黒竜江省を占拠する」、「日本帝国主義は天津の戦場に軍を配備する」、「帝国主義のソ連に対する挑戦に反対する—日本の干渉とソ連民衆の大デモ」、「ソ連は帝国主義の中国爪分に反対する」、「上海の日本の波止場で大ストライキ発生」等々の記事。第三期号には、「帝国主義が中国を爪分することに反対し、国民党の統治を転覆させよう」、「帝国主義が中国を爪分することに反対する—日本の増兵派艦」、「帝国主義のソ連への武装侵攻に反対する」、「ソ連のプラウダ報、帝国主義の陰謀を暴く」、「世界大戦の緊張、各帝国主義の猛烈な軍備拡張」等々の記事。第四期号は一九三二年の新年号で、項英の大論文「一九三一年の総括と一九三二年の開始」が巻頭を飾った。この論文は、「ソ連社会主義の興隆と世界資本主義の恐慌の深化・衰退が高度に達したこと」、「帝

国主義の相互の衝突が強まり、世界大戦が爆発する危機にあること」、「世界革命の高潮と共産主義の影響力が拡大したこと」、「帝国主義国家のファシズム・専制化が顕著になったこと」等々を強調している。さらにこの号は、全四頁の内二頁を使って日本を中心とする帝国主義が中国への侵略を強化し、利権を争って殺到している状況を伝え、警戒心の強化を図っている。以上第一期から四期までを見ただけでも、中国共産主義者はあの辺鄙な福建省と江西省の境の山岳地帯を根城にし、瑞金などという高地の小さな県城を首都としながら、いかに帝国主義に反対し、いかに中国を救国せんとするか、という崇高な信念と救国の熱狂の中にいたことかが、十分に理解できるであろう。しかし、理想は現実の前にはかない。

二、「赤色恐怖、内外の階級敵に対する極左テロリズムによる恐怖支配」

毛沢東が起こした「ＡＢ団粛清」と「富田事変」、それを公式に認めたコミンテルンと中共党中央による「粛反運動」の全面化は、党全体が内部の敵「ＡＢ団」・「社民党」・「トロツキスト」という内なる妖怪変化を生み出し、それに脅える日常を生んだ。この妖怪変化が大多数の共産党員と革命大衆の頭脳の中に住み着き、この内部の敵、裏切り者、敵のまわしもの、ゴロツキ、堕落腐敗分子に対する恐怖感が進行し、同時にまた内部の敵に対する近親憎悪の感情が、集団心理となって増殖を遂げるに至ったのであろう。レーニン・スターリン型共産主義者は、階級闘争理論による階級区分を実施し、階級敵を設定し、彼らの打倒、転覆を絶対の使命とする。強大な敵をソヴィエト区内と住民内に設定することなしに、彼らの理論と信仰は成立しない。かくしてひとたび階級敵「ＡＢ団」が発見されたからには、この妖怪変化を打倒することが絶対にして神聖な全党員の責務となった。かくしてＡＢ団、改組派、第三党、トロツキー派、その他各種の反革命分子の粛清は、党員の最大の階級的任務であり、崇高なる使命とさえなったのである。憶測で、いや作意的に作られた妖怪変化が、人々の頭に取りついて主人となり、全党員を支配することになった。しかも、ソヴィエト共和国とか、革命根拠地とかにおいては、多くの民衆や紅軍兵士が白区に逃亡し、過酷なノルマに耐えられずにサボタージュを繰り返した。こうした絶体絶命の淵に立たされた共産党幹部たちは、「粛反運動」の拡大化によって、民衆や兵士を支配し、命令し、従わないものは反革命分子として処刑する以外に、国民党の「囲剿」に対処する手段がなかった。誰も彼も、互いに「信じようとしても信じられず、また信じても信じられなくなった」のである。党と無産大衆もまた、伝統的な農民の「光棍ボルシェヴィズム」（マックス・ヴェーバーの概念）に身をゆだね、恐怖の中の歓喜に酔い痴れたのであろう。

一方、党の「雇農・貧農・下層労働者」を無条件に革命主体とする信仰に基づく土地革命の政策は、一時的にしろ、雇農・貧農・下層労働者を立ち上がらせ、ソヴィエトの成立を生み出した。しかし地主・富農からの土地没収がひとわたり終わると、土地革命は行きづまった。そこで「査田運動」を始めた。これは隠れている地主・富農の摘発運動、隠されている地主富農の再度の土地調査を徹底的に行い、隠されている土地を没収する運動だった。「査田運動」の目的は、追いつめられた党が土地所有情況を再度精査し直して隠れた富農を摘発し、革命政府の収入増と貧農の抱き込みを謀る最後の運動である。

この旗振りをしたのは毛沢東である。彼は、『紅旗中華』「第八六期」（三三年六月一四日付け）に、単独署名論文「広く深く査田運動を展開して封建勢力を徹底的に消滅するために闘おう――査田運動は広大な区域内の中核的な重大任務である」を発表し、「第八七期」（三三年六月二〇日付け）には「中央局の査田運動に関する決議」を毛が報告をしたと記してある。彼は同号で単独署名の「大規模に総ての党ソヴィエト労働組合・貧農団を動員して査田運動を深くやろう」を発表した。同「第八八期」にも単独署名の論文が掲載されている。『紅色中華』を見ると、この年の春から、紅軍の食料欠乏がきわめて深刻になっていた。『紅色中華』には毎号のように食料調達命令が出ている。しかし、もうほとんどどこにも穀物は残っていなかった。無理に地主・富農を捜し出し摘発して、食料や金や物資を無理に調達せざるを得なかった。そのため、この地主富農に対する「査田運動」は、結果的に被害を中農層にまで拡大させた。

「査田運動」について、現在でも中共党史は、全面擁護を行っている。例えば、『中華蘇維埃共和国辞典』（学苑出版社）は、「査田運動」の項目で、「隠れていた地主・富農を摘発し、階級区分を間違えて中農にされていたものを正しく区分し直し、階級路線を正すことが目的だった。この運動は封建的な残存勢力に打撃を与え、農民の土地問題を解決し、生産の積極性を高め、労働者と農民の政権を強固にする積極的な作用を果した」（頁一九五）としている。実に表面的で公式的な説明であり、歴史的真実と遥かに隔たっている。

かくして、この無制約といってよいほど単純化された階級闘争の理論は、従来の農村社会の慣行・共同体的農民文化を徹底的に破壊した。生産力は低下し、予備的穀物はなくなった。かくして党はますます焦り、「富農」を敵とし、「富農分子AB団」の探索と粛清に狂奔せざるを得なくなった。今や、党の取りうる方策は「反革命粛清」しかない。つまり「粛反運動」による「赤色恐怖」以外に、党はソヴィエト区とソヴィエト政権を維持防衛する手段がなくなったのである。証拠があろうがなかろうが、党に反対し、党の命令に背き、仕事をさぼり、家族や親類をかばうものは、皆AB団であり、改組派であり、第三党であり、トロツキー派であり、その内のどれかであるということになった。それらのどのレッテルを張ればいいかはたいした問題ではない。党に反対する者、党の政策を実行しない者は、これらのどれかに属する反革命であり、拷問によって彼ら自身に「自白」してもらえば良いことであった。こうして粛反運動は階級闘争理論における「自動律」となった。まさに信仰と運動と恐怖の三者による「粛清運動のスパイラル」現象が起こったのだ。党の粛反運動に反対する者は、打倒され処刑されるという「赤色恐怖」の前に、全党員、全紅軍将兵が立ちすくんだ。これでは戦意が高揚するはずもなかった。

階級区分とそれに基づく土地配分＝土地没収政策の失敗、農業生産力の後退、国民党軍隊に対する反撃は、粛反運動の全面化による「革命戦争＝赤色恐怖」によってのみ回復することができるのであり、これを信じることなしに党員・革命家として存在できない、このように自己暗示、自己正当化を行うことなしに、党とソヴィエトは存在できないのである。大いに疑わしい道でも、前進する以外になかった。これなしに長らえることは不可能であった。このことを、党の幹部たちは皆暗黙の中で「承知していた」のであろうが、しかし他のどこにも新しい道はなかった。だから、ソヴィエト区とソヴィエト政権を国民党の度重なる包囲攻撃、つまり第一次から第五次まで連続して行われた「囲剿」から守り、「反帝国主義・中華救国」

の革命の大義を貫徹し、死守するためには、是非善悪を越えて「粛反運動」が絶対に必要だった。たとえ多くの違法行為である「拷問」が行われていようが、また物的証拠がなくても自供こそが最大最高の証拠であるとする「自供主義」が誤りであることも、さらにまた大量処刑も間違いであることも知っていた。党中央は、こうした誤りを何回も正そうと努力したことを認めるとしても、党が目的にする社会主義革命の勝利と反帝国主義と中国救国の大義の前には、大した問題ではないと「肯定する」以外になかった。

党幹部は、必ずしも以上に述べた合理主義的認識で一致していたのではないであろう。合理主義は身の破産を呼ぶ。困難は内外の敵の仕業だ、と自らを信じ込ませる以外に方法がなかったのである。そしてまた雇農・貧農・労働者の暴力を階級的暴力、革命的闘争などと讃美しながら、一方で彼らを紅軍・紅少隊に動員し、集団労働に狩り出し、穀物や金銭を拠出させ、ついには数万人を強制動員して「長征」と後に讃美される逃避行、大脱走に連行した。その多くが途中で逃げるか、戦死する運命を逃れることはできなかった。

中共の地主富農や土豪劣紳に対する財産没収という名の「略奪・暴行・殺害、追放」等々の行為は、民衆の粗暴な暴力主義と略奪主義を正当化すると同時に、誰にもある恨み、妬みという最も人間の原始的な負の劣情を野放しにしたのだった。しかも、階級闘争の理論信仰は、それらの行為を革命的で正当な行為であり、偉大な闘争のエネルギー源であるという倒錯した理論で擁護し、封建的で野蛮な価値観をただ上下に転倒して意味・位置転換を行うという結果を生んだ。このことは、中共自身に跳ね返り、彼らの大義とモラルと規律をなし崩しにせざるを得なかった。実際に『紅色中華』には、毎期のように内部の腐敗・堕落・賄賂・横領・怠惰・逃亡・脱走・裏切り・不道徳・デマ宣伝等々の反革命行為・規律違反の事例とそれに対する警戒や懲罰の命令が掲載されている。これは、ソヴィエトが内部から崩壊していったことを示している。党幹部は、こうした状況が分かれば分かるほど粛反運動の強化を呪文のように唱えて、多くの同志を粛清し自己を欺きかつ納得させ、さらにまたより一層「赤色恐怖」を煽る、という恐怖のスパイラルに堕ち込んでいった。かくして最終的には党員、紅軍兵士、ソヴィエト政府機関員、それに人民、合計一〇万人以上が殺害されるという地獄絵図を現出したのだった。

三、「『紅色中華』に見る毛沢東の位置と権力」

建国後の中共の宣伝では、中華ソヴィエト共和国の時代には、「王明一派」（秦邦憲、李徳（オットー・ブラウン）、張聞天とその影響下にあった任弼時、鄧発、また時には周恩来も加える）が、毛沢東の正しい指導や戦略戦術を採用しないどころか、毛沢東に反対し、彼を党中枢から全く排除していたと位置付けている。毛主席は一九三二年初めから三四年秋の長征開始まで孤立し、冷遇されていた非運の時代だったのだ、しかし、長征途中の遵義会議で彼は始めて指導権を奪回したのだ、最後には党は正しい道を選択したのだと。果たしてそうか。

確かに、毛はこの三年弱は一九三〇年のような唯我独尊を維持し続けることはできず、多少の浮き沈みはあった。しかし三一年一一月に「中華ソヴィエト共和国臨時政府主席」、「中華ソヴィエト共和国人民委員会主席」になり、以後この地位から降りることはなかった。確かに、上海の党中央が蒋介石のテロと軍事攻撃に追われて江西省に逃げてきていた一九三二年から三三年にかけて毛沢東は、軍事指導の第一線から外されていた。しかし、共産党中央の機関紙である『紅色中華』に、毛沢東の名前や命令文書は臨時政府の主席として頻繁に出ており、毎号のように彼の署名や責任部局の「訓令・命令」が掲載されている。ちなみに上海の党中央の幹部が江西省のソヴィエト区に来た時期と毛沢東との関係を、『紅色中華』、『毛沢東年譜』等々を中心にして年表にしてみる。

一九三一年一一月、「中華ソヴィエト共和国」の成立宣言。

毛沢東が「中華ソヴィエト共和国臨時政府主席、項英と張国燾が副主席」に就任した。

「毛沢東が臨時政府人民委員会主席、項英と張国燾が副主席」という党中央の人事は三四年秋に長征に出るまで続いた。「朱徳は中央軍事委員会主席、王稼詳、彭徳懐が副主席」となり、軍事委員会は以後ながく、このメンバーのまま三四年秋まで続いた。毛沢東は、一九三一年末まで持っていた紅軍の最高司令官（党書記）としての地位を失っていた。

三一年一二月、周恩来が中央革命根拠地に来て、中央ソヴィエト区中央局書記となる。毛沢東のAB団粛清の拡大化、単純化を批判するが、粛反運動の基本方針は承認した。周が共産党の序列では毛の上にあり、富田事変やAB団粛清運動のやり過ぎが批判されて、毛は三二年一月〜三月まで病気療養を理由に戦線指導から離脱させられた。しかし、三月項英が毛に戦線復帰を要請した。毛は瑞金に戻り、中央軍事委員会主席の朱徳の下で顧問として戦争を指導した。

三二年三月中旬、毛は、紅軍の戦略術を批判し、以後、毛が実質的に紅軍を指導した。当時毛は中央革命軍事委員会の書記ではなかったが、毛の紅軍に対する威信は揺るがなかった。

三二年一〇月、中央ソヴィエト区中央局全体会議（南寧会議）で、中央蘇区中央局の幹部たち——任弼時、項英、鄧発、顧林霖等が、毛の戦略を「右傾日和見主義」として激しく批判した。毛は、そのため病気療養と称して福建省の根拠地に隠棲した。しかし、毛なしに戦争の指揮は不可能であり、五カ月後の三三年二月にまた請われて復帰した。毛を批判したソヴィエト区中央局の幹部たちは、モスクワや上海から来たインテリ都会人たちであり、紅軍の歴戦の将校たちにはたいして威信がなかった。毛は、一九二七年以来労農紅軍を率い、将兵の絶大な支持を保持していたので、彼の自信は揺るがなかったと思われる。

三三年一月、党中央の最高幹部の秦邦憲、張聞天が江西省の中央ソヴィエト区に入った。彼等は、ソ区中央局と中共臨時中央政治局を合併し、「中共中央局」を創り、秦邦憲が書記、張聞天が常任委員・宣伝部長に就任した。最高権力の地位に就いた秦邦憲、張聞天たちは、毛の親友であった羅明の戦略を右傾機会主義の「羅明路線」として攻撃し、またソヴィエト区内の最高権力を確立するために極左路線を煽って自分たちの威信を打ち立てようとし、更にまた毛沢東に近い「鄧小平、毛沢覃、謝唯俊、古柏」を羅明路線の人間として批判し、彼等を罷免した。これは、毛沢東に対する圧力として行ったものであった。

三三年五月八日、「中央革命軍事委員会」で新人事が行われ、秦邦憲と項英が中央革命軍事委員会に入った。秦邦憲と項英が軍事部門で最高の権限を持つようになった。実際の戦争指揮は朱徳、彭徳懐、王稼祥、それにしばしば周恩来が入って行った。

三三年六月、毛は、単独で論文を発表して、「査田運動」の実施を強力に呼びかけた。富農から更に穀物と土地の徴発を強化して、政府の財政と紅軍の食糧・資材の欠乏を解消することを目指すものだった。これは、中央ソヴィエト政府主席としての権力を自己に集中しようとしたものであった。毛は、「反羅明闘争」の名で毛を攻撃する秦邦憲、張聞天等に対する抵抗、主導権保持のために、大いに「査田運動」を提唱したのであろう。

三三年九月、オットー・ブラウン（李徳）がソヴィエト区に入った。一〇月、秦邦憲、オットー・ブラウン、張聞天、周恩来が党の最高幹部になった。この時から、秦邦憲、オットー・ブラウンが、事実上の紅軍の最高司令官になった。しかし、彼らは中華ソヴィエト共和国がある江西省、福建省の地理も国民党勢力の動向も知らなかった。もちろん国民党軍と会戦を行った経験もなかった。だから、具体的な戦略戦術まで指揮したとは思われない。毛は、以後も依然として中華ソヴィエト共和国臨時政府の主席であり、中央人民委員会、中央執行委員会の主席の地位を保持し続けた。毛は『紅色中華』に絶え間なく単独記事を書き、多くの政府訓令・命令を彼の名で発している。秦邦憲、オットー・ブラウン、張聞天等が、毛を蹴落として完全に権力を握ったといった解釈は妥当ではない。毛は、中華ソヴィエト共和国主席の地位をフル回転して、『紅色中華』の記事、論文、報道を道具にして政府主席の権力を保持していた。『紅色中華』の編集権は、最終的には党宣伝部長の張聞天にあるが、張は次第に秦邦憲・李徳と意見が合わなくなり、毛に接近しつつあったので、毛は、『紅色中華』で大いに記事を書くことができたのである。いや、毛の党・軍内の威信は張も恐れるほど大きかったともいえる。

三三年一一月に毛は、臨時中央政府主席として、革命軍事委員会主席の朱徳と連名で、蔣介石の第五次「囲剿」に対する「緊急動員令」を発している。これ以後、朱徳と連名の「命令」がしばしばあらわれる。朱・毛同盟は復活したのである。

また、この一一月前後には、軍事委員会副主席の彭徳懐に、レーニンの『社会民主党の二つの戦術』、『共産主義運動の左翼小児病』の二書を送り、この二書をよく読めば、〝左〟が右と同じく危険なことがよく理解できる、と書き送った。毛の悠揚迫らぬ態度を見てとることができる。

三四年一月、「六期五中全会」が開かれ、秦邦憲と張聞天が報告した。毛は欠席した。

三四年一月末、毛は、「中華ソヴィエト共和国中央執行員会と人民委員会の第二次全国ソヴィエト大会への報告」を「中央政府主席」として行った。これは、『赤色中華・第二次全ソ大会特刊第三期報告』（一月二六日付）の全一一頁を占める大報告だった。この会議は、完全に毛が一人で取り仕切った。

三四年四月二八日、秦邦憲（博古）、オットー・ブラウンが直接指揮した「広昌戦役」で大敗し、その大損害によって中華ソヴィエト共和国の維持ができなくなった。これまで秦邦憲（博古）、オットー・ブラウンは、大規模な戦役の指揮を直接にしたことはなかったのである。つまり、このソヴィエト共和国時代に毛は完全に失脚しており、秋の大脱出は秦邦憲（博古）、オットー・ブラウン等の失策に全責任がある、という建国後の「毛沢東不遇伝説」は必ずしも真実ではない。

毛は、確かに一九三一年末以降、周恩来、秦邦憲（博古）、張聞天、オットー・ブラウン等々が上海から彼と朱徳が作った中央ソヴィエト区にやって来てからは、以前のように独裁的ではいられなくなった。三二年一月から、二度短期間ではあるが、中央ソヴィエトの責任部署から離れて病気静養を装って、福建省の山中に引き籠った。一回目は三二年一月～三月まで、二回目は三二年一〇月～三三年の二月までの二回である。二回目の時には確かに体の具合が悪かったらしい。しかし、毛は、このようなことでめげる人物ではなかった。以前にも、つまり一九二九年秋に、それまで紅第一方面軍の総前敵委員会の書記として独裁を行ったので、朱徳などの反感を受けて、選挙で負けて書記の地位を失って戦線を離脱したことがあった。この時は党中央と朱徳、陳毅などが頭を下げて原職に復帰した。三二年にも、「私がいなくて、お前達だけで出来るか」といった態度だった。この時も項英が頭を下げたので復帰した。毛は能力もあり、プライドが高く、紅軍将兵を一番知っており、彼らは自分にこそ従うのだと自信を持っていたのだろう。彼は、一時の不遇など問題にしない気概を持っていた。上記した二度の戦線離脱も、毛の深謀遠慮の作戦（一時身を隠して反撃のチャンスを狙うのが彼のいつものやり方）だったと考えるべきであろう。長く紅軍を率いて革命根拠地を創建し、今や上海の党最高幹部たちまで江西省の山中に移動してくるようになったのは、ただ自分一人の圧倒的な功績、戦績のためであるという、毛沢東の自負心は揺らぐことはなかったであろう。建国後も、不利になると短期間身を隠し、反撃のチャンスを狙って、文革を起こし、劉少奇一派などの反対派を一掃したが、そうした身の処し方は、紅軍時代からの戦略戦術であった。

三四年一月、秦邦憲とオットー・ブラウンが、敗戦の責任を歴戦の勇将蕭勁光にかぶせて死刑にしようとした時、毛は公然と且つ断固たる態度で反対し蔣勁光の命を助けた。毛は紅軍以来の部下の指揮官たちの絶大なる信頼を得たと思われる。蔣は建国後に大将の位を授与された。

三四年四月二八日、秦邦憲とオットー・ブラウンが直接指導して行った「広昌戦役」で大敗し、紅軍主力の五分の一を失った。そのため、戦線は崩壊し、中華ソヴィエト共和国を維持できなくなり、主力機関と主力紅軍を脱出させることを決定した。五月、コミンテルンの承認も得て、「三人団」（秦邦憲、オットー・ブラウン、周恩来）が、大脱出の計画を秘密裏に行うことになった。毛が、この「三人団」の脱出計画にどの程度関与していたのか今は不明である。しかし、毛の協力なしに大脱出は不可能だったと考えられる。

一九三三年末から、中華ソヴィエト共和国は、いったい誰が最高司令官か不明といった大混乱が始まっていた。上海から来た党幹部の名など、一般兵士や人民大衆は知らなかった。党中央の影は極めて薄かった。そのため、『紅色中華』では、張聞天、秦邦憲、毛沢東、朱徳、項英等が単独で、あるいは連名で論文を書いたり、訓令を発したりすることが多くなった。三四年四月の「広昌戦役」を秦邦憲とオットー・ブラウンが直接指導して行い、致命的な大敗を喫したのも、すでに紅軍の指揮命令系とが、めちゃくちゃになっていた証拠である。毛沢東も、王明路線の被害者だとして、責任を免れることはできない。これまで、建国後に毛沢東自身と中共宣伝部がいってきた「毛沢東は、王明路線の一貫した被害者であり、もし毛が一貫して中華ソヴィエトを指導していれば、蔣介石に負けることはなかった」、「負けたのは秦邦憲とオットー・ブラウン、張聞天に責任がある」といった評価は間違いである。この年の一〇月に行われた「長征」という名の「大脱走」の全責任を、李徳や張聞天、秦邦憲（博古）らの王明路線主義者、極左冒険主義者に押し付けるのは間違いである。要するに、ソヴィエト区の崩壊は、毛沢東に反対する誰かれの戦略戦術の誤りなどではなく、土地政策に失敗し、農民大衆の人心を失って、唯ひたすら粛清運動と人民収奪に狂奔せざるをえなかった、党全体の政治哲学と社会主義政策の完全な誤りの結果であった、ということができる。

（以上は、『紅色中華』、『毛沢東年譜』（上巻）、『朱徳年譜（上）』『張聞天伝』、『王稼祥年譜』等々による）。

第九章　客家と「土地革命戦争」

第一節　中央紅軍（毛沢東・朱徳の軍）は客家県を転戦

一九二六年、湖南省を中心に澎湃として起こった農民運動は、土地革命を目指したが、蔣介石の国民党と地主・土豪階級の徹底的な鎮圧に遭い敗北した。この農民運動の中核を共産党勢力に吸収し、土地革命戦争にまで高めて、ゲリラ戦争を開始したのが、毛沢東、朱徳、黄公略、陳毅、彭徳懐、賀龍らであった。彼らが率いたのは、主に湖南省の農民運動の活動家、またその中から中核的党員になった人々であった。蔣介石に追い詰められた共産党は、極左冒険主義路線の下、一九二七年八月、周恩来、賀龍、朱徳などの指揮によって南昌蜂起を行ったが敗北した。以後、毛沢東、朱徳らは湖南省ばかりでなく、江西省へ、更に福建省にまで遠征し広大な地域を転戦して歩いた。

彼らが転戦した地域を地図の上で見ると、そのほとんどの地域が純粋客家県であるか、あるいは客家が多く点在して住んでいる準客家県であることに気づく。これまでの革命根拠地の研究書、論文において、毛沢東と朱徳が一九二八年に合流して、最初の革命根拠地とした井崗山は、元々客家の出身で客家勢力を率いて、ここに立て篭もっていた「緑林の徒（土匪）」の袁文才・王佐の「巣窟」であったことは、しばしば指摘されてきた。井崗山根拠地は、客家と土着人が混在し、抗争する地帯であったため、清末から武装闘争の歴史と文化が躍動していた地帯であった。中国革命の創始者毛沢東、朱徳の戦いは、この井崗山一帯から始まったことは、周知の事実である。

本章の目的は、井崗山から湖南省東部へ、そして江西省の南部へ、更にまた福建省の西部へと拡大した、中国共産党の中央革命根拠地の形成、土地革命の進行、粛清運動を、これら革命根拠地となった地域の特殊性から考察しようとするものである。つまり結論からいえば、最初に本格的な革命根拠地を建設した毛沢東、朱徳らは、中国社会における客家の特殊な位置、もっと詳しくいえば、客家が築いてきた社会的文化的な特質や客家が広がる経済的・地理的世界などを活動の舞台にして根拠地を拡大したのであること、つまり、もっと端的にいえば、毛沢東の共産党ゲリラの活動舞台と革命根拠地の形成とは、客家居住地域の特殊な地政学的位置、つまり差別・被差別的問題とその対抗文化に大いに関係があることを示すことにある。

付記、本稿で史料として主に用いる『県志』とは、一九八〇年代から九〇年代にかけて、中国の全県で編纂、刊行された『新編中国地方志叢書』の中の『県志』である。出版社、刊行年は「全体の附録」を参照されたい。

第二節　井崗山と周辺一帯の客家

井崗山の最初の土匪であった袁文才は、江西省寧岡県の寒村の客家の家に生まれた。彼は常日頃、土着の漢族地主から不当な差別、圧迫を受けていたが、ついに妻が土着の土豪劣紳の息子に奪われ犯されるという事件が発生した。これを契機に、彼は中学卒の知識をもつインテリ土匪の道を歩むのである。後に彼の元に馳せ参ずる王佐は、純粋の客家ではなかった。王佐は、江西省遂川県のある寒村で、父は土着民、母は客家という貧しい農家に生まれた。幼い頃に父を失い、母方の叔父の家で育てられた。教育は受けられず、文盲であった。この袁文才、王佐は義兄弟の契りを結び、多くの貧しい客家の青年たちを集めて井崗山の土匪となった。

彼ら客家は、何時また如何なる理由で井崗山一帯の山村に移住してきたのか、また革命ソヴィエト区時代に如何なる人口比率に達していたのか、正確なところは分からない。満州族が明朝の版図に侵入した時、流民となった人々は、福建、江西省の山地になだれ込んだ。また明の遺臣は福建省と台湾を最後の抵抗の拠点としたので、先住の漢族も、動乱に巻き込まれて南方へ、南方へと移住を繰り返した。清朝時代に華南地方の人口は爆発的に増大し、閩（福建）、粤（広東）、贛（江西）三省交界一帯の客家や無業の民衆は江西省西北部へ、更には四川省へと大量に移住を行った。「これら客籍（客家）の人々は、寧岡県、遂川県、永新県や井崗山などの山地に多く住んでいた。例えば、寧岡県を例にとって見れば、大革命時期、全県の客籍の人は一万五千人ほどおり、土籍の人の五分の二、つまり四割にも達していた。土籍の人は平地に住み、客籍の人は山地に住み、住むところがはっきり分かれていた」。客籍の人は、他所から移住してきて山中を開発し、木を切り家を建て畑を作ったので、森林の富、山の環境、水資源を巡って対立が激化した。また、山中の貧民であった客籍の人々は、地主土豪の日雇い、小作人、下男下女となる以外になく、しばしば山に篭って反抗し、反乱を起こしたので、土籍の紳士、地主、県の役人にとっては実に厄介な存在であった。更にまた科挙を受験する人数が各県に割り当てられていたが、客籍の人々には多くが戸籍がなかったので、受験が不可能であり、科挙試験を巡っても両者の対立、抗争は激化した（裘之倬「試論井崗山革命根拠地的土客籍矛盾問題」、『南昌師専学報』一九八三年三月、所収）。

また、『井崗山志』（「客家方言」頁七四四）に、次のように記している。「井崗山の客籍民は、広東、福建より移住してきた人々であり、彼らの言葉には、強力な不変性と無理に土着の言葉に同化させようとすることに対する激しい抵抗性がある。井崗山の客籍民の祖先は各地を転々と移動してきたので、その間に他の言葉と頻繁に、かつ広範に接触してきたのであるが、しかし彼らの言葉は、発音、単語、語法など客家語の基本的な特徴をずっと長く失わずに保持してきた」と。また、同県志「革命根拠地」（県志、頁七九）に、土客籍の間にある対立抗争は、「江西省の井崗山、寧岡県、遂川県、湖南省の酃県、茶陵県などにも皆あるが、寧岡県がとりわけ激しい」とある。井崗山は、今は特別行政区に指定され、井崗山市となっているが、民国時代は寧岡県に所属していた。『寧岡県志』（「方言」頁八九七、「人口」頁一四二）によると、一九八〇年頃、客家語を話す人口は約二万人で県の全人口の三分の一を占めている。

湖南と江西の境に在る辺境の諸県は、元から土着民（本地人）と客家（客籍人）の矛盾があったところであり、両者の闘争の歴史は長い。一九二九年、その矛盾は先鋭化し共産党の革命隊伍の中にまで現れてきた。「清朝時代以来、貧しい山地に住む客家は多くの緑林の徒を結集して平地に住む比較的豊かな土着の豪紳の家を脅して金を奪った。豪紳は官兵に出動して貰って鎮圧した。一九二四年、客家は緑林の徒を結集して新城県一帯で多くの村の人家を焼き、人を殺した」。一九二六年、大革命の時期に「寧岡県の土着出身の革命家は、客家と結んで土着豪紳の政権を転覆し、全県を掌握した。これが土着人と客籍人の最初の連合であった。しかし、この連合は一年余しか続かず、再び土着豪紳が台頭した。一九二八年、他所に逃げていた豪紳たちが民団を率いて客籍人を襲撃し、また客籍人も反撃し、両者は放火、殺害、略奪の応酬戦を展開した」（『与紅三軍段有関的歴史問題及文献』江西現代史学会編、江西人民出版社、一九八〇、頁四二〜四三）。

上記の五つの県に限らず、客家が移住した福建・広東・江西の省境ではどこにもこうした状況があった。しかし、例外もある。清代以降に四川省に移住した客家は、その伝統的な文化や客家意識を薄めて、土着人に溶け込もうとしたという。彼らは、自分たちは客家であると子孫にあまり伝えなかった（前掲、蕭平『客家人』頁一〇、一一）。恐らく四川省は中国各地からばらばらに遠方の四川の地に押し寄せた人々の雑居地帯であり、四川省でごく少数の客家たちが自己主張をすることは、何の得にもならなかったのであろう。彼らには、共同体に結集する力も必要もなかったのだ。これは私の推測であり、今後の研究に待ちたい。

さて、一九二七年、毛沢東、朱徳、彭徳懐などは、湖南省の東にある九嶺山、武功山、羅霄山脈などが連なるその西側の山麓一帯で土地革命のために戦い、南昌蜂起、平江蜂起などに皆敗れて劣勢になると、東に連なる羅霄山脈などの山中に中心を移動し、最後には客家人の袁文才、王佐が立て篭もる井崗山を根拠地にした。更に追い詰められると、一九二九年頃から は、そこから降りてきて頻繁に江西省の中部から南部一帯の山岳地帯へ出撃した。そして更に一九二九年には、紅軍を率いて江西省と福建省の境に長く聳える武夷山脈を越えて、この山脈の東側にある福建省の西部山岳地帯の長汀県、武平県、永定県、上杭県、龍岩県まで、しばしば遠征を繰り返しては勢力範囲を拡大した。そして一部の紅軍は、武夷山脈が終わる南端あたりから、広東省の平地に下り梅県、大埔県一帯にも足を伸ばした。このように毛沢東らは湖南省から江西省へ、更に福建、広東へと遊撃戦争を繰り返しては、根拠地を移動し、拡大し、共産党勢力の拡充に努めたが、上に記した地域の大部分が、純粋客家県と準客家県に所属する地帯であったことに注目したい。

第三節「純客家県」と「準客家県」の分布と人口

今述べた中共中央革命根拠地（それは蒋介石の五回にわたる〝囲剿〟のたびに少しずつ版図を西に移し、また縮小した）を、純客家県、準客家県の地図に重ねると驚くほど一致する。蕭平著『客家人』（成都地図出版社、頁七七〜七九、二〇〇二年）は、以下のように純粋客家県を数え上げている。純客家県とは、住民の九〇％以上が客家人である県をいう。準客家県とは、県内の特定地域に客家が集中して居住している県を指す。特に客家人口が県の全人口に占める割合は問わない、という。それを以下に紹介する。

広東省の純客家県

梅県、興寧県、大埔県、五華県、蕉嶺県、平遠県、連平県、和平県、龍川県、紫金県、新豊県、始興県、仁化県、翁源県、英徳県など一五県。準客家県は六五県。総人口は約二一〇〇万人。

江西省の純客家県

寧都県、石城県、安遠県、興国県、瑞金県、会昌県、贛県、于都県（旧、雩都県）、銅鼓県、尋鄔県、定南県、龍南県、全南県、新豊県、南康県、大余県、上猶県、崇義県など一八県。準客家県は二〇県。総人口は約一二五〇万人。

福建省の純客家県

永定県、上杭県、長汀県、連城県、武平県、寧化県、清流県、明渓県など八県。準客家県は一八県。総人口は約五〇〇万人。羅香林『客家源流考』は、福建省の純粋客家県を寧化県、長汀県、武平県、上杭県、永定県の五県とし、それに、かなり沢山の客家が特定の地域にまとまって住んでいる準客家県として連城県、平和県、龍岩県、南靖県を挙げている。

広西省の準客家県

この省には純粋な客家県はない。準客家県は七五県に及び、全市・県の約九〇・五%に客家部落が混じっているという。総人口は約四六〇万人。

四川省の準客家県

この省には純粋の客家県はない。準客家県は三三県（市）に及び、総人口は約二五〇万人。

湖南省の準客家県

この省には純粋の客家県はない。準客家県は十一県。客家の総人口は約二〇〇万人。湖南省の準客家県は、汝城県、彬州県、桂東県、酃県、茶陵県、攸県、瀏陽県、平江県、江永県、新田県、江華県の十一県。

浙江省の準客家県

この省には純粋の客家県はない。準客家県は一九県、総人口は約一〇〇万人。

海南省（海南島）の準客家県

この省には純粋の客家県はない。準客家県は、紅安県、麻城県の二県で、総人口は約一五万人。

以上の各省の客家の人口を合計すると、中国の客家の総人口は四八七五万人ほどということになる。客家は漢族であるから、正式の国家統計には特別の種族、民族としては記載されない。客家が中国で何人いるのか、正確な国家の調査はないのではなかろうか。実際は、その歴史、言語、社会、風俗、習慣などきわめて特異な共同体的性格を持っているが、古来中華帝国から漢民族中の異民族として扱われてはこなかった。もちろん後に記すように、新移住民として、また毛色の代わった連中として、土着民からさまざまな差別、抑圧、収奪を受けてきたが、異民族、少数民族ではなかったのである。客家の人口については、さまざまな説があり、一億ほどという説もあるようであるが、一応今は、前記した書により、約五〇〇〇万人弱ということにしておきたい。

第四節　湖南農民運動の中心地区「湘鄂贛根拠地」（修水、平江、銅鼓、瀏陽、萬載の諸県が中心）は、客家が多い地帯

毛沢東は『湖南農民運動考察報告』の中で、一九二六年から農民協会が設立され、激しい農民運動が起こった県として、次の県を指摘している。湘潭県、湘郷県、瀏陽県、長沙県、醴陵県、寧郷県、平江県、湘陰県、衡山県、衡陽県、耒陽県、郴県、安化県の、以上一三県である。これを前記の湖南省準客家県分布図と比べると、一致するのは瀏陽県、平江県の三県だけである。つまり、湖南農民運動が激しく起こった県は、準客家県であるかどうかに、あまり関係がなかったということである。しかし、いったんそれが武装闘争に発展し、中共がそれを指導するようになると、労農武装組織、紅軍ゲリラ組織は、本拠地を湖南省東部から江西省西部にかけての省境に聳える幕阜山、武功山などの山岳地帯に活動の中心を移している。そしてこの一帯は、客家が多く居住している地域なのであった。古来、武装勢力は劣勢になると山岳地帯に立て篭もり、「梁山泊」を構築するというのが常であったが、中共農村ゲリラ組織も例外ではなく、しかも貧しい客家が多く住む山地である客家県に強固な支持者、同盟者を獲得したのである。

しかし、問題はそこにとどまらないのである。というのは、貧しい多くの客家たちはその団結力と、共同体的絆によって、彼らを差別し、収奪し、支配してきた土着の地主、土豪に対して反感を持ち、古来戦ってきた伝統があり、しかも一九二〇年代にはそうした雰囲気が客家たちに蔓延していたのである。こうした、高地や山岳地帯に住む客家を取巻く諸状況が、内部から農民運動の活動家、共産党員を生み出し、また外部からその仲間を呼び込む状況を生み出したのであろう。

こうした内外の条件、状況によって、第一次国内革命戦争が一九二七年に敗北してから以後、羅霄山脈にある井崗山一帯の諸県、つまり湖南省の茶陵県、酃県、桂東県、江西省の寧岡県、永新県、安福県、遂川県など、これらはいずれも純粋客家県、あるいは準客家県であったが、これらの地域が革命の根拠地になったのである。こうして中央革命根拠地は、湖南省から江西省に、江西省の中央を流れる贛江の東へ、更に一九三〇年の秋からは贛江の東から武夷山脈の東側の福建省の西部山岳地帯、つまり寧化県、長汀県、上杭県、武平県、永定県、これらは総て純粋な客家県であったが、この一帯へと、根拠地の中核地域が拡大した。以上に掲げた地域こそ、国民党の軍隊が五回にわたって包囲攻撃した、いわゆる〝囲剿〟と、それに対する中共の防衛戦争が戦われた、言わば天下分け目の戦いが行われた中核地帯であった。

この最後の共産党の防衛陣地が敗れて、一九三四年、中共軍はいわゆる〝長征〟に出発したのであった。共産党の中央革命根拠地における戦いは、客家の住む諸県によって、また多くの客家の青年たちの戦いによって維持され、遂行されたといっても過言ではない。

以上述べてきた論点を少し詳しく見ておきたい。湖南農民運動と共産党の主勢力が、毛沢東、朱徳、彭徳懐、陳毅などに率いられて井崗山に移動し、更により東側に移動した後、一九三一年以降湖南省の北東部から江西省の北西部にかけての一帯には、新たに「湘鄂贛ソヴィエト区」が生まれた。このソヴィエト区の中心となった県が、修水、平江、銅鼓、瀏陽、萬載の諸県である。これらの県に客家がかなりいたことは、すでに明らかになっている。

この一帯に客家が移住してきた時期、状況については、葉紹栄『陳寅恪家世』(花城出版社、二〇〇一年、広州)が参考になる。同書は、民国から中華人民共和国にかけての大学者である陳寅恪一族の伝記であるが、客家である彼の祖先の客家移住史でもある。陳寅恪（一八九〇～一九六九。文化大革命で迫害死）の先祖は、福建省上杭県の客家で、清の康熙帝の時代に本氏から枝分かれして、江西省修水県（旧、義寧州）に移住した。後に湘鄂贛ソヴィエト区に入る修水県、平江県一帯は、明末清初の動乱、戦乱、災害によって「人煙無き」、荒れ果てた土地となっていた。そこで、各県各州の知事たちは、皇帝の命を奉じ客家を移住させた。義寧州の州知事は、福建の長汀・上杭・武平・寧化の諸県、広東の長楽・興寧・平遠・龍川・和平の諸県、江西省南部の会昌・上犹・崇義・興国・定南・龍南など数十県にまたがる客家人を集団で移住させた。希望者は老人、子どもを連れてやって来て、康熙末年には一万余人にも達した（同上書、頁三六～三七）。また、平江県の県知事も「康熙年間、広東、福建から移民を招いて、開墾させた」（『平江県志』「総述」頁一）。この一帯に移住してきた客家たちは、客家だけで集団を作り、山に棚を作って共同で住み、働き、生活した。陳寅恪の先祖も同じく異なる姓の人々と三〇年間も衣食住を共にする共同体的生活をしたという。以上のように清代には、湖南省と江西省の境にある羅霄山脈の西側山麓一帯（湖南省側）、東側山麓一帯（江西省側）に、広東、福建にいた客家が大量に移住したのである。修水県では、清朝中期に客家人は、県の人口の七％に達していた（『陳寅恪家世』頁四九）。

第五節　客家の生活、社会、教育、文化の特徴

客家はもちろん純粋な漢族である。しかし、移住の長い歴史を持ち、独自の文化を強固に保持形成してきたので、移住した先々で先住の漢族と対立抗争を繰り返してきた。前掲の『陳寅恪家世』は、客家人の特徴として、以下の四点を挙げている。これは、修水県の客家を調査し、研究した書物である『客家人在修水』（修水県の客家人）によったという。しかし、私は原本を入手できず未見である。

第一点は、客家人は、先住の土着人と婚姻関係を結ばないことである。土着人は、新参の貧しい客家を軽蔑し、差別して娘を嫁にやらず、客家もまた同じ態度をとる。客家は団結して、土着人と対抗し、勢力を拡大しようとする。

第二点は、客家の言葉は、独特で、土着人と話が通じない点である。客家は、その遠い祖先が住んでいた華北、とりわけ河南省の中原の言葉をかなり純粋に保持してきた。しかも、移住先の福建省、広東省の山地にいた先住少数民族（畲族）の言葉を取り入れたので、独特の展開をし、一般の土着の漢族ときわめて異なる言語文化を形成してきた。これがますます同化を困難にした。

第三点は、客家の女性は、纏足をしないと言う特徴を持っている。一般の漢族は、清代には華北から華南まで纏足をする風習が広まったが、客家の女性は纏足をせず、家事と野良仕事を一手にやり、百姓仕事も男以上にこなした。これは、一般の漢族が客家の娘を嫁に取らない大きな原因でもあった。客家の女性は纏足という圧倒的多数の中国人の悪習に染まらず、男以上に働いたので、農民反乱の際などに大活躍した。纏足をしていては戦争に耐えられない。毛沢東の中央革命根拠地が、江西省、福建省の客家居住地に中核防衛圏を創設することになったのも、又むべなるかなである。ちなみに、毛沢東の二番目の妻の賀子珍は江西省の永新県生れの客家であった。毛沢東の弟毛沢覃の妻は、賀子珍の妹の賀怡（注、一九二九年劉士奇と結婚、後別れ沢覃と再婚）である。

第四点は、移住した客家は、なかなか新しい県の戸籍を与えられなかった点である。移住した客家がその県の戸籍を獲得することは実に困難であった。何故かというと、戸籍をとらないと科挙の試験を受験できないのである。客家が移住した土地は貧しく荒れ果てた土地や山地が多かったので、土着人の地主の小作人になったり、貧しい焼き畠農民になったり、無職人になるものが多かった。こうした境遇を一転させる契機、チャンスは科挙の試験に合格することであった。客家は、誇り高く、家族宗族の団結力は強く、文化も高かったので、実に熱心に勉強し、科挙合格率も実に高かった。科挙を通じて、勢力を伸ばし、富貴を実現しようとしたのである。これは、土着人にとっては、脅威であった。さまざまな妨害、嫌がらせが行われた。しかし、彼らは執拗に努力したので、雍正帝の時代に、客家人に「懐遠都」（遠方にいて故郷を懐かしむ人々の郡）なる戸籍を設けて独自の新設戸籍を授与した。修水県でも、これによって科挙を巡る争いは解決された。このため、修水県の客家は、懐遠人と呼ばれることになった。この貧しい移住客家の子孫である陳寅恪一族は、科挙、学問、留学を通じて中国を代表する学者、文人、画家を生み出したのである（同上書、頁四一〜四七）。

上に述べたように、修水県に移住した客家の中で、最も有名になったのは陳宝箴（湖南巡撫、清末の進歩的政治家）、陳寅恪（民国時代の大学者）などを生んだ陳家である。陳寅恪は、一八八九年、詩人の陳三立の子として生まれた。長兄は画家として名をあげた陳衡恪である。彼の兄弟は一人を除いて皆外国に留学した。次兄たち三人も日本の慶応大学、東京大学へ留学。五男は北京大学を卒業後、パリ大学へ。三男の寅恪は一三歳で、長兄、次兄と共に日本に渡り、中学卒業後に帰国し、復旦公学に入学したが再びベルリン大学に留学、以後チューリッヒ大学、パリ大学、ハーバード大学、ベルリン大学研究院と三六歳まで世界各地の大学でひたすら学業に打ち込んだ。数代前に乞食同然の姿で福建省の山の中から江西省修水県に流れてきた移民客家の家から、実に外国に二〇年以上留学して中国第一級の学者になる人物が生まれたのである。

江西省「修水県」（旧、義寧県）の客家は、県全体の人口の僅かに七％の人口しかなかったにもかかわらず、進士、挙人に合格する比率が実に高かった。「清の乾隆帝から光緒帝の末年にいたる間に、〝懐遠都〟（客家籍）なる戸籍に属する客家から進士が八名出ている。これは県全体の進士一七名の四七％を占めている。また、挙人（大多数は武挙人）は七五名もでており、県全体の挙人二〇二名の約三七％を占めている」（『陳寅恪家世』頁四九）。

『修水県志』（人物伝の項）を見ると、民国時代に陳寅恪兄弟を含め、日本に留学した人物は合計一四人、その内京都帝大は三人、東京高等師範は二人、早稲田大学三人、東京高等工業高校（現、東京工大）二人など。その他、ソ連（モスクワ東方大学、モスクワ中山大学)、アメリカ、ドイツ、フランス、ベルギーなどに合計七人が留学している。また、広東にあった黄埔軍官学校には三五名が進学した。驚くべき進学率といわねばならない。もちろん、この中に客家出身者がどのくらいいたのか不明であるが、前代の清代における科挙合格率から見て、かなり多くを占めていたことは間違いなかろう。

こうした傾向は、広東の客家にもいえるようである。黄埔軍官学校の第一期生に合格した広東籍(現在の行政区分)の学生八四名(海南島出身者は除く、以下同じ)の内、客家は三〇名以上、第二期生は五八名中の二〇名、第三期生は不完全な統計ではあるが一六二名中の八五名、第四期生は二〇五名中の七〇名となっている。広東籍の黄埔軍官学校生の中で客家出身の学生がかなり多かったことが分かる(蕭平『客家人』頁九三)。こうした傾向は、福建、江西、湖南の客家にも当てはまるものと推測される。

客家は、移住してから福建省、江西省、広東省の三省交界一帯の山岳地帯や、山脈の裾野などすでに土着民が居住している地域を避けて住み着き、そこがいっぱいになると江西省と湖南省の省境にある山岳地帯に移住していった。あるいはまた、福建省、広東省の沿岸から、押し出されるようにして、台湾へ、さらに東南アジアの国々へと移住していった。また、あるものは、民末清初の戦乱、動乱によって荒れ果て、人煙稀な荒地が広がった四川省へと移住する者もあった。こうした、各地域への移住者ネットワークによって、江西省南東部から福建省西部一帯に続く客家居住地帯の客家人たちは、実に広い世界に人脈と情報ネットワークを持っていたようである。まず次節では、共産党の中央革命ソヴィエト区の中心となった江西省の瑞金県、興国県、吉安県東固郷等々を、客家居住地域と革命情勢と文化状況の観点から見ておきたい。

第六節 「中央革命根拠地」の中核地帯は、多くが純粋客家・準客家県

（1）江西省「瑞金県」（純粋客家県）

瑞金県は、周知の如く、毛沢東、朱徳など中華人民共和国の建国の元勲たちが中央革命根拠地を創建した時、その中心となったところである。また、一九三一年一一月には、瑞金は「中華蘇維埃（ソヴィエト）共和国臨時政府」の首都となった。ソヴィエト時代に「紅軍に参加した人は四万九千人ほどもいて、これは当時の県の人口の約五分の一に相当した。長征に参加した人は三万一千人ほどであったが、長征の途中で一万余人が犠牲になった。また全県で国民党に殺された革命烈士は一万七三九三人に上る」（『瑞金県志』頁四〜五）。以上のように、瑞金は革命ソヴィエト時代の聖なる赤都であった。また、瑞金県の多くの地元党員がＡＢ団（アンチ・ボルシェヴィキ団）として殺害されるという悲劇もここで起こっている。『県志』の人物伝に、殺害された中共瑞金県委員会書記二名を含む三人の地元指導者の略伝がある（『県志』頁八、一六〇）。全体で何人粛清されたか記載がないが、非常に多くの党員、紅軍兵士が殺害されたことと思われる。また、建国後にこの県出身の紅軍兵士一二名が将軍にまで栄達した。

さて、この瑞金県は、「純粋客家県」であるが、新編地方志叢書の『瑞金県志』のどこにも、そうしたことは書いてない。客家は純粋漢族という建前になっているので、ことさら漢族と別に客家人の県などとは書かないのである。一般書で純粋客家県である、といわれるどの『県志』を見ても、そのほとんどが、我が県は「客家県である」とか、「客家が人口の何割を占める」などとは書いてない。何故であろうか。私は次のように推測する。客家であるかどうかを書くと、これまでの客家と土着人の対立抗争の歴史を書くことになり、基本的には階級闘争史観に立つ県志編纂の哲学に反することになろうし、現存の客家系の人々を少数民族扱いすることにもなる。逆に「客家県」を強調すると、客家人側から自己を賛美し、あるいは土着人からの抑圧と差別の歴史を告発することになる可能性があり、どちらにしろ「地方分裂主義者」と目されることにもなる。触れないに如くはなし、というわけである。しかし、ごく少数ながら堂々と客家県であると宣言している「県志」もあり、状況は複雑である。

そこで、各『県志』の末尾に必ずある「方言」の項目を見る。例えば、『瑞金県志』（巻三一「方言」）を見ると、そこには、冒頭に「本県の方言は客家話に属す」と書いてあり、瑞金が客家語を話す県であることが分かるのである。そして、この客家語でも、石城県に近い地域は石城話、寧都県・于都県・会昌県に近いところは、それぞれの隣接県の方言に近い客家語を話しているとし、中部一帯では「贛南客家話」が主要であると説明している。この「方言」の項の説明で初めて瑞金が客家県であることが確認されるのである。

ここまでは分かるが、瑞金の県共産党の創始者、著名人個々人について、それが明らかに客家人であるかどうかは記されていない。しかし、粛清された瑞金県共産党員を含む党活動家、農民運動指導者、更には建国後将軍の勲章を授与された大部分の人が、客家語を話す客家人であったと推測しても誤りではないであろう。

また、客家に特に顕著に見られるところの、向学心に燃えて海外にまで留学した人々がどのくらいいたのか、残念ながら『瑞金県志』には記載がない。ただ一人、「県志」末尾の「人物伝」に日本に留学し、早稲田成城学校を卒業、孫文に私淑して中国同盟会に加入し、その後日中間を奔走し、広州蜂起などに活躍したが、最後に陳炯明に殺された「張魚書」（一八七三〜一九一二）の略伝が載っている。この他、非常に沢山の瑞金人が海外に留学したものと想像されるが、今のところは不明である。

（2）江西省「興国県」（純粋客家県）

この県も「純粋客家県」である。『興国県志』（巻三一、方言・諺語、頁七〇八）に、次のように記されている。「興国の方言は、基本的に客家語系統に属する。興国の居民は、多くは客籍人であり、大部分は広東、福建から移住してきた。県城の郊外にある五里亭郷の統計によると、全郷に二十余個所ある自然村の宗族は、みな広東から移住してきたものである。この他に、山西省の太原、河南省の開封、江蘇省、福建省、南京の烏衣巷などから移ってきたものも小部分いる。江西省の他の県から移ってきたものもいる。特に尋烏県（旧尋鄔県）、信豊県からのものが多い。これらの姓氏（宗族）は、歴史的に言えば、まず広東に着き、次いで尋烏、信豊に来て、その後興国県に移ってきたのである。客籍人がかなり多いので、客家語が自から興国県の主要な言葉になった」。以上によって、興国県は、広東から尋烏、信豊を経て徐々に移住してきた客家人の子孫が、人口の主流を占めていることが分かる。

この興国県の人々は、「もともと、光栄ある革命的伝統と献身的な精神を持っており、昔、文天祥は、〈興国人は強健であって、刑罰をもって服従させることはできないが、礼儀をもってすれば動かすことはできる〉と言ったことがある」（県志、頁五）。辛亥革命後も多くの県人が、革命運動に奔走し、中央革命根拠地で最も多い約八万人の紅軍兵士を出し、長征にも三万人以上の男子が参加し、長征途上の死者は一万二千余人、土地革命戦争中の全犠牲者は、二万三千人に達した（県志、頁五）。

客家は、質実剛健、積極進取の精神に富んでいたというが、『興国県志』（巻三四、人物、頁八一五～八一九）を見ると、多数の青年が国内外に勉強に出ていて驚くばかりである。以下、民国時代の留学生の概略を紹介する。

日本留学八名…中央大学二名、法政大学一名、日本帝国大学（土木科一名、化学一名。ただし、どの帝国大学か不明）二名、東京帝国大学一名（土木科）、士官学校一名、その他一名。略伝があるもの、王有蘭（中大、一八八五～一九六七）、王又庸（法政大学、一八九一～一九六三）、胡謙（士官学校、一八七九～一九二六）、胡嘉詔（帝大土木科、一八八七～一九六二）

アメリカ留学三人…ハーバード大学一名、ウエストポイント士官学校二名。

フランス・ベルギー留学…一名。

イギリス留学…ロイヤル・ネイビー（皇家海軍）学院一名。
黄埔軍官学校…三六名（一期生二名、二期生四名、三期生一二名、四期生四名、五期生二名、六期生六名、不明六名）。
モスクワ東方労働者共産主義大学一名（袁玉冰、北京大学卒、李大釗に師事、二四年から二五年の間、モスクワに留学）。

以上の興国県出身者の学問、教育への凄まじい意欲と実績をみると、第一に、明清時代以来の客家の科挙試験への情熱が、民国時代にも引き継がれ、それが海外留学熱として継承されていたこと、第二に、中国共産党の中央革命根拠地の最重要県として躍進したのは、県民の高い教養と世界情勢に対する国際的知識に支えられていたであろうこと、第三に、瑞金県と同じく、これまでさまざまな差別、抑圧に対して闘ってきた、純粋客家県の客家人としての伝統的な抵抗精神が、またそれゆえに上昇転化の精神が県民に一般的に強かったであろうこと、などを推測せしめる。

またそれゆえに、客家県は共産党の革命ソヴィエト区になりやすかったが、しかしまた逆に、党中央の命令、毛沢東が書記を務める紅第一方面軍の命令、特に反革命粛清運動に対して激しく抵抗して、多くの県共産党幹部が粛清されたのだと思われる。例えば、興国県に初めて共産党支部を創建し、江西省全体でも名の知られた革命家の胡灿、鄢日新、蕭以佐、官様成（以上四人は黄埔軍官学校卒）、黄家煌、余石生、凌甫東などが粛清されている。『興国人民革命史』（中共興国県委党史工作弁公室編、人民教育出版社、二〇〇三年）には、当時県内外で活躍した興国県革命家の略伝が六三名載っているが、そのうちのトップクラスの一七名がAB団分子として粛清されている（頁二二一〜二六二）。革命ソヴィエト時代に、興国県が革命根拠地の中心となり、また同県の革命家が多く粛清されたことと、ここが純粋客家人の県であったということとは、深い関係があったと考えるのが当然であろう。

（3）江西省「于都県」（旧「雩都県」。純粋客家県）

この県も「純粋客家県」である。『于都県志』の「方言」の部に、「于都話は客家方言に属す」とあり、県民の大部分が現在でも客家語を話している。この県も、中央革命根拠地の中核県であり、第二次国内革命戦争の時期、つまり土地革命戦争の時代に、紅軍正規軍に参加した人は延べ五万六七二六人、地方紅軍に参加した人は一万一七三三人、戦死等犠牲になった人は一万六二五七人に達している（『県志』、「概述」頁六）。当時の県の人口は二五万人程度であったから、いかに凄まじい犠牲者を出したか分かろう。また、この県の革命先駆者一一名のうち、六名がAB団として粛清されている。蕭大鵬、張浩、鍾声楼、朱学玖、尹紹倫、張文煥らである。これ以外にも、『県志』の「人物」の項に人名が記されている被粛清者は一三人いる（同上、「人物」）。全体では一六〇〇余人（文宏「関于富田事変及江西蘇区的粛反問題」『江西文史資料選輯』、頁一〇九、一九八二年第二期）もの人が粛清されたのである。しかし、県志ではこの殺害された人の総数は書いていない。

（4）江西省「尋烏県」（純粋客家県）

この県も「純粋客家県」である。『尋烏県志』（「方言」頁四二三）に、「尋烏の地は、閩・粤・贛の三省交界の辺境にあり、客家人が集合して住んでいるところである」とある。この地の客家人は地続きである広東省の「蕉嶺県、平遠県」の住民である客家人と深い関係があり、土地革命戦争の時代には三つの県が一つの赤色県「蕉平尋県」を構成し、中共の県委員会（県委）が置かれた。尋烏県の秀才は、平遠県の東にある客家の県として有名な「梅県」の中学、師範に行く者が多かった。尋烏県は、ほとんど大部分が客家人が住んでいる「閩・粤・贛客家大本営」と呼ばれた地区内に位置している。福建省、広東省、江西省の三省交界地帯は、古来客家が集中して居住してきたので彼らの大本営と称される。

この地帯は、共産党や農民活動家が多く、毛沢東、朱徳などが紅軍を率いてしばしば訪れ、毛沢東が有名な「尋烏調査」をした県として有名である。この地の出身である党員の古柏（一九三五年戦死）は、毛沢東の最も信頼する側近として有名であり、のち富田事変と深い関係をもった。

一九三一年に大規模な粛清が行われた。この年の五月、県委書記の梁錫祐（任期は三一年四月～一〇月、梅県から派遣されて来た人物）は、「反ＡＢ団宣伝大綱」を発布し、蕉・平・尋ソヴィエト区において粛反運動を拡大化し、一群の中央幹部、武装組織の幹部を冤罪で殺した。これに対し、蕉嶺県、平遠県、尋烏県の三県の地方武装組織もまた反撃したので、党中央から徹底的に討伐され二万余の幹部と民衆が殺され、一万八千余の民家が焼かれ壊された。そのためソヴィエト区は縮小し、大部分の党組織は破壊され尽くした。ＡＢ団粛清に武装反撃を行ったのは、篁郷区の区委書記と同区ソヴィエト政府主席の二人であった。この事件は、「ＡＢ団反革命事件」と呼ばれたが、しかし後に紅七軍の調査によって無罪と判定された（県志、「大事記」、頁一一。「政党」頁二二二）。

どうしてこのような事件が起こったのか。『県志』には詳しい説明はない。私は、次のように分析する。新任県委書記の梁は、三一年夏に王明路線を忠実に実行し、このソヴィエト区の共産党の古参幹部、民衆を大量に粛清し殺害した。ところが、この県は先に記したように純粋客家県であり、民衆は宗族で共同体的団結をもって党組織やゲリラ組織を形成していたので、「械闘」的な全面的な反撃に、つまり宗族共同体全体の反撃、復讐戦となったのだと。

こうした状況は、中央革命根拠地全体にも当てはまると思う。客家は毛沢東など湖南勢力が来る前から、独自に革命運動、農民運動を始めていた。この客家勢力が在地の革命勢力を構成していた地帯が、毛沢東が率いる紅第一方面軍の井崗山以来の革命根拠地になったのである。さて、一九三一年の夏は、三〇年末からＡＢ団粛清運動をやってきた毛沢東の粛清路線が、王明らの党中央から支持、肯定され、粛反運動が、全国に点在していた革命根拠地に全面的に拡大した時期であった。そのため、江西省南部の尋烏、広東省北部の蕉嶺・平遠・尋烏の三県にも新任党書記の粛反運動が荒れ狂ったのである。ところが、この一帯の革命組織は客家の宗族共同体を基盤にしていたので、逆に粛清組織に対する反撃、復讐戦を呼び起こしてしまったのだ。しかも、篁郷ソヴィエト区の反乱勢力は強大であったから、党中央は、紅七軍の調査という口実を以って、反乱を起こした区ソヴィエト勢力が正当であり、県書記の粛清運動が誤りであったとして解決する以外になかったのだと思われる。こうした党・紅軍の一部勢力が、粛反運動に反旗を翻すことは、客家人でなくても起こす可能性がある。ある特定のカリスマ的人物が個人的な魅力で強力な共産党組織を創っていたが、そこにある日突然外部から来た新任の県委書記が、在地の革命勢力の威信ある指導者をＡＢ団として逮捕、処刑したというような場合には、猛烈な反発、反撃が起こる可能性が高い。だから純粋客家県でなくても、粛反運動に対する反撃は多く起こった。しかし、純粋客家県においては、その程度がより一層高いということはできよう。私は、この事件を一応以上のように分析しておくことにする。

（5）江西省「吉安県の東固鎮」（純粋客家鎮）

吉安県は、かなりの客家がいるとさるが、その程度は不明である。しかし、中央革命根拠地の中で中心的位置を持っていた東固鎮は、東固革命根拠地として江西省では最も早く江西省人によって独自に創建された革命根拠地であった。また純粋な客家人の居住地域でもあった。『江西党史資料、№⑩（東固革命根拠地専輯）』（中共江西省委党史徴集委員会、中共江西省委党史研究室共編、一九八九年）に、「東固全域には大小の村落が二九〇余もあり、一万五〇〇〇人ほどが住んでいた。東固では少数の豪紳地主が八〇％以上の土地を所有していた。地主の中でも、富田（毛沢東が「富田事変」を起こした地区——引用者）と楓辺地区の豪紳地主が多数を占めていた。東固の大多数の貧苦の農民は、二〇％ほどの土地を有するに過ぎなかった。彼らの先祖は、大部分が福建、広東から飢饉を逃れて移住して来た客籍の人で、地主富農の土地を牛馬のごとく耕し、豪紳地主の搾取、略奪、詐欺を強く受けていた。彼らは飢えと寒さに苦しめられ、生きるに道なく、生存と解放を心から求め願っていた。これが革命根拠地を民衆が求めた理由であった」（頁二）。東固鎮の農民は、ほとんどが富田に住む豪紳地主である王初曦の家や、陂下の胡家の小作人であった。特に富田の王家は東固の土地の半分ほども所有していた（頁二三一）。

東固の土地革命は、一九二七年ごろから、地元の活動家が農民暴動を起こし、富田の豪紳地主の搾取、支配に対する闘争として始まった。ここに本格的な武装組織を創建したのは贛西特委秘書長の李文林である。彼はすでにこの地域にあった革命勢力を土台にして、「江西工農紅軍独立第二団」を創建し、二八年九月に東固の民衆を強固な軍団に組織した。この「江西工農紅軍独立第二団」(団員数三〇〇)の指導者は次の通り。

李文林——団党委書記県団長(後、一九三〇年一一月にAB団とし逮捕され三二年処刑)
段月泉(段起鳳)——副団長(後、三三年AB団として処刑)
袁振亜(後に曾炳春が就任)——政治部主任(後、三一年にAB団として処刑)
劉澤民——参謀長(後、三二年にAB団として処刑)
軍団　第一連連長——韓才始
第二連連長——宋金標
第三連連長——李介思
特務連連長——劉興禄
政治宣伝隊隊長——曾炳春(後、三二年にAB団として処刑)

上の表を見れば明らかなように、東固の最初の軍団の指導者四人は、後に皆、毛沢東が創建した中央革命根拠地内においてAB団分子として処刑されている。残りの韓、宋、李、劉の四人が処刑されたかどうかは不明であるが、その可能性はきわめて高い。

『江西党史資料、№10』の「人物略伝及簡介」に主な革命家の略伝がある。その中に、東固革命根拠地と特に深い関係がある人物一九人(毛沢東の命を受けて富田を急襲して江西省党・軍関係者を多数粛清した李韶九を除く。李は二八年から以下に記した人々と活動していた）の内、李文林（吉水県人）、曾炳春（東固鎮の人）、段月泉（またの名段起鳳、永豊人）、劉経化（東固鎮の人）、袁振亜（永豊県人）、呉江（永豊県人）、金万邦（寧都県人）、郭梅（吉水県人）、劉澤民（永豊県人）、汪耀蒠（東固鎮の人）、胡家駒（吉安県富田鎮の人）、郭紹香（泰和県人）の一二名が、AB団分子として粛清されている（頁一八二～二〇四）。また、略伝のある一九名の内東固鎮の出身者は六名である。東固鎮革命根拠地の兵団員の大多数は、この地の客家だったと考えられるが、指導者のかなり多くは、周辺の県から有名な党幹部が来て指導していたことが分かる。この近隣の県から来た党指導者の中にも多くの客家出身者がいたものと想像されるが、究明は今後の宿題にしておきたい。

さて、この東固根拠地を江西省の本格的な紅軍根拠地、革命ソヴィエト区に育て上げたのは、吉水県人の李文林であった。一九二九年二月、毛沢東、朱徳、陳毅らは、紅四軍を率いて東固に来て、李文林ら江西省幹部党員と初めて会見した後、ここでしばらく休養した。以後、毛沢東らは紅軍を率いて江西省内を転戦したり、武夷山脈を越えて福建省西部の客家が多く住む革命地帯に遠征したりする際に、しばしば東固を傷病兵の治療、休養などに利用した。

一九三〇年一月、毛沢東は「星星之火、可以燎原」（正式には『給林彪同志的信』が正式な文名）なる一文を書いたが、その中で「単純な流動的なゲリラ戦術では、全国的な革命情勢を高揚させる任務を達成することができないことは明白となった。［新しい闘争の方式としては］朱徳・毛沢東方式、賀龍方式、李文林方式、方志敏方式といった革命根拠地を創るやり方があり、計画的に政権を建設し、土地革命を深化させ、武装組織を拡大し、（後略）」と書き、単純なゲリラ戦を越えた新しい戦いの仕方、つまり革命根拠地をつくり、武装した革命的根拠地、ソヴィエト区政府を建設する新たなる地平が築かれたと述べ、四つの特色を持ったソヴィエト建設の事例を挙げ、その中に李文林方式を数え、高く評価したのである（毛沢東「給林彪同志的信」、『毛沢東集』（二巻）頁一二七）。

東固鎮が江西省で最も早く革命根拠地となり、後に蔣介石の五回に及ぶ〝囲剿〟に対する、中央革命根拠地防衛の拠点の一つとして機能したのはなぜか。もちろん、要害の地としての自然的条件、周囲の革命根拠地に通じているという交通上の利点があるのは当然のことであるが、それ以外に、次のような条件があった。「東固鎮に住む人々は階級構成がかなり単純であって、また階級矛盾がかなり集中していたので、一致団結して戦闘集団を形成しやすかったのである。先に指摘したように、ここの住民は皆福建、広東から移住してきた客籍の人々であり、大部分の農民は共に富田に住む王家なる土豪劣紳に搾取、抑圧を受けていたのである。また大革命の時期から土着の革命家がかなり成長していた」（同上書、頁二三〇〜二三一）等々。江西省の東固革命根拠地は、恐らく客家の人脈を基礎にして、李文林を始めとする江西省の最も優秀な党員、活動家が結集して創建されたのではないか、という問題提起を最後に行って、詳しい解答を今後の検証に待ちたい。

ちなみに、李文林方式とは、土豪劣紳、地主階級を暴動によって打倒するのではなく、内部から改革を積み重ねて深く静かに革命権力を創出する方式であり、一九三〇年夏以降、彼らの多くが属する江西省行動委員会が毛沢東の極左路線に反対したために、一九三〇年二月以降はいわゆる富農路線として毛沢東や王明路線から攻撃され、幹部たちはほとんどAB団分子として粛清される運命を辿った。李文林方式は、客家と土着、客家内部の複雑な対立抗争がある地域には、土地革命初期には、かなり有効性を持っていたのであろう。

（6）福建省『龍岩地区志』（上、下）——閩西革命根拠地（寧化、長汀、武平、上杭、永定、清流、連城、龍岩）は、「純粋客家県」（前五県）、あるいは客家の比率がかなり高い「準客家県」（後三県）に属す

中央革命ソヴィエト区は、中心県は江西省の寧都県、瑞金県、興国県などであったが、毛沢東、朱徳、陳毅などは、一九二九年三月から五月の間に、紅四軍を率いて武夷山脈を越えて閩西に入り、革命を宣伝し、また在地の革命勢力を組織し、一九三〇年五月には縦横一五〇キロ四方、人口八三万に達する赤色ソヴィエト区（党員一万人、中共福建省委、福建省ソヴィエト政府の所在地は長汀県）が成立した。蔣介石の五回に及ぶ〝囲剿〟の際には、閩西革命根拠地も中央革命根拠地の中に繰り込まれて、反囲剿の戦いを演じたのである。閩西革命根拠地に属す上記の諸県は、客家の中核県であった。土地革命戦

争の時代には、「この龍岩地区の人々は前後して一〇万余が紅軍遊撃隊に参加し、その中の二万余人が長征に参加した。この数は、長征に参加した中央紅軍の総数の四分の一を占めている。また、人民一〇万余名が革命のために犠牲になった」（地区志（下）「革命老根拠地建設」頁一〇四八）。

しかも、この閩西革命根拠地においては、党による同志に対する反革命粛清もきわめて激しく行われた。閩西では「社会民主党分子」の名において同志粛清が行われ、一九八〇年代に無実の罪を晴らされて、烈士と認定された人は、「六三五二人」に達した。しかし、名前も出身地も分からないまま殺された人、家族友人知人でまきぞえで殺された人、行方不明となり闇に消えていった人がどのくらいいたか不明である。

さて、閩西革命根拠地に属する区域は、客家が非常に多い地帯であり、革命根拠地と客家地区（純粋客家地域）とは、完全に一致している。

（7）福建省『龍岩地区志』（下巻、頁一四六一）の「方言」

「閩西の地は、山区に属し、歴史上人口の移動が大きく、方言の形成の事情もかなり複雑であった。さらに、この地は各地が山にさえぎられていたので、言葉の変化が緩慢であり、〝五里　音を異にし、十里　各（それぞれ）の調（しらべ）〟といった情況が普遍的であった。福建の諸々の客家語が交じり合った場所、地帯、例えば連城県などは、中でも典型的なところであり、しばしば山ごとに、川ごとに言葉が違い、甚だしい場合には一つの村の中においても異姓の間では話が通ぜず、一家の中でも姑と嫁では言葉が違った。これは全国でも珍しいことであった」と。同じ県の同じ客家人でも、来た場所や、来た時期、それに宗族の違いによって、また長い孤立的な地理的・文化的状況によって、それぞれが独特の言語文化を保持しており、必ずしも一つの共同体を形成していたのではない。客家がいつも団結して、彼らを差別する土籍人と対立抗争するといった単純な話ではなかったことが伺われる。

「龍岩地区の言語・方言の系統図」（一九八五年現在、人数。『龍岩地区志（下）』頁一四六一～一四六四）を以下に示す。

Ａ　閩南語（五九万人）　福建省南部の漢族土籍人が話す福建語。（　）内の単位は人数

龍岩語（三二万余人）

漳平語（二二万五五〇〇人）

適中語（三万人）

山羊隔畲語（八〇〇）

Ｂ　閩西客家語区（一七九万二〇〇〇人）　福建省西部に住む客家語を話す人

万安語―龍岩県万安渓他（一万二四〇〇人）

双車語―龍岩県江山郷他（一四〇〇人）

大池語―龍岩県大池郷他（五〇〇〇人）

菅語―龍岩県白沙郷他（二〇〇〇人）

梅県語―漳平県南洋郷他（三六〇〇人）

漳平県畲家客―漳平県象湖郷他（一〇〇人）

永定語―県城一帯（四〇万）

上杭語―県城一帯（三六万五〇〇〇人）

古蛟語―古田、蛟洋他（四万人）

武平語―武平県の一部（三〇万人）

軍家語―武平県中山郷他（一万人）
長汀語―長汀県城一帯他（一六万八〇〇〇人）、涂坊郷他（二三万五七〇〇人）
連城城関語―連城県県城一帯他（八万一五〇〇人）
文亨語―連城県文亨郷一帯他（三万九一〇〇人）
宣和語―連城県宣和郷他（二万三二〇〇人）
下南語―連城県の一部（六万二〇〇〇人）
羅坊語―連城県羅坊郷（一万人）
四堡語―連城県四堡郷（一万七九〇〇人）
姑田語―連城県姑田鎮（二万八一〇〇人）
頼源語―連城県頼源郷（四五〇〇人）

上記の表を見ると、閩西革命根拠地の諸県は、全体的に見ると客家が七五％、土籍人が二五％という割合である。しかし、人口の多い龍岩県内の客家人口は僅かに全体の八％に過ぎないという。龍岩地区に属する他の諸県、つまり長汀県、連城県、武平県、上杭県、永定県、漳平県の客家人口は、恐らく九〇％以上に達するものと想像される。では、この福建省四県の各『県志』によって、客家の情況と、革命根拠地としての状況を見てみよう。

（8）同上『龍岩地区志』（下巻、「人物」の中の「英名伝」、頁一六〇六以降）

「この地区は全国でも著名な革命根拠地の一つであり、第二次国内革命戦争（土地革命戦争）の時期に、犠牲となった人は一万九二三八人に達した」と。また、県・団級（中共県委員会委員、県委所属の独立兵団団長クラス）の幹部で犠牲となり、建国後烈士とされた人物二六二人の名簿がある。その中で、「粛清社会民主党」（略称、「粛社党」）として殺されたことが分かる人物は七一人に達している。これらの人数を県ごとに分類してみると、次のようになる。粛清された者は「社会民主党、ＡＢ団分子」という罪名で殺害されている。

龍岩県、烈士三八名、その内の一一名が粛清（粛清率、約二九％。以下同じ）
長汀県、烈士四一名、その内の七名（約一七％）
永定県、烈士七一名、その内の三〇名（約四二％）
上杭県、烈士八六名、その内の一六名（約一九％）
武平県、烈士一二名、その内の四名（約三三％）
連城県、烈士一四名、その内の四名（約二九％）
合計　全烈士二六二名、その内の七二名が粛清、粛清率約二七％。

注：中共では、幹部は中共党員の中から任命された。そして省以下の幹部は三つの階層に分かれていた。一番上が「省軍級幹部」で、省党委員会、省軍団級の幹部である。その下が地区の「地師級」の幹部で、例えば龍岩地区の幹部に属し、党地区委員会と師団級の幹部である。最後が「県団級」の幹部で県党委員会、県に駐屯する地元県民だけで構成されている独立団級の軍幹部である。

（9）『永定県志』（「方言」頁一一〇四）

大部分が閩西客家語とある。この県から紅軍に参加した者は六八二一人、長征に参加した者二〇〇〇余人、革命烈士は四五八三人である。また地方幹部三八人、連長以上の紅軍幹部四〇人が社会民主党分子として粛清された。

(10)『長汀県志』（「方言」頁八六五）

「長汀県は、客家が集中して集まり住んでいる県で、その言語は漢語の中の七大方言の中の一つの客家方言に属し、その中でも中心は閩西客家語（汀州客家語）である。閩西客家方言は、旧汀州府に属した長汀県、寧化県、清流県、明渓県の客家方言、上杭県、武平県、永定県の客家方言とは通じるが、連城県の客家方言とは話すことが困難である。長汀県が境を接する江西（瑞金、会昌）、福建（上記六県）の二省にまたがる八つの県は客家県である」。また、同『県志』の「概述、中国共産党」の項に次のようにある。土地革命戦争の時代に、この県から紅軍に参加した者は二万余人、革命烈士六六七七人、反革命の「社会民主党」のレッテルを貼られ冤罪で殺された人は二七四人。この内、県の中核的な党員である「県特委」二〇人中一七人が粛清された。

(11)『上杭県志』（「方言」頁八四四）

「全県の四一万三〇〇〇人が客家方言を話す。古田、蛟洋、歩雲などの郷の四万一〇〇〇人が話す客家方言は特殊で、県民の大多数が話している城関客家方言の人とは通話がかなり困難である」とある。同じ客家人であっても、県民一割ほどを占める古田、蛟洋、歩雲の客家人は、他の九割を占める客家人とは話がかなり通じないというのである。恐らく話があまり通じないというのであるから、古田、蛟洋、歩雲の客家人は、他の大多数の客家人と源流や移住の時期、文化、歴史をかなり異にしていたのであろう。当然両者の間にはさまざまな差別、対立、抗争が積み重なっていたと考えられる。

さて、この県志の「大事記」（頁二〇）の一九三一年の記録に、「一九三一年三月一日、閩西ソヴィエト政府は、永定県虎崗で社会民主党分子を審判する大会を召集し、誤って林梅汀など一七人を主犯として処刑した。これより上杭県の至るところで反革命粛清の運動が展開され、県全体では幹部、兵士、民衆など三〇〇〇人が処刑された」とある。三月には、傳柏翠を社民党の首魁として指名し、また蛟洋地区を社民党の巣窟とし、粛反委員会主席の林一株は、紅一二軍と赤衛隊二〇〇〇名を率いて討伐した。五月、坑口に駐屯していた第三大隊は、「社民党粛清運動で「乱打乱殺」されることに抵抗した。これが反革命の「坑口暴動」と見なされ、その為、後に紅一二軍から鎮圧され多くの人が殺害された、とある。初めに三〇〇〇人が粛清されたのが、恐らく三月~五月までの犠牲者の総数であろう。この記事を読むと、蛟洋が「社民党の巣窟」とされ、大兵力で討伐されているが、ここはすでに記したように、同じ客家でも言葉があまり通じないとされた、特殊な客家方言を話す四万一〇〇〇人が住む「古田、蛟洋、歩雲」の地域である。ここ出身の客家人の党幹部、部隊、民衆が、粛反運動のやり方に武力で反抗し、最後には三〇〇〇人にも及ぶ人々が誤って討伐、殺害されたのである。これをみると、同じ共産党陣営の中に、客家人内部の宗族間対立、地域間抗争が持ち込まれて、これほどの大虐殺が起こったと考えるのが自然であろう。

この県から、紅軍に参加したのは一万二七〇〇人、その内長征に参加したのは一〇〇〇人、革命烈士約五九〇〇人、粛清されたのは、上に記したように約三〇〇〇人であった。

(12)『連城県志』(「方言」頁八五一)

「連城県内の言葉は、客家語系に属し、寧化、清流、長汀、上杭、武平、永定、明渓などの諸県の客家語と同じである」が、しかし、連城県の客家語がきわめて複雑であることは有名であるとする。この県の紅軍への参加者は六七六〇人であり、烈士は一五〇六人に達している。この県では一九三一年の一月から粛清が開始され、二〇名ほどの革命幹部が社会民主党の主要メンバーとして殺された。全体で何人殺害されたのか、『県志』には明確な記載はないが、恐らくこれをはるかに上回るものと想像される。

(13)『武平県志』(「方言」頁五五四)

「武平県内では主に客家方言が使われている。それは、閩西客家語に属する一土語である」とあり、武平県が純粋客家県であることを明示している。この県では土地革命戦争の期間に一万二三九〇人が革命戦争に参加し、三四六〇人が紅軍に入り、九五三人が革命烈士となった。長征参加者の実数は記されていない。粛清も激しく行われ、『県志』末に粛清された党県幹部四人(この四人は県志に略伝がある)それに次ぐクラス一四人の名簿がある。しかし、全体でどの程度の人々が粛清されたのか、『県志』のどこを見ても記載されていない。粛清総数は、今後追求すべき課題である。これは、総数を明記していない総ての『県志』に当てはまることである。

第七節　党中央の土地革命政策と「客家公田」

これまでの考察、分析によって、毛沢東、朱徳、彭徳懐、陳毅、林彪などが遊撃戦争の中で形成してきた中共中央革命根拠地の大部分は、「純粋客家県」、「準客家県」を基盤にしていたことが、ほぼ実証されたものと考える。つまり、湖南、江西、福建の諸県における客家出身の中共党員、農民活動家たちによる土地革命闘争とその実績、その歴史的蓄積なしに、毛沢東、朱徳らによる中央革命根拠地の建設はなかったといってよい。

さて、ここで客家はなぜ土地革命戦争に積極的に参加し、多大な功績を挙げたのか。また実際に土地革命が始まると県レベルの在地党員幹部、県軍団クラスの幹部が、なぜ「AB団」、「社会民主党」等々のレッテルを貼られて大量に処刑されたのかという問題を、党中央の政治路線の角度から改めて考察したい。

これまでの中共党史の公式的な解釈は、大都市に向かって突撃せよ、先ず一省あるいは数省を占領して赤色政権を打ち立てよ、と叫んだ「李立三路線」の誤り、さらに徹底的に内部粛清を実行し、地主富農を徹底的に打倒し、直ちに赤色政権を打ち立てよ、と叫んだ王明と「王明路線」執行者の誤りが、毛沢東の正確な革命路線を捻じ曲げ、正確な内部粛清を「誤って拡大化する」結果を生んだとした。また毛沢東も一時「ＡＢ団」粛清の誤りを犯したが、直ぐそれを正したとか、周恩来が一九三一年暮れに中央革命根拠地に行ってから粛清拡大化は大いに正されたといった類の、こうした中共の公式見解、解答がなされてきた。しかし、それらは、大状況の一面を取り出して、総ての問題を覆い尽くしただけで、土地革命戦争時代の粛反のダイナミズムを運動の構造の内面から解明したものではない、と考える。これまでの中共の歴史解釈は、「政治路線対立史観」とも称すべきものであり、ただそれだけで総てが解釈された。毛沢東に賛成する者は「正しい、正確な」路線を歩んだということにされ、反対した人物は誤った道を歩んだ人物ということにされた。

私は、党中央の路線問題を、中央革命根拠地、閩西革命根拠地の土地革命戦争をめぐる革命と反革命の社会史として問題にし、検討する。

（1）土地革命戦争における唯一最大の問題——土地を何故に、何処から、どれほど没収し、如何に貧農に分配するか

毛沢東などの中国共産主義者は、一九二七年から井崗山時代には「土地国有化」を目指した。この総ての土地を没収する政策は、多くの問題を生み、その後「地主の土地を没収する」、「地主と富農の土地を没収する」、「地主と富農の土地を没収するが、その家族が生活できる最小限度の土地は分配する」、その他さまざまな土地革命の方策が提出され、試みられた。土地革命を巡って問題は無限に発生した。例えば土地を面積で均等に分配すべきか。いや土地の肥え具合、痩せ具合を勘案して分配すべきか否か。現に耕作している小作人に優先的に土地を分配すべきか、否か。家族数の多寡で分けるべきか、否か。農業労働力の多寡で分けるべきか、否か。土地分配計算をする基本単位は、県か、区か、郷か、自然村落か。土地の分配を受けた貧農は、生産物を自由売買できるか。土地の分配を受けた貧農は家族の中に死者が出た場合は、その分の土地を

返却すべきか。あるいは嫁に出す家、嫁をもらう家は土地の増減をどうするのか。何年ごとに土地の分配を見直すのか。紅軍兵士になった家の土地は、誰がどのように耕作するのか。共同体的な慣行をどう組み入れるか、等々。

農業は水利等の自然条件、労働力条件、市場条件、共同体的慣行などさまざまな条件に規定される大変複雑な産業であって、大理論を振り回しただけで問題を解決することはできない。農業という世界は、痩せた土地、肥えた土地、温度、風量、日射量、肥料の供給、水の供給、労働力の配分、共同体的な労働慣行などの複雑な有機的結合、総合的統一がなければ、やっていけない世界なのである。

これまでの総ての共産主義者の私有制廃絶をめざす土地政策は失敗の連続であったが、中国共産党も例外ではない。結論からいえば、土地革命戦争期の共産党の土地政策は失敗の連続であったといえよう。

第一に、革命根拠地を建設する途上、特に悪辣な土豪劣紳、不法地主に対しては情け容赦なく暴力を振るい、公開で処刑し、土地財産の総てを没収し、特に激しい場合には、その家族全員を居住村から、更には革命根拠地の外部にまで追い出した例も多々あった。もちろん、その前に、一九二七年の蔣介石の反共クーデターを合図に、土豪劣紳、地主が、全国各地で共産党員、農民運動家とその家族に対して暴行、監禁、投獄、処刑などを想像を絶する規模で行ったということは明記しておかねばならないが。それにしても、共産党の反撃もまた凄まじかった。共産党が、この時期の闘争を「土地革命戦争」とか、「第二次国内革命戦争」と名づけているように、つまりこれは待ったなしの「戦争」であったのである。戦争ならば、殺さなければ殺される、殺されるから殺すのである。農民の要求を汲み上げて、じっくり土地改革を行う時間も、経験も、理論もなかった。中共の内部からいえば「革命根拠地」であるが、外部の蔣介石国民党から見れば、「共匪竄入地帯」に過ぎない。中央革命根拠地は縦横二〇〇キロメートル、人口は多くて数百万人ほどの、江西省から福建省にかけての山岳地域である。ここに中央機関員、紅軍十数万、赤衛隊、少年先鋒隊など数十万人がいたのである。しかも一九三〇年から三四年までの間に、国民党軍から五回の〝囲剿〟といわれる総攻撃を受けた。死傷者は、党・軍・民を合わせて数十万、あるいは百万以上か、正確なところは分からないが、驚くほどの人的、物的損害をこうむったのである。共産党は、あらゆる手段を尽くして戦争遂行のための人的確保、食糧確保、軍需品確保をしなければ生き残れなかった。

ちょうど、レーニン、トロツキーなどが行ったロシア革命直後の「戦時共産主義政策」に類似したものが、中国の革命ソヴィエト区でも実行されたのである。簡単にいえば、地主階級から土地、家屋、穀物、金品、衣類などを暴力によって没収しなければ、戦争ができないのである。まず土豪劣紳と地主は殺されるか、身ぐるみ剥がされるか、あるいは自ら他の地に逃亡した。若干の地主階級は、家族が悪い土地をいくらか与えられただけだった。残っているのは富農である。この富農階級から土地、家屋、食糧、諸物資を没収する以外に、もう何も没収できるものがないのである。一九三〇年代初期に、つまり革命根拠地の形成期に、国民党の〝囲剿〟開始期に、反富農問題が課題になる理由はそこにある。

もちろん、富農は貧農を雇用したり、一部の土地を小作に出したりしているので、搾取階級ということになり、地主階級に次ぐ階級の敵というわけであるが、彼らからも土地と財産を吐き出させなければ、革命戦争が現実に行えないのである。富農から自作地以外の土地を没収して、貧農に分配しなければ、貧農を満足させることはできない。いや、富農から土地財産をかなり没収しても、貧農を充分に救済することはできなかった。農村窮乏の現実は、階級闘争の理論の有効性をはるかに越えていたのである。しかし、共産主義化の理念は現実をねじ伏せ、現実を理念に屈服させずにはおかなかった。

当時、つまり一九三〇年にはスターリンの富農絶滅作戦は絶頂期にあった。中国の革命家の多くはモスクワ留学生であり、また中国にいた革命家の大多数も、コミンテルンを通じて、モスクワを、スターリン主義を教科書のごとく絶対視していた。かくして、ソ連と同じく中国においても、富農は階級の敵であり、富農分子は共産党陣営に深く潜入しているので、彼らAB団を粛清することは革命的であり、絶対的に必要であり、正義であり、問題解決の唯一の道である、ということになった。こうして、富農粛清の階級闘争の理論、歯車は、自己運動、自己拡大を開始し、「党員粛清、紅軍粛清」の道を突き進んでゆくのである。絶望的状況に追い詰められた時、階級闘争の理論は、絶対観念となり、更に救済幻想となり、ついには内部の敵の粛清自体が自己目的となって進行した。

（2）三木聡「土地革命と郷族」（『変革期アジアの法と社会』菊池忠夫編、一九八六年）の研究について

中国共産党による土地革命戦争時代の「土地没収政策と宗族公田」の関係について、日本人として最初に研究をしたのは、三木聡である。氏は、一九二七年から三三年にかけての、共産党中央や毛沢東らが公田（族田、祠田、寺廟田など）に対して、如何なる見解、如何なる政策を採ったかを概観した。そこで重要文献として紹介されている資料を、以下に列挙紹介する。

■一九二七年一一月、「祠堂・旗地の土地は一律に農民代表者会議の支配に移す。共産党は、農民をたすけて、こうした陳腐かつ劣悪な土地制度を根本から一掃しようとするものである」（「中国共産党土地問題党綱草案」）。

■一九二八年七月、「祠堂・廟宇・教会の土地財産、及びその他の公有財産・官有荒地または所有者のいない荒地・沙田はみな農民代表者会議（ソヴィエト）の処理にまかせ、農民に分配して使用させる」（モスクワで開催された中共六全大会の「土地問題に関する決議」）。

■一九二八年一一月、「一切の公共の土地および地主階級の土地を没収して、興国ソヴィエト政府の所有に帰し、土地の無いか土地の少ない農民に分配して耕作・使用させる」（毛沢東等が中心になって制定した「興国県土地法」。その前の二八年一二月の「井崗山土地法」では、「一切の土地を没収する」となっていた）。

■一九三〇年八月、「暴動によって豪紳地主階級の政権を転覆させた後には、一切の私人あるいは団体（豪紳・地主・祠堂・廟宇・会・社・富農）の土地・山林・池塘・房屋を直ちに没収し、ソヴィエト政府の公有に帰し、土地無き農民、土地少なき農民、及び土地を必要とする貧民に分配する」（毛沢東が主席の中国革命軍事委員会が布告した「蘇維埃土地法」）。

以上の土地法を見れば明らかなように、一九二七年から三〇年にかけて、中国共産党の土地革命の内容は、三木聡が結論付けたようにきわめて厳しい土地没収政策であった。中共は、地主階級の土地はいうまでもなく、総ての公田、宗族の財産は没収されるのが当然と考えていた。なぜなら、共有の名が冠せられていても、それは豪紳・地主・族長の隠れ蓑であり、それを利用して農民を搾取しているのだと考えていたからである。そして、三木は次の土地法に注目する。一九三一年一二月に公布された「中華蘇維埃共和国土地法」では、「一切の祠堂・廟宇及びその他の公共の土地については、ソヴィエト政府は農民が無条件で農民に支給するように努めなければならない。ただし、これらの土地について執行・処理する際には、農民の自発的な賛成を得るようにし、彼らの宗教的感情を阻害しないことを原則としなければならない」としている。この引用文の後半部分は、これまでの中共の土地法になかった重要な付帯事項である。これ以前から、宗族意識、農民意識、宗教意識に注意して、土地革命をする必要は気づかれていたが、こうした意識変革が、三一年以後に明確になってゆくという。基本的な土地革命の基準には変更はない。しかし、明らかに思考の変化があった。公田をどの程度、どのように分配するかを、農民自身に考えさせることが必要である、という中共の土地改革思想の変化を、三木論文は明らかにした。では、どうしてこのような土地革命思想の変化が起こったのか。

次に、それを生み出したと思われる客家の土地政策に対する反撃の情況を紹介し、検討したい。

（3）湖南人と江西人の土地革命を巡る対立

毛沢東と朱徳が井崗山に上り、合流した時、その将兵の中核部隊は湖南人であった。もちろん例外はある。朱徳、陳毅は四川人、林彪は湖北人であった。しかし、圧倒的多数は湖南人である。彼らは、湖南での戦い（「第一次国内革命戦争」、一九二四年～二七年。これを略して「大革命」とも称される）に敗北し、江西省西部の山岳地帯に逃げ込んだ。いや、転進し、転戦したのだという人がいるかもしれないが、「大革命（一九二四～二七年）」は、失敗したのだから、やはり逃げ込んだのである。そして江西省から福建省にかけての地域に革命根拠地を打ちたてようとした。革命根拠地を打ち立てるということは、革命に必要な人的、物的資源の一切を江西省の農村から調達し、革命戦争に必要なもの総てを江西省の農村で賄うということである。それには、江西省の中共党員、農民運動家による革命運動の蓄積、革命根拠地の形成が前提であった。実際、客家が多く居住していた江西省西南部の高地、山岳地帯において、特に吉水県、吉安県の西南部、それに興国県、雩都県、寧都県、瑞金県、楽山県、石城県、会昌県、更には江西省の南部、福建省の西部へと続く客家地帯において、土地革命が盛り上がる情勢があった。また、こうした地帯の党員、活動家も、毛沢東、朱徳に率いられて本格的な戦闘を経験し、遠征を繰り返す実力を持つ紅軍の到来と、その支援が必要であった。こうして、毛沢東、朱徳の勢力と江西省土着の革命家とは、しばらく蜜月の関係になった。

しかし、すでに第三章で詳しく語ったごとく一九三〇年の夏ごろから、両者の間に対立が生れてきた。理由は二つある。一つは、江西省のかなり多くの革命家が、李文林等が主張する南昌、九江、武漢へと大都市を攻撃せよと主張したのに対して、毛沢東は贛江を東に渡り、江西省の西部に蔣介石の大軍を誘い込み、ここに紅軍の総力を結集して籠城してゲリラ型防衛戦争を遂行することを主張したことにある。この作戦は、東固、寧都、興国、瑞金、雩都などに強固な根拠地を作ってきた江西省の土着の革命家から見れば、自分たちの故郷、これまで培ってきた革命的資産の総てをこの決戦の生贄、犠牲に供する危険を犯すことであった。仮に敗北すれば、家族、宗族、友人知人は殺され、田畑は奪われ、徹底的な反革命勢力による復讐が待ち構えている。江西省の革命根拠地の総てを失う危険があった。それより贛江を遡って長江中流域に打って出るべきではないのか。李文林など江西省行動委員会の多数は、そう主張した。実際、五回に亘る反囲剿戦争において、この一帯は焦土となった。共産党軍も「堅壁清野」の策を取り、焦土作戦をやることになった。かくして、そして李文林等の予想は、四年後、毛沢東たち紅軍主力が長征に旅立った後、現実のものとなった。中央革命根拠地の中心地帯は、一九三四年、国民党軍、土豪劣紳、地主階級勢力、民団、暴力団の復讐戦で血の報復を浴び、地獄絵図の中で消滅した。

第二の対立点は、江西省で「富農に対する土地革命をどこまで徹底的に行うか」という問題であった。毛沢東は、李文林らは富農に対する階級闘争をサボり、宥和政策をとっているので、富農分子が江西省のあらゆるソヴィエト政府機関、紅軍、紅軍学校、県独立団の中にまで蔓延していると攻撃した。それに対して、江西省の革命家は、地主富農の出身者も多く、地主階級の土地没収は正当だとしても、富農まで徹底的に階級の敵として殲滅してよいのか、それは極左だと考えたに相違ない。当時、共産党員の最高幹部には、朱徳、彭徳懐のような貧民階級の出身者がいたが、そうした人は全体的には少なく、富裕な階級の出身で高学歴を持つ者が多かったのである。この点に関しては、『紅軍人物志』、『工農紅軍第一方面軍人物志』、『中国蘇区辞典（人物志の項）』などで、約三〇〇〇人の履歴を一瞥すれば、共産党の指導者、幹部クラスは、中層階級以上の出身者で中等学校を卒業した人が多いことが分かる。なかでも地方の小学校、中学校の教師クラスの人が、その地方の共産党の指導者になる例がきわめて多い。少なくても、初期中国共産党の地方幹部に無学文盲の無産者はきわめて少なかった。

李文林等は、確かに毛沢東が批判するように、江西省で富農殲滅路線を実行しなかった。江西省土着の指導者にとっては、富農まで絶滅することは忍び難かったであろう。党幹部には「客家村落共同体」＝「客家宗族共同体」に育ったものも多く、こうした地域民衆の願望と宗族共同体の利害関係を代表する地方エリートであった革命家にとっては、感覚的には善良な小地主・富農もまた身内に数えられたのではなかろうか、そうした地域特有の状況があった。江西省南部の革命家、特に李文林を最高指導者にする江西省行動委員会の主要幹部にとっては、毛沢東を書記とする紅軍が、地元の革命家や民衆の利害関係よりも、贛南の革命根拠地を犠牲にして国民党との「囲剿戦」をやり、地主富農を全滅させ、宗族の公田を総て没収する毛沢東の政策に反対する過激な政策に大いに異論を持つのは当然のことであったろう。毛の「敵を深く誘い込み、その疲れを待って全滅させる」戦略は、江西省南部を戦争に巻き込み、ここを主戦場にし、この一帯の土地と民衆、革命組織と根拠地を総て犠牲に供することもいとわない誠に危険な戦略だった。かくしてすでに第三章で詳述したごとく一九三〇年春以降、両者の対立は激化して、一九三〇年一一月末、毛沢東は李文林等を国民党の回し者の「ＡＢ団分子」であるとして逮捕し、一九三〇年一二月その「仲間」に対して子分の李韶九を派遣し、徹底的な粛清に打って出たのである。これに対して、江西省行動委員会、贛西南特委、紅二〇軍幹部などに属していた江西省の幹部――もちろんその中には湖南省出身の劉敵なども いたが――は、それに反撃して一九三〇年一二月にいわゆる「富田事変」を起こした。仕掛けたのは、毛であって李文林たちではなかった。

第八節　土地革命と「公田」問題――公田は客家地帯に多い――

中共の土地革命政策には、決定的な誤りがあり、それがまた粛清運動をめぐる革命と反革命の慈悲なき闘争の関係を増大、増幅させたのではないかと、私は思う。先に指摘したように、中共は土地革命戦争の中で、江西省、福建省、広東省などの農村社会には地域によって「公田」、「衆嘗田及機動田」、「祠堂田」、「廟宇・福会・郷保田」、「公堂田」、「神会公嘗田」、「祭田・学田・輪年田」などと、各種の呼称があるが、これらの「公田」を没収した。「公田」とは宗族全体の公の利益に合致するために置かれた土地という意味である。

この公田は、土地革命戦争時代には、地主的土地所有として没収され、ついで貧農にほとんど総てが分配された。しかし、長征以後、革命根拠地が総て解体されると、国民党支配のもとで再び地主の天下となり、元の公田に戻り、更に一九四九年の建国直後の土地改革で再び没収された。念のため、公田の「田」は日本人がいう「水田」ではない。「田」は畑を含む耕地一般のことである。

さて共産党が、公田没収を正当化する理由は、次の通りである。公田の支配、運営は、地主によって行われた。地主は公田を貧しい農民に小作させ、一般の地主の私有地と同じく高率の小作料を課した。地主階級による貧農搾取であり、階級的な収奪そのものであるから、事実上の地主的土地所有と見なすべきである、と。

一九八〇年代以降に全国的に行われた出版事業である『新編地方志叢書』の中のどの『県志』の「封建的土地所有」の項を見てもそう書いてある。例えば、『龍岩地区志』(「所有制結構」頁一六二)は、「建国以前、……地主富農が所有する耕地は多くなかったとはいえ、彼らは大量の宗族の公田を支配管理していた」。福建省西部の龍岩地区の公田の比率は、実に四二・六五%に及んでいたが、これも地主的土地所有とされ、総て没収の対象になった。管見の限り、これまで見た数百冊の『県志』で、土地革命時に「公田を没収したことは誤りであった」書いているものは一冊もない。土地革命戦争の時代には、どの革命根拠地でも、公田は地主的土地所有だとして没収の対象になった。

ところで、この「公田」なるものは、畑地が多い華北の農村にはほとんどないか、あるいはあってもごく少ない。「公田」は、長江以南の農村に多いのであるが、特に福建省、広東省の農村に多い。それは同族村落、つまり、血縁で結ばれた一つの宗族が結集して一つの自然村落を形成していることが、特にこの地域に多いからである。村落の共同体的性格が、一般の地主的所有以外の「公田」的土地所有を生み出したのである。特に客家の比率の高い県に公田の比率が高かった。

以下、県の公田の全耕地に占める比率を表にしてみる。「公田」の全耕地に占める割合は、新編地方志叢書の各県『県志』に掲載されている、土地改革(一九五一年)時期の数字である。

一九五〇年代初期、土地改革前夜の各県「公田」比率(全耕地に占める比率)一覧表

〇印は純粋客家県を示し、△印は客家が五割以下の県であり、一割程度しかいない県も含む。×はほとんど客家が居住していない県。

A　農民運動、革命運動、根拠地闘争が特に激しかった県

湖南省

平江県　△　「公田」一一・四%(県志、頁一七九)、客家はごく少数らしい。

醴陵県　△　「各種公田」二六・一三％（頁一七三）
江西省西部（贛江以南、井崗山周辺）
修水県　△　「公会産」一五・二％（頁一一七）客家は、民国時代には県人口の七％ほど。
寧岡県　△　「公産」一七・五四％（頁二〇〇）。
永新県　△「橋会、廟会、祠堂、書院その他」一一・一一％（県志、頁九五）
江西省東南部（贛江以東、武夷山脈以西、中央革命根拠地一帯）
吉水県　△　「公田公社」二〇・六％（『県志』頁一三一）
寧都県　〇　「公堂廟会」二二・三％（『県志』頁一二五）
興国県　〇　公田数不明、『県志』に明確な記載無し
雩都県　〇　公田数不明、『県志』に明確な記載無し
石城県　〇　「宗祠会産」四四・四％（『県志』頁一六五）
瑞金県　〇　「公堂田」三三・六％（『県志』頁三三一）
会昌県　〇　未見
永豊県　〇　「公田」二二・三％（『県志』頁一二二）
尋烏県　〇　「公堂田」三六・七％（『県志』頁七六）
福建省（省西部、中央革命根拠地、閩西革命根拠地一帯、その周辺）
寧化県　〇　「公堂・寺廟・公益田及び商工業者の田」四五・六％（『県志』頁一六七）
清流県　〇　「公田或機動田」三五・九％（『県志』頁一五三）
長汀県　〇　「公田」四六・一％（『県志』頁一二五）
武平県　〇　「公賞田他」三五・一％（『県志』頁一四四）
上杭県　〇　公田数不明　『県志』に明確な記載無し
永定県　〇　「公田」四八・三％（『県志』頁一五八）
連城県　〇　「公田」五二・一％（『県志』頁一四八）
龍岩県　△　「公田」数字不明。『県志』に公田数記載無し
龍岩地区　〇　「公田」四二・七％（『地区志』上巻、頁二一三）、龍岩地区は、長汀県、上杭県、武平県、連城県、永定県、漳平県

の六県を含んでおり、福建省の革命根拠地の中核県であり、同時に純粋客家県である。龍岩県の客家は全人口の八%に過ぎないが。平均して、この純粋な客家地区の公田が約四三%を占めていることは、特に注目すべきである。

B　以下に客家の居住地域がない県における、総耕地面積に占める公田の割合を記す

湖南省

湘潭県（毛沢東、彭徳懐の出身県の故郷）「公産」一九・二%（『湘潭県志』頁三一〇）

衡山県「族産・学産・寺産」二四・二%（頁三四一）、その他、江永県四・一%、会同県三・一六%以下、常徳県〇・九四%以下、長沙市一〇・七一%というように公田は福建・江西の客家県に比べるときわめて少ない。

福建省

福清市「公輪田」一〇・九三%（『市志』頁一七七）

龍渓県「公地」一六・八九%（『龍海県志』頁一〇六）

龍澄県「公地」一八・二五%（『龍海県志』頁一〇七）

安渓県「公地」一七・五三%（『安渓県志』上巻、頁一七九）

C　次に、客家が一定程度居住しているが、革命根拠地には入らなかった県をあげる

福建省

漳平県「衆嘗田あるいは機動田」三六・二二%（『漳平県志』頁一四九）

建甌県「公田」四五・一%（『建甌県志』頁一二三）

南平県「公田」四四・七%（『南平市志』頁六一五）

平和県「氏族公田」二一・九九%（『平和県志』頁二一一）

以上を見れば、江西省南部と福建省西部における純粋客家県、準客家県の公田の比率が、特に高いことが歴然としている。これが結論である。

第九節　毛沢東の「公田＝地主的土地所有」論

毛沢東は、井崗山や中央革命根拠地において、「公田は地主的土地所有の一環である」として、彼らから土地を没収し土地革命を実行した責任者である。毛沢東の公田に関する基本的分析は、「尋烏調査」（一九三〇年五月の調査、『毛沢東文集』第一巻、頁一一八～二四五、所収）に示されている。

尋烏県は、江西省南部の山岳地帯にあり、閩（福建）・粤（広東）・贛（江西）の三省交界に位置している。この三省交界の地は、客家が集中している地帯であり、尋烏県も、この近辺の諸県と同じく純粋客家県である。以下、毛沢東のこの調査結果を簡単にまとめて紹介する。

尋烏県には公田が多い。土地の所有比率を見ると、公田が四〇％、地主の土地が三〇％、一般農民が三〇％の耕地をそれぞれ所有している。公田を事実上所有しているのは地主であるから、これは「公共地主」ということができる。この公共地主は、三種に区分することができる。

A　祖宗地主

地主が祖先の霊を祀る祠堂に、すでに死んで亡き誰それの霊を祀るという名目で「公会」をつくり、そこに土地を出す。それが代々積もり積もって広大な「公田」が形成された。地主はそれを小作に出して、穀物を小作料として徴収し、またそれを貧民に売り出して金を蓄え、更にそのお金で土地を買うのである。その土地の大部分は、彼の息子たちが相続し、均分する。しかし、均分した後で、息子たちがその土地を売って、ご飯も食べられなくなるのを心配して、土地の一部を均分相続の対象からはずして「公田」とし、永く売却できないようにする。息子たちもそれに賛成する。なぜなら、それが、将来の危険に対する保険になるからである。こうして、親が死んだ後に、いつもその人の名をつけて霊を祀るのである。しかし、子孫の中で貧しくなったものは、公田を分割せよと要求し、豊かな子孫はそれに反対する。宗族の中に、階級闘争が始まる。祖宗公田は、県の総耕地の二四%を占め、またそれは全公田の六〇%の割合を占める。

B　神道地主

神道地主には、神、壇、社、廟寺、観の六種がある。会には趙公会、観音会、関爺会、大神会、真君会、婆太会、頼爺会、公王会、伯公会、文昌会等などがある。廟には城隍廟、関帝廟、三官廟、三聖宮、頼老廟、竜王廟（以下省略）等がある。地主が土地を寄進した寺庵には、五福庵、回龍寺、正覚寺、観音閣、東筆山、大悲閣、天台山（以下省略）などがある。こうした神会、寺庵には、公田や共同の銭穀があるものもある。神壇は地主・富農が自己の幸福と家族の安寧を祈り、子孫が貧しくなっても年越しや清明節などに肉が食べられる保証を必要としており、社壇は農民が相互扶助の資源を必要としており、廟は地主と農民が共に必要としている。廟の土地はきわめて少ない。しかし、寺院は他のものと性格が違い、地主が最も土地を寄進する対象である。仏教は、地主階級が最も利用する宗教であるからである。以上の、神道関係の公田は、県の全耕地の八%、全公田の二〇%を占めている。

C　政治地主

これは二つに分けられる。一つは考棚（県城内にある科挙の試験場の管理修繕）、賓興（科挙受験のための費用や進士・挙人に合格した人に対する御祝）、孔廟（孔子廟の管理運営）、学租（同族の子弟の教育費）など、教育方面に属する事業のための公田である。もう一つは、橋会（橋の管理、修繕）、路会（道の管理、修繕）、粮会（一族の者に対する官の過酷な徴税などに対処）など社会公益に属するものである。これらの公田、銭穀は長い間に蓄積されて来たものであった。こうした社会の公益に当てる公田は、県の全耕地の四%を占め、それは全耕地の一〇%に相当した。

（以上が毛沢東の公田地主に対する分析の概略である）。

後に、中共は、公田は地主の階級的利害を代表しており、地主が貧農を搾取する手段であったとして地主的土地所有と規定して没収し貧農に分配した。これが土地革命戦争から、新中国建国後の土地改革に至るまでの、中共の基本的政策であった。しかし、上記の毛沢東の公田分析を読んでも、公田を地主の私有財産と見なして、一律に没収、分配する正当性が分からない。毛沢東が述べるように、多くの公田は確かに地主がその階級的利益のために拠出したものであることは間違いなかろう。しかし、唯それればかりではない。この公田は地主が勝手に売買できないものであること、一族のものが科挙受験などをする場合の援助、支援の役目もあること、官憲から族人が不当な収奪を受けることへの抵抗と補償の備えであること、更にまた、村落内の道、橋の修理や管理のためにもあること、以上の毛沢東が指摘する諸点は、地主の階級的利益を実現するためのものというよりは宗族としての共同体的な利益を守り、村落における社会的な共同利益を守る、そうした性格を強く持っていた。

特に客家は、日頃土着民から種々の差別と圧迫を受けていたので、科挙合格を上昇転化の最高の手段と見なしていた。従って教育にきわめて熱心であり、優秀な子弟を援助し、教育費を負担した。またしばしば同族村落に巨大な「土楼」等をつくって共同生活をし、日常的に周辺の敵対的な村落民と「械闘」という戦いをするという存在であった。こうした客家の族長は、宗族を率い導く家長であり、沢山の土地を所有する地主であり、戦う指導者でもあった。こうした存在をかねているのである。客家でなくても、かなり多くの公田を所有する同族村落の家長は大なり小なり、こうした性格を持ち、公共的役割を担わなければならなかった。もちろん、客家の中でも地主はその階級的利益を追求したであろう。しかし、彼らの存在は、ただそれだけには終わらなかったのである。

もし、公田は地主的土地所有であると規定し、総て没収したならば、公田が果たしていた村落共同体的な機能、同族共同体的な役割は、いったい誰がどうして果たすのか。いったいどこから財政的支援を得るのか。一体誰が公共的な労働を負担するのか。毛沢東の当時の「公田論」は、小作経営による地主的搾取の面しか問題にしていない。公田が果たしている社会的、共同体的役割を無視している。ただ貧農に分与して階級的支配から解放するというだけである。しかし、共産主義者が小土地所有者の存在と個人経営を目指すわけがない。貧農を助けその個人経営を守るだけならば、それは共産主義者ではない。貧農を味方につけ、国民党の包囲攻撃から党と根拠地を守るために、一時的に「公田没収と貧農への分配」を政策的に実行しただけである。例えば、毛沢東は建国の過程と、建国直後に「土地改革」を強力に実施ながら、数年もしないうちに農民に分配した土地を取り上げ「人民公社」に集中し、文化大革命の時には、個人に鶏一羽、豚一頭売り買いすることも許さなかったことを見れば明らかであろう。

毛沢東の公田分析は実地調査にもとずいていた。当時、公田の社会的・共同体的な役割・性格について、これほど明確に分析した共産党幹部は、当時はいなかったであろう。しかし、毛沢東は、総ての土地を没収して国家の所有にすることを究極の目的にする共産主義者として、「公田＝地主的土地所有」論を正しいものとみなし、その土地の没収を強行し、それを貧農に分配し、そして今度は貧農を党の兵士として徴用し、革命根拠地の主力軍に仕立てたのである。的は革命戦争の勝利にだけにしぼられていたのだ。

最近の研究で毛たちのこうしたやり方は、建国後に党が自慢するような革命の意気に燃えた貧農階級の自発的決起や勇戦ではなく、極左的な党が貧農を強制し、農民を動員したものであったこと、貧農は党に恐怖を感じソヴィエト政府の強制政策にいやいやながら従ったものであったこと、こうした革命根拠地の実態が明らかになりつつある。高橋伸夫著『党と農民—中国農民革命の再検討』（研文出版、二〇〇六年）、同著者編『救国、動員、秩序—変革期中国の政治と社会』（慶應義塾大学出版会、二〇一一年）、阿南友亮著『中国革命と軍隊』（慶應義塾大学出版会、二〇一二年）を参照されたい。

第十節　「客家公田」の宗族共同体的、社会共同体的な性格と役割

客家の共同体的性格を知るために、福建省西部にあって純粋客家県に属する武平県の『武平県志』「宗族」（頁七四六）の記述を紹介する。「客家の先祖は中原から南に移住してきた。彼らは、生存と発展を求めて、同族が結集して住み、その宗族は強力な凝集力を保持し、強烈な氏姓意識を形成してきた」とする。

族長─「族長は族内の年齢が高い長者がなり、族内の祭祀、族譜の補修、公産の管理、族内法規の制定、族内の公益事業の采配を振った。旧時代には、族長は多くは地主である縉紳がなった。彼らは常に宗族間の争いを利用し、そこから漁夫の利を得ており、甚だしい場合には流血事件を引き起こした」。

族規─「各族は一般に成文の、あるいは非成文の族内規則を持っており、族内の成員を規制していた。例えば、同姓不婚、仇敵の宗族との通婚禁止、命名の規則の遵守、械闘の場合は無条件に戦闘を命令、族規に違反した者への罰則、等々の決まりがあった」。

公嘗─「旧時代には各宗族のための「公嘗」といわれる共同の財産があった。例えば、嘗田、嘗店、嘗山、嘗塘、宗祠などである。族長、あるいは公推人が管理し、得た収益は祭祠、族譜の補修、祠堂の建設、学校教育などの為に支出した。宗族の共有財産の大部分は、族内の子弟の教育を奨励するために支出され、これを「儒資穀」（儒学を学ぶ資金の意）と称した。民国時代には、官が各地の共有財産の一部を没収して学校を建設した。建国後は、土地改革で共有の土地、山林、店舗等は、「死地主」の財産とされて没収され、貧農に分配され、祖先を祭る活動は一時停止された。近年、宗族の祠堂の修築や祭祀が始まり、費用は、族内の人から頭割りで徴集しているので、特別の負担になっている」。

以上の『武平県志』の記載を見ると、この県の宗族では公田等からの資産は、かなり教育のために支出されていたことが分かる。客家県から民国時代に驚くほど多くの留学生が日本や欧米やソ連に行ったのには、こうした共有財産からの学費支援があったためであろう。先の毛沢東の「尋烏県調査」に出て来るように、宗族によっては、あるいは年によっては、橋や道路、水道、治水に多くの支出をする、あるいはそうせざるを得ない場合もあったであろう。客家の諸県に、宗族の公田、公嘗財産が特に多くあったことは、同族村落における共同体的慣行、相互扶助の文化が色濃くあったことを証明している。

しかし、公田等の共有財産を地主的所有として、全面否定する『県志』の例もある。例えば、『連城県志』(「農業、土地改革」頁一四九)は、県内の「公堂は、総耕地の五二・〇七%を占めている。こうした土地は、実際には地主豪紳、宗族の族長が操縦、操作しており、小作料収入は公益事業基金に使うなどと口では言いながら、実際は地主豪紳が占有して勝手に浪費していたので、貧苦の農民にはほとんど利益にはならなかった」という。連城県も客家が非常に多い県であるが、武平県と大いに異なっている。『連城県志』は、党のこれまでの公式史観をただ鸚鵡返しにしているだけであると思う。もちろん、封建的家父長が絶対的な権力を持っていた時代の客家宗族が、今日いうような民主主義や人間平等や人権を擁護するはずはない。族長、郷紳、地主に有利に何事も運営されていたことは明らかである。しかし、ただ封建的な遺産に過ぎないなどと全面否定するならば、どうして客家が多い県に公田、公産の割合が圧倒的に高いのか説明がつかない。先に見たように、客家宗族は、団結しなければ土着民の差別と圧迫に対抗して生きて行けない。また特に痩せた高地、山岳地帯に住むので生活環境が厳しいのである。また、科挙受験にもさまざまなハンデーを背負っていた。だから、客家は、客家宗族共同体的な性格、機能を拡大強化したのだ、と考えるのが普通であろう。

そのことは、山林の例を見ればよりはっきりする。

『龍岩地区志』(上巻、頁二八六)に、「清の嘉慶七年(一八〇二)、長汀県宣城郷の百丈林と蘭屋林には二本の石碑が立っている。それに「山林の松、杉、竹と春冬の二期の竹の子、山芋、生姜、里芋、果樹、その他の雑物を採ることを禁ずる」

とし、違反者には罰則を科した。一八二二年、永定県下洋中川の胡氏は、祠林を禁山にし、規定を作って、毎年巡察人三人を公に選んで見回らせ、不法人逮捕のため毎年銀十両を賞金として出した。建国前には、どの部落にもいくつかの封禁林があった。こうして水口村の后門山等の如く、豊富な樹林資源と多くの珍奇な石や樹木が保存されたのである」。長汀県は、純粋客家県であり、自然村落は同族部落であったことは間違いあるまい。各個人が勝手気ままに山に入って山の物を採ることを禁じたので、山のあらゆる資源が守られたというのである。日本の村の共有林、入会地と同じく厳しい山と森林に対する共同体的管理、利用の例である。

また、『龍岩地区志』（下巻、頁一四四二）に、「本区は、多くは同宗同姓で一箇所に会い集まって居住しており、これを一般に家族と呼んでいる。各宗族は一定の族産を持っている。輩行が高く、声望が高い人物が族長になり、族務を司る。族務には次のようなものがある。祠堂の管理、祖先の祭祀、山林や土地の公田等の管理、武器の保管、自衛の準備、橋・道路・水利施設・寺庵・学堂・治安・教育・対外交渉などの仕事である」。「清から民国の時代に、龍岩県銅砵郷の呉姓は、〝郷規〟を作って、村の北側に連綿と連なる山々のすそ野にある窪地には、勝手に草を刈って堆肥にしたり、木を切って開墾したりすることを許さず、また火を持って山に入ることを許さず、この禁を犯したものはその人の豚、牛を殺す、と決めた。族内の人は規約を遵守したので、多年の愛護を経て、禿山変じて緑滴る沃野に変わり、泉は湧き鳥は歌った。郷民は喜んで〝官林内〟、〝垢埤〟と呼んだ。共に山を育てるために、この郷の郭姓は規約を作り、子供が増えた家の戸主は、翌年の清明節の前に一族が管理する山に百本の杉の苗を植えなければならないとした」。

もちろん、旧中国では、宗族を取り仕切っているのは豪紳地主であり、かれらは州県官に頼り、あるいはその権力の一翼を担った。また宗族間の争いや同族内の争いを利用したり、裁判沙汰を起こしたり、械闘（宗族間、村落間の武力による争い）事件を起こしたりしたという（頁一四四三）。

しかし、だからといって、土地革命戦争時代の中共ソヴィエト区政府がやった「公田、公林を地主的土地所有だとして没収し、総て貧農に分配するのが正しかった」とは決していえない。こうした極端な政策は、宗族部落の自治的機能、共同体的慣行、相互扶助の文化を徹底的に破壊したからである。この中共の土地革命戦争は、初めは客家の村落、客家県の多くの民衆を革命に引き寄せ土地改革に参加させたであろう。しかし、中共の政策は、結果からみれば古来の良き伝統、文化、慣行を破壊した。中共幹部たちと、県レベル以下の在地の革命家、農民運動家との対立、抗争が必然的に生まれたのであろう。

補論　明清時代の贛南（江西省南部の略称）地方の社会的特徴

――饒偉新氏の江西省南部地方社会の歴史的研究について――

贛南一帯の社会的特徴について、歴史社会史の分野で特筆すべき研究をしているのは、中国の歴史家の饒偉新である。彼の実証的な一連の論文は、中共が江西省南部と福建省西部に創設された「革命根拠地」、「中華ソヴィエト共和国」の社会史的前提、文化的精神史的状況を知るうえに大きな貢献をした。氏の研究の中で数点を要約して以下に紹介し、また私のコメントを加えておきたい。「贛南」とは、江西省の南部一帯を指す。以下は、明清時代以来の贛南一帯の歴史的社会の特徴を研究した饒偉新氏の論文の要旨である。

★饒偉新・第一論文「区域社会史視野下的〝客家〟称謂由来考論―以清代以来贛南〝客佃〟与〝客籍〟与〝客家〟為例」（民族研究、二〇〇五年第六期）。

要旨。現在、客家学会は、「客家」という名称は明清時代に生まれたといっている。しかし、明清時代には「客家」という言葉はなく、「客佃、客籍、客戸、客民」という名称が一般的であり、それに対して在地の土着民は、「土着、土籍」と称された。「客家は客佃、客籍、客戸、客民と同じものなのか」検討する必要がある。今、学会では、「客家」は大昔に中原の地から南下してきた純粋の中華人の末裔であるという民族学的意味で使っているが、どうも事実ではない

贛南に明清時代に移住してきた人々に対して、贛南の在地史料は、「閩粤客民、閩広客民、閩粤流寓、閩粤流民」等と記している。福建省と広東省から移住民が一挙に押し寄せてきたのは、明末清初から清の乾隆帝までの時代であった。彼らはまだ人が少なく開墾が遅れていた山地が多い贛南に急速に広まった。例えば、建寧県、寧化県などには福建省西部の上杭県や連城県から移住してくる人が多かった。彼らは佃戸として暮らしていたがしだいに移住者は固まって村を作るようになった。土着民とは混じらなかった。土着民は彼らを「閩粤人、閩人、粤人、広人」と呼び、「主と客」、「本地人と外地人」の区別をしていた。つまり、当時の土着人は、これら移住民を民族系統が違う異人種的な「客家」なる存在と認識していたのではなく、単に隣の省から来た他省人と考えていたのである。

清代に土着民は、隣省の福建・広東から人々を招き、小作人として代々使用してきた。また、明末清初の動乱によって人口が激減したため、これら隣省の人々を招いて産地や荒れ地の開墾をさせた。こうして贛南に来た人々は、あるものは豊かになって本籍がある故郷に家を建て、また故郷に錦を着て帰るものも生まれた。清代前期には、藍玉、苧麻、油茶（油ツバキ）、サトウキビ、煙草などの商品作物が栽培されるようになり、多くの労働者が必要になった。それで閩西や広東から多くの貧民が押し寄せてきたのであった。彼ら労働者は徒党を組んで暴れ、小作人で悪辣なものは抗租事件を多く起こした。「瑞金県では、隣省の福建や広東から来た人が多くなり、土着民が全人口の二、三割で、流入したものが六、七割であった。そして土地所有者が弱く、小作人が強いという状況になった。そのため、地主と小作人の争いは激しくなり、階級区別と社会対立が深刻化することになった」。

以上、饒偉新の第一の論点は、贛南における対立は土着民と「客家」対「土着漢族」という「異種族間の対立」ではなかったということである。同じ漢族であるが、明清時代に後から大量に移住してきたものは、「客籍、客戸、僑戸」などといわれ、

これらは正式な戸籍をとることができなかった。彼らは、「民尾戸」とされ、土着民の戸籍名簿の末尾に付録的に戸を記載される扱いを受けた。これは臨時的な居住者扱いをされるもので、正式な戸籍ではなかったから、科挙を受験する権利がなかった。「民尾戸」は、あらゆる点で社会的差別を受け、不平等の扱いをされたので、両者の対立は激化するばかりであった。もう一つの移住民の扱いは、彼らの土地と税糧を土着民の「図甲戸籍」内に繰り込む方法であった。彼ら移住民は、在地の大戸（財産があり、勢力がある家で「里長戸」という）の隷属民の扱いをされる「甲首戸」と称された。こうした移住民も、数世代が過ぎ子孫が繁栄し、税糧を多く納めても独立した戸籍と認められず、科挙の試験を受ける権利がなかった。両者の間には大きな文化的、言語的な対立が生まれた。

以上のような差別的な扱いを受けた移住民は、閩西や広東の出身地によって、それぞれ言葉に大きな訛りがあって、土着民と言葉が異なっていた。清代初期の三藩の乱の時、大動乱によって多くの難民が集団を作って贛南に移住してきたが、彼らは同じ発音、同じ方言集団を形成していった。

「客家」という語が、民族的文化的な違いをもつものとされるようになったのは、二〇世紀の二〇、三〇年代以降のことである。古代に中原の地から、南方に移住を開始して、明清時代についに福建、広東の辺境に達し、さらに贛南に入り込んだ「古代漢族の末裔」である「客家」民族という概念は、近代以降に作られた伝説にすぎない。「客家」の実態は、明清時代の「客佃、客籍、客民、広老、閩粤人」等々と呼ばれた「移住民」そのものであった。そのため、明清時代以前に土着化した人々は「老客」であり、明清時代に移住した者は「新客」と呼ぶのが最も適当である、という学者もいる。

★饒偉新・第二論文「明清時期華南地区郷村聚落的宗族化与軍事化―贛南郷村囲寨為中心―」（『史学月刊』二〇〇三年第一二期）。

要旨。明の中葉から清代に至る間、地理生態環境の劣悪化と長期にわたる社会動乱によって、贛南の農村社会に生きる人々は自発的に軍事防衛に使用できる大量の「寨、城、囲、囲寨、囲屋、土囲、山寨、土堡、土楼、囲城」などと称される、山中の砦や村全体を防壁で囲み防寨化した部落を作った。贛南に位置する贛州府と南安府に属する一六県は、まさにこのような地域であった。その第一段階は、明代であった。明代の中葉に広東や福建から大量の流民がこの地になだれ込み、各地に「寇乱」が起こり、それは正徳・嘉靖年間に最高潮に達し、万歴年間に下火になった。この中で広範で長期的な村の防寨化運動が起こったのである。一は多くが山寨で避難用であった。瑞金、石城、雩都、龍南、定南などに寨に関係する史料がある。第二段階は、明末清初の動乱期である。この時期に広東から大小無数の「流寇」が贛南になだれ込んで、大動乱の時代になり、多くの山寨が破壊されたので、本格的な防寨が作られるようになった。興国、定南、龍南、安遠などにも関係する史料がある。第三段階は、清末の咸豊、同治年間である。太平天国軍の一部の侵入やこの時期の動乱がここにも波及した。そこで人々は各地で「団練、郷勇」などの民団を編成し、防寨施設を作った。郷村一帯の自衛化、武装化の中で、在地に勢力をもった集団が続々と誕生した。それは血縁関係と地縁関係を紐帯にする村落の自衛化であり、村落の集中化であり、村の城塞化であった。明代にはまだ宗族結集が全面的には進行していなかった。清代に入り次第に血族的な宗族結集を中心にする村の防寨化が進行したのである。村を囲む防寨の建造と郷村住民の武装化運動の発展によって、郷村の人々の、とりわけ宗族の力は不断に発展し、かつますます軍事化と割拠化を遂げたので、宗族は農村社会で非常に成熟した支配力となった。防寨村は、原則的には同族村民を収容し防衛したが、それ以外に、時には他姓のものも一時的に収容し、あるいは一時的に貸して料金をとる場合もあった。こうした状況は、贛南及び華南全体の宗族制が発展し、また宗族の村々が重なり合い、互いに聳え立つという現象であり、それは、「客家」と称される人々に関する、普遍的で顕著な社会的人文的現象の形成過程を示すものであった。以上が簡単な第二論文の要旨である。

★饒偉新・第三論文（博士論文）、『生態、族群与階級―贛南土地革命的歴史背景分析』（学位論文、二〇〇二年、厦門大学）

の第四章「清後期至民国的郷族〝械闘〟」。

要旨。贛南の士大夫は、清代に入ると続々と「祠堂」を建て、「祭祖儀式」を行い、宗族内を取りまとめる「族長、房長、約長」などという棟梁を決めた。宗祭を行わないものは匪類と見なされた。宗族内から土地を寄進しあって「祭田」を作り、あるいは宗族区内の共有財産を創った。毎年の祭礼には莫大の費用がかかった。

乾隆一四年『長寧県志』巻三「志政・風俗」に拠れば、祖先の各種祭礼には「全県で殺される豚は一万頭を下らない、大変な出費である」と書いている。祭田等の上りは祖先祭祀に使うが、余れば同族内の貧窮の人に支給したり、同族内の科挙受験生に補助を出したりした。

光緒元年『瑞金県志』巻一「風俗」には、「各宗族は必ず祠堂を建て、公産である公堂を置き、族内の一、二人を選んで世話人として祭祀を行う。財政に余裕があれば族内の独り者や介護者がいなくて困っている人を助ける。また学校に入り、科挙試験を受ける人を助ける」。

道光『寧都直隷州志』巻十一、「風俗志」に、「祭田と学田がある。……数世代から十数世代にも続くものがあり、田地の総額が数百畝から千畝にもなるものもある。赤貧の士も朝に学校に入れば暮れには富室になるので、（族内の人々を）もっとも励ます力があるので、学校に同宗の人を入れることは最高の善を尽くすことになる」とある。

乾隆二一年『贛県志』巻一「疆域志」「宗族は集まって六つの郷に一つの姓が集まって数千戸に達しているものもある。しかし、城内では巨族でも百戸に満たず宗祠を作るものは少ない」とある。

光緒『瑞金県志』巻一四「芸文志」によると、ある郷には羅氏という巨族がいて千余の家を連ねて人口は数千人、良田は数百頃もあり、五〇〇年も続いている。巨富もなく、また極貧もいない。みんな勤勉に働いているという記録もある。

宗族は、土地の治安を守り、「義倉」や「義田」を擁して凶作に備え、飢餓の際に村人を救い、橋を懸け茶店を作り、教育や祭りを主催した。これには個人がやる場合もあったが、個人の努力だけでは長続きせず、恒常的に維持管理するには宗族の共同の財源と管理運用が必要であった。共有の田を設け、「橋会、渡会、茶亭会」等を創っていた。「会」の運営は、会員になった家が「資本・資産」を出してやるもの。もちろん大きな勢力をもつ家が、多くの田地や資金を出し小作人から税を取ったり、金を貸して利息を取ったりして、より大きな勢力になることもあったが、それは個人的利益を図るためだけではなかった。

「会」のもう一つの運営方式は、会の財産をみんなで拠出してやるもので、この資産は「共有財産」の性格をもっていた。「会」は地方公共の慈善事業のためであり、地方公共・交通施設の正常な運営を合作したものであった。これらの事業は、みな地方の有力者が音頭を取って行ったものであった。こうして郷土の教育と治安と民間祭祀の維持がはかられた。

明清時代を通して、国家が上から郷里社会を支配する体制は徐々に衰退していった。清朝は異民族の支配であり、明の里甲体制のような厳格な支配と管理と徴用の体制を作れなかった。この国家権力と民間社会の間隙、ずれ、空白を埋めたのが、民間における「宗族社会」の発展であった。そこでは郷紳地主や民間有力者が地方自治や公共事業の上で大きな役割を演じてきたのである。

しかし、宗族制の発展は、資源と土地をめぐる「械闘」を多発するようになった。各宗族は資源と良い土地を占有しようとして、「風水」にあやかって「良い土地や山林」を占領しようとして先を争った。そのために採った一番の手段は、先に「先祖の墓を作り、寺観を建てる」ことだった。これが最も占有権、優先権を主張しうる根拠となった。彼らは、一村に集中して居住し、村を城塞化し、隣村の宗族と「械闘」を繰り返した。

★饒偉新・第四論文「論土地革命時期贛南農村的社会矛盾」（『厦門大学学報』二〇〇四年第五期）

要旨。贛南の土地革命運動の発展とこの土地の具体的な歴史的な社会環境とはきわめて密接な関係があった。贛南は、「土着民と遅く来た客家との間」、「大きな宗族と小さな宗族との間」、「勢力のある大きな家と弱小な家との間」、「対立する地域の政治派閥の間」、こうした諸勢力と諸地域の間に大きな軋轢と矛盾が存在していた。このような「土客の矛盾、地方宗族主義の矛盾、地方の政治派閥間の矛盾」は、以下のように纏められる。

1、「戸籍の差別と土客の矛盾」について

毛沢東は「井崗山の闘争」の中で、土着人と数百年かけて移住してきた人々、つまり客籍の人々の間で猛烈な抗争、対立が生じてきたことを書いている。移住民は数百万にも上り、福建省と広東省から、湖南省と江西省の境の山を越え谷をわたり移動し続け、あるものは湖北省にまで達した。彼らの多くは明清時代に山地、丘陵地帯を開拓しながら浸透・侵入してきた。しかし、定住する過程で清朝の「里甲戸籍制（図甲戸籍制ともいう）」と在地の土着民によるさまざまな制約・差別を受けた。客籍民は簡単に新しい土地での戸籍を認められなかった。客籍民は、正式な戸籍はなく、土着民の里甲（図甲）戸籍の末尾に別に付属として戸口が付記され「民尾戸」とされた。彼らは正式な独立した戸とは見なされなかった。所有する土地も、在地の勢力がある大戸（「里長戸」という）の土地台帳に付録とされ、「寄籍」扱いにされ大戸の理不尽な支配と圧力と搾取のもとにあった。また、自分の所有地の税金は払うが、行政上の正式な民戸として扱われなかったので、当然その土地の科挙の試験を受ける権利がなかった。こうした争いは、土地革命戦争の中で共産党員間の対立と抗争にまで発展した。

2、「姓氏の区別と宗族の矛盾」について

清代前期までに宗族主義は普遍的に発展していた。贛州では大姓は数千人、小姓でも数百人が相集まって暮らしていた。宗族には「祠」があり、「祠」には「祭」があり、清明と冬至には族人が皆集まって祭礼をした。「尊卑、長幼、親疎」の区別は厳然たるものであった。「巨家寒族、いずれも宗祠無きものはなく、みな先祖を祭り、怠って祭礼をやらなかったものは、匪類と見なされた」（贛州）。「郷民はみな氏族で集まり、軒を連ねて居住し、多いものは数千家に達した。小さなイザコザでも格闘に発展し、それぞれが自分の宗族をかばうので、不逞の輩が刃物を持って横行した。彼らは身を損じても悔いない人々なので、人命にかかわる事件が他の地方に比べて多い」（会昌県）。彼らは、地域の生活資源、生産資源をめぐって「械闘」をやった。それは「風水龍脈、水利施設（池、用水路など）、山林原野」それに「農村市場」をめぐって戦われたのであった。この械闘という現象は、王朝権力が衰退した清末からますます激化していった。会昌県では、械闘が年間数件というほど頻繁に起こり、当事者は家と財産の全てを投げ打ってやった。械闘の度に殺人事件が発生し、多い場合は数十件から数百件にも及び、人道もないほど残酷なものであった。宗族を牛耳っている族長たちは大地主、豪紳であり、宗族の祭祀、公田の管理、公有資産の補修や建築の采配を振るう以外に、族人を大いにけしかけて械闘を煽った。こうした争いは、共産党の内部にまで持ち込まれ、ある支部の党員は一つの同族、他の支部はまた別の同族出の党員という場合も多かった。

土地革命時代には、贛南の農村社会は政治的に複数の勢力に分裂していた。大小の地方勢力が異なった地方利益を代表する政治派閥を作って争っていた。例えば雩都県では「昌村派」と「雩水派」が争ったが、両者とも土豪劣紳が主人公になり、あるいは合作し、あるいは抗争をし、県の政治を左右していた。この二つの勢力は、二つの異なった地方の利害関係を代表していた。前者は純然たる土豪劣紳たちの支配下にあり、後者は、中小の商工業者や小さな宗族や個人など比較的雑多な成分を包含していた。その日暮らしの知識人は、どちらかの派閥に属さなければ生きて行けなかった。雩都県の社会の分裂と矛盾は村落と宗族の範囲を超えており、両派の争いは二つの中学の先生と学生の対立にまで発展していた。大余県や瑞金県でも豪紳地主が「三師、四中、四大金剛、一八羅漢」（大余）、「三虎、六豹、一二狼」（瑞金）などと称される、いくつもの派に分かれ対立抗争を繰り返していた。また「民団、団防、清衛団」などの独立武装組織も結成され、ある豪紳などは村の土塁を基礎に軍事堡塁を作っていた。崇賢県では、初級小学校、高級小学校の山地や平地の貧しいけれど学業成績が良い豊かな学生が結集し、大地主や金持ち出身の学生を孤立させてやっつけていた。

■饒偉新の上記全論文に関する総体的コメント

以上、饒偉新の研究論文四点の要旨を紹介した。もちろん私の、贛南地方がどうして中共が創建した最大の中央革命根拠地となり、また中華ソヴィエト共和国の版図になり得たのか、という関心に関わる部分を紹介しただけである。

饒氏の詳細な研究によって、贛南の地が、明清時代には土着民と新移住民との間できわめて鋭い対立が繰り返され、次第に新移住民（後に「客家」と呼ばれる）が絶対多数を占める地帯になったこと、しかし、多数を占める客家は、周辺の各地から来た集団（宗族）ごとに集落を作り、集落間ごとに「械闘」を盛んにするようになり、勇敢で戦闘的な多くの人物を生んだこと、宗族はきわめて強力な宗族の束縛、宗族の規約を作り、宗族の長は豪紳地主が多かったこと、各集落は部落を要塞化し、周辺の要害の地に山寨、要塞を多数作っていたこと、科挙の試験の資格をとるために旧住民と大きな抗争を繰り返し、そのため向学心と尚武の気風が強かったこと、等々の特徴が分かった。

更に重要なことは、「客家」とは明清時代に次々に南下し、福建省・広東省・江西省の省境の高原地帯、山岳地帯に移住を繰り返して広がった新移住民たちであって、「客家伝説」（この伝説は二〇世紀に作られたもの）にいう、自分たちは「古代の隋唐時代以降、河南省から移住してきた人々の末裔である」＝「古代以来の純粋漢人である」と云う説は、ほぼ否定されたことである。

さて、江西省の革命家の多くが地主富農の出身者であり、また知識人が多く、彼らは急進的な毛沢東や党中央の「地主富農」を全面的かつ徹底的に打倒するという方針に賛成せず、贛南人――客家人意識を持った人々――の独自の道を歩もうとしたこと等々の、理由が分かる。李文林を中心にして結集した「江西省行動委員会」の勢力も、毛沢東や党中央がいう「総ての土豪劣紳を打倒せよ」に賛成だった。しかし、「富農」まで打倒することには反対したのである。

饒偉新は、こうした宗族ごとの結集、氏族長への権力の集中、械闘の盛行、等々が、中共が革命根拠地で行った「ソヴィエト化」への抵抗力の強固さを生み出し、共産党支配の難しさを生んだとした。しかし、私は饒偉新の研究をきわめて高く評価するものであるが、共産党の政策と客家の関係については評価が異なる。

饒偉新の研究は、きわめて重要な事実を明らかにしたが、しかし客家が集中して住んでいる地帯の「こうした諸階層、諸地域、諸派閥の入り組んだ複雑な分裂と抗争は、共産党の侵入と農民の結集に不利だった」とする。私の客家地帯だからこそ革命根拠地になるに有利であったという説と反対の結論を出している。私はこうした氏の結論に反対である。

氏の見解では、では何ゆえに中央革命根拠地、「中華ソヴィエト共和国」が江西省南部に創られ、「中華ソヴィエト共和国」という共産党の国家までできたのか、また地続きの福建省西部にかけて毛沢東・朱徳が率いた紅軍が自由自在に活動して全国のどの革命根拠地よりも、強固にかつ長期に存続できたのか、こうした疑問に答えられない。純粋客家地帯、準客家地帯内部の「械闘」などの部落間ごとの争い、対立よりも、全体としての贛南や閩南に共通する「客家地帯」全体に共通する特殊性を重視するべきだと思う。新住民である抑圧と差別に苦しんできた同じ運命、同じ利害で結ばれたとする「客家意識・客家伝説」が、客家全体の団結と協力の関係を生み出したこと、しかも客家地帯内部で行われた「械闘」などの宗族部落間の争いを越えて、内外の近代的知識に目覚めた青年たちの理想の共同体主義への夢を大いに育んだこと、そして長期間「械闘」で培って来た「戦士のエートス」と「要塞化された村落の構造」が、共産党の土地革命戦争に有利なものに転移し、発展したということ、以上三点を私は重視したいのである。

江西省南部（贛南）と福建省西部（閩西）こそが、一九三〇年代の中国共産党の革命根拠地となり、ここに「中華ソヴィエト共和国」が建国されたこと、それを可能にしたのは、まさに客家全体に共通する差別への抵抗精神と解放への希求と、戦闘組織・戦闘精神の経験と精神が結集できたのだと、評価するべきだと考える。客家が伝統的に培ってきた闘争精神、戦士のエートスが「革命戦争、階級決戦」へ向けて、「エネルギーの位置転換」を果したのである。そして土地革命の終末に、客家青年の共産党員が毛沢東の戦略戦術に反対し、また王明路線に抵抗して、遂にはその多くがＡＢ団・社会民主党として粛清殺害された理由の一つもまたここにあったのである。

第十章　結論――同志が皆敵に見える時――

――慈悲なき階級決戦、粛清という神聖暴力、能動的終末理論の行方――

第一節　中共のスターリン・コミンテルンへの「拝跪」と反対派粛清

古来戦争での残虐行為は、至るところで見られる普遍的なかつ一般的な現象であった。そして、たいていの戦争は領土と資源をめぐって争われ、国家と国家、民族と民族、国家と反乱者、民衆結社同士の間、宗族集団同士の間で残酷に行われた。国家や社会集団、宗教内の各分派、部族や宗族共同体の間の敵対関係が中心であった。もちろんあらゆる戦争、あらゆる紛争において、自軍からの逃亡者、他から紛れ込んだスパイ、敵の内通者が発見されて処刑されることも、これまた恒常的なことであった。敵前逃亡、戦線離脱、軍律違反は、古来処刑が当たり前のことだった。しかし、一九一七年のロシア革命以降の、社会主義･共産主義を標榜した権力、つまり階級闘争の理論を掲げる国家、あるいは党権力による「反革命分子粛清」、「同志殺し」ほど、内部の人間を粛清した例は他になかった。どの社会主義国家でも、例外なく多くの「同志」、「人民」を、驚異的な数字で殺害・処刑したのである。スターリン、ポルポト、キムイルスンなどが特に有名であるが、その他の社会主義国家でも、ほとんど例外なく皆大規模な「同志」粛清を行った。中国共産党は、一九二一年の党創建から、ロシアの共産主義者によるコミンテルンの圧倒的な支配を受けていた。しかし、まだ陳独秀、李立三等は抵抗もしたのである。しかし、一九二九年以降に「二八人のボルシェヴィキ」が帰国して各革命根拠地に派遣されて王明路線を執行してから、スターリン主義的な「大粛清」が始まったのである。しかし、スターリンの党内大粛清は一九三六年から本格的になったが、中国の毛沢東による「富田事変・ＡＢ団粛清」と、三一年以降の革命根拠地における大粛清は、それよりはるかに早い。

一九三一年から大規模化した「ＡＢ団、社民党、第三党、トロツキスト」等々に対する大粛清運動では、同志が「階級敵」、「反革命分子」、「地主富農分子」、「裏切り者」、「敵との内通者」、「階級異端者」、「ゴロツキ、無頼漢」、「右派分子」などありとあらゆるレッテルを張られて冤罪を被り殺された。「同志・人民」の中から無数といってよいほどの敵が摘発され、正義の名、無産階級の名、真の人民の名において公開あるいは秘密裏に処刑されたが、これほどの規模の同志粛清は、党員比率、単位面積比率から見ればロシア革命以前にも、また以後にも見ることはできないだろう。

同志処刑、党内粛清、人民処刑は、二〇世紀の社会主義権力・国家では普遍の現象になり、日本でも超ミニサイズであったが、戦前の日本共産党の「リンチ殺人事件」や一九六〇年代以降の新左翼諸党派のリンチ殺人事件、そして「連合赤軍事件」が起こっている。こうした「内部に潜む裏切り者・階級敵」に対する抹殺理論から発する現象は、フランス大革命に遠源をもち二〇世紀にロシア革命によってソ連が生まれ共産主義陣営なるものが成立してから全面化したのである。しかし中共においては、御本家のソ連のスターリンのそれよりも早かったのである。

中国共産党の「同志粛清」は、「土地革命時代」に始まって、「文化大革命」で頂点に達した。このような観点で改めて一九三〇年代の土地革命の時代、中華ソヴィエト共和国の時代までさかのぼり、革命根拠地の歴史を「党内粛清」に焦点をあてて実証的に研究したのが、この本書の研究である。その各革命根拠地で「全くの冤罪」で処刑された犠牲者の総数は約一〇万人余（敵より味方を殺す方が多く、また実態はこれを遥に越えていたらしいが）であるといわれているが、本書は、「粛清記録」の具体的な数字をできる限り正確に示し、かつ粛清に至る経過をできる限り実証的に明らかにしようとした。土地革命戦争の犠牲者は、国民党、地主資産家階級、地主富農階級、その他の犠牲者まで含めると数十万、数百万に上るであろうが、概算を示した研究はない。本書では中共によって「ＡＢ団・社民党・第三党・改組派・トロツキスト」等々とレッテルを張られて殺された犠牲者の範囲に限定し、各地、各事件での犠牲者をできるだけ正確に確定、明示した。

第二節　「粛清反革命運動」の開始

一九二七年の蔣介石のクーデタと農民運動の高まりは、左右の対立と抗争を激化させ、国民党と共産党は中華帝国の時代から社会に蓄積されていた伝統的な「農民・遊民ボルシェヴィズム（土匪・光棍テロル）」を呼びよせかつ扇動し、全国的に「白色恐怖対赤色恐怖」の対立を拡大した。かくして一九二七年から両者は中共がいう「土地革命戦争」、あるいは国民党の「共産匪賊掃蕩戦争」の時代に入った。農民・遊民的テロルを革命の中心的エネルギーとしたのは、「海陸豊」ソヴィエトを創建した彭湃と、井崗山革命根拠地を創建した毛沢東だった。共産党の伝家の宝刀は、「土地革命」である。だから、一九二七年からの一〇年間を、彼らは「土地革命戦争」と呼ぶ。そして党は、土地革命戦争を熱望したから人口の圧倒的多数を占める貧農・中農階級は、喜び勇んで共産党の指導の下に結集し、解放闘争を戦い抜き、「長征」で生き抜き、延安で抗日戦争を戦い、遂には中国革命を成功させることができたのであり、新中国の建国も可能になったのだ、という革命根拠地神話、ソヴィエト区神話を創り出した。しかし、一九三〇年代の革命根拠地においては、総ての根拠地で地主階級を殺し、あるいは土地から追い出して全財産を奪い取り、富農階級からは土地を没収し悪い土地を少量与えたが、結果といえば大失敗だった。農民問題、農村問題、ソヴィエト区経済は、すぐ改善するどころか新しい矛盾と混乱によって破産し、ついで地主富農階級の復讐戦が襲いかかったのである。

農業には絶えず種々の旱害、水害、冷害が襲いかかるものであり、個々の小農家では対処できないし、暴力によって宗族を徹底的に破壊すれば、それに代わる共同体がないから、村は完全に連帯を喪失するのである。根拠地・ソヴィエト区では、伝統的な郷村の共同体的な相互扶助、文化結合が一挙に失われたから、農業生産力は実は低下したのだ。過激な土地革命は直ちに土地革命戦争に発展し、たちまち国民党・地主富農との殺し合いが始まった。党は、大多数の貧農・下層中農を解放し、豊かにするどころか、村人の間に絶え間なき紛争、混乱、復讐戦を呼び起こした。共産党は、土豪劣紳と国民党の包囲攻撃に対して、農民を根こそぎ動員して紅軍、赤衛軍に編入し、贛南・閩南に籠城して「堅壁清野」の作戦をとったから、農民は土地革命の恩恵を受けるどころか地獄の底に投げこまれたのである。党から土地を分給された貧農が、逆に党から収奪される。かくして党は、「赤色恐怖」「反革命粛清」によってしか、党内と革命根拠地、ソヴィエト区を維持できなくなった。後に中共は、「中華ソヴィエト共和国」の、その敗北と消滅は、王明路線によって党の主導権が秦邦憲（博古）・オットー・ブラウン（李徳）のデタラメな軍事指導による失策によるものであり、一九三二年以降、英明な毛主席を党中央から完全に排除し、この間毛主席の「正確な指導」が失われたことが総ての原因であったという、信じがたい「毛沢東は王明路線の犠牲者」という神話を作り上げた。毛は、建国後に神話化され、苦難の行軍の後に国家と民族を救った現代中国版の「モーセ」の如くに奉られた。

毛沢東が、コミンテルンの完全支配から離れ独創的な農民革命の道に歩み始めたのは、一九二七年の「秋収蜂起」とそれに続く「井崗山」への道からであった。毛は、蜂起に敗北した数百人（七百人前後）の残党を率いて井崗山に上り、この山を約一五カ月間根拠地にしていた。この間に「土匪―游俠」の袁文才と王佐から「梁山泊」的世界に生きる実践教育をうけ、游俠的世界に連綿として引き継がれた「伝統文化」、「農民戦争文化」を学び、かつ実践的なトレーニング――土匪・游俠世界の特有の挨拶、礼儀、道徳、詐術、下層社会の人情の機微の学習、土豪を襲撃し物資を略奪し、人質を取り身代金と交換する方法、恐怖で人を操縦する方法等の学習――を受けたのであろう。また毛は土着の有力な客家と結びつくために、賀家（賀学敏―賀子珍―賀怡）と姻戚関係となり、土着勢力との結びつきを強めた。当時、毛沢東が率いる勢力は、数百から多くて二千人の間であったが、かかる人数が何もない井崗山の中で暮らすためには、山中から駆け降りて絶えず周辺の湖南省や江西省に属する数県の土豪劣紳や大地主・大商人を襲撃して金品と穀物を略奪する以外に生きる道はなかった。彼は井崗山時代にボルシェヴィキの階級闘争の理論と中国遊民の水滸伝的な社会と文化を結び付け、中国近代における中国農民叛乱、宗教的な民衆蜂起の最深部にせまる「核融合」に成功したのである。

毛は、一九三〇年春以降、彼の独裁的な方針に反対する江西省の地元革命家たちを「赤色テロル」で粛清し始めた。彼らは土地革命に反対する富農分子・反革命分子であり、党内にもぐりこんだ敵であるということにされた。毛が使った手は「テロリズム」である。井崗山で学んだ「土匪・遊民」の文化が生きてきたのである。その最初にして最大のものが、一九三〇年春から開始した「四大党官」粛清、「AB団」粛清とそれに続く「富田事変」であった。毛の人民解放の哲学は、階級闘争史観・水滸伝式闘争文化・三国志的天下争奪史観の折衷であった。ロシア的な階級闘争史観を伝統的な中国遊民文化、農民ボルシェヴィキ文化で味付けした点に独自性があった。こうした近代と古代の二つの文化を核融合させた点において、毛は天才であった。

一九三一年春、コミンテルンと中国共産党中央は、毛沢東が発動した「富田事変」を全面擁護し、同時に各ソヴィエト区に対して反革命分子粛清を命令した。毛は、湖南省の人間であり、彼が率いる軍隊の兵士も湖南省人が圧倒的に多かった。毛は、江西省南部（贛南）になだれ込み、江西省人を分裂させて江西省内で覇権を確立しようとした。そのために、反毛派の江西省行動委員会の書記李文林らは、毛の贛南一帯を蔣介石の包囲攻撃に対する最後の防衛陣地にする戦略に反対した。李文林等の指揮下にあった、江西省行動委員会の幹部、江西省出身者で固まっていた紅二〇軍の将官クラスの多くも毛に反対した。そこで毛は「富田事変」を起こして、彼らをAB団富農分子であるとして一気に粛清した。

江西省南部からその隣に続く福建省西部（閩南）は、明清時代から「客家居住地帯」であり、この一帯における経済的社会的文化的な特殊性をもった地帯──山岳辺境地帯、宗族結集的社会、客家言語文化地帯、械闘型戦士文化地帯、被差別民的反抗精神地帯、土着民に対する敵対的社会、村や宗族の城塞化地帯──であった。毛は、ここを制圧して革命根拠地にすることが最も合理的だと考えた。そして贛南・閩南の客家地帯に、一九三一年秋、「中華ソヴィエト共和国」を建国した。戦術的にはそれは一時的に成功した。しかし一方で、共産党と国民党・地主富農とが二つの陣営に分裂し、両者が赤色恐怖（赤色テロル）と白色恐怖（白色テロル）をもって殺し合う狂乱の世界を呼び起こした。

一九三一年、コミンテルンの支配下にある王明路線の党中央から、各ソヴィエト区に派遣された張国燾・陳昌浩・沈沢民・夏曦（彼らは、皆モスクワ留学中、レーニン・スターリン主義の「ボルシェヴィズム」を学んで帰国した人々だった）は、スターリン・コミンテルンの指導下に革命ソヴィエトを直ちに建設しようとした。彼らはよそから落下傘で降下し、地元の革命家たちに命令主義で対応した。それに反対する地元の勢力には粛反運動を展開し、国民党勢力を凌ぐ豊かな農村建設をするよりも、自分たちの権威と権力を早急にソヴィエト区で確立しようと焦った。そのため、地元の俊英として威信があった革命家たちの不服従を一気に叩きのめさんとする誘惑に勝てなかった。それが総ての革命根拠地に広がった粛清運動の原因だった。当時、スターリン・コミンテルンも中共の指導者も、「階級闘争」が激化して、最終的な「階級決戦」の時期が近づくほど、「内部に隠れていた反革命分子」が飛び出して公然と活動を展開すると信じていた。モスクワ留学生たちは、スターリン・コミンテルンの命令を絶対化したというよりも、スターリン・コミンテルンに阿諛し、追従する競争を行うことになった。

コミンテルンと中共中央から各ソヴィエト区に「欽差大臣、全権大使」として派遣された最高幹部は、自己の権威を確立するために「粛反機関」（「反革命分子粛清」を実行する粛反委員会、保安委員会、政治保衛局など）を設置し、これに独立機関のような絶対的権限を与え、総ての党員に対する生殺与奪の権力を行使させた。そのため、粛反機関は殺人マシーンに変質したが、粛反機関の党員・職員もまた反革命分子を多量に粛清しないと、自分たちも反革命分子とされる恐怖に震えていた。粛反機関の職員・兵士は、粛清すべき人間を多量に生産することによって、自己の革命の純血性を証明し、自分の生命を保証できると信じるほかなかった。しかし、粛反委員も「粛反運動に責任感がなく怠惰である」、また「粛清が行き過ぎており、多くの同志を誤って殺した」等という正反対の理由をつけられ、その多くが自らも「粛清」される運命を逃れられなかった。「赤色恐怖（赤いテロリズム）」の負の連鎖が作動し始めた。

粛反機関は、拷問・自供を唯一絶対の証拠とし、物的証拠なしで処刑にした。拷問に耐えきれずに自供した人間は、本来革命戦士の信念と勇気がない変質分子であり、小資産階級出身の動揺分子であり、自供は敵のまわし者である決定的な証拠であるとされた。拷問による自白こそ唯一絶対の証拠であるが、凄まじい拷問に耐えられる人間はいなかった。この生理的苦痛に耐えられなければ、それ自体が「悪辣な反革命の証拠」となった。また逆に拷問に屈しなければ、益々しぶとい犯罪人とされた。革命的熱狂と赤色恐怖は、渾然一体となって共同幻想を生み出し、栄光と罪悪の間にある垣根を溶解した。

一般的に内部の敵に対する容赦のない公開処刑が、紅軍兵士と人民の戦闘精神を高揚させ、蔣介石軍への反撃に効果があると信じられた。人民大衆と紅軍兵士は、ＡＢ団、改組派、第三党の首領で党内にもぐりこんでいた敵であると宣言し、彼ら「犯人」を壇上に引きずり出すと、会場は異常な興奮と熱狂の渦に包まれた。反革命分子の公開処刑は、「戦意高揚」の重要な手段になるのであり、また、人民や党員に「階級敵に対する警戒心」を教育する重要な場面、現場であると考えられた。実際、多くの家族や同志を殺された紅軍兵士や無産貧民にとっては、内部に隠れていた反革命分子を公開処刑することは、恐怖感にさいなまれつつも、他方では人民の敵、階級の敵に対する「復讐・報復」をとげる快感でさえあった。貧民階級の憎悪と復讐の心、かかる「劣情の解毒作用」としての「正義の鉄拳」という、「粛清反革命運動」の心理連鎖が限りなく展開した、ということができる。

第三節　「白色恐怖」（国民党）と「赤色恐怖」（共産党）、この二つのテロリズムの対決（一九二七年～一九三六年）

一九二七年の北伐戦争の開始、その途上における上海での蔣介石の反共クーデタ、湖南省などの農民運動の高揚、これらを契機にして全土がいくつもの勢力に分裂した。大まかにいえば、一方に地方軍閥・土豪劣紳・民団・土匪が、一方に共産党・貧農・遊民が固まって、全国で互いに殺し合いを始めた。共産党は、国民党系の軍閥と貪官汚吏、土豪劣紳、地主階級が最初に共産党と貧農階級に対して「白色恐怖（テロリズム）」を発動したといい、国民党や地主階級はその逆をいって互いに相手を非難した。両者の殺し合い、復讐合戦の凄まじさは、今更紹介する必要はない。どちらも狂気のように殺し、奪い、侵し、焼いたのである。しかし国民党系の軍閥・土豪・地主階級の白色テロリズムと共産党系勢力の赤色テロリズムは、その性格を全く異にしていた。

白色テロは、二〇〇〇年以上続いた中華専制帝国における伝統的な権力テロである。歴代王朝末期や異民族の大規模侵入期には、王侯貴族・官僚・金持ち・地主と農民反乱軍・群盗との間で是非善悪の区別なき殺し合いが延々と続いた。こうした戦争・闘争は、世界の何処でも、また如何なる帝国・国家の歴史でも大なり小なり起こったことである。それに対して、二〇世紀のロシア革命以後の共産主義者による革命的暴力は、人類史における最終的解放を目指し、全面的な救済を約束した「正義のための暴力革命であり、階級決戦であり、即ユートピアの実現」を約束するものとされた。赤色テロリズムは、人類の救済と解放のための「聖なる暴力であり、正義の鉄拳である」と、共産主義者は信じた。赤色テロリズムは、法律を作って「階級敵」を明確に設定し、罪行の有無にかかわらず総てを殺すのであるから、歴代の伝統的テロリズムとは全く性格が異なっている。「階級敵」であると区分された土豪劣紳・地主階級・小ブルジョア富農階級と貪官汚吏は完全に消滅させる、その結果処刑することが最も早く、かつ完全な方法であるということになる。さらに共産党の党内・軍内・政府機関内に潜入、侵入している「反革命分子」は前者よりも悪辣な更なる「階級敵」とされることになった。

かくして以下の如き法律違反を行ったものもまた、殺して赦すべきではないということになった。例えば、「鄂豫皖第一次全区代表大会蘇維埃問題決議案」（一九二九年一二月二日『鄂豫皖蘇区革命歴史文件彙集』甲二、頁二九～三一、中央档案館他編、一九八五）を示そう。この第五項「粛反条例」に次の規定がある。

第一条、およそ現在反革命の政党団体に属している人で、まだソヴィエト政府あるいは革命団体に誤りを悔いる声明を出さない者は一律に死刑に処し、その財産を没収する。

第二条、およそ反革命の軍人を手引きし、あるいはそれと結んで革命的民衆・共産党員とその家族を捕えたり、殺害したりした者は一律に死刑に処し、又その財産を没収する。

第三条、およそ反動的な機関・団体に革命的民衆・共産党員の行動や経歴を告げたものは、一律に死刑に処し、その財産を没収する。

第四条、およそ革命を破壊するデマを流し、ことが重大な結果に及んだ者、あるいは系統的に反動的宣伝をしたものは、死刑に処し、その財産を没収する。

第五条、およそ他人を教唆して、上記の第二から四項目の犯罪を犯させた者は、死刑に処し、その財産を没収する。

以下二〇条までであるが、一七条までは、ほとんど死刑、財産没収の規定である。例えば、極端なものは第八条である。

第八条　以下のものは死刑に処し、その財産を没収する。

（1）給料をごまかして払わず、労働者・店員を虐待した工場主と店主。

（2）農民に重い小作料を課し、高利で金を貸して農民を搾取した地主。

（3）紅軍の軍糧をごまかし、兵士を虐待した将官。

（4）貧民を搾取し、公金を横領し、郷村を支配し、郷民を搾取した地主。

（5）貪官汚吏。

以上に該当する者は、皆死刑のうえ財産を没収できるのである。その他、共産党の名義や革命団体の名義で発言したり、印刷物を作ったり、その名をかたって民衆を騙して被害を与えたりした者も、死刑にできるのである。要するに、共産党とソヴィエト機関は、法と正義の名において、あらゆる人を敵に設定したり、処刑したり、財産を没収できるのである。一方において、出身家庭と職業によって処罰を区別する法も整備した。江西省永新県ソヴィエト区では、一九三一年八月以後、党員を処分する場合は、規律を重んじることになった。つまり出身家庭・職業によって人間の善悪を決め、処罰に等級を加えることである。労働者農民出身の党員に対しては、誤りを犯せば教育を以て対処した。しかし、出身が学生、教員、道士、商人、和尚、占師（算命先生）、それに富農地主等々であり、かかる出身歴を持つ党員は、厳重な法を以て処罰した（『永新県志』、共産党「党紀検査」）。幾らでも自由に解釈できる法と出身家庭及び職業によって、処罰を絶対的に等級化し区分する、かかる正義の入りこむ余地がない法によって、二重に人を裁く法を巡らせたのである。この法さえあれば粛反機関は、誰でも逮捕し、誰でも処刑することができたのである。

赤色恐怖は、幾ら残酷でかつ大量に人を殺し、物を奪っても、一律にこの法に照らし、正義の名の下で自由に人を殺す権利と責任を「粛反機関」に与えたのであって、中国の歴史的な、伝統的な官軍や土豪によるテロリズムとは、質量ともに全く違う。それは、人類史における新たなる大量処刑の地平を切り開いたのである。ロシア革命以後の社会主義国家において、他民族よりも同じ民族、同じ国内の人々が「階級敵」の名において大量に処刑されるという、異様な現象が普遍的に現れたが、「階級闘争の理論」が民族間戦争論よりも本源的な問題とされたことに原因がある。

第四節　指導者は「小資産家階級」出身、理論は「貧農・無産労働者革命」という絶対矛盾

共産党における知識人と農民の矛盾——階級闘争理論の根本矛盾。共産党の階級理論では、「地主資産階級（最大の敵）—富農階級（一ランク下の敵）—中農階級（人民の友）—貧農・雇農階級・労働者（圧倒的多数を占める人民の中核勢力）—遊民階級（敵になり、また友にもなる）」という支配と搾取の関係の存在を前提にする。しかし、現実には共産党の最高幹部は、大多数が知識人であり、大多数の知識人は資産階級（豪農・官僚・地主富農階級）の出身である。軍人として出世した者の中には、朱徳や彭徳懐や賀龍のような貧農の家に生まれた者がいたが、党の理論家、最高指導者は多くが小資産階級の出身で地方の教員が圧倒的に多かった。マルクス・エンゲルス・レーニンの共産主義の理論は難しく、また共産主義の

本山はモスクワであり、最高指導者はスターリンであったから、中国しか知らない無学文盲の貧しい農民からは、共産党の指導者は生まれにくかった。革命の主力軍は貧農と労働者であるとされたが、党を創立した最高指導者は李大釗、陳独秀、董必武など大知識人であり大学教授である。張国燾は裕福な生まれで北京大学に学んだ。毛沢東も湖南省の富農兼商人の家に生まれ湖南省の最高学府であった長沙師範学校で学び、北京大学の職員となった知識人であり、周恩来は清朝時代の没落官僚の子孫で、南開大学に学び長くフランス・ドイツに留学の経験がある国際的大知識人であった。張聞天、沈沢民もきわめて豊かな家の出身だった。一九三〇年以後、党を牛耳ったのは「二八人のボルシェヴィキ」と呼ばれたモスクワ帰りの留学生たちである。最高指導者たちの出身は、階級理論からいえば階級敵の出身者が大多数である。革命運動の中で本来なら敵階級に属する党指導者たちが、主人公である貧農・労働者を解放するために主人公（極貧の農民階級）に命令し、彼らを紅軍に入れ、戦争に狩り出し、金と物資を供出させ、支配するという矛盾が生まれた。現実は理論と反対に、搾取階級の出身者が、被搾取階級たる主人公を支配しているのである。純朴で無知な農民たちが、紅軍に入ることを嫌ったのは当然である。軍に入るのは食うためであり、出世するためであり、栄達を求めるためであり、百姓になるためではなかった。それが証拠には、運よく生き残った紅軍将兵の大多数は建国するや将軍になり、政府高官になり、中南海に住み、特権を享受し、自分の子供を北京の有名大学に入れたのではないか。

この和解し難い絶対矛盾を説く方法は、指導者幹部がいかに自分は「革命的であるか、ボルシェヴィキ的であるか」を証明することにある。彼らは、中国で最初に「海豊・陸豊ソヴィエト」を創立した彭湃（自らも地主出身、日本に留学）のように、階級敵である地主資産階級・土豪劣紳への「無慈悲な攻撃」（彼らを殺し尽くせ）なるスローガンを掲げ、革命への誠実さと戦士としての勇敢さを実証する以外にない。自分は出身階級を「自己否定」して、「革命のために献身する」理論の道具になったのだと自他ともに証明すること。もう一つは、人民大衆の中核となる貧農雇農階級の復讐心を煽りたて、彼らを戦争の中に引き込むことである。地主・富農からの土地の没収と人民大衆への土地の分給、つまり地上の天国への鍵を自分たちは発見し、かつこの鍵を人民に与えると約束する。神の国へ入るための鍵、「ユートピア世界」実現の約束である。これ以上の自他ともに欺く「ポプリズム」はこの世にない。権力を握り、都市を支配した党高官は、早くも一九五〇年代に自分たちは都市戸籍をとり、農民には「農民戸籍」を押しつけて都市への進出を禁止した。都市で反対するものは、農村に追放した。都市で余った人口もまた農村、辺境に追放した。

中共の創立者や錚々たる知識人でありかつ国際人であった最高幹部たち、例えば王明、秦邦憲、劉少奇、周恩来、董必武、張聞天、沈沢民、張国燾等が、貧しい農民や労働者を騙して、彼らに共産革命の理論と幻想を注入し利用しようとしたといえば、それは間違いである。彼らは、「主観的には」心の底から農民階級と労働者階級を愛し共産主義理論とボルシェヴィズムによって、抑圧された大多数の人民を解放しようとした情熱家であった。彼らは救国と救民を実現する世界最終革命（ユートピアの実現）の幻想と絶対の使命感に燃えていたのだ。かくして彼らは、革命の主体である下層農民と貧しい労働者を取り込むことに熱中した。党内における、資産家・地主富農の出身者や小ブルジョア知識人出身の、党員構成上における「悪い成分」を、革命の真の推進主体である「良い成分」を以て逆転支配しようとした。これは知識人の自己否定であり、貧民の上昇転化の希望となった。貧農、半プロ層の党内比率の極端な上昇は、実は知識人党員が最も恐れていた旧農民戦争型の略奪と復讐による「濫捕乱殺、掠奪放火」という現象を蔓延化させた。党中央と党中央を構成する知識人党員は、自分の階級敵としての「悪さ、やましさ」を、人民大衆の「革命的暴力」にすり寄ることで自己変革の証拠にしようとした。かくして、両者は相融合して臨界点を超えて爆発し、あらゆるソヴィエト区に水滸伝式の「無法無天」、「濫捕乱殺」現象が蔓延することになった。しかし、共産党は「人民」に責任を押し付けることができない。御神体は、貧農・工人である人民だからである。そこで、党の方針が間違えていれば、陳独秀、瞿秋白、李立三、張国燾、など個々の党指導者個人にレッテルを張って責任回避することになり、前任者に左傾路線、極左冒険主義、右傾路線、右傾機会主義、妄動主義、日和見主義なども恣意的なレッテルを張って、軌道修正を堪えず繰り返して責任回避せざるをえなかったのだ。「党の無謬神話」を守るには、これ以外の方法はなかった。

最近、ソヴィエト区の中共党と革命の実態について、高橋伸夫、山本真、阿部友亮、蒲豊彦、鄭浩瀾等の諸氏が実証的な研究をしている。高橋伸夫編『救国、動員、秩序』慶応義塾大学出版会）や高橋の『党と農民』（研文出版）が代表的なものである。彼らは、戦後早くから創られてきた「紅軍神話、土地革命神話、英雄物語」等によって創られた中共正統史観を修正しつつある。中共正統史観は、総ての誤りを「李立三路線」、「王明路線」や陳独秀、ミフ（米夫）、張国燾、オットー・ブラウン（李徳）、等々による路線の責任や個人の責任にし、以後それらは党中央によって、あるいは毛沢東の正しい路線によって正されたとするのである。

第五節　中華世界、「成れば即ち王、成らねば即ち賊」の伝統世界との関係

中国の農民文化と游民文化との関係について。地主階級から土地を没収して貧農に分配しただけでは、実は問題は何一つ解決できなかった。貧農に土地だけやれば、すぐ農民は喜んで働き、農業生産力が上がるなどと考えるのは、都会しか知らない知識人、理論家の夢想である。無産農民は、まっとうな農民になれないから「迫られて梁山にのぼった」のであり、迫られて「土匪」、「流寇」、「遊民」になったのである。中華三千年の歴史を見れば、農民ほど割の合わない存在はなかった。M・ヴェーバーがいう「ライトゥルギー国家」（全般的労役奉仕社会）である。専制主義とその下部構造である家産官僚制・地主制は、大多数の農民階級を搾取し、大土木事業と軍事徴発で動員し、農村共同体を破壊した。かくして、農民の多くは絶えず没落して「農民ほど貧しく農業ほど嫌な仕事はない」と、三〇〇〇年間思い続けてきたのである。もちろん壮年になり家族ができると、農民にしかなれない現実を大多数の農民は受け入れて、安定した財産とくらす場所がほしかった。しかし、当時の地獄絵図のような現実の前に、大多数の農民は安心して農業生産に励むことはできなかった。特にまだ一〇代か、二

〇代の血気にはやる青少年は、激しく梁山泊的な気分に酔いつつ共産党が与える「幻想」の革命コンミューン（根拠地）を熱望し、「上昇転化」を夢見た。

こうした気分は伝統的なものであり、農民階級という封建的な身分制度がなかった中国では、「自由」と「野心」、いやもっと現実に即していえば「放埒の自由」、「逸脱の野望」への衝動は日本の江戸の百姓身分の人々よりもはるかに大きかったのである。その証拠が、絶え間なく続いた「大農民叛乱」による「覇王」へのチャンスであり、「秘密結社の世界」、「緑林の世界」＝「水滸伝的世界」へ誘惑であった。実際、中華帝国の歴史を見れば、前漢の創業者の劉邦、明王朝の創立者の朱元璋の事例に明らかなように、貧民でも遊民でも土匪馬賊でも、「王・侯・貴族・将軍」になれるのである。中華帝国の家産官僚制下の農民は、日本の江戸時代三〇〇年の百姓身分とは、存在形態も意識形態も全く異なっていて、官位・官職・将軍位がとにかくほしかったのである。実際に富農の子に過ぎなかった毛沢東は、現代の皇帝になり、貧農出身の朱徳と彭徳懐は元帥になったではないか。土地を分配されて喜んで農民になり、一生を終えることなど、中国農民の伝統的な夢では全くなかった。できるなら、農民になるくらいなら水滸伝の英雄のように梁山泊に、また毛沢東のように井崗山に上りたいのである。実際に、建国後の一九五五年に、紅軍に参加し長征に参加した農民の子弟から、元帥一〇人、大将一〇人、上将五五人、中将一七五人、少将八〇〇人が誕生した。彼らの総てが農民ではないが、絶対的多数を占めている。ちなみに「十大将軍県」を挙げておこう。湖北紅安六一人、安徽金寨五五人、江西興国五四人、湖南平江五二人、江西吉安四六人、江西永新四一人、湖北大悟三七人、湖南新県三五人、安徽六安三四人、湖南瀏陽三〇人。この他、福建上杭二七人、湖北麻城二六人、といった具合である（『新中国実行軍銜制紀実』徐平著、金城出版社）。農民でも大反乱に参加して活躍すれば、王侯貴族将軍になれるという歴史再現の一大証明になった。誰が、「愚民無知」などと、帝国文人官僚によって馬鹿にされ続けることを願おうか。党と紅軍は、驚くべき多数の貧農、無産者を「王侯貴族」にまで高め、立身出世させたのだ。

第六節　無産階級・游民を主体にした結社的伝統革命

中国の歴史的社会の特質は、秘密社会の特異な誕生と発展にあったことは誰でも指摘している。中国歴史社会の研究において、「秘密社会・秘密結社・地下社会」の研究が一大テーマになっているのは、それなりの理由がある。劉平『文化与叛乱』（頁九、商務印書館、二〇〇二年）は、秘密結社の三つの特徴を、（1）「非法性」（官による法的支配・秩序を無視ないし、それに反抗する）（2）「神秘性」（神秘的な固有の儀式、神話、信仰、規則、罰則を持つ社会を形成し、それらの威力によって結集力と拘束力を持つ）（3）「反社会性」（参加者は、社会的経済的に破産した農民、都市民衆、手工業者、商人、運輸労働者、僧侶、道士、占い師、民間医者、兵隊崩れが多く、彼らは社会の秩序からはみ出した反社会的生活者である）、としている。こうした大小種々様々な結社は、清代に大いに発展し、近代中国、とりわけ一九二〇年代から、三〇年代、四〇年代にかけて、全国に爆発的に広まった。有名な一貫道、先天道、九宮道、聖賢道、青帮、紅帮、天地会、義和拳、紅槍会、大刀会、小刀会、三仏門、大仏門、白蓮教、天徳聖教、金華堂、蓮華堂、紅学、黄学、同善社、九善社など「会道門教社」等という名のつく秘密結社が無数に簇生した（拙稿「中華帝国を夢想する反逆者たち」『中華世界の国家と民衆』汲古書院、二〇〇八年、を参照）。共産党は、こうした社会的風潮の中で他の一切の組織を否定し、宗教迷信を否定して特殊に発展した「科学的会道門＝共産教秘密結社」——他の儒仏道系の総ての「会・道・門・教・同・堂」を否定して、自らを唯一「神の座」に置いた秘密結社として発展した、ともいえる存在である。

例えば、湖北省西部の半宗教的な自衛結社である「神兵」の運動を見よう。一九二〇年ころから、湖北省西部に多く住んでいる土家族・苗族は、きわめて迷信に近い「神兵」という武装的な秘密結社を発展させた。「神兵」は一九二八年に民衆を圧迫し搾取する地方の軍閥政権や土豪劣紳に反抗して蜂起し、以後共産党と深い関係を保った。三三年には、七〇〇名の「神兵」が、賀龍の紅軍に参加した（賀龍「回憶紅二方面軍」）。こうした神兵のような秘密結社員が各ソヴィエト区の紅軍、赤衛隊にきわめて多数入っていた。井崗山の主であった袁文才、王佐、あるいは江西省南部で主なる革命的役割を演じた段良弼とその舎弟も緑林の徒であり、義賊的ヒーローとして大衆の圧倒的な人気を博していた。「無産者・貧農・遊民」は、共産党から革命の主体であり、最も純粋な赤い精神をもった階級だとされたが、しかし彼らは必ずしも自分たちがそんなに立派な人間でないと思っていただろう。

だから、彼らは「真っ赤な態度」を党と大衆の前で示す必要があった。新中国建国後の東北で「人民裁判」を見てきた遠藤誉は「プロレタリアートの社会、解放区では労働者が一番上に位する。その昔、貧乏であればあるほど、そして虐待されていればいるほど今では英雄になる。（中略）人民裁判の場合は、標的は後ろ手に縛られて壇上にあげられ、誰かがその人の罪業を叫び始める。すると壇を取り巻く民衆が一斉にワーと叫びながら、時には興奮して壇の上に上がり、顔を殴ったり体を蹴ったり、石を投げつけたり、ひどい場合には棒でメッタ打ちにしたりして有罪が決まる。有罪が決まると八路軍が処刑するが、その前に内臓出血やショックで息絶えていることが少なくない」（『卡子』頁二一九、朝日新聞出版、二〇一二年）とその状況を書いている。こうした情景は一九三〇年代の「AB団」等の粛清でも同じであった。「人民」は、ここでこそ真の赤い階級であることを「表現」しなければならない。自分たちの「階級的やましさ」を払拭する方法は、公開裁判で示す「勇敢さ」に懸っていた。一方、党幹部たち・粛反運動命令者も、自分たちが地主・富農・小ブルジョア階級の出身者であるというやましさを反革命粛清運動における勇敢さ「無慈悲さ」を以て隠蔽する必要があった。両者のやましさは真逆の方向から発したものであるが、その二つのベクトルは一瞬交差して、「大粛清」の地獄の扉が開いたのである。

第七節　「伝統的な秘密結社的暴力」と「聖なる救済を約束した暴力」

帝国時代の緑林社会・秘密社会は、白蓮教のような反逆の革命的な「邪教」の伝統文化を生み出した。白蓮教や義和団信仰については、拙稿『(増補) 義和団戦争と明治国家』、『中華帝国の国家と社会 (上、下)』(両書とも、汲古書院) に詳説した。簡単にいえば、明清時代には中国の底辺にいた民衆の中に、「白蓮教」に代表される「秘密の宗教結社」兼「武装結社」が盛んに創られた。例えば混元教、収元教、八卦教、白陽教、紅陽教、天理教、拝上帝教等。それらはたえず「邪教」結社として国家の弾圧を受けたが、それにめげず反抗して武装蜂起をしばしば起こした。その教えは、「刧変将に至らん」、今や終末の時が到来し、救世のために「無生老母、真命天子」が降臨なさる、この教を信じる者は「降神付体」して、「刀槍不入」(不死身) となる。信じ来る者は救われ、信じない者は死ぬ、今こそ最後の救済のために我が教団に来たれ、そして「武装蜂起」に起ちあがれ、参加した者には「富貴」が約束される、というものであった。この民衆宗教のモチーフは、共産主義の理論と救済の約束によく似ている。レーニン主義のボルシェヴィズム、職業的革命家の死を恐れぬ突撃、「共産主義革命という最終革命、最終救済に向けて、この階級決戦に参加せよ」、ときわめて親和力を有する。もちろん旧中国の「邪教徒」には、一神教の異端派や共産主義者のような「殉教主義」、「異端粛清主義」は欠けていたが。

白蓮教的邪教は、多くの武装結社を生み出したが、邪教徒以外にも、中国では「拳棒社会」――「大刀会、小刀会、義和拳、神拳、紅槍会、八卦拳、梅花拳、紅拳」等々に代表される無数といってよいほどの「武術」結社を生んだ。民衆の下層社会には、水滸伝式な粗野な暴力が横行する広大な社会が広がっていた。こうした下層社会・地下社会の住民は、支配階級である「文人官僚制」からは、無知な愚民・無頼の徒として軽蔑されてきた。彼らの粗野な伝統的社会を描いた『水滸伝』などの作品は、ヒーローを待望する民衆に絶大な影響を与えた。こうした水滸伝的な粗野で品位を欠いた反社会的な「暴力崇拝」の精神は、アヘン戦争以後の土豪劣紳、軍閥混戦、群盗蜂起の時代に、共産党によって「聖なる暴力」に価値転換されたということができる。貧農、労働者の暴力性こそ、人類の最終的な神の王国・共産社会実現の主役であり、原動力であり、天国を開ける鍵であるとされたのである。「階級的暴力、革命戦争」こそが、人類の最終的救済の約束を果たすのだという階級闘争の理論は、貧民や游民の「うらみ、つらみ、そねみ、ねたみ、ひがみ、にくしみ」等の劣情に発する復讐心、上昇転化の心を、「聖なる精神」に意味転換、価値交換したのである。復讐と報復の「粛清の歯車」は回り始める。今や劣情に基づく暴力は、神聖な使命倫理にまで高められ、無産階級の革命的原理となり、大手を振って白昼の世界に横行し君臨した。あらゆる資産階級、あらゆる土豪地主階級を敵として消滅する、それが内部に隠れていた敵であるならあるほど、無慈悲に残酷に殺さなければならない。臨界点を越えた粛清の歯車は、もう壊れるまで止めることはできず、革命根拠地の崩壊まで突き進む以外になかった。

第八節　「客家共同体」と「械闘文化」の結合

党が革命根拠地とした「中央革命根拠地」の中核地帯は、客家が居住する地帯であった。福建省の西南部、広東省の東部、江西省の南部・南西部などで、この一帯が最後まで根拠地・ソヴィエト区として持続した。ここには、客家各姓の宗族部落が広がっており、宗族の結合がきわめて強固であり、また公田の比率が高い地帯であった。各村落、各宗族の間で、明清時代から「械闘」が盛んであり、アヘン戦争、太平天国の大反乱以後、国家政府の機能がほとんどなきがごとき状態に陥り、軍閥混戦、群盗蜂起する時代になったので、「械闘」はますます激化した。客家地帯には古来、民間の城塞が乱立し、大宗族は「円形土楼」を創り、あるいは村落ごとに家々を連ねて村自体を城砦化、武装化した。党は、宗族を取り仕切る「土豪劣紳」を殺して、宗族内の革命的な「俊英」を抱き込み、宗族共同体をまるごと、党内に抱き込んだのである。客家地帯には、差別する土着豪農・土豪劣紳を見返そうとして教育に熱心な人々が多かった。優秀な青年が国内外に留学して新知識を身に付けた。欧米にまで留学して世界的な学者になった人もいた。また、客家地帯には近代的知識、学問を学び、故郷に帰ってきた青年も多かった。党はこうした人々を洗脳して、あるいは粛清して「革命根拠地」、「中華ソヴィエト共和国」を形成したのである。さらに「武闘文化」である「械闘」の伝統は、中国民衆の戦士の文化・武勇の文化を継承し、特異な社会文化として純粋化し、発展させた。中央革命根拠地の形成と持続に、客家戦士の文化を見て取ることができる。共産党は、客家公田・共同体財産を一掃した。追放された族長（多くは地主階級）に加担するものは、共産党の敵になったが、富農クラスから出た地方俊英の党員（彼らは知識人であり、また勇敢な戦士の魂をもっていた）に率いられた下層民は共産党の軍事権力に頼った。しかし、地元の俊英、ヒーローとなった革命家が、一九三一年以降コミンテルン・党中央から派遣された書記（モスクワ留学組）から粛清されてから、多くの革命根拠地は崩壊していった。贛南・閩西の客家地帯だけを根拠地にする「中華ソヴィエト共和国」だけが、以後かろうじて三年半生き残ることができただけである。

貧農を土地と村に張り付け、「革命根拠地、ソヴィエト区」なる者の住民にしておくには、共同体主義、平均主義、階級闘争信仰、熱狂主義が必要だった。「土豪劣紳、地主富農の土地を没収せよ」、「土豪劣紳を殺し尽くせ」なるスローガンが必要だった。しかし、現実には、「革命根拠地、ソヴィエト区」に囲まれた農民には、以前よりも厳しいさらなる不幸が待っていた。共産党は、農民の全てを支配し管理し動員し、彼らを紅軍や赤衛団に徴兵し戦争に駆り出した。また農民は一方で、国民党の軍隊や白色勢力から包囲され、日夜復讐戦を挑まれて殺された。「中華ソヴィエト共和国」の崩壊という結果を見れば明らかである。党幹部と紅軍の主力軍は、総ての革命根拠地から、農民を置き去りにして逃亡したのだ。

約束したユートピアが実現できないのは、内部に敵「AB団・改組派・第三党・トロツキー派」が隠れているからだ、彼らが外部の敵を引きこんでいるのだ、この裏切り者・敵のまわしものを処刑せよ、このように叫び続け、実行し続けること以外に党を正当化し、敗北の根拠を示すことができなかった。「粛反運動」とは、かかる構造の中から生まれ、無窮動の如く機能し続けたのである。革命戦争は、恐怖の日常化であり、日常化された恐怖の祭典である。恐怖は憎悪を呼び、憎悪は復讐の暴力を求める。復讐のための暴力が組織され、制度化されると、それは自律運動を展開する。恐怖は祝祭の友である。赤区であろうと、白区であろうと、大多数の貧しい農民たちのメンタリティーはほとんど同じであり、共通であった。「残酷な攻撃」、「無情な打撃」は、白区、赤区どちら側も同じレベル、同じ手段と方法で行ったのであり、どちらがより残酷だったと区別することは難しい。恐怖と復讐の連鎖は、革命戦争の心臓となった。客家世界の武勇の伝統と宗族主義がそれをになった。いや客家以外にこの矛盾をになうことはできなかった。革命と反革命、地主富農と貧農、中央と地方、紅軍主力と党地域武装勢力、モスクワ留学生組と国内地方組、地元民と客家、こうした諸々の二項対立関連は一時的に中央革命根拠地の炎を燃え上がらせたが、一方で粛清運動の複雑化、拡大化、無限化をもたらすことにもなったのである。

第九節　「官僚制的位階（権力財）」への希求と拝跪の伝統文化

中華帝国における伝統的文化においては、最も安定しかつ希求された財産は、権力財である「官職」であった。土地や金品は代々の世代による勤労によって実現されるものではなく、権力を手中に収めて実現することが最も安定的かつ確実な手段だった。家産官僚制の長い歴史と文化を持つ中国においては、共産党員でさえも、この文化的伝統的威力から逃れられなかった。というよりも、一党独裁を当然のこととする共産党においては、「権力財＝陞官発財」こそが唯一絶対の財産になったのである。共産党内でいかなる地位＝官位・官職に就くかは、党員の最大の関心事である。権力財にも上・中・下があり、それぞれがまた細かく細分化され、上下に貴賤化されたのである。レーニンによって樹立された「ボルシェヴィキ」は、党員に対して鉄の規律と鉄の意思を要求した。この「ボルシェヴィキ」の精神と、中国の伝統的な「家産官僚制」の文化とが、共産党の中で合流し合体した。前近代の「中華帝国」では、科挙官僚制による高等文官が圧倒的な権力財であったが、中共ではそれに軍事権力財が加わった。そのために、中共では、文官と武官を一体化した独裁権力機構が完成した。権力は、ピラミッド型になっており、その頂点から発する命令は絶対視された。伝統的な中国社会は、きわめて流動性に富んであおり、かつまた、民衆は水滸伝式の文化の中にいたから、党は、すべての社会階層のなかに蔓延している暴力性と迷信性を、唯一絶対の神聖な「革命暴力」＝紅軍によって管理統制する必要があった。革命戦争と称する一〇年間に及ぶ中共の「革命軍」

の絶対官僚制的行使は、かくして必然的な「制度」となった。共産党員個々人の履歴書に書かれた詳細な官職歴、軍事階級歴、党組織系統図の、恐るべき詳細さ、その膨大な記録が、以上の私の解釈を証明している。『中国人民解放軍組織沿革和領導成員名録』（軍事科学院軍事図書館編録、軍事科学出版社、一九九〇）を見れば、党員にとっては土地革命戦争の最初から、いかに党・軍内における階級、地位、官位が重要なものだったかが分かる。中国社会における、「権力財・官職財」の意味についてでは、拙著『中華世界の国家と社会』（汲古書院、二〇〇八年）に詳論したので、参照されたい。

第十節 「少年共産軍〈童子軍〉の熱狂的な活動」

新しいゲリラ戦士の登場について。二〇世紀の共産ゲリラ、アジアアフリカの部族ゲリラ、国際テロ組織の特徴は、子どもや少年を拉致誘拐したり、徴兵したりして、ゲリラ戦士に仕上げることである。少年は、人生の紆余曲折、俗世の汚濁や世俗社会の苦楽を知らない。そのため単純な「敵と味方」、「善と悪」、「正義と邪悪」という、二項対立の図式を受け入れやすく、またヒーローに憧れる英雄主義に陥りやすい。こうして、ゲリラやテロリストは、少年を洗脳し、勇敢な戦士に仕立てるのである。嘉慶白蓮教の叛乱にも少年たちがたくさんいて、彼らはどんな残酷なことでも平気でしたと史料に書いてある。清華大学付属中学の生徒たちが「紅衛兵」運動の創始者になり、北京郊外の大興県で「黒五類分子」を沢山殺して範を示した。その後、恩師でもたたき殺すという乱暴狼藉によって全国の青少年のヒーローとなり模範例となった。

中国の歴代の騒擾事件、民衆叛乱、社会騒乱にはいつも「悪少年、亡命少年、軽薄少年、無頼少年、好事少年、坊市悪少、無聊少年、閭里少年、勇敢少年、城中少年」などと称される少年たちが率先して参加していた。「少年」と書くが、これには一〇代から二〇歳代の前半までの、今の日本人がいう「青年」も含まれてはいたが、彼らが率先して戦いの先頭に馳せ参じるのである。中共ソヴィエト区でも、少年が大活躍した。一〇代になるかならぬかの子どもさえも「少年先鋒隊」、「少年共産主義団」、「児童団」に入り、地主富農や反革命とされた人々の監視と土豪劣紳や国民党軍の攻撃の見張りに動員された。鄂豫皖ソヴィエト区には、最盛期には童子団が一一万人もいた。このソヴィエト区の中心地で司令部が置かれていた金寨県には人が三〇万人も集まっていたが、その内五万九千人が赤衛隊員に属していた。この他に沢山の少年兵が入っていただろう。霍山県境の周囲七五キロには数千人の「童子団」が見張りについていたという。彼らは丘の上にいて昼夜見張っており、通行人が来ると総て身体検査をし、怪しい人間は保衛所に連行した（『安徽省・公安志』頁一四四）。こうして少年隊が、共産軍の忠実なる兵士になった。紅軍と行動を共にする少年兵の活躍ぶりについては、延安時代のことであるが、アグネス・スメドレーが『中国の歌声』に生き生きと書いている。ただ、スメドレーには、勇敢で朗らかで、いつも楽しげに歌ってい る少年兵の一側面しか見えなかった。特に、中共は、農村の一〇代から二〇代前半の年齢の青少年を熱狂させ、動員することに熱中し、かつ長けていた。古今東西の歴史を見ても、たいていの宗教戦争や革命戦争では、少年たちを集団的隔離状態において戦闘歌を歌い、聖典を斉唱し、教説を暗誦し、大義に殉ずる使命感を盛り上げ、最後に「決死隊、特別攻撃隊」に投入することは一般的に見られる現象であった。日本でも「神風特別攻撃隊」の主役は少年たちであった。少年兵こそが「大義」さえ与えられれば最も迷わず人を殺し、また自爆することを恐れない存在である。後に文化大革命に熱狂したのも、一〇代の紅衛兵となった少年少女隊であった。

第十一節　ヴェーバーの「中国農村の光棍ボルシェヴィズム」論の位置と赤色テロリズム

ここまで来て、マックス・ヴェーバーが、辛亥革命によって中国は急速に近代化し、民主化するという見方に疑問を呈して、その障害になる要素を中国農村における「農民ボルシェヴィズム」、「光棍ボルシェヴィズム」の存在に見たことの意味を考えなければならない。この中国社会固有の「農民・光棍ボルシェヴィズム」とは何か。

ヴェーバーは、中国農村の無知と貧困は、数百年にわたる宗族制や官僚地主制、あるいは村落ブルジョアジーによっては決して安定化され、解決されることはなかったとし、次のようにいう。家産官僚制は、農村の土豪劣紳と陰に陽に結びついてきた、「あの光棍が組織する無産者たち」＝「村落貧民」に対して「無防備かつ無力」でさえあった。中国では封建領主制は発達せず、領主が数百年にわたって大きな地所を保有し続けるといったことはほとんどなかったという事情も加わって、中国農村こそがボルシェヴィズム（ロシア型の暴力的革命主義に似た）の吸引力、磁場となるであろう、と推測している（『儒教と道教』木全徳雄訳、頁一六四）。このヴェーバーの主張はあまり具体的ではなく、曖昧さを残しているが、私は以上のように解釈した。このヴェーバーの言説の一端は、歴代の王朝末期の農民戦争、清朝末期の戦乱、国共内戦時・土地革命戦争時代の群盗蜂起、毛沢東時代の地主富農階級の絶滅、人民公社と大躍進運動の失敗による数千万人の餓死者の発生、紅衛兵たちによる恐るべき粗暴な暴力と殺戮の満面開花という状況、等々によって証明されたのではないであろうか。

どうして中国社会には、古来「玉石、ともに焼き尽くす」戦乱・動乱が絶えることなく、連綿と継続し発展してきたのだろうか。この問題は、広大な貧しい搾取され続けた農村が生み出さす「光棍ボルシェヴィズム」論に行きつく。毛沢東は『中国社会各階級之分析』（一九二六年）の中で、当時四千万人ほどいたという「遊民階級」の重要性を指摘している。中国には、古来「無頼、悪少年、悪覇、光棍、潰兵、匪賊、流氓、棍徒、游手、緑林、土匪、土劣、塩梟、侠客、乞食」等々と呼称された人々が大量に存在していた。彼らに共通する生活態度、生活倫理は、毛がいう「無法無天」、「造反有理」ということである。毛沢東は自分のやり方を「無法無天」だと誇って自賛したことがあったが、「無法無天」、「造反有理」の具体的形態は、「水滸伝」に典型化されている。「無法無天」の特異な生活態度、反倫理的倫理のエートスこそ、中国裏社会、地下社会が歴史的に生み出し、蓄積してきた特異なる「エートス」（いや、反倫理的倫理というべきだろう）であり、歴史的社会的な「農民エネルギー」であり、「無産者的運動方向」なのである。地主富農階級でも、かかる光棍・無頼の気風を強く共有していた。土豪・大地主階級は、豪紳悪覇となり、上層光棍として下層光棍のスポンサーの役を果たすのが常だった。

ではなに故に、暴動、反乱における「無法無天」、「造反有理」的な反倫理的倫理とエネルギーが、強力なベクトルを形成し、上は官僚から下は盗賊まで広く深く社会に生産され地下に蓄積されたのか、という問題が起こる。彼らの「愚民無知」、「無法無天」は、一言でいえば、専制帝国における二千年存続した「家産官僚制」の人民に対する収奪と支配、愚民化政策、征服王朝の長い農民収奪等によるものであったといわねばならない。ヴェーバーは、中国の「光棍ボルシェヴィズム」のエネルギーが、資本主義の誕生と発展を破壊し、民主主義を破壊し、国民国家の形成を失敗させるのではないかと予想したのである。「光棍ボルシェヴィズム」の伝統的農民文化とその有効利用をもっとも鋭く見抜いていたのは、毛沢東であり、毛を通して中国革命は飛躍をとげた。かくして、ヴェーバーの予想は的中したといわねばならない。実際に、農民ボルシェヴィズムは、「土地革命戦争」の一〇年間と、一九五九年以降の新中国で三〇年間、予想を遥に超えて猛威を振るった。対外開放以後の中国は、毛沢東時代の「光棍ボルシェヴィズムをバネとした共産主義」をやめて、「党家産官僚制資本主義」へと換骨奪胎した。「光棍ボルシェヴィズム」は文化大革命で決定的に破綻した。以後「光棍ボルシェヴィズム」は党が支配する「家産官僚制」によって弾圧・抑制されて「党官僚国家独占資本主義」へと転轍され止揚されたのである。そして、いまや、党幹部が「家産官僚」となり、無産大衆の「光棍ボルシェヴィズム」を最大の敵と見なす立場に変化したのである。中国の未来は、この「歴史の罠」をいかに解決し、自由と民主の国に転換できるかにかかっている。拙書『M・ヴェーバーの中国社会論の射程』（研文出版、二〇一二年）の第九章、第一〇章を参照されたい。

第十二節　「毛沢東とは一体いかなる性格をもった人物であったか」

毛沢東は、本当に「大多数の貧しい中国農民を愛していたのか」、「共産党の同志たちを、本当に同志と思っていたのか」、「彼は、本当にマルクス・エンゲルスの理論を信じていたのか」、「彼は階級闘争の理論を信じる永久革命論者であったのか」、「彼はコンミューン主義者であったのか」等々、かくの如く疑問は尽きない。答えは、イエスであり、ノーである。要するに、彼は始皇帝であり、陳勝・呉広であり、曹操であり、洪秀全であり、曾国藩であり、スターリンであり、レーニンであり、トロツキーであり、梁山泊の匪賊であり、伝統的詩人でもあった。

このことを直感的に見抜いたのは、アグネス・スメドレーである。彼女は、一九三七年、初めて延安で毛沢東に会った。その第一印象は、「毛沢東のなかには朱徳にあるような謙遜はまったく見られない。情熱的な性質であるにもかかわらず、彼はロバのように頑固で、自尊心と鋼鉄のような棒が彼の性質を貫き通していた。毛沢東という人は何年でもじっと待っているが、結局は自分の意思をおし通す人だという印象を私は受けた」、「毛沢東のユーモアは、精神的な孤独の深い洞穴のなかから噴き出してくるように冷笑的で、恐ろしいものだった。彼の存在にはひとつのドアがあって、それは誰に向かっても決して開かれないのではないかという印象を、私は受けた」（『中国の歌声』筑摩文庫、上巻、頁二七七、二七九）といっている。彼女の直感は、建国後に彼が行った恐るべき仕業の数々によって証明された。しかしその素質は、すでに一九三〇年代の中央革命根拠地で鋭く発現していたのであった。彼は、自己を評して「マルクス＋始皇帝」であるといった。北京大学教授の銭理群は、彼を評して「革命家＋帝王＋才子＋ごろつき」、これが毛の本質であったとした（『毛沢東と中国』上、頁三四〇、青土社、二〇一二年）。毛沢東を研究することは、中国史を知ることであり、現代中国を分析することであり、中国の困難な課題のありかをさがすことであり、また未来を予想することでもある。

全体の附録

第一部　戴向青の「富田事変」の真相解明

――景玉川の論文全訳

〔解説〕

中国共産党の歴史において、国内外に隠し続けられた歴史の恥部というべき事件が多数ある。その内の一つが、一九三〇年代に中央革命根拠地及びその他の革命根拠地で、合わせて十万人近くの同志、民衆が粛清された粛反事件である。これら一連の粛反運動の契機になったのが、一九三〇年一二月に毛沢東が行った「富田事変」である。これまで富田事変は、中央革命根拠地で毛沢東に対して反乱を起こしたAB団反革命の大暴動だとされて来た。しかし、実は富田事変を起こしたのは毛沢東であり、AB団とされて断罪された人々は実は全くの冤罪であった。そのため、この長い間党内でタブーとなってきたのである。この「富田事変」の真相に迫ったのは、解放後、江西省党委員会の下で中共党史を研究していた一介の下級党員に過ぎない戴向青という青年であった。彼が如何なる動機で「AB団粛清、富田事変」の研究を始めたのか、如何なる努力によって、また如何なる経過をたどって、その実態を明らかにしていったのか。次に翻訳した景玉川の論文が、こうした疑問に答えてくれる。この論文は、中国の権威ある雑誌『百年潮』（二〇〇〇年、第一期、北京）に掲載されたものであり、この問題を内外に公然と紹介した、最初の論文である。

この景玉川論文は、また多くの新しい歴史事実をも明らかにした。例えば、富田事変を起こして毛沢東に反対した紅二〇軍の将校・下士官約七〇〇余名を騙しておびき出し、一九三一年七月のある日の早朝、江西省雩都県の一寒村で一網打尽にして皆殺しにしたのは、彭徳懐と林彪の軍隊であったこと、更に重要なことは、一九三〇年から三五年にかけての中共党内大粛清において、革命根拠地全体では「AB団」として七万余人、「改組派」として二万余人、「社会民主党」として約六二〇〇人、合計十万人に近い中共党員、紅軍将兵、ソヴィエト区工作員、革命人民が粛清殺害されたこと、毛沢東死後に、これらの人々の全面的な名誉回復に尽力した有力者は、蕭克将軍、総書記の胡耀邦、後に国家主席になった楊尚昆などであったこと、等々のきわめて重要な事実を明らかにしたのである。

この景論文が二〇〇〇年に『百年潮』に発表されるまでには、江西省やその他の省の革命根拠地で粛清された人々の遺族、知人や地方党関係者の長い真実究明の努力、名誉回復への努力があった。一九八〇年代後半から続々と刊行されるに至った、『新編中国地方志叢書』に属する各『県志』には、本書の末の附録に示しておいたように、各県内で粛清された人々の伝記、名簿、経過などがかなり詳しく記述されている。これによって、処刑された初期の革命家の名誉を回復しようとする動きが、当時ソヴィエト区に属した諸県で、一九八〇年代に大いに高まっていたことを知る。こうした在地の関係者の努力によって、戴向青らの調査研究が支えられ行われたのである。本来は中国革命の英雄、建国の烈士として称賛され、称えられ祀られるはずの多くの人々がＡＢ団の反革命分子、国民党の特務等々として粛清されてしまったので、その遺族は、屈辱と差別の中で長い間耐え忍んできた。しかし、ついに対外開放、民主化の波に励まされ、多くの関係者が名誉回復を求め始めたのである。

戴向青は多くのＡＢ団、富田事変に関する論文を発表したが、その決定版は羅恵蘭との共著『ＡＢ団与富田事変始末』（河南人民出版社、一九九四年刊）である。また、江西省の多くの党史研究者が、この方面の研究論文を数多く発表しているが、ここでは省略する。

ここに翻訳・紹介する景玉川の論文は、紅軍内ＡＢ団粛清、富田事変の真実を究明してきた戴向青らの努力の歴史と、これらの事件を政治的に解決しようとした胡耀邦などの指導者とそれを阻もうとする勢力の動きも明らかにした、注目すべき論文である。こうした論文が北京で発刊されている雑誌『百年潮』に掲載されたこと自体が、真相解明に向けての大きな一歩であることを記しておきたい。

さて、本書第三章においては、ＡＢ団粛清・富田事変が起きた経緯を紅軍の歴史、毛沢東の主張と行動、それに対する李文林ら江西省党主流派の主張と行動などを中心にして、またそれらを一九二七年から一九三〇年にかけての内外の政治状況の経過と共に検討している。この第三章の記述と共に読まれたい。

★以下の「訳文」中のカッコ内は、皆訳者の説明であり、本文中にはないものである。

景玉川著「富田事変が名誉回復されるまでの経緯」

（原文、「富田事変平反的前前後後」、『百年潮』二〇〇〇年第一期、北京）

江西省南西部の中心に位置する吉安県の西側地域は、一本の長い帯のようになっていて、吉水・泰和・興国・永豊の四県と境を接している。この帯状の地域の中に位置する富田村は、十数個の小さな自然村落からなっている一つの大きな村であり、土地革命の時期、五つの県が接し合う地であった。この富田は、一九三〇年代、中共江西省党委員会と江西省ソヴィエト政府の所在地となったことがある。この村に、今から六九年前、党の内外、紅軍の内外を震撼させた「富田事変」が勃発した。この時から、江西省の西南に位置する、このありふれた一寒村は歴史の非情さによって、その名前を現代史に刻むことになった。

中華人民共和国建国の後、中央ソヴィエト区が形成された江西省には、非常に多くの区や県が「老区」（抗日戦争終了以前に、中共政権が樹立されていた革命根拠地や解放区を一般に親しみを込めて「老区」という）と見なされて、多くの特別手当、社会保障が与えられてきた。しかしこの富田は、所属する吉安県や境を接する四県が皆「老区」という赤色特別地域に指定されたのに、ここだけは指定からはずされ、白色地域とみなされることになった。その理由は、一九三〇年一二月、この村に「富田事変」が起こったという、ただそれだけの理由からであった。

富田事変の誤った処理により、一〇万の優秀な男女が冤罪で殺された

一九三〇年一二月三日午後、紅第一方面軍政治部秘書長で粛反委員会主任でもある李韶九（湖南人、早くから江西省ゲリラとして活動、当時毛沢東に臣従）は、紅一二軍の一中隊を率いて「総前委」（紅第一方面軍の最高首脳部である前敵委員会の略称。書記毛沢東が最高権力を握る）が置かれていた寧都県の黄陂から、江西省行動委員会（江西省ゲリラが母体、反毛沢東派の李文林が書記）の所在地であった吉安県の富田にAB団鎮圧のため出発した。

黄陂から富田までの距離は五〇キロほどに過ぎなかったが、当時この一帯は、敵（白区）と味方（赤区）の勢力区域がジグザグに入り混じっており、白区と赤区がちょうど紅白の花が花瓶に一緒に挿してあるような状態になっていた。それで李韶九の一中隊は、まるまる四日間もかかって一二月七日の午後三時になってやっと富田に到着した。李韶九は到着するやいなや兵に命じて、江西省行動委員会と江西省ソヴィエト政府を直ちに包囲した。そして会議中であった何人かの責任者を縛り上げ、部屋の箪笥や箱をひっくり返して各部屋を探し回り、殺気紛々という状態になった。この時、逮捕された人々の中には次のような人々がいた。

贛西南特委秘書長・省行動委員会代理秘書長の李白芳
江西省ソヴィエト政府常務委員・省委員会軍事部長の金万邦
江西省ソヴィエト政府財政部長の周冕
紅二〇軍政治部主任の謝漢昌
贛西南団特委書記・省行動委員会常務委員の段良弼
江西省ソヴィエト政府秘書長の馬銘

その他に劉万清、任心達を含め計八人が即座に逮捕された。彼等を逮捕後、李韶九は自ら尋問を指揮し、一切の弁明を許さず、ただ自分はAB団であること、誰それもまたAB団であること、この二点だけを自白するよう強要した。認めないと、「地雷公焼香頭」・「点点燈」・「女的焼陰戸」（拷問の種類名、詳しい内容は不明）などの残酷な拷問を行った。

一夜の内に、江西省の党とソヴィエト政府の指導者から一般職員まで一二〇余人が逮捕され、連夜に亘って拷問が続き、悲鳴が夜空をおおった。捕えられた紅二〇軍政治部主任の謝漢昌は、ついに耐えられず同軍一七四団の政治委員の劉敵も自分と同じくAB団であるとウソの自供をした。これは一二月八日の夜明けのことであった。

それで李韶九は、目を富田から二〇キロ離れた紅二〇軍（毛沢東の「贛南に立て篭もって蔣介石軍を迎え撃つ」という、戦略戦術に反対した江西省行動委員会が指揮する軍隊。多くは、江西省の根拠地の活動家が兵士になっていた地元軍隊）の駐屯地である東固に向かった。これより先、李韶九が黄陂から出発した日の翌日、つまり一二月四日、総前委（書記の毛沢東）は、すでに前に逮捕して厳しく取り調べていた人々から、AB団に関する新しい自供が得られたという理由で、総前委の秘書長であった古柏（江西尋鄔人、二九年より毛沢東に臣従、当時は総前委の秘書長）を富田に追加派遣し、AB団粛清の体勢を強化した。古柏一行は八日に富田に到着した。

李韶九は、古柏と曾山（江西吉安人、二九年より毛沢東と親密になる、当時は江西省ソヴィエト政府主席）に省委員会の関係者の取調べを任せ、また陳正人（江西遂川人、二八年より毛沢東と親密になる、当時は江西省行動委員会常務委員、宣伝部長）に、贛西路行動委員会の王懐（江西永新人、反毛沢東派、江西省行動委員会の書記）を捕えに行くよう命じ派遣した。そして自分は一隊を率いて謝漢昌を連行しながら東固に向かい、紅二〇軍のAB団を逮捕することにした。

一二月九日、ちょうど李韶九が朝飯を終えて出発しようとした時、蔣介石軍の飛行機が富田一帯を爆撃した。李は捕えていた容疑者が逃亡するのを防ぐため、重要でない二五人をロクロク尋問もせず、そそくさと処刑して東固に出発した（後に曾山は当時を回顧して、この時、四〇余名を処刑したといっている）。

紅二〇軍一七四団の政治委員の劉敵（湖南醴陵人、井崗山一帯でゲリラ戦を指揮、紅二〇軍の軍委秘書長）は、独立営の軍隊を率いて、その時ちょうど前線に出ていた。彼は東固にあった軍本営から至急帰れという命令を受けると、これは戦いに勝ったので慰労品を支給され、兵力を増強してくれる話だと思った。しかし、帰営するやいなや、こともあろうにAB団の重要犯人として逮捕され、李韶九から尋問を受けることになった。劉敵は李と湖南省の同郷で古くからの知りあいであり、李の人柄をよく知っていたので、長沙言葉を使い雑談したり、李の言葉に相槌をうったりしたので、次第に李の信用を得るようになった。李は劉敵をAB団と見なさないどころか、逆に劉敵に立派にやるよう求め、将来は紅二〇軍をお前にまかすなどといい、護衛をつけて本営に送りとどけた。

運良く危険を脱した劉敵が本営に帰ると、大隊長の張興と政治委員の梁貽は、よく無事で帰ることができたと大変喜んだ。劉敵がその日のことを一通り話すと、張と梁は怒り心頭に発し我慢できなくなった。

二日目の一二月一二日、劉敵は朝食が終わると二人を捜し、自分の考えを話した。今回、李韶九が来た目的は、きっと総前委（書記の毛沢東）が江西省の党と軍の幹部を消滅させる陰謀のためであろうと。ここで、三人は李を誘い出し、チャンスを見て彼を拘束しようと相談した。しかし、血気にはやった張興は待ちきれずに、軍本部に行って詰問した。これは自ら網に身を投ずる結果となった。劉敵は張興が捕えられたと聞くと、直ちに梁に部隊を集結させて軍本部を包囲し、捕われていた謝漢昌、張興らを解放した。そして李韶九に協力した紅二〇軍の軍長である劉鉄超（湖南豊陽人、黄埔軍官学校卒、紅軍の軍長、江西省ソヴィエト政府執行委員）を捕えたが、李を取り逃がしてしまった。

劉敵は、李が密かに富田に逃げ帰り、富田で捕らわれている省委員会の同志たちを処刑するのを恐れ、直ちに一七四団の機銃部隊と独立営を率いて富田に向けて急行した。夕方、劉敵らは富田に到着し、省委員会の建物を包囲し、李が率いてきた紅一二軍の部隊を武装解除し、段良弼など捕らわれていた同志を解放した（その他、全体で李白芳など七〇余人を解放）。この時、陳正人はまだ軍本部に帰っておらず、また曾山、古柏は自分の妻を連れて夜陰に紛れて逃亡した。劉敵らは、この時、党中央から資金調達の命を受けて福建省の西部の根拠地を巡回しながら富田に来ていた易爾士（本名、劉作撫）を誤って逮捕しただけで他の者を逮捕しなかった。

この夜、事変を起こした人々は夜中に緊急会議を開き、李韶九がやったことは総前委の書記毛沢東が命じたことであり、「毛沢東は第二の許克祥である」と認定した（許克祥は、湖南省湘郷県の人。汪精衛の武漢政権下で、一九二七年五月二七日に馬日事変と呼ばれる反共クーデタを起こし、共産党人や国民党左派など百人ほど殺した人物）。そこで、総前委が富田に派兵してくれば、紅軍同士の衝突になるかもしれない。それを防ぐため、紅二〇軍は西に脱出して贛江を渡り、永陽に行き、そこに進駐することを決定した。

二日目（一二月一四日）の朝、紅二〇軍の将兵は富田広場で兵士大会を開催した。そこで救出された兵士が事件の経過を報告し、李韶九の悪行を訴え、またある同志は下着を脱いで満身創痍の身体を見せた。すると会場の人々は皆憤激して「毛沢東を打倒し、朱徳、彭徳懐、黄公略を支持する」（黄公略は湖南湘郷人、毛沢東の古くからの同志）というスローガンを叫んだ。

段良弼らは、誤って捕えた易爾士を釈放して謝罪した。易は、党中央の許可を得ていない段階で、こんなスローガンを叫ぶのは誤りであると指摘したので、段はこの批判に同意した。

富田事変の指導者たちは、段を代表者にして上海に派遣し、党中央に報告することにした。劉敵も党中央に丁寧な長文の書簡を書き、事件の経過を説明し、自分の犯した誤りは承認し、処分を要請した。さらに、彼らは党中央の財政が逼迫していることを考慮して、自分たちが所蔵している金二〇〇斤（一〇〇キログラム）を易爾士を通じて党中央に献金することを決定した。

富田事変の指導者は、反毛の旗を掲げ一二月中に紅二〇軍の兵士を連れて、独断で贛江を西に渡った。翌一九三一年の一月五日、段良弼は数十両の金塊と一万字に近い「富田事変前後の状況」なる報告書を持って上海に出発した。段は白区を避けて各地を転々としながらやっと上海に着き、任弼時（モスクワ東方大学卒、党中央委員、当時中共長江局常務委員で上海にいた。この後、三月に江西省に派遣された）と博古（本名は秦邦憲。モスクワ留学生、帰国後党中央の最高権力を握り、王明路線を執行）に会い、金と報告書を党中央に渡した。この報告書は、事件の経過及び江西省行動委員会（書記は李文林、彼は富田事変が起こる直前の三〇年一一月末に、毛沢東によって秘密裏にAB団分子として逮捕され行方不明になっていた）と毛沢東との間で行われた、十項目に亘る論争を詳細に説明していた。そして、段は説明書の末尾に「私、段の誤りに関しては、党中央の処罰を求めます。どのような処罰でも甘んじて受けます。ただし、私の工作能力は低いのでモスクワに派遣し学習させてくださるよう御願いいたします」と書いた。この毛筆で唐紙に書かれた報告書は、今でも中央档案館に保存されている。

段良弼は、幸か不幸か、党中央の温裕成と会い党中央の最終決定を聞く前に、党中央が「富田事変はAB団の陰謀である」と決定する動きを知って、一人密かに党から立ち去り、歴史の闇に消えていった。この江西省委常務委員は不幸にも革命の生涯を中断したが、しかし幸運にも後にAB団分子とされ、冤罪で処刑されることを免れた。

段良弼が革命陣営から去った後、富田事変の指導者たちはそれを知らず、党中央の決定を待ちつつ、これまでと同じく他の紅軍と肩を並べて蔣介石の白軍と独自に戦っていた。

総前委（書記毛沢東）の富田事変の指導者に対する態度とは異なって、新しくソヴィエト中央局の代理書記となった項英（湖北武昌人、労働運動を指導、江蘇省委書記、中共中央長江局書記）は、富田事変指導者の厳重な誤りを指摘しながら、また一方で総前委の度を越した行動を厳しく批判し、この事件は党内矛盾を解決する方法をもって処理すべきであるとした。しかしながら、六届四中全会（一九三一年一月上海で開催、モスクワ帰りの王明がミフの支援を得て中央政治局常務委員となり、極左路線を開始）後の左傾化した中央政治局は、一九三一年三月二八日に「富田事変に関する決議」を行い、富田事変の性格は「AB団が指導した反革命暴動である」と決定した。また、党中央から任弼時、王稼祥（安徽省生まれ、モスクワ留学、中共中央宣伝部長、三一年三月に中央革命根拠地に派遣）、顧作霖の三人が「富田事変の全権処理」を任され、党中央代表団として江西省に向けて上海を出発した。

任弼時ら一行三人は、一九三一年四月一七日、福建省の秘密の地下通路を辿って江西省寧都県の青壙村に到着した。彼らは党中央政治局の決定を伝え、項英の正確な処理方針を否定し、彼の代理書記の地位を解任し改めて毛沢東を代理書記に任命した。

不幸なことには、その翌日、つまり四月一八日に、贛西南特委の責任者と富田事変の指導者たち（彼らは富田事変以降、毛沢東の粛清をのがれて贛江を西にわたって毛沢東の指揮から離れ独自に活動していた）は項英の指示によって会議に参加しようとソヴィエト区中央局の所在地である青壙村に到着した。しかし、彼らは前日に事態が一変しており、項英は辞職させられ、会議開催は中止、そして自分たちは裁判にかけられ断罪される運命にあることを全く知らなかった。

彼らが村に到着するやいなや、直ちに一網打尽となり、続いて公開の裁判集会が開かれた。彼らは自分たちが革命に叛くAB団であるとは決して認めなかった。大会後、首魁とされた劉敵は直ちに銃殺され、他の人々もほどなく処刑された。四月一九日、ソヴィエト中央局は、上海の党中央に「富田事変はすでに解決された」と報告した。

AB団と疑われ、蔑視されていた紅二〇軍の多くの将兵は、この時にはまだ贛江西側の永陽一帯で蔣介石軍と戦闘を続けており、広西から転戦してきた紅七軍（広西省で戦っていた鄧小平が率いる紅軍で、敗北して北上して来た）と連携して戦い、幾度か大勝利を収めた。しかし、ほどなく紅二〇軍は、興国・雩都（現在の于都）一帯に移動するよう命令された。

三一年七月、彼ら紅二〇軍の将兵は、苦労を重ねて各地を転戦しつつ雩都県の平頭寨に到着した。しかし、誰もここが紅二〇軍の最後の地になるとは知らなかった。山里の朝は、ひときわ涼しく爽快だった。彼らが朝食を食べ終わると、副小隊長以上の将校が謝家の祠堂に集められた。彼らが集合するやいなや彭徳懐と林彪の部隊が銃器を取り上げて武装解除した。そして七〇〇名から八〇〇名に上る将校・下士官を各集団に分けて縛り上げた。この中には紅二〇軍軍長の蕭大鵬（江西雩都人、黄埔軍官学校卒、贛南紅軍指導者）、政治委員の曾炳春（江西吉安人、ゲリラから紅軍指揮官へ、紅二〇軍軍長を歴任）も含まれていた。彼らは部隊を解散し編成番号も廃止すると宣告され、ほどなくこの歴戦の勇士たちは全員が殺害された。

ただ二人だけ幸運にも難を免れた。一人は小隊長の劉守英で、彼はこの日当直にあたっており、いち早く情況を知って逃亡した。もう一人は一七二団の副官の謝象晃で、富田にきた紅第一方面軍副官長の楊至誠を知っていたから助けられた。劉守英は後に八路軍の連隊長となり、百団大戦（一九四〇年、彭徳懐が指揮する八路軍が、山西省で日本軍と戦った大会戦）で英雄的に戦い戦死した。謝象晃は建国後、前後して江西省民政庁庁長や江西省人民大会副主任などを歴任した。

富田事変をＡＢ団による反革命政変であると結論し、紅二〇軍を消滅させるという極左路線を執行した党中央指導者たちは、それによって全国各地のソヴィエト区で大規模な粛清運動の高揚をもたらした。こうして革命に忠実な数千、数万の優秀な男女が濫殺されることになったのである。数年間の短期間に、「ＡＢ団」として七万余、「改組派」として二万余、「社会民主党」として六二〇〇余の同志たちを、それぞれ殺害した。しかし、現在の歴史研究によって、党内には初めから「ＡＢ団」といった組織は存在せず、皆冤罪であったことが証明されている。

一九四九年の建国以後、党中央はソヴィエト区で無実の罪で殺害された一部の人については名誉を回復した。というのは、一九五六年に中央団が組織され、彼らは各ソヴィエト区を訪問し、八四二七名を冤罪で殺された者として名誉回復した。しかし、遺憾なことには、この八千余名は反動分子ではないが、しかし烈士とも認められなかった。富田事変の指導者に至っては、当時の「ＡＢ団叛逆事件」が党中央の絶対の結論とされ、判決が見直されることはなかった。

戴向青らは富田事変の再審査を要請する文章を書き、蕭古は事変に対する見解を発表した

一九二八年に、吉林省舒蘭県に生まれた戴向青は、一九四六年に革命に参加したが、その時わずか一八歳であった。彼は、一九四九年、南下工作団に随いて江西省に来た。これが一生涯にわたって江西省にとどまり、長期にわたって中共党史を研

究したり、教育に従事する契機となった。

一九五〇年代初期、戴はある機会に江西省の南部、南西部、東南部に行った。そして、これらの地域の二〇歳代、三〇歳代以上の人々は、皆AB団を知らない人はなく、皆その話を聞くと慄然として恐れ顔色が変わることを発見した。彼ら旧ソヴィエト区の人々は、一九三〇年代のAB団粛清運動の際の濫捕乱殺、つまりでたらめにAB団として人を捕らえでたらめに殺す情景を忘れず、数十年後になっても恐怖に慄いていたのである。AB団として処刑された人の子孫、親類縁者は、長期にわたってAB団関係者と見なされ差別を受けてきた。彼らは民兵隊長になることさえできず、もちろん共産主義青年団、共産党への加入や進学、就職の際にも不利に扱われてきた。富田事変の指導者たちは、家が貧しくとも地主階級出身者と見なされた。戴向青は彼らに大変同情したが、しかし『毛沢東選集』に、「AB団は、当時、赤色地域に潜伏していた特務組織である」と書かれている以上、何らなすすべきすべがなかった。

一九五六年、戴向青は中央党校に進み学んだ時、系統的に歴史資料に触れる機会があった。そこで、彼は、一九三一年三月二八日に党中央政治局が出した「富田事変に関する決議」を見た。読み終えると、思わず全身に寒気がした。なぜなら、この文書の中に、富田事変の指導者が「毛沢東を打倒せよ」とのスローガンを叫んだとあったからである。あの時代、この文句一つだけでも身を滅ぼし助かることはなかったからだ。

その後、戴向青は何回か江西省南部に行った。しかし、この一帯の人々は誰も、一九五〇年代の初めに中央慰問団がかっての革命根拠地に来た時、誤って殺されたかなりの同志の名誉回復を行ったこと、当時の反革命粛清には拡大化の誤りがあったと述べたこと、等々を全く知らなかった。しかし、戴は考えた。どこをどれだけ誤ったのか、どの程度まで誤りを拡大化したのかと。こうしたことに比較的正確な基準が示されていなかったので、充分に人を納得させる根拠が欠けていた。戴は疑問をもった。しかし、当時の雰囲気では、疑問がいっぱいあっても抑える以外、何もいうことは不可能であった。

こうして、彼は四人組が打倒される時まで、つまり一九七八年の党十一期三中全会の開催まで待たねばならならなかった。

一九七八年末、江西省党委員会の党校党史研究室の主任であった戴向青は、同僚たちと一緒に江西省南部一帯に行き、正式に調査を開始し、ＡＢ団と富田事変の史料を集めた。年若い羅恵蘭も教師たちについて農村に入り、この仕事に従った。彼らは江西省のソヴィエト区の大部分の県・市を訪問し、その土地の档案館、記念館から史料を捜した。当時まだコピーがなかったので、数十万字の史料はみな手書きに頼った。また村落にも行き、幸いに生存して事情を知っている老人に聞き取り調査を行った。こうして数ヶ月の時間を費やして貴重な歴史資料を沢山収集した。その中には、当時粛清を体験した人々の回顧録、例えば最初の江西省ソヴィエト政府主席の曾山の「宣言」、江西省行動委員会宣伝部長の陳正人の手紙、一九三〇年の工農革命委員会の六言体の布告などがあった。史料のあるものは、中央档案館にもないものであった。

戴向青は、大量の資料収集と深い調査分析によって、ＡＢ団大粛清と「反革命富田事変」は、冤罪事件であり誤審事件であると確信した。戴は、しばらくして「富田事変の性格およびその歴史的教訓を略論する」という論文を発表した。

一九七九年九月、江西省党史学会と現代史学会は、南昌市で創立大会を開催した。戴が先の趣旨の文書を会場で配布すると猛烈な反響が沸き起こった。この時、江西省委副書記で省党校校長の馬継孔の支持を得て、この論文は一九七九年の『江西大学学報』（第四期）に発表され、史学界でさらに大きな反響を巻き起こした。しかし、久しからずして『江西大学学報』の編集部は、戴論文に反対する論文「富田事変は、反革命の暴動である」という文章を発表した。この論文は、これまでの富田事変関係の論文は、これがＡＢ団の仕業であるという証拠が不足していたことは認めた。しかし、香港、台湾からの材料によって、富田事変の首謀者は、毛沢東同志の革命路線に立つ幹部、民衆を一〇〇余人も殺した云々、と主張した。学報編集部は、この文章を戴に示して、これに反論する説得力がある文章を書くように求めた。そこで、戴は、「富田事変考」という文書を書いて、大量の事実を以って次のように主張した。富田事変の首謀者たちが、毛沢東路線を擁護する幹部と民衆を一〇〇余人も殺したという証拠は全くない。これは全くの嘘が嘘を呼んだものであるか、あるいは敵が無理に捏造した話である、とした。数年後、中央組織部小組も何回もの実地調査を行って、一〇〇余人を殺したという事実はデタラメであることを証明した。

一九八〇年末、全国史学会創立大会が北京で開催され、戴向青はこの大会で学会理事に選出された。そのため、彼は中共党史学会の顧問である蕭克（湖南嘉禾人、黄埔軍官学校卒、北伐戦争、紅四軍師団長、建国後に将軍に昇格）に接触する機会をもった。戴は自分の何篇かの文章を、この老将軍に贈呈し教示を願った。

蕭克は、一九三〇年代初期、総前委（書記毛沢東）が行った「黄陂粛反」と江西省ソヴィエト区で大規模に行われた「AB団粛清」を実際に体験した人であった。蕭克は、一九八一年三月から八月にかけて、歴史の目撃証人として、中央組織部、中央党史資料収集委員会とその関係会議に対して自分の見解を表明し、これらの事件の徹底的な解明を要請した。八二年五月、蕭克はまた中国革命博物館の要請に応じて、再びAB団粛清と富田事変について語った。この談話の中で、彼は、中央ソヴィエト区におけるAB団粛清と富田事変のおよその経過を回顧して、富田事変の主要な原因は、当時の濫捕乱殺の情況が矛盾の激化をもたらし、この事変を生み出したものとした。この蕭克の談話は、中国革命博物館の内部刊行物である『党史研究資料』に掲載された。これと同時に、蕭克の秘書の国琦・東霞夫妻が書いた二万字に及ぶ「江西ソヴィエト区初期の反革命粛清と富田事変」なる文書が発表された。蕭克将軍の地位、経歴、それに「実際に体験した人」としての威信が、大きな反響を巻き起こすこととなり、ついに党中央の最高指導層から注目されることになった。こうして富田事変の真相解明が、日程に上ることになったのである。

胡耀邦が自ら取り組み、馮文彬が命を受けて調査を始めた

戴向青が富田事変に関する最初の文章を発表してから半世紀が過ぎて、やっと冤罪を被った人々と、その親族が、無実の罪を晴らして欲しいと願い出てきた。かくしてかすかに光が見えるようになったのである。先に言及した、紅二〇軍の士官が皆殺しにあった時、助かった江西省人民代表大会副主任の謝象晃は、もちろん戴向青に大いに感謝したが、よそから来て

最初に戴に感謝を表明したのは、湖北省黄石の汪安国であった。この九〇歳に達する高齢の老人は、当時は江西省の西南にある安福県の書記であった。一九三〇年、公務で東固に行き仕事の件で指示を請うたところ、李韶九からAB団として捕えられてしまった。劉敵に解放されたが、翌年の四月、また捕えられた。しかし、彼は脱走し、遠く故郷を離れて各地を放浪して歩いた。また、一九八〇年、富田事変の時、江西省ソヴィエト政府秘書長であった馬銘の息子が、鉛山県から戴向青をわざわざ訪ねてきた。そして、父が二八歳でAB団分子の冤罪をかけられて処刑されてから後の、母と舐めた辛酸を語った。またある河南省の青年は、はるばる千里の遠方から江西にやってきて、戴向青と羅恵蘭に、自分の伯母の曹舒翔を捜すのを手伝って欲しいと頼んだ。その伯母は革命に参加してからソ連に留学したが、帰国後全く音信不通になったという。戴と羅は、その話を聞くとぐっと気が重くなった。なぜなら、その伯母はAB団分子としてすでに処刑されており、一九三三年三月一五日付きの『紅色中華』第一二期に死刑の判決書がはっきりと掲載されていたからである。こうした慨嘆に堪えない話は枚挙にいとまがない。こうしたことも、戴向青らの責任感をさらに高めた。

もう一つ、富田事変の名誉回復をするために必要なことは、あの当時、ソヴィエト区に反革命のAB団が本当に存在していたのか否かという問題であった。もし、AB団がいたとすれば、それを粛清することは必要なことであり、乱打乱殺は「拡大化」したというに過ぎない。しかし、戴向青らはAB団関係の資料、その中にはAB団の頭目とされた段錫朋（国民党員で、最初に共産党に反対するAB団を創った人物）の自供書（建国後に中共から訊問されて作られたものであろう）も含まれるが、それら総て調査研究し、最終的に「AB団粛清は、拡大化したに過ぎない」とする見方を否定した。かれは「AB団粛清は、拡大化したのではなく、根本的に誤りであった」という文章の中で証拠をあげて「当時、党内にAB団なるものは全く存在しなかった。AB団打倒は、なんら拡大化などではなく、根本的な誤りであった」と断定したのであった。

党史研究者の努力と革命第一世代の要請を経て、この中国革命史上最大の冤罪事件は、ついに党最高指導部の注目するところとなった。一九八六年六月、中共党史資料徴集委員会の主任である馮文彬と副主任の馬石江は、上部からの命を受けて、湖南省、江西省一帯の調査に行った。戴向青はこの時、すでに江西省党史徴集委員会の主任に移動していたので、当然のことに責任者として馮文彬一行に随行した。彼らが湖南から江西に入った後、戴向青が随行して萍郷、南昌を経て井岡山、吉安、瑞金、富田、東固などの土地を巡り調査研究した。そして馮と馬は、戴に「中央の指導者の意見では、この問題は当然解決されるべきだ」といった。中央の指導者とは、当時、中共中央の総書記胡耀邦（湖南人、富田事変後に「湘贛革命根拠地」・「中央革命根拠地」に約四年間いた。建国後、鄧小平に抜擢され、対外開放、冤罪の見直し、民主化に努力したが、保守派に迫られて一九八六年に失脚した）を指していた。

馮と馬は江西で半月間調査し、去る時にAB団と富田事変に関する資料を全面的に整理する任務を戴向青に託した。戴は、この二つの課題、つまりAB団が存在していたか否か、富田事変の真相は何か、という二つの課題の史料を整理して北京に行こうとした時、ある人が出てきて阻止した。その理由は、党中央がまだ結論を出していない重大な問題は、まず省の党委員会の同意を得てから中央に報告すべきである、というものであった。しかし、戴は、そんなことをしていては馮文彬にいわれていた期限に遅れてしまうし、甚だしくは、真相究明をしている部署に影響を与えてしまうのではと心配した。戴はやむなく北京の馮に電話した。彼の答えは実にきっぱりしていた。「それなら、省の党委員会と中央の私の部署に一緒に出したらよい」と。戴の報告書が北京に届くと、馮と馬は直ちにそれを中央指導者に提出した。ところが久しからずして中央に重大な人事変動が発生した。一九八七年一月、胡耀邦同志が総書記を辞任したのである。しかし、これによって富田事変の見直しが止まることはなかった。

一九八七年、党中央は組織部、公安部、民政部、中央党史研究室、中央党史徴集委員会等々の関係部局の責任者による座談会を開催した。そして二つの問題に関する資料を渡して討議させ、意見を徴収した。その結果、名誉回復に同意し、多年引きずってきた誤りを正すべきであるという意見に一致した。こうして最終的な解決案がまとめられ、党中央に提出された。慎重を期するため、馮の秘書の陳文斌は数度にわたって江西省に来て具体的な情況を詳しく確認した。陳は戴に対して、この問題は解決の希望があるといったので、戴は大いに安堵を感じた。

楊尚昆が解決を指示したが、党中央の公式文書で正式な名誉回復がなされることはなかった

一九八八年、陳雲（江蘇人、建国後、中央政治局常務委員、中央委員会副主席などを歴任）はAB団と富田事変に関する調査資料を見て、次のような指示を書いた。「楊尚昆同志は、この案件を知っておろうが、私は当時江西に居なかったので、よく分らない」と。楊尚昆（四川人、ソ連留学、二八人のボルシェヴィキの一人、建国後中央政治局委員、国家主席などを歴任。一九八八年には中央党史工作小組の責任者であり、一九三三年に中央ソヴィエト区に入り、紅三軍団政治委員を歴任したことがあった）は、AB団粛清も富田事変も知っていた。彼は調査資料と陳雲のメモを見て、「この問題は当然解決すべき問題である。中央档案館は、よく材料を集めて準備をすること、また専門の小組を立ち上げて、これらの歴史問題を責任を持って解決することが必要である」と指示した。中央書記処の書記温家宝は、陳雲と楊尚昆の指示を関係部署に伝えた。久しからずして、中央档案館（党中央の最も重要な各種資料を蒐集し、保存する最高の公文書館）が関係史料を探し出して来たが、膨大なものであった。中央組織部もまた、中央顧問委員と前中央組織部長の陳野苹が中心となる「富田事変再調査小委員会」を立ち上げた。この小委員会は、八人からなり、中央档案館から一人、中央党史研究室から一人、江西省から一人、それに中央組織部の二人の局長と一人の処長、一人の幹事、それに戴の八名であった。戴は、江西省の枠で参加した。ここで戴はさらに多くの資料を目にする機会を得た。特に中央档案館から提出された資料は、始めて目にするものだった。その中には、先に江西省行動委員会の常務委員で、AB団団長の冤罪を科せられた段良弼が、党中央に当てた一万語にも上る釈明文書や紅一七四団政治委員の劉敵が党中央に当てた手紙が含まれていた。これらの根本資料は、さらに詳しく正確に「富田事変はAB団が指導する反革命の暴動である」というのは、全くのでたらめの非難であり、「中央ソヴィエト区が粛清した数千数万にのぼるAB団分子」とは、拷問による自供の産物に過ぎず、全くのデタラメな証言に基づく冤罪だということを明確に示していた。

再審査小組の富田事変に関する結論は早くに一致したが、劉敵の名誉回復を行うかどうかについては異論があった。戴向青は大いに論陣を張り、劉敵は反革命の首領でないばかりか、逆に革命に対して功労があったと主張し、次のように述べた。あの時、生殺与奪の大権を握っていた李韶九は、劉敵に対する疑いを晴らしてその肩をたたき、「私の話を聞くならお前を紅二〇軍の軍長にしてやろう」と言った。もし、この時、劉敵に私心があって、李韶九に従順になりさえすれば出世することができた。しかし、劉敵は私心、雑念を棄てて、兵を率いて無実の罪に陥っていた人々を救出し、ついには自分が無惨に殺される羽目になったのだと。

再審査小組は統一認識に達した後、富田事変に対する名誉回復を行う文書を作成すること、それを戴向青が書くことが決まった。この文書は、「富田事変に関する調査報告」と題し、一万余字に達した。戴はこの文書の第二稿が終わると、北京を離れ江西に帰った。時に一九八九年二月であった。

中央の小組は、さらにこの文書の三度目の字句の校正、内容の校閲を行い、同年春の終わりから夏にかけての頃に党中央に提出した。中央小組は念のためにまた調査員を江西省に送り、慎重に調査を繰り返した。

戴が小組を離れてから、イライラしながら回答を待ったが、しかし、何の音沙汰もなかった。更に一九九一年になり、中国共産党建党七〇周年記念を迎えたが、この時もこの文献は公表されなかった。戴が待ち望み、自分も参加し起草した文献はいまだに公表されていない。しかし、別の形で、成果が世に出ることになった。というのは、この時出版された中央党史研究室編の『中国共産党歴史』（上巻）と胡縄主編の『中国共産党的七十年』の両書は、「ＡＢ団」と「社会民主党」に対する粛清は、全くの憶測と自供だけを信じた結果生まれたものであり、敵と味方を混同し、多数の冤罪、誤審を行って生じたものであると、明確に記述したからである。

富田事変の名誉回復を表明した専門部の党文献は、遂に、世に出なかった。しかし、これらの書物は、その持つ高い権威により人々が内心で思っていることを明示したものであり、またこの歴史問題に対する最高の見直し判決書であると見なすことができる。しかし、遺憾なことに『中国共産党歴史』（上巻）が出版されたわずか三年後に、戴向青は積年の苦労によって病にかかり世を去った。

以上訳文終わり

訳者付記。本訳文中の（　）内は、皆訳者が加えた説明文である。富田事変は、全く毛沢東が仕掛けた一大冤罪であったが、毛の名誉に関わる問題である故に、遂に戴向青が生涯をかけた富田事変の真相を巡る党中央の報告書は世に出なかったのである。また景玉川のこの論文の中には、毛沢東を名指しした個所はない。すべて「総前委」（総前敵委員会の略称）としており、いまだに、総前敵委員会書記であった毛沢東の名を憚ったものと想像される。

第二部　被粛清者の名簿及び略伝

第一、第二、第三までの被粛清者には通し番号をつける。以下の第五、第六の人名は、通し番号の人名と重複することがある。

第一

A『紅軍人物志』（王健英編著、解放軍出版社、一九八八年）中の被粛清者の氏名と略伝。『中国工農紅軍第一方面軍人物志』にも略伝がある者はその旨記す。

一　曹学楷（一八九八～一九三一）湖北黄安（現在の紅安県）人、二六年入党、武昌中華大学付属中学卒、故郷で小学校を創設、農民運動、二七年黄安・麻城蜂起、紅軍幹部、鄂豫皖ソ区で反囲剿戦、三一年冬粛清。

二　陳定侯（一九〇一～一九三一）湖北黄安人、二五年入党、北京警官学校、二六年帰郷し農民運動、黄安・麻城蜂起、鄂豫皖ソ区で反囲剿戦、紅軍政治部主任、三一年一〇月、張国燾により河南光山新集で粛清。

三　陳東日（一九〇三～一九三二）　湖南宜章県人、黄埔卒、北伐戦争、南昌蜂起、井崗山、紅軍学校、三二年粛清（第一に記載アリ、頁四一四）。

四　陳耿（一九〇五～一九三三）福建崇安人、高等小学卒、二四年広州で軍事を学ぶ、北伐戦争、故郷で革命活動、閩浙贛

ソ区で活躍、三三年九月粛反運動において横峰県葛源で粛清（第一に記載アリ、頁四〇六～四〇七）。

五　陳奇（一九〇四～一九三二）湖南桂東人、二四年入党、衡陽師範学校、湖南学生運動の指導者、二五年広州農民運動講習所入学（一説には、黄埔軍官学校第二期生）、井崗山、鄂豫皖ソ区、紅軍将校、三二年三月粛清（第一に記載アリ、頁四〇五、第一では生没年を一八九四～一九三二年二月下旬とする）。

六　陳韶（?～一九三三）湖南茶陵人、学生出身、大革命失敗後に茶陵県委書記、井崗山、湘贛ソ区で紅軍政治委員等として活躍、三三年夏に粛清。

七　陳協平（一九〇四～一九三三）湖南常徳人、賀龍らが創立した湘鄂辺区へ、紅軍将校、三三年洪湖ソ区へ、紅軍七千華里の遠征をして湘鄂ソ区へ、三三年春粛清。

八　陳振亜（一九〇六～一九三二）広東海南人、省立一三中学卒、故郷で学生運動、武装闘争、楽会県委書記、地方紅軍、三二年夏粛清。

九　陳正（一九〇五～一九三一）福建永定人、二六年入党、大埔中学、アモイ集美師範、閩西で紅軍指揮、閩西革命根拠地の創建に尽力、三一年四月、永定虎崗で粛清（第一に記載アリ、頁四〇二）。

一〇　程克縄（一八九三～一九三二）湖北棗陽人、一九年フランス留学、帰国後故郷一帯で革命運動、鄂豫（湖北、河南）ソ区で紅軍将校として活躍、大洪山地区に行きゲリラ戦、三二年春粛清。

一一　程啓波（一九〇五～一九三三）湖北黄安人、英山、赤南などの鄂豫皖ソ区で活躍、紅軍政治委員、粛清。

一二　程紹山（一九〇一～一九三一）湖北黄安人、黄安農民暴動、二八年紅軍、鄂豫皖ソ区で反囲剿戦、三一年一〇月、河南省光山白雀園（一説では麻城で処刑）で粛清。二七歳入党、三〇歳で粛清。

一三　戴克敏（一九〇六～一九三二）湖北黄安人、武昌第一師範卒、学生運動、武昌農民運動講習所、紅軍将校、徐向前らと共に鄂豫ソ区の創建、鄂豫皖ソ区で反囲剿戦、三二年夏に河南省光山新集で粛清。一九歳入党、二六歳で粛清。

一四　鄧乾元（一九〇四～一九三四）湖南漵浦人、省立高等工業、醴陵県委書記、秋収蜂起、井崗山、武漢、四川、鄂東ソ区などで活動、紅軍将校として瑞金防衛戦、三四年九月瑞金で粛清。二一歳入党、二九歳で粛清（第一に記載アリ、頁九三、粛清された月は三四年一月）。

一五　鄧允庭（一八八九～一九三一）湖南郴県人、日本留学、知識分子、農民運動、朱徳・陳毅について井崗山に登る、紅四軍遠征の時、井崗山根拠地を防衛、病没（三一年夏に粛反運動で処刑という異説もある）、（第一に記載アリ、頁八八。ここでは粛清説。生誕年は一八八四年となっている）。

一六　段徳昌（一九〇四～一九三三）湖南南県人、広州に行き黄埔軍官学校と中央政治講習班で学ぶ、北伐戦争、彭徳懐を啓発して入党させた、賀龍等と洪湖ソ区で活躍、七千華里の転戦、三三年五月粛反運動で湖北巴東金果坪において二九歳で粛清。

一七　段起鳳（一八九三～一九三二）江西永豊人、小作人出身、農民蜂起、緑林の徒を率いた義賊の親分として有名、共産革命に身をじ、東固県ソヴィエト政府、贛西南特委、紅二〇軍政治部主任を歴任、三一年夏「富田事変」関係者として逮捕され、三二年六月公略県で粛清（段起鳳の別名は段月泉、第一の頁五一三に記載アリ）。

一八　段玉林（一九〇〇～一九三二）湖北石首人、武漢中央軍事政治学校分校、広州蜂起、農民運動、紅軍将校、洪湖革命根拠地の創建、二七歳入党、三二歳殺。一九（頁八九～九〇）。

一九　範陀（?～一九三一）湖北孝感人、地主家庭、中等教育、黄埔軍官学校、北伐戦争、鄂豫皖根拠地、紅一軍将校、反囲剿戦、三一年一〇月、河南省光山白雀園で粛清。二〇（頁一一二～一一三）。

二〇　高静山（一九〇二～一九三三）湖南宜章人、毛沢東の紹介で入党、衡陽第三師範、湘南蜂起、井崗山、紅四軍将校として江西・福建を転戦、閩西ソ区で活躍、三一年トロツキストと疑われ、三二年禁固五年の判決、三三年粛清。二〇歳入党、三一歳で粛清（第一に記載アリ、頁五六二～五六三）。

二一　胡筠（女、一八九八～一九三四）湖南平江人、平江県で農民運動、中央軍校武漢分校で学ぶ、故郷で武装蜂起、湘鄂贛ソ区で女性軍を組織、三三年粛反運動で逮捕、三四年粛清。二七歳入党、三四歳で粛清（第一に記載アリ。頁四九一～四九二）。

二二　胡明政（一九〇四～一九三二）湖北人、北伐戦争、モスクワ中山大学留学、三〇年帰国、鄂豫皖ソ区に派遣、紅軍、医療関係で活躍。三二年夏秋の間に粛清。二三（頁一六八～一六九）。

二三　胡悌（?～一九三二）湖南人、黄埔軍官学校、北伐戦争、洪湖・湘鄂西ソ区で紅軍将校として活躍、洪湖ソ区で粛清。

二四　黄剛（?～一九三一）江西瑞昌人、黄埔軍官学校第五期卒、北伐戦争、贛西北と鄂豫皖ソ区で紅軍将校として活躍、反囲剿戦、三一年冬粛清（第一に記載アリ。頁五八一）。

二五　黄志競（?～一九三四）江蘇人、印刷労働者、大革命時、モスクワ東方大学、三〇年帰国、湘鄂贛ソ区へ、三一年同区紅軍総指揮部政治委員、紅一六軍政治委員等を歴任、三四年夏粛清（第一に記載アリ。頁五九七）。

二六　黄中岳（一九〇一～一九三四）河南羅山人、馮玉祥の国民軍南苑学兵団で学ぶ、日本の陸士留学、帰国後馮軍の将校、三一年寧都蜂起に参加、紅軍へ寝返る、三二年逮捕され、三四年瑞金で粛清（第一に記載アリ。頁五八九）。

二七　季振同（一九〇一～一九三四）河北滄県人、保定陸軍軍官学校卒、馮玉祥軍の将校、北伐戦争、三〇年国民党軍旅団長、蔣介石の「攘外必先安内」政策に反対、三一年寧都蜂起に参加、紅軍へ、三二年八月逮捕、三四年夏瑞金で粛清。注、下記の人々は、皆馮玉祥の将校で寧都蜂起（三一年一二月）に参加し、中共入党へ、後に皆粛清されるか、あるいは戦死した。黄中岳（三四年粛清）、趙博生（三三年戦死）、季振同（三四年粛清）、董振同（三七年戦死）、牛冠甫（死刑、一〇年入獄、行方不明）、張少宣（三四年粛清）。

二八　江求順（?～一九三四）安徽六安人、鄂豫皖ソ区で紅軍将校、軍政治部主任、英山県根拠地の創建、三四年九月に粛清。

二九　姜鏡堂（一九〇二～一九三一）安徽英山人、黄埔軍官学校第三期卒、北伐戦争、上海労働運動、英山で農民運動、県委書記、紅一軍三師の政治委員、三一年一〇月河南省光山白雀園で粛清。
三〇　蔣群麟（一九一〇～一九三四）四川開江人、開江中学卒、武漢中央美術専科学校卒、小学校美術教師、故郷一帯でゲリラ活動、地方紅軍を創建するも三四年一月粛清。
三一　焦福興（?～一九三二）湖北黄安人、雇農、裁縫職人、鄂豫ソ区の黄陂・孝感一帯で活動、紅軍政治委員、粛清。
三二　金万邦（一九〇一～一九三一）江西寧都人、二五年入党、工業学校、愛国運動、工農紅軍、贛西南特委委員、紅軍学校、毛沢東に対立した李文林書記の江西行動委員会の幹部の一人、富田事変で反毛沢東派、ＡＢ団分子として粛清（第一に記載アリ。頁四六一）。
三三　康栄生（?～一九三三）河北保定人、三一年紅軍へ、鄂豫皖ソ区で活躍、紅四軍主力が西征後、ソ区に残り戦う、三三年秋粛清。三四（頁二〇四）。
三四　曠継勛（一八九五～一九三三）貴州思南人、国民党軍兵士、農民蜂起、湖北当陽で反乱を起こし、洪湖ソ区の紅軍へ、鄂豫皖ソ区の紅軍将校、紅軍を率いて四川へ、四川通州で張国燾により粛清。
三五　頼汝樵（一九〇〇～一九三三）湖南平江人、平江暴動、湘鄂贛ソ区で活躍、三三年七月粛反運動で逮捕、獄中で自殺。
三六　李剣如（?～一九三二）江蘇上海人、労働者、ストライキ、大革命失敗後、モスクワ中山大学、王明を批判、トロツキスト・グループ、三〇年帰国、洪湖ソ区に派遣、紅軍政治委員、湘鄂西根拠地の創建、三二年夏に粛清。
三七　李夢弼（?～一九三三）湖南人、大革命失敗後長沙から安源炭鉱へ、地下活動、湘贛革命根拠地で活動、三三年夏粛清。
三八　李明瑞（一八九六～一九三一）広西北流人、雲南講武堂韶州分校、講国軍及び桂軍団長、北伐戦争、百色蜂起に参加、湘贛南辺革命根拠地、中央革命根拠地へ、三一年一〇月、尋鄔にて粛清（第一に記載アリ。頁二九〇～二九一）。

三九　李栄桂（一九〇三〜一九三二）安徽寿県人、父は清末の秀才、上海で学ぶ、武漢中央政治軍事学校武漢分校、二九年徐向前と共に鄂豫ソ区で活躍、紅軍将校、許継慎の事件に連座して粛清。

四〇　李文林（一九〇〇〜一九三二）江西吉水人、南昌の法政専門学校、学生運動、二七年朱徳軍官教育団で軍事教官、南昌蜂起、東固革命根拠地、贛西南ソ区で活躍、三〇年贛西南特委常務委員、軍委書記、三〇年八月江西省行動委員会書記、三〇年一一月末に逮捕、三一年二月釈放、七月再逮捕、三二年五月三〇日、AB団として中央革命根拠地万泰県で処刑（第一に記載アリ。頁二七五）。

四一　李渓石（一九〇二〜一九三一）湖北陽新人、陽新県の農民運動、県共産党、武装蜂起、紅軍将校、政治委員、蘄・黄・広革命根拠地で戦い、次いで鄂豫皖革命根拠地の創建に参加、反囲剿戦を戦う、三一年冬河南省光山白雀園で粛清（第一アリ。頁三〇八。第一では、生誕年が一八九八年となっている）。

四二　李用之（?〜一九三一）湖南邵陽人、秋収蜂起、工農革命軍、井崗山へ、紅軍将校、医療活動、贛南で戦死、あるいは粛清されたという説もあり（第一では、粛清説。頁二七六。第一では、邵陽県人）。

四三　寥栄坤（一九〇三〜一九三三）湖北麻城人、黄安・麻城蜂起、工農革命軍、鄂豫皖ソ区で活躍、三三年紅二八軍軍長、三三年夏黄安県龍王山で粛清。

四四　寥業祺（?〜一九三一）河南商城人、農民蜂起、河南省南部で活動、紅軍将校、鄂豫皖ソ区で反囲剿戦、三一年秋河南省光山白雀園で粛清。

四五　林野（一九〇二〜一九三四）福建龍岩人、黄埔軍官学校卒、北伐戦争、長沙・吉安城への攻撃、閩西で紅軍将校として活躍、紅軍学校、三四年春瑞金で粛清（第一に記載アリ。頁四三七）。

四六　劉革非（一九〇二〜一九三三）湖南華容人、長沙の育才中学、学生運動代表、農民運動、武昌農民運動講習所、湖南省委委員、紅軍将校、湘鄂西ソ区で活躍、三三年夏七月監利県柳関で粛清。

四七　劉鳴先（?～一九三二）湖南人、北伐戦争、モスクワ東方大学で軍事を学ぶ、三〇年帰国し、武漢の中央軍委長江事務所へ、紅三軍委員、湘鄂西ソ区で反囲剿戦、三二年秋に洪湖地区で粛清。

四八　劉杞（?～一九三五）湖北人、鉄道労働者、三一年工農紅軍を率いて鄂豫皖ソ区で活躍したが、張国燾と共に四川へ、大金で粛清。

四九　劉士奇（一九〇二～一九三三）湖南岳州人、長沙の商業専門学校卒、学生運動、江西省で革命運動、紅六軍政治委員兼軍委書記、二九年、毛の三番目の妻賀子珍の妹賀怡と結婚し、毛の義弟になった。毛沢東の贛南支配に協力し、一九三〇年春より、李文林等江西省地元の党員たちを排撃し、毛の使嗾によりＡＢ団粛清を開始した。同年八月、李文林等の反撃に会い、贛西南党委書記を追われ、上海に訴えに行き二度と中央革命根拠地には帰らなかった。三一年、党中央から鄂豫皖ソ区に派遣され紅軍指揮官として活動、二年後に沈沢民らにより粛清。三二年秋に上海に行ってから、妻子の下に帰ることはなかった（誕生年が一八八九年、一九〇〇の両説があるが、両方とも間違いのようである）。

五〇　劉子泉（一九〇四～一九三〇）湖北興山人、省立第三師範卒、学生運動、教師、国民党、紅軍へ、三〇年中共巡察員が殺される事件で疑われ処刑。建国後烈士に認定。五一（三二四～三二五頁）。

五一　柳直荀（一八九八～一九三二）湖南長沙人、毛沢東の友人、新民学会、学生運動、長沙雅礼大学卒、中学校長、大革命失敗後南昌蜂起、上海、中共軍事巡察委員、長江局特派員、武漢へ、洪湖革命根拠地、紅軍将校、湘鄂西ソ区の監利県で粛清。

五二　盧筆西（一九〇六～一九三一）福建永定人、アモイ集美学校師範部卒、農民運動、大革命失敗後、永定で農民武装、永定城を占領、閩西革命根拠地で闘争、上海の党中央との連絡、閩西の永定県で粛清（第一に記載アリ。頁一一二）。

五三　羅少彦（一八九七～一九三四）広東東莞人、東莞教会学校卒、北京警察学校、帰郷し、中学教師、革命運動、新聞・出版関係で活躍、二七～二九年まで投獄、百色蜂起、紅軍将校、湘贛革命ソ区で活躍、三一年反革命罪で逮捕、長期監

禁、三四年獄中で病死（事実上の粛清）。（第一に記載アリ。頁四四七～四四八）。

五四　毛簡青（一八九一～一九三二）湖南平江人、岳州中学卒、日本留学、東京大学経済学部卒、帰国後、入党、長沙政法学校の教師、湖南省財政庁の役人、黄埔軍官学校で政治教官、広西・湖南で革命活動、二八年湖南省委、モスクワの「中共第六回大会」に参加、同年冬帰国、三一年湘鄂西ソ区へ派遣、粛反で逮捕され、獄中で病死。五五（頁三八七）。

五五　彭之玉（一九〇七～一九三二）湖北江陵人、江陵で武装暴動、ゲリラ戦、湘鄂西特委常務委員、紅三軍前敵委員会書記、三二年紅三軍七師政治委員、同年秋江湖で粛清。

五六　漆雨元（?～一九三一）河南商城人、武漢の大学卒、大革命失敗後帰郷し、農民運動、商南蜂起、紅軍、鄂豫皖ソ区で紅軍将校として活躍、反囲剿戦、三一年秋粛清。

五七　冉南軒（一九〇三～一九三四）四川宣漢人、国民党から紅軍へ、川東遊撃隊、宣漢城を攻撃、四川巴中で粛清。

五八　任偉璋（一八九三～一九三三）四川南部人、川軍兵士、国民党軍から紅軍へ、地方ゲリラ戦、三三年九月粛反により通江城で粛清。五九（頁四一一～四一二）。

五九　施簡（一九〇七～一九三四）江蘇崇明人、中卒、上海で愛国運動、労働運動、大革命失敗後モスクワ中山大学に留学、三〇年帰国し、閩西ソ区へ、三一年トロツキストとして逮捕、審査、三二年粛反運動で再度逮捕、五年の判決なるも、三四年瑞金で粛清（第一に記載アリ。頁五一八）。

六〇　舒伝賢（一八九九～一九三二）安徽霍山人、省立第一甲種工業学校、学生運動、一九二二年東京工業高校に留学、愛国運動、二六年帰国、帰郷し霍山県・六安県書記、鄂豫皖ソ区で活躍、張国燾に反対し、三一年冬粛清。六一（頁四一三）。

六一　舒竟舒（一九〇六～一九三二）四川人、大革命期に入党、広州蜂起、地下工作、三〇年鄂豫皖ソ区へ派遣、団政治部主任、反囲剿戦、粛清。

六二　舒翼（一八八八～一九三三）江西弋陽人、農民運動、自衛軍、弋陽・横峰県で蜂起、紅一〇軍参謀長、反囲剿戦、彭楊軍政学校政治委員、三三年九月に粛清（第一に記載アリ。頁六六九～六七〇）。

六三　舒玉章（一九〇三～一九三三）遼寧省人、日本陸士卒、黄埔軍官学校入学、北伐戦争、鄂豫皖ソ区へ、紅軍将校、四川へ、川陝根拠地で張国燾を批判して三三年一〇月に粛清。

六四　宋盤銘（?～一九三三）河南人、二七年入党、学生出身、三一年紅軍、湘鄂西ソ区へ、中央分局委員・書記、モスクワ帰りの最高幹部で粛清運動の責任者でもあった夏曦を批判、紅三軍九師政治委員として転戦、改組派首領として三三年一一月に粛清。

六五　孫徳清（一九〇四～一九三二）安徽寿県人、二四年入党、黄埔軍官学校第一期卒、北伐戦争、南昌蜂起、二九年洪湖ソ区で紅軍を創設、湘鄂西ソ区で賀龍と共に戦う、三一年紅三軍参謀長兼七師師長、洪湖ソ区へ、三二年夏粛清。

六六　唐赤英（?～一九三二）四川人、黄埔軍官学校第四期卒、北伐戦争、南昌蜂起、ソ連高級歩兵学校で学び、帰国後、湘鄂西ソ区に派遣さる、紅軍将校・政治委員、反囲剿戦、紅三軍参謀長、三二年一二月に粛清。

六七　万涛（一九〇四～一九三二）四川黔江人、少数民族の土家族の出身、二四年入党、武漢・重慶などで革命運動を開始、鄂西で紅軍を率いて活躍、三二年九月湖北監利県で粛清。

六八　汪明国（?～一九三三）湖北黄安人、紅軍を率いて鄂豫皖ソ区を転戦、反囲剿戦、三三年秋粛清。

六九　王炳南（一八九二～一九三三）湖南桑植人、賀龍部隊の兵士、北伐戦争、南昌蜂起、広東へ、農民武装、湘鄂西ソ区で活躍、紅三軍九師参謀長、三三年夏鶴峰で粛清。

七〇　王懐（一九〇一～一九三二）江西永新人、農民運動、二五年入党、北伐戦争、永新暴動、井崗山、永新県委書記、江西地方党指導者、三一年贛西特委書記となるも、同年三月富田事変に関係したＡＢ団分子として逮捕され、三二年五月三〇日に万載県泰和地区で粛清。

七一　王培吾（一九〇六～一九三一）安徽寿県人、農業学校卒、学生運動、五・三〇運動、モスクワ中山大学、モスクワで開催された「中共六大」に参加、二九年帰国、鄂豫皖ソ区へ派遣、同区の重要指導者の一人、反囲剿戦を戦う、張国燾を批判、三一年九月河南省光山の白雀園で逮捕され一一月粛清。

七二　王效亭（一九〇一～一九三一）安徽潜山人、農業学校卒、黄埔軍官学校卒、二四年入党、故郷に帰り、国民党左派に属す、農民暴動、党活動、紅軍創設、英山県委書記兼赤衛隊総指揮、鄂豫皖ソ区の地元指導者、三一年一〇月英山で粛清。

七三　王秀松（一九一一～一九三一）湖北黄安人、武漢の中学卒、一四歳で入党し二〇歳で粛清、広州の農民運動講習所（所長は毛沢東）第六期で学ぶ、二七年黄安県委書記、黄安・麻城の秋収蜂起を指導、鄂豫皖ソ区で紅軍指揮官として反囲剿戦を戦う、紅四方面軍政治部秘書長、三一年夏逮捕され、九月河南省光山の白雀園で粛清。

七四　王一鳴（?～一九三二）湖北棗陽人、二六年入党、洪湖根拠地へ派遣、紅軍を率いて転戦、湘鄂西ソ区で反囲剿戦を戦う、陝西省で粛清。

七五　魏孟賢（?～一九三一）山東人、黄埔軍官学校第四期卒、北伐戦争、大革命失敗後、国民党軍、三一年寧都蜂起で国民党に叛逆し、中共の皖西ソ区へ、紅軍に編入さる、鄂豫皖ソ区で反囲剿戦、三一年一〇月河南省光山の白雀園で粛清。

七六　呉保才（一八九六～一九三四）安徽鳳台人、革命運動、六安農民暴動、二八年入党、六安・霍山蜂起を指導、紅軍将校として皖西北根拠地、鄂豫皖ソ区で活躍、三四年九月粛清。

七七　呉荊赤（一九〇一～一九三一）河南信陽人、学生出身、農民運動、紅軍将校、鄂豫皖ソ区で反囲剿戦などに活躍、三一年一〇月河南省光山の白雀園で粛清。

七八　呉天驥（一八九八～一九三三）江西永修人、農民武装、二八年平江暴動、工農革命軍に参加、湘鄂贛ソ区で反囲剿戦などに活躍、三二年に逮捕され三三年夏粛清（第一、三二五頁。同書は、生誕年を一八九三年とし、江西修水人と記す）。

七九　呉先民（一九〇五～一九三二）江西横峰人、南昌の中学卒、学生運動から農民運動へ、弋陽・横峰一帯で武装蜂起、横峰・上饒県委書記、贛東北ソ区で活躍、三二年一二月粛清（第一にアリ。頁三一七）。

八〇　呉永達（一八九五、あるいは一九〇五～一九三二）湖北黄安人、農民運動、黄安・麻城の秋収蜂起、武装ゲリラ、黄安教導隊、鄂豫皖ソ区、反囲剿戦、紅軍独立第一師副師長、粛清。

八一　呉展（一九〇一～一九三四）安徽舒城人、黄埔軍官学校第一期卒、北伐戦争、広州蜂起、海陸豊ソヴィエト区革命委員会委員、敗北して上海に逃亡、上海・安慶の間を往復、鄂豫皖ソ区で紅軍を率いて活躍、四川通江で粛清。

八二　蕭大鵬（一九〇九～一九三一）江西雩都人、黄埔軍官学校第六期卒、紅軍将校、贛南根拠地で活躍、三一年紅二〇軍軍長、富田事変後に中共湘贛（河西）臨時総前委委員、反囲剿戦、第二次粛反で粛清（第一（頁六一三～六一四）に、雩都学生連合会主席、二七年武昌中央農民運動講習所へ入学とある。また、生誕年も一九〇八年と異なっている）。

八三　蕭芳（一九〇五～一九三一）湖北羅田人、武昌の武漢中学、黄埔軍官学校第四期入学、羅田農民運動、南昌蜂起、紅軍第一軍、鄂豫皖ソ区へ、三一年一〇月河南省光山の白雀園で粛清。

八四　蕭韶（一九〇三～一九三四）江西贛県人、あるいは吉安人、学生出身、広州農民運動講習所第四期卒、黄埔軍官学校第四期政治大隊、農民暴動、贛南特委委員、閩贛省委委員、宣伝隊長、閩贛ソ区で粛清（第一では、黄埔軍官学校第一期生とある）。

八五　謝漢昌（一九〇七～一九三一）江西興国人、南昌中学、愛国学生運動、井崗山、贛南で武装ゲリラ、紅軍、興国県委委員（東北特区区委書記）、紅一軍団二〇軍政治部主任、三〇年一二月AB団として逮捕、永新に離脱、三一年再逮捕、年末粛清（一説では、三二年粛清）。（第一では、広州中央農民運動講習所卒、三一年七月粛清）。

八六　熊受暄（一九〇三～一九三一）安徽英山人、省立第一中学、黄埔軍官学校第三期卒、北伐戦争、帰郷し革命活動、モスクワ東方大学、三〇年帰国、党より鄂豫皖ソ区へ派遣、紅一軍政治部主任、三一年一〇月河南省光山の白雀園で粛清。

八七　徐百川（一九〇一～一九三一）安徽合肥人、黄埔軍官学校と広州農民運動講習所第六期に学ぶ。農民運動、南昌蜂起、広州蜂起、合肥・六安・霍山等で蜂起を指導、鄂豫皖ソ区で活躍、三一年一〇月黄安県で粛清。

八八　徐朋人（一九〇三～一九三二）湖北黄安人、農民運動、黄安・麻城蜂起、鄂豫特委委員・書記、党六期四中全会、鄂豫皖ソ区政府、三二年四月河南省光山で粛清。

八九　許継慎（一九〇一～一九三一）安徽六安人、工業高校、第一師範、愛国運動、上海大学で傍聴、黄埔軍官学校第一期生、北伐戦争、上海、鄂豫皖ソ区へ、紅一軍軍長、張国燾と対立、三一年一〇月に河南省光山の白雀園で粛清。

九〇　許蘇魂（一八九六～一九三一）広東潮州人、貧困家庭、シンガポールなどに出稼ぎ、苦学し知識人となる、南昌蜂起、香港へ、百色蜂起、紅七軍政治部宣伝科科長、江西興国県へ、反囲剿戦、三一年一一月粛清。

九一　薛卓漢（一八九八～一九三一）安徽安慶人、安徽中学、蕪湖農業学校、安徽省学生運動の指導者、五・四運動に影響を受ける、上海大学社会科学系、五・三〇運動、広州農民運動講習所、北伐戦争、鄂豫皖蘇区で紅軍将校として活躍、張国燾に反対して粛清。

九二　葉光吉（一九〇〇～一九三三）湖北宜都人、貧窮家庭、紅軍獣医、湘鄂ソ区、三三年紅三軍八師政治委員として反囲剿戦、同年七月一八日粛清。

九三　葉金波（?～一九三四）湖北通山人、二五年入党、黄埔軍官学校卒、国民革命軍、北伐戦争、故郷で農民運動、通山県委書記、湘鄂贛紅軍政治委員、反囲剿戦、三三年秋逮捕され、三四年粛清。

九四　于兆龍（?～一九三三）湖南慈利人、二三年入党、農民武装闘争、紅軍、湘鄂贛赤色軍事政治学校校長、長沙占領戦に参加、湘贛革命根拠地で政治委員など、三三年粛反運動で逮捕され、審査中に病没（第一では、没年が一九三四年とあり、「犠牲」と書かれている）。

九五　余賁民（一八八九～一九三三）湖南平江人、二二年毛沢東の紹介で入党、湖南新軍第四九標軍官学校卒、武昌蜂起、

広州農民運動講習所、平江農民蜂起、井崗山、湘鄂贛ソ区で要職を歴任、反囲剿戦、三三年粛反運動中逮捕監禁され病没（第一では病没とあり、誕生年は一八八七年とされる）。

九六　余篤三（一八八七～一九三三）湖北人、労働者出身、武漢で労働運動、モスクワ大学留学、王明等に反対する労働者反対派に属す、帰国後に鄂豫皖に派遣され紅軍指導者、反囲剿戦、張国燾に反対し、川陝根拠地の通江で粛清。

九七　袁徳生（一九〇一～一九三四）湖南瀏陽人、二三年入党、安源炭鉱の大ストライキに活躍、広州農民運動講習所で学ぶ、農民運動、南昌蜂起、井崗山、湘贛ソ区の政府主席などの要職、三三年逮捕され翌年の三四年永新で粛清。

九八　曾炳春（一九〇一～一九三二）江西吉安人、二六年黄埔軍官学校、故郷で農民運動、地方紅軍を創設、贛南暴動を指導、三〇年七月紅二〇軍が創立されるや軍長、長沙・吉安の攻撃戦に活躍、反毛沢東派に属していたが、富田事変後に紅二〇軍を離れ毛沢東派に帰属した。三二年に江西吉水県で粛清。五月三〇日、吉安県東固で殺されたという説もある。

九九　曾中生（一九〇〇～一九三五）湖南資興人、黄埔軍官学校第四期卒、北伐戦争、モスクワ中山大学、帰国後南京市委書記、鄂豫皖ソ区の特委書記、軍事委員会主席など要職を歴任、三二年四川省へ、軍事関係の著書を多く書く、張国燾と対立し、トロツキストとされ三三年九月四陝ソ区で監禁、三五年八月秘密裏に粛清。

一〇〇　詹夢雨（一九〇三～一九三一）河南商城人、安徽省の師範学校卒、小学教師、六安・霍山蜂起を指導、紅軍ゲリラ活動、鄂豫皖ソ区で反囲剿戦、三一年一〇月に河南省光山の白雀園で粛清。

一〇一　張少宜（一九〇三～一九三四）山西吉県人、日本陸士卒、国民党軍将校、三一年の寧都蜂起に参加、中共へ、三三年瑞金中央軍事政治学校の教官、同年逮捕、死刑判決から収監八年に、三四年秋長征前夜に瑞金で粛清。（第一では、山西永済人）。

一〇二　張逸民（?～一九三三）四川南部人、三〇年地元で遊撃戦争、三二年四〇〇〇余の遊撃隊を率いて四川最初の革命根拠地を創る、三三年紅四方面軍独立師を創設し、参謀長、川陝省ソヴィエト政府文化委員会主席、張国燾により通江で粛清。
一〇三　鄭行瑞（一八九三～一九三二）湖北黄安人、店員出身、農民運動、二七年黄安・麻城蜂起、紅軍、鄂豫辺区の革命委員会執行委員兼財政委員会主席、鄂豫皖ソ区を防衛する反囲剿戦に活躍、三二年粛反で収監、獄中死。
一〇四　周容光（?～一九三二）湖南人、黄埔軍官学校第三期卒、北伐戦争、南昌蜂起、洪湖革命根拠地、紅軍将校、紅軍学校分校校長、湘鄂西ソ区で反囲剿戦、三二年七月粛清。
一〇五　周維炯（一九〇八～一九三一）河南商城人、二四年一六歳で入党、中央軍事政治学校武漢分校に入学、二七年帰郷し農民ゲリラ、紅軍、三一年紅四軍の著名な指導者として霍山・英山・光山で反囲剿戦を戦う、湖北英山で粛清。
一〇六　周小康（?～一九三二）湖北人、洪湖根拠地でゲリラ活動、鄂西特委書記、湘鄂西ソ区の特委書記、三二年夏粛清。
一〇七　武胡景（一八九九～一九三六）河南孟県人、二四年頃入党、唐山交通大学、二四年モスクワ東方大学、二八年帰国、山東省委書記、投獄されるも脱獄、上海・唐山・天津・ハルビン・上海と各地を転々、三二年党中央で活躍、三五年再びソ連に派遣、モスクワ・コミンテルンで活動、三六年スターリンの大粛清で処刑。武は中共の粛反運動の犠牲者ではない。
一〇八　袁文才（一八九八～一九三〇）江西寧岡の客家人、井崗山の緑林の徒、毛沢東と知り合い協力、紅軍の将官となるも軍律に服さず、三〇年三月永新で永新県の土籍党員と彭徳懐の軍によって殺害。真相に不明なところあり。
一〇九　徐其虚（一九〇六～一九二九）湖北麻城人、賀龍の国民革命軍の兵士、北伐戦争、南昌蜂起、麻城・黄麻蜂起、鄂豫皖ソ区など活躍、陰謀分子から誣告され処刑。
一一〇　方英（一九〇六～一九三二）安徽寿県人、職業学校、上海大学、二六年モスクワの中山大学、二九年コミンテルン特派員として帰国、鄂豫皖ソ区へ派遣、三一年一二月粛反で逮捕、三二年紅四軍の征西中に病没。
一一一　牛冠甫（一八九六～?）河北保定人、保定軍官学校卒、馮玉章軍に、三一年寧都蜂起に参加、瑞金の中央軍事政治学校の軍事教官、瑞金紅軍学校で逮捕、死刑判決、収監一〇年に減刑、以後行方不明。

一一二　馬駿（?～一九三六）四川大金川丹巴人、チベット族、国民党に反抗、三六年紅四軍が大金川に来た時合流、紅軍チベット族部隊師長、三六年張国燾によって粛清。

一一三　朱勉之（一九〇五～一九三三）湖北武昌人、地下工作、紅軍へ、湘鄂西ソ区で活躍、反囲剿戦、三三年夏湖北鶴峰で粛清。

注：紅軍人物志では、ただ犠牲とあるだけ。他の資料により粛清を確認。

一一四　王佐（一八九八～一九三〇）江西遂川人、永新県でゲリラ、袁文才とともに井崗山の土匪の頭目となる、毛沢東に従いて紅軍の将官となるも軍律に服さず、袁文才とともに永新の土籍党員と彭徳懐に殺された。

第二

B『中国工農紅軍第一方面軍人物志』（中国工農紅軍第一方面軍史編審委員会、解放軍出版社、一九九四年出版）の中の、粛反運動で処刑された人物。『紅軍人物志』中にある者は除く。

一一五　王国勛（別名は「王仰顔」、一八九三～一九三一）福建長汀人、北京の化工専科学校卒、五・四運動に参加、二七年入党、閩西で地方紅軍を率いて革命運動、ゲリラ戦、反囲剿戦、三一年の社民党粛清運動で粛清。

一一六　盧開蘭（一九〇二～一九三一）福建永定人、紅軍、紅一二軍補充団団長、三一年永定の高陂で粛清。

一一七　盧其中（一九〇五～一九三一）福建永定人、農民蜂起、二九年毛沢東が病気療養に来た時護衛、閩西紅軍を組織し、ソ区建設に活躍、社会民主党粛清運動（「粛社党」運動）で粛清。

一一八　邱（丘）伯琴（一九〇八～一九三一）福建上杭人、二七年入党、革命活動、閩西紅軍、杭武県ソヴィエト政府主席、三一年四月社会民主党粛清運動により上杭県白砂で粛清。

一一九　朱学玖（一八九七～一九三〇）江西雩（于）都人、雩都県農民運動、地方紅軍指導者、贛南ソ区の創建に尽力。三〇年秋贛県江口で粛清。

一二〇　劉敵（?～一九三一）湖南嘉禾人、二七年入党、醴陵県・蓮花県の党書記、井崗山、江西省南部地区で活躍、紅二〇軍軍委秘書長、三〇年一二月富田事変を発動、三一年AB団として粛清。

一二一　劉黎（一九〇四～一九三二）江西万安人、二四年革命活動、同年入党、万安県委書記、三〇年紅二〇軍代理軍長、江西泰和県で粛清。

一二二　劉孟槐（?～一九三一）四川人、黄埔軍官学校卒、二八年紅軍、三〇年閩西ソ区、閩西紅軍指導者の一人、粛清。

一二三　江桂華（一九〇七～一九三一）福建永定人、農民運動、県ソヴィエト政府、県委員、政治委員として活躍、三一年三月社会民主党粛清運動中に粛清。

一二四　許進（一八九六～一九三二）広東潮州人、シンガポールで働き学ぶ、二四年入党、党の華僑・華人担当、南昌蜂起、香港で革命活動、広西省で活動し百色蜂起に参加、中央ソ区で反囲剿戦、三二年冬粛清。

一二五　阮邁（一九〇三～一九三一）福建永定人、二五年革命活動、入党、三〇年紅一二軍支隊長、団政治委員、三一年永定県西渓で粛清。

一二六　阮桂春（一九〇七～一九三二）福建永定人、農民蜂起、地方紅軍幹部、三二年瑞金で粛清。

一二七　阮振鵬（一九〇五～一九三一）福建永定人、農民運動、地方紅軍幹部、政治委員、三一年永定虎崗で粛清。

一二八　孫一中（一九〇四～一九三二）安徽寿県人、二四年黄埔軍官学校第一期入学、二五年入党、東征と北伐に参加、南昌蜂起、二九年洪湖ソ区で紅六軍軍長、紅軍学校校長、湘鄂西革命軍事委員会委員、三二年五月粛清。

一二九　李中沸（一九〇四～一九三四）遼寧錦州人、ソ連留学、三〇年帰国、中央ソ区、反囲剿戦、三一年九月二〇日トロツキストとして逮捕され、七年の刑期を宣告されたが、三四年長征前夜に粛清。
一三〇　佘恵（一八九七～一九三二）湖南慈利人、上海持志大学卒、武漢で中共の工作、南昌蜂起、百色蜂起、右江根拠地の創建、紅七軍に従い中央ソ区へ、三二年粛清。
一三一　張瑞明（一九〇三～一九三一）福建連城人、閩西根拠地、中央根拠地の防衛、反囲剿戦、三一年五月社民党として粛清。
一三二　陳義（一九〇六～一九三一）福建永定人、赤衛隊、紅軍を率いて閩西ソ区で戦い、中央ソ区で反囲剿戦、三一年五月粛清。
一三三　陳奇淑（一九〇一～一九三一）江西興国人、紅二〇軍に参加し、経理処長、三一年七月興国県崇賢で粛清。
一三四　陳賓三（?～一九三一）福建龍岩人、龍岩農民蜂起、県委軍事部部長、閩西紅軍、反囲剿戦、三一年夏粛清。
一三五　陳競進（一八九八～一九三三）江西蓮花人、故郷で農民運動、党県委委員で活動、井崗山、遊撃部隊、三三年粛清。
一三六　範尚英（?～一九三一）福建永定人、紅軍参加、閩西ソ区で活動、中央ソ区で反囲剿戦、三一年閩西で粛清。
一三七　林国英（一九〇一～一九三一）福建永定人、閩西ソ区で紅軍ゲリラ、中央ソ区で反囲剿戦、三一年五月に龍岩県大池で粛清。
一三八　林梅汀（一九〇五～一九三一）福建永定人、県内農民蜂起、地方紅軍、閩西ソ区の防衛戦争、三一年三月二日、永定県虎崗で粛清。
一三九　羅寿南（?～一九三一）江西贛県人、中央ソ区で活躍、紅二二軍政治部主任、贛南特委常委、反囲剿戦、三一年（一説では三二年）の粛清。（注）原文は「誤殺」。社民党の冤罪と断定していない。
一四〇　羅秀成（?～一九三一）福建上杭人、地方紅軍、閩西紅軍医院政治委員、三一年粛清。

一四一　趙秉寿（一八九六～一九三一）壮族、広西田東人、広州中央農民運動講習所、二六年入党、香港ストライキ、百色蜂起、紅七軍政治部で宣伝編修活動、中央ソ区で反囲剿戦、三一年冬粛清。
一四二　胡底（一九〇五～一九三五）安徽舒城人、北京中国大学、二五年入党、上海で秘密活動、三一年中央ソ区へ、反囲剿戦、四川省に行き張国燾に反対して粛清。
一四三　鍾声楼（一八九二～一九三〇）江西雩都（今の于都）人、孫文の革命軍に参加、農民運動、朱徳の指揮する国民革命軍第三軍軍官将官教育団で学習、江西地方紅軍将校、三〇年一二月「ＡＢ団」として寧都黄陂で粛清。（『紅軍人物志』七一二頁では、戦死）。
一四四　賀声洋（?～一九三一）湖南臨澧人、二四年黄埔軍官学校第一期卒、北伐戦争、南昌蜂起、中共地下工作、三〇年中央ソ区へ、閩西新紅一二軍代理軍長、反囲剿戦、三一年春「階級異分子」の嫌疑で除名、粛清。
一四五　高達夫（一九〇八～一九三二）山西汾陽人、国民軍に参加、三一年の寧都蜂起に参加、紅軍に、贛州・漳州戦役に参加、三二年五月一七日謀反の嫌疑で捕らえられ粛清。
一四六　崔建勛（?～一九三六）河北人、国民軍、寧都蜂起で紅軍に、中央ソ区で反囲剿戦、長征参加、三六年冬粛清。
一四七　彭皋（?～一九三三）江西弋陽人、二八年弋陽・横峰蜂起に参加、三二年紅一〇軍と共に中央ソ区へ、閩贛省委組織部部長、三三年粛清。
一四八　廖子清（一九〇二～一九三一）江西峡江人、二六年入党、故郷で農民蜂起、県区委書記、紅二〇軍一七五団政治委員兼軍政治部秘書長、贛西南や吉安での戦闘に活躍、三一年六月に粛清。
一四九　譚英（一九〇八～一九三三）湖南平江人、二六年入党、地方紅軍、湘鄂贛ソ区でゲリラ戦、紅三軍主力が中央ソ区に移動してからも当地にとどまり防衛戦、三三年四月粛清。
一五〇　熊永清（?～一九三一）福建永定人、二九年紅軍、入党、広東東江紅軍将校、三一年七月永定県虎崗で粛清。

以上『第一方面軍人物志』の粛清者伝（ただし、『紅軍人物志』に略伝あるものを除く）

第三

C 『中国蘇区辞典』「人物」の項にある「被粛清者」名簿

C－1「井崗山ソヴィエト区」

一五一　王次淳（一九〇二～一九三一）江西遂川人、二六年入党、万安県で革命運動、遂川県ソヴィエト政府主席、贛西南特委、三一年八月粛清。

一五二　王佐農（一九〇六～一九三一）江西遂川人、万安県で農民蜂起、遂川県委書記、湘贛省委で工作、三一年八月永新でＡＢ団として逮捕、一〇月粛清。

一五三　鄧允庭（一八八〇～一九三一）湖南郴県人、北伐戦争、農民運動、朱徳・陳毅に従い湘南で戦う、井崗山、三一年夏井崗山付近で病没、一説には粛清とされている。

一五四　酈光前（一九〇三～一九三四）湖南酃県人、師範学校、故郷で農民暴動、県委委員、組織部長、井崗山区・湘贛ソ区で戦闘、三四年粛清。

一五五　朱昌偕（一九〇八～一九三一）江西永新人、貧困家庭、裁縫の丁稚小僧、永新県の党活動家、県委書記、三一年一月贛西南特区委常任委員、八月ＡＢ団として粛清。

一五六　劉天干（一九〇〇～一九三一）江西永新人、永新県委書記、三〇年贛西南特委委員、三一年二月永新で粛清。

一五七　楊成芙（一八九五～一九三二）江西吉安人、二六年入党、贛中部地区で革命活動、地方紅軍、吉安占領後に県政府

主席、贛西南特区委常委、三二年六月ＡＢ団として粛清。

■注釈、一九三〇年二月、湘贛特委は袁・王の部隊を紅六軍三縦隊に編成し、袁文才を司令官に、王佐を副司令官に任じ、彼等とその部隊を騙して永新に行かせた。二月二四日の夜明けに、特委書記の朱昌偕は袁文才の部屋に暴れこんで袁をベッドの上で殺した。王佐は銃声を聞いて、東門から逃亡しようとしたが、寧岡方面への浮橋がすでに壊されていたので、溺れ死んだ。彼等の部下の兵士四〇余人も逃げる時撃ち殺された。（『中国蘇区辞典』一八頁）

Ｃ－２「中央ソヴィエト区」

一五八　呉江（一九〇一～一九三一）江西永豊人、二四年武漢昌大学、故郷で農民運動、地方紅軍を率いてゲリラ活動、永豊県委書記、三一年五月粛清。

一五九　邱達三（一八九八～一九三一）江西南康人、西河暴動を指揮、贛西南特委委員、紅二二軍政治委員、三一年八月上猶県で粛清。

一六〇　張文煥（一九〇七～一九三〇）江西于（雩）都人、県内で武装暴動、地方紅軍を創設し指揮をとる、三〇年紅二三軍第四大隊の隊長、党代表。三〇年一一月ＡＢ団として粛清。

一六一　周冕（一九〇八～一九三一）江西吉安人、北伐戦争、帰郷し農民暴動、地方紅軍で活躍、贛西南特委候補、江西省ソヴィエト政府財政部長、三〇年一二月ＡＢ団として逮捕、三一年粛清。

一六二　周鑒清（一九〇二～一九三一）江西吉安人、二六年入党、県内で革命運動、兼紅軍指揮、贛西南ソヴィエト政府、三一年下半期にＡＢ団として粛清。

一六三　練宝楨（一九〇六～一九三一）福建武平人、農民暴動、ゲリラ組織、県ソヴィエト政府主席、三一年夏社民党として粛清。

一六四　胡灿（一八九五〜一九三二）江西興国人、黄埔軍官学校卒、二五年入党、南昌蜂起に参加、興国革命委員会軍事部長、紅六軍参謀、南路行委粛反委員会主任、江西省粛反委員会主任、三二年五月ＡＢ団として粛清。

一六五　胡底（一九〇五〜一九三五）安徽舒城人、二五年入党、中央ソ区へ、国家政治保衛局、長征、張国燾に反対して粛清。

一六六　段奮夫（一九〇五〜一九三一）福建長汀人、長汀県委書記、閩西ソヴィエト政府執行委員、三一年社民党として粛清。

一六七　郭承禄（一九〇六〜一九三二）江西吉安人、県内で武装蜂起、地区書記、贛西南特委委員兼北路行委書記、江西省ソヴィエト政府委員、三一年一月反革命分子とされ、三二年五月三〇日ＡＢ団として粛清。

一六八　黄鑒（一九〇一〜一九三〇）江西寧都人、寧都中学、黄埔軍官学校入学と同時に入党、北伐戦争、南昌蜂起、帰郷し農民暴動、寧都県工農兵革命委員会宣伝科長、三〇年贛西南ソヴィエト政府東路弁事処主任、同年冬ＡＢ団として寧都黄陂で粛清。

一六九　謝家禧（一九〇三〜一九三一）江西贛県人、二六年入党、県内で農民武装暴動、贛南暴動委員会委員、西河分委常委、三一年秋ＡＢ団として粛清。

一七〇　鄢日新（一八九三〜一九三一）江西興国人、二四年黄埔軍官学校入学、在校中入党、北伐軍に従い帰郷、寧都・瑞金で活動、興国県革命委員会委員、東河行委常委委員、三一年冬ＡＢ団として粛清。

Ｃ－３　「湘鄂西ソヴィエト区」

一七一　孫子陟（一九〇一〜一九三二）湖南岳陽人、長沙法律学校、二六年から農民運動、秋収暴動、賀龍の命を受けて政治学校やレーニン学校を創立、三二年湘鄂西ソ区で活躍、三二年同区で粛清。

一七二　張昆弟（一八九四～一九三二）湖南桃江人、一九一九年フランスへ留学、二二年入党、帰国後河南省で活躍、三一年湘鄂西ソ区へ、同ソ区の労働運動の責任者、三二年五月「羅章龍右派の責任者」の罪名で逮捕、同年秋粛清。
一七三　屈陽春（一八九九～一九三二）湖北京山人、二六年入党、石首県で農民運動、石首県委書記、湘鄂西ソヴィエト政府委員、土地部長、三二年洪湖ソ区の第二次粛反運動で粛清。
一七四　胡悌（?～一九三二）湖南人、北伐戦争、二九年紅軍へ、湘鄂西ソ区の紅軍将校、紅三軍九師参謀長、湘鄂西における第一次粛反において洪湖ソ区で粛清。
一七五　潘家辰（?～一九三二）江蘇蘇州人、大革命失敗後にモスクワ労働大学、中山大学に留学、反王明派、帰国後中央で工作、三一年湘鄂西ソ区へ、三二年五月の粛反運動で粛清。
一七六　戴補天（一九〇一～一九三二）湖北公安人、二六年入党、二七年武昌農民運動講習所で学習、農村ゲリラ活動、公安県委書記、ソ区銀行で責任者、三二年八月一二日、第一次粛反運動で改組派とされ、洪湖で溺れ死にさせられた。

C－4　「鄂豫皖ソヴィエト区」

一七七　毛正初（一九〇一～一九三一）安徽六安人、二六年黄埔軍官学校第六期入学、同年入党、故郷で革命運動、地方ゲリラ、三一年地方革命軍を率いて紅軍に参加、張国燾により改組派とされ六安県で粛清。
一七八　朱雅清（一九〇〇～一九三一）安徽六安人、農民運動、霍山武装暴動、三〇年六安中心県委委員、安徽省委巡視員、張国燾に反対したため改組派とされ、秘密裏に粛清。
一七九　李栄桂（一九〇三～一九三二）安徽寿県人、上海で学ぶ、二四年入党、同年武漢中央政治軍事学校分校に入学、南昌蜂起、二九年徐向前と共に鄂豫辺区に派遣、鄂豫皖革命軍事委員会参謀処主任、粛反運動で許継慎事件に連座して粛清。

一八〇　李端甫（一九〇五～一九三二）安徽省阜陽人、師範学校、二六年入党、皖北ソヴィエト政府主席、阜陽県委書記、三二年鄂豫皖ソ区で工作、張国燾による粛反で処刑。

一八一　余愛民（一九〇三～一九三一）安徽六安人、省立農業学校、小学教師身分で革命啓蒙運動、解雇され故郷に帰り、農民運動、工農紅軍、鄂豫皖工農紅軍の創設に尽力、三一年一〇月河南省光山の白雀園で粛清。

一八二　張宗杏（女。一九〇一～一九三五）河南新県人、光山県ソヴィエト婦女主席、三五軍長征後残留し、活躍。三五年光麻中心県委書記、粛清。

一八三　陸定侯（一九〇一～一九三一）安徽黄安人、北京警官学校、二五年入党、農民蜂起、鄂豫皖ソ区で紅軍将校として活躍、張国燾に反対して三一年一〇月粛清。

一八四　鄭新民（一九〇一～一九三一）湖北大悟人、二五年入党、武昌中央農民運動講習所、故郷で農民運動、羅山県の党指導者、鄂豫皖特委委員、反囲剿闘争、張国燾に反対して粛清。

一八五　儲余（一九〇五～一九三一）安徽岳西人、農民暴動、潜山県の紅軍創設、霍山・六安等で革命闘争、霍山県党委書記、三一年一一月英山で改組派として粛清。

一八六　戴季倫（一九〇四～一九三一）湖北黄安人、武漢第一師範、農民運動、黄麻蜂起、鄂豫皖ソ区創建者の一人、三一年冬河南省光山の新州で粛清。

C－５　「海南島の琼崖ソヴィエト区」

一八七　王永瑞（一九〇八～一九三二）海南琼東人、琼東県農民訓練所で学ぶ、農民運動、琼東県紅軍創設、同県ソヴィエト政府主席、三二年四月粛清。

一八八　王仲芳（一八九五～一九三二）楽会人、上海大学、二五年入党、楽会県委書記、県ソヴィエト政府委員、三二年粛清。

一八九　王志超（一九〇〇～一九三二）楽会人、反軍閥闘争、シンガポールに出稼ぎ、二六年帰国し国民革命運動、二七年入党、琼崖特委常任委員、ソヴィエト政府委員、三二年夏粛清。

一九〇　王徳波（一九〇六～一九三二）万寧人、農工職業学校、二六年入党、万寧県ソヴィエト政府主席、同県県委書記、三二年粛清。

一九一　荊慧学（一九〇四～一九三二）文昌人、広東第六師範、国民党文昌県婦人部長、琼崖ソ区婦人委員会主任、武装闘争に参加、三二年夏粛清。

一九二　楊樹興（一八九六～一九三二）万寧人、二四年広州農民運動講習所、同年入党、農民運動、琼崖特委委員、万寧県委委員、万寧ソヴィエト政府委員、三二年夏粛清。

一九三　呉策勛（一九〇〇～一九三二）琼山人、農民運動、革命運動、琼崖ソヴィエト政府委員、三二年粛清。

一九四　何毅（一九〇〇～一九三二）楽会人、広州農民運動講習所、琼崖ソヴィエト政府秘書長、三二年七月粛清。

一九五　陳致訓（一九〇三～一九三二）琼東人、二四年黄埔軍官学校入学、小学校長、県委委員、県委書記、三二年四月粛清。

一九六　符鎮（一九〇四～一九三二）琼東人、二三年南京国立曁南学堂に入学、青島大学、二七年卒業後、帰郷し入党、革命活動、三二年四月粛清。

一九七　謝文川（一九〇六～一九三二）万寧人、師範卒、万寧県委書記、地方紅軍、琼山県委書記、三二年粛清。

C－6「閩浙皖贛ソヴィエト区」

一九八　葉林（一九〇〇～一九三四）山東濰県人、国立杭州芸術専門学校、三〇年上海「左聯」に属す、三三年閩浙皖贛ソ

区に派遣さる、当該ソヴィエト区政府文化部長、三四年主力軍北上後も残留して戦闘、反革命分子として粛清。

一九九　葉蓉（一九〇五～一九三四）江西余幹人、江西省立第三師範卒、愛国学生運動、二六年入党、故郷で革命運動、三〇年余江県委書記、このソヴィエト区の紅軍、政府の幹部、三四年四月に粛清。

二〇〇　李火鳳（一九〇三～一九三四）女、江西弋陽人、三〇年入党、この区の婦人部長、三三年中華ソヴィエト共和国全国婦女代表大会に参加、婦人解放組織の幹部を歴任、三四年九月ＡＢ団分子として粛清。

二〇一　余傑（一九〇三～一九三二）江西弋陽人、二五年入党、弋横蜂起、贛東北省委宣伝副部長、工農紅軍の将校、三二年一二月粛清。

二〇二　鄒思孟（一九〇一～一九三三）江西奉新人、南昌一中、省立衛生学校、二一年千葉医科大学卒、帰国後革命に投ず、三〇年工農紅軍、紅軍の医療部門で活躍、三三年この区の粛反運動でＡＢ団として横峰県葛源にて粛清。

二〇三　汪明（一八九九～一九三三）江西弋陽人、高小卒、弋陽蜂起、共産主義青年団で活躍、粛反運動に不満を漏らして逮捕、監禁、三三年江西省横峰県葛源にて粛清。

二〇四　汪佑春（一八九八～一九三三）江西上饒人、上海東南高等師範専科学校、二五年五・三〇運動に参加、その後南昌へ、武昌中央農民運動講習所、上饒県・横峰県で革命活動、紅軍幹部、三三年一月江西徳興県で粛清。

二〇五　張天松（一九〇九～一九三三）江西徳興人、徳興県農民運動、県ソヴィエト政府委員、この省の政府・紅軍の幹部、三三年二月「改組派」として粛清。

二〇六　張定忠（一九〇四～一九三二）江西貴渓人、革命活動、県委委員、地方紅軍指導者、江西省横峰県葛源で粛清。

二〇七　羅英（一八九八～一九三四）江西余幹人、北京大学で聴講、黄埔軍官学校第二期、二六年モスクワ中山大学、南京国民政府中央高級幹部訓練班、三一年以後中共の指揮下で活躍、贛東北紅軍を指揮、三四年四月江西省横峰県葛源にて粛清。

＊周成龍（一九〇八～一九三九）江西弋陽人、県内で農民暴動、革命運動、三七年延安へ、中央党校、三九年康生が指導した「搶救」運動で反革命分子とされて粛清。

二〇八　鄭宗宝（一九〇八～一九三六）福建福安人、二九年入党、福安・霞浦・奉順・平陽・福鼎・鼎平など閩浙辺区一帯で活躍、三六年九月に社会民主党として粛清。

二〇九　饒功美（一八九七～一九三二）江西弋陽人、二五年入党、弋陽蜂起に参加、広豊県委書記、農民暴動を指揮し、八つの区委と区ソヴィエト政府を創立した。三二年冬改組派として粛清。

二一〇　徐躍（一九〇六～一九三四）江西楽平人、江西省立の師範卒、県内で農民暴動などを指揮し、県の党・軍の創立に尽力、大革命失敗後四年間投獄さる、三〇年以後、横峰・弋陽でソ区建設や教育・出版に活躍、三四年このソ区でＡＢ団として粛清。

二一一　徐福元（一八九七～一九三三）福建崇安人、福建省の北東部一帯で活躍、崇安県で農民暴動、地方武装組織を創設、崇安県委書記、三三年五月一日に粛清。

二一二　黄光（一九〇四～一九三一）湖南武岡人、二六年入党、主に福建省東北の鄱陽・景徳鎮・湖口などで党と軍の創設に活躍、三〇年鄂豫皖ソ区に移動、三一年一〇月改組派として粛清。

二一三　黄鎮中（一九〇二～一九三二）江西弋陽人、高小卒、方志敏が創設した革命青年社に学ぶ、二五年入党、二六年広東農民運動講習所に派遣、帰郷後農民運動、革命運動に挺身、二九年弋陽県委副書記、贛東北特委宣伝部長、三一年ＡＢ団として横峰県葛源で粛清。

二一四　彭皋（一九〇五～一九三四）江西弋陽人、方志敏の革命青年社で学ぶ、二五年入党、武漢農民運動講習所へ、横峰・弋陽で活躍、閩贛省革命委員会、同省ソヴィエト政府で活躍、三四年ＡＢ団として粛清。

二一五＊　繆英弟（？～一九三七）福建福安人、三三年入党、福清・長楽など閩東地区でゲリラ戦、地方武装勢力を組織、抗日戦争で活躍、閩北地区で粛清。

C－7　「湘鄂皖ソヴィエト区」

二一六　劉建中（一八九九～一九三四）湖南瀏陽人、二六年入党、故郷で農民運動、秋収蜂起、紅軍参加、湘鄂贛ソ区で活躍、三一年に同ソ区のソヴィエト政府副主席、中華ソヴィエト共和国中央執行委員、三五年粛清。

二一七　張警吾（一九〇一～一九三四）湖南平江人、故郷で革命運動、平江県委宣伝部長、修水中心県委書記、湘鄂贛省反帝大同盟主任など、三四年一月トロツキストの罪名により江西万載県で粛清。

C－8　左右江ソヴィエト区関係者

二一八　許進（一八九六～一九三一）広東潮安人、シンガポールの店員、労働運動、二五年帰国し、国民党で活躍、北伐戦争、南昌蜂起、百色蜂起、湘贛ソ区で反囲剿戦、中央ソ区で粛清。

二一九　李明瑞（一八九六～一九三一）広西北流人、国民革命軍、北伐戦争、二九年鄧小平の下で紅軍へ、武装蜂起、中央ソ区へ、反囲剿戦、三一年一〇月江西省雩都で粛清。

二二〇　魏柏岡（一九〇三～一九三二）広西省立工業学校、学生運動、二五年入党、広州蜂起、南寧で国民党軍の寝返りを画策、百色蜂起、三一年湘贛ソ区、中央革命根拠地へ、反囲剿戦、粛反運動で迫害死。

C－9　「湘贛ソヴィエト区」

二二一　馬銘（一九〇三～一九三一）江西永新人、二六年入党、故郷で革命運動、三〇年江西省ソヴィエト政府秘書長、安福県委書記、永新県ソヴィエト政府主席、三一年八月粛反運動で迫害を受け迫られて自殺。

二二二 朱映華（一八九七～一九三一）江西蓮花人、三〇年蓮花県ソヴィエト政府主席、三一年湘贛省ソヴィエト政府土地部長、同年末攸県で粛清。

二二三 劉任武（一九〇三～一九三三）江西永新人、二八年井崗山闘争、三〇年吉安攻略戦などに参加、三一年一〇月永新県委常委、永新県ソヴィエト政府内務部長などを歴任、三三年二月粛清。

二二四 李端娥（一九〇七～一九三三）江西永新人、女、井崗山闘争に参加、湘贛省ソ区の婦人解放闘争、三三年省ソヴィエト政府副主席、兼土地部長、三三年一一月粛清。

二二五 胡竹清（一八九七～一九三四）江西吉安人、二六年入党、二九年以後、吉水県委書記、峡江県委書記、分宜県委書記等を歴任、三三年湘贛省委常委、三四年粛清。

二二六 蕭伍仔（一九〇七～一九三三）江西泰和人、県内で革命運動、県の党責任者の一人、吉安城攻撃に参加、三二年吉安県委書記、湘贛省常務委員、三三年一一月粛清。

二二七 曾毅之（一九〇六～一九三四）湖南醴陵人、二四年入党、三〇年攸県県委書記、三一年茶陵県委書記、地方紅軍指揮、三四年八月永新牛田で粛清。

二二八 劉其凡（一九〇五～一九三三）江西吉安人、三〇年江西省行動委員会北路行委書記、三二年湘贛省委常委員兼省職工部書記、三三年初め永新で粛清。

C－10 「川陝ソヴィエト区」

二二九 楊珊（一九〇九～一九三三）陝西藍田人、二七年入党、三〇年県内で暴動、陝西省委秘書長、陝南特委組織書記、三三年張国燾により粛清。

二三〇 余天雲（一九〇六～一九三六）湖北黄安人、二八年入党、紅軍、三三年川陝ソ区で師長、紅四軍で軍長、三五年

軍閥主義として解任、三六年四月四川省丹巴で自殺。

二三一　馮璽玉（一九一一～一九三五）陝西韓城人、二九年北平（北京）の高中入学、三〇年北平の反帝大同盟、左聯に参加、北平・南京・陝北などで党活動、紅軍を指揮して陝西省で活動、三五年一〇月粛清。

第四

D『中国蘇区辞典』「各ソヴィエト区」の項にある被粛清者名簿

（中央革命根拠地富田事変、楽安事変、紅二〇軍粛清事件、粛清社会民主党運動などは省略）

一、「信豊事件」（反毛沢東を掲げた江西省信豊県で起こった事件、一九三一年一月）で粛清された者（一二一頁）

一　郭承禄（贛南行動委員会書記）
二　馬栄瀾（贛南行動委員会宣伝部長）
三　蕭国璋（贛西行動委員会青年部長）

二、湘鄂西革命ソヴィエト区（中共中央湘鄂西分局書記の夏曦が主導）、二七五頁

第一次粛清、一九三二年五月～七月

一　胡慎己（紅三軍八師参謀長）
二　戴君実（紅三軍八師政治部主任）
三　譙継漢（紅八師二四団政委）

四　鄧希禹（紅八師二四団参謀長）
五　謝錫章（紅八師二四団一営営長）
六　朱寿謙（紅八師特務隊長）
七　劉庶植（紅七師二〇団団長）
八　黄正金（紅九師参謀長）
九　李孝侯（紅九師二四団参謀長）

注：以上九人が「改組派軍事委員会」メンバーとして粛清された。この時、省委・省ソヴィエト政府委員・部長以上の幹部二三名、機関工作人員四〇名から五〇名、中共党校学生の半数が反革命分子として粛清。

一〇　周逸群（中共湘鄂西特委書記）
一一　万涛（中共湘鄂西省委常委兼宣伝部長）
一二　周小康（同省委、湘鄂辺特委書記）
一三　尉士筠（同省委、同分局巡視員）
一四　張宗理（同省委候補委員、宣昌特委委員）
一五　馮純（同省委委員、沔陽県委書記）
一六　劉蝋喜（同省委委員）
一七　藍育才（同省候補委員）
一八　黄秋松（同省委監察委員、漢陽県委書記）
一九　毛簡青（同省機関刊行物『紅旗』選集。日本東京帝大卒）
二〇　徐彬（同省機関刊行物『布爾什維克』編集）

二一　侯蔚文（同省委監察委員、党校校長）
二二　陳克昌（同省委発行部長）
二三　劉革非（同省ソヴィエト政府副主席）
二四　潘家辰（同省巡視員）
二五　張昆弟（同省総工会党団書記）
二六　戴補天（湘鄂西銀行行長）
二七　彭国材（同省政治保衛局副局長）　＊元粛清責任者
二八　王恩平（同省ソヴィエト政府財政部長）
二九　朱子貞（同省政府司法部長）
三〇　陳祖培（同省政府土地部副部長）
三一　栩栩（同省政府経済部長）

「紅三軍」主要幹部

三二　孫徳清（参謀長）
三三　湯慕禹（参謀長）
三四　柳直荀（軍政治部主任）
三五　彭之玉（紅三軍七師政委）
三六　王鶴（同上）
三七　李剣如（同上）

三八　趙奇　（七師参謀長）
三九　周栄光　（同上）
四〇　段玉林　（紅三軍八師師長）
四一　胡慎己　（同八師参謀長）
四二　呉丹人　（同上）
四三　戴君実　（同八師政治部主任）
四四　周子服　（同上）
四五　孫子儔　（紅三軍九師政委）
四六　張応南　（同九師参謀長）
四七　胡悌　（同九師参謀長）
四八　劉鳴先　（同師政治部主任）
四九　呉鳳卿　（同上）

注：上記の人を含めて七〇余人を粛清。

「湘鄂西ソヴィエト区」の「第二次粛反」（紅三軍幹部に対して行われた粛清。一九三二年一〇月下旬、二七六頁）。

五〇　王一鳴　（紅三軍七師師長）
五一　朱勉之　（同上政治委員）
五二　彭国材
五三　唐赤英　（紅三軍参謀長）

湘鄂西ソヴィエト区、「第三次粛反」（紅三軍幹部に対して。一九三三年二月、三月）、二七六頁。以下の三人を含む二三六人を粛清

五四　段徳昌　（紅三軍九師師長）

五五　王炳南　（紅三軍独立師師長）

五六　陳協平　（同師政委）

湘鄂西ソヴィエト区「第四次粛反」（一九三三年六月〜三四年夏、逮捕者一七二人）、二七七頁。

五七　葉光吉　（紅三軍七師師長）

五八　盛聯鈞　（紅三軍七師政委）

五九　宋盤銘　（紅三軍九師政委）

湘鄂西ソヴィエト区の総工会の幹部で粛清された幹部二名。二七六頁。

六〇　張昆弟

六一　龔耀章

注：以上の前後四回の粛清により、誤って殺された者は三千余人。しかし、賀龍は『回憶紅二方面軍』の中で、「僅かに洪湖ソヴィエト区だけでも、第一次粛反で一万余人が殺された」としている。

第五

E 『中国蘇区辞典』「各ソヴィエト区」の項にある被粛清者名簿（張国燾により河南省光山県白雀園において粛清された人々の名簿）（一九三一年六月～九月までが粛反準備期、三一年九月中旬～三二年春までが粛反高潮期）

紅軍関係者

一　許継慎（一二師師長兼皖西軍委分会主席）
二　熊受暄（一二師政治部主任）
三　李栄桂（軍委参謀主任）
四　柯柏元（紅一〇師参謀主任）
五　潘皈佛（二八団団長）
六　高建平（三〇団団長）
七　封俊（三〇団政委）
八　王明（三五団団長）
九　魏孟賢（三六団団長）
一〇　鄭行瑞（鄂豫皖軍委副主席）
一一　王培吾（鄂豫皖軍委政治部主任）
一二　周維炯（紅一一師師長）
一三　姜鏡堂（紅一一師政委兼皖西軍分会副主席）

一四　龐永俊（紅一二師政委）
一五　陳奇（紅一三師政委）
一六　曹学楷（紅一三師政委）
一七　戴克敏（紅七五師政委）
一八　徐百川（中央独立師第一師師長）
一九　呉叔衣（紅一〇師政治部主任）
二〇　梅光栄（紅一〇師政治部主任）
二一　廖其業（原皖西独立旅団旅長）
二二　羅炳剛（二八団政委）
二三　査子清（二九団団長）
二四　李渓石（二九団政委）
二五　江子英（二二団政委）
二六　黄剛（三三団団長）
二七　王長先（三三団団長）
二八　任難（三八団政委）

注：以上の将校を含む約二五〇〇余人を粛清。

第六

F『中央蘇区史』（余伯流・凌歩機著、江西人民出版社、二〇〇一年、南昌）「中央蘇区英名碑（二）」、頁一一七四～一一七六に収録された「粛清反革命の拡大化によって誤って殺害された」烈士名簿、計二一六名

丁抜群、馬銘、馬栄蘭、王佐、王懐、王之倫、王仰顔、王次淳、鄧允庭、鄧希平、鄧乾元、鄧海潮、尹紹倫、文子勤、龍超清、盧開蘭、盧其中、盧匿才、盧肇西、蘭鴻翔、鄺世淑、任心達、甘歩衡（以上、五画）、朱以農、朱学玖、朱義祖、朱昌偕、朱映華、朱曦東、劉逵、劉黎、劉万清、劉天干、劉天岳、劉為美、劉世権、劉任武、劉克謨、劉秀啓、劉秀堂、劉国和、劉其凡、劉澤民、劉沛雲、劉明科、劉経化、劉真松、劉家賢、劉家輝、劉森林、劉端生、劉藜、江桂華、許進、許自鈺、阮邁、阮桂香、阮振鵬、湯維新、孫洪興、祁楼（以上、六画）、楊超、楊斗文、楊成芙、楊舒翹、李文林、李長明、李火鳳、李月波、李用之、李白芳、李伝煌、李明瑞、李国玉、李国達、李貽謀、張英、張勛、張浩、張双銘、張文煥、張少宜、張芳恵、張涌賓、張滌心、張瑞明、陳義、陳正、陳品三、陳奇淑、陳海賢、陳競進、陳致中、陳敏、陳継岩、陳婉如、呉江、呉天驥、呉先民、呉慶雲、邱潮、邱達三、邱会培、邱伯琴、邱超群、杜子章、杜亜文、杜隆奎、汪耀蒽、佘恵、余石生、余鯉庭、何皆松（以上、七画）、範尚英、範宜高、周勉、周赤、周明芳、周祥賓、周泰侃、周鑒清、羅萬、羅楽天、羅寿男、羅秀成、林野、林一株、林国英、林梅汀、金萬邦、徐宝裕、季振同、鍾元璋、鍾先桐、鍾声楼、鍾燕堂、胡灿、胡波、胡竹青、胡啓雲、胡鳴崗、胡家駒、胡源生、賀可展、段奮夫、段起風、段蔚林、趙冠鵬、趙秉奇、兪炳栄、彦子清、彦丕文（以上、九画）、徐麗源、郭士俊、郭承禄、郭松山、郭紹香、郭象賢、郭瑞麟、袁文才、袁振亜、袁徳生、袁福昌、高克念、高静山、顧光理、凌甫東、鄢日新（以上、一〇画）、黄中岳、黄歩元、黄剣峰、黄家煌、黄継烈、黄維漢、蕭大鵬、蕭以佐、蕭世俊、蕭連彬、蕭能岩、蕭葆全、蕭正湘、曹樹良、崔建勛、梁鼎元（以上、一一画）、温招財、謝月（目）高、謝芳湖、謝志邦、謝希安、謝育三、謝賢球、謝家禧、謝振春、曾広栄、曾正剛、曾用生、曾炳春、曾昭秀、曾昭漢、曾静池、彭皋、彭文祥、彭顕模（以上、一二画）、頼奎軒、頼桂祥、頼徳生、闕保興、管開炳、廖正文、薛子章、戴樹興、戴希賢、魏吾、魏宗周、魏伯剛、黎照楊（以上、一三、一四画）

第三部 『中華人民共和国地方志叢書』（略称、新編地方志叢書）にみる粛清者の実態と重要人物伝

（注記、本章の各県の粛清資料は、第七部に記載した『中華人民共和国新編地方誌叢』中の各『県志』の記録による）

一　江西省各県『県志』の粛清に関する記録

（1）『瑞金県志』

中国共産党の第一次ソヴィエト代表大会が瑞金で一九三一年一一月七日から二〇日まで開催された。これ以後、瑞金は「中華蘇維埃共和国」の首都になった。この大会の最後に大会主席の曾山が「今日より、瑞金を改め瑞京とし、中華ソヴィエト共和国の首都とする」と宣言し、会場は歓声が鳴り響き、「インターナショナルの歌」の熱唱の中で大会は幕を閉じた。この中華ソヴィエトの時代に、瑞金の男女は延べ四万九千人が戦闘に参加し、後の長征には三万一千人が参加、その内一万余人が犠牲になって死んだ。紅軍長征の後、国民党軍・地主土豪の勢力が帰ってくると、彼らは数千にも上る住民を殺し、これら総て合計すると革命烈士の数は一万七三九三人に達した（「概述」）。

瑞金の粛清は「一九三一年五月、全県で社会民主党粛清を中心とする粛反運動が展開された。それから九月に鄧小平が県の書記として粛反運動を抑制するまで続いた」（「大事記」頁四九）。粛清を実行したのは、中共閩粤贛辺区特委が派遣してきた李添富で、彼は瑞金県の書記となり、多くの党員や県党組織の創始者を反革命、社民党、AB団とし、投獄、処刑した。一時期党内は異常な状態となり、親しいものは嘆き、仇と思うものは快哉を叫んだ（「政党」頁一六〇）。しかし、何人粛清

されたのか、「県志」には記されていない。「県志」の末尾にある人物伝を見ると、以下の三人だけ、粛清された人物として略伝が載っている。

楊斗文（一九〇三～一九三一）、贛州の省立中学で学び、瑞金の私立中学の教師。二八年冬頃共産党に入党した。以後、武装暴動を指揮し、労農紅軍二二軍第四縦隊の隊長となる。第一次囲剿に対する防衛戦に参加し、三一年一月、寧都県黄陂に集結した時、ＡＢ団分子として処刑された。享年二八歳。

鄧希平（一八九八～一九三一）、贛州の省立中学で学んでいた時、革命思想に触れ、帰郷後に進歩思想、革命思想の啓蒙に務めた。二七年に入党。以後、武装暴動を指導し、三〇年には県城を占拠し、革命委員会を創設し、県委書記となった。三一年六月、社会民主党の首領と誣告され、母・弟と共に殺害された。享年三三歳。

楊金山（一八九九～一九三一）、二七年、南昌蜂起軍が南下して瑞金を通過した時、これに参加したが、後に故郷に帰り、地主土豪に対する武装暴動を起こし活躍した。三一年には、第一次囲剿に対する防衛戦争に参加し、雩都、寧都一帯で戦い、重傷を負った。八月、雩都で静養中、ＡＢ団分子として処刑された。享年三二歳。

以上の三人は、瑞金県の共産党創立者や初期の指導層であり、瑞金県の共産党員としてはきわめて著名な人物であった。彼らは処刑され、また他のものは戦死、あるいは官憲・地主民団に殺された。土着の革命家の多くが死んだ後に、後の中国革命の元勲となる毛沢東、朱徳、周恩来、彭徳懐、鄧小平等が乗り込んできて、革命の「聖都瑞金」が誕生するのである。この県でかなり沢山の党員や家族が処刑、殺害されたと思われるが、残念ながら「県志」には、上記三人の略伝しかない。革命の聖都で、土着の党員が沢山粛清されたと書くのが憚られたからであろう。この県は客家県であり、住民の大多数が客家であった。

「瑞金県志」には、粛反運動の犠牲者が全体で何人であったか記載はない。しかし、『中華蘇維埃共和国史』（江蘇人民出版社）には、「福建省西部の隣にあった瑞金県の党書記の李添富は中共閩西特委が派遣した人物であった。福建省の社民党粛清運動は、李によって瑞金に持ちこまれて、たった半年間に瑞金全県で四三五人が冤罪で殺された。その中には、県委、県ソヴィエト政府の部長以上の幹部二八名、区・郷以上の幹部七七名が含まれていた」（頁四九〇）と驚くべき数字が記載されている。この粛反運動のピークは、三一年の春・夏の頃であろう。

（2）『興国県志』及び『興国人民革命史』（中共興国県委党史弁公室編、人民教育出版社、二〇〇三年）

この県は、中央革命根拠地の防衛戦争において、瑞金県よりも重要な役割を果たした県ということができる。というのは、江西省の諸県の中で、最も多くの紅軍兵士がこの興国県から出たからである。当時、県の人口は二三万人、紅軍兵士、共青団員、赤衛隊員、その他として戦ったもの八万余人、革命のために犠牲になったもの二万三一〇〇人であった。中央紅軍の人数は、最も多い時でも一二万人であったが、興国県では紅軍に延べ五万人が加入した。一九三四年一〇月、中共中央機関は、八万六千人を率いて長征に出発したが、この長征の途上で興国県出身の兵士一万二〇三八人が犠牲になった（『興国人民革命史』頁一四九）。紅軍が長征に出発した後、国民党・地主勢力が帰ってきて凄まじい報復を行い、二〇〇〇人を超える人が殺された（同上、頁一五四）。

興国県の党員に対する粛清は、一九三一年五月に開始され、興国県の幹部党員が多数殺された。『興国県志』（下巻、巻三四）にある「人物」の項に粛清されたと記載があるのは、以下の六名である。

呂徳賢（一八八四〜一九三二）、貧農、地主の小作、牛飼い、河北に逃げて北洋軍の兵隊となった。帰郷の後、二八年入党、独立団を創設し、紅軍と共に吉安、東固で戦う。三二年三月、ＡＢ団として投獄。処刑の前日に脱獄したが、五月病死。

享年四九歳。(『県志』頁七七四)

鄢日新(一八九三〜一九三一)、寧都の省立中学卒、二四年黄埔軍官学校に入学、在校中に入党。帰郷後、県内や寧都、瑞金で革命活動に従事。二七年の南昌蜂起に参加。二九年以後、県革命委員会委員、贛西南特委軍事部長、興国独立師団政治委員などを歴任。第三次囲剿に対する防衛戦争中の三一年冬、反革命として粛清。

凌甫東(一八九五〜一九三一)、農民出身、贛州の省立師範を出てから、二五年、南昌、上海などを視察し、革命運動に影響を受け、共産党に入党し、県の党を創立するのに尽力し、党の要職を歴任。三一年、贛南特委書記に就任、六月、寧都での粛反運動において粛清された。享年三六歳。

胡灿(一八九五〜一九三二)、傘職人の家の出身、贛州の省立中学卒。生徒会長。五四運動などの影響を受け、広州へ、二四年、黄埔軍官学校第三期歩兵科に入学し、翌年入党。北伐軍に参加し奮戦。二六年以後、帰郷し、江西省南部でゲリラ戦などを指揮し、贛西南特委で活躍。また興国県の党組織を創建。三一年一〇月、江西省粛反委員会主任となったが、翌年五月にＡＢ団分子とされ殺害された。興国県共産党創立者の一人であった。享年三七歳。

黄家煌(一八九六〜一九三一)、南昌中学に学ぶ。五四運動の影響を受け、進歩思想、革命思想の洗礼を受け、雑誌などを創刊した。二五年入党、二六年贛州工農運動講習所で学び、故郷を中心に武装活動を行い、二八年には贛県農民組合主席、三〇年には興国県委組織部長、宣伝部長を歴任。三一年、粛反運動で殺害された。

蕭以佐(一九〇〇〜一九三一)、贛州の省立中学在学中、五四運動の影響を受ける。二五年、黄埔軍官学校第四期政治科に入学、在学中に入党、南昌蜂起に参加、以後江西省で革命活動を展開し、三〇年には紅二〇軍に属す部隊の政治委員、次いで軍参謀長を歴任。三一年六月、寧都で粛清された。

以上の六名は、皆興国県の共産党創立者であり、県党組織の幹部であるばかりでなく、江西省中南部全体に名の知れた人々であった。彼らが反革命として処刑されたのは、毛沢東に反対し、富田事変を起こした江西省行動委員会や紅二〇軍に連なる人々であったからであろう。興国県の党員幹部で殺された人は、上記以外に多数いた。『興国人民革命史』の人名録（頁二二一～二六二）を見れば、興国県出身者六三名の略伝がある。このうち粛反運動で殺された人は、一八名に上る。この一八名は興国県の党員の中できわめて重要な役割を担っていた人々であった。上記六人を除いた一二名のきわめて簡単な略伝を記す。処刑の罪名は、ＡＢ団分子である。

上官棣成（一九〇四～一九三一）、黄埔軍官学校卒、紅二〇軍五団政治委員、東固で殺害。

劉経化（一九一〇～一九三一）、興国県委書記、永吉泰特委委員、三一年六月、殺害。

蕭自崢（不明～一九三二）、興国県委書記、贛南特委委員、組織部長。

蕭芳全（一八九八～一九三一）、興国県革命委員会主席、贛西南特委委員。

蕭能岩（一八九七～一九三一）、二七年入党、興国県ソヴィエト政府主席。

邱会培（一八九七～一九三〇）、南通紡績専門学校卒、二五年頃入党、中央政治軍事学校武漢分校卒、興国県でゲリラ隊隊長。

邱超群（一九〇一～一九三〇）、党員、贛南紅軍の団長、三〇年一二月殺害。

鄒子邦（一九〇五～一九三一）、二八年入党、贛南紅軍の二五縦隊の参謀長、三一年五月に殺害。

余石生（一八九八～一九三〇）、二六年入党、贛南特委宣伝部長、三〇年冬に殺害。

羅煥南（一九〇四～一九三一）、二六年入党、永豊県委書記、三一年七月殺害。

徐麗源（一九〇六～一九三一）、二七年入党、興国県委書記、三一年八月殺害。

凌崇学（一九〇一～一九三一）、二九年入党、興国県委書記。

これらの人々は、毛沢東を書記とする紅第一方面軍総前委に反対し、富田で叛逆した李文林、王懐、金万邦、謝漢昌などが中心となって指揮した江西省行動委員会、紅二〇軍に連なる人々であったこと、またその故にAB団分子とされて粛清されたことは間違いない。興国県全体で、当時何人がAB団分子として処刑されたか『興国県志』や『興国人民革命史』に全く記されていない。毛沢東の『興国県調査』に、この県の農村で沢山の富農、AB団分子が殺されたことが書かれているが、全体では驚くべき数字になろう。また、この県は純粋の客家県であり、九〇%が客家であった。

(3)『永豊県志』(「大事記」、「人物伝」)

この県は、中央革命根拠地の中でも、興国県、寧都県、楽安県などと並ぶ重要な中核県であった。一九二九年から毛沢東、朱徳、陳毅などがしばしば紅軍を率いて通過、あるいは県城を攻撃し、県民に大きな影響を与えた。革命烈士は三七八九人に及び、その大多数は土地革命戦争の際の犠牲者であった。この県の本格的な粛反運動は、一九三一年五月に始まった。「三一年五月、羅煥南が県委書記として着任すると、粛反運動を拡大化し、多数の共産党員や革命幹部を冤罪で殺害した。この誤りを正すために、贛西南特委は七月に羅を逮捕し、一一月処刑した」(『県志』大事記、頁一七)。羅は粛清で一〇〇〇人もの無実の人を殺し、粛反運動拡大化の責任を追及され、今度は逆に自分が粛清されたのである。『県志』の「人物伝」に粛清された永豊県の主なる犠牲者六人の人物伝がある。

袁佐龍(一九〇一~一九三〇)、資産家の家に生まれ、中学、師範で学び、進歩思想、革命思想に影響を受けた。二六年入党、二六年、党から派遣されて上海大学に学ぶ。二七年、国民党に逮捕されるも同志の助けを借りて脱獄に成功。永豊県工農革命軍の指揮者となり、武装闘争を指導。三〇年、江西省行動委員会の下で活躍するも同年一二月、粛清された。

陳兆鯤（一九〇一～一九三一）、貧農の家に生まれる。高等小学卒。二六年入党、二七年以後、武装闘争を展開し、獄中の同志を救出し、南昌蜂起に参加した。以後、吉安城攻撃、革命根拠地の創建に尽力するも、三一年一月県内で粛清された。

薛佐唐（一九〇〇～一九三一）、吉安の師範に在学中、マルクス主義思想などに影響を受け、二六年入党、二七年に袁佐龍、鐘兆詳、聶作漢などと共に官憲から逮捕投獄されたが脱獄した。一時、上海に難を避けたが、帰郷し、贛西南特委の下で活躍。三一年、富田事変の関係者として粛清された。

呉江（一九〇一～一九三一）、貧困家庭で育つ、南昌で中学に入り成績抜群。二四年武昌大学に入学。マルクス主義を学び、入党。二七年以後、故郷で地主土豪勢力と戦い、父兄弟など皆殺害された。三〇年、県委書記に就任。三一年の五月から七月の間に粛清された。

劉沢民（一九〇一～一九三二）、農家出身、吉安の中学を経て武昌大学文科系に進み、革命思想に影響を受け、二六年入党。以後、江西省中南部の諸県でゲリラ戦を行い、李文林等と共に地主土豪勢力と戦う。三〇年七月、紅二〇軍が創設されると参謀長に任命された。三二年に粛清された。

段起鳳（一八九三～一九三三）、貧農の家に生れ、秘密結社の三点会に入り、その頭目となり、大いに民衆の人気を博す。二七年ころより、共産党の武装勢力と共に戦い、地主土豪勢力に大きな打撃を与えた。同年末に入党。毛沢東、朱徳などにも賞賛された。贛西南特委の下で軍事委員、江西省ソヴィエト政府の委員にも選ばれた。三三年六月に粛清された。

以上の六人は、永豊県の有名な県レベルの革命家である。この『永豊県志』の末尾に、土地革命戦争から解放に至る間の三七八九名に上る「烈士英名録」が付されている。その中で各人の死亡状況・理由欄に、「粛反運動拡大化のために誤って殺された」と説明のある人物が三〇人記されている。下記に記す。

烈士名	享年	職位・地位	殺害された年月
鄒九成（女）	三〇歳		三一年
呉江（女）	二八歳	党員　指導員	三一年四月
胡来保	三〇歳	炊事員	三一年四月
姚有宗	二七歳	兵士	三〇年
盧炳生	二〇歳	赤衛隊隊長	三一年
盧煥南	二四歳	遊撃隊長	三〇年
張太高	三六歳	郷主席	三〇年
蔡仁風	三八歳	郷主席	三一年
頼添仔	二一歳	郷主席	三一年
李観音	二一歳	党員　郷幹部	三〇年
鄭玉皇	二一歳	党員	三一年一〇月
温文潭	一七歳	党員　県委宣伝部長	三一年
段起鳳	三五歳	独立二団長	三一年六月
王命光	一七歳	郷主席	三一年
呂礼聖	一六歳	糾察隊長	二九年
李運炳	二七歳	地方幹部	三三年
温得茂	二一歳	遊撃隊士	三三年
張福生	二七歳	郷政府主席	三〇年

孔祥偉	三一歳		連長	三二年
羅耀福	二四歳		兵士	三二年
胡承標	三六歳		遊撃隊兵士	三二年
陶英昌	一八歳	党員	郷主席	三三年
鄧仁龍	四一歳		郷主席	三一年
張守桃	三五歳	党員	地下工作幹部	三二年
彭民輝	三〇歳		区委秘書	三〇年
張良揆	一六歳		郵便局職員	三一年
陳貽範	二九歳		区党委書記	三一年
夏世亮	三五歳		区政府秘書	三一年
王業輝	四三歳	党員	地方政府秘書	三二年
呉政南	五三歳		兵士	三二年

以上の事例を見ると、粛清は町村や村落レベルの末端組織にまで及んでいたこと、かなりの年配の人もまた一六、一七歳の少年も粛清の対象になっていたことが分かる。また、粛清は一九三〇年から三三年までに集中、継続して実行されていたことも判明する。以上三〇人のうち、三〇年に処刑された者が七名、三一年に処刑された者が一三名、三二年に処刑された者が七名、三三年に処刑された者が三名という数字になる。

（4）『吉安県東固革命根拠地』（『江西省党史資料―東固革命根拠地専修―』№一〇、中共江西省委党史研究室、一九八九年）

吉安県に属する鎮レベルの「東固」は、江西省で最も古くて大きな革命根拠地であり、吉安県、吉水県、永豊県、泰和県、興国県の五つの県に境を接しており、これらの県の各県城から約五〇余キロの距離に位置している。この東固を中心にして、強固な革命基地が創建され、全盛期には総面積約二〇〇〇平方キロメートル、人口約一五万人を擁した。東固自体は、二九〇余の村々に一万五千人ほどが住む山中の、四方を山々に囲まれた風光明媚な地域であった。住民は祖先が広東や福建から食い物を求めて移住してきた客家の子孫であり、富田や楓辺に住む豪紳地主の小作人が多かった。これら貧しい農民が所有する土地は、全所有地の二〇%ほどに過ぎなかった。

東固革命根拠地は、一九二六年から、共産党に入った吉安、興国出身の進歩青年たちの影響を受け、この地の頼経邦、高克念、劉経化、汪安国、汪雲縦、李会風などが入党して始まった。これが大きく発展したのは一九二八年で、この年の後半、贛西特委秘書長の李文林が中心となって江西工農紅軍独立第二団を創建してからである。この独立団の責任者は、以下の通りである。

団党委書記兼団長　李文林
同副団長　段起鳳（本名は段月泉）
同政治部主任　袁振亜、後に曾炳春
同参謀長　劉澤民
一連連長　韓才始
二連連長　宋金標
三連連長　李介思

政治宣伝隊隊長　曾炳春　全団員数三〇〇余名。

この独立第二団は、一九二九年二月に江西工農紅軍独立第四団に編成替えとなった。この独立第四団の責任者は、以下の通り。

団長　段起鳳
同党委書記　金万邦
同副団長　呂徳賢
同政治部主任　鄢日新
同参謀長　劉沛雲　全団員四〇〇余名。

毛沢東、朱徳が紅四軍を率いて贛南の東固に来て、李文林等に始めて会ったのは、一九二九年の二月であった。二月一〇日、東固で両軍は合同大会を開き、約三千人が集まる大集会を開いた。毛沢東は、東固根拠地を称えて「鉄軍、鋼軍」と呼び、「星星之火、可以燎原」と教えた(同上書、頁一六)。また、毛は、李文林の根拠地創建の仕方を称え、「李文林式根拠地」と名付けた(同上書、頁一八六)。

一九三〇年一二月の富田事変から、毛沢東によって多くの江西省の古参幹部がAB団として粛清されたが、とりわけこの東固革命根拠地の創建者、及びこの根拠地の活動と深い関係がある人々が反革命分子として処刑されたのである。前掲『江西党史資料』No.一〇に「人物伝略及簡介」(頁一八二～二〇四)なる項があり、一七人の略伝がある(富田事変の際、毛沢東の命を受けて大粛清を行った湖南省出身の李韶九が一人入っているので、これを除くと一六名)。この内、一二名がAB

団として粛清されている。その一二名の簡単な紹介は以下の如し。

李文林（一九〇〇〜一九三二）、吉水県人、江西省行動委員会書記、東固革命根拠地の最高指導者であり、江西省革命家の中心人物。三二年五月三〇日、万泰県古坪村で処刑。

曾炳春（一九〇二〜一九三二）、吉安県東固人、紅二〇軍政治委員。三二年五月三〇日、公略県水南郷で処刑。

段起鳳（一八九三〜一九三二）永豊県人、民間結社「三点会」の親分、ゲリラ戦から共産党へ、紅二〇軍団長。三二年五月三〇日、紅略県水南郷で処刑。

劉経化（一九〇一〜一九三一）吉安県東固人、興国県委書記、贛西行委常任委員、三一年六月、永・吉・泰特委委員。三一年六月処刑。

袁振亜（一九〇一〜一九三一）永豊県人、上海大学卒、江西省行動委員会に所属する東路行委秘書長。三一年一月処刑。

呉江（一九〇一〜一九三一）湖北武昌大学、永豊県人、永豊県委書記。三一年五月処刑。

金万邦（一九〇〇〜一九三一）寧都県人、寧都中学卒、江西工農紅軍第四団書記、江西ソヴィエト政府軍事部長。三一年三月、寧都黄坡で処刑。

郭梅（一九〇一〜一九三〇）吉水県白沙人、北京の大学卒、小学校長、遊撃隊隊長。

劉沢民（一九〇一〜一九三二）永豊県人、湖北武昌大学卒、紅二十軍参謀長。

汪耀蒠（一八九四〜一九三〇）吉安県東固人、貧農の家、大工見習、遊撃戦、泰和県委書記、贛西南特委委員。三〇年一一月処刑。

胡家駒（一九〇五〜一九三一）吉安県富田人、師範卒、泰和県委副書記。三一年秋処刑。

郭紹香（一九〇二〜一九三一）染物店職人、泰和県委書記。三一年一月処刑。

注：処刑の月、場所が記載されている者だけは、末尾に付加えた。初めの三人は同じ三二年五月三〇日に処刑されている。この吉安県で粛清された人の総数について、『湘贛革命根拠地全史』（江西出版集団・江西人民出版社）は、一一〇〇余人としている。しかし、文宏「関于富田事変及江西蘇区的粛反問題」（『江西文史資料選集』一九八二年第二期）では、九〇〇余人としている。

（5）『楽安県志』（第六編「蘇区」第六節「粛反工作」）

この県の主なる粛清事件は、「楽安事件」と呼ばれたが、内容は以下の通り。「一九三一年一月、ソヴィエト区の革命陣営内部に潜入した反革命分子の李勇資、金蘭英は、ＡＢ団粛清を名目にして大金竹港背園の祠堂の中に、ソヴィエト区の一五〇余名の区、郷の党幹部を逮捕、監禁し、殺す準備をした。捕えられた人々は、幸いに部隊を率いて駆けつけた廖丕文に救出されたが、県委組織部長の邱雄はそのときの戦闘に巻き込まれて死亡し、楽安独立団団長の張英は救出されたが、拷問の傷が重く血を吐いて死んだ。反革命分子の李勇資は罪を恐れて逃亡し、金蘭英は民衆によってその場で処刑された。この「楽安事件」発生後、ソヴィエト区の革命はしばらく停滞した」（『県志』大事記、頁一〇）。

「一九三〇年六月から、県の全ソヴィエト区内で大規模な反革命粛清運動が展開された。九月、〈贛東弁事処〉の主任である胡竹笙が楽安県にやって来た。彼は極左の面目を発揮して、〈粛反〉の旗を掲げて、真っ先に早期から活動してきた党員の曾友顔と知識分子の張墨卿を逮捕して、〝ＡＢ団分子〟として惨殺した。党内の極左路線の誤りと、〝粛反中心〟論の影響によって、敵の力を誇大視して、革命陣営の中に〝ＡＢ団〟分子がきわめて多いと言い、粛反運動を拡大化する誤りを犯し、党が自滅する危機を生み出した。一九三一年一月、李勇資、金蘭英などは、一団の人々を率いて寧都から赴任して来た。彼らは、〈紅十二軍弁事処〉の看板を掲げて、拷問で自供させて作成した「ＡＢ団」名簿なるものを証拠として、直ちに県委書記の邱珏、組織部長の邱雄、独立団団長の張英、南一区粛反弁事処の秘書董日輝、県ソヴィエト政府主席の林立、招携郷ソヴィエト政府の譚務七などの革命幹部、それに董寧四、董老園、董活菩薩、張席昆など五〇〇余人を逮捕し、それぞれに残酷きわまる火刑、鞭打ち、針刺しなどの拷問を加え、前後二〇〇余名を殺害した。残りの者は、翌日機関銃で殺そうと準備していたところ、幸いにもこの地の独立団が急を聞いて雪を冒して駆けつけ救い出したので、やっとのことで難を免れることができた。これが楽安革命史上空前の残劇である〝楽安事件〟である。沈痛な教訓を汲み取るために、党は、一九三二年一月、楽安県に政治保衛局を創設し、ソヴィエト政府内に裁判部と裁判委員会を増設した。その後、また二分区に軍事裁判部を設立した。さらに一九三三年、県ソヴィエト政府内に工農検察部を増設した。こうして、反革命案件に対する捜査、逮捕、審判を、厳格に法的手続きに基づいて執行することになった。その後、一九三二年一一月から三三年八月までに、粛反工作で地主富農・階級異分子など一七名を摘出し、粛反工作は健全な方向に向かって発展した」(『県志』頁四一三)。

また、『楽安県志』第八編第一章「人物伝」に、粛清された重要人物三人の略伝がある。以下に簡単に紹介する。

曾友顔(一九〇八～一九三〇年一一月)、師範学校に入り友人から進歩思想を学び、革命に志し、入党。卒業後、帰郷して革命運動に入り、張書錫、易道明などと「楽安農民運動講習所」を創立。二九年、県革命委員会が創設された時、委員となり、革命運動に挺身した。

張英(一九〇六～一九三一)、師範学校卒、故郷で教員をしながら、農民運動、革命運動に活躍し、二八年入党し、武装組織を編成し、二九年県革命委員会が創立されると、副主席兼土地部長となる。三〇年に入ると、寧都、永豊両県の遊撃隊と共に地主武装勢力と戦う。また楽安独立営四〇〇余名を率いてその団長となったが、楽安事件で逮捕、拷問を受けた。廖丕文によって救出されたが、重症で血を吐いて死んだ。

廖丕文(一九〇五～一九三一)、小学校を卒業後小学教師となる。永豊県から派遣されてきた呉魯観の影響を受け、張英等と共に革命思想に共鳴、二八年入党し、張英等と共に武装組織をつくり地主勢力と戦った。三〇年から三一年にかけて粛反運動が続き、逮捕された張英等一〇〇人を救出した。後、部隊を率いて寧都に入った時、粛反委員会の騙し討ちにあい、捕らえられて殺された。

注：以上が、『楽安県志』にある粛清運動の主要記事である。粛清の主役である李勇資、金蘭英は、党から派遣されてきた正式な粛反委員であった。彼らがどうしてこのような「乱打乱殺」を行ったか。その説明が県志には全くなく、李・金を党に潜りこんだ反革命分子と決め付けているが、納得できない記述である。一九三一年一月とは、富田事変が起こり、紅二〇軍やこの県一帯の革命幹部たちが、地元の将兵を連れて、毛沢東が書記である「紅第一方面軍総前敵委員会」に叛逆し、贛江を西に渡った直後のことである。毛沢東派は、李文林や紅二〇軍の指揮官たちと関係ある江西省革命根拠地内の勢力を一掃しようとした。当然、東固革命根拠地と深い関係がある楽安県内の党組織も危険視され、李韶九を中心とする粛反委員会から徹底的な弾圧の対象となったことは間違いない。こう推察して、楽安事件の真相が理解できるのである。楽安県の党員、民衆の凄まじい反撃に驚き、毛沢東派は、李・金両名を党に紛れ込んでいた反革命分子の仕業として事件を解決したのであろう（小林）。

（6）『新余市志』「人物伝」

被粛清者人物伝
劉子栄（一八九四〜一九三一年一一月）
彭桂峰（一九〇五〜一九三一年一一月）
羅日光（一八八六〜一九三三年一一月）
李春香（一九〇八〜一九三三年一〇月）

注：ちなみに、第二次国内革命戦争で死んだ全革命烈士は、六八六六名。

（7）『鉛山県志』「大事記」、「民政」

一九三〇年一〇月、福建北部と鉛山県ソヴィエト区で粛反運動が展開された。運動の拡大化と脅迫による自供によって、多くの優秀な革命幹部が、AB団、改組派などの無実の罪で殺された。建国後の一九五〇年一〇月、県党委員会と県人民政府は、誤って殺された同志に対して名誉回復を行い、九二九名の革命幹部が烈士に追認され、また二二六名の殺された民衆が反革命分子のレッテルを剥がされ、名誉回復された。名誉回復は、一九五一年、一九五五年、一九五八年～七八年の数回にわたって行われた。その時革命烈士の調査を行い、全県で革命烈士として五三三一名が認定された。その中に土地革命の時代に、AB団、改組派として殺された革命幹部九二九名が含まれている。

注：巻末の「人物」表に、県の団級以上の幹部で粛清された人二七名、敵に殺された人八〇名の姓名、地位、没年が記されている。

（8）『吉水県志』「人物伝」

この県で粛清された著名な人物を以下に紹介する。

周作仁（一九〇一～一九三一）農民出身、私立中学卒、二四年入党、小学教師、地下工作、二八年彼の自宅で吉水県委員会が成立、曾山が書記、周作仁が委員、二九年反動派の襲撃により、父母は投獄、弟と息子は殺害、あるいは病死。三〇年五月県ソヴィエト政府が成立し、劉生元が主席、周は秘書長、紅軍に参加、AB団分子として粛清。

李文林（一九〇〇～一九三二）第一次国内革命戦争の時、省立法政専門学校で学ぶ、二三年三月、江西マルクス学説研究会・江西民権運動大同盟に参加し、学生運動の活動家となる、二五年黄埔軍官学校に入学、二六年九月帰郷し、革命運動を行い、同年入党、二七年朱徳が率いる国民革命教導団で教官、南昌蜂起に参加。贛西南革命根拠地の創始、二八年中共贛西特委委員兼秘書長、江西紅軍独立第二団を編成し、団党委書記兼団長、二九年六月江西紅軍独立第二団・第四団行動委員会書記兼政治委員、李文林はこの部隊を率いて吉水・峡江・于都・南豊・広昌などの県城を攻略し、東固・延福を中心とする贛西南革命根拠地を創建し、毛沢東や朱徳の軍と合同して中国工農紅軍第四団を率いて中央革命根拠地を創建した。三〇年二月以後、彼は贛西南特委常委兼軍委書記、贛西南ソヴィエト政府常委・党団書記・同秘書長、紅軍学校校委兼校長、中国革命軍事委員会委員、江西省行動委員会省委書記、江西省ソヴィエト政府委員などを歴任。

李文林は、毛沢東によって一九三〇年一一月末にＡＢ団として逮捕されたが処刑されず、一九三一年には地方の粛反機関に預けられた。彼が逮捕された理由は、吉安県城が陥落した時、李文林がＡＢ団である証拠の文書が朱徳の部隊によって発見され、また彼の出身が富農であることが判明したためということである。しかし、高華『紅太陽是怎様升起的』では彼の家は富農ではなく、中農であったという。李文林は釈放されて、こともあろうに粛反委員とされたが、再度逮捕され三二年五月三〇日に万泰県古坪村で処刑された。三二歳。

『吉水県志』（頁二九二）の「政治」には、次のようにある。「一九三〇年一一月初め、蔣介石が中央ソヴィエト区に対して、第一次囲剿を開始したので、県委員会は水南に移った。党内ではＡＢ団に対する乱殺が起こり、かなりの数の党指導幹部と数百名の党員が誤って殺された。国民党の攻撃と党内部の粛清という内外の攻撃によって、党の基層組織はほとんど破壊尽くされた」と。この時のＡＢ団粛清は、毛沢東派が江西省土着の党員に対して、根こそぎの粛清に出たものであった、と筆者小林は推測している。李文林もこの時逮捕された。毛沢東は、この時の逮捕者に対して拷問を加え、それから得た証拠をもって一二月初旬に紅第一方面軍総前委の秘書長李韶九を富田に派遣し、江西省党の政府・紅軍首脳の一掃を図ったのである。『吉水県志』三頁「概述」に「一九三〇年から三四年にかけて万人に近い人々が紅軍に参加し、その中の数千人が長征に参加した。第二次革命戦争の時期の烈士は六一七〇人に達し、その内女性は一七六人であった」とある。

(9)『安福県志』「概述・蘇区」

「県志」に次のように記す。「安福ソヴィエト区における粛反運動は、富田事変以前には比較的慎重に正常に行われていた。各種反革命団体、反動分子、党内・ソヴィエト県政府内に紛れ込んだ地主・富農・ゴロツキ・動揺分子などに対して当然あるべき暴露と攻撃が行われていた。若干のAB団として訴えられた人々に対しても、内部から審査し、容疑者に対する審問と判決も厳粛に慎重に事実に基づいて行われていた。こうして誤って処刑されたり監禁されたりする現象はきわめて少なかった」。

ところが、富田事変以後、安福県のソヴィエト区においても、その他の湖南省・江西省のソヴィエト区におけると同様に、反革命粛清が次第に拡大化した。一九三一年七月八日、安福県ソヴィエト政府は、「反AB団宣言提綱」を布告して、「反革命粛清を徹底せよ」、「党・政府機関の階級異分子・反動分子の洗い出しを強化せよ」と更に強調した。県の粛反委員会と政治保衛局は、大量の党幹部と革命的民衆をAB団分子として「濫捕乱殺」し始めた。粛反運動の中で、おおいに拷問を加えて自供を迫り、ウソの自供を引出し、恐怖に慄く雰囲気を作り出した。不完全な統計であるが、県ソヴィエト区全体で粛反運動中に、AB団の罪名で誤って殺されたり、投獄されたりした党員・幹部・民衆は一〇〇〇人に近い。かつまた、殺された者の相当部分が党とソヴィエト政府の有力な幹部、あるいは民衆の中の先進分子であった。例えば県委員会の書記の劉家輝、彭裕美、副書記の馬明、県ソヴィエト政府主席の王振国、粛反部長の周佐（またの名は陳尚甫）などであった。区・郷の幹部に至っては、更に多くの者が粛清された。また少なからざる人々がAB団の嫌疑をかけられて感化院に送られた。そのため、県ソヴィエト区の幹部・民衆を極度の恐怖状態に陥れたので、ソヴィエト区の革命気分は大いに損なわれ、幹部の欠乏は厳重になり、多くの革命の仕事ができなくなり、心痛む損害を生み出したのである（『県志』頁六四の「概述」の項）。

『湘贛革命根拠地全史』（江西出版集団・江西人民出版社）は、この県で粛清された人は、三〇〇余名であるとする（頁一八一）。

注：安福県は、宜春県・分宜県・萍郷県・蓮花県・永新県などと一体になって、毛沢東に反対する江西党人を中心とする紅二〇軍の根拠地になったところである。この軍隊の指導者たちは、贛西南党・江西省行動委員会の中心的指導者・幹部・将兵であり、富田事変で毛沢東に反対し、紅第一方面軍の指揮から離脱し、贛江を西に渡って独自のゲリラ活動を展開した。そのため、党中央によって富田事変が反革命と断罪された一九三一年の春から、徹底的に追及され、この安福県のように、他の県でも多くの党員・幹部・民衆が粛清されることになった。

(10)『万載県志』「蘇区」

赤色政権と革命根拠地を強固にするために、一九三〇年下半期に、県内ソヴィエト区で粛反運動を開始したが、これは内部粛反に転化した。粛反運動は党内の「左傾路線」の影響によって、「簡略化・拡大化」の誤りが発生し、誤ってかなりの良い人々が犠牲になった。全県では数百人が無実の罪で死んだ。湘鄂贛省委員会が派遣してきた万載中心県委書記の王直も無実の罪で粛清された。土地革命戦争の期間に、四〇〇〇余人が革命のために命を犠牲にした。その後、また蔣介石軍に占領されてから五九五六人が犠牲になった（巻五、頁一一八）。

(11)『修水県志』「大事記」、「政党」

一九三〇年末、県のソヴィエト区において、仮装演劇団の二〇余名の進歩的男女が、親が決めた結婚に反対するために、結婚の自由を提唱し、自発的に「恋愛研究社」を組織した。党は過剰反応して、多くの人を堕落分子、変節分子として党内粛清をやった。国民党もこれを利用したので、事件は拡大し、一九三一年一月～五月にかけて、党員・ソヴィエト区幹部など五〇〇余人が冤罪で殺された。党は、三一年九月に外部に逃亡した反革命の家族、不満を持つ地主・富農・内部粛反で殺害された人の家族を、皆ソヴィエト区から駆逐した。土地革命戦争時代の全革命烈士は、国民党軍や地主民国に殺されたものも含め全部で一〇二二九名である。

(12)『永新県志』「人物」

一九三一年八月、左傾路線のもとで反革命粛清運動が拡大化し、かなりの指導幹部、党員、農民がAB団として誤殺されたり、逮捕されたりした。そのため八〇〇〇余の党員が六〇〇〇余に減少した。一九三三年三月以後、湘贛省において第二次粛反運動が展開され、かなりの党員幹部と一般党員がAB団として逮捕、投獄されたために党員数が減少した（県志、政党、頁三六八）。この二度の粛反運動で粛清された総人数について『永新県志』は記していない。『湘贛革命根拠地全史』（江西出版集団・江西人民出版社）は、この県で粛清された人は、一八九〇人とする（頁一八一）。

「人物」の項に以下の略伝がある。

劉家賢（一九〇四〜一九三三）三三年AB団として逮捕され、三三年処刑。
王懐（一九〇六〜一九三二）富田事変関係者、AB団として三二年五月三〇日処刑。
馬銘（一九〇三〜一九三一）富田事変関係者、AB団として三一年八月処刑。
胡波（一九〇五〜一九三三）永新県委委員、AB団として三三年処刑。
劉天干（一九〇〇〜一九三一）永新県委書記、贛西南特委常委、三一年永新県で処刑。
彭文祥（一八九七〜一九三一）県ソヴィエト政府委員、処刑。
朱昌偕（一九〇七〜一九三一）贛西南特委常委、AB団主犯とされ追及を受け自殺。

（13）『于都県志』（旧雩都県）「人物」

ＡＢ団として粛清された県出身者は以下の通り。殺害された年月のみ記す。粛清された総人数は不明。

丁良哲、一九三二年、二五歳
蕭大鵬、一九三二年七月、二四歳
鍾元璋、一九三一年一〇月、二三歳、裕福な家庭
劉成美、一九三二年、三七歳
張文煥、一九三〇年冬、二三歳、家貧、二番目、三番目の兄も粛清
朱学玖、三〇年秋
鍾聖（声）楼、三〇年一二月、『紅軍人物志』では戦死、『紅第一方面軍人物志』では粛清
尹紹倫、一九三〇年六月以後
張浩、一九三〇年

『県志』（頁六九四）「人物」中、ＡＢ団として粛清された者
謝芳湖、三四年県委書記、自尽
銀坑郷、県委主席、三三年一〇月
郭瑞麟、県ソヴィエト政府主席、三一年九月
胡魁元、粤贛省土地部部長、三四年冬
李明輝、勝利・広昌県県委書記、三三年八月

(14)『尋烏県志』「政党」、「人物」

一九三一年、梁錫祜は、江西省から広東省の境にある山岳地帯の蕉嶺・平延・尋烏の三県にまたがっていたソヴィエト区の書記としてきた。それ以後、粛反運動が拡大化し、多数の中央幹部と武装勢力の幹部が、ＡＢ団の冤罪で殺害された。そのため赤区の勢力は弱まり、この三つの県の地主土豪の武装勢力はこの機会に乗じて反撃し、二万余の幹部と民衆を殺害し、民家一万八〇〇〇余の家屋を焼く事態になった。かくしてこのソヴィエト区は日に日に縮小した（県志、巻一一政党、頁二二二）。

ＡＢ団として粛清された人物。県志の人物の項に三名の略伝がある。粛清された総人数は不明。

鄺世淑（一九〇五～一九三一）貧農、梅県の師範卒、蕉・平・尋県委秘書長
古婉玉（一九〇六～一九三一）南昌女子師範卒、鄺世淑の妻、夫と共に殺害
侯大鳳（一九〇六～一九三一）貧農、県委宣伝部長

(15)『信豊県志』「大事記」

贛南行動委員会の幹部である郭承禄・蕭国璋・馬栄瀾の三人は、李立三路線に立って「毛沢東に反対する」という標語を県城に張り出して民衆大会を招集した。これに対して紅三五軍の軍長の鄧毅、政治委員の羅貴波は反対し、上記の三人を逮捕して毛沢東の紅第一方面軍総前委に送った（大事記、頁一六）。彼らは後にＡＢ団として処刑された。

「人物伝」

黄維漢（一八九八～一九三二）党幹部として各地で大粛清を行ったが、自らもＡＢ団として于都で粛清された。

（16）『井崗山志』「人物伝」

以下の人物は皆「反革命のＡＢ団分子」として粛清、殺害された。ただし、宛希先と謝桂標の二人は、粛反運動以前に殺されており、ＡＢ団ではなく、現在は党史で「誤殺」と認定されている。

王次淳（一九〇二～一九三一）江西省遂川人、贛西南特委委員、ＡＢ団として三一年一〇月。

鄧允庭（一八八〇～一九三一）湖南郴県人、中国同盟会、辛亥革命に参加、ＡＢ団。

鄧乾元（一九〇四～一九三四）湖南溆浦人、醴陵県書記、井崗山、三一年瑞金中央軍事政治学院教員、三四年一月ＡＢ団。

鄺光前（一九〇三～一九三四）湖南省酃県人、三四年粛清。

龍超清（一九〇五～一九三一）江西寧岡人、「仕宦富家」の生まれ、贛西南特委委員、西路行動委員会の書記、三一年末、広昌県でＡＢ団。

朱昌偕（一九〇八～一九三一年八月）江西省永新人、ＡＢ団とされ銃で自決。

王懐（一九〇六～一九三二年五月）江西省永新人、三二年五月三〇日、万載県でＡＢ団。

劉天干（一九〇〇～一九三一年冬）県書記、ソヴィエト政府書記、贛西南特委委員。江西省行動委員会、ＡＢ団。

陳東日（一九〇二～一九三一）湖南宜章人、毛沢東・陳毅などと知人の関係、三〇年二月紅二〇軍政治委員、紅軍学校校長、三一年七月ＡＢ団。

陳競進（一八九八～一九三三）江西蓮花人、三二年湖南省攸県県委書記、その二年目に永新県でＡＢ団。

袁徳生（一八九四～一九三四）湖南株洲市人、安源炭坑労働者、広州農民運動講習所、江西泰和県で誤殺（『紅第一方面軍人物志』では、粛反運動拡大化の中で粛清とされる）。

宛希先（一九〇六～一九二九年九月）湖北黄梅県人、黄埔軍官学校卒、誤殺。

謝桂標（一九〇一～一九三〇）江西寧岡人、王佐・袁文才との関係深し、三〇年二月誤殺。
陳詔（一九〇五～一九三三年五月）湖南茶陵人、永新でＡＢ団。

⒄『寧岡県志』「大事期」、「人物」

一九三一年一〇月のＡＢ団粛清から三三年に至るまでに、全県で粛清された者は一〇〇余人、また県団級以上の幹部二五人中一〇人が処刑された。県委書記の謝希安・汪建平・謝路生、県ソヴィエト政府主席謝月高、その他の幹部では、謝凬山、蕭子菊、胡白凡、謝伏生、謝灼華など（「大事記」頁三八）。県・団級以上の革命烈士二一名中、以下の六名がＡＢ団として粛清された（九六五～九六六頁）。この県で粛清された人の総数について、『湘贛革命根拠地全史』（江西出版集団・江西人民出版社）は、二〇〇余人とする。

趙錦元　三三年ＡＢ団。
龍超清　三一年ＡＢ団として広昌県で粛清。
李筱甫　三〇年二月、王佐・袁文才と同時に殺害。
周桂春　三〇年二月、同上。
袁文才　三〇年二月、王佐と共に殺害。
謝希安　三一年ＡＢ団として粛清。

同上『県志』九三六頁、「人物」に、以下の三人の記載あり。
龍超清（一九〇五～一九三一）贛西南特委委員、贛西路行動委員会書記、仕宦富家の出身。

謝路生（一九〇五～一九三二）貧苦の農民、謝月高（一九〇七～一九三二）貧苦の農民、この二人は反動派の偽手紙でAB団と誣告され処刑。

謝漢昌（一九〇五～一九三一）富裕な家庭出身、北伐戦争に参加、入党、農民運動講習所で学ぶ、朱徳・毛沢東に井崗山の状況等を「この県の大富豪は蔡家で、年収の租穀物は七五〇〇余担である」と報告、二九年の六月から九月まで興国県の党書記、三〇年贛西南特委委員、七月紅二〇軍の政治部主任、三一年春にAB団として逮捕され、同年年末に粛清（一説では三二年に殺害とも）、富田事変の主謀者の一人。

(18)『贛県志』「人物」

謝家禧（一九〇三～一九三一）三一年五月、AB団として粛清。

顧光理（一九〇〇～一九三一）三一年二月、AB団として粛清。

朱曦東（一九〇一～一九三二）三二年四月、AB団として粛清。

劉達（一九〇二～一九三二）AB団として粛清。

羅新亜・郭烈（一九三一年八月、羅新亜は湘贛省委に任命されたが、後にAB団分子として誣告され殺害された。郭烈が書記を引き継いだが、郭もまたAB団分子として殺害された（『県志』「蘇区」頁一六二）。

(19)『貴渓県志』「蘇区」

一九三二年、贛東北革命根拠地全体の指導者で粛清された者は、呉先民、汪明、黄鎮中、厳則威、張定忠、陳耿、徐福元など。

一九三二年、本県で粛清された者は、徐開栄、張徳良、江汝南、江源遠、譚金才、呉佐才など。彼らはAB団分子として粛清された。本県全体の被粛清者の総数は八二名。粛反運動の中で取り替えられた幹部の割合は、上饒県では九〇%、弋陽県では八〇%、楽平県では九〇%、萬年県では六〇%、横峰県・徳興県・余江県・貴渓県では三〇%から四〇%に達した。

(20)『弋陽県志』「**大事記**」

この県は、中共中央から全権代表として、江西省東北革命根拠地に派遣された曾洪易の命令で大規模な粛反が行われ、「粛反運動の模範県」として有名となった県である。曾洪易は、一九三二年三月、「粛反運動の勝利をもって、紅軍の勝利を勝ち取る」というスローガンを提出して、大規模な粛清を開始した。県内に一七ヶ所の収容所が設けられ、数千人が投獄され、数百人が殺され、幹部の八〇%が入れ替えられた。更に監獄にはAB団分子が一一〇〇人も収容されて、三三年までに郷以上の幹部の七〇%が殺された。ちなみに、この頃県の党員は二五〇〇人前後であった。この県には、AB団分子も集められて殺された。『県志』(人物伝)に粛清された黄鎮中、饒功美、汪明、余傑、彭皋、李火凰の六名の略伝がある。重要資料として『中共弋陽党史資料』(弋陽県委党史工作弁公室、一九九一年)が出版されている。この書は、弋陽県だけで粛清された人は、三〇〇余人としている(頁一五一)。

(21)『横峰県志』「**大事記**」、「**蘇区**」

この県は、江西省東北革命根拠地に属していた。一九三二年三月、この区域の党委員会は「粛反が一切の工作の中心である」と宣言した。五月、中共中央代表の曾洪易の命令により、葛源において一万人の大集会が開催され、県書記の呉先民以下多くの党員が「AB団、改組派、取消派」の反革命分子として殺され、粛反運動の幕がきって落とされた。県志に粛清されたものの総人数の記載はないが、ある人の回想によると県の幹部の三割が粛清されたという。この三二年から三三年に至る粛清運動は、蒋介石の革命根拠地に対する第四、五回の「囲剿」(総攻撃)最中に行われた。なお、土地革命戦争時代全体で国民党軍との戦争による犠牲者は五七二五人にのぼり、この間に県の人口は一三万人から五万九〇〇〇人に激減したとする。なお、『中共横峰党史資料』(上饒県地委党史工作弁公室、一九九一年)は、同地区全体で約三百名が反革命分子として殺害されたとする(頁一一六)。

(22)『徳興県志』「**大事記**」

この県では、一九三一年七月、県ソヴィエト区の幹部二六人がＡＢ団として粛清された。一二月にまた同幹部一三人が粛清された。

(23)『楽平県志』「**大事記**」、「**蘇区**」

中共中央から全権代表として派遣されてきた曾洪易は、「全県の幹部九九・九%を入れ替え更迭した」。粛清者の総数は記していない。なお、この県では三〇年に県ソヴィエトが樹立されたが、この頃から国民党と地主勢力の反撃が始まり、二九年から三七年の間に、党員・民衆三〇〇〇人が犠牲になったとする。

(24)『広豊県志』「**大事記**」

この県ソヴィエト書記、県政府主席が、一九三一年一二月と三二年九月に粛清された。県全体での粛清の犠牲者数は、記されていない。

(25)『遂川県志』「**大事記**」、「**蘇区**」

一九三一年七月から粛反運動が拡大化し、県の幹部が多数粛清された。七人の氏名の記載がある。

二　福建省の各『県志』、『区志』による、粛清された人物名、略伝

（1）『永定県志』（「人物伝」、頁九九九〜一〇二五。「粛社党事件」で反革命分子として粛清、殺害された）

頼秋実（一八九五〜一九三一、県ソヴィエト政府秘書長）
謝憲球（一八九九〜一九三一、閩西特委委員）
曽牧村（一九〇一〜一九三一、饒和埔県書記）
盧肇西（一九〇四〜一九三一、閩西特委軍委書記）
盧其中（一九〇四〜一九三一、新一二軍軍委書記）
陳正（一九〇五〜一九三一、閩西ソヴィエト政府財政部長）
林梅汀（一九〇六〜一九三一、紅一二軍団政治委員）
江桂華（一九〇七〜一九三一、紅二〇軍第三縦隊政治委員）
王奎福（一九〇七〜一九三一、閩西総工会秘書長）

付記、「大事記」の民国二〇年（一九三一）の項に、この粛清事件で殺された区委員以上の地方幹部は三八人、連長以上の軍幹部は四〇人とある。その中には、上記の人物以外に、陳兆祥、頼桂祥、陳海賢、張漢栄、劉連甲、頼寿煌の名が記されている（県志、頁一二）。

（2）『龍岩地区志』（下巻「英名録」頁一六〇六〜一六一六）

粛清で殺害された人の名簿

■龍岩県人の党・軍関係者一〇名

張沂養、龍岩県人、党員、県赤衛団政委、三一年六月、県内大池で殺害
黄恵深、龍岩県人、党員、県赤衛団政委、三一年六月、県内小池で殺害
鄧潮海、龍岩県人、党員、県ソヴィエト政府主席、県委書記、三一年七月、永定県虎崗で殺害
張双民、龍岩県人、党員、県ソヴィエト政府主席、三一年永定県虎崗で殺害
張金源、龍岩県人、党員、閩西赤衛団政委、三一年、県内小池で殺害
張涌濱、龍岩県人、党員、県ソヴィエト政府主席、三一年上杭県白沙で殺害
陳文東、龍岩県人、党員、岩漳遊撃隊政委、三一年県内大池で殺害
呉応魁、龍岩県人、党員、閩西遊撃隊政委、三一年永定県虎崗で殺害
林作棟、龍岩県人、閩西南遊撃隊政委、三一年永定県虎崗で殺害
郭乾照、龍岩県人、党員、閩西工会主席、三一年永定県虎崗で殺害

■長汀県人の党・軍関係者七名

黄徳三、長汀県人、党員、県革命委員会主席、三一年県内涂坊で殺害
陳甫連、長汀県人、党員、県遊撃隊支部長、三一年県内涂坊で殺害
李国玉、長汀県人、党員、江西省瑞金県委書記、三一年江西省寧都県で殺害
段奮夫、長汀県人、党員、県委書記、三一年永定県虎崗で殺害
曾炎、長汀県人、党員、県ソヴィエト政府主席、三一年県内涂坊で殺害
巌洪標、長汀県人、党員、県遊撃隊隊長、三一年頼坊で殺害
劉財容、長汀県人、党員、紅一二軍の団政委、三一年県内洋坑で殺害

■永定県人の党・軍関係者三〇名

張徳宗、永定県人、党員、紅一二軍団政委、三一年県内虎崗で殺害
林梅汀、永定県人、党員、紅一二軍一〇〇団政委、三一年県内虎崗で殺害
陳正、永定県人、党員、紅一二軍政治部主任、三一年県内虎崗で殺害
林柏恩、永定県人、紅一二軍団政委、三一年県内高陂で殺害
謝献球、永定県人、党員、県ソヴィエト政府主席、三一年県内北門山で殺害
熊耀山、永定県人、紅三団参謀長、三一年県内北門山で殺害
戴栄興、永定県人、党員、閩西政府政委、三一年県内虎崗で殺害
鄭憲章、永定県人、党員、閩西政府政委、三一年県内虎崗で殺害
曾牧春、永定県人、党員、県委書記、三一年県内虎崗で殺害
陳義、永定県人、党員、紅三軍団参謀、三一年県内湖雷で殺害
陳兆祥、永定県人、党員、県委書記、三一年県内北門山で殺害
阮邁、永定県人、紅一二団政委、三一年県内西渓で殺害
張野成、永定県人、党員、県ソヴィエト政府政委、三一年県内虎崗で殺害
熊永清、永定県人、党員、紅四八団団長、県内虎崗で殺害
張漢栄、永定県人、党員、県ソヴィエト政府主席、三一年県内西門で殺害
林上先、永定県人、党員、紅一二軍の団長、三一年県内高陂で殺害
羅瑞龍、永定県人、党員、県ソヴィエト政府政委、三一年県内永定南門で殺害
頼根山、永定県人、紅一二軍団参謀長、三一年県内虎崗で殺害

盧開蘭、永定県人、党員、紅一二団補充団団長、三一年県内高陂で殺害
範永柱、永定県人、県ソヴィエト政府主席、三一年県内南門壩で殺害
劉連甲、永定県人、党員、饒和埔県ソヴィエト政府主席、三一年県内岐嶺で殺害
阮干才、永定県人、閩西政府互済会主任、三一年長汀県涂坊で殺害
阮振鵬、永定県人、党員、紅三団政委、三一年県内虎崗で殺害
鄭永洪、永定県人、党員、古木督紅軍学校校長、三一年県内西渓坑で殺害
頼寿煌、永定県人、党員、県ソヴィエト政府主席、三一年県内永定南門で殺害
熊仁美、永定県人、閩粤贛特区軍事部長、三一年県内虎崗で殺害
熊炳華、永定県人、閩西工会主席、三一年県内虎崗で殺害
陳海賢、永定県人、県ソヴィエト政府主席、三一年県内南門壩
唐新清、永定県人、党員、永定県委書記、三一年県内合渓半山で殺害
阮桂春、永定県人、党員、紅軍の一支隊隊長、三二年江西省瑞金で殺害

▩上杭県人の党・軍関係者一七名

袁建武、上杭県人、党員、杭武遊撃支隊政委、三一年県内白沙で殺害
李日輝、上杭県人、党員、杭武県ソヴィエト政府政委、三一年県内白沙で殺害
袁宝増、上杭県人、閩粤贛辺区独立遊撃隊の大隊長、三一年県内白沙で殺害
曾杏園、上杭県人、党員、杭武県委書記、三一年県内白沙で殺害
丁紀修、上杭県人、党員、紅一二軍の一支隊隊長、三一年永定県虎崗で殺害
丘志英、上杭県人、党員、杭武県赤衛団政委、三一年県内白沙で殺害

劉鴻芬、上杭県人、党員、長汀県ソヴィエト政府主席、三一年殺害
丘棣華、上杭県人、党員、杭武県赤衛団団長、三一年殺害
李開林、上杭県人、党員、杭武県ソヴィエト政府政委、三一年県内豊稔で殺害
丘伯琴、上杭県人、党員、杭武県ソヴィエト政府主席、三一年県内白沙で殺害
陳丹成、上杭県人、党員、杭武県赤衛団政委、三一年殺害
張如瑤、上杭県人、団員、閩西総工会常務主席、三一年殺害
張道貫、上杭県人、党員、閩西ソヴィエト政府委員、県内大洋垻で殺害
黄華榕、上杭県人、党員、閩西紅軍二団党代表、三一年殺害
藍樹栄、上杭県人、党員、杭武県赤衛団政委、三一年県内白沙で殺害
藍洪翔、上杭県人、党員、瑞金県委書記、粛反委員会主席、三一年瑞金で殺害
藍維龍、上杭県人、党員、上杭県粛反委員会主席、三一年県内白沙で殺害

■武平県人の党・軍関係者四名

練宝禎、武平県人、党員、武平県ソヴィエト政府主席、三一年上杭県白沙で殺害
練林賢、武平県人、紅四軍の一支隊隊長、三一年上杭県稔田で殺害
張滌心、武平県人、党員、閩西ソヴィエト政府執行委員、三一年長汀県頼坊で殺害
李長明、武平県人、党員、紅四軍の一支隊長、三一年上杭県白沙で殺害

■連城県人の党・軍関係者四名

董成南、連城県人、党員、県ソヴィエト政府主席、三一年長汀県南陽で殺害
張瑞銘、連城県人、党員、閩西紅軍独立四団政委、三一年県内新泉で殺害

鄧家煦、連城県人、紅軍独立四団参謀長、三一年県内新泉で殺害
張従化、連城県人、党員、紅軍第二一師参謀長、三一年県内新泉で殺害

（3）『長汀県志』（巻二一、「**蘇区述要**」、**頁五〇二～五〇三**）

一九三一年の粛反運動で処刑された者
段奮夫、王仰顔、黄継烈。その他に「元県支部の二四名の党員の内、部隊に移動した張赤南、羅化成、黄亜光の三人を除いて、あとは総て社民党分子として殺され、一人として免れたものはいなかった。県内の九つの区のうち、七つの区で三〇余名の区・郷の主席が社民党分子として殺された。この事件の中で誤って殺された党員、幹部は二七四人に達した」。同県志の「人物」（頁九七〇～九八九）の項に、社民党分子として殺された以下の人々、王仰顔、段奮夫、李国玉、廖履冰の略伝がある。

なお、『長汀人民革命史』（県党史工作組編、厦門大学出版部）によれば、同県全体で粛清されて殺された党員、幹部は、「二七〇余人」に達するという（頁一八四）。

（4）『上杭県志』（**頁二〇、四九三、四九七**）

「全県でいわゆる社民党分子という罪名で殺害されたものは、三〇〇〇人に近い。上杭県委書記、県ソヴィエト政府主席であったものの内、他の任務に廻わされていた者、酷刑を受けたが幸いに生残った者以外の八人が誤って殺された」（これは、閩西粛反委員会主任の林一株が、紅四軍四縦隊司令兼閩西ソヴィエト政府執行委員の傅柏翠を閩西社民党の首領として認定し、軍隊を派遣して彼が基盤とする蛟洋地区を社民党の巣窟と決め付けて、徹底的に弾圧、粛清した結果であった。『県志』）。「県志・大事記」の一九三一年の三月の項に、「三月一日、閩西ソヴィエト政府は永定県虎崗において〝社会民主党分子〟を

審判する大会を召集し、誤って林梅汀など一七人を主犯として死刑に処した。これ以後、上杭県は上から下まで〝社会民主党粛清運動〟を展開し、全県の幹部、兵士、民衆など三千人が誤って殺された」、「閩西ソヴィエト政府及び閩西粛反委員会は、布告を張り出し、傅柏翠（原紅四軍四縦隊司令官、閩西ソヴィエト政府財政経済部長）は社会民主党の首領であると指弾し、蛟洋地区が社会民主党の巣窟であると宣告した。そして粛反委員会主席の林一株は、新紅十二軍及び赤衛隊二千余を率いていくつかの道に分かれて蛟洋に進み〝討伐〟した」。「五月、坑口に駐屯していた中共杭武県委員会の直属の第三大隊は、粛反運動が人をみだりに捕まえては殺すことに抵抗した。これは「坑口暴動」といわれた。後に、彼らは新紅軍一二軍に包囲攻撃され、第三大隊の幹部はほとんど社民党分子とされ皆殺しにされた」（以上の記録は、『県志』二二〇頁）。

（5）『武平県志』（巻四三、人物「英名録」、八五三〜八五四）

一九三一年、社会民主党員として粛清された人物

劉克模（武平県区政府）、李長明（紅四軍四縦隊四支隊）、李浪軒（レーニン学校）、李甫仁（遊撃大隊）、陳永科（特務大隊）、羅龍才（武南遊撃隊）、羅禄才（武平県ソヴィエト政府）、張滌新（閩西ソヴィエト政府）、練宝禎（武平県ソヴィエト政府）、練林賢（武北四支隊）、練世禎（武平県委宣伝部）、謝佑蓮（練宝禎の妻、武平県ソヴィエト政府婦人部）、以上一二名。

注：『武平人民革命史』（中共武平県委党史研究室編、北京広播学院、一九九五年）に、次のように記載されている。「杭武県が成立してまだ一年もたたない、一九三一年四月〜七月の間に、区以上の党・政・軍の主要な指導者九〇人が逮捕殺害された。全県では、二五〇〇余人が冤罪で殺害された。新中国が建国されてから、調査が実施され統計数字が出された。それによると社会民主党の罪名で殺され革命烈士に追加された人は四〇余名に達した。しかし、実際の数は遥かにこの数字を越えていた」（頁一一六）。

（6）『武夷山市誌』「大事記」、「蘇区」

旧「崇安県」を一九八九年に「武夷山市」と改称。閩北ソヴィエト分区において、一九三三年一月から「情け容赦なく、一切の階級異分子を洗い出し、消極的で仕事を怠け、レーニン主義に反する動揺分子を党から追い出し、党の基礎を固める」粛清運動が始まり、徐福元、左詩賛、陸如碧、張銀英等二八四人が処刑された。建国後の一九八三年に、土地革命時期に「羅明路線」に反対する運動の中で、「改組派として処刑された者七〇〇余名」の名誉回復が、以前に名誉回復された者に追加して行われた。

（7）『浦城県志』「大事記」

一九三三年一〇月、県ソヴィエト区において粛反運動が展開された。県の幹部九〇人は、ただ三人を除いて後全部が、「改組派、ＡＢ団分子」等として殺された。党は一九三八年に「粛反運動拡大化」の誤りとして、彼らの名誉を回復した（県志、大事記「民国二一年」の記載）。

（8）『光澤県志』「大事記」

一九三三年、県ソヴィエト政府の工作員八〇余人が、「改組派」とされ全員が逮捕された。県ソヴィエト政府主席の胡俊山が殺された（逮捕された八〇余人の内、何人が殺されたか記載はない）。

（9）『柘英県志』「政治」

第一次国内革命戦争（土地革命戦争）時期に、ソヴィエト区内の粛反運動で殺されたものは、全県で七八七人に及んだ。建国後、再審査して五六五人を誤殺と認定し名誉回復した。内訳は軍人二一二人、工作人員七四人、民衆一五五人であった。

(10)『連城県志』「大事記」、「人物」

一九三一年四月、ソヴィエト政府と紅軍内で「粛清社会民主党」運動が起こり、かなりの幹部、戦闘員が殺害された。県ソヴィエト政府主席の董成南は二〇余名の幹部と共に長汀県の南陽で殺された。

(11)『漳平県志』「人物」

人物の項の「英名録」に、土地革命戦争の粛反運動で殺された一二人の名簿がある。

三　湖北省各『県志』の粛清に関する記録

(1)『紅安（民国時代は、黄安県）県志』（一九九二年刊）

黄安県の民国時代の荒廃と人口減少は驚異的なものであり、人口は、一八八四年約四九万人、一九三四年約二七万人、一九四九年約三四万人と、民国時代は清朝時代よりも大幅に減少し、建国後に激増して一九八八年に約五九万人になった（「概述」の項）。一九二〇年代、董必武が教鞭をとっていた武漢中学に、多くの県出身の学生が学び彼らが帰郷し、中共党員となって農民運動が激化した。

一九二七年の蔣介石の反共クーデタ以後、この県は蔣介石国民党軍の包囲攻撃の矢面に立たされた。「県志」によると、国民党軍の外に、「清郷団・紅槍会・金槍会・大道会・鏟除義勇隊・民団」などの地主武装勢力がおり、これに対して「革命紅学・農民義勇隊・赤衛隊・遊撃隊・独立団・守備隊」などの共産軍系の抵抗諸組織等が戦いを挑み、県民約十万人が犠牲になった（「軍事」の項）。

一九三一年にこのソヴィエト区に来た張国燾は、同年一一月、同県の党組織と軍機関から二〇〇余名の人を「階級異己分子」として粛清した。また三二年二月には、県保衛局員は粛清に反抗的な地方の党員六三人を「改組派、反党分子」として処刑した（以上は「大事記」の記載）。

一九三一年一一月、「張国燾は、黄安県委と軍区党委の合同会議の席上、改組派はまだ粛清が終わっていない、といった。そこで、黄安県の党と政府は、二〇〇余名の〝変質分子〟を探し出してきて、全面的な粛清運動を行った」。一九三二年二月二〇日、「県ソヴィエト政府の保安局の九人が仙居区に来て人を捕らえた。王家沖の数百人の村民は怒って彼らを武装解除し捕縛した。驚いた区ソヴィエト政府幹部の徐徳聡が駆けつけて釈放させた。ところが、三月八日、党保衛局員は上部の命令を持って来て、呂王城で〝粛反大会〟を開き、徐徳聡ら六三名と王家沖の村民を〝改組派、反党分子〟の罪名によって殺害した」。この事件について、もう少し詳しい説明が『紅安県志』（「公安・司法」一六八頁）に記されている。当時、「黄安県の政治保衛局は、七里坪付近の王錫九村に置かれ、局長以下一〇〇人の組織であった。権力はきわめて大きく、総局から支局に至るまで、人を逮捕し処刑するまで、県の党・政・軍の同意を必要としなかった。鄂豫皖ソヴィエト区では、たった二ヶ月の間に、張国燾らによって、いわゆる改組派、AB団、第三党などのありえない罪名で紅軍将兵二五〇〇人が殺された。三一年一一月には、張国燾らの督促によって、黄安県では、〝反改組派〟闘争が全面的に展開され、県・区・郷・村の幹部六〇％が捕らえられ、その大部分が殺害された」（『県志』、「大事記」二四～二五頁）。「一九三二年二月二〇日、黄安県政治保衛局の九人が、ピストルと取縄を持って五区に行って人々を逮捕しようとした。彼らが王家沖に行ったところ、民衆は大いに不満でこの保安局員九人を捕らえて武装解除してしまった。区委書記の徐徳聡は駆けつけて、民衆を説得して保衛局員を解放させ、上級機関に粛反運動を変えて頂くよう依頼してほしいとお願いした。ところが、三月八日、保衛局は呂王城で民衆大会を開き、徐徳聡ら六三名の区幹部と民衆を〝改組派〟の罪名をつけて殺した」（県志、「公安・司法」一六八頁）。

この県民であった多くの紅軍生き残りの将兵が蔣介石の追撃陣からの脱出に参加し、延安に行った。彼らは張国燾が脱党してから毛沢東に随い、建国後に名をあげた建国の功臣が多く生まれた。人民中国になってから国家主席になった董必武・李先念、その外に六一人の解放軍の将軍が生まれた県として有名である。

（2）『麻城県志』（一九九三年）

この県は、一九二七年九月、黄安・麻城での共産党主導の、いわゆる「黄麻起義」によって一躍国共両党による死闘の中心地域になった。その後、蔣介石の鄂豫皖根拠地に対する包囲攻撃と、中共党内の粛清事件等の混乱によって、多大な犠牲者を出すことになった。一九三二年には、国民党の凄まじい殺戮、放火、略奪の上に、「張国燾の極左路線が重なって、反革命粛清事件が起こり、麻城の中共党員と幹部数千人が誣殺された。一瞬の間に、順河の可心橋付近は屍が野に道、血は流れて河となり、飢狼野犬が人肉を喰った」（「概述」の項）。「土地革命の時期に、麻城県では六万の子弟が紅軍に参加し、六二〇〇人が二五〇〇〇華里の長征に参加した」（「政党・社団・政協」の項）とある。人物伝には、粛清された一九人の県出身者の略伝がある。この県からは、解放後に多くの将軍が生まれなかった。筆者は、おそらくそれは、県内の中共党員と幹部が数千人も粛清されたことと関係があるように思う。

（3）『天門県志』（「人物」）

一九三二年六月、改組派として多くの党幹部が処刑された。「人物」の項に処刑された姚普生（県書記、一九〇三〜三二年）、呉起曼（紅三軍七師二〇団政治委員）の略伝がある。

（4）『英山県志』（「**人物**」）

一九三一年一〇月、熊受暄、査之清が張国燾に処刑された。総数は不明。同年一一月、曹大駿が県委書記として来てから、多くの幹部、党機関員、紅軍将兵が「改組派、第三党、ＡＢ団」として処刑された。「人物」の項に、王孰聞（一八八三～一九三一、同盟会員、辛亥革命に参加、日本の陸軍士官学校卒、孫文を助けてソ連に行く、後中共党に入党してソヴィエト区へ）。姜鏡堂（一九〇二～一九三一、黄埔軍官学校、入党、北伐に参加、以後ソヴィエト区へ、英山県委書記）。熊受暄（一九〇三～一九三一年、黄埔軍官学校卒、二九年ソ連に、三〇年帰国しソヴィエト区へ）等殺された三人の略伝がある。

四　安徽省各県『県志』の粛清に関する記録

（1）『霍邱県志』（「**大事記**」、「**政党**」、「**人物**」）

一九二七年以来、この県は国民党系の軍閥や巨大な土豪劣紳の私的武装勢力と共産勢力・農民蜂起軍との血なまぐさい戦争状態に入った。共産党員は、一九二七年には四七人、二八年三月には五九人、同年一〇月には一〇七人、二九年一二月には一八九人、三〇年の七月には二〇〇余人、三一年には一〇〇〇余人に増えたが、内部粛清によってその大多数が殺された（「政党・軍団」の項）。こうした党員の数や増減は、他の中核的県でも同じようなものである。三一年の粛清について、「張国燾は、紅四軍と鄂豫皖ソヴィエト区で反革命分子粛清を行い、二五軍七三師の政治委員呉煥先に師団政治部と二一九団を率いさせて霍邱県に派遣した。彼らは前後して遊撃師団の師団長廖傑吾、県委書記廖中傑、県ソヴィエト主席杜洪光など一三〇〇人余を捕え殺した。民国二一年（一九三二年）七月、県城は敵に占領され「粛清」はやっと停止した」（「大事記」の項）。

（2）『霍山県志』（「大事記」、「人物」）

この県には、一九二八年共産党が組織され、ソヴィエト政権が誕生した。人口は一三万人ほどで、大別山の山中にあり、人煙希な地方であった。三一年春に鄂豫皖ソヴィエト区中央分局が設立されると、ここに「洪球が県書記として派遣されて来た。彼は、反革命粛清の工作を主宰し、舒伝賢、盧舒、饒会龍、薛英、張滔等の党員・幹部一九〇人と独立団二〇〇余人を等しく「改組派」と誣告して殺害した。また県以下の単位の党幹部も多数が殺された」（「大事記」の項）。人民中国建国後に、この県の紅軍出身者五九人が将軍位を授与された。

この時粛清された同県随一の著名党員は、舒伝賢である。彼の一生はこの時代、この地方で目覚めた知識人革命家の栄光と悲劇の典型であるから、詳しく紹介する。「彼は一八九九年に塾を開き薬剤店を営む家に生れた。小さい時からすぐれていたので一族が援助して勉学に励み、安徽省安慶に有った工業高校に進学した。ここで「五・四運動」の全国的な波に乗って学生運動のリーダーになった。一九二二年には、日本に留学して東京工業高校に入った。当時日本の中国侵略に抗議する学生運動が盛り上がっており、彼も東京で抗日のリーダーの一人となり、一九二六年に抗議のため帰国した。すぐ北京に行き李大釗の指導の下で抗日学生運動を指導した。二七年北伐軍に参加して故郷に辿りつき、安徽省の労働運動を指導し、一躍有名になった。当時は、蔣介石・王精衛やその他大小の軍閥、群盗が入り乱れて戦っており、人民は塗炭の苦しみに喘いでいた。彼は、霍山県では最も著名な人物となって、一九二九年には共産党霍山県委員会書記となった。さらに霍山・霍邱・英山・寿県・合肥・六安の六県の統一会議で最高幹部の一人に選ばれ、中共六安中心県委の書記に当選した。彼は、中共の紅軍・機関・組織を創り、革命根拠地建設に尽力しつつも、蔣介石の包囲攻撃と戦った。しかし、敵の侵攻は激しく、生まれたてのソヴィエト区は多大な損害を被り、四〇〇余人の党幹部は戦死し、あるいは殺された。殺された村民は一万二〇〇〇人にも達した。彼らは残った皖西行軍・赤衛隊と数千の民衆を連れて故郷を離れ、河南省のソヴィエト区に移動した。

一九三一年、張国燾が来て中央分局ができると、彼は分局委員兼組織部長となったが、間もなく張国燾から「改組派」とされ、秘密裏に妻の陳清如と共に粛清された」（以上、「人物」の項）。舒伝賢の伝記を見れば、彼は日本を知り、日本でマルクス主義とロシア革命、日本帝国主義の中国侵略を知り、帰国後は北京・広州・安徽省とまわりながら、救国と共産主義のために職業革命家として活動したことが分かる。安徽省でも有数の活動家であり、かつ知識人であった彼も、実にあっけなく反革命とされて党と同志から粛清された。

（3）『六安県志』（「大事記」、「烈士」）

この県は、省の西部、大別山の北麓に位置し、省都の合肥にも近く大きく豊かな県であった。一九二五年ころから党員が増え、二九年に各地で武装暴動を起こし、中共六安県委員会が成立した。この県出身の著名な党員は、先に紹介した許継慎である。彼以外にも、多くの党員が反革命粛清で殺された。そのため、「建国後、土地革命戦争時期に犠牲になった一万余名の革命烈士の家族が名誉回復と補償を要求した。中でも一九三一年にソヴィエト区で誤って粛清された大量の建党・建軍の指導者たちの家族の要求が特別の名誉回復と補償の要求をした。一九五一年、国家は、誤って殺された烈士三〇一九人を名誉回復し、補償金を与えた」（「民政」の項、以上は要旨）。これによると、六安県で一九三一年の粛清で殺された人は、三〇〇〇人以上であったことが分かる。

党は、建国後の一九五七年、県内に「皖西革命烈士紀念館」を創り、許継慎、呉保才、周狷之、毛正初等一七名の事績を陳列した（「民政」の項）。一九三二年に張国燾が紅軍の主力を率いて西方に脱出した際に、県内の多くの青年が紅軍兵士として参加したので、建国後の一九五五年に県出身者三四人が将軍位を授与され、全国の「九大将軍県」の一つになった。『県志』の記述の中から、反革命粛清事件を中心にして紹介した。如何に多くの紅軍将兵・党機関の党員・人民大衆が同志によって殺害されて来たかが分かろう。

張国燾は、一九三二年一〇月には、党内粛清と蔣介石の包囲攻撃に耐えられずに、西方に遠征してくるといって鄂豫皖ソヴェト区から紅軍主力を率いて「逃亡」した。彼は四川省まで脱出してもはや帰ってくることはなかった。

五　湖南省『平江県志』の粛清に関する記録

(1)『平江県志』「蘇区」

「一九三二年、湘鄂贛ソヴィエト区において、王明の誤った左傾路線が貫徹し始め、王明派は、李宗白を中心とする鄂豫皖省委員会の工作を全面的に否定し、李宗白らは右傾である、平瀏観念(平江県・瀏陽県だけしか考えない地方主義の観念)である、宗派(セクト)主義であるなどと非難して排除した。こうして平江・瀏陽地区から出てきた幹部を排斥し、反革命粛清運動を拡大化した。党臨時省委員会は、粛反運動と反地方主義とを一緒くたにして、党・政・軍の各級幹部をでたらめに逮捕し、〝トロツキスト〟〝AB団分子〟〝改組派〟〝新共産主義〟〝恋愛者社員〟などの〝罪名〟を与えて殺害した。省主席の頼汝樵、省反帝大同盟主任の張警吾、省互済会副主任の胡筠(女)、紅一六軍九師政治委員の李幼軍、平江県委員会書記の王直などが等しく殺された。この年、湘鄂贛省ソヴィエト区の各級幹部七〇〇余人が逮捕され、内一四〇余人が殺されたが、平江県の人は七一人であった。この内部粛反では、県全体では一五〇〇余人が殺された」(『県志』、六八四頁)。

(2)『醴陵県志』「烈士名録」

県志の人物の項(二)列志名録に、「土地革命戦争時期蘇区粛反錯殺人員名単」なる一覧表がある。これによると、以下の一二名が「AB団」、あるいは「AB団容疑者」として、殺害されたとする。

李敉(一九〇四~一九三二)永新県政保局長、永新県で殺。

馬光花（一九〇七～一九三〇年一〇月）醴陵県八区警衛営政治指導員、江西省萍郷で殺。

陳茂発（一九〇一～一九三一年一〇月）同県八区警衛営幹部、江西省萍郷で殺。

李祝峰（一八九五～一九三一年一〇月）同県八区警衛営幹部、江西省萍郷で殺。

呉命喜（一九〇三～一九三一年一〇月）同県八区ソヴィエト主席、江西省萍郷で殺。

易書模（一八九九～一九三一年一〇月）同県八区警衛営幹部、江西省萍郷で殺。

易克仁（一九〇〇～一九三一年四月）中共江西省永新県委書記、永新県で殺。

龔傑（一九〇八～一九三一年）湘東南財政部長、江西省永新で殺。

汪祖生（一九〇七～一九三二年）寧岡県ソヴィエト主席、江西省寧岡県域で殺。

姚元国（一九〇二～一九三二年春）県赤衛隊々長、江西省興国県で殺。

栄清（一九〇六～一九三二年冬）湘贛省交通隊員、江西省永新県で殺。

曾道一（一九〇六～一九三四年九月）中共萍郷県委書記、江西省永新県で殺。

六　広東省各県『県志』の粛清に関する記録

（1）『梅県志』（「政党」他）

「一九三一年五月、黄炎が西北分委（中共閩粤贛特委西北分委）から、梅県県委に帰り書記となり、それまで梅県委書記であった黎果が組織部長に転任となった。黄炎は、反AB団運動を展開し、数百名の党・団員、幹部・民衆を無実の罪で殺した。そのため、中共梅県地方組織は厳重な損害をこうむった。この時期、この地区は国民党政府の軍隊の〝囲剿〟もあり、革命内部からの粛反運動も加わって、中共組織・活動はますます困難な情況に陥った。この年の冬、新たに成立した東江特委は、楊雪如を梅県に巡察のため派遣した。しかし、黄炎は拒んで会議に参加しなかったので、共産主義青年団の県書記の李豪に黄炎を殺させた。しかし、李豪は黄炎を殺害した後に国民党に投降した。こうして県の党団委員会は消滅した」（県志、頁六四六）。

（2）『普寧県志』（「**政党**」）

「一九三一年八月、東江軍委主席の袁策夷は、大南山AB団粛清運動を実行した。彼は、総てを疑い残酷に闘争するという政策をとり、誤って五〇〇人を下らない党員、幹部、民衆を殺害した。三三年一月一〇日、中共東江特委は、袁策夷の粛反拡大化の罪を問い、その職を罷免した。建国後の一九八五年、県人民政府は、AB団粛清運動において大南山・南陽山一帯で殺された紅一軍、紅二軍の将兵と、革命根拠地で殺された指揮員、党幹部、民衆計一三八人に対して、その名誉を回復し、その直系親族である四八人の家族に、一戸あたり一時的な生活補助金として二百元を贈った。これは一九八三年の国務院発一九八三「九一号」文献に基づく処置であった」（県志、頁四六四）。

（3）『豊順県志』（「**大事記**」、「**人口**」）

「一九三一年六月、七月の間に、豊順県委の黄炎は、粛反運動を拡大し、AB団分子として党幹部、革命民衆一〇〇余人を殺した。そのため県の革命組織は消滅した」（県志、「大事記」民国二〇年の項）。

以上の三県を中心にして、この広東省内の革命根拠地では、党・団・政府・軍など全部あわせて数千人ほどの共産党勢力の内、反革命として一六〇〇人を処刑したのであるから、組織も運動も、ほとんど壊滅状態になったのは当然であろう。なお、梅県は宋代以降北方から移住してきた「客家」が急増し、客家の戸数が在地の主戸をうわまわった。さらに明・清両代には福建省西部、江西省南部の客家が続々と梅県に移住してきた。こうして梅県は純然たる客家県となったのである（県志、人口の部、頁一七〇～一七一）。この客家県であるということ、客家の各部落間でも対立抗争がたえなかったこと、共産党勢力が盛んであったが粛反運動が激烈で多くの同志が処刑されたこととは、大いに関係があったのではないか。例えば、土地革命戦争の際、共産党は地主の誰、郷紳の誰、反革命勢力の誰に打撃を与えるかが大問題になった。この時、党員に客家が多ければ、客家以外のものが主な攻撃対象となるだろう。移住民の子孫である客家共同体部落と在地漢族とは、貧富の対立、社会的な差別があった。粛反運動もこうした諸対立の構図から自由ではなかったと想像される。このことは、福建省西部の革命根拠地は、客家がきわめて多かった県を中心にしていたので、そこでも当てはまる問題である。

（4）海南島の「瓊崖革命根拠地」（広東省）

一九二六年以後、この島にも農民運動が高まり、地主勢力、国民党勢力との戦いが激化した。一九三一年には、全根拠地の紅軍は二〇〇〇人に達し、諸組織に三万三〇〇〇人が参加し、支配人口は一〇〇万に達した。ソヴィエト区の全盛時代であった。ところが、このソヴィエト区に一九三二年、中共中央は「現在、瓊崖ソヴィエト区にはすでにAB団、改組派の活動が見られる。これは貴ソヴィエト区にとって厳重な危険である。……一切の反革命の組織と党内のスパイに対して無情な粛清を実行しなければならない」という命令がきた。それによって粛反運動が展開され、ソヴィエト区の党、政、軍の半数以上が失われた。特に、楽会県、万寧県の党員、幹部、将兵の損害が厳重であり、革命運動は再起できないほどの打撃をこうむった（『中国蘇区辞典』頁四三二）。

七　四川省、その他

「川陝ソヴィエト区」

――四川省東北部から陝西省南部山地にかけて張国燾ら紅四軍が根拠地を逃亡後に新しく創立した根拠地――

一九三二年、張国燾を中心とし、曾中生、曠継勛、余篤三、劉杞、王振華、朱光、李春霖、張琴秋等に率いられた、中国工農紅軍第四方面軍（四個師団、約二万余人）は、国民党軍の度重なる包囲攻撃に耐えかねて鄂豫皖根拠地を脱出し、陝西省西部の秦嶺山地から四川省東北部にかけて新しい革命根拠地を創建した。第四方面軍は、この根拠地で一九三五年春までの約二年三ヶ月、戦闘を持続したが、ついに戦いに行きづまり、再びこの根拠地を放棄した。この根拠地でも、鄂豫皖ソヴィエト区と同じように、粛反運動が繰り広げられ、紅軍の敗退の大きな原因となった。

一九三三年二月～四月の間に、西北革命軍事委員会主席となった張国燾は、「反右派闘争」を発動し、「小グループ活動者、国民党改組派、右傾機会主義者、トロツキー・陳独秀派」などのレッテルを貼って、多くの同志を粛清した。張国燾は、四川省委書記の羅世文、党中央が派遣した廖承志を監禁し、陝南特委書記と四川地下党が工作に派遣してきた二〇〇余の党員を処刑した。さらに張国燾の指揮に反対し、不満をもつ最高幹部のほとんど総て、例えば、西北革命軍事委員会参謀長の曾中生、紅四方面軍総経理部主任の余篤三、川陝省臨時革命委員会主席の曠継勛やその他多くの将校を反革命分子として処刑した。曾中生は紅軍の中で絶大な信望があったので、張国燾はすぐには殺さず長く監禁していたが、三五年八月、長征の途中、密かに暗殺して、曾は逃亡したとウソの宣伝を行った（『中国蘇区辞典』頁七〇八～七〇九、『中国革命老区』頁一三二）。

八　参考資料

一九三〇年代の中国共産党では、上記の革命根拠地以外でも粛清が行われたことを、以下の資料によって紹介しておきたい。

（1）「粛托」（トロツキスト粛清）

『江蘇省・徐州市志』下巻「中国共産党徐州地方組織・粛托」

「一九三六年五月、中共中央山東分局は、中共蘇魯特委を拡大して蘇魯豫区党委と改め、書記の白子明、郝中士、馬霄鵬、趙万慶、王文彬、張如、孫衷文、陳籌などが、それぞれ組織、宣伝、社会、統一戦線、軍事、青年、政府工作部長などの任に就いた。この区の党委員会は豊県、単県、沛県、魚台の諸県を活動範囲としていた。一九三九年の八月から一一月にかけての間に、党内に紛れ込み人を陥れる大悪人の中共湖辺地委組織部長の王須仁は、区党委書記部長の白子明の支持のもとに蘇魯豫支隊の四つの大隊の政治委員王鳳鳴（後に党を裏切り敵に投じた）と結んで、区党委員会の指導権を奪った。そして、中共中央山東分局に背き、湖西地区で党中央の名前において、いわゆる「トロツキスト粛清」闘争をおこなった。彼は各種の残酷な脅迫手段を用い、偽証をでっち上げ、蘇魯豫区の党委員の王文彬、馬霄鵬、張如、趙万慶などの各級党政軍幹部を含む三〇〇余人を殺害した。そのため湖西党組織は厳重な打撃を受けた」（一三七一頁）。

（2）満州抗日闘争の中の「民生団事件」（一九三三〜三六年）

中国共産党満州省委員会の指導下にあった、東満特別委員会の抗日武装部隊において、一九三三年〜三六年にかけて朝鮮人党員、遊撃隊員を日本のスパイ・手先として粛清するという事件が起こった。この事件についてはすでに日本では、和田春樹『金日成と満州抗日戦争』（平凡社、一九九二年）、水野直樹「満州抗日闘争の転換と金日成」（『思想』№912 二〇〇〇年六月号）などが詳しい。水野論文は次のように記述する。「一九三六年まで続いた反民生団闘争の結果、共産党・遊撃隊に加わっていた多くの朝鮮人幹部・大衆が犠牲になった。その犠牲者数については、中国の文献でもいくつか異なる説明がなされている。被害者は一〇〇〇名を上回り、名前の分かっている者五六〇名余り、殺された者四三〇名余りとする説、一九三三年だけで各級領導幹部二一六名が殺害されたという説、逮捕者が五六一名、うち銃殺されたものが四三一名（県［党県委］、団［遊撃隊連隊］級以上の幹部は四〇余名余り）とする説などがある。いずれにせよ、東満の党・遊撃隊にとってきわめて大きな打撃であったことは想像に余りある。反民生団闘争において数多くの朝鮮人幹部が粛清されたことは、党や遊撃隊の大衆的基盤を掘り崩した」と。粛清の規模について三種の異説があり、まだ正確に実態を解明できないにしろ、数百にのぼる幹部・党員が殺されたことは間違いない（前掲の水野直樹『思想』九一二号論文、一三四頁）。

第四部　重要事項（主要革命根拠地、主要反革命組織）解説

（一）一九三〇年代「中国共産党革命根拠地」の簡単な解説

一九二七年から、中国共産党は全国的な農民運動の高まりに対応して、華中・華南地方の県城に支部組織を、農村部に農民協会を設立し、各地で暴動を起こした。それに成功した党組織を束ねて党県委員会、更にその上の省委員会を作り、政府を設立して「県ソヴィエト政府」を形成した。それをいくつか集めて、「省ソヴィエト（蘇維埃）政府」を形成した。またその版図を「〇〇辺区」、「〇〇革命根拠地」、それらが更に発展すると「中央革命根拠地」等々と称した。それらは、ほとんど湖南省、江西省、福建省、湖北省、安徽省、河南省等々の省境一帯の山岳地帯が中心であった。それに一部の浙江省、広東省の一部省境地帯が属することもあった。中央革命根拠地から、国家にまで発展したのは「中華ソヴィエト共和国」（一九三〇年末から三四年秋まで存在）ただ一つである。共産党が県政府、省政府を形成すると、党幹部が「共産党県委員会」（「県委」と略称）、「共産党省委員会」を設立した。これらを上海にあった「党中央」が、コミンテルンの指導の下に統括し、管理し、命令した。上海から遠隔地にある革命根拠地を支配するために、巡視員を各省の党委員会に置き、巡視員が省内の「県委員会」を廻って視察し、中央の指令を伝え、また地域の状況を中央に伝えた。「県委」の指導の下に「団」以下の武装組織（赤衛隊、少年共青団）が創られた。団は、その県の範囲内で主に武装組織、治安維持を任務としていた。県をまたいで縦横に活動する軍を「工農紅軍」とし、「工農紅軍第一方面軍」、「工農紅軍第三軍」、同「第四軍」等と称した。以下に重要な根拠地について簡単な解説をしておきたい。

「井崗山革命根拠地」

湖南省と江西省の境にある羅霄山脈の中の一つの山である井崗山を中心に、一九二七年から三〇年二月まであった最初の根拠地。毛沢東が二七年に湖南省の農民蜂起に敗れた敗残兵を率いてこの山中に逃げ込み、この山に巣くっていた袁文才、王佐の土匪の親分を抱き込んで最初の根拠地を作った。最盛期には七二〇〇平方キロ、人口は約五〇万に達した。この地区は、周辺にあった江西省の寧岡、永新、遂川、蓮花、それに湖南省の酃県、茶陵の六県を活動範囲としていた。毛の入山以後に、朱徳の率いる軍、彭徳懐の率いる軍が合流し、中共軍のゲリラ地域として最も強力な根拠地として成長した。毛と朱は「中共紅軍第四軍」を率い、彭は「紅軍第五軍」を率いた。この三人は、井崗山を中心にして湖南省、江西省、福建省へと侵入し、支配区域を拡張し、「中央革命根拠地」の基礎を創った。紅軍の各軍団には、党政治委員である書記と軍の指揮官である軍長が対になっておかれた。書記がソ連赤軍の模倣で政治委員コミッサールに相当し、軍長を監督した。この根拠地は一九二九年の蔣介石の第三次包囲戦で衰退し三〇年二月、共産党組織が、袁文才、王佐の二人を殺害したので井崗山を失った。この後、井崗山をとりまく農村一帯は中央革命根拠地の中の「湘贛ソヴィエト区」の管轄下に入った。

「中央革命根拠地」

この根拠地は、江西省南部（贛南地方）から福建省西部（閩西地方）に広がる客家居住地帯であり、一九二七年以降、農民暴動が極めて盛んな地区であった。ここに一九二九年以降、毛沢東と朱徳が紅軍を率いて進出して、共産党ゲリラが創った根拠地の中で最大、最高の根拠地を形成し、一九三〇年から三四年秋まで存続した。初めは贛西（贛江より西側）が共産勢力の中心であったが、三一年からは武夷山脈の両側の山岳地帯の閩西南と贛南が地続きの根拠地となって、中共軍最大の革命根拠地になった。毛と朱は「工農紅軍第一方面軍」を率いてこの根拠地の創建に最大の貢献をした。その為、蔣介石の「囲剿」の最大の敵は「朱・毛紅軍」となり、この革命根拠地には五回に及ぶ大規模な「囲剿」が敢行された。共産党も必死に守ったが、三四年には消滅の危機に陥った。この時紅軍内には後に建国の功臣となった彭徳懐、林彪、羅栄桓、蕭克、黄克誠、羅瑞卿、譚震林、譚政、粟裕等がいた。最盛期の一九三〇年から三一年には、贛南の一七県、贛西の一〇県、閩西の一一県にまで勢力がおよんだ。しかし、共産党支配地域と国民党勢力が支配する地区が、「紅白」のまだら模様に並ぶのが実情だった。共産党軍が優勢に支配した面積は最盛期には東西南北、約二五〇キロ四方、人口は数百万人におよんだ。一九三一年の暮れ以降、周恩来、博古、オットー・ブラウン、張聞天など上海にいた党中央最高幹部が次々と、この根拠地に移動し、「中華ソヴィエト共和国」を建国し、瑞金に首都をおいた。ソヴィエト政府機関はすべてここに集中した。守勢に立たされた三三年から三四年には、支配領域は贛南地方だけに縮小し、瑞金・興国・雩都など一〇県ほどを擁するだけになった。毛沢東は、上海から党中央が移動してきてからは最高権力を失ったが、「共和国臨時政府主席」の地位を保持し、また紅軍の影の実力者として特異な地位を長征まで維持した。

「閩西革命根拠地」

この地域は、現在の福建省（閩）「龍岩（民国時代は、「龍巖」と称した）地区」に属し、龍岩市、永定県、上杭県、武平県、長汀県、連城県等の諸県からなっていた。この一帯は、どこも客家居住地帯であり、毛沢東、朱徳、陳毅などが、一九二九年以降に江西省の革命根拠地から度々紅軍（紅四軍）を率いて入り、それに地元の鄧子恢、陳滴人、傅伯翠などの革命家、農民運動の指導者たちが呼応し、武装ゲリラ、農民蜂起軍を指導して形成した根拠地である。江西省革命根拠地に地続きの独自の歴史をもつ有名な革命根拠地であった。ただし党中央承認の「閩西革命根拠地」という独立した根拠地があったのではない。党中央は、三〇年一〇月に「閩粤贛ソヴィエト区」（福建、広東、江西）を創設し、鄧発を書記として送り込んだ。彼は、一九三一年春から一九三二年冬に至る時期に、福建省西部で大規模な「粛清社会民主党（粛社党事件）」と言われる内部粛清運動を展開した。鄧発は、広東の労働運動を指導してのし上がった人物で、一九三一年四月に中共ソヴィエト区中央局委員、同七月中華ソヴィエト中央革命軍事委員会政治保衛処処長、次いで十一月中華ソヴィエト共和国中央執行委員となり、最初から社民党粛清運動を発動し拡大した。三一年一一月、党中央は、閩西革命根拠地を中央革命根拠地（中華ソヴィエト共和国）の版図にくりこんだ。以後、長征までの約三年半存続した。

「湘贛革命根拠地」

この根拠地は、井崗山辺区、湘贛辺区、贛西蘇区の三つの革命根拠地が、一九三一年八月に統一されて「湘贛革命根拠地」となったものである。党と紅軍の中核が一九三四年夏に逃亡するまでの約三年間存続した革命根拠地で、江西省の贛江以西の地から湖南省の東部山岳地帯にかけての地域を支配した。中核となる県は江西省の贛江以西にある永新県、寧岡県、蓮花県、安福県、遂川県、吉安県と、湖南省側の茶陵、攸県、酃県などであった。井崗山はこれらの県のちょうど真ん中に位置していた。一九三〇年の井崗山の紅軍最盛期には一〇〇〇平方キロメートルの面積を持ち、一〇数県を支配し、人口約百万を擁した。党員も約二万人に達した。しかし、一九三〇年の二月に行われた毛沢東主催の「二七会議」（陂頭聯席会議）によって、革命根拠地の中心部を贛南から福建西部にかけての地に置くことが決定されてから衰退した。その為、以後中央ソヴィエト区に従属する新区として建設された。それまで毛沢東と朱徳、彭徳懐の指揮下にあった党と紅軍の中核的勢力が、ここから贛江以東の地域に移動したため衰退していった。以後、三一年の「AB団粛清」で多くの地元の幹部党員が粛清され、この湘贛革命根拠地一帯は「井崗山時代」の輝きを失った。三一年夏以降中共中央からこの根拠地に派遣された幹部には、張啓龍、王首道、袁徳生、林瑞笙、任弼時、蕭克等がいた。若き日の胡耀邦等もこの地にいたことがある。

「鄂豫皖革命根拠地」

この根拠地は、湖北・河南・安徽にまたがる大別山周辺の山岳地帯に広がる革命根拠地で、一九三一年秋から張国燾、沈沢民・陳昌浩による大粛清が起こった地区である。一九二一年以降、中国共産党の地方組織がこの地方にも設立された。最初は武漢で董必武等に影響されて共産党に入った学生が故郷で活動を開始し、湖北北部の黄安（今の紅安）・麻城・黄陂・新洲・孝感・黄岡など一二県に、河南省東南部の商城・固始・信陽・羅山・光山など七県に、安徽省西部の六安・霍丘・潜山・太湖・宿松・英山など九県に、三省にまたがる地方共産組織が発展した。これに対して、蔣介石の国民党軍は党員や暴動農民に対する大弾圧を行い、至るところで大虐殺を行った。共産党と農民組織も反撃し県城を占領し、地主階級、土豪劣紳や資産階級の金持ちたちを打倒して県に新政権を創った。著名な暴動は、「黄麻起義」、「商城起義」、「六霍起義」などである。これから一九三〇年にかけて、県単位の共産党組織が団結・連合し、三〇年には、それらが統一されて「鄂豫皖辺区」が創立し、ここに「中国工農紅軍第一軍」なる統一軍隊が生まれた。全盛時代には、六つの県城、二六の県政府、総面積約四万平方キロ、人口三五〇万人、紅軍四・五万人、地方武装二〇余万人を擁した。一九三一年に「鄂豫皖辺区」は「党中央鄂豫皖分局」となり、軍も「紅第四方面軍」に統一され、全中国の共産軍の三大主力軍の一つとなった。

しかしながら、三一年春に党中央から派遣された張国燾、沈沢民、陳昌浩等は、すぐ大規模な粛清を行い、地元の多くの革命家や紅軍兵士を殺した。その為、三二年には根拠地は衰退し、張は同年十月に紅軍主力を率いて四川に逃亡した。

「湘鄂贛革命根拠地」

この根拠地は、湖南省、湖北省、江西省の三省交界にまたがった革命根拠地であり、湖南省の平江、瀏陽、湘陰、湖北省の陽新、通山、大冶、江西省の修水、銅鼓、万載等の諸県を中心にして、一九三一年の全盛期には約二〇県ほど、人口は三〇〇万人を支配した。この地域は共産党と地元の農民活動家が農民暴動で一緒に戦い、その中から各地に武装勢力が誕生したのである。しかし、この地域は革命根拠地として長期安定的に支配を持続することはできず、たちまち四分五裂し、共産党、国民党、地主土豪、反革命武装勢力、反動的会道門が入り乱れて抗争を繰り返し、その為共産党組織も絶えず孤立し、分散化するのが常態だった。従って、中央革命根拠地のような広大な土地を安定的に保持することはできなかった。

この革命根拠地の武装闘争の歴史を振り返れば、次のようなものである。一九二七年の蔣介石の反共クーデタ以後、白色テロ、赤色テロが入り乱れ、人民は塗炭の苦しみに陥った。この地域で活動した工農紅軍は、湘軍独立第五軍の団長だった彭徳懐、黄公略等であり、彼らは「湘鄂贛辺特委」書記の滕代遠の指導のもとでゲリラ活動を展開した。二八年には有名な平江蜂起で県城を占領し、勢力は大いに振るった。二九年には彭徳懐軍が平江を放棄して南下したので一時勢力は低下した。しかし、一九二九年から三〇年にかけては共産党が総力をあげて行った長沙攻撃が成功し、一時勢力を挽回して活動参加者が三〇万から四〇万人にも達する全盛時代を迎えた。しかし、李立三路線による冒険主義の失敗と反革命勢力の反撃によって衰退し始めた。特に朱・毛紅軍が井崗山から贛南へ、更に閩南へと移動するに従って、この一帯は共産ゲリラの中心舞台ではなくなっていった。著名な共産党の指導者の多くは、井崗山へ、江西省南部へと去っていった。一九三三年、頼汝樵、胡筠、呉天驥などが「ＡＢ団」、「改組派」として殺害された。以後この根拠地は、四分五裂する状態となり、各県の党機関が勝手な行動をとることが多くなり、極めて安定性を欠く状態であった。

「湘鄂西革命根拠地」

この根拠地は、湖北省、湖南省一帯にある八つの革命根拠地からなっていた。中心地区は、洞庭湖・洪湖の北側に広がる洪湖革命根拠地であり、一九三一年三月、監利県瞿家湾に「湘鄂西ソヴィエト中央分局」が置かれた。このソヴィエトの全盛期の一九三二年には、七〇余県、約三七〇万人を擁した。

この根拠地の始まりは次のような経緯によるものであった。一九二七年の蔣介石の上海クーデタ以後、国民党、軍閥、土豪劣紳などの白色恐怖がこの一帯にも蔓延した。それに対抗して、中共の湖北・湖南省委員会は、同年八月、農民暴動を各地で組織した。例えば、湖北省沔陽県では、共産党員の指導のもとで数百人の農民が県城を攻撃して残忍な県長を殺し、八〇余人の逮捕されていた党員、農民活動家などを牢獄から救出した。また公安県、当陽県では、九月一四日、党員の指導のもと農民協会員、自警団員など二〇〇〇余人が、地主反動派の団防局を攻撃し、悪覇地主、土豪劣紳など八〇余人を逮捕し、その内の罪悪の特に甚だしい三〇余人を殺した。当時の農民運動は土豪劣紳、貪官汚吏を殺して全財産を奪い、地主に小作料を支払わず、役場に税金を納めない、そして地主階級から没収した土地を貧農に分配した。これがどこでも見慣れた農民暴動の姿であった。一九二七年の、蒋介石の反共政策への転換を契機に、白色恐怖と赤色恐怖が入り乱れて農村に荒れ狂った。二八年二月には賀龍、周逸群が中心になって工農革命軍を創建し各地で地主武装勢力や土匪と戦いを演じ、革命軍は約千人に達した。これより三〇年にかけて指導的な役割を演じたのは、賀龍、周逸群、段徳昌、孫徳清、鄺継勛、柳直荀、鄧中夏等であった。しかし、三一年三月、夏羲が鄧中夏に代わって中央代表として派遣されてきた。以後、彼は大規模な党内軍内の大粛清を行い、根拠地は消滅の方向をたどった。この年、大洪水もあり、根拠地は急速に縮小し、三三年末に紅軍主力軍は根拠地を放棄して脱出、逃亡した。

「閩浙贛革命根拠地」

このソヴィエト区は、一九二七年以降、福建省、浙江省、江西省の三省の省境——その多くは山岳地帯であるが——を根拠地とし、弋陽県・横峰県・上饒県・鉛山県・浦城県・崇安県などを中心地区とした革命根拠地であった。土地革命時代に方志敏を中心にして、邵式平、黄道、方志純、呉先民などが中心となって創建したもので、一九三〇年に全盛期を迎え、八つの県ソヴィエト政府を配し、四〇〇〇余の紅軍兵士を擁した。彼ら紅一三軍が活動した遊撃区域の人口は一〇〇〇万に達したという。もともとこの地区の中共党員や農民暴動の指導者が創建した革命根拠地であったが、一九三一年四月に初めて上海の党中央から特使が派遣されるようになった。

同年七月、党中央は党代表として曾洪易（後に党を裏切った人物）を根拠地に送って大粛清を行った。曾は三三年まで独裁権力を振るったので急速に衰退した。三三年一二月、方志敏が「閩浙贛省委書記」に任命された。しかし、この根拠地は、内部の反革命分子に対する粛清運動と三一年から続いた蔣介石の五回の「囲剿」によって衰退し勢力を回復できなかった。三四年末に第五次囲剿によって消滅した。

「東江革命根拠地」

一九二七年以降に、広東省の東江地区、普寧、紫金、梅県、五華、恵来等一四県に農民暴動が起こり、紆余曲折を経ながらも三〇年には、「東江革命根拠地」が正式に発足した。特に、二九年に一時朱徳率いる紅軍が福建省から広東省に侵入したことが大きな刺激となった。地元の指導者は古大存、顔魁亜、陳耀潮、彭桂、糞楷等であった。三一年には、党内・紅軍内の「ＡＢ団・社民党」粛清が始まり、約一六〇〇名の幹部党員、大衆が粛清された。三五年、東江特委書記局が置かれていた大南山が国民党軍隊によって陥落し、根拠地は崩壊した。

「琼崖革命根拠地」

海南島は三四〇〇平方キロの大きな島で、漢族、黎族、苗族、回族など多人種が混在した島であった。一九二七年、共産党が武装蜂起して根拠地をつくった。三一年には、ソヴィエト区の人口は一〇〇万人に、党が組織した人は三万人以上に達した。しかし、国民党地主勢力の攻撃に耐えられず、三三年五月以降活動を停止した。この根拠地でも、三一年から粛清の嵐が起こり、多くの同志を失った。

（二）「反革命組織」の名称とその概要

多くの党・軍・民の指導者が様々な反革命組織の幹部というレッテルをはられて処刑された。犠牲者は判明している者だけで約一〇万に達した。今日ではこれらの反革命の党・組織は存在していなかったこと、彼らはみな冤罪で処刑されたことが判明している。以下の概要は当時考えられていた「反革命組織」なるものの内容である。

「ＡＢ団」

これは国民党内に秘密に創られた「反ボルシェヴィズム団」の略称である。この反共組織は一九二六年九月、蔣介石が陳果夫を通して国民党右派の段錫朋、鄭異を江西省に派遣して国民党の党組織を点検させ、また同年一一月に洪軌を南昌に派遣して反共右派の秘密組織を創設させたものである。それがＡＢ団（Anti-Bolshevik の略称、ボルシェヴィキに対するアンチ〝反対〟の意）である。この組織は南昌を中心にして活発に活動し、江西省国民党支部を乗っ取る勢いであった。一九二七年四月、南昌の人民三万余人が共産党の指導の下、「蔣介石に反対せよ」、「反動的省国民党支部を打倒せよ」と叫んで街頭に繰り出し、国民党の諸機関を包囲して反動分子を捕らえた。ＡＢ団の首領段錫朋、周利生らは南昌から南京に逃亡し、江西省のＡＢ団はほとんど解体し、再び勢いを盛り返すことはなかった。従って、国民党が創ったＡＢ団が江西省で活動を行ったのは、約四か月に過ぎなかったということになる。

しかし、その後、江西省の人々、とりわけ共産党指導部は、政治的に不可解な事件が起こったり、共産党からの大量逃亡、脱党、幹部の裏切りと転向、紅軍からの兵士の逃亡などが頻発したりすると、その裏に、しばしば反革命陣営のＡＢ団・富農分子がいて画策しているのではないか、ＡＢ団の陰謀・謀略ではないかとする疑心暗鬼に陥った。党は内部の裏切り者を恐れはじめた。党の幹部たちは、国民党の右派・左派への分裂と抗争、軍閥と土豪劣紳との抗争、江西省の地主・土豪劣紳の共産党攻撃など、当時の江西省の困難な諸情況の背後に、また諸政治勢力の間の対立・抗争・分裂・虐殺、暗殺、それに共産党員や紅軍兵士の逃亡、転向などの背後に、国民党の謀略の手先としての「ＡＢ団の謀略」があると確信するに至った。こうした同志の中にスパイがいるという「妄想」がトラウマのように共産党人を脅かすに至った。こうした疑心暗鬼、被害妄想の精神は、共産党が最も困難な情況に追い詰められた時、そして共産党中枢の中に分裂と対立が生まれた時、時期的に言えば一九三〇年代の初めから、俄然地方の毛沢東など共産党人の中に悪鬼の如く立ち現れてきたのである。

江西省の党機関の文書にAB団について言及がなされるのは、一九二八年からであり、二九年の四月に出された党文書「贛西特委給江西省委報告」(『中央革命根拠地資料選篇』上巻、頁七一~七四)には、江西省の国民党組織はほとんどAB団によって占領されているが、まだ彼らが農民運動を展開するまでには至っていない、と論評している。同年八月、九月に出された「贛西特委給江西省委報告」(『中央革命根拠地資料選篇』上巻、頁九四~九六)、「江西省委工作報告」(同上書、頁一〇二~一一五)、「劉作撫関于贛西形的総合報告」(同上書、頁一三一~一三五)には、AB団、改組派、第三党などが民衆勢力や脱党分子を誘って勢力を伸ばし、わが民衆運動や共産党員を仲間にしようと画策している、と書いて党員に警戒を呼びかけている。AB団は贛南の中心である「吉安市」を中心にした「封建制力の豪紳資産家階級」の勢力であり、最も勢力がある。第三党とは「共産党から落伍した知識分子が組織」したものであり、改組派とは「国民党左派分子が組織」している。翌年の三〇年春になり、紅軍による吉安市への攻撃が激化し、贛南農村における土豪劣紳・地主階級と共産党・紅軍・農民大衆との決戦が始まると、共産党・紅軍勢力に敵対するもの、農民運動に反対するものはことごとくAB団分子と見なされる様になった。ここまでくれば、党内・紅軍内で戦略戦術に異論をとなえる人すべてをAB団の一味ではないかと疑がい、粛清する新たなる段階に入ったと言ってよい。どこでも、また誰でも反対派をAB団(地主富農分子)と見なす大粛清の精神的土壌が用意されたのである。しかし、実はこの組織は一九三〇年には消滅しており、全く存在しなかった。従って、一九三〇年の「富田事変」に始まる共産党内の「AB団粛清運動」は、全くの冤罪事件であったことは今日明白になっている。「粛反運動」とは全くの「虚構の裏切り者」を探して殺す運動だったのだ。この時代、蕭克(建国後に将軍となった)が、粛反運動の最高責任者であった毛沢東配下の李韶九に「AB団と社民党の違いは何か」と質問した。すると李は「AB団はつまり社民党であり、社民党はつまりAB団である」と煙に巻いて逃げたという。粛清の魔王となった李も、実はそれが何者であるかを知らなかったのである。

「社会民主党」（「社民党」と略称）

一八八九年、西ヨーロッパの社会民主主義者が連合して、カウツキー等が第二インターナショナル（中国語では「第二共産国際」）を結成した。これは暴力革命に反対し、議会主義的な政治運動、労働運動を中心にして社会改良を推し進める中で社会主義を実現しようとするもので、レーニン、リープクネヒト、ローザ達から激しく非難された。ロシア革命成功後、レーニン主義が正統となると、社会民主党は革命の裏切り者であり、ブルジョア階級の政党として断罪された。ロシア革命を絶対化する中共においても敵の回し者、裏切り者の代名詞となっていった。「社民党」反革命事件は、一九三一年に福建省の紅軍ソヴィエト区から開始されたが、それは数人の兵士が集会で「社会民主党万才」と叫んだことから始まった。しかし、レーニンやスターリンは、一九一八年に「共産党」と名乗る以前は、「ロシア社会民主労働党」を名乗っていた。中国の田舎の紅軍兵士が、党名を間違えても不思議はなかった。

「第三党」

一九二七年四月一二日、北伐の最中における蔣介石のこの日の上海クーデタによって、国民革命は失敗し、以後国民党と共産党は血みどろの争いを展開した。その中で、譚平山、章伯鈞は共産党を離脱した。またこの時、国民党からも鄧演達、陳友仁など左派が離脱した。そこで両者は接近し、一つの党派を結成した。それでこれを「第三党」という。つまり共産党から言えば、裏切り者の代名詞となった。党内にまだこの第三党分子が多くいると疑ったのである。

「改組派」

国民党内の汪精衛派の陳公博、顧孟余などは蔣介石から排斥され、一九二八年に上海において国民党の分派である「中国国民党改組派同志会」を結成した。一九三〇年以降、中共党内において、この「改組派」の仲間、裏切り者がいるとされて多くの同志が粛清された。彼等を「改組派」と命名した。

「トロツキー・陳独秀派」（中国語では「托・陳取消派」）

レーニン死後、世界革命論を唱えるトロツキーと一国社会主義論を唱えるスターリンは激しく対立した。トロツキーは、一九二六年、ジノヴィエフらと合同反対派を結成したがスターリン派に敗れた。二七年党を除名され、二九年国外に追放された。以後、トロツキストという名称は、ソ連を中心とする共産主義世界で「革命の裏切者」に対する最大の悪罵となった。中国共産党の創立者の一人で、以後同党の委員長を長くやっていた陳独秀は、第三インターの主流のスターリン派からトロツキストというレッテルを貼られ、一九二九年、中国共産党から除名された。以後、「トロツキー・陳独秀派」は、中国共産党内で革命の裏切り者、党解体（中国語では「取消」）主義者という最大の侮蔑、悪罵の代名詞となった。日本共産党内でも恒常的に使われた。

第五部　史料、研究著書、研究論文、参考文献一覧表

工具書、人物・人名辞典

『近代來華外国人名辞典』（中国社会科学院近代史研究所翻訳室、中国社会科学出版社、一九八一年）
『中国近代史詞典』（上海辞書出版社　一九八二年）
『中華人民共和国（一九四九—一九九九）事典』（李学昌主編　上海人民出版社　一九九九年）
『中華軍事人物大辞典』（呉如嵩主編　新華出版社　一九八九年）
『中国歴史大事年表・現代』（唐培吉主編　上海辞書出版社　一九九七年）
『中国共産党組織史大事紀実』（全四冊、王健英編　広東人民出版社　二〇〇三年）
『紅軍人物志』（王健英　解放軍出版社　一九八八年）
『中国工農紅軍第一方面軍人物志』（中国工農紅軍第一方面軍史編審委員会　解放軍出版社　一九九五年）
『中国歴史人物生卒年表』（呉海林、李延沛編　黒龍江人民出版社　一九八一年）
『中国共産党歴史・第一巻「人物注釈集」』（中共中央唐氏研究室、中共党史出版社、二〇〇四年）
『中共党史人名録』（裘之倬主編　重慶出版社　一九八六年）
『中国軍事人物辞典』（施善玉等主編　科学技術文献出版社　一九八八年）
『中国革命史人名大辞典』（李侃主編　海南出版社、三環出版社　一九九二年）
『中国蘇区辞典』（陳玄明、邵天柱、羅恵蘭他編、江西人民出版社、一九九八年）
『中国蘇区史』（徐伯流・凌歩機著、江西人民出版社、二〇〇一年）

中共紅軍・革命根拠地・ソヴィエト区等の関係史料

『革命歴史資料叢書　回憶湘贛蘇区』（王首道、肖克等著　江西人民出版社　一九八六年）

『革命歴史資料叢書　紅一方面軍史略』（李直、許初水編著　江西人民出版社　一九八三年）
『革命歴史資料叢書　江西蘇区婦女運動資料選編』（江西省婦女聯合会、江西省档案館選編　江西人民出版社　一九八二年）
『革命歴史資料叢書　中央革命根拠地資料選編』（上中下、江西省档案館、中共江西省委党校党史教研室　一九八一年）
『毛沢東集』（全一〇巻、竹内実監修、毛沢東文献資料研究会編　北望社　一九七一年）
『毛沢東集補巻』（全一〇巻、竹内実監修、毛沢東文献資料研究会編　蒼蒼社　一九八三年）
『中央革命根拠地資料選編』（全三巻・上中下、江西省档案館、中共江西省委党校党史教研室　一九八二年）
『湘贛革命根拠地』（全二巻・上下、『湘贛革命根拠地』党史資料征集協作小組編　中共党史資料出版社　一九九一年）
『鄂豫皖蘇区　革命歴史文件彙集』（全五巻、中央档案館、湖北省档案館、河南省档案館、安徽省档案館　一九八五年）
『湖北革命歴史文件彙集』（全一一巻、中央档案館、湖北省档案館　一九八五年）
『江西革命歴史文件彙集』（全五巻、中央档案館、江西省档案館　一九八六年）
『広東、広西革命歴史文件彙集索引』（全二巻、中央档案館、広東省档案館　一九八六年）
『修水革命歴史文献資料集』（内部資料　中共修水県委党史資料征集弁公室編　一九八五年）
『土地革命戦争紀事　一九二七―一九三七』（蒋鳳波等編　解放軍出版社　一九八九年）
『太行革命根拠地史料叢書之九　公安保衛工作』（太行革命根拠地史総編委会編　山西人民出版社　一九八九年）
『中共弋陽党史資料』（中共弋陽県委党史工作弁公室　中共党史出版社　一九九一年）
『中共横峰党史資料』（中共上饒地委党史工作弁公室　一九九一年）
『江西党史資料1』（一九八七年四月）中共江西省委党史資料徴集委員会・中共江西省委党史研究室編、以下同じ。
『江西党史資料4贛南農民武装暴動』（一九八七年）
『江西党史資料5万安暴動』（一九八八年）
『江西党史資料6羅坊会議前後』（一九八八年）
『江西党史資料7十万工農下吉安』（一九八八年）
『江西党史資料8上饒集中営的闘争』（一九八八年）
『江西党史資料10東固革命根拠地』（一九八九年）
『江西党史資料13中共蘇区閩贛省』（一九九〇年）
『江西党史資料14中央蘇区江西省』（一九九〇年）

『江西党史資料23中国工農紅軍第六、二十軍』（一九九二年）（中共江西省委党史資料征集委員会、中共江西省委党史研究会編）
『江西党史資料40　江西平反冤假錯案』（中共江西省紀律検査委員会等編　新華出版社　一九九七年）
『与紅三軍団有関的歴史問題及文献』（江西現代史学会編　江西人民出版社　一九八一年）
『毛沢東文集』（全八巻、中共中央文献研究室編　人民出版社　一九九三年）
『紅四軍入閩和古田会議文献資料』（中共福建省委党校党史研究室編　福建人民出版社　一九七九年）
『中華蘇維埃共和国法律文件選編』（厦門大学法律系、福建省档案館選編　江西人民出版社　一九八四年）
『鄂豫皖革命根拠地』（全四冊、『鄂豫皖革命根拠地』編委会編　河南人民出版社　一九八九年）
『江西文史資料選輯』（一九八二年二期、中国人民政治協商会議江西省委員会）
『閩浙贛湘鄂蘇区　革命文化紀事・人物録』（福建浙江江西湖南湖北省文化庁　革命文化資料征集工作委員会編　一九九七年）
『海陸豊革命根拠地』（汕尾市革命老根拠地建設委員会弁公室、中共海豊県委党史研究室、中共陸豊県委党史研究室編　中共党史出版社　一九九一年）
『太行革命根拠地史料叢書之五　土地問題』（太行革命根拠地史総編委会編　山西人民出版社　一九八七年）
『建国以来毛沢東文稿』（全一三冊、中央文献出版社編　中央文献出版社　一九八七年）
『毛沢東軍事文選　内部本』（中国人民解放軍軍事科学院編　中国人民解放軍戦士出版社　一九八一年）
『（中国共産党史資料叢書）紅色中華』（全三巻、不二出版　一九八六年）
『共産国際与朱毛紅軍』（中央文献出版社、二〇〇六年）

党幹部・紅軍将領伝記、年譜・回憶録

『毛沢東年譜』（上中下、中共中央文献研究室編　中央文献出版社　一九九三年）
『毛沢東伝　一九四九―一九七六』（上下、中共中央文献研究室編　中央文献出版社　二〇〇三年）
『聶栄臻年譜』（上下、人民出版社　一九九九年）
『瞿秋白』（張琳璋著　中央文献出版社　二〇〇五年）
『任弼時年譜　一九〇四―一九五〇』（中共中央文献研究室編　中央文献出版社　二〇〇四年）
『賀龍年譜』（中共中央党校出版社　一九八八年）

『蕭克回憶録』（解放軍出版社　一九九七年）
『王明評伝』（周国全等著　安徽人民出版社　一九八九年）
『賀龍年譜』（李烈編　人民出版社　一九九六年）
『彭徳懐伝』（当代中国出版社　一九九三年）
『朱徳年譜』（中共中央文献研究室編　人民出版社　一九八六年）
『朱徳伝』（中共中央文献研究室編　人民出版社、中央文献出版社　一九九三年）
『周恩来年譜　一八九八—一九四九（修訂版）』（中共中央文献研究室編　中央文献出版社　一九九八年）
『董必武伝　一八八六—一九七五』（上下、中央文献出版社　二〇〇六年）
『李先念伝　一九〇九—一九四九』（中央文献出版社　一九九九年）
『王稼祥年譜　一九〇六—一九七四』（徐則浩編著　中央文献出版社　二〇〇一年）
『陳雲伝』（上下、中共中央文献研究室編　中央文献出版社　二〇〇五年）
『彭徳懐評伝』（胡家模著　河南人民出版社　一九八九年）
『鄧子恢伝』（蔣伯英著　上海人民出版社　一九八六年）
『張国燾　伝記和年譜』（路海江著　中共党史出版社　二〇〇三年）
『鄧子恢伝』（人民出版社　一九九六年）
『彭徳懐自述』（人民出版社　一九八一年）
『陳毅年譜』（上下、劉樹発主編　人民出版社　一九九五年）
『黄克誠自述』（人民出版社　一九九四年）
『張聞天伝』（程中原著　当代中国出版社　一九九三年）
『鄭小平年譜　一九七五—一九九七』（上下、中共中央文献研究室編　中央文献出版社　二〇〇四年）
『朱徳年譜　新編本』（上中下、中共中央文献研究室編　中央文献出版社　二〇〇六年）
『陳雲年譜』（上中下、中共中央文献研究室編　中央文献出版社　二〇〇〇年）
『回憶鄧子恢』（人民出版社　一九九六年）
『劉伯承回憶録』（上海文芸出版社　一九八一年）
『王震伝』（上下、当代中国出版社　一九九九年）

『賀昌年譜　一九〇六―一九三五』（穆生高主編　中共党史出版社　二〇〇六年）
『陳丕顕回憶録―蘇中解放区十年』（陳丕顕著　上海人民出版社　二〇〇二年）
『王明評伝』（周国全他、安徽人民出版社、一九八九年、合肥）
『我的回憶』（張国燾、東方出版社、一九九八年、北京、内部発行）
『張国燾・伝記和年譜』（路海江著、中共党史出版社、二〇〇三年、北京）

研究書、概説書、一般書

『興国人民革命史』（中共興国県委党史工作弁公室編　人民教育出版社　二〇〇三年）
『金寨県革命史』（安徽人民出版社　一九九一年）
『龍岩人民革命史』（龍岩市委党史資料征集研究委員会　厦門大学出版社　一九八九年）
『長汀人民革命史』（中共長汀県委党史工作委員会編　厦門大学出版社　一九九〇年）
『宜春人民革命史』（中共宜春市委党史工作弁公室編　一九九三年）
『万載人民革命資料』（第一集、中共万載県委党史弁公室編印　一九八六年）
『武平人民革命史』（中共武平県委党史研究室編　北京広播学院出版）
『永定人民革命史』（永定県委党史工作委員会編　厦門大学出版社　一九八九年）
『中南海人物春秋―真実再現政壇風雲人物歴史命運』（上下、顧保孜著　中国青年出版社　二〇〇〇年）
『中国共産党八十年』（上）（中国档案出版社　二〇〇一年）
『中央紅軍　長征従此処出発』（李雲、凌歩机編　中共党史出版社　二〇〇四年）
『中央蘇区党的建設史』（楊小冬、羅長祥、陳世奎著）以下同じ。
『中央蘇区政権建設史』
『中央蘇区土地改革史』
『中央蘇区財政経済史』
『中央蘇区文化教育史』
『中央蘇区軍事史』（厦門大学出版社　一九九九年）

『延安整風実録』（高新民、張樹軍著　浙江人民出版社　二〇〇〇年）
『革命与郷村　従暴動到郷村割据：一九二七―一九二九』（黄琨著　上海社会科学出版社　二〇〇六年）
『毛沢東与林彪』（上下、内蒙古人民出版社　一九九八年）
『大別山風雲録』（中共河南省委党史工作委員会　河南人民出版社　一九九〇年）
『徐向前的非常之路』（張麟著　人民出版社　二〇〇四年）
『中共中央機関歴史演変考実（一九二一―一九四九）』（王健英著　中共党史出版社　二〇〇五年）
『革命根拠地法制史』（張希坡主編　法律出版社　一九九四年）
『広州農民運動講習所　文献資料』（中共広東省委党史研究委員会弁公室　一九八三年）
『中国少数民族革命史』（羅開雲等著　中国社会科学出版社　二〇〇三年）
『陳独秀与共産国際』（唐宝林主編、新苗出版社、二〇〇〇年、香港）
『民国時期的土匪』（貝思飛著、徐有威、李俊杰訳　上海人民出版社　一九九二年）
『遵義会議与延安整風――中共権争秘史』（楊中美著　奔馬出版社　一九八九年）
『紅太陽是怎様昇起的――延安整風運動的來龍去脈』（高華著　中文大学出版社）
『我的回憶』（全三巻、張国燾著　東方出版社　内部発行　一九九八年）
『中央革命根拠地史稿』（戴向青等著　上海人民出版社　一九八六年）
『中央蘇区党的建設』（中央江西省委党史研究室　中共党史出版社　一九九一年）
『李鋭論説文選』（李鋭著　中国社会科学出版社　一九九八年）
『李鋭往事雑憶』（李鋭著　江蘇人民出版社　一九九五年）
『李鋭其人』（宋暁夢著　河南人民出版社　一九九九年）
『李鋭反「左」文選』（李鋭著　中央編訳出版社　一九九八年）
『李鋭文集』（李鋭著、第一巻「蘆山会議真面目、第二巻「毛沢東晩年悲劇」第三巻「大躍進親歴記」、一九九九年、南方出版社）
『中華名人叢書　賀龍』（謝武申著　崑崙出版社　一九九八年）
『賀龍的非常之路』（顧永忠著　人民出版社　二〇〇四年）
『閩西地方武装概略』（中国人民解放軍福建省龍岩軍分区政治部　中共龍岩地委党史資料征集研究委員会編　一九八六年）
『現代稀見資料書系　双山回憶録』（王凡西著　内部発行　東方出版社　二〇〇四年）

『秘密社会与中国民主革命』（周建超著　福建人民出版社　二〇〇二年）
『喋血井崗山——毛沢東的崛起』（余伯流、陳鋼著　中国人事出版社　一九九三年）
『中国経済政策思想史』（馬伯煌等著、編　雲南人民出版社　一九九三年）
『国民革命与黄埔軍校——記念黄埔軍校建校80周年学術論文集』（広州近代史博物館　黄埔軍校旧址記念館編　吉林人民出版社　二〇〇四年）
『近代中国小農経済的変遷』（苑書義、董叢林著　人民出版社　二〇〇一年）
『毛沢東与中国古今詩人』（蔡清富等著　岳麓書社　一九九九年）
『中国「左」禍』（文聿著　朝華出版社　一九九三年）
『党中央与張国燾闘争紀実　北上』（李統著　広西人民出版社　二〇〇四年）
『匪党内部闘争問題論集』（姚孟軒編　国際関係研究所　一九七四年）
『星火燎原　中国新民主主義革命史長編』（李新、陳鉄健主編　上海人民出版社　一九九四年）
『中央蘇区史』（余伯流、凌歩机著　江西人民出版社　二〇〇一年）
『毛沢東与調査研究』（陶永祥編著　中央文献出版社　二〇〇四年）
『胡喬木回憶毛沢東』（胡喬木著　人民出版社　一九九四年）
『「文化大革命」中的周恩來』（中共中央党校出版社編　中共中央党校出版社　一九九一年）
『毛沢東思想万歳　一九六九年八月』（原文覆刻版　現代評論社　一九七四年）
『毛沢東与彭徳懐』（鄭啓等著　吉林人民出版社　一九九八年）
『中国革命老区』（中国革命老区建設委員会編　中共党史出版社　一九九七年）
『中国土地改革史　一九二一—一九四九』（趙効民主編　人民出版社　一九九〇年）
『従伝統到近代　江南城鎮土地産権制度研究』（馬学強著　上海社会科学院出版社　二〇〇二年）
『皖西風雲録　皖西蘇区革命文化資料選編』（安徽省文化庁革命文化資料征編室）
『中共閩粤贛辺区史』（閩粤贛辺区党史編審領導小組著　中共党史出版社　一九九九年）
『農民知己鄧子恢』（南雲著　福建教育出版社　一九九八年）
『毛沢東的功過是非』（李鋭著　天地図書　一九九三年）
『中国紅軍発展史』（王健英著　広東人民出版社　二〇〇〇年）

『朱徳与毛沢東』（李蓉、呉為著　中共党史出版社　一九九八年）
『陳独秀与莫斯科的恩恩怨怨』（姚金果著　福建人民出版社　二〇〇六年）
『中国托派史』（唐宝林著　東大図書公司　一九九三年）
『土地革命戦争史　一九二七―一九三七』（劉勉玉主編　江西教育出版社　二〇〇一年）
『毛沢東与莫斯科的恩恩怨怨』（楊奎松著　江西人民出版社　一九九九年）
『共産国際、聯共（布）秘档案与中国革命史新論』（中共中央党史研究室第一研究部主編　中共党史出版社　二〇〇四年）
『毛沢東与大革命』（黎永泰著　四川人民出版社　一九九一年）
『真相――毛沢東史実80問』（田樹徳著　中国青年出版社　二〇〇二年）
『毛沢東遺物事典』（韶山毛沢東同志記念館編　紅旗出版社　一九九六年）
『中共党史辨疑録』（上下、方暁主編山西教育出版社　一九九一年）
『福建革命史』（上下、蔣伯英主編　福建人民出版社　一九九一年）
『三十歳以前的毛沢東』（李鋭著　時報文化出版　一九九三年）
『現代稀見資料書系　中共五〇年』（王明著　内部発行　東方出版社　二〇〇四年）
『明清閩粤辺客家地区的社会経済変遷』（周雪香著　福建人民出版社　二〇〇七年）
『陳寅恪家世』（叶紹栄著　花城出版社　二〇〇一年）
『中華蘇維埃共和国史』（舒龍、凌歩机主編　江蘇人民出版社　一九九九年）
『毛沢東的児女們』（華英著　中外文化出版公司　一九八九年）
『毛沢東身辺的女人』（関黛編　繁栄出版社　一九九〇年）
『村落中的「国家」――文化変遷中的郷村学校』（李書磊著　浙江人民出版社　一九九九年）
『中国族譜地方志研究』（猶他家譜学会、沙其敏、銭正民編　上海科学技術文献出版社　二〇〇三年）
『紅軍紀実叢書　紅軍統帥部考実』（王健英著　広東人民出版社　二〇〇〇年）、以下同じ
『紅軍紀実叢書　中国紅軍史好考評』
『紅軍紀実叢書　「朱毛紅軍」歴史追踪』
『中国出了個毛沢東叢書　延安整風前後』（張志清等著、毛岸青等主編　江蘇文芸出版社　一九九四年）
『田家英談毛沢東思想』（力平等編　四川人民出版社　一九九一年）

『変奏―共産国際対中国革命的影響（一九二六―一九三五）』（張玲著　上海交通大学出版社　二〇〇七年）
『中共蘇区政権建設研究』（中共江西省委党史研究室等編　江西人民出版社　一九九一年）
『AB団与富田事変始末』（戴向青、羅恵蘭著　河南人民出版社　一九九四年）
『莫斯科中山大学和中国革命』（盛岳、東方出版社、二〇〇四年、内部発行）
『中国托派史』（中国現代史叢書1、唐宝林著、東大図書出版公司、台湾、一九九四年）
『陳独秀与共産国際』（唐宝林主編　新苗出版社　二〇〇〇年）
『中国共産党創建閩西革命根拠地』（張鼎丞著　人民出版社　一九八三年）
『海陸豊革命根拠地研究』（広東省社会科学学会聯合会等編　人民出版社　一九八八年）
『閩西革命根拠地史』（中共龍岩地委党史資料征集研究委員会編　華夏出版社　一九八七年）
『湘贛革命根拠地全史』（陳鋼等著　江西人民出版社　二〇〇七年）
『中華蘇維埃共和国人権建設研究』（羅恵蘭等著　湖南人民出版社　二〇〇七年）
『現代稀見資料書系　莫斯科中山大学和中国革命』（「米」盛岳著　内部発行　東方出版社　二〇〇四年）
『李敏・賀子珍与毛沢東』（王行娟著　中国文聯出版公司　一九九三年）
『我親歴過的政治運動』（蕭克等著　中央編訳出版社　一九九八年）
『文化与叛乱―以清代秘密社会為視角』（劉平著　商務印書館　二〇〇二年）
『江西革命暴動　一九二七・八―一九二八・六』（江西省軍区党史資料征集弁公室編　一九八八年）
『毛沢東称賛的「好人」　賀敏学伝奇』（何印名等著　人民出版社　二〇〇四年）
『毛沢東鮮為人知的故事』（Jon Halliday 著　張戎訳　解放出版社　二〇〇六年）
『閩南革命史研究　第一巻』（福建省龍渓地区中共党史研究分会編　一九八三年）
『大寨紅旗的昇起与墜落』（孫启泰等著　河南人民出版社　一九九〇年）
『王実味獲冤案平反紀実』（温済澤等著　群衆出版社　一九九三年）
『贛西南革命根拠地史』（中共吉安地委党史弁等編　一九九三年）
『総路線大躍進人民公社化運動始末』（宋連生著　雲南人民出版社　二〇〇二年）
『紅色大本営　井崗山走出來的共和国将帥』（文輝抗等著　湖南人民出版社　二〇〇四年）
『中央革命根拠地史要』（孔永松等著　江西人民出版社　一九八五年）

『毛沢東詩詞大観』（蔡清富等編著　四川人民出版社　一九九二年）
『中共江西地方志　第一巻』（中共江西省委党史研究室著　江西人民出版社　二〇〇二年）
『「囲剿」辺区革命根拠地親歴記――原国民党将領回憶』（中国文史出版社　一九九六年）
『大躍進運動中的政治伝播』（許静著　香港社会科学出版有限公司　二〇〇四年）
『中央蘇区風雲録』（中共江西省委党史研究室等編　一九九一年）
『梅県地区英烈伝　第一輯』（中共梅県地委党史弁公室、梅県地区行署民政処合編　一九八五年）
『江西蘇区軍事史』（劉子明主編　江西人民出版社　一九九二年）
『井崗山革命根拠地全史』（余伯流等著　江西人民出版社　一九九八年）
『党史風雲実録』（上下、郝景泉編著　紅旗出版社　一九九六年）
『中国革命根拠地商業史』（劉録開等主編　中国商業出版社　一九九七年）
『閩浙贛根拠地的金融』（湯勤福著　上海社会科学院出版社　一九九八年）
『井崗山的武装割拠』（江西人民出版社　一九八〇年）
『中央蘇区史研究文集』（中共贛州地委党史弁公室編　一九八九年）
『「方志敏式」革命根拠地研究』（唐志全等著　江西人民出版社　二〇〇二年）
『大論争――建国以来重要論争実録』（中冊、劉勇等著　珠海出版社）
『毛沢東思想与中国当代社会』（樊瑞平等主編　石油大学出版社　一九九三年）
『為毛沢東辯護』（許全興著　当代中国出版社　一九九六年）
『福建遊撃戦争史』（福建省軍区遊撃戦史編写組編　一九八一年）
『張聞天廬山会議発言』（張聞天選集伝記組編　北京出版社　一九九〇年）
『江西蘇区新聞史』（程澐主編　江西人民出版社　一九九四年）
『中央蘇区体育史』（曾飆主編　江西高校出版社　一九九九年）
『革命歴史資料叢書之七　回憶中央蘇区』（陳毅等著　江西人民出版社　一九八一年）
『中央蘇区簡史』（廖正本等著　江西高校出版社　一九九九年）
『中国工農紅軍　第一方面軍史』（中国工農紅軍第一方面軍史編審委員会編　解放軍出版社　一九九二年）、以下同じ
『中国工農紅軍　第一方面軍史（附冊）』

『中国工農紅軍　第四方面軍戦史』（中国工農紅軍第四方面軍戦史編輯委員会編　解放軍出版社　一九八九年）
『賀子珍的路』（王行娟著　作家出版社　一九八五年）
『中国革命根拠地経済大事記　一九二七―一九三七』（趙増延等編　中国社会科学出版社　一九八八年）
『湘贛革命根拠地史研究　一九三一―一九九一』（中共江西省委党史資料征集委員会等編　一九九一年）
『共産党人与黄浦軍校』（曾慶榴著　広州出版社　二〇〇四年）
『当代中国　中国的土地改革』（当代中国出版社　一九九六年）
『中国共産党80周年歴史簡編』（蓋軍主編　中共中央党校出版社　二〇〇一年）
『周恩來軍事活動紀事　一九一八―一九七五』（上下、『周恩來軍事活動紀事』編写組編　中央文献出版社　二〇〇〇年）
『走出困境的毛沢東―土地革命戦争的歴史報告』（蔣伯英著　福建人民出版社　一九九七年）
『紅色記憶　中国共産党歴史口述実録　一九二一―一九四九』（魯林等主編　済南出版社　二〇〇二年）
『毛沢東的道路　一八九三―一九二一』（張万禄著　陝西人民出版社　二〇〇〇年）
『毛沢東和彭徳懐、林彪的合作与衝突』（斉茂吉著　新聞文化事業股份公司　一九九七年）
『贛南英烈』（3冊、中共江西贛州地委党史工作弁公室等編　広東人民出版社　一九九一年）
『中央蘇区党的建設』（中共江西省委党史研究室等編　中共党史出版社　一九九一年）
『中華蘇維埃共和国審判資料選編』（瑞金県人民法院編　人民法院出版社　一九九一年）
『福建革命戦争史論』（廖開助主編　福建人民出版社　一九八六年）
『土地革命戦争史新論』（王栄先主編　中共中央党校出版社　一九九五年）
『回憶閩浙皖贛蘇区』（方志敏等著　江西人民出版社　一九八三年）
『井崗山革命根拠地研究論文選』（井崗山市委党史征集弁公室等編　一九八六年）
『中国共産党在江西　一九一九―一九四九　簡述本』（中共江西省委党史資料征集委員会等編　一九九一年）
『銅鼓人民革命資料―銅鼓地方党史専題選輯』（中共銅鼓県委党史弁公室編　一九八七年）
『中国農民負担簡史』（孫翊剛主編　中国財政経済出版社　一九九一年）
『拂暁的較量　新中国剿匪与鎮圧反革命紀実』（南石編著　中央文献出版社　二〇〇〇年）
『中国共産党創建史大事記』（倪興祥編著　上海人民出版社　二〇〇四年）
『党史筆記』（上下、何方著　利文出版　二〇〇五年）

『革命先輩戦闘過的地方——江西省革命旧址簡紹』（中共江西省委党史資料征集委員会編　江西人民出版社　一九九二年）
『閩浙贛革命根拠地史稿』（『閩浙贛革命根拠地史稿』編写組編　江西人民出版社　一九八四年）
『国共抗戦大粛奸』（上下、王暁華等編著　中国档案出版社　一九九五年）
『被遺忘的戦争——咸豊同治年間広東土客大械闘研究　一八五四—一八六七』（劉平著　商務印書館　二〇〇三年）
『中国革命起義全録』（張東輝主編　解放軍出版社　一九九七年）
『中国共産党編年史』（全一二巻、山西人民出版社、中央党史出版社　二〇〇二年）
『共産国際、聯共（布）秘档与中国革命史新論』（中共中央党史研究室第一研究部主編、中共党史出版社、二〇〇四年、北京。論文集）
『留学生与中外文化』（李喜所主編、南開大学出版社、二〇〇五年、天津）
『紅色記憶—中国共産党歴史口述実録』（魯林、陳徳金主編、済南出版社、二〇〇二年）
『我親歴過政治運動』（蕭克、李鋭、龔育之共著、中央編訳出版社、一九九八年）

研究論文一覧表

楊尚昆「関于〝二八個半布爾什維克〟問題」（雑誌『百年潮』二〇〇一年第八期）
鄭勉己「中央蘇区的〝反羅明路線〟与王明〝左傾錯誤路線〟」『福建師範大学学報』（福州）一九八七年一月　頁七八－八三
邱松慶、孔永松「閩西蘇区〝粛清社会民主党事件〟浅析」『廈門大学学報』一九八三年　第四期　頁三七－四五
李元勛「二戦時期江西党史研究的新進展」『江西党史研究』（南昌）一九八八年一月　頁四三－五〇
「対《鄂豫皖革命根拠地史研究綜述》一文中有関問題的商討」『安徽史学』（合肥）一九八六年四月　頁三四－四一
方志純「艱苦卓絶的闘争、惨重深刻的教訓」——閩贛省革命闘争断憶——『江西社會科学』（南昌）一九八六年五月　頁六－一二
若谷「土地革命時期的共青団」『中国青年報』一九八〇年一一月一五日　第二版
蘇杰「蘇区少年先鋒隊」『中国青年報』一九八一年四月二日　第3版
郭煜中「張國燾在鄂豫皖根據地的所謂粛反経験及其悪果」『安徽史学』（合肥）一九八七年三月　頁三七－四二
沙健孫「托洛茨基反対派在中国的発生及其破産」『党史研究』一九八二年　第二期
沈徳海「初論黔東革命根拠地的建立」『貴陽師範学報』一九八一年　第四期　頁三八－四五

何秉孟「論土地革命戦争時期我党対私営工商業政策的演変過程」『歴史研究』一九八二年　第一期　頁七二－八九
汪新「拡大化的原因及歴史教訓浅析中共蘇区粛反」『争鳴』一九八七年六月　頁八六－九一
文耀奎「関于AB団幾個問題的探討」『江西社会科学』一九八三年　第二期　頁七三－七七
韓凌軒「第二次国内革命戦争時期中国農村社会性質的論戦」『文史哲』一九八二年　第一期　頁五五－六二
金普森《興国土地法》対《井岡山土地法》的原則改正」『歴史研究』一九八二年　第二期　頁一〇二－一〇四
欧陽植梁「鄂豫皖蘇区的土地革命」『江漢論壇』一九八二年　第10期　頁六三－六七
孫道共、趙永奇、周鴻根「社会主義時期党内長期存在〈左〉傾錯誤的原因試析」『社会科学』（上海）一九八三年　第五期　頁二一－二三
張曲、一鳴、少雲「朱毛会師応在湖南酃県」『湖南党史月刊』（長沙）一九八八年一月　頁二三－二四
桂玉麟「近年来井岡山革命根拠地史研究綜述」『歴史教学』（津）一九八八年二月　頁五一－五四
劉曉農「井岡山幾個概念的浅析」『求実』（南昌）一九八八年一月　頁四四－四五
王廷科「共産国際的反右傾闘争与中国党的〝左〟傾錯誤」『近代史研究』（京）一九八八年一月　頁四四－四五
張士宝「〝湖西事件〟的真相及其教訓」『斉魯学刊』（曲阜師院学報）一九八三年　第六期　頁五三－五九
「中華蘇維埃臨時中央政府成立概況」『江西老区建設』（南昌）一九八七年一一月　頁四七
裘之倬「試論井岡山革命根拠地的客籍矛盾問題」『南昌師専学報』社科版　一九八四年三月　頁七〇－七七
黄少群「論古田会議決議是党和軍隊建設的綱領性文献」『吉林大学　社会科学学報』（長春）一九八四年六月　頁四〇－四九
遠征「関于査田運動評価的幾個問題」『江西社会科学』（南昌）一九八五年三月　頁一〇五－一一〇
陳栄華「地方党与紅軍的行動相合拍問題初探」『江西社会科学』（南昌）一九八五年三月　頁九九－一〇四
「土地革命戦争時期著名武装起義的主要領導人簡介」（上）『人物』（京）一九八五年四月　頁五七－六一
温鋭「試論党在中央蘇区土地革命中划分階級的標準」『江西師範大学学報　哲社版』（南昌）一九八七年一月　頁八〇－八五
趙増延「粤贛辺和閩西南遊撃区的農民土地闘争」『江西社会科学』（南昌）一九八六年一月　頁八四－八八
唐滔黙「土地革命戦争時期革命根拠地財政概述」『中央財政金融学院学報』（京）一九八六年四月　頁五〇－五四
蘇明輝「論〈渓南里土地法〉」『中国社会経済史研究』（厦門大学、閩）一九八六年一月　頁一一一－一一七
劉晶芳「土地革命戦争時期白区的赤色公会」『近代史研究』（京）一九八七年四月　頁二五四－二七八
蔡康志、趙清渠「鄂豫皖蘇区工農武装割拠問題初探」『中州学刊』一九八一年　第二期　頁一一九－一二四

匡鏡秋「湘鄂西革命根拠地粛反的一些情況」『常徳師専学報』一九八二年　第二期　頁五〇－五七
欧陽植梁、譚克縄「関于鄂豫皖革命根拠地歴史研究中的幾個問題」『武漢大学学報　社科版』一九八八年六月　頁七三－七九
肖勁光「閩西軍事闘争的回顧」『人民日報』一九八七年八月六日　⑤
堅毅「江西地方党団組建史略」『江西師院学報』一九八一年　第二期　頁八〇－八四
陳珍、朱菁「永定暴動与張鼎丞同志」『福建論壇』一九八二年　第一期　頁五－九
陳忠復、周進、須立「皖西武装割拠形成的探討」『江淮論壇』一九八二年　第四期　頁六三－六八
古堡「湘鄂西蘇区土地革命政策的幾個特点」『歴史研究』一九八二年　第二期　頁五六－五八
孔永松、邱松慶「略論閩西革命根拠地的創建」『党史研究』一九八二年　第四期　頁五四－五九
張湘炳「鄂豫皖蘇区歴史研究中的不同観点」『安徽日報』一九八〇年一二月五日
張湘炳、朱徳其「鄂豫皖蘇区歴史研究会――討論鄂豫皖武装闘争、土地問題、粛反問題」『光明日報』一九八一年一月六日
鄭峰「鄂豫辺区根拠地整風運動経験初探」『武漢大学学報』一九八二年　第五期　頁五七－六一
羅梅騰「閩贛粤蘇区与中央蘇区的密切関係」『中共党史研究』一九九〇年　第二期
凌歩機「中央蘇区時期毛沢東為糾正粛ＡＢ団錯誤所作的努力」『中共党史研究』二〇〇二年　第四期
郝彭証「浅議党内錯誤傾向的政治特徴和思想方法特徴」『中共党史研究』二〇〇四年　第四期
路海江「鄂豫皖蘇区政治保衛局述評」『中共党史研究』二〇〇二年　第四期
商濤「怎様評価中央蘇区第二、三次反〝囲剿〟戦争的勝利」『中共党史研究』一九九〇年　第三期
森淼祥「東江革命根拠地学術研究会簡述」『中共党史研究』二〇〇一年　第一期
何立波「羅明与羅明路線」『百年潮』二〇〇二年　第十一期
蔣傑「蕭克将軍与党史研究二三事」『百年潮』二〇〇一年　第四期
曽憲新「項英、周恩来糾正中共蘇区粛反錯誤」『百年潮』二〇〇三年　第一〇期
高華「〈粛ＡＢ団〉事件的歴史考察」『百年中国』一九九九年八月号　第五四期
景玉川「富田事変平反的前前後後」『百年潮』二〇〇〇年一月号
戴向青「論ＡＢ団和富田事変」『中共党史研究』一九八九年　第二期
黄少群「周恩来化解〈朱毛分岐〉」『百年潮』二〇〇二年　第七期
仲泉、新生、楊青「贛南党史考察」『中共党史研究』二〇〇二年　第五期

欧陽毅「我在打〝AB団〟中的経歴」『黄炎春秋』一九九八年五月

蔣伯英「閩西蘇区的〝粛清社会民主党〟冤案」『中共党史研究』一九八九年　第四期

饒偉新

（1）『生態、族群与階級—贛南土地革命的歴史背景分析』（学位論文、二〇〇二年、厦門大学）

（2）「明清時期華南地区郷村聚落的宗族化与軍事化—贛南郷村囲寨為中心—」（史学月刊、二〇〇三年第一二期）

（3）「論土地革命時期贛南農村的社会矛盾」（厦門大学学報、二〇〇四年第五期）

（4）「区域社会史視野下的〝客家〟称謂由来考論—以清代以来贛南〝客佃〟与〝客籍〟与〝客家〟為例」（民族研究、二〇〇五年年第六期）

（5）「明代贛南的移民運動及其分布特徴」（中国社会経済史研究、二〇〇〇年第三期）

（6）「明代贛南的社会動乱与閩南移民的族群背景」（厦門大学学報、二〇〇〇年第四期）

（7）「中国社会史研究的新領域——〝礼儀、習俗与社会秩序〟国際学術研討会総述——」（中国社会経済史研究、二〇〇四年第四期）饒偉新ほか一名。

（8）「明清以来贛南郷村宗族的発展進程与歴史特徴」（「贛州与客家世界国際学術研討会論文集」掲載）

（9）「清代山区農業経済的転型与困境——以贛南為例——」（中国社会経済史研究、二〇〇四年第二期）

羅恵蘭「毛沢東在江西蘇区重大活動述評」（中共南昌市委党校学報、二〇〇四年二月号）

羅恵蘭・許静「毛沢東在粛AB団中的責任問題新探」（南昌愛学学報・人文版、二〇〇四年一一月）

日本文研究著書・訳書・論文一覧表

福本勝彦『中国革命への挽歌』（亜紀書房、一九九二年）

福本勝彦『中国共産党外伝』（蒼蒼社、一九九四年）

高橋伸夫『党と農民——中国農民革命の再検討——』（研文出版、二〇〇六年）

高橋伸夫編著『救国、動員、秩序』（慶應義塾大学出版会、二〇一〇年）

孫江『中国近代の革命と秘密結社』（汲古書院、二〇〇七年）

孫江『近代中国の宗教・結社と権力』（汲古書院、二〇一二年）

鄭浩瀾『中国農村社会と革命』（慶應義塾大学出版会、二〇〇九年）
石川禎浩『中国共産党成立史』（岩波書店、二〇〇一年）
横山宏章『陳独秀の時代』（慶應義塾大学出版会、二〇〇九年）
長堀祐造『魯迅とトロツキー』（平凡社、二〇一一年）
唐宝林『中国トロツキスト全史』（鈴木博訳、論創社、二〇一二年）
江南『蔣経国』（川上奈穂訳、同成社、一九八九年）
斎藤哲郎著『中国革命と知識人』（研文出版、一九九八年）
ボリス・スラヴィンスキー、ドミトリー・スラヴィンスキー共著『中国革命とソ連』（加藤幸広訳、共同通信社、二〇〇二年）
銭理群『毛沢東と中国』（上、下、青土社、二〇一二年）
上島武『ロシア革命史論』（窓社、二〇〇八年）
遠藤誉『卡子――中国建国の残火』（朝日新聞出版、二〇一二年）

阿南友亮

（1）『中国革命と軍隊』（著書、慶應義塾大学出版会、二〇一二年）
（2）「広東東部における「紅軍」の実態、一九二八年～一九三〇年」（慶応義塾大学法学研究会編『法学研究』二〇一〇年六月）
（3）「広東における中国共産党の武装闘争と動員――海陸豊、一九二七年～一九二八年――」（慶応義塾大学法学研究会編『法学研究』二〇〇九年五月）

山本真

（1）「農村社会からみた土地改革」（『20世紀中国史　3　グローバル化と中国』飯島渉他　編　東京大学出版会）
（2）「革命と福建地域社会――上杭県蛟洋地区の地域エリートに着目して（一九二六―一九三三）――」（慶應義塾大学文学部内三田史学会『史学』第七五巻　第四号　二〇〇七年）
（3）「表象された地主像と民衆の記憶――四川省大邑県劉氏荘園「収租院」から考える」（『中国研究月報』第六三巻　第五号　二〇〇九年五月　中国研究所）
（4）「一九三〇～四〇年代、福建省における国民政府の統治と地域社会――龍厳県での保甲制度・土地整理事業・合作社を中心にして」（『社会経済史学』第七四巻　第二号　二〇〇八年　社会経済史学会）
（5）「福建西部革命根拠地における社会構造と土地革命」（『東洋学報』第八七巻　第二号　二〇〇五年九月　東洋文庫）

三木聰『明清福建農村社会の研究』（北海道大学図書刊行会、二〇〇二年）
田中恭子『土地と権力』（名古屋大学出版会、一九九六年）
小林浩二『二〇世紀の農民革命と共産主義運動』（勁草書房、一九九七年）
田中仁『一九三〇年代中国政治史研究』（勁草書房、二〇〇二年）
ステファヌ・クルトワ他『共産主義黒書――犯罪・テロル・抑圧――〈コミンテルン・アジア篇〉』（邦訳・高橋武智訳、恵雅堂出版、二〇〇六年）
ステファヌ・クルトワ他『共産主義黒書――犯罪・テロル・抑圧――〈ソ連篇〉』（邦訳・外川継男訳、恵雅堂出版、二〇〇一年）

中華人民共和国新編地方誌叢書

江西省

県志名	発行年	出版社
瑞金県志	一九九三	文献
興国県志	一九八八	内部発行
興国人民革命史	二〇〇三	人民教育
永豊県志	一九九三	新華
吉安県東固革命根拠地	一九八九	県党史研究室
楽安県志	一九八九	江西人民
新余市志	一九九三	漢語大辞典
鉛山県志	一九九〇	南海
吉水県志	一九八九	新華
安福県志	一九九五	中央党校
万載県志	一九八八	江西人民
修水県志	一九九一	海天

永新県志	一九九二	新華
于都県志	一九九〇	新華
尋鄔県志	一九九一	新華
信豊県志	一九九〇	江西人民
井崗山県志	一九九五	中央党校
寧岡県志	一九九五	中央党校
贛県県志	一九九一	新華
貴渓県志	一九九六	中国科学技術
弋陽県志	一九九一	南海
横峰県志	一九九二	浙江人民
徳興県志	一九九三	光明日報
楽平県志	一九八七	上海古籍
廣豊県志	一九八八	江西人民
遂川県志	一九九六	江西人民
福建省		
永定県志	一九九三	中国科技
龍岩地区志	一九九一	上海人民
永汀県志	一九九三	三聯
上杭県志	一九九三	福建人民
武平県志	一九九三	大百科
武夷山市志（旧崇安県）	一九九四	統計
浦城県志	一九九三	中華書局
光澤県志	一九九四	群衆
枳栄県志	一九九五	中華書局

連城県志　一九九三　群衆
漳平県志　一九九五　三聯
英名録に一二名の粛清者の名前あり。
鄭積泗　陳振天　游国石　游曰椿　陳天森　陳振南
陳振栄　陳国全　李養軒　李文地　李希才　陳天城

湖北省
紅安県志（旧黄安県）　一九九二　上海人民
麻城県志　一九九三　紅旗
天門県志　一九八九　湖北人民
英山県志　一九九八　中華書局

湖南省
平江県志　一九九四　国防大学出版会
醴陵県志　一九八六　成文出版社

安徽省
霍邱県志　一九九二　中国広播電視
霍山県志　一九九三　黄山書社
六安県志　一九九三　黄山書社
金寨県志　一九九二　上海人民

広東省
梅県志　一九九四　広東人民
普寧県志　一九九五　広東人民

豊順県志　一九九五　広東人民

海南島

保亭県志　一九九七　南海出版公司

瓊崖根拠地についての記載は、「保亭県志」にあり。

■上記第五部の「史料、研究著書、研究論文、参考論文一覧表」は総て著者私蔵のものであり、重要な文献資料はほぼ網羅していると思う。

第六部　革命根拠地地図、関係人物写真

第六部、革命根拠地地図、関係人物写真等は以下の書籍に掲載されたものである。

●中国蘇区辞典（陳宝明他、江西人民出版社、一九九八年）
●中国革命老区（中国老区建設促進会編、中共党史出版社、一九九七年）
●中国蘇区志（余伯流他、江西人民出版社、二〇〇一年）
●紅色記憶―中央蘇区報刊図史―（傳染生他、解放軍出版社、二〇一一年）
●紅色秘事―誰主沈浮―（余伯流他、長征出版社、二〇一一年）
●アイザック・ドイッチャー『武器なき予言者トロツキー』（邦訳、新潮社、一九六四年）

毛沢東
1933年6月
中央ソヴィエト区の会議にて

共産党中央理論機関報
『ボルシェヴィキ』第一期（1934年7月）

『革命与戦争』中央革命軍事委員会
（1933 年 11 月）

『紅色中華』第 187 号（1934 年 5 月 11 日）

『政治工作』中央軍区政治部
1935 年 1 号

『蘇維埃政権』中國工農紅軍総政治部
（1932 年 9 月）

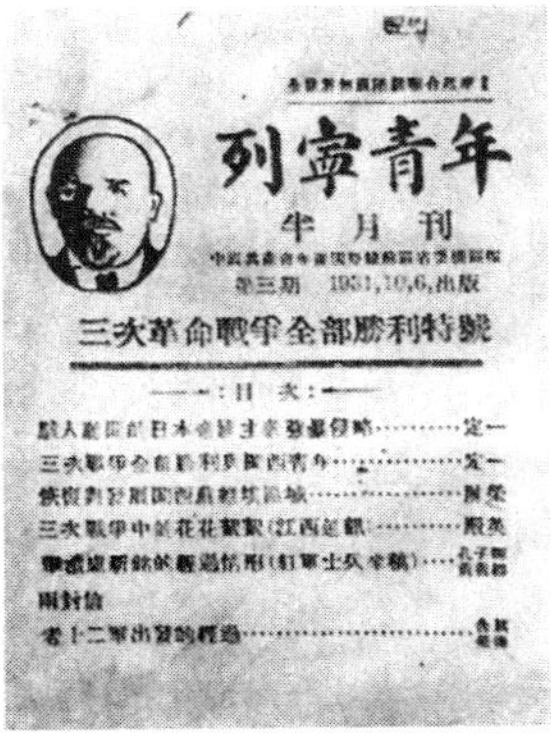

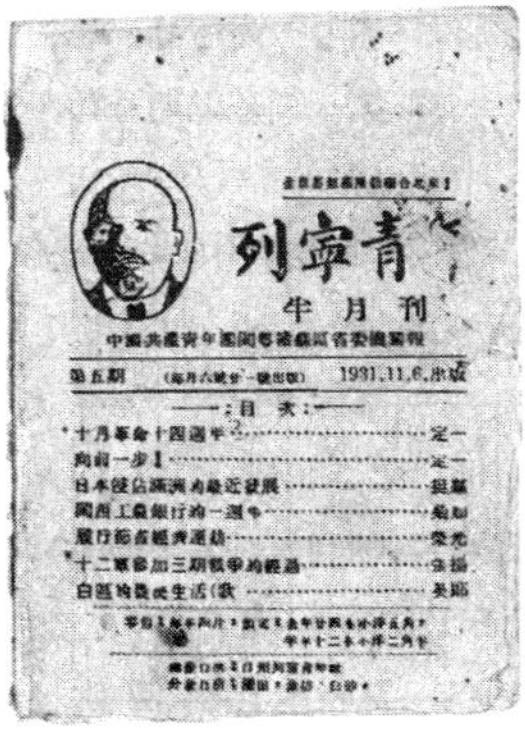

（右）『列寧青年』陸定一主編
共青団閩粤贛省機関報（第 3 期）

（左）同『列寧青年』（第 5 期）

1933年2月，周恩来と紅第一軍方面軍の幹部たち（中央革命根拠地にて）

左より
葉剣英，棍尚昆，彭徳懐，劉伯堅，張純清，李克農，周恩来，滕代遠，袁国平

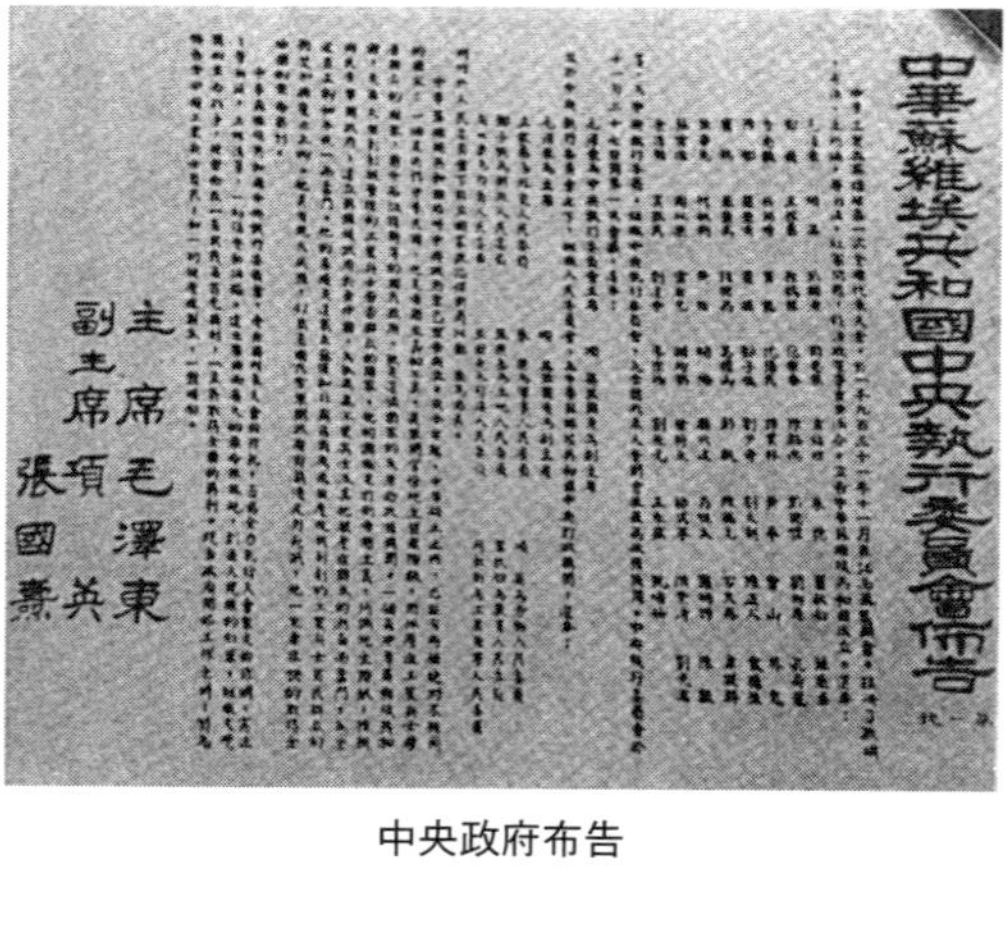

中華蘇維埃共和國中央執行委員會佈告

主席 毛澤東
副主席 項英 張國燾

中央政府布告

1938 年，井崗山の闘争に参加した一部の人々の合同撮影（延安にて）

前列左より
譚冠三，譚政，滕代遠，蕭克，林彪，毛沢東，高自立，何長工，曾玉（女），欧陽毅

中華ソヴィエト共和国：
中央執行委員会の大印

中華ソヴィエト共和国の国徴

會　三

張鼎丞

任弼時

項　英

鄧子恢

博　古（秦邦憲）

王稼祥

張聞天

袁文才

王　佐

朱　徳

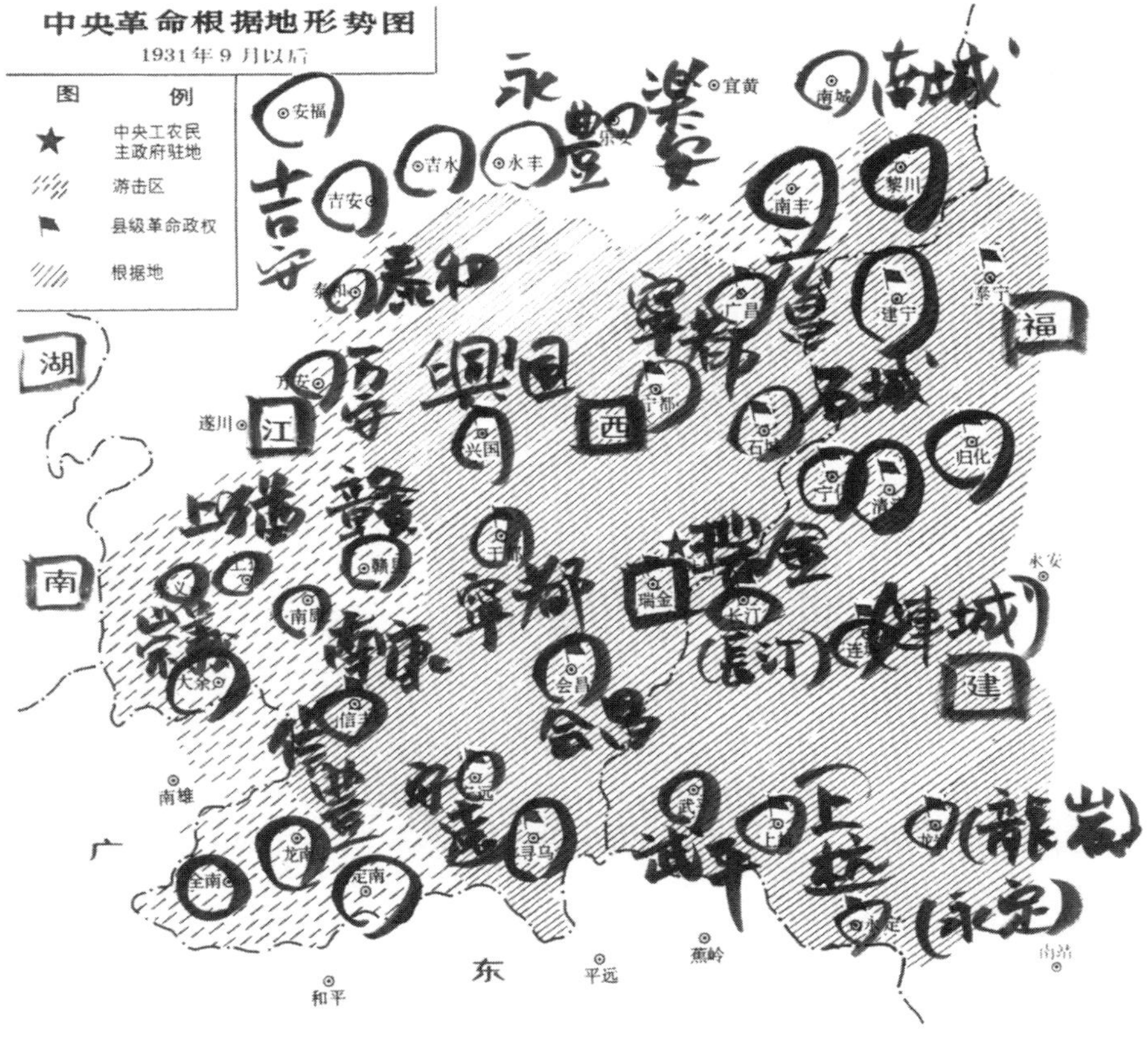
中央革命根据地形势图
1931年9月以后
图　例
中央工农民主政府驻地
游击区
县级革命政权
根据地
安福
宜黄
南城
吉水
永丰
吉安
南丰
黎川
广昌
建宁
泰宁
湖
福
遂川
江
西
宁都
兴国
石城
归化
宁化
南
瑞金
长汀
永安
连城
建
会昌
信丰
南雄
安远
寻乌
武平
上杭
龙岩
广
龙南
全南
定南
永定
蕉岭
平远
东
和平

陳　雲

鄧小平

周恩来

彭徳懐

陳　毅

賀　龍

周逸群

徐向前

ペトログラード駅プラットホームに立つトロツキー
（1920年）

レーニンとスターリン

カール・ラデック

ロシア共産党第８回大会でのスターリン，レーニンとカリーニン

トロツキースト反対派の指導者達（1927 年）
前列左からセレブリヤコフ・ラデック・トロツキー・ボグスラフスキー・プレオブラジェンスキー
後列左からラコフスキー・ドゥロブニイス・ベロボロドフ・ソスノーフスキー

スターリン，ルイコフ，カーメネフ，ジノービエフ

土地革命戦争時期革命根拠地全図
（1927年～1937年）

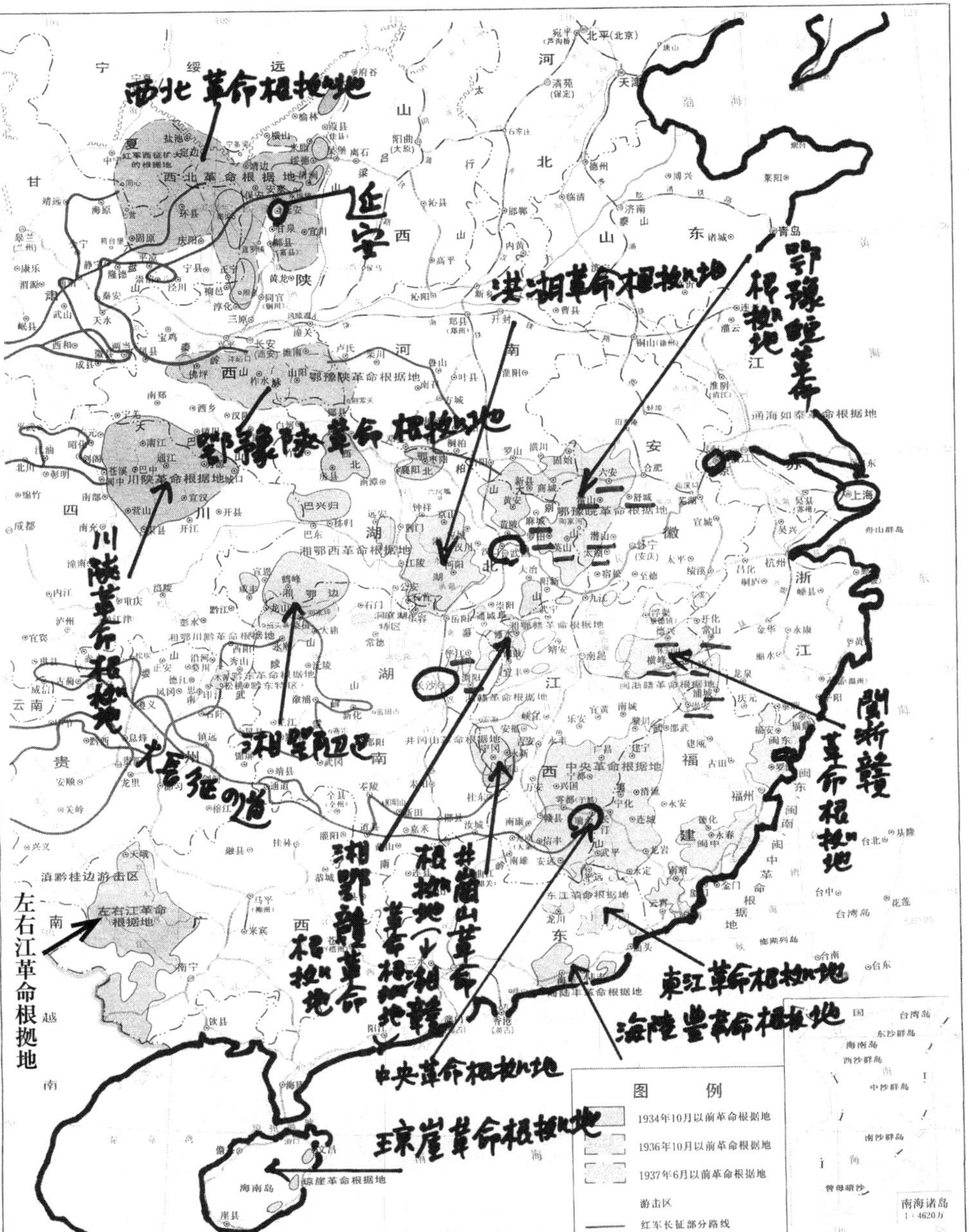

井崗山革命根拠地地図

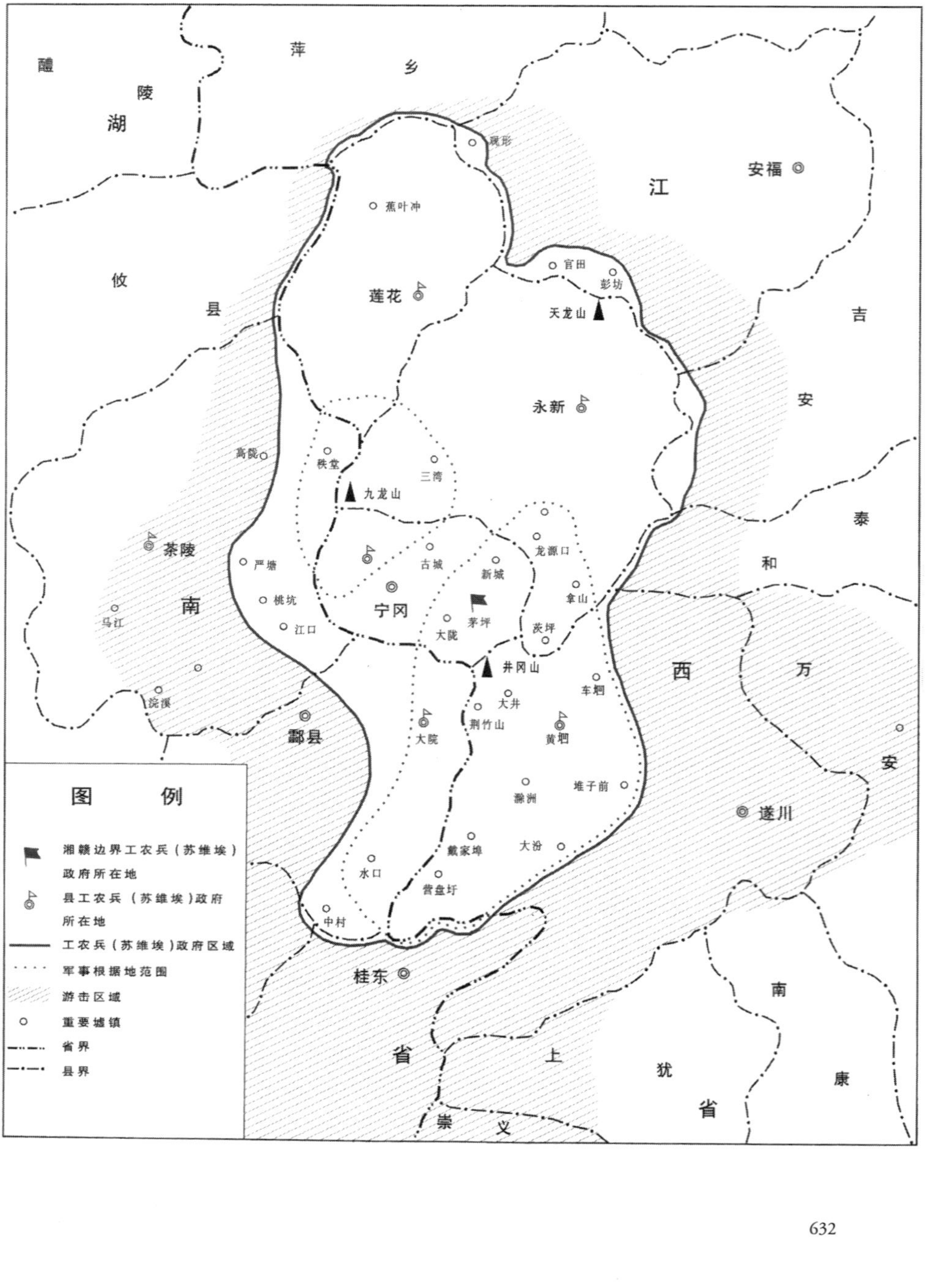

醴
陵
湖
萍
乡
安福
江
攸
县
吉
安
泰
和
茶陵
南
西
万
安
遂川
酃县
桂东
省
上
犹
省
康
南
崇
义
砻市
蕉叶冲
莲花
官田
彭坊
天龙山
永新
高陇
秋堂
三湾
九龙山
严塘
古城
龙源口
新城
拿山
桃坑
宁冈
茅坪
马江
江口
大陇
茨坪
井冈山
车坳
大井
浣溪
大院
荆竹山
黄坳
堆子前
滁洲
大汾
戴家埠
水口
营盘圩
中村
图　例
湘赣边界工农兵（苏维埃）政府所在地
县工农兵（苏维埃）政府所在地
工农兵（苏维埃）政府区域
军事根据地范围
游击区域
重要墟镇
省界
县界

中央革命根拠地地図

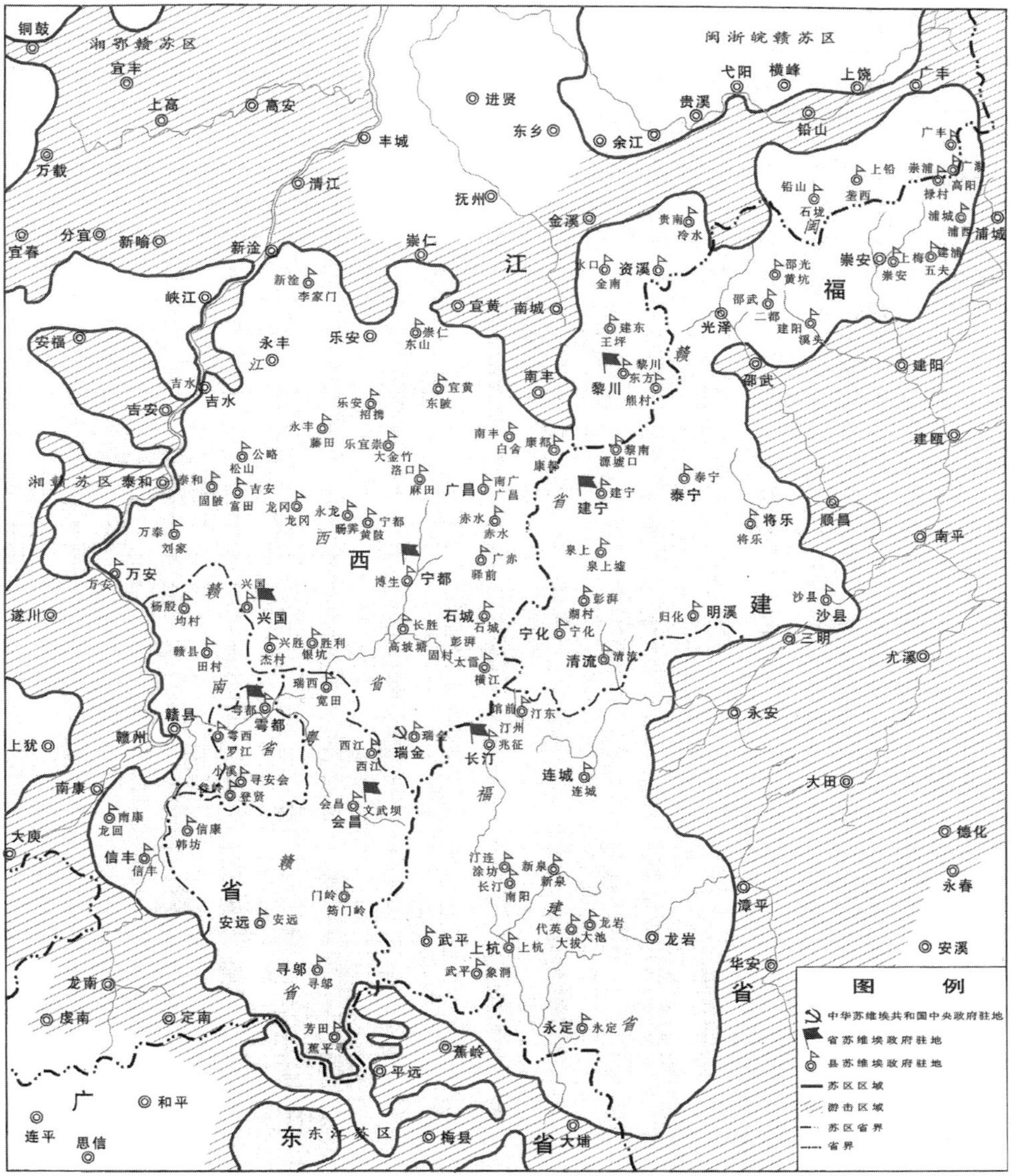
湘鄂赣苏区
闽浙皖赣苏区
湘赣苏区
东江苏区
铜鼓
宜丰
上高
高安
丰城
万载
清江
进贤
东乡
余江
贵溪
弋阳
横峰
上饶
广丰
铅山
抚州
金溪
宜春
分宜
新喻
新淦
崇仁
江
峡江
宜黄
南城
资溪
光泽
崇安
浦城
福
安福
永丰
乐安
南丰
邵武
建阳
吉水
吉安
黎川
泰和
广昌
建宁
泰宁
顺昌
将乐
南平
万安
西
宁都
兴国
石城
宁化
明溪
建
沙县
三明
遂川
清流
尤溪
赣县
赣州
雩都
瑞金
长汀
永安
上犹
连城
大田
南康
会昌
大庾
德化
信丰
省
永春
漳平
安远
武平
上杭
龙岩
安溪
华安
寻邬
龙南
虔南
定南
永定
蕉岭
平远
广
和平
连平
思信
东
梅县
省
大埔
图　例
中华苏维埃共和国中央政府驻地
省苏维埃政府驻地
县苏维埃政府驻地
苏区区域
游击区域
苏区省界
省界

中央革命根拠地重要地略図
（1930年～1934年）

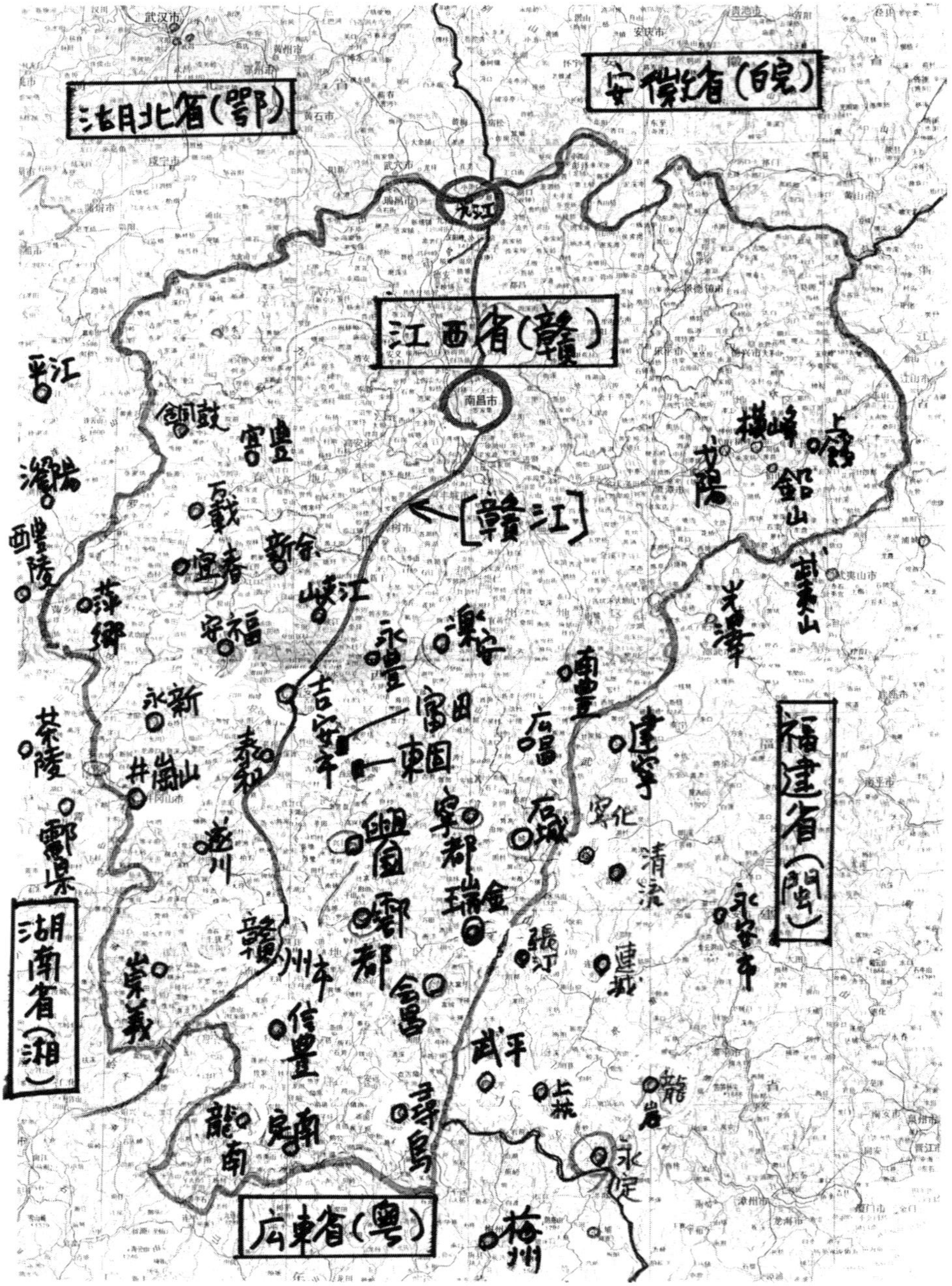

湘鄂贛革命根拠地地図

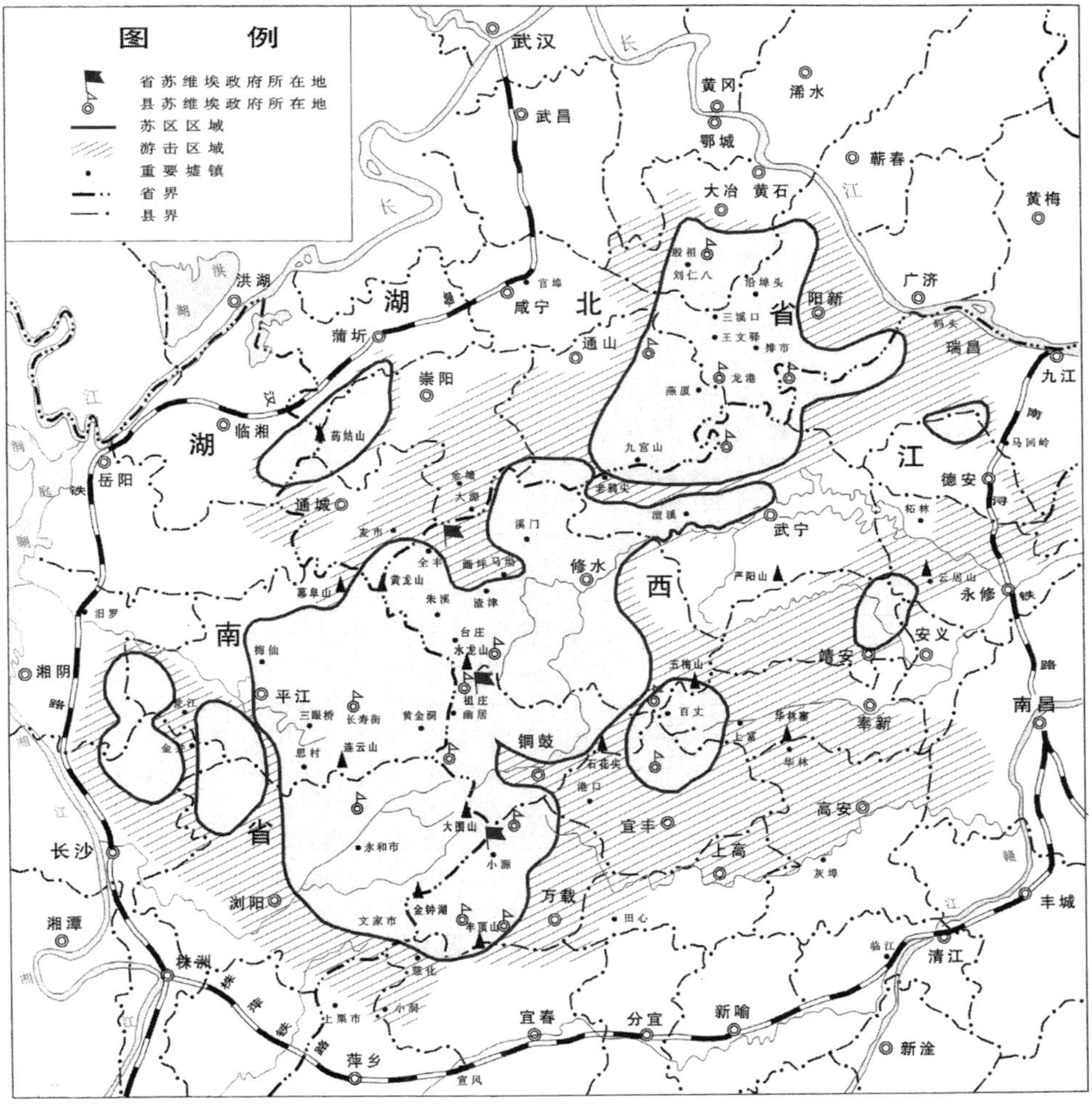
图　例
省苏维埃政府所在地
县苏维埃政府所在地
苏区区域
游击区域
重要墟镇
省界
县界
武汉
武昌
黄冈
浠水
鄂城
蕲春
大冶
黄石
黄梅
殷祖
刘仁八
沿埠头
阳新
广济
洪湖
湖
北
省
咸宁
官埠
三溪口
王文驿
排市
瑞昌
蒲圻
通山
龙港
燕厦
九江
崇阳
临湘
药姑山
九宫山
湖
岳阳
江
德安
马回岭
通城
大源
麦市
溪门
澄溪
武宁
柘林
全丰
修水
西
云居山
幕阜山
黄龙山
朱溪
渣津
汨罗
幽居
永修
南
梅仙
台庄
水龙山
安义
湘阴
五梅山
靖安
平江
祖庄
南昌
三眼桥
长寿街
黄金洞
百丈
奉新
思村
连云山
铜鼓
上富
华林寨
华林
石花尖
港口
高安
长沙
省
大围山
宜丰
上高
永和市
小源
灰埠
浏阳
万载
丰城
湘潭
金钟湖
文家市
田心
临江
清江
株洲
慈化
上栗市
小洞
宜春
分宜
新喻
萍乡
新淦
宣风

鄂豫皖革命根据地地图

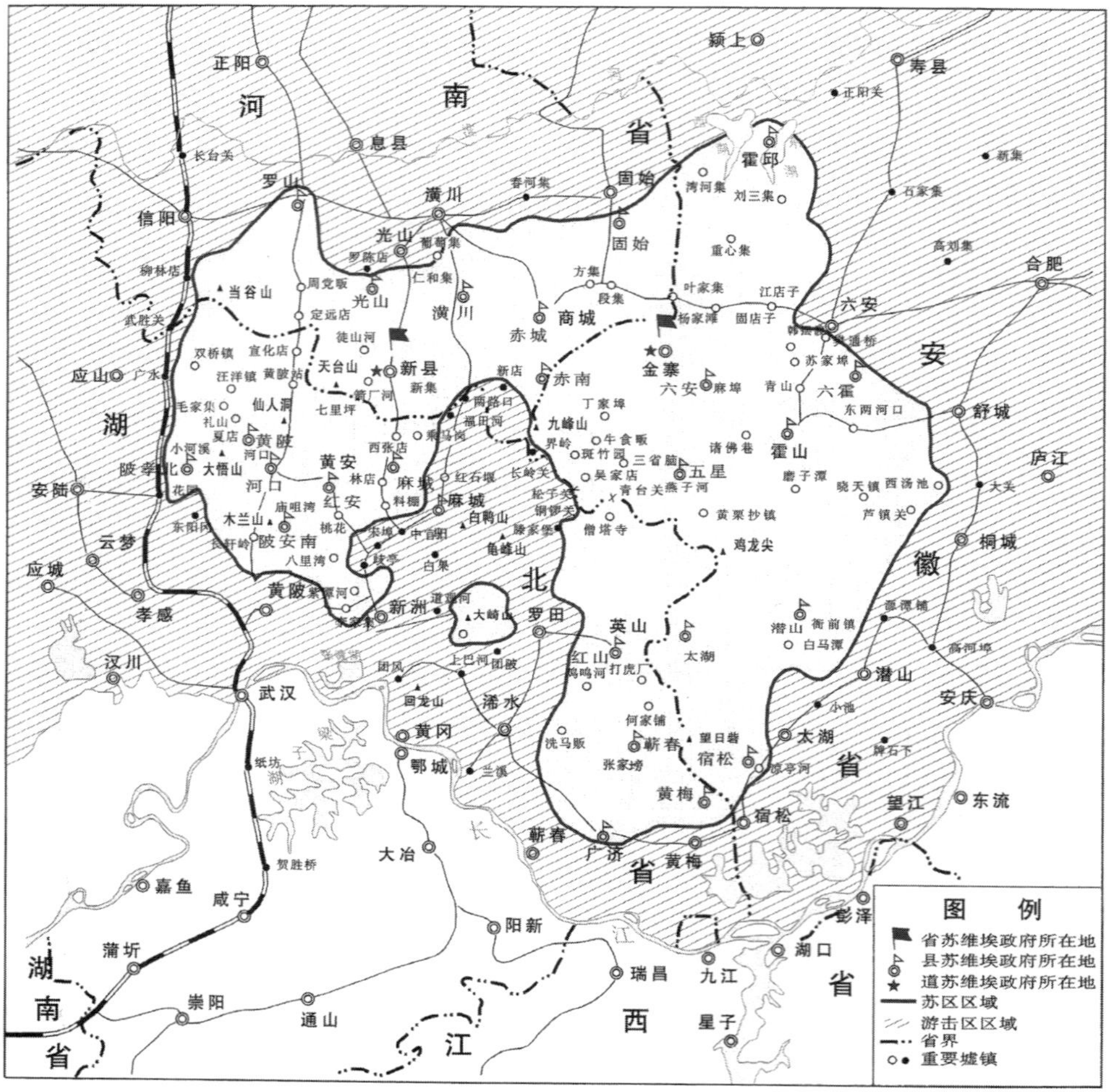
颍上
正阳
寿县
河
南
省
息县
长台关
正阳关
新集
霍邱
石家集
罗山
潢川
固始
湾河集
刘三集
春河集
信阳
光山
簸箕集
固始
重心集
高刘集
合肥
柳林店
罗陈店
仁和集
方集
叶家集
江店子
当谷山
周党畈
光山
潢川
段集
六安
武胜关
定远店
商城
杨家滩
固店子
赤城
徒山河
韩摆渡
苏家埠
双桥镇
宣化店
金寨
安
应山
广水
汪洋镇
黄陂站
天台山
新县
新店
赤南
六安
麻埠
青山
六霍
湖
仙人洞
箭厂河
新集
南路口
丁家埠
毛家集
七里坪
福田河
九峰山
东两河口
舒城
礼山
夏店
黄陂
乘马岗
界岭
牛食畈
诸佛巷
霍山
小河溪
西张店
斑竹园
三省脑
五星
庐江
陂孝北
大悟山
黄安
红石堰
长岭关
吴家店
磨子潭
晓天镇
西汤池
安陆
河口
林店
麻城
松子关
青台关
燕子河
大关
花园
河口
红安
料棚
麻城
铜锣关
芦镇关
庙咀湾
木兰山
桃花
白鹤山
黄栗抄镇
东阳岗
陂安南
中馆驿
滕家堡
僧塔寺
云梦
长轩岭
八里湾
龟峰山
鸡龙尖
徽
桐城
应城
白集
北
黄陂
新洲
道观河
孝感
大崎山
罗田
英山
衙前镇
潜山
汉川
红山
团风
上巴河
团陂
打虎厂
太湖
白马潭
高河埠
鸡鸣河
武汉
回龙山
浠水
潜山
安庆
何家铺
纸坊
黄冈
洗马畈
蕲春
望日巷
太湖
小池
子
湖
鄂城
兰溪
张家塝
宿松
凉亭河
牌石下
黄梅
省
宿松
望江
东流
大冶
长
蕲春
广济
黄梅
贺胜桥
省
嘉鱼
咸宁
彭泽
阳新
江
湖口
湖
蒲圻
瑞昌
九江
省
南
崇阳
通山
西
星子
省
江
图 例
省苏维埃政府所在地
县苏维埃政府所在地
道苏维埃政府所在地
苏区区域
游击区区域
省界
重要墟镇

湘鄂西革命根拠地図

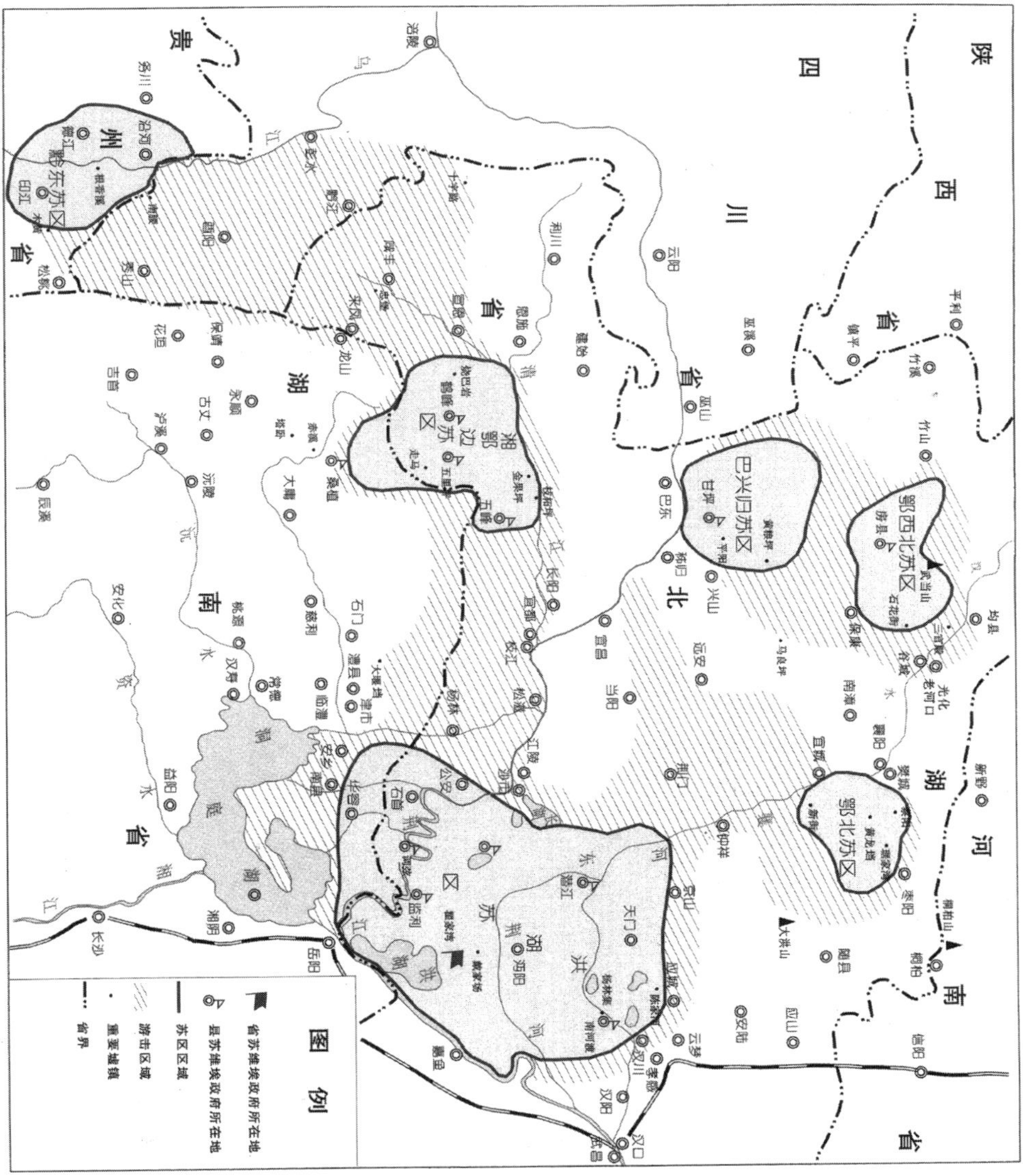
图例
省苏维埃政府所在地
县苏维埃政府所在地
苏区区域
游击区域
重要城镇
省界
湘鄂边苏区
巴兴归苏区
鄂西北苏区
鄂北苏区
黔东苏区

闽浙皖赣革命根据地地图

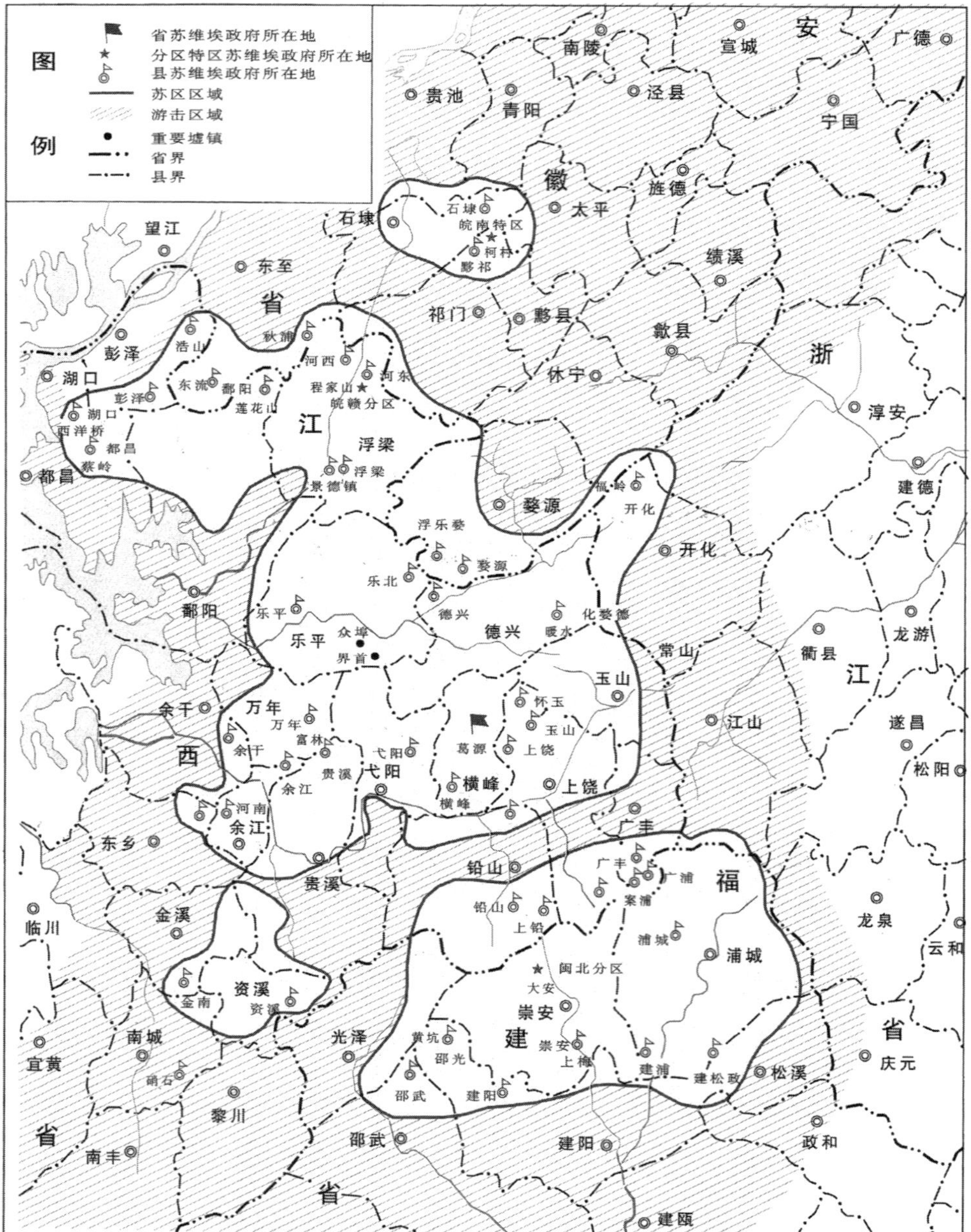

あとがき

私は、一九九〇年代の中ごろ、神奈川大学の人文研究所で初めて『中華人民共和国地方志叢書』を見た。それまで予想もしなかった、一九三〇年代の中国革命根拠地における恐るべき「大粛清の実態」を、各『県志』で具体的に知ることになった。『県志』を初めて見てから、早一八年になる。この間、大粛清の実態をできるだけ詳しく明らかにしようと努力してきた。国立国会図書館アジア資料室や東洋文庫にも何十回かかよい、また上海の古書市場から沢山の研究書、史料集、雑誌を購入した。これまで調べたことを纏めて世に発表することに責務すら感じ始めたのである。この間、中国に調査や史料集めのために行ったことは一度もない。みな東京、横浜で入手できた資料で書いたのである。

二〇〇八年、内田芳明先生の大著『ヴェーバー「古代ユダヤ教」の研究』（岩波書店）を読み、積年の大問題に挑戦するファイトが俄然湧き起った。以後『M・ヴェーバーの中国社会論の射程』（研文出版）と同時並行で書き始め、約四年間かけて完成した。これは、人類が未来に向かって記憶しておくべき価値がある歴史的事実であると確信したから、執念が湧いたのである。死者たちのうめき声が聞こえるように感じた。この長い年月の努力が、今一冊の著書として世に出ることは、大きな喜びである。以前、私は以下の論文を発表したことがある。「一九三〇年代初期、中国共産党の内部粛清の実態」（神奈川大学『人文研究』№195）、「中共、中央革命根拠地における客家と土地革命戦争」（神奈川大学『人文研究』№155）、「中共の土地革命戦争、地主富農打倒から反革命粛清へ」（歴史学会『史潮』新57号）、「中央革命根拠地における毛沢東の革命」（神奈川大学『人文研究』№157）。本書は、これらの諸論文を大巾に書き直し、更に七章を書きたして一書にしたものである。

最近、学生時代に読んで感激したアグネス・スメドレーの『中国の歌声』（ちくま文庫、上下）を読み返してみた。スメドレーは、日本の大陸侵略戦争、日中戦争が始まった年、これは私が生まれた年でもあるが、この一九三七年から四一年まで日本軍と戦う新四軍と共に行動し、またその間延安に行き毛沢東、朱徳、周恩来にも会って、中国人ゲリラの実情を初めて世界に発信した。スメドレーは、延安で朱徳の伝記を書く準備もし、また紅軍について戦地を駆け巡った。スメドレーは延安や解放区で出会った、いまだ子供のように純真な少年兵たちが、まだ江西省などにいた頃、つまり一九三四年に長征に旅立つ前に、ソヴィエト区・革命根拠地で多くの同志や人民を「ＡＢ団・社民党・トロツキスト」として処刑し、拷問してきたことを、いやそうした粛清行為に直接携わらなくても、そうした赤色テロル、反革命粛清運動の中で生き抜いてきた人々であることを全く知らなかった。それとも、彼女は世界革命を志している共産主義者として沈黙を守ったのであろうか。私がこの本を読んだ限りでは、彼女は、知らなかったのだと感じた。

本書を読まれた方は、スメドレーの『中国の歌声』とは逆に、中国共産党のおぞましい暗黒の面の残酷さばかりが印象に残るかと思う。しかし、私はそうした中国政治や革命史の悲惨、悲劇ばかりを「宣伝」し、「中国共産党」を中傷しようと思っているのではない。国民党も、共産党も、主に日本の本格的な侵略の合図となった「二一か条の要求」以後の日本の態度、つまり日本軍の山東半島への侵略、満洲事変、満洲国の樹立、そして一九三七年の日中戦争等々にいかに対処し、いかにして中国を救うかという「救国」を巡る戦略戦術の違いからも争ったのである。日本の侵略戦争がなければ、モスクワ、コミンテルンの中国革命指導や中共軍支援、更には国共内戦は違った形になったであろう。中共党内の粛清運動も、かかる激しさでは展開されなかったであろう。歴史の歯車を逆に回して実験することはできないが、少なくとも中国現代史は全く異なった様相を呈し、違った歴史を歩んだことは間違いなかろう。日本の一九三一年から四五年に至る、この一五年間に及ぶ日本の中国大陸への侵略戦争を抜きにして、国共内戦、中共の革命根拠地の創立、「ソヴィエト区」の創建、中華ソヴィエト共和国の樹立等々は考えられない。つまり「中共の同志殺し」だけを喧伝して、日本の侵略戦争を美化したり、正当化したりする意図は全くない。再度強調するが、今日本で流行りの「反中国宣伝」に与する意図は全くないのである。人間はかかる悲劇的事件を起こすものであり、また実際に崇高な精神の下で、いやその理想主義や解放の理論によって予想もつかない「悲劇」を起こすものであることを、歴史的証拠によって明らかにし、かつ後世に対する教訓にしたいと思うからである。更にまた、ソ連のアフガニスタン侵攻、アメリカの西アジア・南アジアへの侵略戦争に最も勇敢に戦ったアルカイーダやタリバンの世界史における、その「位相」「意味」に対しても、多くの理解の鍵を与えてくれると思うのである。

しかし、毛沢東と党は、政権をとった後には、この重大な歴史的汚点を消すために、「富田事変」、「ＡＢ団粛清運動」の全貌の解明を歴史のタブーとし抑制しようとした。もちろん、粛清された主要人物だけを、「粛反拡大化の誤り」によるものとして形ばかりの「名誉の回復」を行ったこともある。しかし、毛沢東の死後、戴向青などの努力、冤罪を晴らさんとする遺族の執念、自らの歴史の誤りを正そうとする李鋭、蕭古将軍、黄克誠将軍などの反省が重なって、しかも開明的総書記の胡耀邦の最終的決断によって、かなり多くの人々の冤罪が晴らされた。犠牲者は、反革命分子から逆転して烈士と見され、名誉は回復されつつある。しかし、まだ大粛清の真相、真の原因は充分に明らかになったとはいい難い。

書きあげた後にも、まだ「人間とは何か」、「何をして来たのか」、また「これから何をするものか」と問う、彼ら粛清された人々の声が聞こえるようだ。人類は滅亡の日まで同じことをやり続けるのではないか、とも思う。

最後に福建省のソヴィエト時代の貴重な研究資料を貸与してくださった筑波大学の山本真先生、及び本書を書くための数年間の時間を与えてくださった国立がん研究センターの小田、斉川、伊藤の三医師と、生活上の諸々の困難と、パソコンの操作上の諸問題をいつも解決してくれた妻信子に感謝したいと思う。更に又、この長大な著書の出版をお引き受けくださった御茶の水書房の橋本盛作社長、本書を担当してくださり、精緻な校正をしてくださった小堺章夫氏に心から感謝の意を表したい。

小林一美

二〇一三年七月一日

著者紹介

小林　一美（Kobayashi Kazumi）

1937年長野県諏訪に生まれる。諏訪清陵高校、東京教育大学文学部を卒業、同大学大学院人文学研究科（東洋史学専攻）博士課程修了。名城大学助教授を経て、1986年神奈川大学外国語学部教授、現在は同大学名誉教授。専門は中国国家・社会・民衆史の研究。

・単著には、『［増補］義和団戦争と明治国家』（汲古書院、1986年初版、2008年増補版）、『清朝末期の戦乱』（新人物往来社、1992年）、『中華世界の国家と民衆（上・下）』（汲古書院、2008年）、『わが心の家郷、わが心の旅』（汲古書院、2006年）、『M・ヴェーバーの中国社会論の射程』（研文出版、2012年）。
・共編著には、『中国民衆反乱の世界』（汲古書院、正編1974年、続編1983年）、『東アジア世界史探究』（汲古書院、1986年）、『ユートピアへの想像力と運動』（御茶の水書房、2001年）。
・訳書には『大唐帝国の女性たち』（任明と共訳、岩波書店、1999年）、「嘉慶白蓮教の叛乱」（「東洋文庫」408『中国民衆叛乱史3』所収、1982年』）など。

中共革命根拠地《ちゅうきょうかくめいこんきょち》ドキュメント
――一九三〇年代《ねんだい》、コミンテルン、毛沢東《もうたくとう》、赤色《せきしょく》テロリズム、党内大粛清《とうないだいしゅくせい》――

2013年10月20日　第1版第1刷発行

著　者――小　林　一　美
発行者――橋　本　盛　作
発行者――株式会社 御茶の水書房
〒113-0033　東京都文京区本郷5-30-20
電話　03-5684-0751

Printed in Japan　　印刷／製本――東港出版印刷

ISBN978-4-275-01033-9 C3022

人名索引

あ

か

さ

た

な

は

事項索引

さ

た